中国风景园林学会
女风景园林师分会

2024年会论文集

中国风景园林学会女风景园林师分会
《中国园林》杂志社有限公司　　主编
金荷仙

中国建筑工业出版社

图书在版编目（CIP）数据

中国风景园林学会女风景园林师分会2024年会论文集 / 中国风景园林学会女风景园林师分会，《中国园林》杂志社有限公司，金荷仙主编. -- 北京：中国建筑工业出版社，2025. 8. -- ISBN 978-7-112-31575-8

Ⅰ. TU986.2-53

中国国家版本馆CIP数据核字第2025VZ7175号

责任编辑：兰丽婷
责任校对：芦欣甜

中国风景园林学会女风景园林师分会2024年会论文集

中国风景园林学会女风景园林师分会
《中国园林》杂志社有限公司　　　主编
金荷仙
*
中国建筑工业出版社出版、发行（北京海淀三里河路9号）
各地新华书店、建筑书店经销
北京光大印艺文化发展有限公司制版
北京中科印刷有限公司印刷
*
开本：880毫米×1230毫米　1/16　印张：20½　字数：713千字
2025年9月第一版　　2025年9月第一次印刷
定价：**95.00**元
ISBN 978-7-112-31575-8
（45562）

版权所有　翻印必究
如有内容及印装质量问题，请与本社读者服务中心联系
电话：(010) 58337283　QQ：2885381756
（地址：北京海淀三里河路9号中国建筑工业出版社604室　邮政编码：100037）

编委会

名誉主编：张树林　陈晓丽

主编单位：中国风景园林学会女风景园林师分会

　　　　　《中国园林》杂志社有限公司

主　　编：金荷仙

编　　委：王磐岩　左小平　史丽秀　朱　玲　刘　晖

　　　　　刘　燕　刘纯青　严　巍　杜春兰　李　欣

　　　　　杨小茹　金荷仙　周如雯　贺风春　唐艳红

　　　　　董　丽　傅小鹏　候晓蕾　李　旻

目　录

规划设计理论

002　景观格局对热环境的贡献度及边际效应研究：基于 BRT 模型　　　洪婷婷* 李陶钧 黄晓辉 郭　浩

018　人民城市理念下城市商业街区的"再规划、微改造"——以杭州西湖湖滨步行街区改造景观为例
　　　　　　　　　　　　　　　　　　　　　　　　　　　　　　　张德娟* 薛　峰 朱儁夫

027　打通"最后一公里"——以"英国国家信托"为鉴浅谈北京花园城市共治策略　　　张大敏* 李林梅

036　面向国家公园保护的公园城市乡村社区发展探索——以大熊猫国家公园成都片区入口社区为例
　　　　　　　　　　　　　　　　　　　　　　　　　　　　李艳华 伍　玲* 高　歌 付　珊

043　与火共存——基于自然和传统生态智慧的景观途径研究进展　　　傅　微 潘奕彤 郗　婕*

051　水利营建引导下东平湖地区风景体系营建智慧探析　　　王　越 万博涵 任　震 宋　凤*

063　国家公园体制改革背景下风景名胜区资源保护与更新——以杭州超山风景名胜区为例
　　　　　　　　　　　　　　　　　　　　　　　　　　　　　　　　姚　洁 许　旭* 梁　杰

073　公园城市城绿融合视角下的绿色基础设施建设研究——以成都市新津区为例　苟丹丹* 蔡婷婷

080　基于生物文化多样性评估的喀斯特山区保护格局构建研究　　　　　　　　　　　　　李小琦

095　闽台两岸乡村景观设计比较与分析研究　　　　　　　　　　　刘　静* 申歆童 周旭丹

103　喀斯特山地城市生态旅游绿道选线研究——以贵阳市花溪区为例　　　　　陈　莎 洪世键*

111　基于网络文本的郊野公园公众体验研究——以北京市绿隔地区为例　徐　畅 王怡鑫 陈　耸 王向荣*

122　花园营建工程中设计变更与工程实现探索——以"焕生之窗"家庭花园建设为例
　　　　　　　　　　　　　　　　　　　　　　　　　　　　　　　何诗瑶 刘雨馨 秦仁强*

131　人口结构变化背景下的老年人公园供需空间特征分析——以北京市海淀区为例　卢纪文 林纯宇

138　基于建成环境的儿童积极通学决策框架评述　　　　　　　　　谢满玉 杜　雁 张　群*

147　基于眼动实验的高校小游园夜景观视觉感知量化研究——以西南交通大学犀浦校区为例
　　　　　　　　　　　　　　　　　　　　　　　　　　　　　　　　　　　崔月婷* 王　玮

157　同一健康视角下绿色健康校园景观设计的体系构建　　　　　　　　　　　郭玉笑 黄　滟*

166　基于 VR 实验的小城镇社区公众景观与行为偏好研究——以达州市二郎社区为例
　　　　　　　　　　　张子涵 范琪琪 刘春林 周钰栗 付而康*

175　从乡土文化到乡村管护——中国村落保护政策的历史演变　　　潘洋伊 高樱苣 秦仁强*

183　语言景观视域下中国传统村落地名标识研究——以桂林漓江流域传统村落为例　　　邓　宁

193　美国 SRTS 计划的发展与落实——关于儿童通学路的建设　　　谭　灵 谷龙珠 杜　雁 张　群*

女性与风景园林

200	扩大的缝隙——晚明至清末才女文化的发展及其与园林的互动	宗 琮
208	风景园林领域中的女性视角研究进展	范颖佳 金荷仙* 陆 磊

风景园林文史哲

218	"动势叠山"理念下叠石造山营建方法探索——以千层石假山为例	周杨琴 金荷仙*
225	宋代衙署园林造园意境研究	鲍梦涵* 周宇凌 张宁轩
234	基于社交媒体数据的历史名园游人感知研究——以广州兰圃为例	刘敏楠 郭泽丽
242	中国近代造园知识探索的中国性与现代性再研讨——以《园冶》为原点的考察	何梦瑶 赵纪军*
257	汉唐时期水利建设对庄园景观发展的影响研究	王宇婷 刘程明 刘彤彤*
263	以画入园——传统山水画透视法下园林空间造景的视觉性解析	邱新媛 董莉莉* 陈杉杉
269	基于"借景"理法的武当山复真观建筑群外部空间艺术解析	胡雨琳 杜 雁*
278	基于三层次文化理论的清代广西八景生态文化特征研究	梁 晴 王 荣*
287	浅谈唐代诗人漫游浙东的山水审美	张 雨 张 蕊* 章卓琪

风景园林植物

300	川流不息的景观——重庆中心城区峡江景观群生态培育方式探究
	郭琼霜* 马希旻 李 璐 曹 璨 贾 力 洪 霞
308	宋韵视角下西湖景区植物景观节气文化及其展示初探——以立春孤山赏梅为例
	宋 虹 张 帆 俞青青 丁华娇 吴学谦 陈丽丽 林 旭 应求是
313	明清时期婴戏图的植景研究	万 敏* 刘力源 秦 晴

规划设计理论

景观格局对热环境的贡献度及边际效应研究：基于BRT模型

Contribution and Marginal Effects of Landscape Patterns on Thermal Environment: A Study Based on the BRT Model

洪婷婷* 李陶钧 黄晓辉 郭浩

摘　要：城市中的景观格局显著影响地表温度（LST），被认为是影响城市热岛的关键因素。城市化导致二维、三维空间的城市景观格局发生了重大变化。本研究通过使用增强回归树（BRT）模型以及方差分解的方法，探究了二维、三维建筑和植被格局对地表温度的贡献度与相关关系，及它们在不同高度下对地表温度影响的边际效应。结果表明：①植被、建筑分离与组合情况下对地表温度的主导影响指标不同。仅考虑建筑影响时，建筑三维特征的重要性略大于二维特征，建筑覆盖率（PLAND_B）为最重要的指标；仅考虑植被影响时，植被二维特征对地表温度影响的重要性更大，三维绿度指数（TGI）是最重要的指标。②综合考虑建筑与植被共同影响时，建筑格局指标仍然有较大的解释度。③建筑高度的差异会影响各指标对地表温度的贡献度和边际效应。当建筑高度较低时，建筑与植被共同主导地表温度的变化；当在较高建筑区域时，植被指标的贡献度超过建筑指标的贡献度。④在建筑高度较低的区域，增加植被覆盖率（PLAND_V）将能达到最好的降温效果；在建筑高度较高区域的边际效应显示，植被覆盖率的拐点提前、阈值升高、降温效果减弱，需要增加其他植被指标才能辅助植被的降温作用。

关键词：城市景观格局；三维格局；增强回归树；地表温度；城市热岛

Abstract: Landscape patterns in cities significantly influence surface temperature (LST), which is considered to be a key factor influencing urban heat island (UHI). Urbanization has led to significant changes in urban landscape patterns in two and three dimensions. In this study, by using the boosted regression tree (BRT) model as well as variance decomposition, we investigated the contribution and correlation of the patterns of buildings and vegetation in two and three dimensions to LST, and the marginal effects of their impacts on LST at different heights. The results show that 1) the dominant influence indicators on LST are different in the case of vegetation and building separation and combination. When only considering the influence of buildings, the three-dimensional features of buildings are slightly more important than the two-dimensional features, and PLAND_B is the most important indicator; when only considering the influence of vegetation, the two-dimensional features of vegetation are more important to the influence of LST, and TGI is the most important indicator. 2) When combining the combined influences of buildings and vegetation, the indicators of the architectural pattern still have a greater degree of explanation. 3) Differences in the heights of the buildings influence the contribution and the marginal effect of the indicators on the LST's contribution and marginal effect. When the building height is low, the building and vegetation together dominate the change of LST; when in the higher building area, the contribution of the dominant vegetation indicator exceeds that of the building indicator. 4) In the area of lower building height, increasing PLAND_V will achieve the best cooling effect; the marginal effect in the area of higher height shows that the inflection point of PLAND_V is advanced, the threshold value is increased, and the cooling effect is weakened In the higher altitude area, the marginal effect shows that PLAND_V inflection point is advanced and the cooling effect is weakened.

Keywords：Urban Landscape Pattern; Three-dimensional Pattern; Boosted Regression Tree; Surface Temperature; Urban Heat Island

引言

2019年，政府间气候变化专门委员会（IPCC）在指出全球升温可能会在2030年至2052年达到1.5℃（高信度）[1]。热岛效应是全球普遍面临的城市问题[2]。热岛效应的加剧已经严重威胁城市居民以及生活在城市中动植物[3]，城市面临的挑战与日俱增。因此，深入探究城市热岛效应与相关影响因素之间的作用关系对于城市规划者和政策制定者而言具有重要的参考价值和实际意义。

景观格局是指由不同景观类型以及各景观所占比例的不同所构成的土地覆盖空间分布状况[4]。其具体表现为建筑、植被、水体等景观类型的空间形态格局，即这些景观类型的面积、高度和空间格局。多项研究已表明城市景观的空间形态格局对于地表温度的变化有重要影响[5-7]。目前国内外主要通过景观指标来量化景观格局对地表温度的影响。如陈爱莲等人[8]计算了传统的二维特征指标（如斑块面积、边缘密度等）探究其与地表温度的相关性，证明了PLAND、LPI、DIVISION、PLADJ和IJI是在城市主要景观类型（林地、建筑物）与地表温度的相关分析中表现出较稳定的显著相关性的指数；黄焕春等人[9]采用COHESION、DIVISION、MESH、AI等二维形态指数定量研究了城市形态布局与热岛强度的响应机制与参数曲线，结果表明热岛强度随着城市形态面积的增大而上升，对于50km²以上的斑块，面积与最高热岛升温呈线性关系，与热岛升温总量呈二次曲线关系；周、黄等学者[10]研究计算建筑、绿地以及水体的二维景观指标，得出对地表温度量级影响最大的土地覆盖特征是建筑物的覆盖百分比。

尽管当前的研究取得了丰硕成果，但仍存在局限。以往的研究多从传统的二维景观格局角度关注建筑物、植被等景观类型与地表温度之间的关系。然而随着城市日益向垂直方向扩展，城市构成与格局的复杂性日益增加，基于此，有研究发现高层建筑物的垂直结构对城市热环境具有显著影响。在这一背景下，仅从二维城市格局的角度来解释城市景观格局和热环境之间的关系已不能满足当前城市热环境研究的需要。近年来，逐渐有学者尝试在三维角度上探究城市景观三维格局和热环境的关系。如在城市群尺度下，于晓雨等人[11]探索了建筑物三维形态（9个指标）对地表温度的影响，结果得出BSI、AV和BEI对地表温度影响最大。在城市尺度下，郭等学者[12]使用一套基于景观组成和结构的三维景观指标，并对其与北京老城区地表温度的时空关系进行了探究。结果发现更密集、更紧凑的建筑模式会导致更高的DLSTs，三维景观指标与DLSTs具有显著相关性。也有少部分学者在街区尺度上研究不同类型街区内的建筑布局形态与热环境的关系，如姜允芳等人[13]通过住区中不同空间要素的组合与热环境的对应关系，从住区整体三维空间构成、建筑形态和绿化形态三个方面比较研究不同要素组合模式的生态节能性效果，证明了建筑形态相比绿化而言对住区热环境影响更大。

然而，由于城市二维、三维格局都是构成城市景观格局的重要特征，二者同时作用于城市热环境，故有学者认为仅考虑城市的二维格局或仅考虑三维格局和热环境的关系是不全面的，基于此，部分学者开始同时考虑二维、三维景观格局对热环境影响。如Srivanit等学者[14]对12个二维和三维城市格局指标与地表温度及气温之间的关系进行了系统分析，研究结果表明，三维格局指标对地表温度的影响更为显著；徐等人[15]采用增强回归树模型分析了3个不同规模城市的二维、三维城市格局与地表温度的关系与季节差异，结果表明地表温度随着城市规模的扩大在夏季逐渐增加，而在冬季逐渐减少。也有学者基于不同地形的城市进行二维和三维建筑环境对地表温度的空间效应讨论[16]。综合这些研究可知，包含了垂直方向（三维）信息的城市格局也能响应地表温度的变化，甚至比水平方向（二维）的格局对地表温度的影响更大。

从总体上看，由于三维数据获取和表征能力的局限性，当前城市三维景观格局的研究仅集中于三维特征、格局指标的构建以及格局特征的描述等初步阶段，对各景观格局指标产生的具体影响效应值（边际效应）的探讨较少，对城市三维景观格局的研究仍处于探索和发展的初期阶段。另一方面，大多数研究仅从三维建筑的角度对地表温度的影响提供了直观的参考，几乎没有考虑城市中的三维植被，而植被（树）作为城市三维景观格局的一个重要组成部分，对于城市热环境有着重要影响[17]。因此，探索主导地表温度变化的景观指标以及具体的影响阈值对城市规划和改造具有重要的现实价值。基于此，本研究综合考虑建筑和植被的二维、三维格局特征，使用高分辨率遥感卫星GF-2图像并基于增强回归树（BRT）模型，探讨苏州市建筑与植被的二维、三维景观格局分离和组合情况下对地表温度分别的贡献，得出主导地表温度变化的景观指标；并在不同高度分类的基础上，评估在不同建筑高度情境下的二维、三维景观格局指数对地表温度的具体影响程度以及阈值，以期为城市在进行不同高度的建筑区建设时各景观成分指标的调整与合理改善城市热环境提供参考和建议。

1 材料与方法

1.1 总体技术方法

本研究的总体技术方法如图1所示。研究中使用遥感数据以及含有建筑高度信息的辅助数据提取地表温度以及各指标的信息，构建景观格局指标体系，包括二维指标、三维指标、建筑指标与植被指标等。基于这些指标值进行数据统计分析；通过增强回归树（BRT）模型训练，选取优势指标进行相关性分析以及贡献度计算，并预测边际效应值。

1.2 研究区域

苏州市位于中国江苏省，是长江三角洲地区重要的中心城市之一。苏州市属于亚热带季风海洋性气候，市区平均气温18.1℃，年平均降水量1086.3毫米。随着城镇化的进展，至2022年苏州市常住人口超过500万，成为特大城市。

苏州市作为最早一批列入历史文化名城的城市，其老城区内有包括平江历史街区在内的许多传统建筑高度低、分布密度大。在新城建设过程中，苏州市的建筑格局发生了巨大的变化，老城区以及老城区以外的区域引入了大量的中、高层建筑，传统低层民居与现代中高层建筑形成了苏州的多种建筑景观。除了老城区外的现代化居民区多以中、高层建筑为主，密度适中；苏州市工业园区及一些中央商务区也分布了超高层建筑，排布较为分散。苏州市复杂的建筑格局为研究不同建筑景观空间格局与地表温度的关系提供了理想样本。

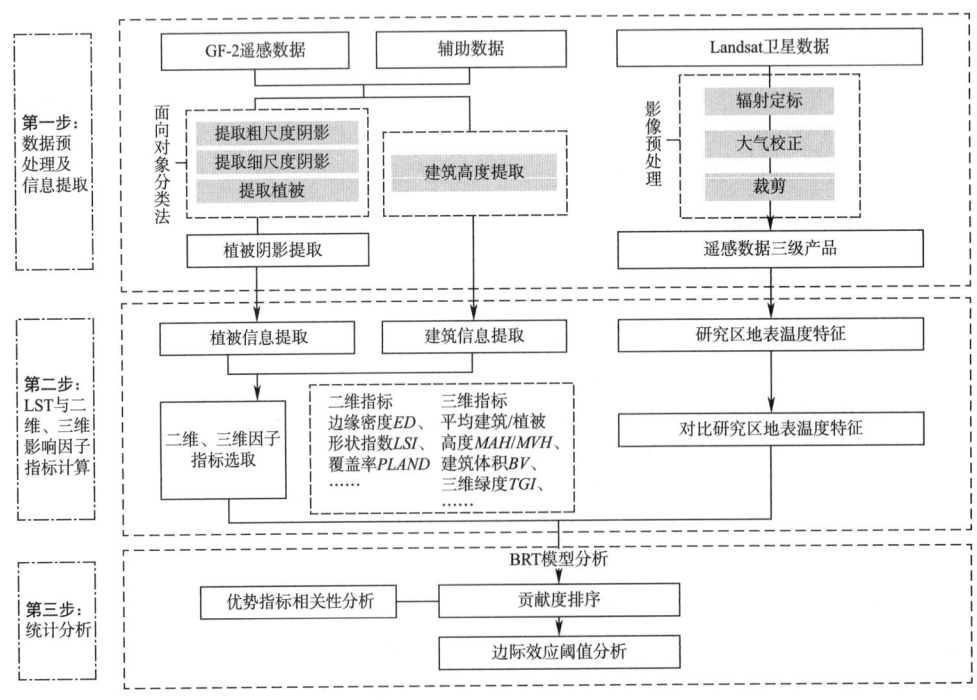

图1 技术路线

本研究的选取的样本区域集中于苏州市中环内，范围包括苏州老城区姑苏区的全部区域以及相城区、虎丘区、吴中区、工业园区的部分区域。

1.3 数据和预处理

本研究采用的数据包括用于反演地表温度的卫星数据、用于提取植被区域与植被阴影的高分辨率遥感数据与城市建筑高度数据（表1）。

本文选取的卫星遥感数据为苏州市2022年8月7日的Landsat9数据，并计算得出地表温度数据。采用2021年10月12日的高分二号遥感影像提取植被区域与植被阴影，该图像在ENVI 5.6软件中进行预处理（辐射定标、大气校正、正射校正和图像融合），得到最终精度为0.8m的影像数据。此外，由于建筑高度数据无法直接获取，本研究使用来自百度地图的建筑楼层数据，将楼层数乘以3m得到建筑物的高度制作出建筑高度矢量数据。该种方法得出的建筑高度的总体准确率可达到86.78%[18]，且由于每个城市中建筑物的规律性，这种近似值在可接受范围内[19]。

本研究构建了500m×500m的渔网分割研究区。后续将基于该格网计算各指标与地表温度值，使每个网格单元包含一组景观格局指数和相应FID的地表温度值。

1.4 指标构建

本研究使用景观指标来量化建筑物和植被的二维、三维特征。本文基于以往研究筛选出4个典型二维景观指数。对于城市二维植被指标，使用面向对象分类法确定并提取了研究区内植被区域，以计算斑块面积、周长与密度。

本研究从高度、体积、可见天空面积[20]等角度选取三维指标来表征城市三维建筑格局。其中，根据建筑香农多样性指数梯度，将建筑高度分为0~10m、10~20m、20~35m和>35m四类，植被高度分为<1m、1~3m、3~6m、6~10m和>10m五类，分别计算建筑高度香农多样性指数（$SHDI\_B$）和植被高度香农多样性指数（$SHDI\_V$）。植被高度的分类基于Alexander等人[21]报告的城市植被垂直降温效应（1m，1.0℃；3m，2.5℃；6m，4.5℃；10m，5.5℃）。

本研究新引入胡等人[22]构建的归一化城市紧凑度指标，该指标考虑了建筑高度、建筑密度、街道布局和开放空间等多种因素，是一个较为综合性的紧凑度指标。使用Python计算该新指标。首先获取建筑物的位置、占地面积以及高度数据，再将建筑物看作立体空间中的体积，通过计算所有建筑物的体积之和，并将其与研究区总体积相比较，得出三维紧凑度指数。NVCI值越接近1，城市空间形态越紧凑。

其余所有指标可通过Fragstats4.2和Arcgis分区统计功能计算，并可视化为栅格热力图（表2）。

数据集　表1

研究数据	类型	来源
遥感影像	栅格数据（0.8m）	高分二号遥感影像（GF-2）
LST数据	栅格数据（30m）	源自Landsat9卫星影像
建筑数据	矢量数据	百度地图

研究中选择的二维、三维景观格局指标　表2

景观指标	缩写	类型	公式	附注
覆盖率	PLAND（%）	2维	$PLAND = \dfrac{\sum F}{A}$	F——所取建筑物/植被的土地面积（m²）；A——研究面积（m²）
边缘密度	ED	2维	$ED_i = \dfrac{\sum_{i-1}^{n} e_j}{A}$	A——统计单位的总面积；n——统计单位内斑块的数量；e_j——建筑物/植被斑块总边长
斑块密度	PD	2维	$PD = \dfrac{n_i}{A} \times 1000 \times 100\%$	n_i——斑块数量；A——统计单位的总面积
景观形状指数	LSI	2维	$LSI = \dfrac{e_j}{mine_j}$	e_j——建筑物/植被斑块总边长；$mine_j$——斑块的最小总边长
平均建筑/植被高度	MAH/MVH（m）	3维	$MAH = \dfrac{\sum_{i-1}^{n} H_i}{N}$	H_i——建筑/植被高度
平均建筑/植被高度标准差	AHSD/VHSD（m）	3维	$AHSD = \sqrt{\dfrac{\sum_{i=1}^{n}(H_i - MH)^2}{N}}$	MH——平均建筑/植被高度（m）

续表

景观指标	缩写	类型	公式	附注
建筑容积率	FAR(%)	3维	$\dfrac{\sum_{i=1}^{n}(C \cdot F)}{A}$	C——楼层数
建筑物体积	BV	3维	$BV = \sum_{i=1}^{n} F_i \cdot H_i$	F_i——所取建筑物的土地面积（m^2）； H_i——建筑高度
三维绿度指数	TGI	3维	$\dfrac{\sum C_i S_i}{S}$	S——研究区域面积，m^2； C_i——研究区域内的第 i 个植被像元对应的高度等级； S_i——第 i 个植被像元对应的实地面积，m^2； $\sum C_i S_i$——等效基础绿化植被面积
香农多样性指数	SHDI_B/SHDI_V	3维	$\sum_{i=1}^{N} P_i \cdot \ln P_i$	P_i——斑块类型（类）所占景观比例 i
天空可视因子	SVF	3维	$\Omega = 2\pi\left[1 - \dfrac{\sum_{i=1}^{n}\sin\gamma_i}{n}\right]$ $SVF = 1 - \dfrac{\sum_{i=1}^{n}\sin\gamma_i}{n}$	Ω——倾角 i 对地面高度 a 倾角的影响； n——计算出的方位角的数量
归一化紧凑度	NVCI	3维	$NVCI = \dfrac{VCI}{VCI_{\max}}$ $= \dfrac{Q'(Q'-1)}{N(N-1)} \cdot \dfrac{\sum \dfrac{V_i V_j}{d^2(i,j)}}{\sum \dfrac{V_{i'}V_{j'}}{d'^2(i',j')}}$	$VCI_{\max}$——等效球体的三维紧凑指数； $d(i,j)$——城市立方体 i 与立方体 j 的质心之间的几何距离； $d'(i',j')$——立方体 i' 和 j' 之间的距离； Q'——等效球体占据的立方体总数

1.5 植被高度反演

本研究采用 Bai 等人[23] 开发的使用高空间分辨率（GF-2）图像快速测量城市尺度绿地景观的方法。该方法不仅节省了大量的现场测量成本，且平均绝对误差小于 1m，在植被高度分类（3m）允许误差范围内。利用该方法提取植被阴影后，通过公式反演得到植被高度信息。

我们使用 0.8 精度的高分二号遥感影像，利用面向对象分类软件 eCognition9.0[24]，基于多尺度分割算法和光谱差异算法，对阴影信息、植被信息以及水体信息进行提取。首先，根据研究区影像具体情况，选择尺度为 120 的分割层，提取包括建筑物阴影在内的粗尺度阴影和水体，接着根据亮度、面积和 NDWI 等特征将二者区分开；在去除建筑物阴影和水体后进一步提取细尺度阴影；最后选择尺度为 30 的分割层提取草地和林地，并根据同质性和 NDVI 值将二者区分开。

在提取上述信息的基础上，使用 ArcGIS 的邻域分析功能，从细尺度阴影中提取出属于植被的阴影，接着通过太阳、卫星和树影所处位置的几何关系公式求得植被对应的阴影长度。计算公式如下：

$$H = A \cdot (\tan^{-2}\beta + \tan^{-2}\alpha - 2\tan^{-1}\beta \cdot \tan^{-1}\alpha \cdot \cos\gamma)^{-\frac{1}{2}}$$

式中，H 是植被高度；A 为对应实际植被区域阴影长度；α、β 和 γ 分别是卫星高度角（°）、太阳高度角（°）、太阳和卫星方位角的交角（°）

最后反演出的植被高度结果如图 2 所示（部分）。

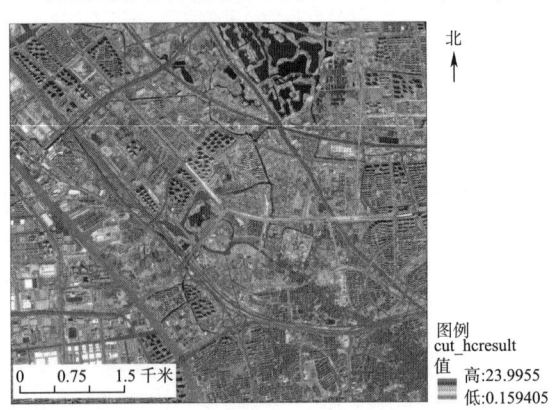

图 2　研究区内部分区域植被高度反演结果

1.6 地表温度反演

本研究采用 Landsat 9 数据反演地表温度。使用辐射传递方程（RTE）方法，利用特定的公式计算地表比辐射率（ε），接着通过 Band Math 工具，结合地表比辐射率和热红外波段数据，计算黑体辐亮度值 $[B(TS)]$。

公式如下：
$$L\lambda = [\varepsilon \times B(TS)+(1-\varepsilon)\times L\downarrow]\times \tau +L\uparrow 45$$

式中，$L\lambda$ 是接收到的热红外辐射亮度值；$L\downarrow$ 是大气向下辐射亮度；τ 是大气透过率；$L\uparrow$ 是大气向上辐射亮度。其中：
$$B(TS)=[L\lambda -L\uparrow -\tau \times (1-\varepsilon)\times L\downarrow]/(\varepsilon \times \tau)$$

最后，利用普朗克公式的函数形式，根据黑体辐射亮度值计算地表温度（LTS），并将其从开尔文温度（K）转换为摄氏温度（°C），公式如下：
$$LTS=K_2/\ln[K_1/B(TS)+1]\times 4$$

1.7 样本的划分和分类

本研究根据苏州市建筑特点，设置了4个情景。在苏州市中环范围内将建筑高度依据《民用建筑设计统一标准》GB 50352—2019 分为 BH_1：0~10m、BH_2：10~20m、BH_3：20~35m 和 BH_4：>35m 四个情景。根据平均建筑高度（MAH）值划分出的四个情景样本栅格分类如图3所示，四个情景的样本量分别为 624 个、596 个、219 个、100 个（表3）。

建筑高度情景分类标准及样本量　　表3

情景类型	平均建筑高度	样本量（个）
BH_1	0~10m	624
BH_2	10~20m	596
BH_3	20~35m	219
BH_4	>35m	100

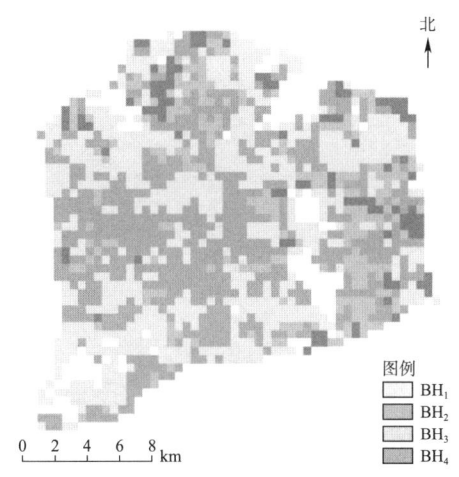

图3　四类建筑高度情景的空间分布

1.8 统计分析

1.8.1 增强回归树（BRT）模型

本研究选择增强回归树模型选取相对重要的景观指标并预测他们在特定样本之下对地表温度的边际效应。增强回归树机器学习算法目前广泛应用于研究城市景观对地表温度的影响预测上[25-26]，是一种流行的集成学习算法[27]。它可以处理各种类型的数据，包括分类和回归问题以及非线性和交互效应。由于其能够灵敏捕捉变量间的非线性关系且具有出色的预测能力，在环境和生态研究中得到了广泛的应用[28-29]。

本研究将二维、三维城市景观指标（$PLAND\_B$、$PLAND\_V$、LSI_B、LSI_V、ED_B、ED_v、PD_B、PD_V、MAH、MVH、$AHSD$、$VHSD$、FAR、BV、TGI、$SHDI\_B$、$SHDI\_V$、SVF、$NVCI$，详见表2）和地表温度（LST）分别作为自变量和因变量，在RStudio软件中使用"gbm"执行。

首先，使用增强回归树模型评估仅考虑建筑影响或仅考虑植被影响时，各指标对地表温度的相对重要性，再评估同时考虑建筑与植被影响时，所有指标对地表温度的相对重要性；其次，根据苏州市建筑格局特点，分别评估在 BH_1、BH_2、BH_3、BH_4 四个情景下的相对重要性，四个情景样本数分别为 624、596、219、100。接着分析生成各情景下前五项贡献指标的边际效应。

1.8.2 方差分解

方差分解会产生每个组成部分方差的比例，这些比例可以用来量化不同效应对总变异的相对贡献[30]。这种方法可以得出不同类别景观指标对地表温度的贡献。本研究指标类别分为二维、三维指标与建筑、植被指标，故总共有二维建筑指标、三维建筑指标、二维植被指标、三维植被指标四个类别。使用方差分解得出四种类别指标分别对地表温度的解释度。

2 结果与分析

2.1 地表温度呈"中部高、四周低"的楔形分布

反演结果如图4显示，苏州市中环范围内老城区（姑苏区）大部分区域与除湿地公园、阳澄湖以外的虎丘区和相城区的部分区域建筑区域多，建筑密度较大，人口密度大，人类的生产生活活动多，地表温度相对高，最高温度达50℃；研究区东部（工业园区）有大量密集的居住区，娄江大道与高速路两侧区域的地表温度达到最高温56℃；研究区南部、东南部区域（吴中区部分区域）地势相对较高，植被覆盖度大，建筑区域少，建筑密度相对

较低，故人口数量少，人类的生产生活活动相对少，因而地表温度相对较低低，出现了大面积低于40℃的地区。总体来看，苏州市中环地区地表温度的分布呈"中部高、四周低"的楔形散布特征。

2.2 景观指数分布特征总体较明显

通过Fragstats软件计算出的二维、三维景观格局指标结果见图5~图8。建筑指标（*PLAND_B*、*LSI_B*、*ED_B*、*PD_B*、*MAH*、*AHSD*、*FAR*、*BV*、*SHDI_B*、*SVF*、*NVCI*，详见表2）的热力分布更为直观地显示了其特征。

2.2.1 建筑指标分布特征

（1）"中部高、四周低"

建筑景观格局指数值的热力图显示，四个二维指标（建筑覆盖率、建筑景观形状指数、建筑边缘密度、建筑斑块密度）的分布都呈现了"中部高、四周低"的特征。苏州中部老城区的建筑覆盖率明显较高，在一些密度较大的居住区也是如此，表明了该部分区域都是密度较大、较为紧凑的传统建筑与居民；而在老城区范围外的某些高层住宅区域与CBD中，该指标大小情况与老城区相反，说明该部分区域建筑排布分散、建筑覆盖少。建筑景观形状

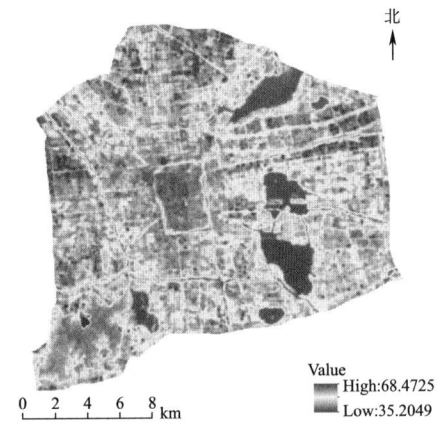

图4 苏州市中环范围内地表温度

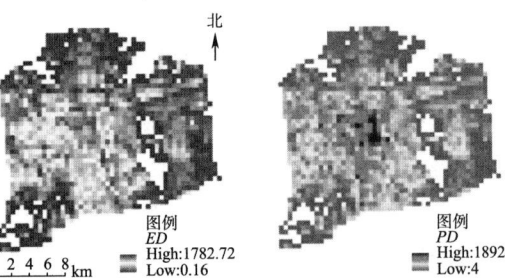

图5 二维景观格局指数（建筑）可视化结果

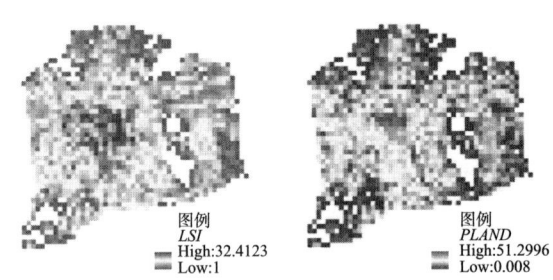

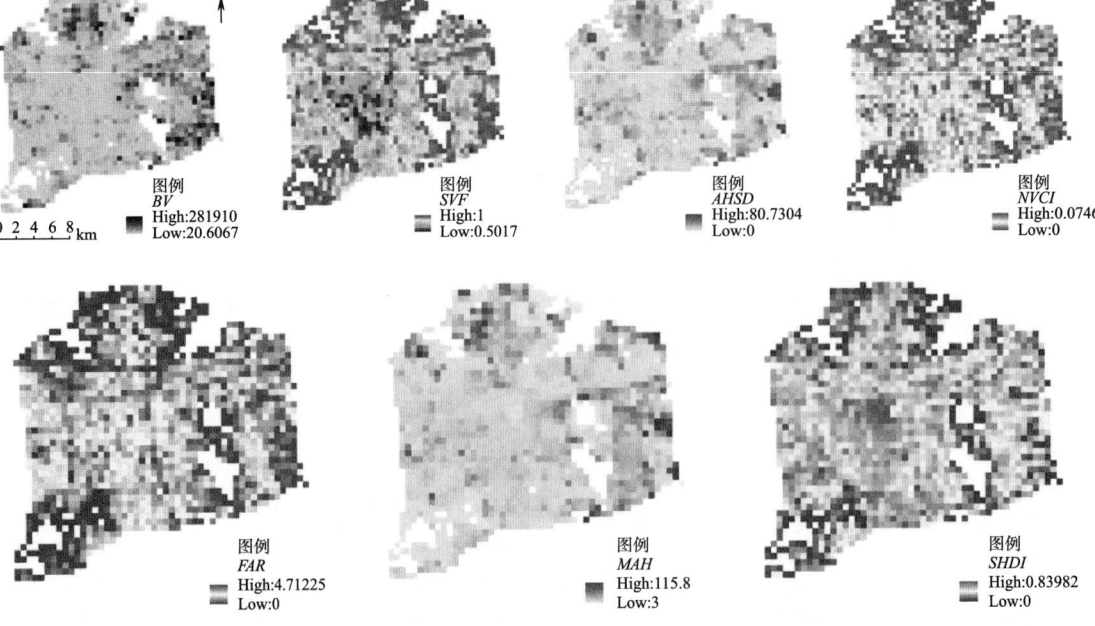

图6 三维景观格局指数（建筑）可视化结果

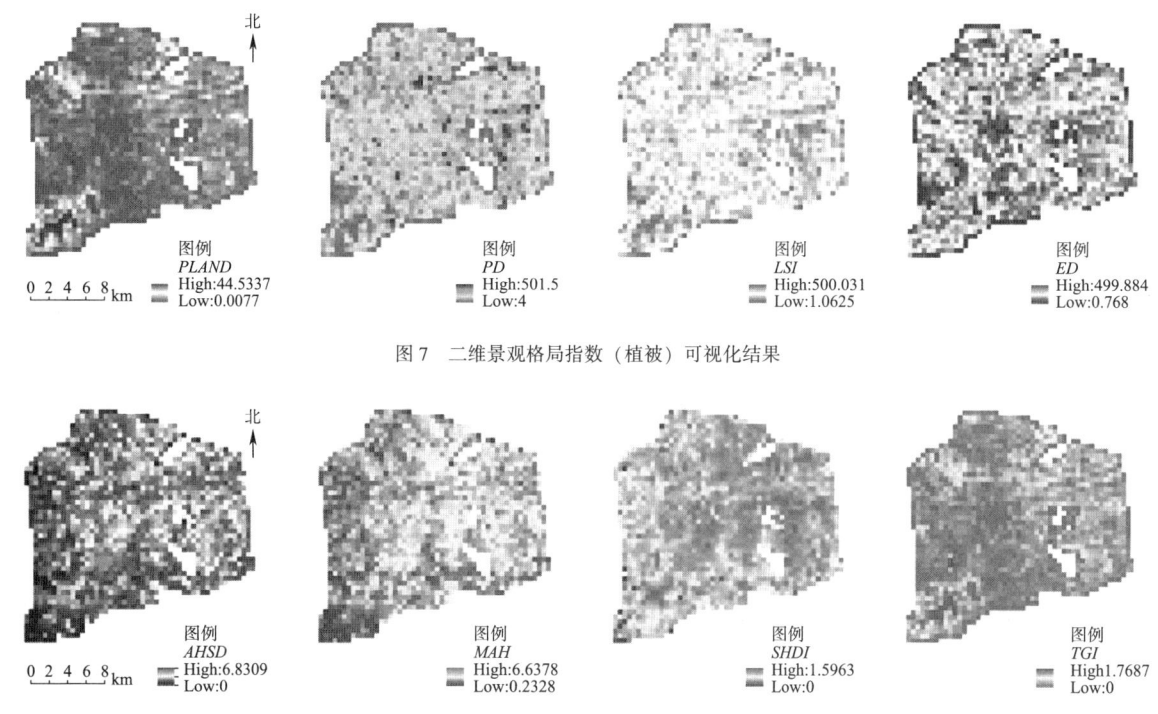

图7 二维景观格局指数（植被）可视化结果

图8 三维景观格局指数（植被）可视化结果

指数、建筑斑块密度、建筑边缘密度在老城区区域也显示较大，表征了该部分区域内斑块的数量多而密、景观的破碎化程度较高、景观空间异质性较大，印证了老城区建筑"密""紧""复杂"的特点。

而在三维指标中，天空可视因子、平均建筑高度、建筑香农多样性指数也呈现明显的"中部高、四周低"的特征，说明苏州市中部地区由建筑导致可见天空面积多、建筑高度变化程度与丰富度较高。

以上指标与地表温度的分布特征相似，初步可以猜测这些指标和地表温度之间可能存在一定正向的相关关系。

（2）"中部低、四周高"

平均建筑高度、建筑物体积值呈现"中部低、四周高"。老城区大量传统建筑、低层居民区导致平均建筑高度的值明显较低，而建筑物体积值也较低说明单位面积内建筑斑块的面积较小或较为破碎，印证建筑景观形状指数、建筑斑块密度等二维指标值在中部地区较高的结果。平均建筑高度、建筑物体积值由中环中心向四周呈放射楔形增高趋势，说明周边高层小区与中央商务区的高建筑区域导致平均建筑高度、建筑物体积呈较高值。

（3）特征不明显

建筑容积率（FAR）的计算涉及建筑总面积和用地面积的比率。该值的结果较为散乱，并无明显特征。归一化紧凑度（NVCI）的值分布和建筑容积率相似，也呈无规律状态特征。由这两个指标的分布结果来看，其与地表温度的作用关系可能较小。

2.2.2 植被指标分布特征

（1）同样呈现"中部低、四周高"的指标

受到建筑覆盖率特征影响，不同区域的植被覆盖率也有相应特征。结果显示，植被的四个二维指标结果在空间上大致呈现与建筑的四个二维指标相反的特征——"中部低、四周高"。苏州市中部植被覆盖率低，说明该区域建筑排布紧密、密度大、植被覆盖少，在四周不透水面较少的区域，植被覆盖率较高。大部分较新的现代化居住区由于有绿化率要求，植被覆盖率相对高；在城市公园与有森林覆盖的山体区域，植被覆盖率达到最高。植被斑块密度、植被景观形状指数、植被边缘密度的值也呈现从中部往外从低到高散射的楔形分布，说明植被斑块从中部往四周数量由少至多、破碎化程度与景观异质性由低到高。

植被三维指标中，三维绿度指标（TGI）的分布情况与二维指标植被覆盖率（PLAND_V）相似。

（2）特征不明显

植被三维指标中，平均植被高度（MVH）、平均植被高度标准差（VHSD）、基于高度分类的植被香农多样性指数（SHDI_V）的值的分布并无明显特征。这些植被三维指标值的特征主要基于植被品种、天气情况等多种要素，故在研究区内分布无明显特征。

2.3 植被、建筑分离与组合情况下对地表温度的主导影响指标不同

2.3.1 各指标贡献度及优势指标

（1）由增强回归树模型得出的各指标具体贡献度排名（图9）展示了仅考虑建筑指标时各指标的相对重要性，表征了城市二维、三维建筑格局对地表温度的贡献。左侧的条形图显示了每组类别变量的相对重要性，表示解释方差的百分比。结果表明，当仅考虑建筑格局对地表温度影响时，三维建筑指标对地表温度影响的解释度稍大于三维建筑指标的解释度，但二维指标植被覆盖率（PLAND_B）仍然是对地表温度产生正向影响最为重要的指标，在增强回归树模型训练99次后平均重要程度达到将近27%。这与陈等人[31]探究的该指标在夏季占主导地位的结论一致。重要性排在前五位的优势指标分别是：建筑覆盖率（PLAND_B）、建筑香农多样性指数（SHDI_B）、建筑物体积（BV）、建筑景观形状指数（LSI_B）、平均建筑高度（MAH）。

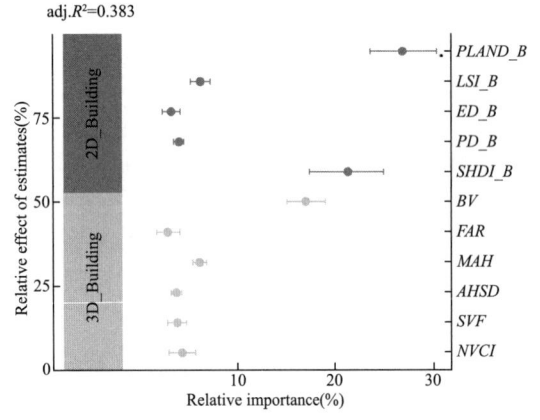

图9 建筑指标解释方差百分比及重要性排序

（2）图10为仅考虑植被指标时每组类别变量的解释方差与的植被指标对地表温度的相对重要性排序。结果显示当仅考虑植被特征对地表温度的影响时，植被二维格局特征的整体解释度大于三维格局特征的解释度。这同样印证了陈等人[31]的研究结果：水平植被结构的整体相对影响高于垂直植被结构。然而在所有植被指标当中，三维绿度指标（TGI）是对地表温度产生作用贡献最大的指标。重要性排在前五位的优势指标分别是：三维绿度指标（TGI）、植被斑块密度（PD_V）、植被覆盖率（PLAND_V）、平均植被高度（MAH）、植被香农多样性指数（SHDI_V）。

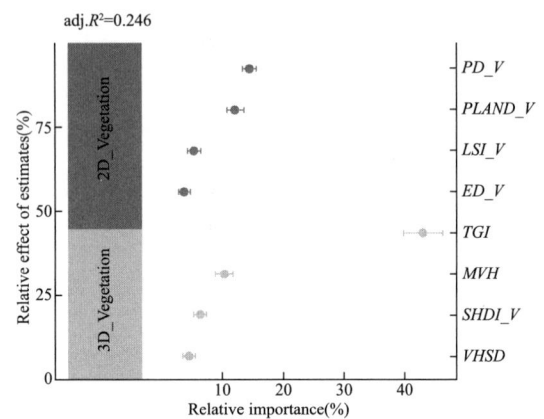

图10 植被指标解释方差百分比及重要性排序

（3）当考虑包括建筑、植被所有指标的组合影响时，整体指标相对重要性排序如图11所示。条形图展示了四个类别指标的解释力。方差分解结果表明当同时考虑植被的二维、三维特征影响时，建筑格局指标仍然有较大的解释度，这说明植被格局特征相比建筑格局特征，在城市热环境中的作用不大。整体指标重要性排序显示，最重要的前三位指标也仍为建筑特征指标，建筑覆盖率的贡献度达22.4%，建筑香农多样性指数（11.8%）与体积指标建筑物体积（9.9%）紧随其后。增强回归树模型得出所有指标的相对重要性中，排在前五位的特征指标分别是：建筑覆盖率、建筑香农多样性指数、建筑物体积、植被覆盖率、植被斑块密度。所以一般来说，苏州中环区的地表温度受建筑物和植被覆盖率的影响较大，建筑物的高度多样性、建筑和植被的体量也会对地表温度产生显著影响。

由图10到图11的变化可知，当仅考虑植被指标影响时，重要度排序为三维绿度指数>植被斑块密度>植被覆盖率>平均植被高度，而当加入建筑格局特征影响时，重要性排序变为植被覆盖率>植被斑块密度>植被边缘密度>三维绿度指数>平均植被高度。三维绿度指数、平均植被高度等包含了植被高度特征的指标重要性降低，这一变化表明在考虑建筑物的影响后，植被高度特征相比水平特征对于城市热环境的调节作用减弱。

2.3.2 趋势及相关性

当同时考虑植被与建筑对地表温度的影响时，重要性排在前6的指标同时也是分别考虑植被与建筑对地表温度单独影响时的优势指标。故选取建筑覆盖率、建筑香农多样性指数、建筑物体积、植被覆盖率、植被斑块密度、三维绿度指数六个指标，绘制与地表温度之间的散点关系图，使用loess（locally weighted regression）非参数方法拟合曲线，其变化趋势如图12所示；在SPSS软件中使用相

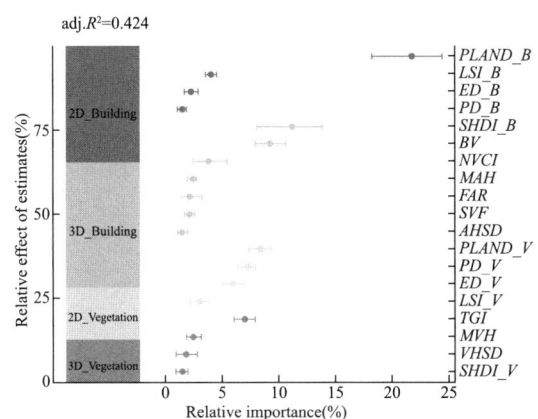

图 11 总体指标解释方差百分比及重要性排序

结合图与表的结果显示，建筑覆盖率、建筑香农多样性指数与地表温度呈显著正相关，这与曾等人[32]的研究结果一致；建筑物体积略微下降后升高，和地表温度显著相关。植被指标中，植被覆盖率、三维绿度指数和地表温度呈显著负相关；而植被斑块密度指标与地表温度的关系是随着植被斑块密度的增加，在初期先呈现出升温效应，这说明植被斑块数量在小范围增多且斑块分布不均匀，导致风速降低和空气流通不畅，减少了热量的分散，可能会在局部区域造成地表温度的升高。植被斑块密度和地表温度呈正相关的结论和王等人[33]的研究结果一致。而随着植被斑块密度的进一步增加，植被覆盖的累积效应开始显现，为城市提供更多的荫凉区域和水分蒸发，地表温度开始呈现下降趋势并最后趋于恒定。

关性分析方法得出各指标与地表温度间的相关性（表4）。

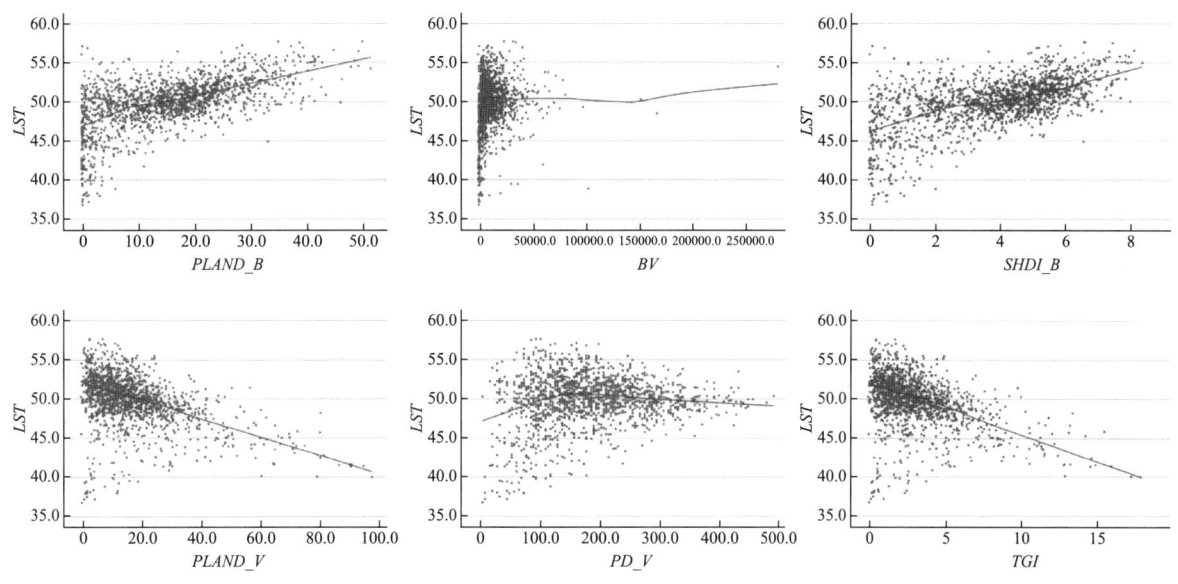

图 12 各指标散点图及拟合线

优势景观指数与地表温度的相关性 表4

景观指数	PLAND_B	SHDI_B	BV	PLAND_V	PD_V	TGI
相关系数	0.573**	0.570**	0.116*	-0.424**	0.129**	-0.417**
P 值	<0.001	<0.001	<0.001	<0.001	<0.001	<0.001

2.4 不同高度情景下的指标贡献度及边际效应存在差异

不同建筑格局的空间配置会在二维与三维方面严重影响城市热环境[34]，不同高度情况下各景观格局指标对地表温度的影响不同。为深入研究各指标在不同情境下对地表温度产生的具体影响，本研究选取基于不同的建筑平均高度（MAH）的四个样本区域 BH_1、BH_2、BH_3、BH_4，探讨在不同建筑高度情境下，其他景观指标对地表温度的贡献

度排序（即优势指标）的变化，以及其对地表温度产生不同阈值的边际效应。图13是由增强回归树模型得出的四个样本情境下贡献度的排序结果，图14为边际效应值结果。

2.4.1 优势指标的变化

由四份重要性排序图13可得出，不同建筑高度下的前五个优势指标分别是 BH_1 情景：$BV>SHDI\_B>PLAND\_B>PLAND\_V>PD\_V$；$BH_2$ 情景：$SHDI\_B>PLAND\_B>AHSD>LSI\_B>PD\_V$；$BH_3$ 情景：$PLAND\_B>LSI\_B>SHDI\_B>PLAND\_V>SHDI\_V$；$BH_4$ 情景：$TGI>PLAND\_V>PD\_V>$

$SHDI\_V > VHSD$。

结果表明，在建筑高度处于 $BH_1 \sim BH_3$ 情景时，建筑覆盖率、建筑香农多样性指数稳定在重要性的前五个优势指标中，说明这两个建筑指标随着建筑高度从 BH_1 情景增长到 BH_3 情景时都主导地表温度的变化，故在城市建设时重点考虑建筑覆盖率与建筑高度多样性的控制将有益于减缓建筑对热环境的影响；建筑景观形状指数（LSI_B）的相对重要性排序随着建筑高度从 BH_1 情景增长到 BH_3 情景有升高趋势，表明在建筑越高的区域，建筑斑块复杂度对地表温度的影响程度越大；而其余指标如建筑物体积、平均建筑高度标准差仅分别在 BH_1 和 BH_2 情景时作为优势指标。

而在植被指标当中，二维指标植被覆盖率、植被斑块密度在 BH_1 区域和建筑指标共同主导地表温度的变化，也印证了王等人[33]的结论：植被覆盖率、植被斑块密度与建筑指标共同影响地表温度，是影响地表温度的重要指标。结合边际效应图来看，当在 BH_1 情景区域建筑指标无法控制时，可以通过增加植被覆盖率、种植时考虑降低单位面积内的斑块密度并控制景观破碎化程度等方式降低地表温度。三维指标植被香农多样性指数在 BH_3 情景时主导地表温度的变化，说明在建筑高度为 20~35m 的地区可以通过采用丰富植物组团的高度来缓解热环境。由图 13 可以明显看出，BH_4（建筑高度>35m）情景时，贡献度排在前五的都是植被指标，说明当建筑高度增长到 BH_4 情景时，优势指标都是植被指标，说明此高度情景下植被指标对地表温度的影响占主导作用，结合边际效应图发现，增大三维绿度、增加植被覆盖率、降低单位面积内斑块密度与丰富植被组团的高度都将缓解地表温度的升高。

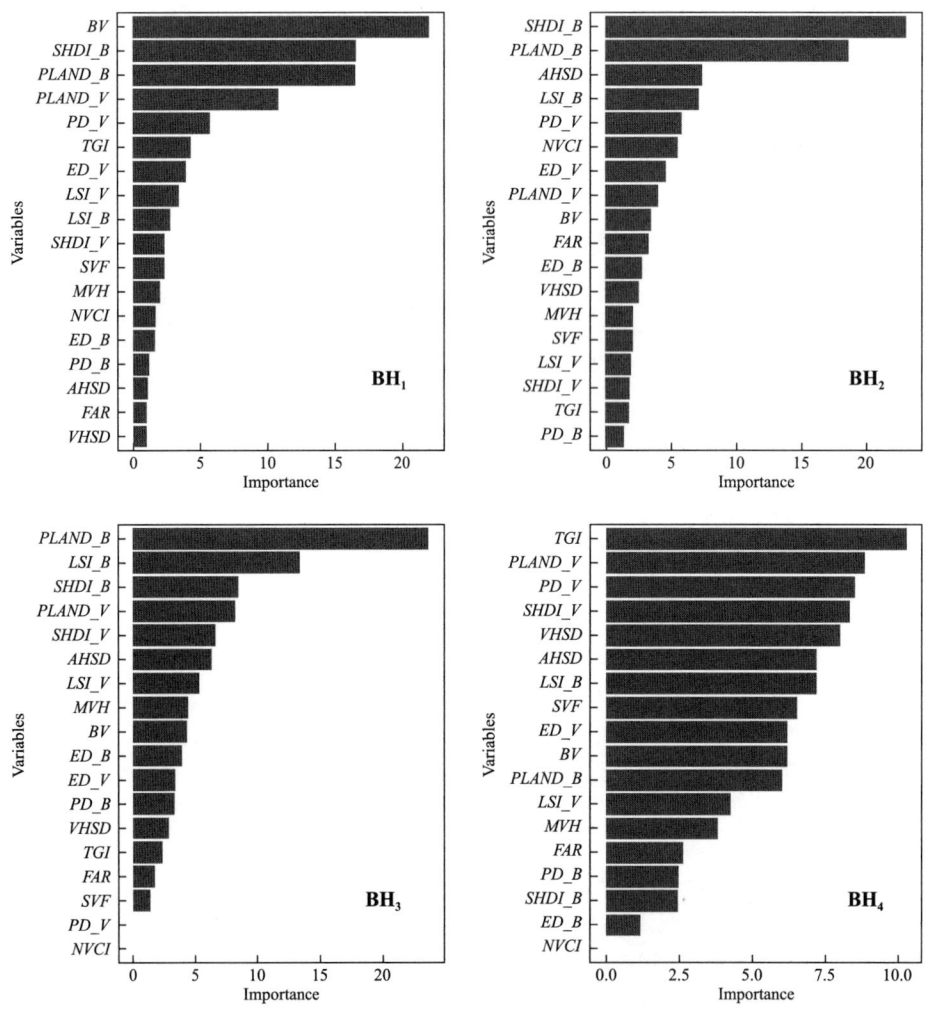

图 13　$BH_1 \sim BH_4$ 情景下指标相对重要性排序

2.4.2 边际效应

图14显示了建筑高度四种情景下前五项贡献指标的边际效应。

结果表明,在 BH_1、BH_2、BH_3 情景下,高建筑覆盖率(PLAND_B)值、高建筑香农多样性指数(SHDI_B)值可能导致高地表温度的出现,ΔT 分别达到4.5°、2.7°、1.6°(PLAND_B);0.9°、1.2°2°(SHDI_B),且随着建筑高度从 BH_1 情景增长到 BH_3 情景时 PLAND_B 的增温幅度减小,SHDI_B 的增温幅度升高,说明在此高度变化的情况下更应该注重控制建筑高度的多样性;平均建筑高度、植被斑块密度也对地表温度的升温产生一定影响,但升温程度较低,ΔT 较小;高植被覆盖率值可有效降低地表温度(ΔT 最高达到将近1.7°),故在城市建设过程当中,尤其在建筑高度 0~10m 和 20~35m 的区域增加植被覆盖率能有效缓解热环境。然而值得注意的是,当建筑高度处于 BH_1 情景时,植被覆盖率增长到45%时地表温度降温将达到阈值,而当建筑高度增长至 BH_3 情景时阈值减至23%,过度增加植被覆盖率将无法有效缓解地表温度。

在 BH_4 情景下,较高的植被覆盖率、植被香农多样性指数、平均植被高度标准差和三维绿度指数值能降低地表温度,ΔT 分别为0.65°、0.57°、0.65°、0.55°,在规划种植时需考虑以上指标的阈值分别为22%、2.6m、1.2、0.48。

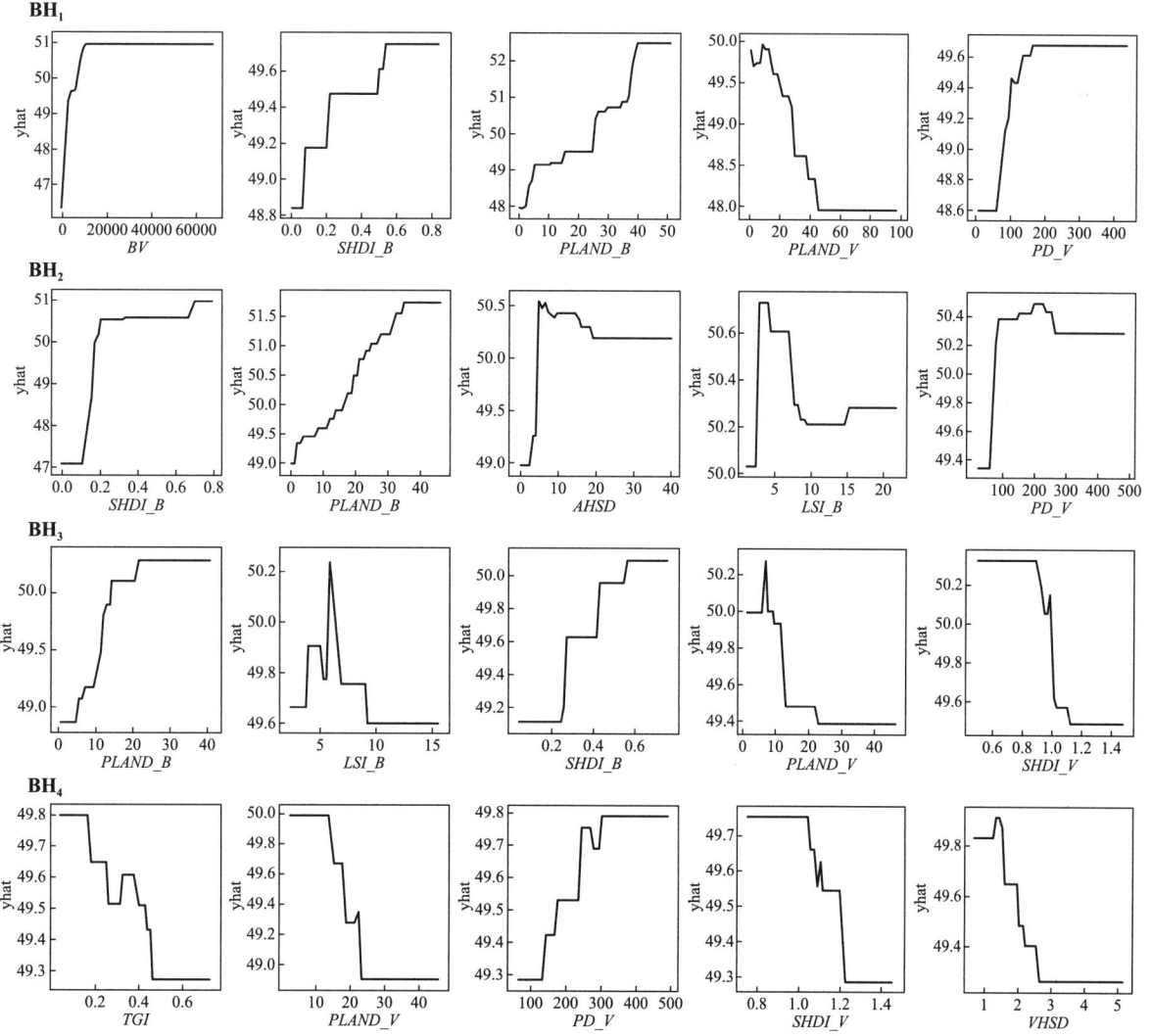

图14 4种情景下主要建筑/植被景观指标对地表温度的边际效应

3 讨论

3.1 城市建筑与植被的二维、三维格局具体如何影响地表温度？

本文探讨了不同的二维、三维景观格局指标对地表温度的相对重要性以及影响趋势，发现尽管几乎所有指标都能解释对地表温度的影响，但其相对重要性存在明显差异。综合以往研究发现，这与建筑、植被自身特征性能，以及与环境的相互作用有关。

3.1.1 二三维城市建筑格局对地表温度的具体影响

当仅考虑建筑形态的影响时，在建筑的11个指标当中二维指标建筑覆盖率是对地表温度产生正向影响最为重要的指标，这主要是因为在城市环境中，建筑覆盖率的增加通常与建筑密度的上升以及不透水表面的扩张密切相关[21]，主要表现在对自然通风潜力的抑制[35-36]以及对太阳辐射热的吸收能力的增强[37]。建筑三维指标建筑香农多样性指数与建筑物体积的重要性紧随其后，且对地表温度有显著正向影响，这可能是因为当建筑高度的多样性较高时，导致在某些区域高层建筑的阴影覆盖较少，使得更多的地面暴露在阳光下，增加了太阳辐射的直接吸收[37]；而建筑物体积越大，其热容量也越大，能够吸收和储存更多的太阳辐射热量，从而导致地表温度升高。

3.1.2 城市中植被的二维、三维特征对地表温度的具体影响

评估结果显示，仅考虑植被影响时，在所有植被指标当中，三维绿度指标是对地表温度产生作用贡献最大的指标。

三维绿度指标对地表温度的降温效果贡献大的原因可能是三维绿度指标的增大意味着植被的三维绿量增加，而绿量的增加影响了空气流动和热交换，对温度有重要影响[38]，且本研究中三维绿度指标对地表温度的负向影响趋势与曾等人[32]的研究结果一致。植被覆盖率是最重要的二维植被指标，高植被覆盖率值有助于改善热环境。这是由于植被覆盖率越高，植被蒸散的影响越明显[39]，且城市景观表面粗糙度的增加促进了空气流通[40]，有助于促进热量向大气中的传递[41]，使得地表温度降低。而二维指标植被斑块密度对地表温度有一定的正向作用，斑块密度值增高意味着在一定程度上，植被斑块数量多且斑块分布不均匀，故可能会在局部区域造成地表温度的升高。破碎化的斑块会导致风速降低和空气流通不畅，减少了热量的分散。

3.1.3 建筑与植被二维、三维格局特征对地表温度的组合影响

综合考虑建筑和植被格局的影响时，指标的相对贡献依次排序为：建筑覆盖率>建筑香农多样性指数>建筑物体积>植被覆盖率>植被斑块密度>三维绿度指数，最重要的指标仍为建筑特征指标且排序并未发生变化，但植被优势指标的排序有所变动，植被水平特征重要性超过了植被垂直特征的重要性，原因有多方面，同时考虑植被和建筑的影响时，建筑和植被的相互作用可能会导致不同的影响模式。

具体来说，植被的高度和体量特征直接影响到植被对太阳辐射的吸收和散射能力，较高的植被可以提供更大的荫凉区域，从而更有效地降低地表温度[17,42]。然而，当考虑建筑对地表温度的影响时，建筑的布局、高度和材料等特征会改变风速和风向，进而影响地表热量的扩散和分布[43-44]。在这种情况下，植被覆盖的水平特征如覆盖率和连续性将比植被高度更加重要，因为它们可以在建筑密集的城市环境中提供连续的降温效果，形成更好的降温环境。

此外，建筑的存在也可能会限制植被覆盖的扩展，使得植被覆盖率成为一个关键因素来影响城市热岛效应的强度和空间分布。因此，综合考虑建筑影响时植被的水平特征变得更加重要。

3.2 在建筑物高度不同的情况下，各指标对LST的影响如何变化？

3.2.1 各指标重要性的变化及原因

在建筑高度不同的城市区域中，各指标对地表温度影响的重要性都在不断发生变化，从图15所示的组合柱形图更能直观地看出各指标的变化。

在低、中建筑高度的BH_1、BH_2、BH_3区域，二维建筑指标建筑覆盖率、建筑景观形状指数、建筑边缘密度、建筑斑块密度的相对重要性随着建筑高度的增加而增加，这一现象表明建筑覆盖率、复杂程度等特征对地表温度的影响程度都会受到建筑高度变化的影响。当高度从BH_1情景增长到BH_3情景时，三维建筑指标如建筑物体积、建筑香农多样性指数的重要性降低，反之各植被指标的重要性增加，甚至当建筑高度增长到BH_4情景时，植被指标（三维绿度指数、植被覆盖率等）的相对重要性超越了建筑指标。这可能是因为在低、中高度的建筑区域建筑密度大，而植被通过蒸腾作用和提供遮阴，对地表温度有降温作用，但建筑开发密度高的地区植被数量较少，且影

响程度受限。而高层建筑可能使用更多的建筑材料，这些材料的热物理特性可能会影响其吸收和释放热量的能力[45]。与之相比，植被区域由于具有更高的水分含量，可能具有更高的热容量和蒸腾冷却效果，故在建筑高度较高的区域，植被对地表温度降温影响的重要性更大，在城市建设过程中应首要考虑城市种植规划。

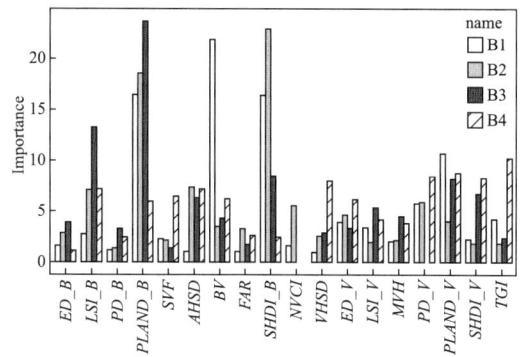

图15　各指标对地表温度影响的重要性

3.2.2　边际效应阈值的变化

由于大部分植被指标对地表温度降温作用明显，故本文讨论对地表温度起主要降温作用的植被覆盖率以及植被香农多样性指数的边际效应在不同高度区域的变化和应用有重要意义。

随着建筑高度从 BH_1 情景增长到 BH_4 情景时，植被覆盖率对地表温度的作用拐点从40%降到22%，降温阈值也从48°增长到49.4°再到48.9°。总体上看，该指标随着建筑高度增长，降温拐点更早，更快达到阈值，且降温效果变差。故在城市建设过程中，在建筑高度较低的区域（BH_1 情景），增加植被覆盖率将能达到最好的降温效果；在建筑高度高的区域，增加植被覆盖率的降温效果不明显，需要增加其他植被指标如三维绿度指数（$\Delta T = 0.55°$）、平均植被高度（$\Delta T = 0.65°$）可辅助植被的降温作用。

作为 BH_3、BH_4 情景的优势指标，植被香农多样性指数的降温效果当从 BH_3 情景增长至 BH_4 情景时变弱，拐点从1.1升至1.2，将更慢达到阈值，且后者降温幅度更大。说明在建筑高度更高的区域，调整植被高度多样性（$SHDI\_V$）将有更大的效益。

3.3　优点与局限性

本研究将建筑高度和植被高度结合起来，考虑了全面的三维景观指标并可视化，揭示了在苏州城区中地表温度影响因素的差异。然而本文章有一定局限性。首先，本研究旨在通过GF-2卫星图像反演估算植被高度获得城市冠层数据。尽管前期研究，如白等学者[23] 所开展的工作，已证实该方法在一定程度上能够提供可靠的植被高度反演结果，但精确度无法达到最佳。本研究计划在将来引入LiDAR（Light Detection and Ranging）与SAR（Synthetic Aperture Radar）技术对植被高度进行更为精确的测量。其次，本研究中综合运用了多种数据源，这一策略虽有助于全面分析，但也不可避免地引入了一定的不确定性。具体而言，通过楼层数据间接估算得到的建筑高度与实际值之间可能存在偏差，这种偏差可能会影响到建筑热特性[46] 的准确评估。此外，所使用的建筑数据获取时间节点位于2019年之前，而地表温度反演所依据的卫星影像数据则采集自该时间点之后。鉴于城市土地利用及覆盖类型在时间跨度上可能发生的变迁，这些变化可能会对地表温度的准确反演造成潜在影响，从而引入额外的不确定性。因此，在将来进行分析和解释研究结果时会谨慎考虑这些潜在的数据不一致性。

4　结语

本研究采用增强回归树模型，探讨了二维、三维建筑和植被景观格局对苏州中环地区地表温度的分离和组合相对贡献和边际效应，并探讨了基于不同建筑高度的4个情景下主要影响地表温度的景观指标变化。主要研究结果如下：

（1）当仅考虑建筑格局对地表温度影响时，三维建筑指标对地表温度影响的解释度稍大于二维建筑指标的解释度，但二维建筑指标建筑覆盖率仍然是对地表温度产生正向影响最为重要的指标；仅考虑植被影响时，在所有植被指标当中，二维植被指标解释度大于三维植被指标解释度，但三维绿度指数（TGI）是对地表温度产生作用贡献最大的指标。

（2）在综合建筑与植被共同影响时，建筑格局指标仍然有较大的解释度，植被格局特征相比建筑格局特征在城市热环境中的作用不大。此外建筑景观格局可以影响植被景观格局对城市热环境的降温效益，而建筑对城市热环境的影响受植被的影响较小。当综合考虑建筑与植被格局时，受建筑格局影响，二维植被指标在城市热环境调节中的重要性增加，说明水平植被斑块覆盖程度对调节城市热环境相较于植被高度等特征起着更重要的作用。

（3）建筑高度之间的差异对各指标贡献度产生了相当大的影响。当建筑高度较低时，建筑覆盖率、建筑香农多样性指数稳定在重要性的前五个优势指标中，同时随着建筑高度从 BH_1 情景增长到 BH_3 情景，建筑覆盖率的增温幅度减小，建筑香农多样性指数的增温幅度升高，在此高度变化的情况下更应该注重控制建筑高度的多样性；建筑高度较大时，三维绿度指数、植被覆盖率、植被斑块密度、植被香农多样性指数、平均植被高度标准差对地表温度的贡献度位居前五，植被指标占主导作用；随着建筑高度增长，植被覆盖率指标降温拐点提前、阈值升高，降温效果变差，因此在 BH_1 情景时增加植被覆盖率能达到良好降温效果，当植被高度变高时，通过增大其他植被指标值可加强降温效果。

参考文献

[1] IPCC. IPCC-Special-Report-1.5-SPM_zh[Z]. 2024.

[2] Kalnay E, Cai M. Erratum: Corrigendum: Impact of urbanization and land-use change on climate[J]. Nature, 2003, 425(6953): 102-102.

[3] Campbell S, Remenyi T A, White C J, et al. Heatwave and health impact research: A global review[J]. Health & Place, 2018, 53: 210-218.

[4] 卡斯木阿里木江,张雪玲,梁洪武. 天山北坡城市群季节性地表温度与景观格局空间关系分析[J]. 地理研究, 2024, 43(5): 1267-1287.

[5] 孟丹,李小娟,宫辉力,等. 北京地区热力景观格局及典型城市景观的热环境效应[J]. 生态学报, 2010, 30(13): 3491-3500.

[6] 向炀,周志翔. 蓝绿空间景观格局对城市热岛的影响[J]. 中国园林, 2023, 39(1): 105-110.

[7] Peng J, Xie P, Liu Y, et al. Urban thermal environment dynamics and associated landscape pattern factors: A case study in the Beijing metropolitan region[J]. Remote Sensing of Environment, 2016, 173: 145-155.

[8] 陈爱莲,孙然好,陈利顶. 传统景观格局指数在城市热岛效应评价中的适用性[J]. 应用生态学报, 2012, 23(8): 2077-2086.

[9] 黄焕春,运迎霞,赵瑞. 减弱热岛强度的城市形态布局关键参数与响应机制[J]. 土木建筑与环境工程, 2014, 36(5): 95-102.

[10] Zhou W, Huang G, Cadenasso M L. Does spatial configuration matter? Understanding the effects of land cover pattern on land surface temperature in urban landscapes[J]. Landscape and Urban Planning, 2011, 102(1): 54-63.

[11] 于晓雨,许刚,刘樾,等. 长江三角洲地区城市建筑三维形态对地表热环境的影响[J]. 中国环境科学, 2021, 41(12): 5806-5816.

[12] Guo F, Wu Q, Schlink U. 3D building configuration as the driver of diurnal and nocturnal land surface temperatures: Application in Beijing's old city[J]. Building and Environment, 2021, 206: 108354.

[13] 姜允芳,李悦,石铁矛,等. 城市住区热环境效果模拟与生态节能性研究[J]. 沈阳建筑大学学报(自然科学版), 2018, 34(6): 1145-1152.

[14] Srivanit M, Kazunori H. The Influence of Urban Morphology Indicators on Summer Diurnal Range of Urban Climate in Bangkok Metropolitan Area, Thailand[J]. The International Journals of Engineering and Sciences, 2011, 11(05).

[15] Xu H, Li C, Hu Y, et al. Quantifying the effects of 2D/3D urban landscape patterns on land surface temperature: A perspective from cities of different sizes[J]. Building and Environment, 2023, 233: 110085.

[16] Luo P, Yu B, Li P, et al. Understanding the relationship between 2D/3D variables and land surface temperature in plain and mountainous cities: Relative importance and interaction effects[J]. Building and Environment, 2023, 245: 110959.

[17] Liao J, Tan X, Li J. Evaluating the vertical cooling performances of urban vegetation scenarios in a residential environment[J]. Journal of Building Engineering, 2021, 39: 102313.

[18] Liu M, Ma J, Zhou R, et al. High-resolution mapping of mainland China's urban floor area[J]. Landscape and Urban Planning, 2021, 214: 104187.

[19] Alavipanah S, Schreyer J, Haase D, et al. The effect of multi-dimensional indicators on urban thermal conditions[J]. Journal of Cleaner Production, 2018, 177: 115-123.

[20] 周伟奇,田韫钰. 城市三维空间形态的热环境效应研究进展[J]. 生态学报, 2020, 40(2): 416-427.

[21] Alexander C. Influence of the proportion, height and proximity of vegetation and buildings on urban land surface temperature[J]. International Journal of Applied Earth Observation and Geoinformation, 2021, 95: 102265.

[22] Hu X, Yan H, Wang D, et al. A Promotional Construction Approach for an Urban Three-Dimensional Compactness Model—Law-of-Gravitation-Based[J]. Sustainability, 2020, 12(17): 6777.

[23] 白晓琼,王汶,林子彦,等. 基于高空间分辨率遥感影像的三维绿度度量[J]. 国土资源遥感, 2019, 31(4): 53-59.

[24] 帅慕蓉,谢贻文,杨鹏飞. 基于eCognition高分辨率影像的分类研究[J]. 无线互联科技, 2018, 15(11): 98-99.

[25] Chang Y, Xiao J, Li X, et al. Exploring diurnal thermal variations in urban local climate zones with ECOSTRESS land surface temperature data[J]. Remote Sensing of Environment, 2021, 263: 112544.

[26] Li Z, Hu D. Exploring the relationship between the 2D/3D architectural morphology and urban land surface temperature based on a boosted regression tree: A case study of Beijing, China[J]. Sustainable Cities and Society, 2022, 78: 103392.

[27] Elith J, Leathwick J R, Hastie T. A working guide to boosted regression trees[J]. Journal of Animal Ecology, 2008, 77(4): 802-813.

[28] Yu Q, Ji W, Prihodko L, et al. Study becomes insight: Ecological learning from machine learning[J]. Methods in Ecology and Evolution, 2021, 12(11): 2117-2128.

[29] Ren S, Wang T, Guenet B, et al. Projected soil carbon loss with warming in constrained Earth system models[J]. Nature Communications, 2024, 15(1): 102.

[30] Liu S, García-Palacios P, Tedersoo L, et al. Phylotype diversity within soil fungal functional groups drives ecosystem stability[J]. Nature Ecology & Evolution, 2022, 6(7): 900-909.

[31] Chen J, Zhan W, Du P, et al. Seasonally disparate responses of surface thermal environment to 2D/3D urban morphology[J]. Building and Environment, 2022, 214: 108928.

[32] Zeng P, Sun F, Liu Y, et al. The influence of the landscape pattern on the urban land surface temperature varies with the ratio of land components: Insights from 2D/3D building/vegetation metrics[J]. Sustainable Cities and Society, 2022, 78: 103599.

[33] Wang Q, Wang X, Meng Y, et al. Exploring the impact of urban features on the spatial variation of land surface temperature within the diurnal cycle[J]. Sustainable Cities and Society, 2023, 91: 104432.

[34] Han S, Hou H, Estoque R C, et al. Seasonal effects of urban morphology on land surface temperature in a three-dimensional perspective[J]. Building and Environment, 2023, 228: 109913.

[35] Sun F, Liu M, Wang Y, et al. The effects of 3D architectural patterns on the urban surface temperature at a neighborhood scale: Relative contributions and marginal effects[J]. Journal of Cleaner Production, 2020, 258: 120706.

[36] Huang Y, Tu R, Tuerxun W, et al. A Community Information Model and Wind Environment Parametric Simulation System for Old Urban Area Microclimate Optimization: A Case Study of Dongshi Town, China[J]. Buildings, 2024, 14(3): 832.

[37] Chen Y, Yang J, Yu W, et al. Relationship between urban spatial form and seasonal land surface temperature under different grid scales[J]. Sustainable Cities and Society, 2023, 89: 104374.

[38] Chen X, Zhao P, Hu Y, et al. Canopy transpiration and its cooling effect of three urban tree species in a subtropical city-Guangzhou, China[J]. Urban Forestry & Urban Greening, 2019, 43: 126368.

[39] Anderson M C, Kustas W P, Norman J M, et al. A brief history of the thermal IR-based Two-Source Energy Balance (TSEB) model-diagnosing evapotranspiration from plant to global scales[J]. Agricultural and Forest Meteorology, 2024, 350: 109951.

[40] Shen X, Liu H, Yang X, et al. A Data-Mining-Based Novel Approach to Analyze the Impact of the Characteristics of Urban Ventilation Corridors on Cooling Effect[J]. Buildings, 2024, 14(2): 348.

[41] Chan A T, Au W T W, So E S P. Strategic guidelines for street canyon geometry to achieve sustainable street air quality—part II: multiple canopies and canyons[J]. Atmospheric Environment, 2003, 37(20): 2761-2772.

[42] Sodoudi S, Zhang H, Chi X, et al. The influence of spatial configuration of green areas on microclimate and thermal comfort[J]. Urban Forestry & Urban Greening, 2018, 34: 85-96.

[43] 韩贵锋, 蔡智, 谢雨丝, 等. 城市建设强度与热岛的相关性——以重庆市开州区为例[J]. 土木建筑与环境工程, 2016, 38(5): 138-147.

[44] 杨易, 张之远, 余先锋. 基于一种标准城市建筑模型的行人高度风环境比较研究[J]. 同济大学学报(自然科学版), 2022, 50(6): 784-792.

[45] 刘闻雨, 宫阿都, 周纪, 等. 城市建筑材质-地表温度关系的多源遥感研究[J]. 遥感信息, 2011(4): 46-53+110.

[46] Schiano-Phan R, Weber F, Santamouris M. The Mitigative Potential of Urban Environments and Their Microclimates[J]. Buildings, 2015, 5(3): 783-801.

作者简介

（通信作者）洪婷婷，1983年生，女，福建南安人，福州大学建筑与城乡规划学院，教授、硕士生导师。研究方向：风景园林规划与设计、韧性城市。电子邮箱：fjolive@fzu.edu.cn。

李陶钧，2002年生，福建宁德古田人，福州大学建筑与城乡规划学院。研究方向：风景园林规划与设计、韧性城市。

黄晓辉，1999年生，男，江西赣州人，福州大学建筑与城乡规划学院硕士研究生在读。研究方向：城乡规划、韧性城市。

郭浩，2001年生，男，福建福州人，福建农林大学园林学院硕士研究生在读。研究方向：风景园林规划与设计、韧性城市。

人民城市理念下城市商业街区的"再规划、微改造"[①]
——以杭州西湖湖滨步行街区改造景观为例

Re-planning and Micro-transformation of Commercial Pedestrian Street under the concept of people's city
—Landscape Planning and Design of Hangzhou West Lake Pedestrian Street Transformation

张德娟* 薛 峰 朱儁夫

摘 要：商业街区是指城市中包含交通与购物、旅游、交往等多元功能的重要的生活场所与公共空间资源。在人民城市理念下，商业街区的"再规划"与"微改造"应从城市的公共利益出发，创造更多具有生活场景的空间。作为商务部首批示范步行街区之一，区别于传统的街道景观设计，杭州西湖湖滨步行街区是城市更新背景下大尺度场景与公共空间示范实践，是人民城市理念一体化设计手法创新。西湖湖滨步行街区毗邻世界文化遗产区，占地面积41万 m²。本文通过对西湖湖滨步行街区景观的改造，探讨商业街区的微更新手法。通过对步行街区交通网络、开放空间、文化风貌、生态绿化、市政设施、信息化等进行整合，形成"多维一体"的步行街区景观整合设计，打造独具中国传统文化特色的城市客厅。

关键词：人民城市；城市更新；风貌保护；文脉延续；全民友好；夜景照明；智慧设施

Abstract: The commercial district is an important living place and public space resource in the city that contains multiple functions such as transportation and shopping, tourism and interaction. Under the concept of people's city, the "re-planning" and "micro-renovation" of commercial districts should be based on the public interest of the city and create more spaces with living scenes. Hangzhou West Lake Lakeside Pedestrian District is the only pedestrian commercial district in the world adjacent to a World Heritage Site, covering an area of 410,000 square meters. Through the transformation of the landscape of the West Lake Lakeside Pedestrian Zone, we explore the micro-renewal approach of the commercial district. It integrates the traffic network, open space, cultural style, ecological greening, municipal facilities and information technology to form a "multi-dimensional" integrated design of the pedestrian street landscape and create a unique urban living room with Chinese traditional cultural characteristics.

Keywords: People's City; Urban Renewal; Landscape Protection; Cultural Continuity; Friendly for All; Night Lighting; Smart Facilities

1 人民城市理念的背景

"人民城市为人民，人民城市人民建"，一直在强调"城市的核心是人"。人民城市是对中国特色社会主义城市的全新设计，充分激发人民在城市建设中的主人翁精神，探索市民参

[①] 基金项目：国家重点研发计划资助项目"既有居住建筑宜居改造及功能提升关键技术"（项目编号：2017YFC0702900）之课题"既有居住建筑公共设施功能提升关键技术研究"（课题编号：2017YFC0702907）资助。

与城市建设的有效路径。在城市建设过程中应积极开发城市中的公共空间、绿色环境，创造发展机会，使市民更便捷地获取公共产品、更舒心地享受绿色生活、更公平地获得发展机遇。要"努力打造人人都能享有品质生活的城市、人人都能有序参与治理的城市、人人都有人生出彩机会的城市"[1]。这就要求我们建筑师贴近人民群众生活，开展更有"味道"、更有"温度"、更具"匠心"的"微改造"，从"小活"和"细活"中练就城市设计的"绣花功夫"。

2 人民城市与商业街区设计

2.1 人民城市理念下商业街区的建设原则

人民城市理念下的商业街区规划建设原则须体现人民城市属于人民（属民性）、城市发展为了人民（为民性）、城市治理依靠人民（靠民性）[2]。即在物质和精神层面综合考虑人的行为、心理、思维。物质层面体现在交通网络、植物景观、建筑风貌、城市家具等街道设施；精神层面体现在步行感受、历史印象、文化认同、社交体验、智慧互动等人们对商业街区的街头生活和开放空间的需求。

2.2 人民城市理念下商业街区的建设目标

人民城市理念下商业街区建设需聚焦人民群众的需求，走内涵式、集约型、绿色化的高质量发展道路，合理安排生产、生活、生态空间并把握其内在联系，努力创造宜业、宜居、宜乐、宜游的良好环境。建设满足人的需求和寄托社会文化关怀的人文性街区，形成人对城市的向心力；建设具有人与城市共生存、世界城市共发展的共同体理念的开放性街区，主张和而不同、互利共赢的理念；建设生产空间集约高效，生活空间宜居适度，生态空间山清水秀的生态性街区，实施生态环境的精细化治理；建设党建引领、重心下移、科技赋能的智慧化街区。充分发挥大数据、区块链、人工智能等数字技术在街区建设和运行管理方面的作用。

2.3 人民城市街区建设与世界城市街道设计导则发展

20世纪90年代新城市主义理论兴起，主张街道设计的人性化尺度、场所精神及邻里感建设，提倡人车和谐。世界各城市相继制定以人为本的街道设计导则，这对我国人民城市街区建设有着指导意义。美国对于街道设计标准的"以人为本"的阐述起源于2006年出版的《美国城市规划和设计标准》。2010年3月，《关于面向自行车和行人的政策纲领》的发布，强调美国的道路交通系统必须整合步行和自行车设施元素[3]。截至2014年，美国共有48个州564个地方政府出台了支持完整街道的法律、政策或导则，其街道设计的共性策略皆体现"以人为本"的特征。如在交通规划方面，以街道的网络化与高效性保障社区设施的可达性；优先考虑步行，保证行人与车辆的安全移动，在促进可达的基础上保障安全。在空间营造方面，塑造街道个性，呼应邻里情景（环境协调的街道空间），以高品质的公共空间营造充满活力的公共环境，创造连贯和谐的街景[4]。而英国《伦敦街道设计导则》以市区商业街道为例，保留市区内的传统地砖及路缘，采用嵌入式井盖设计，垃圾桶及变电设施移至道路边缘，增大植物土壤面积，简化过街设施，优化路灯设计并将其附于建筑立面，所有街道设施符合中心城区色彩规划（黑色），清理街道障碍物等[5]，从细节上提出了提升措施。

在我国，《城市综合交通体系规划标准》GB/T 51328—2018将城市道路分为三大类、四中类及八小类。按照分类标准，与步行商业街区联系较为紧密的为干线道路大类里的主干路中类里的Ⅲ级主干路小类和集散道路大类里的次干路小类[6]。我国各大城市的街道设计导则与道路空间规划设计规范也都体现着人民城市的核心理念。如广州市在道路设计上，从"城市道路"向"城市空间"转变，使道路环境的舒适性、安全性得到提升，实现"以人为本，人车共享"。北京市的街道设计强调"以人为本、统筹兼顾、综合利用、环境友好"，科学、有效利用道路空间资源，统筹和规范道路空间各项规划设计。上海市通过推动道路向街道的人性化转变，改进城市公共服务供给，激发城市活力，提升城市文化内涵和塑造城市精神，建设"安全、绿色、活力、智慧"的街道[7]。

2.4 典型城市商业街区设计案例对人民城市理念下商业街区建设的启示

国外城市的商业街区建设较早，发展较为成熟，从交通规划、景观设计、生态建设等方面为我国商业街区建设提供了借鉴意义。如法国巴黎香榭丽舍大街通过将人行道宽度从12m拓宽到24m来满足行人的活动需求[8]；澳大利亚悉尼皮特街通过铺装、街道家具和照明等设施呼应具有地域特色的"坦克溪"，唤醒人们对街道的历史记忆与地方归属感[9]；日本东京中城保留桧町公园等自然式公园，通过植物塑造具有自然美的空间，满足游人对绿色空间的生态需求[10]；英国的Bird Street地面三角形电磁感应器铺装、"清洁空气"长椅等景观设施在增强人与场地互动的基础上，为街区的能源流动、信息管理提供了智能化的设计思路[12]。

2.5 小结

近年来，我国商业步行街数量逐年增加，但在建设和管理方面存在如下问题：对国外盲目模仿，景观千篇一律，无法体现地方特色；缺少合理规划，与城市结构整体规划衔接不良；配套设施不完善；忽略街区的生态性等。

新时代人民城市理念下的商业街区建设，首先须活力共享，强化空间衔接，打造便捷立体慢行系统。其次应丰富多元，开放街道界面，打造高品质公共空间。

由于商业街区地块性质复杂，用地功能复合性高及城市管理运营部门众多等问题，目前国内外商业街区尺度的设计多集中在专项设计之中。如英国伦敦市，街道设计数量达80余条，但内容限于过宽的机动车道、过大的转弯半径以及不合理的行人过街设施等，而将机动车道彻底改为步行街区的景观改造仍属空白。故新时代在我国人民城市理念下提倡以人为本的设计，将"空间、文化、生态、艺术"整合为一体的街区微改造具有重要意义。杭州西湖滨湖步行商业街毗邻世界文化遗产且为商务部确认的"全国示范步行街"，集历史文化、商业活力、自然风貌为一体。其湖滨步行街区改造规划设计项目在我国具有一定的前瞻性和代表性[11]。

3 人民城市理念下商业街区的规划设计策略——以杭州西湖湖滨步行街区改造景观为例

3.1 地块现状

改造片区占地面积41万 m²，内含20条城市道路、24条步行里弄街巷，包括了大韩临时政府旧址纪念馆、龙翔里等历史街区和历史保护建筑，地铁龙翔里站以及各类临街商业、文化娱乐场所、酒店等。现状问题如下：第一，交通割裂，未形成网络系统。东西向滨水机动车道破坏了西湖湖滨人行道、非机动车道的连续。街道属性模糊，人、机动车、自行车各自争抢空间。第二，街道空间混乱，缺少开放场所。原有街区步行空间狭窄，商业建筑一层底商林荫公共空间被杂乱摆放的非机动车侵占，缺少能让人停留下来、富有活力的人性化公共空间。第三，风

貌破碎，历史文脉景观亟需保护。缺少对片区城市街道空间与城市功能、环境景观、城市文化、公共艺术品、市政设施、交通设施等的整合设计，各类建筑形态无法形成协调的街区文化风貌。历史片区内含两处历史街区与历史建筑，其中存在一定数量的危房需要原址拆建。第四，绿量缺乏，植物景观零散稀落。不同类型建筑场地中的绿植景观不能形成系统的景观特色。第五，个性缺乏，配套服务设施与时代脱节。街区除了配置垃圾桶外，缺少标识系统及城市家具。

3.2 设计策略

从"以车为先"回归到"以人为本"，在人民城市理念下，对步行街区功能、环境景观、街区文化、公共艺术品、城市家具、市政设施、交通设施、海绵渗透、信息化等进行整合，形成"多维一体"的步行街区景观整合设计（图1）。

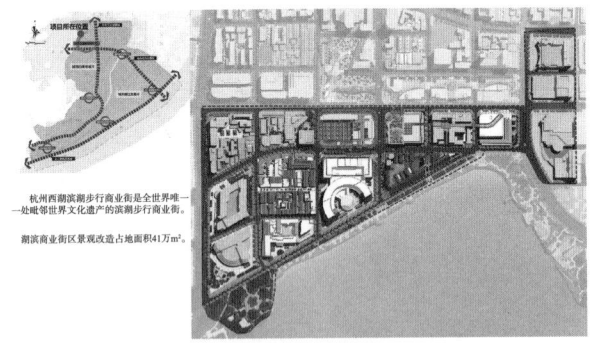

图1 杭州西湖滨湖步行商业街改造总平面图

3.2.1 慢行优先，系统化交通网络

协调整合多种交通方式，系统化交通网络。对片区内步行规划与轨道交通、公共交通、机动车、自行车、共享单车等交通流线组织，以及停车、落客、引导标识、防护设施和景观绿植等进行系统的整体规划。明确并分离街道属性，将步行街区划分为步行主街、街巷、场地步行路和滨湖林荫路。形成尺度各异、场景各异的步行系统。

注重街区步行系统与外部的机动车、公交、非机动车等交通进行系统的接驳规划，保证宏观交通和慢行系统的连续性。采用小环形和尽端路方式，将城市交通延伸至步行街区内，形成以5~10分钟步行距离与城市交通的接驳。对连通地下商业与地铁站的龙翔里地铁站小微广场和出入口广场进行改造，形成与城市轨道交通的接驳（图2）。对与步行街接驳的城市主干道进行交叉口渠化改造，缩小交叉路口转弯半径，减少过街人行道长度。

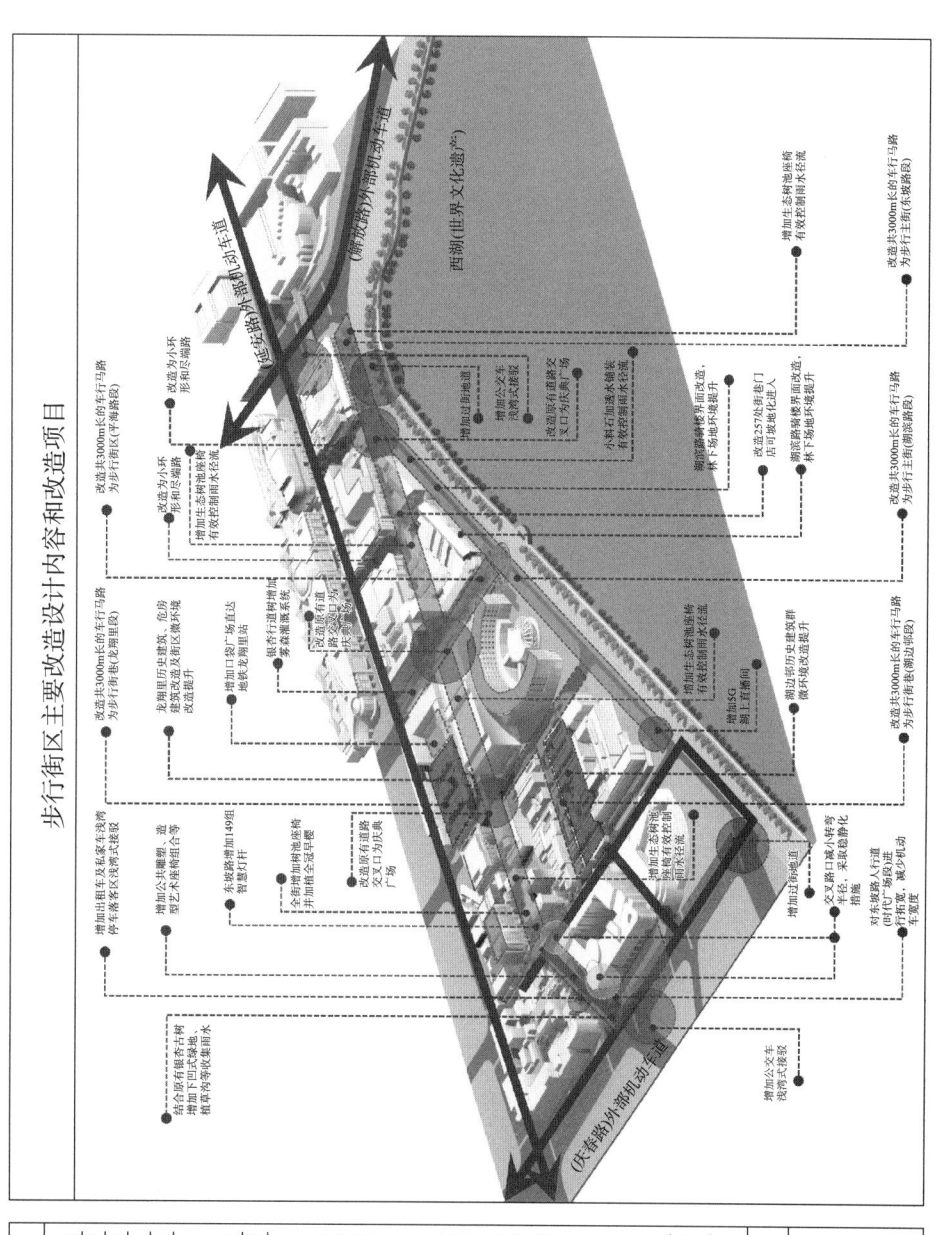

图 2 杭州西湖湖滨步行街区景观改造技术体系框架图

将"车本位"转为"人本位"规划理念，完善过街安全设施。对东坡路（时代广场段）的人行道进行拓宽，减机动车道宽度，采用多种交通稳净化设计，对公交站、出租车及私家车浅湾停车落客区进行改造整治（图3）。

图3　涟漪广场—平海路与东坡路十字路口及平海路西段改造后实景图

3.2.2　回归体验，人性化空间塑造

设计以人的体验和感受为主，在空间类型层面，结合原有街道和各类建筑场地环境，按商业步行街功能规划各类城市广场和街头绿地；利用步行街路口规划商业活力广场，解决商业街区举办各类城市活动所需场地问题；在拓宽的人行道街口设置公共艺术品雕塑广场；微改造原有场地的小微街头绿地，增设林下场地和休憩设施，使步行者能够停留；对各类建筑场地内原有绿植进行加植改造，增加林下休憩空间。在空间组织层面，通过绿植、休闲设施和铺装等形成明确且稳定的线性空间界限，满足人们在街道中的边缘倚靠需求与领域需求。在空间布局层面，优化建筑灰空间，采用通透型的建筑底层空间，弱化围墙式街道空间的阻隔效应，强化场所空间的整体营造。在空间形态层面，注重建筑、绿化与街道空间的围合方式，合理设置空间私密性的变化转换及空间开放围合的序列变化。在空间轮廓层面，结合人行视线合理设置建筑制高点的位置与视线廊道，创造丰富的建筑形态，与自然天空相结合形成街道空间视线的焦点背景，给行人带来视觉的愉悦感[12]。

3.2.3　追寻文脉，特色化环境风貌

充分挖掘当地民俗传统和自然条件相互作用的文化特色和遗产精神。通过控制道路的尺度和交接方式整治与梳理传统街巷格局，形成街区肌理骨架。对龙翔里历史街区的危房进行原址拆除重建，采用原有街巷肌理与尺度，对宅间院落入口门头、窗檐、屋顶、种植池等统一构造与材质。

从建筑体量、比例、色彩、材质等方面对老建筑进行保护和修缮，对新建筑进行解构与重组，使新老建筑风貌统一。对街区各类建筑风貌进行分类整治和微改造，对九星里、星远里、西湖大剧院、仁和饭店、方回春堂、知味观、毛昌源眼镜等20余处街巷和老字号建筑局部立面及建筑周边环境空间进行保护性风貌整治和提升。统一街区范围内建筑外界面设计基准色调，拆除原有风格迥异的室外搭建（图4）。

图4　街区建筑风貌改造后实景图

对环境色彩、铺装、照明等进行风貌的统一，并根据街区的商业性质提供相应特色的功能性项目，如"购物""餐饮""住宿"等，呼应并承载其文化风貌。规划中最大程度保护大韩政府旧址历史街区的本真，通过街巷道路铺装、景墙、树景（图5）和墙体材质（图6）等保护街巷风貌。

通过环境色彩设计，统一改造商业标识广告，注意风格、悬挂高度与材质等，使湖滨银泰等新商业建筑与老字号方回春堂等形成新旧对话，实现风貌统一而富有韵律（图7）。东西向平海路步行街采用借景、框景、对景等中国古典园林造景手法，形成连通西湖与街区的视觉通廊。对西向步行街尽头镌刻杭州古城历史的石材铺装巨型地图以及已停止了使用功能却依旧保留本真的小型渔船码头周

图 5　大韩临时政府旧址树景改造后实景图

图 6　大韩临时政府旧址墙体材质改造后实景图

边环境进行整治，调整植物栽植，改造观览和留影场景空间（图8）。

图 7　湖滨银泰等商业建筑

在铺装的设计上，均采用当地材料，东西向平海路和学士路步行街的场地铺装采用江南淡雅的黑白灰色调，铺装要素采用抽象的西湖水波元素，形成与西湖世界文化遗产对话的视觉廊道。南北向东坡路铺装要素采用不同的文化印记元素，展现杭州千年故事（图9）。

照明设施设计包括街区夜景照明设计和照明控制与节能设计两个方面。其中街区夜景照明设计又包括植物景观氛围、建筑场景、道路地面照明设计等内容。

图 8　平海路步行街道改造后实景图

图 9　平海路和学士路步行街场地铺装改造后实景图

在街区植物景观氛围夜景照明设计上，与杭州 G20 峰会西湖湖滨夜景环境相协调，规划设计了步行街西端湖滨处长 126m 的音乐喷泉。与平海路两侧结合银杏树布置的雾森系统喷射的轻柔水雾相得益彰，营造出朦胧的"薄雾森林"夜景环境（图10）。

图 10　仁和路改造后实景图

东坡路结合 45 个座椅和绿植设计了 4 组以季节为主题的夜景泛光照明。分别是：春天柳浪闻莺的"明绿"，温润淡雅；夏天曲院风荷的"淡绯"，娇艳欲滴；秋天平湖秋月的"箴黄"，饱满圆融；冬天断桥残雪的"云峰白"，苍翠高冷。

在建筑场景夜景照明设计上，老字号建筑与湖滨商业建筑立面照明均采用了"杭州墙门"元素，灰色立面建筑被打上3000K的灯光以保持更明亮的色调，并且保证大面积使用的2700K的暖色不会使原有建筑立面覆盖上不自然的色调，以达到"泛光洗墙"效果（图11）。在道路地面夜景照明设计上，步行街交叉路口节点的场地夜景照明设计以茶园花香为主题，利用8m立杆投影营造雅致、自然的地面灯效（图12）。道路地面夜景照明和灯饰与地面铺装的茶花、龙井、涟漪、油纸伞等元素进行结合设计，营造江南夜景特色（图13）。

图11　湖滨路改造后实景图

图12　平海路商业氛围改造后实景图

图13　商业街区江南夜景氛围实景图

3.2.4　引入自然，持续化生态设计

确保街道空间的绿地数量与质量。根据街道的定位、沿街建筑功能、街道宽度等，合理分配分隔带、行道树、沿街休闲绿化等不同绿化区，形成各具特色的植物景观。同时合理建设街道生态雨污循环系统，促进生态资源与社会环境的协调可持续发展。

保留原有的行道树，在平海路上加植银杏树景观和东坡路上樱花树景观，形成四季绿植风貌与步行街林荫场景（图14）。

图14　银杏和樱花林荫步行街实景图

对滨湖车行路边的悬铃木古树行道树空间进行整治，形成林荫步行路，并改造路边的骑楼空间，增设建筑边界林荫休息场所。对原有雕塑小品周边的植物环境进行整治，形成不同季节丰富的植物色彩（图15）。

图15　悬铃木林荫步行街实景图

在街区小微尺度内，统一设计立体植物绿化，采用盆栽花摆、蕨类吊篮等植物微改造和环境家具微改造丰富绿化效果，形成符合历史印记的街巷空间。

3.2.5　全民友好，精细化整合设计

对场地坡地化无障碍进行专项设计，满足人在城市中"方便、安全"的出行期望。对步行街3000m长的全区域进行坡地化的场地高程设计，使257处街巷门店可坡地化进入。对于高程过大、无法进行坡地化改造的区域，进行片区无障碍流线设计，设置轮椅坡道和三面缘石坡道（图16）。

对公共服务设施进行人性化设计，满足人在城市中"耳鼻舌身意"的感知体验。按5分钟步行距离规划公共卫生间、爱心服务站和饮水器。公共卫生间配置便于老年

图 16　场地无障碍专项设计实景图

图 18　湖滨路城市家具改造后实景图

人、残疾人和妇孺儿童使用的无障碍便器和洗手台、儿童马桶、婴儿护理台、紧急呼叫按钮等无障碍设施和独立的无障碍卫生间。爱心服务站设置轮椅租赁、婴儿车租赁、雨伞租赁、街电设施、导盲智能辅助终端、多语言互译机器人等服务[13]（图17）。

图 17　场地公共服务专项设计实景图

对市政设施进行整合设计，满足人在城市中的出行基本保障。对各类栏杆护栏、雨水箅子、树池、井盖、人行道道桩、盲道和变电箱等进行系统的整合设计。井盖设计印有街区标识；雨水箅子和树池采用避免崴脚的密孔设计，场地排水全部采用透水铺装和海绵渗水设计，吸收地表径流，历经大雨未出现内涝；结合街区绿植花摆设置人行道道桩，并结合绿植或围挡对室外变电箱等各类市政设施进行系统设计[14]。

对城市家具和标识进行整合设计，满足人在城市中的交流需求。借鉴三潭印月的石塔造型，设置了146套精美智慧灯杆。将街区地图、应急安全疏散标识、道路标识、服务标识、旅游宣传广告和节日布景等与智慧灯杆、垃圾桶、智能街区地图导引牌等进行整合设计，并通过与乔木结合的艺术座椅，形成多功能集成的城市家具（图18）。

3.2.6　衔接未来，智能化景观设施

将集成应用5G技术、大数据、人工智能技术的智慧终端设施与步行街区环境相融合，规划智慧终端设施的配置布局。坚持系统化的规划理念，包括智慧管理系统和智慧服务系统。智慧管理系统又包括交通、养护、监测、安防、照明等；智慧服务系统包括导览系统、互动设施、科普系统、服务设施等[15]。如用于音视频展示及智能监控系统的智慧灯杆；提供实时更新的人数、餐饮排队、酒店空余客房、沿线交通时间等信息的智慧导览屏。游客不仅可以从中获取传统指示牌的指路信息，还能实时看到附近各个停车场库的空余车位数、湖滨沿线公交班车、步行街美食排行榜及餐厅、西湖游船班次时间、音乐喷泉信息、西湖景区热力排行榜等情况。智慧导览屏还设计了无障碍触屏地图服务，可为残障人士、老年人等提供无障碍在线查询、出行导航和环境播报等服务，帮助他们在湖滨步行街区畅行无碍、畅享生活[16]。

在外观设计方面，具体的智能景观设施要求在满足公众的基本需求的基础上，充分调动其参与性与创造性。对垃圾桶、标识和广告等进行整合设计，完成了智慧灯杆、智慧导览屏和云上直播间的外观设计。对与街区环境融合的多功能智慧灯杆进行外观设计，智慧灯杆作为集多种智能功能于一身的智慧终端，可以根据外界环境等因素调整灯光的颜色以及明暗，在紧急情况下，通过语音播报及屏幕提示，可以尽快疏散人流，实现安全管控，游客也可以通过显示屏获取更多的信息；与此同时，灯杆上的智能监控系统也可以帮助城管等部门实时掌握街区动态，实现对街区的高效治理。每个智慧灯杆上都安装了紧急呼叫按钮，平时藏在小罩子里，一旦游客出现紧急情况，掀开罩子按下按钮，就能直接和智慧街区平台通话（图19）。

在宣传互动方面，将街区环境与"云上"直播间进行融合，利用街角空间规划设计造型轻盈通透的直播间和商品数字推介场所。全国首个户外5G直播间"湖上直播间"累计开展直播105场，吸引1.21亿余人次观看，实现成交额21.55余亿元（图20）。

图 19　智慧灯杆、智慧导览屏实景图

图 20　湖上直播间实景图

4　结语

此项目为新时代"人民城市"理念下的商业街区改造，对我国商业街区的建设具有指导意义。城市的主体是人民，街区建设作为体现城市形象的重要一环，在个人角度上，须围绕使用体验进行景观空间的塑造，包括增加人行道面积、连贯慢行系统的人本位的交通规划，以及满足人各类需求的基础设施建设；在人群的角度上，应针对地方性历史维度上的文化延续进行风貌统一和保护，包括对旧街区肌理的梳理和老建筑的改造，以及通过城市家具、照明和铺装等环境设计体现地域文脉与特色；在人与自然的相处上，将自然引入城市，通过生态设计于绿色中寻找可持续发展的平衡。在人与场地的交流上，塑造智能景观，在互动的基础上，增强人对场地的归属感，同时也展现出城市的科技水平和未来向好的发展态势。西湖湖滨步行街区的微改造综合全面地考虑了城市居民的个人发展、人群关系以及人与场地、自然的关系，将人与城市衔接为一个共同的整体。

参考文献

[1] 魏崇辉. 习近平人民城市重要理念的基本内涵与中国实践[J]. 湖湘论坛，2022，35(1)：22.

[2] 杨子叶. 基于智能交互体验的商业步行街景观规划设计研究[D]. 北京：北方工业大学，2021：72-74.

[3] 姜洋，王悦，解建华，等. 回归以人为本的街道：世界城市街道设计则最新发展动态及对中国城市的启示[J]. 国际城市规划，2012，27(5)：65-72.

[4] 陈泳，张一功，袁琦. 基于人性化维度的街道设计导控——以美国为例[J]. 时代建筑，2017，06(11)：26-31.

[5] Michael R G. 王紫瑜追求精细化的街道设计——《伦敦街道设计导则》解读[J]. 城市交通，2015，13(4)：56-64.

[6] 中华人民共和国住房和城乡建设部. 城市综合交通体系规划标准：GB/T 51328—2018[S]. 北京：中国建筑工业出版社，2019.

[7] 沈雷洪，蒋应红. "城市修补"语境下的街道设计要素探讨[J]. 城市问题，2020(6)：37-46.

[8] 孙靓. 交通·景观·人——比较上海世纪大道与巴黎香榭丽舍大街[J]. 华中建筑，2006(12)：122-124.

[9] 钱瑜. 商业步行街休憩空间设计研究[D]. 苏州：苏州大学，2019：41-43.

[10] 户田芳树. 刘佳，倪亦南. 日本的新景观空间——对外开放空间的景观[J]. 中国园林，2011，27(5)：33-35.

[11] 中华人民共和国国务院. 关于完善促进消费体制机制进一步激发居民消费潜力的若干意见[Z]. 2019.

[12] 陈伟，何蕾，王贝. 回归"人本生活"的商业街改造模式[J]. 规划师，2014，30(7)：123-128.

[13] 薛峰，凌苏. 城市公共空间环境品质提升策略与方法[J]. 城市住宅 2017(9)：25-30.

[14] 薛峰. 广义无障碍环境建设导论[J]. 城市住宅，2018(11)：10-15.

[15] 张洋，夏舫，李长霖. 智慧公园建设框架构建研究——以北京海淀公园智慧化改造为例[J]. 风景园林，2020，27(5)：78-87.

[16] 薛峰，沈冠杰，童馨. 有"味道和温度"的城市旧区"再规划、微造"[J]. 建设科技，2021(426)：35-40.

作者简介

（通信作者）张德娟，1982年生，女，硕士，中国中建设计研究院有限公司，副总风景园林师、高级工程师。研究方向：风景园林。电子邮箱：Zhangdejuan@cscec.com。

薛峰，男，1966年生，博士，中国中建设计研究院有限公司，总建筑师、国家卓越工程师。

朱儁夫，1973年生，男，波士顿国际设计，总裁、首席设计师。

打通"最后一公里"
——以"英国国家信托"为鉴浅谈北京花园城市共治策略

Building the "Last Mile"
—A Brief Discussion on the Co-governance Strategy of Beijing's Garden City Based on the Experience of UK National Trust

张大敏* 李林梅

摘 要：本文重点关注北京花园城市建设实践，并围绕《北京花园城市专项规划（2023年—2025年）》提出的"坚持多元参与，搭建共治共享平台"原则，聚焦公园绿地的传承与创新，提出花园城市共治策略可借鉴英国"国家信托"的组织办法，广泛与市民、企业及社会团体接触合作，通过拉进风景园林专业人员与使用者之间的距离，即打通"最后一公里"，实现公园绿地共治共管。文中介绍了英国国家信托的成立背景、宣言及工作内容，借鉴了其与各类人群的合作模式，提出了花园城市的共治策略可以从"推窗""开门""牵手""同行"四个层面入手，促进市民、团体参与到花园城市建设具体工作中来，通过打通"最后一公里"建立爱园林之美、懂园林之意、护园林之魂的广泛群众基础，实现对传统园林艺术的弘扬、传承与创新，将生态文明战略要求落到实处。

关键词：生态文明；花园城市；国家信托；共治

Abstract: This paper attention is given to the practice of garden city construction in Beijing. Centering on the principle of "adhering to diverse participation and establishing a platform for co-governance and sharing" proposed in the "Special Plan for Beijing Garden City", and focusing on the inheritance and innovation of park green spaces, it is proposed that the co-governance strategy of garden cities can draw on the organizational approach of the "National Trust" in the UK. By extensively contacting and collaborating with citizens, enterprises, and social groups, and by narrowing the distance between landscape architecture professionals and users-that is, by bridging "the last kilometer"-the co-governance and co-management of park green spaces can be achieved. This paper introduces the establishment background, declaration, and work contents of the "National Trust" in the UK, and draws on its cooperation model with various groups. It is proposed that the co-governance strategy of garden cities can start from the four aspects of "window-opening", "door-opening", "hand-holding", and "companionship", promoting citizens and groups to participate in the specific work of garden city construction. Through bridging "the last kilometer", a broad mass foundation that loves the beauty of gardens, understands the meaning of gardens, and guards the soul of gardens can be established, achieving the promotion, inheritance, and innovation of traditional garden art and implementing the strategic requirements of ecological civilization.

Keywords: Ecological Civilization, Garden City, National Trust, Cogovernance

2007年党的十七大报告中明确提出生态文明建设，并于2012年将生态文明建设写入中国共产党党章。生态文明为我国社会发展描述了一个与自然环境相协调的赓续文化传统的可持续蓝图，其内容既包含了物理空间的可持续建设，也包括了社会文化的可持续传承，它标志着我国社会发展进入了新阶段。花园城市是践行习近平生态文明思想的北京方案，该方案进一步强调了北京城市建设要汲取中华优秀传统生态文化的思想智慧，融入首都发展的新格局——既要挖掘、传承北京自然山水格局和古代营城智慧，也要继承、创新70年首都园林绿化工作，更应面向人民群众向往美好生态环境的愿望，推动全社会参与和精细化治理。

1 花园城市建设要点

为落实习近平总书记"把首都建设成为一个大花园"重要指示精神，2024年4月，《北京花园城市专项规划（2023年—2035年）》（下文简称《规划》）发布，高度强调了"生态""文化"与"人本"在城市建设中的重要性，指明了"推动城乡生态环境均衡发展，塑造花园城市特色风貌，打造人城产绿融合发展的高品质范式，市民生态文明意识显著增强，人民满意度不断提高"的大国首都发展之道。其中的"城乡生态环境均衡发展"是生态文明建设的基本内容，也是勘察设计行业近十年研究和实践的重点内容；而"花园城市特色风貌""人城产绿融合发展"则是结合了新时代特征对"文化""人本"的进一步要求，其内涵强调了应从可持续发展的角度把市民需求与城市建设统一起来进行思考，依托塑造"城市+人民"的人民城市共同体，实现城市公共空间与社会文化融合传承的发展目标。

1.1 文化的载体——大国首都特色风貌

花园城市建设强调以人与自然和谐共生为基础，"进一步彰显首都风范、古都风韵、时代风貌"。何为古都风韵？何为首都特色风貌？不妨从"文化"这一内涵入手去思考其物理空间的物质载体应该往何处去。孟兆祯院士在《避暑山庄园林艺术》的开篇第一句便写下了"中国文化有四绝之说，即山水画、烹调、园林与京剧"。显而易见的是，无论是山水画中的人、应时烹制的食材、步移景异的园墅或者出将入相的唱段，它们的精神内核都是对人与自然世界的高度抽象、融合、再造，尽管形式的载体大相径庭，但"四绝"的哲学之源是相通的——"天人合一"。必须要强调的是"四绝"的文脉提取与重塑是基于自然本身而非宗教意涵，这使得服务于内涵的外在形式在世界范围内独树一帜且光华夺目。

在中国传统园林中，既有对人与自然环境和谐共生的深刻理解，也有将文化、美学凝聚在方寸之间的精妙实践，园林之绝恰在于它是中国人不断积累的与自然相处的智慧。由于中国大江南北自然环境的差异，其表现形式亦多种多样——江南与华北、蜀中与岭南的园墅各不相同——江南的湖石、华北的秋色、蜀中的山居、岭南的浓荫，造园师们将古代先哲们的思想贯通于当地的草木生境之间，有理论的高度亦有令人折服的实践。园林是既符合当地物候特征又具有持续演变可塑性的鲜活艺术体，是物理空间审美追求的高级阶段。在我国，对传统园林之美的认可具有广泛群众基础，有效地引导调动群众参与公共绿色空间的宣传维护，对于花园城市建设赓续传统、弘扬经典具有积极意义。

1.2 人本的延伸——人城产绿融合发展

这里的"人本"具有两个层面，一方面是规划设计阶段的需求导向应该以人为本，在设计话语权中更多地纳入使用者视角，这是"人本"的基础逻辑；另一方面则是基于打造城乡绿色空间"共同体"而探索的公共空间共治制度，是"人本"的概念延伸。花园城市建设强调"人城产绿"的融合发展，其中融合既包含空间融合也包括多模式治理，特别是以公园为代表深度依赖地方财政建设运营的公共绿色空间，营收平衡是发展的基础。原本由公园管理部门统一拨款管理的方式，难免存在片区、地区差异，且存在大量管理不到位、维护时效性差等问题。为了缓解公共空间管护的资金压力，改善公共空间维护水平，花园城市在提出"全龄友好"建设要求的同时，也延伸了以人为本的内容——不仅仅以需求为本，更应该主动探索一种"城+人"的创新治理策略。

《规划》全面解释了花园城市建设要点，既体现了建设重心的转移，也关注了公众更为多元的需求变化，更认识到采用传统的建管运维方式难以切实做到对公共空间、市民需求、生态、文化等的长期兼顾。目前，将管理维护工作从单一的政府自上而下行为向多元主体同向做功转变是缓解长期管护困境的思路，即政府通过将部分经营权、使用权或其他利益让渡给企业、社会团体、公众等以换取公共空间得到长期的管理维护。此过程需要把握并不断调整方向和尺度，既能保障多元主体可以长期获得管理维护的动力，又不能损失公共空间的公共属性，这需要以科学慎重、高效复合的制度建设为保障，依托制度的弹性实现对于方向和尺度的长期调控，以达到"人城产绿融合发展"的目标。

1.3 打通"最后一公里"

《规划》强调花园城市建设要"有效调动多元社会力量，形成全民参与的治理体系"。为切实建立政府、规划设计、企业、社会团体、公众之间密切的伙伴关系，将《规划》理念覆盖到不同尺度的绿色公共空间中，探索贴合实际又具有弹性的政策保障制度，打造长期有效的可促进公众参与的共同治理机制，本文提出应打通全民治理的"最后一公里"。这里的"最后一公里"不仅仅是物理距离，更是公众与设计师、公众与公共空间、公众与政府主管部门之间的情感距离。打通"最后一公里"的核心是围绕"项目"建立起从业人员与使用者的沟通机制，实现信息的公开、技术的联合、理念的传播。特别值得注意的是，使用者是对于项目场地理解最深刻、感情最厚重、需求最实际的群体，聆听他们鲜活的声音往往极具启发性，从这个角度上讲，打通"最后一公里"，不仅是人本的体现更是在地文化的挖掘传承。

综上所述，现阶段打通"最后一公里"的重点是探索制定保障制度，在激发人本的同时实现文化的挖掘和延续。英国"国家信托（national trust）"① 具有百年实践经验，其长期的工作实现了英国的庄园和花园类遗产的保护及维护、自然保护区建设及生态修复等项目的开展和延续。"国家信托"的运作机制在20世纪中叶广泛启发并带动了欧洲、北美及东南亚（日本、新加坡）等国家的蓝绿空间管理维护工作。下文通过简述英国"国家信托"的创立背景、理念、工作内容及组织方式，拆解了"国家信托"的运作优势，特别是在各类型工作中"共治"的体现，以广泛发动多元主体为破题之道，思考我国打通全民治理"最后一公里"的可行方案，落实生态文明战略要求和花园城市发展目标。

2 英国"国家信托"的生态实践

2.1 为了更多人——"国家信托"的起源及宣言

英国"国家信托"成立于第一次工业革命后期，工业革命为英国带来了巨大的经济效益，也产生了沉重的环境代价——城市拥挤不堪、传染病肆虐、田园风光和遗产大量遭到破坏。1865年，以Octavia Hill女士提出的"为穷人提供露天客厅"② 为主张，英国第一个国家级保护机构"公共空间保护协会"（Commons Preservation Society-CPS）成立。该协会推动国会于1881年通过了《大都会开放空间法案》（*Metropolitan Open Spaces Act*），次年"大都会公共花园协会"（The Metropolitan Public Gardens Association-MPGA）成立。另外，Octavia和妹妹Miranda还组织创办了一个名为"凯尔协会"（The Kyrle Society）的社会组织，该组织的宣言是"艺术和美具有改变生活的力量，它们不应该是富人的专利"③。在以上三个机构的积极工作下，大量公园在这一期间被建设，这其中既有受捐赠的土地和花园（如Vauxhall Park），也有获得开放的墓地和荒地等。

随着公园数量、面积的不断增加，公园的管理和养护问题接踵而至，三个机构相继陷入不同程度的财政困境。此时Octavia认识到仅仅募集建设公园的资金是远远不够的，还需要进一步思考公园的管理和维护问题。在好友Robert Hunter、Hardwicke Rawnsley与Octavia Hill的共同努力下，新的公益机构"国家信托"成立并于1894年7月16日召开第一次会议。此后"国家信托"一直致力于广泛传承和维护卓越的自然与人文景观，Octavia在她给朋友的信中曾这样写道："将英格兰最美丽、最令人难忘的一些地方永远保留下来，供人们欣赏，让所有人都能参观"④。

"国家信托"成立的初衷是为更多人提供服务。在不断发展的过程中，他们在传承这一初衷的同时也深深认识到了获得更多人帮助的重要性。今天的"国家信托"是欧洲最大的保护慈善机构，它以"nature, beauty, history, for everyone, for ever"为宣言，维护着"超过780英里的海岸线、25万公顷的土地，500多座历史悠久的房屋、城堡、公园和花园，近百万件艺术品"。

2.2 公平透明——组织架构及资金管理

"国家信托"采取管理体系和执行体系双层级运作模式。其中管理体系由理事会和董事会组成，理事会包含36名理事，主要负责选拔、任命、监督和解雇董事会成员。执行体系由总干事、高级决策团队以及技术、运营、咨询、金融等具体执行团队组成。依托双层体系的横向和

---

① "信托（trust）"本质上是一种法律关系，是围绕个人财产建立的委托与代理关系。本文仅涉及英国"国家信托"这一公益性组织内部的组织形式及工作内容，该内容并不涉及英国与中国的法系差异。
② 来源：Robert Whelan, *Octavia Hill and the environmental movement*。词句原文为"open-air sitting rooms for the poor"。
③ 原文：art and beauty have the power to transform lives, and they should not be the preserve of the rich。
④ 来源：Hill, *Letter to My Fellow-Workers*, 1904. 语句原文为"to keep for her people for ever, in their beauty and accessible to all, some of England's fairest and most memorable places"。

纵向监督，"国家信托"秉持开放、公平、透明的原则，通过选举、选拔和问责制度确保长达百年的持续运行（图1）。

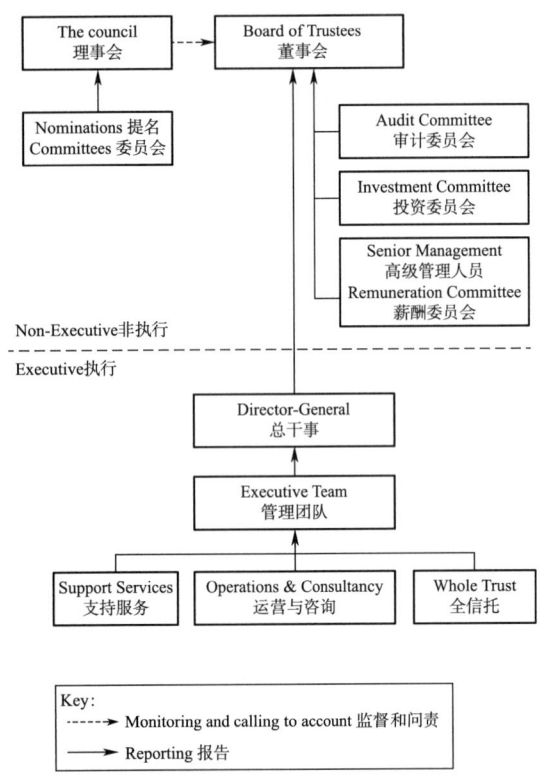

图1 "国家信托"组织架构示意图
[图片来源：*National Trust-Governance Handbook*，(Sixth Edition，February 2024)]

"国家信托"的一切活动以公益性质为前提，其运行资金主要由三个部分组成：捐赠、投资和慈善活动，当然还有少部分政策性补贴（图2）。其中围绕绿色公共空间进行的慈善活动是资金的最重要来源，这部分资金主要由会员费、门票、咖啡及食品经营、纪念品（图3）售卖等组成，其中会员费占比达到资金总额的1/3左右。

2.3 共治——以多元主体为基础

除上文所述组织结构外，"国家信托"最为成功的也是笔者认为最值得研究和借鉴的是其会员制度和志愿者体系。2024年"国家信托"共拥有540万名会员和4万余名志愿者。

会员通过每年缴纳一定会费获取会员资格，世界范围内的任何人都可以成为"国家信托"的会员，取得会员资格后享有一定的权益，如可以免费游览由"国家信托"管理运营的所有项目、免费停车、享受餐饮商品会员折扣等。每年为会员免费提供杂志（图4）、书籍及其他影视作品，并对会员进行满意度调查，通过积极收集、处理、反馈会员的若干意见不断改善服务品质。

每年"国家信托"向世界范围内招募志愿者，志愿者可以由来自各行各业的个人报名也可以是企业或者社会团体。志愿者承担着遗产保护、花园维护、保护区建设、植树、景点讲解、活动策划等大量工作，也在工作过程中不断学习和积累经验，"国家信托"也会为志愿者不断提供理论学习、技术培训等服务。特别值得注意的是，志愿者招募侧重青少年及老年等弱势群体，在实际工作中，大量的向导、检票员、讲解员等工作由当地老年人承担，青少年则更多是有组织地承担短时间的志愿工作。从实际情况来看，老年人适合担任志愿者工作。以老年讲解员为例，一方面老年志愿者通常知识积累充足、人生阅历丰富，可以做到言之有物；另一方面通过讲解类服务老年志愿者可获得一定收入、广泛接触各类人群、不断增加知识储备等。

在广泛吸收会员和招募志愿者的基础上，"国家信托"积极组织各类活动，这些活动不仅可以提升影响力、宣传推广可持续发展理念，更是对自身运营、科研、咨询工作的总结和集中展示。2023年"国家信托"共举办活动约5000项，吸引参观人数约100万人，并在超过90个花园中展示了可适应气候变化的园艺新技术。

依托广泛的公众基础、民意调研成果以及社会影响力，"国家信托"积极与政府部门沟通，为政府提供必要的帮助和咨询的同时，也努力发现并敦促国会完善政策法规、修订不利于环境可持续发展的政策条文。

2.4 拓展——从绿色空间出发

"国家信托"管理运营着英国多种类型的绿色空间，包括受委托的私人庄园、棕地、公园等，以及公共的海岸线及林地保护。

"国家信托"管理着大量托管的私家庄园、工业遗迹以及由捐赠的土地改建的公园等，这些庄园通常具有一定历史文化价值，管理维护的技术水平和资金要求较高，"国家信托"以"little and often"（小而常）为宗旨，负责着包括藏品、室内装潢、花园景观以及建筑物等的管理维护工作。以花园景观维护为例，这些被托管的项目往往具有高品质花园景观，其维护成本、技术要求相对较高，"国家信托"通常会根据项目规模任命首席园艺师主持维护工作，首席园艺师执行维护工作的同时也指导园艺志愿

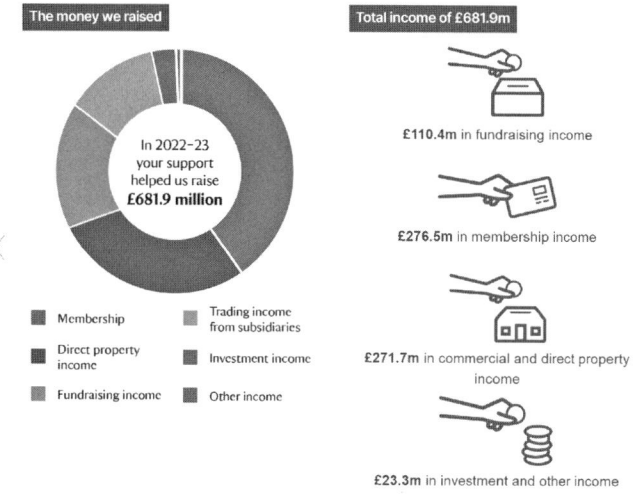

图 2 "国家信托" 2023—2024 年度财务情况
（图片来源：*National Trust Annual Report 2023-2024*）

者学习相关的园艺技术，园艺志愿者可以学习到花园中各种植物的种植、培育、养护技巧，如植物配植、播种扦插、绿篱修剪、花坛养护、鸟巢昆虫屋制作等等（图5），有些志愿者随着长期志愿服务不断积累了实践经验，从志愿者变成了专业园艺师①。

"国家信托"组织志愿者参与植树和湿地修复等工作，在不断提升英国自然保护区的面积、数量和质量，丰富保护区内生物多样性的同时，也广泛传播了人与自然和谐共生的可持续发展理念；针对存在迫切环境问题的地区，如采矿塌陷、污染等，积极对接当地公益组织并给予专业技术支持；与BBC合作拍摄电视连续剧《国家信托的隐藏宝藏》，投资拍摄纪录片《野生岛屿》等不断总结业务成果并扩展服务范畴……目前，"国家信托"在世界范围内拥有着较好的品牌形象、较高的影响力以及大量的支持者。

2.5 小结

以"Nature, beauty, history""For everyone, for ever"为宣言，"国家信托"依托公平透明的组织架构、多元主体的执行团队守护着英国各种类型的绿色空间，它们历经百年，在人文传承与人本关怀层面与时俱进、不断做功。

在人文层面，通过积极与艺术家或相关组织合作，围绕历史文化、历史事件、节庆日等打造多元主题游览路线，依托空间实体达成令人印象深刻的文化传播作用。如2024年肯特郡推出了纪念诺曼底登陆80周年系列路线，讲述诺曼底登陆的前期准备、实施及后勤保障措施等；自

---

① Jennifer Connor 通过在 Great Chalfield 的园艺志愿者工作，成功申请了 the Historic and Botanic Garden Training Programme。

图3 "国家信托"牌蜂蜜、果酱等

图4 "国家信托"为会员提供免费杂志
（图片来源：网络）

图5 Waddesdon庄园中清理装饰品的志愿者

2021年起，"国家信托"策划了对曼彻斯特废弃高架桥的改建工作，即曼彻斯特的高线公园，公园在2022年部分开放得到了社会广泛认可（图6）。

在人本层面，刚刚过去的新冠肺炎让"国家信托"进一步认识到了户外活动对人的重要性，为了让更多人公平享有开放空间，体现全龄关爱理念，"国家信托"正在推进建设残障人士友好型项目，如打造沿海岸线的轮椅游览线路、制作适合盲人的音频游览指南，剑桥郡正在试点建设适合痴呆症患者及其护理人员活动的开放空间。

"国家信托"自1894年成立至今已经持续工作130年，其管理的项目总数、项目的保护质量以及年吸引参观人数、财报、会员及志愿者数量等一系列数据不断证明了其组织模式的成功。通过该组织务实高效的持续工作，工业革命后期大量遗产（含非物质遗产）得以被抢救，在持续维护自然环境的过程中数量可观的群众以会员或志愿者的形式参与其中。

3 花园城市共治思考

如上文所述花园城市是生态文明建设的北京方案，其内容涵盖了人居环境层面的生态安全格局营造，人文社会层面的文化传播、技艺传承、全龄关爱、美学导向，以及建管运维层面的经济、实用、高效和可持续，以上内容与"国家信托"的工作内容有所重合。花园城市理念对于城市建设的新要求是出发点层面的基本转变，是社会发展阶段的必然转变。"国家信托"诞生于工业革命后期，其工作内容涵盖建管运维各个方面，探究其工作延续百余年仍生机勃勃、持续做功的原因，能够广泛吸引群众参与是其成功的关键因素之一。北京花园城市建设需要让更多使用者切实参与到建管运维工作中，在总结借鉴"国家信托"成功经验的基础上，花园城市建设可以遵循"推窗""开门""牵手"和"同行"四个阶段，打通专业人员与使用者之间的"最后一公里"。

3.1 推窗——以人为本为群众设计，推开看见群众之窗

新时代要求城市建设从使用者角度出发，做到全龄关爱精准服务。此要求敦促规划设计从业人员率先转变设计切入点，将"我喜欢"变为"他喜欢"。在工作时，要牢记绿地的公益属性，提升对现场调研的重视程度，避免纸

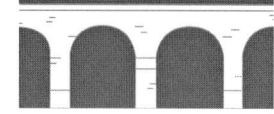

图6　曼城斯特"高线公园"信息
（图片来源：*Annual Report 2022-2023*）

上谈兵、哗众取宠的个人作秀，要以充分了解使用群体、充分尊重使用需求、充分融合各种功能为基础，运用专业知识打造超出使用者预期的优秀作品。

当我们作为从业人员推"看见群众之窗"时，群众也在窗外看到我们，看见彼此是花园城市工作的重要基础。在花园城市建设实践中，当我们以从业人员的身份与市民交流时，通常会得到市民友善的回答和帮助——如"我是这个公园的设计师，您愿意跟我谈谈您对公园的评价吗？"市民（尤其是老年人）通常讨论意愿比较强烈，设计团队往往能从前期调研中获得更多有效信息，激发更多设计灵感（图7）。

3.2 开门——从全民参与建设出发，开与市民共建之门

共建花园已在多个城市成功试点，如上海同济大学刘悦来老师团队打造的工作坊，这些花园多为社区花园，深受附近居民喜爱且具有经济、实用、高效、可持续的特点。共建的过程将"我建你用"变为"我用我建"，此时从业人员的专业性体现在统筹、组织、指导等方面，在建设的全过程中，参与建设的居民与"国家信托"的志愿者类似，亲手种下一花一草一木，也不免会为它们的茁壮成长操心，并以此为契机了解、学习、掌握了相应的专业知识。

公共绿地的大门必然在建设后为市民打开，与其"晚开门"何不在可控的前提下"早开门"。"早开门"

可赋予市民主人翁身份，加深人与土地的情感纽带，随之可能引发更多可能性，如激发居民对于观赏园艺、病虫害防治、气候变化等专业知识的兴趣，从而建立居民与专业人士长期的互动关系。"国家信托"遵循"小而常"的管护策略，由大量志愿者与专业人士长期共同协作，其中专业人士为志愿者提供必要的培训和指导，志愿者则深耕项目、持续做功。

3.3 牵手——立足专业知识普及，广泛开展各项活动，牵多元融合之手

2024年5月，北京龙潭公园举办花园节，受到市民高度评价及热烈反馈。由风景园林专业发起的花园节、花展、论坛等活动，可以广泛融合包括设计团队、植物培育、园艺品牌、设备厂商等各种资源，通过活动可以为专业团队与市民群众牵线搭桥，大力促进了园艺、花艺进社区、进小区、进家庭（图8）。

引导城乡居民对于自然美的普遍认知和广泛追求是风景园林专业长期传承的重要依托，"国家信托"在百余年长期工作中，最主要的成就便是将追求自然美根植到千家万户，当城乡居民普遍对园艺热爱、对园林认可且具有一定实践经验和技术能力时，全社会的园林审美水平便得到整体提升。这需要风景园林专业主动搭建平台，将专业团队与居民切实联系起来。当越来越多的人具备了基础园艺、花艺技术水平后，窗前廊下的繁花似锦、城市乡村的花木葱茏将成为群众的普遍自觉。

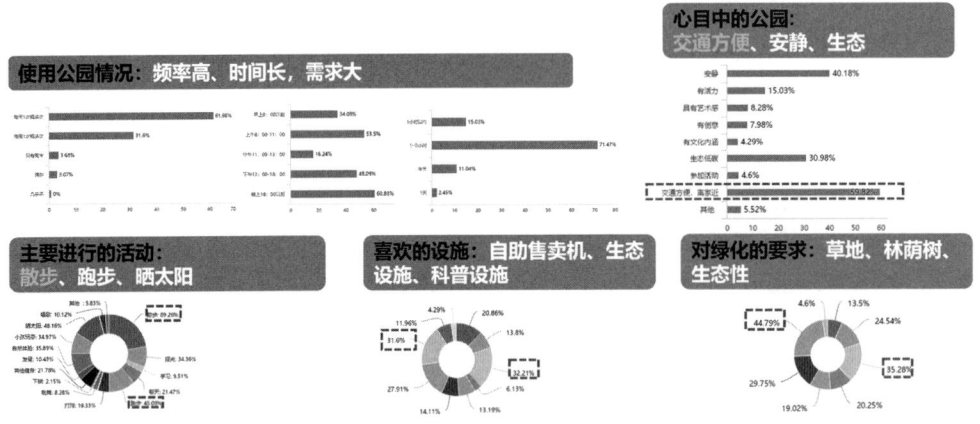

图7　北京奥北森林公园项目调查问卷及结果分析
(图片来源：厉超等分析制图)

图8　2024年首都市民花园节

3.4 同行——以群众为基石，以传统文化为灵魂，与时光同行

同行的核心内容是对传统文化的传承。依托在群众中广泛建立对传统园林思想、技术、相关工艺的认知与认可，营造符合社会普遍审美的园林作品，是实现对传统园林艺术的弘扬、传承与创新的可行策略，也是风景园林学科时至今日该有的觉悟与担当。风景园林本就是一门综合性很强的学科，中国园林又独具哲学、文学及审美价值，是审美的高级阶段，具有一定理解门槛，如果仅仅是在少数人或圈子内部迭代，其文化属性很难被群众全面吸收。在传承文化方面，"国家信托"通过长期工作，树立了群众对自然风景园、花园花艺的普遍认可，2023年其从文化传播的角度出发策划了多项引人深思的活动，如在德比郡依托凯德尔斯顿庄园举办了"我的装饰就是我的力量"展览，探讨了权力和女性装饰的议题；在柴郡通过"下游聚集"展览讲述了工业革命期间工厂的故事，引发人们对工业化与环境保护的关注。

创新不是革命更不是颠覆，而是要用全新思维和时代眼光发掘历史深处的故事并为今所用，从而在游园过程中（无论传统或现代的形式）引发更深层次的认知、更广泛的思考、更切实的共鸣，市民在认知、思考和共鸣的基础上或许会主动承担宣传推广工作。只有将时代精神与传统印记叠合在空间载体中，让历史与时代同行，且能够在人与人之间自发流动，才是成功的创新（图9）。

当我们从市民角度思考花园城市的建管运维时，会自豪地发现我国具备打通"最后一公里"的基础。首先，市民对城市公共绿地格外喜爱且使用频率是相当高的，尤其值得一提的是丰富多彩的夜间游园活动，几乎是全球范围内我国独有的城市风景线。其次，市民对文化尤其是传统文化高度认同，对传统艺术的审美自信正逐渐建立，在风景园林领域，市民更倾向"有文化"的、精致的、多彩的、空间丰富的公共绿地。此外，市民对园艺花艺具有浓厚兴趣且具备一定消费能力，在电子购物平台搜索"家庭园艺"会得到大量销量可观的店铺，我国多地实践共建共管花园取得了成功实践经验。最后，以从业者身份与市民交谈，通常容易受到友好对待和正向反馈。基于上

图9 清华大学朱育帆设计作品《流水印》
（图片来源：许健宇 摄）

述基本情况，借鉴"国家信托"的组织经验，风景园林专业可从"推窗""开门""牵手""同行"四个阶段入手，逐步打通"最后一公里"，将市民纳入花园城市的建管运维工作中来，以群众的广泛参与为基础，实现对传统园林艺术的弘扬、传承与创新。

4 结语

中华文明得以广纳厚积地延续至今，依靠的是广大人民群众对文化的普遍认同和持续做功。有了这一层认识再去回看生态文明战略，其深刻的战略意义和丰富的时代内涵会指引各行各业更加明确自身使命。

"国家信托"在其长达百余年的工作周期中，将英国的传统花园、自然风光、村落景观小心地保护、宣传、传承并发展着，其中让笔者下定决心写下这篇文字的是其创始人Octavia Hill的初心：为英国的穷人提供一个"露天客厅"。一个始于"为更多人"的倡议，从重视每个人到服务每个人再到吸纳每个人，逶迤间走过了百年，它深刻启发了欧洲各国、澳大利亚、日本等具有独特遗产、风景与历史的国家。

在服务大众、承继经典、传承文化方面，风景园林专业在生态文明战略中所肩负的使命是不可替代的，如果我们可以借鉴"国家信托"的经验，推开窗看见匆匆而过的行人、打开门与他们相识、牵起他们的双手一起工作、与他们同行共同讲述中国园林千年故事……打通"最后一公里"是花园城市建设所提倡的"共建共治共享和谐宜居之都"的基本保障，唯有打通"最后一公里"才能切实落实生态文明战略，完成时代赋予我们的使命。

参考文献

[1] 北京市人民政府．北京花园城市专项规划（2023年—2035年）[Z]．2024-04-25．

[2] 成都市公园城市建设管理局，中国城市规划设计研究院，成都市公园城市建设发展研究院．公园之城——从"首提地"到"示范区"[M]．北京：中国社会科学出版社，2023：51-53，248-252．

[3] National Trust. Annual repor 2023-2024 [EB/OL]. [2024-10-13]. https://documents.nationaltrust.org.uk/story/annual-report-2023/page/1.

[4] 廖四顺，李晋科．英国国家信托在遗产保护与旅游发展中的经验与启示[J]．科技和产业，2019，19(8)：23-28．

[5] 尚尔基．英国乡村景观保护区管理策略研究[D]．北京：北京林业大学，2017．

[6] 郝伟．国家信托：英国遗产保护的成功实践[J]．社会与公益，2012，(10)：34．

[7] 杨碧波，姚南，刘杰希．公园城市背景下的未来社区特征与场景营造路径研究——以《成都市未来公园社区规划导则》为例[J]．上海城市规划，2024(2)：89-96．

[8] 阎姝伊，李晓溪，李婷，等．开放共享背景下城市公园绿地建设举措与路径探索[J]．风景园林，2024，31(2)：12-18．

[9] 李红芳．多元共治视角下城市老旧社区微空间改造公众参与机制优化研究[D]．北京：北京建筑大学，2020．

[10] 陈朝晖，李保炜，刘巍，等．京张铁路遗址公园——探索共建共治共享之路[J]．世界建筑，2020(7)：17-21．

作者简介

（通信作者）张大敏，1980年生，女，硕士，北京北林地景园林规划设计院有限责任公司，高级工程师、创研中心主任。研究方向：风景园林新理念新技术。电子邮箱：zhangdm@bldj.com.cn。

李林梅，1981年生，女，硕士，北京创新景观园林设计有限责任公司，高级工程师、所长。研究方向：风景园林设计。

面向国家公园保护的公园城市乡村社区发展探索
——以大熊猫国家公园成都片区入口社区为例

Exploration of Rural Community Development under the Park City Concept for National Park Protection
—The Entrance Community of Chengdu Area in Giant Panda National Park as an Example

李艳华 伍 玲* 高 歌 付 珊

摘 要：成都市以大熊猫国家公园入口社区建设促进国家公园保护和区域绿色发展，但仍存在生态价值转化不足、生态保护与社区发展冲突、社区资源分散与协同开发难等问题。本研究基于公园城市理念，提出面向国家公园保护的公园城市乡村社区应从聚焦建设空间转向统筹三生空间，从空间建设转向场景营造，从单一刚性管控转向多元柔性治理，本文通过利益相关方和生态产品偏好调查，从安全韧性、品质宜居、生态友好、多元协同等方向探索公园城市特质的国家公园入口社区发展模式，为类似乡村社区绿色发展研究提供借鉴。

关键词：公园城市；乡村社区；国家公园；入口社区

Abstract: Chengdu promotes the protection of national parks and regional green development through the construction of entrance communities in the Giant Panda National Park. However, there still exist issues such as insufficient transformation of ecological value, conflicts between ecological protection and community development, and difficulties in collaborative development of community resources. This study, rooted in the philosophy of park city, proposes that rural communities facing national park protection should shift their focus from construction space to coordinating production-living-ecological spaces, from spatial construction to scene creation, and from single rigid control to multiple flexible governance. Through surveys on stakeholder and ecological product preference, the development model of national park entrance communities with park city characteristics is explored from the perspectives of safety resilience, livable quality, ecological friendliness, and diverse collaboration, Provide reference for research on green development in similar rural communities.

Keywords: Park City; Rural Community; Giant Panda National Park; Entrance Community

引言

乡村社区发展对国家公园核心价值的完整性有重要影响。2017年至今，随着我国国家公园体制建设，各地在国家公园周边推进入口社区建设，基于不同的园地关系、社区规模、产业基础、建设模式，有不同解读。大熊猫国家公园成都片区（下文简称"成都片区"）所在龙门山区域是成都西部生态屏障，也是国家城乡融合发展试验区，面临乡村发展与国家公园生态保护的矛盾。2018年习近平总书记在成都提出建设公园城市，多年来，成都将公园城市理念融入国家公园保护发展，在遵循自然生态系统原真性和完整性保护的前提下，推行绿色生产生活方式，转化生态价值，出台国家公园入口社区技术导则，引导探索公园城市乡村社区新型发展模式。

1 国家公园入口社区

1.1 国家公园入口社区与国家公园

1872年，美国建立了世界上第一个国家公园——"黄石国家公园"，并通过了相应的保护法，各国设立国家公园的时代背景、价值取向、国家公园保护发展阶段存在较大差异。我国早期对标美国的国家公园设立了风景名胜区，2013年正式开启国家公园体制改革。与多数国家公园设立的工业文明背景不同，中国国家公园的提出处在历史进程的特殊时期，工业文明叠加生态文明，建设过程中所面临的生态环境、社会经济、人口问题等都比西方国家公园更为复杂[1]。因此，中国的国家公园是体现多元目标的新型保护性发展模式。

入口社区是在国家公园划定前存在的乡村社区，概念上有不同的解读（表1）。本研究基于国家、四川省对大熊猫国家公园的政策和技术指引，结合成都片区建设实践，将入口社区归纳为"在《大熊猫国家公园总体规划》列出的重点乡（镇）所辖的行政村（社区）中，地方政府自主划定的与国家公园地理、交通关系紧密且在国家公园之外的行政村（社区）。"不同于国家公园内部的社区、旅游小镇，入口社区更强调社区的门户性。入口社区与国家公园整体保护目标相协调，是国家公园形象的首要宣传地以及国家公园进行生态价值转化的重要平台，是国家公园与区域协调发展的重要载体。

入口社区概念对比　　　　表1

概念来源	概念内容	核心要点
美国国家公园管理局（NPS）	门户城镇指与国家公园或其他自然保护区相邻接的城市或小镇，这些城镇通常是访客进入国家公园的门户和必经之地，其范围包括国家公园60英里（约96.6km）辐射范围内的城镇和社区[2]	辐射范围、社区面积
林泽东、张宏宇（2020年）	与国家公园相邻且处于国家公园出入口位置的小城镇，小城镇因为国家公园的大IP而吸引游客前来观光旅游[3]	区域位置、主要产业
吴承照、汪长林（2022年）	入口社区是位于国家公园入口附近社区的总称，是长期在此生活生产的地方居民组成的社会群体，一般由自然村、中心村、一般镇和中心镇构成[4]	空间定位、行政划分
刘可欣（2022年）	国家公园小城镇多指代位于国家公园社区的一种类型或毗邻国家公园的门户小镇（gateway towns），通常是游客进入国家公园的必经之地，起到为国家公园提供集散服务和商业服务的作用[5]	区域位置、核心功能
杨锐（2022年）	国家公园入口社区具有交通门户、保护缓冲区、局地的桥梁、共同利益的粘结剂和绿色产业的孵化器等五方面重要功能	核心功能
王洋（2023年）	位于国家公园主要出入口外缘的自然村落或乡镇，是访客进入国家公园的必经之地，是联系国家公园与外部的纽带，通常依靠旅游业作为当地经济的主要支柱，又被称为"门户小镇"和"门户社区"[6]	区域位置、主要产业
大熊猫国家公园总体规划	在《大熊猫国家公园总体规划》中列出的重点乡（镇）所辖的行政村（社区），地方政府自主规划建设的与国家公园地理、交通关系紧密且在国家公园外的行政村（社区），简称为"入口社区"	与国家公园的位置关系

1.2 国内外国家公园入口社区发展模式研究

国外对入口社区的建设，基于不同的国情、人口特征、资源类型，产生了不同模式的典型表现形式（表2），总体上形成了一套相对体系化的法律支撑，并通过制定专项规划精细化指导建设，形成了各具特色的公众参与机制。

国外国家公园入口社区的类型及典型代表　　　　表2

国家	治理模式	公众参与机制	产业发展模式
美国、加拿大	逐步演化型治理模式	"开放合作"，重视原住民的权利，加强与原住民的合作管理，采用建立共管委员会的模式，与原住民共同管理	结合国家公园自身资源，开发特色生态旅游项目，提供住宿、餐饮等旅游服务，举办主题活动等
澳大利亚	联合治理模式	通过公示、咨询、合作的方式让原住民参与决策	立足自身生态优势，开发相关养殖产业，增加居民收入
日本	分区多主体治理模式	多主体协商共建模式，采用地方倡议与志愿者活动等形式	主要以发展温泉住宿、康养产业为主
英国	协商治理模式	土地所有者或使用人需采取满足自然保护要求的方式经营和管理土地	鼓励社区发展现代可持续农业

资料来源：文献资料整理。

2019年国内关于国家公园入口社区的研究呈现增长趋势，主要为入口社区功能类型、保护与发展问题矛盾、共建模式、生态旅游、政策制度等。苏梅红、李婧梅（2019）通过研究三江源国家公园的社区发展现状问题，对入口社区的共建模式展开讨论[7]。蔡芳（2020）提出以国家公园为核心，创建建国家公园社区、国家公园入口社区、国家公园小镇、国家公园服务基地4级发展模式[8]。高倩倩（2020）等以东北虎豹国家公园入口社区为例，对社区中4类主要利益相关者进行走访调研，对不同角色的利益需求和态度意愿进行了梳理，为后续入口社区生态旅游开发策略提出建议[9]。吴承照（2022）梳理了入口社区的概念、渊源，并以钱江源国家公园入口社区为例，对比国外入口社区建设进度，提出当前我国入口社区的发展侧重内容[4]。朱洪革（2022）通过梳理美国、日本、澳大利亚、新西兰等国家公园社区治理经验，指出我国国家公园社区治理面临着治理主体多元化、多维度社区治理客体特性和诉求异质性，以及治理配套制度不完善等问题，需要建立较为完善的配套制度[10]。

综上，目前对国家公园入口社区宏观上的规划管控建议多，解决具体问题的策略研究少；研究生态旅游发展多，对社区整体服务和产业体系研究较少；社区参与国家公园共建共管机制框架研究较多，对付诸实施面临政策保障不足的问题和解决路径研究较少。

2 公园城市理念的乡村社区发展新要求

2.1 聚焦建设空间转向统筹三生空间

公园城市突出构筑山水林田湖草生命共同体的生态观，按照自然生态的整体性、系统性、内在规律及对人类健康生存与永续发展的意义，保护城市生态空间和生态功能，实现山水林田湖草与城市的相融与共存[11]。公园城市乡村建设以土地资源节约集约利用，保护乡村生态系统的原真性、完整性和多样性等践行生态文明理念。当前国土空间规划体系变革关键期，自然资源部要求"全域全要素编制村庄规划"，这是在传统乡村规划侧重建设区土地利用、公共服务建设、环境整治的基础上，落实耕地保护、生态保护制度，更加强调与村域范围紧密关联的生态、生产空间的统筹。

2.2 乡村空间建设转向场景营造

中国式现代化的乡村振兴进入新阶段，通过城乡融合和一体化发展，从根本上改变城乡二元结构[12]，在此过程中，乡村社区存在动力缺乏、产业发展不融合、农村集体经济发展缓慢等问题。美国学者John L. McKnight和John P. Kretzmann在《社区建设的内在取向：寻找和动员社区资产的一条路径》一书中首次提出以资产为本的社区发展模式，强调通过挖掘社区内部的优势资产，激发民众自我发展完善的力量，为社区的整体发展提供内生动力[13]。场景的构建契合这一模式。场景是人、物、活动的总和，以场景赋能生产，成为构建生产力与生产关系的新变量和新思维[14]。公园城市从空间建设向场景营造转变，满足人民对美好生活的需求。公园城市乡村场景营造是基于人们对绿色生态产品的需求，挖掘多样化自然景观和人文资源特色，营造满足需求的服务供给地，激发消费和经济增长的拉动力量。

2.3 单一刚性管控转向多元柔性治理

乡村发展过程中，"外生发展模式"靠外部条件自上而下推动乡村发展，"内生发展模式"靠村庄内主体行动自下而上推动乡村发展。单一力量主导的发展路径很难符合当前中国乡村发展的实际，也难以满足人民日益增长的美好生活需要[15]。传统乡村建设依据法定乡村规划，自上而下传导底线刚性管控，实施国土空间用途管制及各项建设，难以集成高效型的要素保障，精准精细地满足乡村生产生活发展需求。公园城市是全面体现新发展理念的城市发展高级形态，是对现代城市建设内涵的整体重塑，是社会治理模式的全方位变革和适应性重构。公园城市的乡村治理是将公园城市发展战略落实到微观社区，由低成本要素驱动转向生态创新驱动[11]。推动乡村发展实现内生动力和外部力量的联结，实现社区资源的跨地域流动[15]。

3 大熊猫国家公园成都片区入口社区发展研究

3.1 发展条件及问题

3.1.1 发展基础

大熊猫国家公园成都片区位于成都市西北部，大熊猫保护的中心地带，面积1445.27km²，占成都市域面积的10.2%，与成都市中心城区平均距离约1h车程。作为全球唯一位于超大特大城市内的国家公园，为国家公园的保护带来挑战的同时，也赋予了乡村社区产业经济高质量发展和转型的新机遇。大熊猫国家公园成都片区涉及都江堰、彭州、崇州和大邑4个县市，也是成都西部片区国家城乡融合发展试验区的重要组成，当前成都城乡发展已进入深度融合期，具备了城市带动农村、工业反哺农业的经济地理条件，公园城市建设推动了成都西部乡村地区在产业上聚焦"优绿特强新"发展，产权制度上创新要素供给改革，公共服务体系供给上个性化、高品质的服务逐渐向农村延伸，农村社会治理模式上村民自治机制更趋完善。入口社区作为国家公园主要进入区域的功能型乡村社区，未来将是国家公园辐射带动发展的直接目标，是承载投资和合理利用的主体[8]。

3.1.2 面临问题

大熊猫国家公园的建立亟须入口社区在生态、经济、社会、文化、治理等全方位与之良性互动、协同发展，但乡村建设空间资源的分散、闲置、老龄化等问题造成综合服务能力、特色服务功能的提升在载体和人才技能支撑上均不足。入口社区生态农业本底优越，但农业产业链延伸不足，暂未形成区域性品牌，而国家公园的划定给社区产业带来不同程度的限定，部分商品林转化为公益林，影响原有林药种植收益，生态补偿机制及保障社区参与的利益分配机制尚在探索中。生态旅游发展同质化，缺乏大熊猫国家公园品牌统领下生态产品品质化、多样化供给的顶层思路，未能充分激活城乡要素的双向流动。

3.2 利益相关方和生态产品偏好调查

3.2.1 利益相关方发展需求分析

成都市及国家公园属地政府是国家公园片区保护发展的引导者和调控者，负责全面推进以大熊猫国家公园为主体的自然保护地体系构建。国家公园管理部门是政策制定者，是各个利益相关者的服务者，应推动实施生态修复、特许经营管理试点，协调社区经济可持续发展。社区居民是国家公园建设的直接利益相关者，更关注生态补偿的落实和如何发展可替代生计，据调查，85%的受访村民关注国家公园品牌对农产品附加值的提升作用，48%的受访村民有意愿直接参与餐饮民宿、商品销售、休闲观光和康养产业经营，3%的受访村民愿意参与低碳交通、自然教育、文创和体育运动领域。由于社区青壮年劳动力的流失，新理念、新技术匮乏，原住居民发展意愿仍以传统零售、农业观光旅游服务为主（表3）。

成都片区入口社区居民感知及关注调查结果统计表　　表3

关注领域	受访居民感知高频内容	受访居民关注点占比
国家公园建设	国家公园边界	10.62%
	生态移民	29.32%
	国家公园品牌	4.15%
特许经营政策	原有风景区生态旅游开展	43.50%
	民宿、农家乐经营	62.37%
生态补偿政策	集体商品林采伐、补偿	73.19%
社区产业转型	农产品、林产品种植	56.27%
	旅游服务发展前景	21.23%
	其他替代产业	3.67%
入口社区建设	社区居住条件改善	63.57%
	社区道路交通改善	67.96%
社区共建共管	国家公园生态管护就业岗位	15.40%

资料来源：2023年大熊猫国家公园成都片区入口社区居民问卷调查统计。

3.2.2 生态旅游者对成都片区感知调查分析

研究选取成都片区白水河、龙溪虹口、青城山、西岭雪山等点位，通过Rost Content Mining软件对大众点评、马蜂窝、小红书等知名旅游网站的点评、游记进行高频词汇分析，获取游客旅游感知评价信息和数据（表4）。旅游要素、感知要素分析显示，在近900条的评论中，环境文化上，62.5%提及优越的自然生态环境和气候条件，14.6%提到道教文化；服务规范上，对服务规范管理关注较高，其中，9.2%提及绿色食品，46.5%提及行车安全、停车管理，18.3%提及标识引导，24.7%提及垃圾、公厕等对环境的污染；生态体验产品上，47.2%提及农家乐、耍水、露营等，22.3%提及亲子、自然教育，19.4%提及徒步、漂流等户外运动。综上可以看出，国家公园所在龙门山区域生态旅游热度较高，但大众对国家公园整体认知度较低，服务缺乏规范化管理；生态旅游基础条件好，但产品结构单一，更多元、高品质的生态产品需求未能充分满足。

成都片区旅游消费者关注要素统计表　　表4

编号	反应要素	点评文本示例	频次
1	外部交通	成都出发、高速、自驾、车程1个半小时	275
2	内部交通	路边停车、停车场收费、上山道路、不好走、下山高峰堵车、弯道错车、岔路、非常陡、封路、栈道、只能步行	419
3	游览时间	走得早、一天、下雨天不要来、看好天气	82
4	服务设施	标识、标牌看不见、走错路、索道、厕所、小摊贩、没信号、自备午餐、补给站	165
5	服务水平	村民热情、服务态度好、被骗	46
6	住宿条件	民宿、温泉、价位、档次、暑假长住、凉快、空气好	121
7	餐饮环境	农家乐、味道好、垃圾带走、自带干粮、环境卫生	197
8	自然环境	凉爽、绿水青山、负氧离子高、森林覆盖率、水质清凉	562
9	活动项目	徒步、爬山、耍水、漂流、露营、耍雪、亲子游、喂动物	495
10	文化体验	道教、大熊猫、财神庙、西岭山歌	131
11	生态农产品	猕猴桃、笋子、三文鱼、野菜	83
12	情感体验	票价、性价比、时间、值得一去、避暑不错、国家公园不知道、没看见大熊猫、适合带小朋友、洗肺	198
13	安全管理措施	私家车接客、放牌子拦路、注意安全、防滑、塌方、洪水	174

资料来源：旅游网站网络信息、数据分析。

4 公园城市特质的国家公园入口社区

4.1 目标

公园城市的发展定位是城市践行"绿水青山就是金山银山"理念的示范区、城市人民宜居宜业的示范区、城市治理现代化的示范区。面向国家公园保护发展的公园城市乡村社区是一个具有多种内涵的地域实体，成都片区入口社区在独特区位优势下，呈现出"大城市带大郊区"的格局特色和城乡共生互融的典型特征，从更高层次、更大范围诠释公园城市乡村表达。立足于探索超大城市郊区高质量发展、高品质生活、高效能治理的现代化发展新路，成都片区入口社区围绕安全韧性的生态社区、品质宜居共享社区、生态友好产业社区、多元协同共治社区4个维度建设，以30项核心指标体系全周期引导国家公园入口社区的建设和评估管理。

4.2 探索路径引导

4.2.1 安全韧性生态社区

大熊猫国家公园所在龙门山是成都市"两山两环、两网六片"生态安全格局的重要组成，是成都西部生态屏障、水源涵养区和生物多样性富集区，对筑牢公园城市生态本底，优化公园城市生态空间格局有重要作用。在成都构建以大熊猫国家公园为核心、自然公园为外围缓冲的自然保护地体系背景下，国家公园入口社区在建立国家公园之前就已经纳入了自然公园、风景名胜区、森林公园等生态保护红线内，是国家公园生态系统的延伸和缓冲，对构建生态廊道、提升连通性、增强相邻保护地的交流合作、降低生态斑块孤岛效应、促进自然保护地体系的整体保护有重要桥梁作用。通过黑臭水体全面消除、蓝绿空间占比不得降低、严格落实耕地保护与低效林改造约束性指标，以及生态智能检测网络、林业碳汇项目、生物多样性保护等预期性指标引导生态韧性的可量化、可评价。崇州文井江镇大坪村，在森林、规划管理部门支持下，与观鸟会、社会与公益机构合作，组织志愿者开展迁徙猛禽监测工作，设置智能高清视频监控系统，全面覆盖猛禽迁徙的主要通道，单个观测点全年可记录30种、13029只猛禽的迁徙情况，此外，通过举办龙门山大坪观鸟赛推动了猛禽保护的社会参与和关注度，有效遏制盗猎行为，为猛禽迁徙创造了更为安全的生态环境。

4.2.2 品质宜居共享社区

公园城市理念强调城市发展要坚持以人为本的生活导向逻辑，随着我国社会矛盾的转化，满足人民日益增长的美好生活需求，成为认知公园城市价值的重要出发点。国家公园入口社区集保护、发展建设于一体，在尊重居民的文化生存、生活质量、发展权利的前提下，依托良好的生态环境创新提供绿色公共服务，有助于优化集聚人才和企业，实现人村产的和谐发展。大邑县云华村，作为大熊猫国家公园入口社区，是成都片区第一批成立共建共管委员会的村镇。在符合国土空间规划前提下，衔接成都市乡村社区公共服务配套要求，对国家公园入口社区的建设用地、农林用地以及入口社区划入国家公园一般控制区的区域实施圈层化、差异化建设，嵌入各类公共服务设施（图1）。利用社区闲置建筑配套基础保障类、功能提升

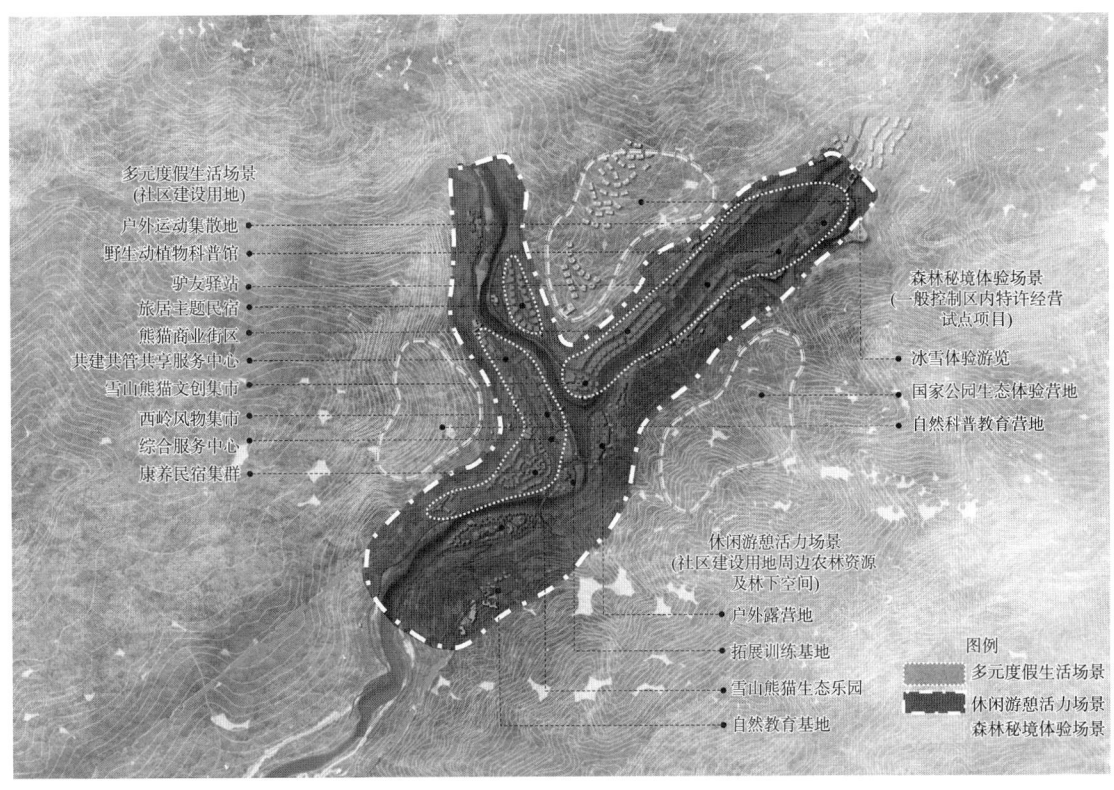

图 1 大邑云华入口社区圈层式发展示意图

类、特色服务类公共服务,营建多元度假生活场景;利用周边河谷、田园、林盘等农林资源及林下空间,营建休闲游憩活力场景;于国家公园一般控制区范围内,在满足特许经营管理办法的前提下,利用自然资源、生态空间和现有基础设施,适度开展大熊猫保护秘境探索等生态体验和自然科普教育活动,营建森林秘境体验场景,促进国家公园与入口社区内外联动。

4.2.3 生态友好产业社区

"绿水青山就是金山银山",公园城市不是单一物质空间层面的公园建设工程,而是应将良好生态环境的自然属性价值与城市发展相结合,建立绿色生态产业经济体系,助推产业经济地理重塑。入口社区作为国家公园生态价值转化的空间载体,创新集聚城乡资源,提升乡村社区的产业发展动力和宜居价值,推动国家公园从静态保护转向动态保护的同时,促进区域发展。特许经营管理是对大熊猫国家公园绿色生态价值转化实现路径的创新探索,根据《大熊猫国家公园四川片区特许经营试点项目管理办法》,"在一般控制区内依托自然资源资产及其相关不动产开展的生态服务体验、自然教育、生态旅游、住宿、餐饮、低碳交通、商品销售、设施租赁、特色经营活动"为特许经营试点项目,办法明确规定"试点项目实施方案包括社区协调发展方案,促进社区就业、提高社区居民收入"。社区应科学评估自然资源资产价值和资源利用生态风险,保护生物多样性和文化多样性,重构绿色产业体系,避免产业同质化。大邑县邨江镇太平社区充分发挥国家公园泛西岭雪山国际旅游度假区门户优势,"景区+园区+社区"同建,打造"共享旅居公园",通过文创引才,盘活1万 m^2 集体闲置资产,提升文旅共享新业态;依托邨江青梅和当地中药材资源,打造绿色地标产品,发展休闲康养业;对废弃工矿用地进行生态修复、景观提升,叠加文化娱乐功能。

4.2.4 多元协同共治社区

国家公园本身的保护管理政策是自上而下的执行体系,但人地关系的长期和谐需要在社区认同基础上,建立平衡关系和协调机制,形成稳定互惠的共生系统。成都片区以地方政府为保护发展在规建管、政策制定的主体地位,均衡利益;村级组织发挥基层领导核心作用,发展乡村绿色生活服务,引导村民参与国家公园生态保护;国家公园管理机构履行保护建设监管责任,统筹管护站工作;企业和社会机构在产业合作和就业培训等跨领域事务协商中发挥作用,在组织构建完善中,提升乡村社区治理水平和村民参与。都江堰龙池社区,一方面建立国家公园与入口社区的园地联动融合工作机制，设立共建共管委员会，吸纳并培训原住民进入生态管护公益岗位及生态科普岗位，同时拓展入口社区与城市生活社区的双社区联动，宣传大熊猫国家公园保护理念，通过资源共享探索破解绿色生态价值度量难、交易难、变现难的具体问题。

5 结语

城乡融合发展推动了乡村社区空间形态和经济发展模式的转变，面向国家公园保护的入口社区因其特殊性，在规划引领、空间建设、产业发展、治理机制等方面亟待创新破局。成都市以公园城市乡村表达先行探索入口社区绿色发展新路径，但面对乡村社区类型多样、集体土地权属复杂、土地使用冲突、利益分配冲突等现实问题，政策和技术管理体系化支撑不足，政策模糊、规划未能立足乡村需求等，均是在理论和实践上需要继续研究探索的方向。

参考文献

[1] 杨锐.论中国国家公园体制建设的六项特征[J].环境保护，2019，47(3)：24-27.

[2] 潘恺晨，张玉钧.美国国家公园入口社区发展经验及启示[J].世界林业研究，2023，36(4)：121-126.

[3] 林泽东.大熊猫国家公园门户小镇旅游发展研究——以平武县虎牙镇为例[D].成都：四川师范大学，2020.

[4] 吴承照，汪长林.国家公园入口社区性质、发展特征与政策需求[J].中国园林，2022，38(04)：14-19.

[5] 刘可欣.基于游憩利用的英格兰国家公园小城镇空间发展特征研究——以湖区国家公园小城镇为例[D].南京：东南大学，2022.

[6] 王洋.基于居民地方依恋的海南热带雨林国家公园入口社区水满乡景观优化策略研究[D].海口：海南大学，2023.

[7] 苏海红，李婧梅.三江源国家公园体制试点中社区共建的路径研究[J].青海社会科学，2019(3)：109-118.

[8] 蔡芳，王丹彤，苏琴.国家公园社区发展模式建设准入条件探讨[J].林业建设，2020(4)：8-12.

[9] 高情情，吕弼顺.习近平生态文明思想视角下的东北虎豹国家公园入口社区生态旅游发展研究[J].延边党校学报，2020，36(3)：85-88.

[10] 朱洪革，赵梦涵，陈雅如，等.国家公园社区治理国际经验及启示[J].世界林业研究，2022，35(5)：1-6.

[11] 成都市公园城市建设领导小组.公园城市——城市建设新模式的理论探索[M].成都：四川人民出版社，2019.

[12] 李培林.乡村振兴与中国式现代化：内生动力和路径选择[J].社会学研究，2023，38(6)：1-17.

[13] 伍文韬，尹煕升.社区文化资产建设推动乡村振兴的路径探索——以成都市仙阁村为例[J].智慧农业导刊，2022，2(11)：40-42.

[14] 吴军，等.场景营城[M].北京：人民出版社，2023.

[15] 文军.打通内外的乡村内生发展模式探索[EB/OL].[2025-6-30]. https://xcb.ecnu.edu.cn/4b/45/c35306a543557/page.htm.

作者简介

李艳华，1982年，女，本科，成都市公园城市建设发展研究院，所长、高级工程师。研究方向：公园城市建设发展与风景园林规划设计。

（通信作者）伍玲，1984年，女，硕士，成都市公园城市建设发展研究院，工程师。研究方向：公园城市建设发展与风景园林规划设计。电子邮箱：237324206@qq.com。

高歌，1994年，女，硕士，成都市公园城市建设发展研究院，工程师。研究方向：公园城市建设发展与风景园林规划设计。

付珊，1980年，女，本科，成都市公园城市建设发展研究院，副院长、高级工程师。研究方向：公园城市建设发展与风景园林规划设计。

与火共存[①]
——基于自然和传统生态智慧的景观途径研究进展
Coexist with Fire—Based on Natural and Traditional Ecological Wisdom, Research Progress on Landscape Approaches

傅 微 潘奕彤 郝 婕*

摘　要：森林火灾是陆地生态系统重要的自然干扰之一，也是森林面临的主要自然灾害。气候变化和人为因素影响了火灾发生的频率、规模和强度，为有效应对和适应火灾带来了巨大挑战。"与火共存"表明了一种新的人类与火灾共生关系的火灾治理理念，强调建立起生态系统对火灾的适应性和恢复能力，在火灾周期内提升景观的整体韧性。森林火灾的生态响应和生态适应策略的研究能够基于对自然和传统智慧防火机制本质的认知，减少森林火灾风险，保护生物多样性、维持生态平衡，为创新综合的森林火灾韧性规划奠定了必要的理论基础。本文通过文献分析和对科学家、实践者的访谈，主要对森林火灾风险、抵抗性景观、适应性景观和抵抗性景观途径的相关研究现状进行归纳，强调了森林火灾可持续共存在降低森林火灾风险以及推动防火韧性方面的作用，同时本文探讨了综合地理空间火灾模型、重新思考火灾治理、综合定义与火共存的景观以及促进社会生态可持续的火灾治理视角等前沿议题，为风景园林的防火规划、设计和管理提供了新的思路和方法，有助于创建更安全、更具恢复力的景观环境。

关键词：森林火灾风险；抵抗性；适应性；恢复性；与火共存

Abstract：Forest fires are one of the most significant natural disturbances in terrestrial ecosystems and a major natural disaster for forests. Climate change and human activities have influenced the frequency, scale, and intensity of wildfires, posing significant challenges for effective response and adaptation. Research on the ecological responses to and adaptation strategies for forest fires can provide a theoretical foundation for reducing wildfire risks, protecting biodiversity, maintaining ecological balance, and developing innovative and comprehensive wildfire adaptation plans based on a deep understanding of wildfire mechanisms. This paper, based on literature reviews and surveys of scientists and practitioners, summarizes the current state of research on wildfire risk, resilient landscapes, adaptive landscapes, and resistant landscape approaches. It emphasizes the role of sustainable coexistence with wildfire in reducing wildfire risks and promoting fire-resilient landscapes. It also explores cutting-edge topics such as integrated geospatial wildfire models, rethinking wildfire governance, comprehensive definitions of landscapes coexisting with fire, and perspectives on promoting socially and ecologically sustainable wildfire governance, providing new ideas and methods for landscape fire design and management, and contributing to the creation of safer and more resilient landscape environments.

Keywords：Forest Fire Risk；Resistance；Adaptation；Recovery；Living with Fire

---
[①] 基金项目：复旦大学生物多样性与生态工程教育部重点实验室开放课题——"与火共存"视角下西南林区生物多样性保护与适应性修复研究。

引言

数百万年来，森林火灾对全球生物多样性、植物和动物的进化以及生物地球化学过程产生了深远影响（Chen et al., 2023；He et al., 2019）。虽然森林火灾通常被视为破坏性的自然灾害，但实际上其是一种自然干扰，是生态系统的重要组成部分（Bowman et al., 2009）。火灾机制的变化有助于维持生态系统的健康和多样性，促进野生动物栖息地的建立和食物来源的更新，并且是许多植物完成生命周期的必要过程（Kelly et al., 2020）。He 等（2019）的研究表明，火灾强度（垂直蔓延）和频率是控制植被结构、植物功能性状和生物多样性的关键要素。在火灾发生时，低强度火灾可以清除森林中层的易燃和浓密植被，如灌木和小树，消除"火梯子"（ladder fuels），从而自然清洁和疏伐森林，减少高强度火灾对野生动物、栖息地和周围社区的毁灭性影响。低强度火灾发生后，成熟的树干和树根保持完整，森林自然恢复力较强。烧焦的植物、树叶和松针的灰烬使碳重新沉积到土壤中，形成"碳质化合物"，从而促进养分循环，增加土壤有机碳储存，提高土壤持水能力和肥力，并促进微生物生长。存留的植被和有持水力的土壤能最大限度减少径流，减少流入河流和湖泊的有害灰烬污染。低强度火灾通常仅影响局部或部分区域，火灾蔓延势头不会过大，动物有足够的逃离时间和躲避空间，物种多样性不受太大破坏。低强度火灾形成的新开放林窗使阳光和降水到达森林地面，促使原生植物萌芽，促进植被更新，为野生动物提供食物和栖息地，森林生态系统随着植物和动物多样性的变化而不断演变。

直至近期，跨学科的灾害和灾害科学很少考虑到野火。相反，地震、洪水、飓风和其他水文气象灾害在很大程度上主导了关于灾害风险和恢复的研究。但是，全球范围内极端火灾事件（extreme wildfire event，EWE）正不断加剧，高强度森林火灾对生态系统的结构、功能和生物多样性造成严重影响（Bowman et al., 2020），野火发生频率和强度也在增加（Wu et al., 2022；Bowman et al., 2020）。过去几年中，北欧（2018 年）、南非和美国（2019 年）、玻利维亚（2020 年）、澳大利亚（2020 年）（Tedim et al., 2018；Nolan et al., 2020）等地的事件表明新型极端火灾已逐渐显现。同时，欧洲发生火灾的区域正在从历史上火灾频发的国家向北转移到温带国家和北方地区，火灾在以前较少发生的地区变得越来越普遍（San-Miguel-Ayanz et al., 2019）。难以控制的高强度森林火灾可能给生态系统带来长期甚至永久性的损害，并危及全球气候、水资源和人类的可持续发展（Singleton et al., 2021）。气候变化和人为因素影响了极端火灾事件发生的频率、规模和强度，为有效应对和适应火灾带来了巨大挑战（Clarke & Evans, 2019；Bowman et al., 2020）。Singleton 等（2021）通过研究高强度森林火灾的空间模式，发现空间格局指数与火灾规模和高强度森林火灾比例显著相关。高强度火灾导致动植物栖息地丧失、资源匮乏和生境破碎，对植物和动物的生存和繁衍造成直接威胁，破坏生态链和食物网连接，影响生物多样性，导致生态系统功能减弱。一些物种和结构对火灾具有适应性，它们能够通过适应机制存活并在火灾后的恢复过程中发挥重要作用，促进生态系统的重建（Nimmo et al., 2019）。

因此，气候变化背景下日益严峻的森林火灾形势，使得传统的以扑灭为主的火灾管理策略面临挑战。"与火共存"作为一种新兴的火灾治理理念，强调提升景观的整体韧性，受到了学术界的广泛关注。本研究创新性地从自然和传统生态智慧的视角出发，系统梳理了抵抗性、适应性和恢复性景观途径的研究进展，旨在为风景园林领域应对森林火灾提供新的理论和方法框架。

1 与火共存

高强度森林火灾可能带来不可逆的影响，破坏植被、土壤结构和野生动物栖息地，加剧气候变化，对全球生态系统造成深远影响。因此，应对火灾的策略需要着眼于降低高强度森林火灾的风险，将火灾管理的重点从被动的消防转变为融合生态适应性方法和目标的主动规划、管理和基础设施策略，以减少其对生态系统和社会的负面影响，实现"与火共存"。低影响火灾有利于植被更新和营养循环，有助于生态系统的稳定和多样性。"与火共存"表明了一种新的人类与火灾共生关系的火灾管理理念，强调建立起生态系统对火灾的适应性和恢复能力，在火灾周期内提升景观的整体韧性（Stoof and Kettridge, 2022；Dunn et al., 2020；Tedim et al., 2016；Moritz et al., 2014），鼓励人们更多地采用预防性方法，广泛利用景观策略和空间规划，包括改善土地管理方式、加强对火险地区的管理、提高火灾预警系统的效率等，以减少火灾对生态系统和人类社会造成的破坏。这种转变是对传统火灾管理模式的补充和完善，以更好地应对当今社会面临的火灾挑战，并为生态系统和社会的可持续性发展提供更有效的支持。火灾管理可与其他土地管理目标相结合，采取跨尺度、跨地域、跨风险和跨学科的综合方法（Stoof and kettridge, 2022），综合多种自然灾害管理目标。研究需要考虑从局部到区域，甚至全球范围的影响,以便制定更全面和有效的火灾管理策略。

通过对传统火灾防控策略局限性认识的反思,"与火共存"的概念逐步进入学界视野(Max et al., 2014),其将火灾相关问题置于耦合社会生态系统(SESs)的背景中审视,明确承认人类与自然环境之间的联系,为实现与野火更可持续的共存提供了见解。自概念形成伊始,研究就聚焦景观生态适应性在降低森林火灾灾害风险中发挥着的关键作用,通过促进适宜的植被结构、维护土壤质量和湿度、保护生态系统多样性和稳定性以及增强适应性物种和生态系统结构的恢复力,从而有效地管理森林火灾。在学科领域的逐步发展过程中,野火预测研究逐渐与社会生态系统研究、生态系统服务交叉融合(郗婕、傅微,2024)。

2 近今进展

科学文献中,森林火灾可持续共存景观的研究日益受到关注。在中国知网以"林火(含野火、森林火灾)""可持续"为主题(检索时间为2024年7月23日12时),检索得到32篇文章,其中2019年以来共12篇。同时检索Web of Science核心合集,以"wildfire"和"sustainable"为主题(筛选条件为Article or Review),检索得到自2019年以来论文共762篇。可见国际研究不仅在数量上较多,近3~5年的发展趋势也强于国内水平。经过初步分析筛选,本文在论述中主要关注国际期刊所介绍的恢复(recovery)、抵抗(resistance)和适应(adaptation)三个维度,总结可持续景观途径应对森林火灾的进展。

2.1 抵抗性(resistance)景观途径

抵抗性景观途径旨在最大限度地减少起火和火势蔓延的可能性,重点在于选择和安排不易燃的植物和材料(Bowman et al., 2020),同时调整生态系统的结构和功能在一定程度上也能够抵御火灾的侵害。但能否抵抗火灾取决于火灾的强度、频率,火灾对于生物群落的影响在一定程度上也取决于物种及其对环境变化的承受能力。这些景观通常使用含树脂或油脂较低、含水量高且生长紧凑低矮的耐火植物。其他元素包括使用防火建筑材料、不可燃的覆盖物和战略性硬质景观设计。主要目标是创建防御空间,保护建筑物并减少可能增加火势强度的燃料负荷。

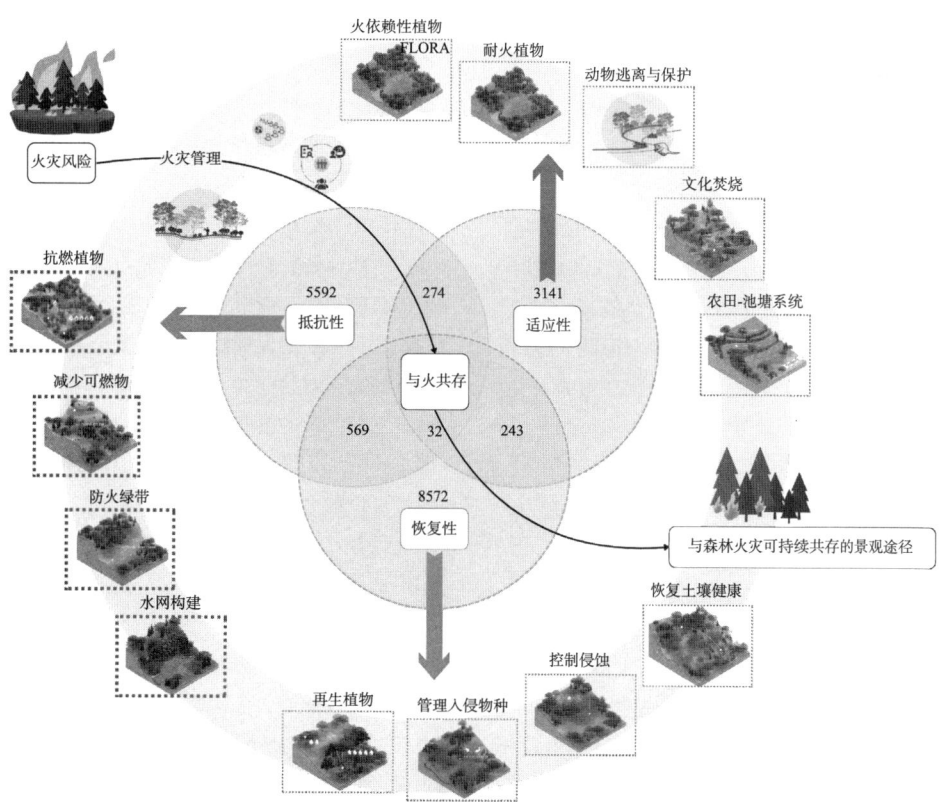

图1 与火共存景观途径框架图
(注:图中的数字代表2000—2024年Web of Science核心合集中的文章和综述数量)

（1）抗燃植物（fire-resisitance plant）：其树皮、枯叶或潮湿组织提供了一层巧妙的隔热层。如落叶松和巨型红杉，拥有极其厚实且可阻燃的树皮，可以直接燃烧而不会损坏其重要组织。澳大利亚草树和南非芦荟会在茎周围保留浓密的枯叶，以抵御野火的热量。此外，许多帝王花属植物有木栓状等潮湿组织，保护芽免于干燥，既能隔热，又能在火灾中防止植物脱水（Smith et al.，2018）。

（2）减少可燃物：通过有计划的燃烧来减少地表易燃物质的积累，降低灾害性火灾的风险。放牧草食性动物如牛、羊、鹿等，通过啃食植被，尤其是干燥易燃的草本植物，使得植被较矮、较湿润，降低了火灾的蔓延可能性。例如地中海沿岸国家采用传统的放牧方式，减少干枝和干草的堆积，降低火灾的危险；Pennisi（2018）指出放牧能够直接减少可燃物、干扰土壤掩埋凋落物，其移动路径能够保持植物密植且创造防火带。此外，蚂蚁等昆虫能够帮助清除枯枝落叶和枯草；啄木鸟可以帮助清理树木表面的干枝和树皮，有助于减少易燃材料的积累；土壤生物如蚯蚓等通过促进土壤通风和分解植物残渣，有助于改善土壤质地和减少火灾燃料的堆积。

（3）防火绿带：通过在火灾易发区种植防火绿带，可以有效阻止火灾的蔓延。绿带通常由耐火植物组成，不仅能够减缓火势，还可以提供栖息地和保护生物多样性。动物在生态系统中通过调控植被和生态系统的结构降低了火灾发生的概率和影响。海狸作为"生态建筑师"构建海狸堤坝能够促进局部湿地的形成，减缓径流污染，在保证自身生存的同时这种局部湿地也能为小动物提供避难所，一定的土壤湿度也能让局部湿地避免火灾干扰（Goldfarb，2018）。我国建设了36.4万多km的"绿色防火林（green fire breaks）"，即低易燃性的植被带，来管理景观火灾，这种多层结构和封闭冠层的绿色草原防火道具有成为有效、长期、生物多样性友好和成为低成本的火灾管理措施的潜力（Cui et al.，2019）。

（4）水网构建：水资源管理和灌溉系统的合理利用，保持土壤湿润度有助于降低植被干燥程度，进而减少火灾发生的可能性。印度农民使用传统的耕作和灌溉方法，保持土壤湿润并种植多样化作物，减少了易燃植被的扩散，从而减少火灾的发生。陂塘作为一种传统的水利工程，在中国已有超过2500年的历史，其包括稻田、池塘、沟渠、庭院等生态基础设施，具有农业生产、水文调节、环境净化和生态农业调控的功能。陂塘通过调节和储存水资源，可以有效减少火灾风险。

（5）掘地动物的生物扰动：物种可能会潜伏在地下洞穴或水域中躲避火势，蛇类可以在地下栖息并保护自身免受高温影响。掘地动物如袋狸通过其取食活动显著减少地表可燃物，降低火灾风险。在澳大利亚的研究中，重引入的袋狸显著降低了地表枯枝落叶的厚度和覆盖率，进而降低了火灾的传播速度。

2.2 适应性（adaptation）景观途径

适应性景观途径的基础是理解火灾是生态系统自然和必要的一部分。这些景观以允许它们与周期性火灾事件共存的方式进行管理。

2.2.1 个体适应途径

物种在面临火灾时表现出不同的适应策略，即在长期火灾干扰中逐渐发展出的适应机制。火依赖性植物（fire-dependent Plants）演化出了适应火灾的生长特征，如短叶松、桉树和班克木等，有完全被树脂密封的晚熟球果或果实，只有在火的热量将树脂物理熔化后，这些球果才能打开并释放种子。许多灌木和一年生植物需要烟雾和烧焦的植物物质中的化学信号来打破种子休眠，或者在存在这些化学物质的情况下才会发芽，其可能埋在土壤种子库中数十年，直到野火将它们唤醒。一些植物物种已适应形成在火灾后大量开花的迹象，如澳大利亚草树的花穗。其他受火灾刺激的物种通常在被烧伤几周后同时开花，形成郁郁葱葱的彩色花朵景观。火百合属（Cyrtanthus）物种只在火灾后开花，对自然丛林火灾的开花反应极快，其中有一种物种甚至可以在火灾后仅9天就达到完全开花阶段。另外，一些动植物种类在火灾发生前会适应性地调整其生长、繁殖和生存策略。它们可能会在火灾前通过生长模式的改变、种子的保护机制以及选择适宜的栖息地，以应对潜在的火灾威胁，如许多树种采用高大的树冠和很少甚至没有下部树枝的策略来减少野火造成的损失。通过让树叶和重要的生长组织远离大多数火焰的触及范围，这些树木通常可以在火灾中幸存下来，树干只会被轻微烧焦。这种适应性在几种松树以及许多桉树中很常见。其中一些树木，如黄松，甚至进化出了一种"自我修剪"机制，可以随时去除枯枝以消除潜在的燃料源。在火灾频发的景观中，动物的移动行为对其生存和适应至关重要。某些鸟类和小型哺乳动物会逃离火源，寻找安全的栖息地，维持种群的存续。

2.2.2 生态系统适应性

多样性是实现"与火共存"的关键。生态系统对火灾的适应性主要体现在生态系统的结构、功能和物种多样性上，生态系统通过物种多样性和群落结构的复杂性来增强其火灾适应性。火灾是生物多样性的主要驱动力，经常受到火灾影响的地区物种丰富度和特有性都很高。物种多样性能够提高整个生态系统的抗干扰能力。当某些物种受到火灾影响时，其他物种可以填补空缺，维持生态系统的功能。生态系统还通过土壤的保护和恢复来促进其稳定。火灾可能对土壤造成破坏，但一些生态系统演化出了自我修复的机制，通过植被再生和有机物质的再循环来维持土壤的肥沃度和结构。

村落、社区等通过借鉴和利用生态系统本身已经形成的适应性机制和策略，来设计和实施解决火灾问题的方案。通过利用火来管理土地和促进生态系统的健康，这种做法也被视为适应策略的一部分，注重于生态系统的稳定和可持续性，旨在实现火灾管理的长期效果而非简单的应急处理，帮助维持生态平衡并促进生物多样性。如传统农业生态工程通过利用传统的农田-池塘系统可以调节水资源，改善土壤结构，增强生态系统的适应能力。这种系统强调了在火灾管理中不仅要依赖技术手段和人为干预，还要充分利用自然系统的天然适应能力，不仅支持农业生产，还通过生物净化和营养循环维持生态平衡。通过模仿自然界中生态系统的自然适应性策略，以便整合到基于自然的解决方案中（Ascoli et al.，2023）。

当前，国际研究允许局部低强度火灾的发生，着力抵抗高强度火灾发生风险。Boisramé 等（2017）提到，美国西部的温带森林已有百年的火灾管理历史，森林管理者在条件不极端的情况下让野火燃烧，以降低对一系列物种有威胁的混合严重火灾的发生概率。在黄石国家公园，允许闪电点燃的火灾燃烧的政策创造了更多样化的景观，促进植物及其传粉者的物种丰富度。然而，Moreira 等（2020）提到，澳大利亚南部、欧洲南部和美国西部的一些森林具有很高的可燃物积累水平，因此需要机械处理结合规定的燃烧，以减少高强度森林火灾对生物多样性的影响。文化焚烧（cultural burning）这种从在地化生态智慧中学习火灾管理的方式正在逐渐复兴（Colombaroli et al.，2019；Steffensen，2020），其将传统生态学与当地火灾知识、主流火灾管理方法和技术结合起来，为平衡生物多样性提供思路，以适应不断变化的环境条件。Mariani 等（2022）证明了美国西部部分原住民群体拥有文化焚烧、定期清理林地、放牧、草地策略燃烧和引导火势等火灾管理方法和生态实践，有助于控制火灾蔓延。Wang 等（2019）发现在抑制放牧和文化燃烧的情况下，植被结构可能向灌木—草本转变，而澳大利亚原住民群体通过使用传统的文化燃烧方法来管理植被，维持草本和木本生物量之间的平衡，

限制了林下植被中的灌木密度，减少林火扩散的可能性，维持植被的健康。

2.3 恢复性（recovery）景观途径

恢复性景观侧重于恢复和修复受野火影响的区域。重点在于修复损害并促进健康、功能性生态系统的回归。恢复性需要注意时间维度不能忽视。随着野火造成的损失加大，恢复工作可能包括重新种植本地植被、控制侵蚀、管理入侵物种和恢复土壤健康。植物种类的选择和管理技术对于稳定环境和防止其进一步退化至关重要。社会-生态系统的耦合性质逐渐成为恢复性景观途径的关键，新兴的研究是建立适应火灾的社区，管理目标是在这些社区中保留了野火的生态功能水平，但将对人类生命和财产的风险降到最低（Schumann et al.，2020）。Ronald 等（2020）提出一种模型显示破坏性野火发生之后的一段时间可能为社区适应提供一个"热点时刻"。

加快生态恢复，提升栖息地质量，并减少未来火灾损害的可能性。这涉及短期干预和长期策略，以重建有弹性的生态系统。

2.3.1 短期干预

火灾给生态系统带来严重破坏的同时也为生态恢复提供了机会。植物生态系统对火灾季节变化的反应与生长、休眠、开花和繁殖的季节性物候周期有关，这意味着当火灾发生在脆弱的物候阶段时，火灾后种群的恢复反应可能会受到负面影响（Tangney，2022）。灾后环境通常表现为阳光充足、水分充沛但营养物质相对较少。短期内植被组成可能仍然反映了短生命周期物种的建立，如野草、灌木，这些物种在火灾后地下根茎组织再生、地下储存的种子萌发，可以迅速恢复植物数量和分布。适应性物种和多样化的群落结构在先期演替过程中起到关键作用，能够更好地利用这些机会的植物具有快速生长的特性，能够迅速占领空地并建立新的植被群落。这些特性的存在有助于促进植被的多样性和群落的复杂性，对整个生态系统的恢复起到积极作用。Bright 等（2019）通过遥感分析归一化燃烧比发现针叶树—橡树—灌木丛的恢复率最高。因此，到火灾后的第 3 年，植被组成反映的是地区气候条件的变化。除了植被的再生外，短期的生态恢复反映了人类的即时决策，火灾可能会短暂地放大居民在短期恢复期的风险认知，并激发人们对旨在减少野火风险的新政策和教育项目的接受度，从而进一步塑造生态条件，许多动物物种也可能返回到燃烧区域（Mockrin et al.，2018）。

2.3.2 长期策略

野火对房屋、建筑环境和开放空间的影响和政策变化将持续数年甚至几十年。目前关于野火发生后的长期恢复和建筑环境变化的研究相对较少。鉴于大多数生态系统的进化时间——植被演替或动物物种重新定居可能需要几十年，对生态影响和恢复结果的评估必然需要更长的时间跨度。火灾发生后生态恢复的时间根据地理环境和生态环境而有很大的不同。这是因为不同的植物群落根据不同的环境条件和物种组成，经历植被演替的速度非常不同（Bond and Van Wilgen，1996；West et al.，2012）。在一些森林中，完全演替和树冠恢复可能需要几十年到几个世纪的时间，而许多非森林生态系统中的植物群落可能只在几年内回到火灾前的条件。生物量积累速率（即燃料体积）和可燃性也因本地或外来物种的组成和环境条件而有很大差异（Bond and Van Wilgen，1996；West et al.，2012）。虽然一些植被群落可能在火灾发生后的十年内仍处于过渡状态，但在许多情况下，重建的动植物物种标志着该地区的长期生态轨迹。外部因素主要影响生态恢复和景观未来面对野火时的脆弱性。这些因素包括人类对重建类型、景观美化或植被管理策略的局部决定、下一次火灾的时间，以及全球气候变化的通配符，这可能直接和间接地改变区域火灾机制。任何实现火灾适应的希望都需要将相关的社会-生态系统的长期恢复作为一个更大的、持续的风险治理过程的一部分（Tierney，2014；Abrams et al.，2015），而不是一个具有离散终点的临时的、独立的过程。

重要的是，正是在这个恢复阶段，野火的风险再次变得显著，无论是由于增加暴露（例如，在以前被烧毁的地区重建更多的结构）和敏感性（例如，在以前被火灾清除的土壤上的草和灌木的再生）。火灾后的生态恢复是一个漫长而复杂的过程，包括植被和动物群落的演替和再生。了解这些模式有助于制定有效的生态恢复策略，以重建受损的生态系统，并最终实现火灾影响区域的生态平衡。

总之，火灾抵抗性景观旨在防止和减轻火灾损害，适应性景观将火灾作为自然因素加以整合，而恢复性景观则侧重于火灾后的恢复。每种途径对于全面的野火管理和促进与火灾环境的可持续共存都至关重要。

3 前沿议题

由目前研究进展可以发现，基于自然和传统生态智慧的景观途径在森林火灾管理中具有重要意义。通过综合利用生态工程、动植物管理和传统实践，可以显著增强景观面对森林火灾时的抵抗力、适应力和恢复力，实现其与森林火灾的可持续共存。风景园林规划师应积极采用这些策略，与当地社区、环境组织和科研机构合作，共同推动森林火灾的综合管理和生态恢复。

3.1 综合地理空间火灾模型

关注"整个生态系统"的方法，着重保护生态系统完整性，规划和管理注重识别和恢复火灾的自然干扰过程，以创造适应性景观格局。结合火灾发生、初期扑救成功率和火灾向社区传播的模型结果，细分了景观中的火灾管理区块，并制定了相应的风险缓解策略（高超，2020）。Hagmann 等（2022）提出由于目前的许多研究强调单个林分内的间伐和减少可燃物，忽略了大尺度的生境连通性和干扰流问题，然而空间格局与火灾的强度和频率显著相关（李晓彤，2022），因此关注整个生态系统的大尺度预测规划和在更广泛的恢复和保护行动背景下管理火灾下的整个生态系统尤为重要。综合火灾风险规划、生物多样性和生态系统服务的多目标，为全球气候变化提供更加综合的应对措施。虽然洪水和火灾是截然相反的自然灾害，但实际上二者管理方法相似，Lambrechts 等（2023）发现二者发生地点和时间在某种程度上是可以预测的，且都是有可能造成严重后果的空间现象，与火灾预防相比，洪水预防管理措施要有效得多，涉及的资源也更多，其在研究中总结了可供森林火灾借鉴的荷兰洪水灾害管理方法。

3.2 重新思考火灾治理

火灾治理应强调跨边界合作、预期治理和风险治理的重要性。治理方法需要根据野火灾害的性质，在空间、机构和时间尺度上重新聚焦和重新平衡投资，通过参与式过程处理利益冲突和权衡。目前的野火治理投资主要集中在减少危险燃料、准备工作（雇用和培训消防员）和应对措施（事故管理）上。以技术为重点的努力在我国目前几乎没有纳入基于自然和传统生态智慧及文化燃烧的相关实践，而这些实践实际上在国际上越来越被认可，为治理火灾风险提供了有价值的借鉴（Marks-Block and Tripp，2021）。可以在时间尺度上重新集中投资，通过在火灾发生之前将更多的资源用于更广泛的缓解工作，并确保受火灾影响的人能够以更适应的方式迅速恢复，从而提供更多建立适应的机会（Essen，2023）。对风景园林规划者和管理者，这些治理原则有助于在多个利益相关者之间协调火灾管理措施，促进区域间的合作和资源共享，从而提高火灾管理的效率和效果。

3.3 综合定义与火共存的景观

为了理解社会、自然和火灾之间的复杂关系，"与火共存的景观"概念已经发展起来（Smith et al.，2016）。然而，这种景观的定义仍然不确定，亟待提出一个综合的火灾恢复力景观定义，即一个社会生态系统能够承受火灾的存在，同时通过景观管理、社区参与和有效恢复来防止重大损失。这一定义可以指导风景园林的设计和管理，使其能够更好地适应和应对火灾，从而提高景观的恢复力和可持续性。综合定义与火共存的景观可提取出4个共同主题：火是自然过程中的一种燃烧；景观格局与可燃物管理；知识共享、协作和预防教育的社区参与；与火共存的物种。

3.4 促进社会生态可持续的火灾治理视角

在快速变化、易受火灾影响的景观中，促进社会生态恢复力是必要的，建议采用多种恢复力视角，包括适应性恢复力和转型性恢复力。风景园林设计可以借鉴这些恢复力概念，通过调整植物配置和管理策略，提高景观的适应性和转型能力，确保在火灾发生后能够迅速恢复并减少损失。传统生态智慧和现代科学技术方法的综合应用，有助于提高森林生态系统对火灾的韧性和适应性，保护生物多样性，减少火灾对生态系统的损害，促进生态系统的健康和稳定。通过采取综合性措施，可以更好地保护和维护森林生态系统的健康状态。

4 结语

当前以气候变暖以及极端气候事件增加为主要特征的气候变化已经对森林生态平衡产生重大影响。随着温室气体排放的增加和全球气候变化的加剧，反常气候事件的发生持续增加，未来过火总面积和火灾强度预计都在增加。因此，人类如何有效适应火灾成为近年来林火研究领域的热点问题。本研究首次系统总结了基于自然和传统生态智慧的景观途径在森林火灾管理中的研究进展，为风景园林领域应对日益严峻的森林火灾挑战提供了新的视角和思路。研究成果不仅具有重要的学术价值，也为实践层面创新防火规划、设计和管理策略提供了理论基础。

在预期继续变暖的气候背景下，未来森林野火情势会更加严峻，这为人类有效适应火灾提出了新的紧迫挑战。要进一步研究气候变化对火灾发生频率、强度和范围的影响，探究气候变化背景下火灾与气候、植被、土壤等要素之间的关联，以更好地预测和应对未来火灾风险。进一步发展和完善火灾风险评估模型和预测技术，包括利用遥感、人工智能和大数据分析等技术手段，提高火灾风险的准确性。深入研究生态系统的适应性机制，了解植被物种的抗火能力、土壤的火灾恢复力以及生态系统功能的快速恢复能力。探索更创新有效的火灾管理策略，包括火灾前的预防措施、火灾期间的应急响应和火灾后的恢复措施，将创新的适应策略景观空间规划相结合，发掘火灾易发区的韧性因子适应火灾的潜力，结合新技术和传统智慧，提高森林适应能力。加强跨尺度、跨地域、跨火险和跨学科的合作，整合多个学科领域的专业知识，促进国际合作与信息共享，共同应对全球范围内森林火灾挑战。未来的研究方向应聚焦于气候变化与火灾关系、火灾风险评估技术、生态系统适应性机制、火灾管理策略的创新、跨学科合作与信息共享等方面，以期通过多方面的努力，增强生态系统对火灾的适应性，实现更加有效的火灾预防和生态系统保护。

参考文献

［1］Abatzoglou J T, Williams A P. Impact of anthropogenic climate change on wildfire across western US forests［J］. Proceedings of the National Academy of Sciences, 2016, 113（42）: 11770-11775.

［2］Agbeshie A A, Abugre S, Atta-Darkwa T, et al. A review of the effects of forest fire on soil properties［J］. Journal of Forestry Research, 2022, 33(5): 1419-1441.

［3］Ascoli D, Plana E, Oggioni S D, et al. Fire-smart solutions for sustainable wildfire risk prevention: Bottom-up initiatives meet top-down policies under EU green deal［J］. International Journal of Disaster Risk Reduction, 2023, 92: 103715.

［4］Bladon K D. Rethinking wildfires and forest watersheds［J］. Science, 2018, 359(6379): 1001-1002.

［5］Bowman D M J S, Kolden C A, Abatzoglou J T, et al. Vegetation fires in the Anthropocene［J］. Nature Reviews Earth & Environment, 2020, 1(10): 500-515.

［6］Bustillo S M, Tonini M, Mapelli A, et al. Spatial Assessment of Wildfires Susceptibility in Santa Cruz（Bolivia）Using Random

Forest[J]. Geosciences, 2021, 11(5): 224.

[7] Chen D, Billmire M, Loughner C P, et al. Simulating spatio-temporal dynamics of surface PM$_{2.5}$ emitted from Alaskan wildfires [J]. Science of The Total Environment, 2023, 898: 165594.

[8] Clarke H, Evans J P. Exploring the future change space for fire weather in southeast Australia[J]. Theoretical and Applied Climatology, 2019: 136(1): 513-527.

[9] Cui X, et al. Green firebreaks as a management tool for wildfires: Lessons fromChina[J]. J. Environ. Manag., 2019, 233: 329-336.

[10] Essen M, McCaffrey S, Abrams S, et al. Improving wildfire management outcomes: shifting the paradigm of wildfire from simple to complex risk[J]. Journal of Environmental Planning and Management, 2023, 66(5): 909-927.

[11] Boisramé G, Thompson S, Collins B, et al. Managed wildfire effects on forest resilience and water in the Sierra Nevada[J]. Ecosystems (N. Y.), 2017, 20: 717-732.

[12] Gao J, Wang R, Huang J. Ecological engineering for traditional Chinese agriculture—A case study ofBeitang[J]. Ecological Engineering, 2015, 76: 7-13.

[13] Goldfarb B. Beavers, rebooted[J]. Science, 2018, 360(6393): 1058-1061.

[14] He T, Lamont BB, Pausas J G. Fire as a key driver of Earth's biodiversity[J]. Biological Reviews, 2019, 94(6): 1983-2010.

[15] Hagmann R K, Hessburg P F, Salter R B, et al. Contemporary wildfires further degrade resistance and resilience of fire-excluded forests[J]. Forest Ecology and Management, 2022, 506: 119975.

[16] Kelly L T, Giljohann K M, Duane A, et al. Fire and biodiversity in the Anthropocene[J]. Science, 2020, 370(6519).

[17] Lambrechts H A, et al. Governing wildfire in a global change context: lessons from water management in the Netherlands[J]. Fire Ecology, 2023, 19(1): 6.

[18] Max M, Moritz M A, Batllori E, et al. Learning to coexist with wildfire[J]. Nature, 2014, 515(7525): 58-66.

[19] Mariani M, Connor S E, Theuerkauf M, et al. Disruption of cultural burning promotes shrub encroachment and unprecedented wildfires[J]. Frontiers in Ecology and the Environment, 2022, 20(5): 292-300.

[20] Nimmo D G, Avitabile S, Banks S C, et al. Animal movements in fire-prone landscapes[J]. Biological Reviews, 2019, 94(3): 981-998.

[21] Nolan R H, Boer M M, Collins L, et al. Causes and consequences of eastern Australia's 2019-20 season of mega-fires[J]. Global Change Biology, 2020, 26: 1039-1041.

[22] Pennisi E. Restoring lost grazers could help blunt climate change [J]. Science, 2018, 362(6413): 388-388.

[23] Singleton M P, Thode A E, Sánchez M A J, et al. Management strategy influences landscape patterns of high-severity burn patches in the southwestern United States[J]. Landscape Ecology, 2021, 36(12): 3429-3449.

[24] Stoof C R, Kettridge N. Living With Fire and the Need for Diversity[J]. Earth's Future, 2022, 10(4): e2021EF002528.

[25] Steffensen V. Fire Country: How Indigenous Fire Management Could Help Save Australia[J]. International Journal of Wildland Fire, 2020, 29(11): 1052-1053.

[26] Tedim F, Leone V, Xanthopoulos G. A wildfire risk management concept based on a social-ecological approach in the European Union: Fire Smart Territory[J]. International Journal of Disaster Risk Reduction, 2016, 18: 138-153.

[27] Tedim F, Leone V, Amraoui M, et al. Defining Extreme Wildfire Events: Difficulties, Challenges, and Impacts[J]. Fire, 2018, 1: 9.

[28] Wang G, Li J, Ravi S. A combined grazing and fire management may reverse woody shrub encroachment in desert grasslands[J]. Landscape Ecology, 2019, 34(8): 2017-2031.

[29] Wu Z, Li M, Wang B, et al. Analysis of Factors Related to Forest Fires in Different Forest Ecosystems in China[J]. Forests, 2022, 13(7): 1021.

[30] 高超, 林红蕾, 胡海清, 等. 我国林火发生预测模型研究进展[J]. 应用生态学报, 2020, 31(9): 3227-3240.

[31] 李晓彤, 刘倩, 覃先林, 等. 基于多源数据的全国可燃物类型划分方法[J]. 遥感学报, 2022, 26(3): 480-492.

[32] 梁慧玲, 王文辉, 郭福涛, 等. 比较逻辑斯蒂与地理加权逻辑斯蒂回归模型在福建林火发生的适用性[J]. 生态学报, 2017, 37(12): 4128-4141.

[33] 郗婕, 傅微. 基于机器学习的流域尺度森林火灾灾害风险预测[J]. 自然灾害学报, 2024(1): 33.

作者简介

傅微, 1988年生, 女, 博士, 北京建筑大学建筑与城市规划学院, 副教授、硕士生导师。研究方向: 景观生态规划与设计。

潘奕彤, 2002年生, 女, 北京建筑大学建筑与城市规划学院硕士研究生在读。研究方向: 景观生态规划与设计。

(通信作者) 郗婕, 1998年生, 女, 北京建筑大学建筑与城市规划学院博士研究生在读。研究方向: 景观生态规划与设计。电子邮箱: xijie@bucea.edu.cn。

水利营建引导下东平湖地区风景体系营建智慧探析[①]
Analysis on the Wisdom of Landscape System Construction in Dongping Lake Area under the Guidance of Water Conservancy Construction

王 越 万博涵 任 震 宋 凤*

摘 要：东平湖地区地处黄河、大运河和大汶河的战略地理交汇点，历史时期黄河改道深刻影响着区域风景体系变迁，呈现出典型的黄泛地区人-水关系发展规律。区域由5个单元构成水利体系，其中通航单元通过截弯取直、黄运交错，形成"河和之契"的河道景观；补水单元通过引水补源、水柜调蓄，形成河泉汇聚、水柜广袤的"洞庭"风光；调蓄单元通过闸坝蓄泄、动态调控，形成闸坝绵延、动态多变的水工奇观；灌溉单元通过协调用水、旱涝轮种，形成泉河滋养、林田相间的农业景观；聚居单元居高防涝、随水而居，形成随形就势、山水化境的聚落景观。由此，挖掘出以保漕运、保安全和保生计为核心目标的风景体系营建智慧，体现在协同调控、保证水量，闸坝联动、分级蓄泄，协调用水、旱涝轮种以及水利成景、因水成邑等方面。由此，本文构建水利引导下区域风景体系研究的理论框架，为黄河流域生态保护和高质量发展及大运河国家文化公园建设提供有力的理论支持。

关键词：东平湖地区；水利营建；风景体系；营建智慧

Abstract: The Dongping Lake area is located at the strategic geographical intersection of the Yellow River, the Grand Canal and the Dawen River. In the historical period, the diversion of the Yellow River profoundly affected the changes of the regional landscape system, showing a typical law of human-water relationship development in the Yellow River flood area. The region is composed of five units to form a water conservancy system, in which the navigation unit is straightened by intercepting the bend and staggered by the Yellow River, forming a river landscape of 'The eeed of harmony of the river'; the water supply unit forms the 'Dongting' scenery of river spring convergence and water cabinet through water diversion and water storage. The storage unit forms a continuous and dynamic hydraulic wonder of the dam through the storage and discharge of the dam and dynamic regulation. Through the coordination of water use, drought and flood rotation, the irrigation unit forms an agricultural landscape of spring river nourishment and forest and field; the settlement unit is high and flood-proof, living with water, forming a settlement landscape with the shape and the landscape. Therefore, the wisdom of landscape system construction with the core goal of ensuring water transport, safety and livelihood is excavated, which is reflected in coordinated regulation, ensuring water quantity and dam linkage, graded storage and discharge, coordinated water use, drought and flood rotation and water conservancy, and water conservancy. Therefore,

---

[①] 基金项目：教育部人文社科基金青年基金项目（21YJCZH172）；山东省高等学校"青创团队计划"（2024KJN026）；山东省本科教学改革研究重点项目（Z2024158）；山东省社会科学规划研究项目（22CWYJ20）；山东省高等学校青创科技支持计划（2023KJ325）；国家自然科学基金（52308072）；国家自然科学基金青年基金（32301653）；山东省自然科学基金青年项目（ZR2023QE079）。

the theoretical framework of regional landscape system research under the guidance of water conservancy is constructed to provide strong theoretical support for the ecological protection and high-quality development of the Yellow River Basin and the construction of the Yellow River National Cultural Park.

Keywords：Dongping Lake Area；Water Conservancy Construction；Landscape System；Building Wisdom

引言

黄河作为中华民族的母亲河，与大运河共同推动了沿河区域的发展，随着《大运河文化保护传承利用规划纲要》《长城、大运河、长征国家文化公园建设方案》和《大运河文化保护传承利用"十四五"实施方案》的相继发布，明确了将大运河文化遗产同生态环境保护提升、沿线名城名镇保护修复、文化旅游融合发展、运河航运转型提升统一起来，推进大运河国家文化公园建设。2021年以来，中共中央、国务院发布《黄河流域生态保护和高质量发展规划纲要》及《"十四五"黄河流域生态保护和高质量发展城乡建设行动方案》，提出要系统保护黄河文化遗产，深入传承黄河文化基因，讲好新时代黄河故事。黄运交汇处，位于黄河、大运河河口地带，是山东省京杭大运河与黄河生态带交接点，是人居环境提升区与生态修复区交接点，在此基础上形成的人居环境和风景体系，承载着独特的历史文化价值和生态文明价值，具有极大的研究意义。

有关风景体系的研究多借鉴分层研究的方法，分析景观构成、特征以及风景营建的方法、内涵、理念与层级关联，挖掘其建设的基本规律与空间范式[1-3]。有关营建智慧的研究多从山水层次、秩序关联、空间发展、景观容量控制等方面梳理宏观风景营建智慧，从环境适应、美学智慧、构造结构、空间组织、能源技术等方面开展微观聚落尺度研究[4-6]。但相关研究尚未聚焦典型人-水矛盾剧烈的地理空间，本文搭建水利建设主导下的风景营建研究的理论框架，从而揭示深层的人-水协同发展规律，补充风景体系研究的内涵。

东平湖地区地处黄河、大运河和大汶河的战略地理交汇点，地势北高南低、东高西低，拥有"山—水—平原"三分的独特自然格局。区域自古得益于丰富的水资源，为沿河城镇带来了漕运输送、水源供给的便利，促进了聚落的发展，同时运河又自古受到黄河决溃泛滥的侵扰，"治河保运"是我国历史上的基本国策。清末黄河改道成为悬河，黄河水患防治需求加深，人、水、地矛盾日益突出。如今的东平湖蓄滞洪区是黄河安澜的核心空间，是南水北调工程的水资源调配枢纽以及沿黄生态文化核心板块，是综合性研究黄河、运河流域景观风貌的代表性区域。

因历史时期东平县域的行政范围变化剧烈，为方便研究，将研究范围确定为目前学界通用的"东平湖地区"，即以平阴、东平、梁山三县行政边界划分的地区[7]（图1）。历史上，京杭大运河于元代起穿越东平湖地区，于清代没落，期间受黄河影响曾改道三次，现存大运河东平段的起点由靳口经安山至戴庙，全长30km[8]。相较东平湖地区的其他区域，大运河东平段沿线聚落因运河而兴，历史悠久，为区域政治、经济、商贸及水利建设的核心，因此选取运河沿线典型聚落州城、戴庙和大安山为研究对象，开展聚落风景格局研究，从水利营建体系及运行机制入手，探究其影响下构建的风景结构与动态变迁特征，由此挖掘出水利营建引导下的风景体系营建智慧（图2）。

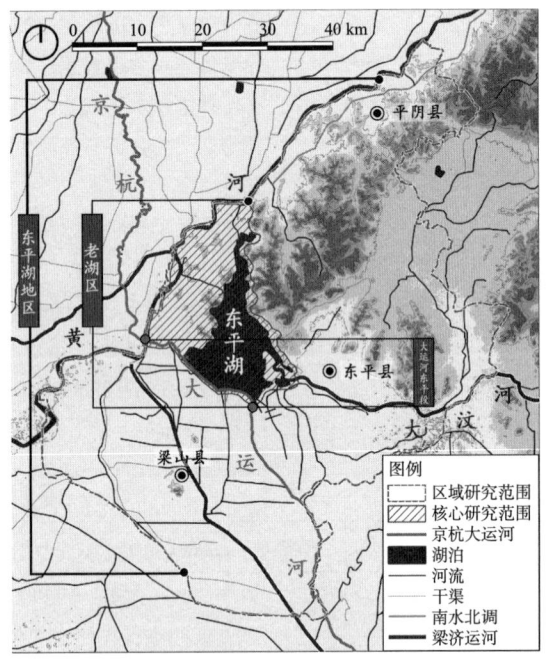

图1 研究范围

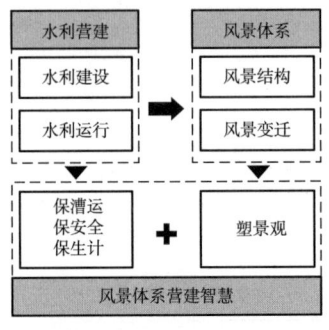

图2 本文的基本研究逻辑

1 水系变迁历程

东平湖地区的水网体系主要包括黄河、运河及汶河水系。黄河三次改道带来了区域水系格局变迁，形成了汶泗洸济运道时期、济州河—会通河时期和近代运道时期三个发展阶段[9]。其中，会通河与济州河的开凿始于元代，济州至须城（东平）安山段为济州河，安山以北段为会通河。明代重开会通河后，济州河与会通河统称会通河。各阶段的运河开发都受到当时政权与黄运关系的影响，开展了一系列水利营建活动（图3、表1）。

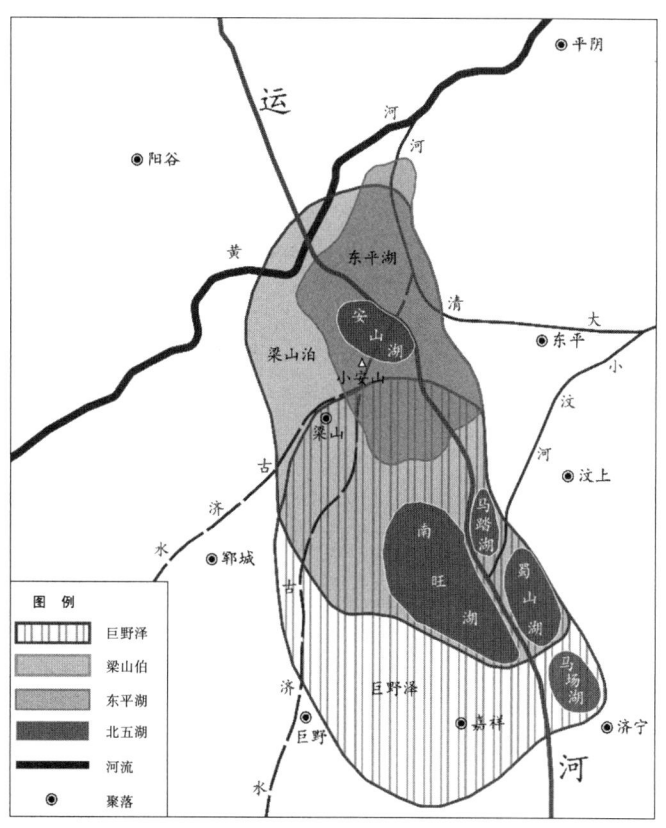

图3 东平湖历史演变示意图
（图片来源：依据参考文献[10]改绘）

东平湖地区水系发展变迁[10]　　表1

历史时期	黄河发展时期	发展阶段	水系格局	水利建设情况
春秋—宋金	黄河夺淮水改道前	汶泗洸济运道	泗洸沟通汶两水与巨野泽、茂都淀，泗、汶、洸、济沟通黄淮江，形成了完整的水运运输体系	于汶河南岸修建分水斗门，以西筑堽城坝，遏汶入洸
元	黄河夺淮水改道后	济州河运道	以济宁至须城（东平）安山镇段为济州河，安山以北段为会通河，两河可沟通汶、泗、御河，南自泗水至黄河	开济州河与会通河，于泗水筑金口堰，重修堽城坝改石坝
明—清中叶		会通河运道	以济宁至临清段为会通河新运道，以汶泗为水源，两水汇于济宁，至天井闸分流	重开会通河，筑安山水柜，重修堽城坝，整修金口堰，新筑戴村坝于汶水之上
清末	黄河向北改道后	近代运道	清咸丰五年（1855年）黄河改道大清河入海，自张秋冲断运河；清光绪时期，运道借盐河通航至张家口入大清河，后遂停止漕运	安山水柜淤积，疏浚运河河道，由盐河入黄，借黄行运
民国			运河南自靳口，经安山、戴庙至阳谷	
现代			新开梁济运河，旧运道为梁山与东平的分界河，已废	扩建东平湖水库，设闸调蓄，筑堤防洪

2 水利营建引导下区域风景体系特征

东平湖地区的水利系统主要包括通航单元、补水单元、调蓄单元、灌溉单元及聚居单元。其中，通航单元指运河河道本体，通过截弯取直，黄运交错布局，形成河道景观；补水单元指补充运河水量的水柜、泉源及河流，通过河泉补水、水柜调蓄，形成水柜河泉景观；调蓄单元为调控运河等河流水量的闸、坝、月河工程，以及阻挡水流、控制水量的水利工程措施，通过动态调蓄，形成水工景观；灌溉单元为利用运河或其他水系湖泊的灌区工程，通过引水溉田、傍水筑田，形成农业景观；聚居单元为通过水系梳理、水患防御构建沿运聚落，随水布局形成聚落景观。由此，水利系统通过截弯取直、黄运交错、引水补源、水柜调蓄、闸坝蓄泄、动态调控、协同用水、旱涝轮种及基于防洪和生产生活需求的随水布局，形成由河道景观、水柜河泉景观、水工景观、农业景观与聚落景观构成的区域风景体系，形成了独特的景观风貌（图4）。

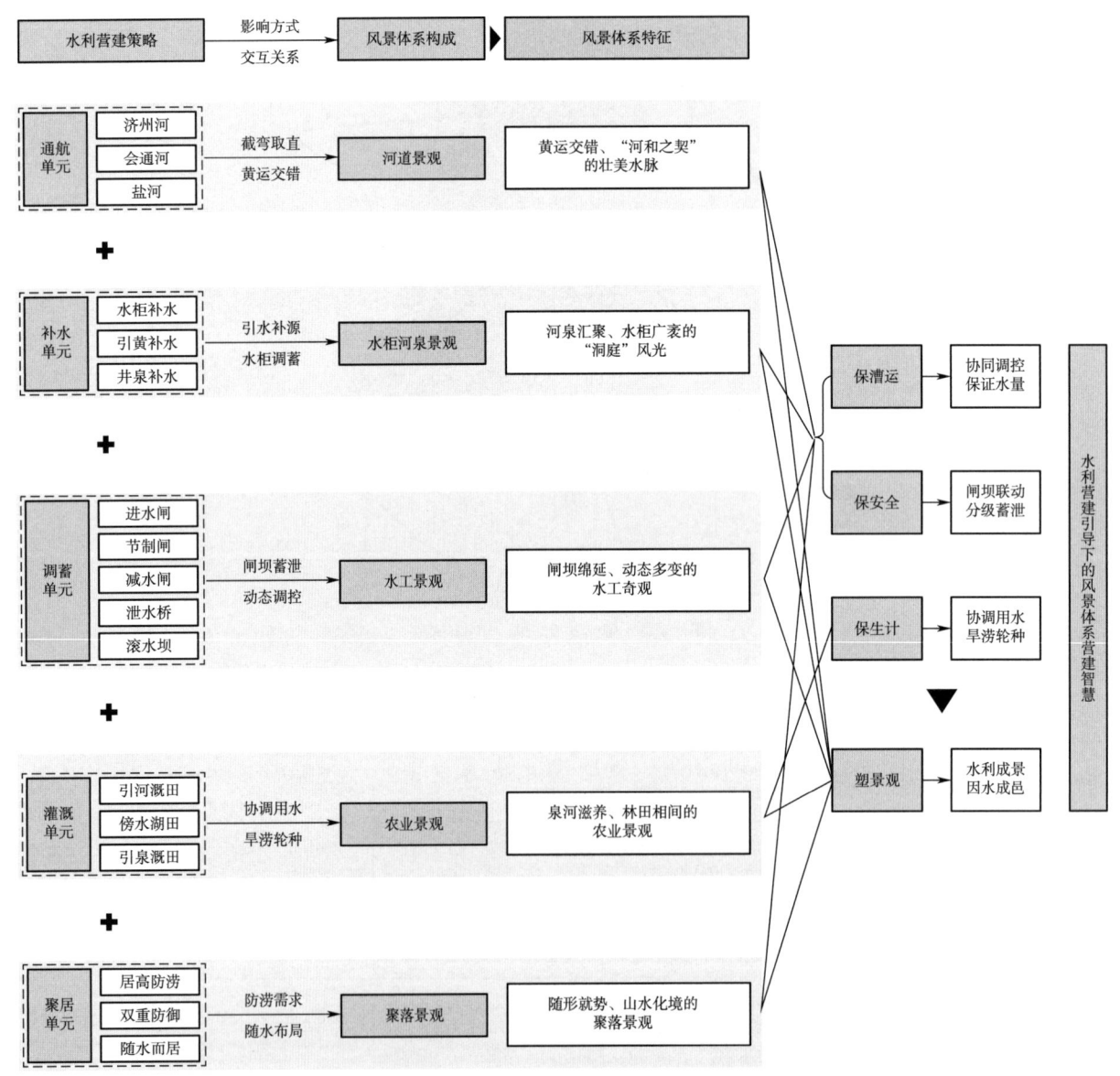

图 4　水利营建引导下的风景体系构成、特征与营建智慧关系图

2.1 黄运交错、"河和之契"的壮美水脉

东平湖地区位于鲁运河中枢位置，承上启下沟通南北运河，为山东段重要组成部分。自元初京杭运河全线贯通至清末河运废弃，东平湖地区的通航河道主要有济州河、会通河和盐河，济州河后改称为会通河。其中会通河段地势逐级提升，为提高航运转运速度，缩短南粮北运的距离，解决水陆更替带来的不便，运道截弯取直。黄河东流，运河北上，就此两河形成了"河和之契"的壮美景观。现大运河东平段河道因东平湖水库的扩建而淹于水下，矗立的河堤被加以改建，成为东平湖二级湖堤，湖堤上杨柳依依，既可观东平湖水天一色，也可保证东平湖泄滞洪区的生态安全（图5）。

2.2 河泉汇聚、水柜广袤的"洞庭"风光

东平湖地区的水柜河泉景观分为两类，一是天然河泉景观，二为人工水柜景观。它们既承担着供水或滞洪的水利功能，又因其所具有的形态特征差异呈现出不同的风景特点（图6）。点状泉群位于村落外围，泉眼附近设立石碑警示使用制度，泉群供给汇河，最终流入汶河，泉群与河流共同构成州城外自然野趣的郊野风光。此地区坑塘众多，经梳理后营建为安山湖水柜，作为地区内最为广阔的水域空间，素有"小洞庭"之称。安山湖不仅承担着储存水源的功能，其优美景致吸引文人墨客前来游赏赞咏。泛舟其上可观群峰回合，堤岸杨柳湾碧、芙蕖岸红，是东平湖地区风貌的核心体现。

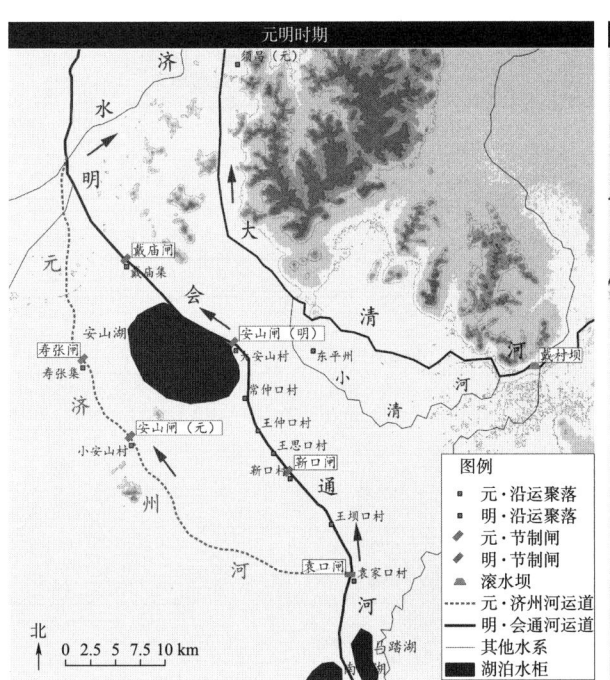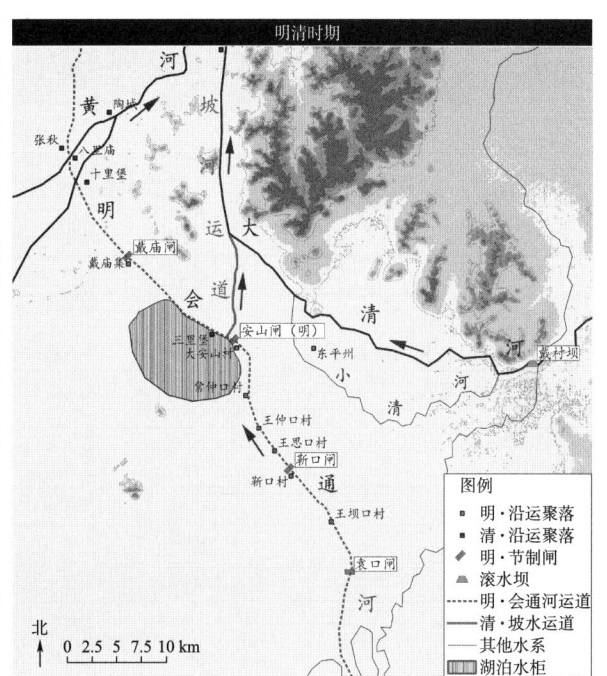

图5 运河水系变迁示意图

2.3 闸坝绵延，动态多变的水工奇观

东平湖地区内的大运河东平段作为鲁运河中枢位置，地势北低南高，"闸漕者，即会通河。北至临清，与卫河会，南出茶城口，与黄河会，资汶、洸、泗水及山东泉源"[11]。为保证运河水量，在此设水柜、掘泉源及筑闸坝，形成了以调蓄工程为特色的水利景观风貌（图7、表2）。

进水闸与减水闸建于水柜取水口，天至大旱或洪涝时，开闸放水或引水调配水柜水量的过程呈现出动态多变的水利景观特征。节制闸主要建于运河河道之上，多位于城乡中心繁荣闹市处。为节水保运，众多漕运船只在此停留，等待上下闸启闭调控水量，形成"百丈方舟一线泉，待风待闸两流连"的景象。滚水坝与泄水桥为溢流建筑，可防洪利流。其中戴村坝最负盛名，其遏汶济运分水至南旺水脊，是南旺分水枢纽的核心工程。在汛期洪水漫坝，白浪翻滚如卧波长龙，飞流直下声若长啸猛虎，身临其境震耳欲聋，此奇景被称为"戴村虎啸"（图8）。

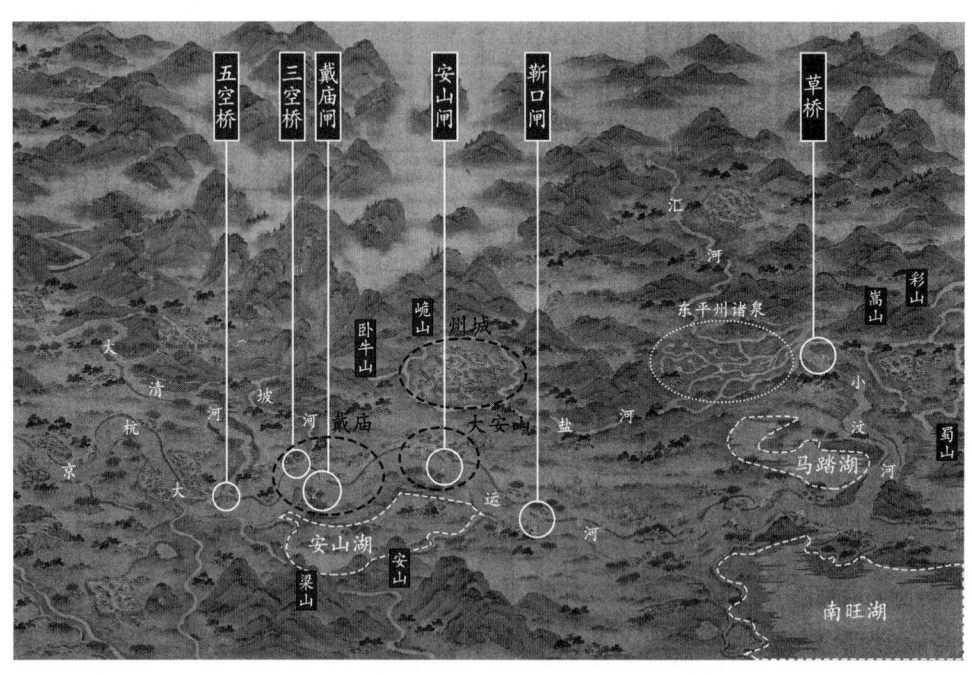

图 6　区域主要水利设施
（图片来源：根据《京杭道里图》改绘）

大运河东平段闸坝概况　　　　　　　　　　　　　　　　　　　　　　　　　　　　　　　　　　　　　　　表 2

名称	所属河道	类型	建设历程	现状
兖州闸（金口闸、金口堰）	泗河	滚水坝	隋开皇年间（581—600 年）始建，元代改为石坝，明清修缮	尚存
堽城闸（堽城坝）	汶河	滚水坝	蒙古宪宗七年（1257 年）始建，元代改为石坝，明清修缮	尚存
戴村坝（坎河口坝）		滚水坝、拦水坝	明永乐九年（1411 年）始建，清代修缮	尚存
土山闸	盐河	节制闸	元代始建，明代弃用	无
三汊口闸		节制闸	元泰定二年（1325 年）始建，明代弃用	无
三空桥（金线闸、五空桥）		泄水桥	明景泰五年（1454 年）始建，清代改为五孔桥	无
安山闸（元）	济州河	节制闸	元至元二十六年（1289 年）始建，明代弃用	无
寿张闸		节制闸	元至元三十一年（1294 年）始建，清代弃用	无
靳家口闸（靳口闸）	会通河	节制闸	明嘉靖四年（1525 年）始建，清代修缮	尚存
戴家庙闸		节制闸	明嘉靖十六年（1537 年）始建，清代修缮	尚存
安山闸（明）		节制闸	明成化十八年（1482 年）始建，清代修缮	尚存
似蛇沟闸		进水闸	明万历二十二年（1594 年）始建，清代弃用	无
八里湾闸（安济闸）		进水闸	明万历二十三年（1595 年）始建，清代弃用	无
通湖闸		减水闸	明成化十八年（1482 年）始建，清代弃用	无

为防止黄河北徙穿过运河，京杭大运河东平段自贾庄筑拦黄堤至东平，计长 200 余里。此举不仅保障城乡及航运安全，还形成了拦黄御洪的线性堤坝景观。此段拦黄堤，又名"南金堤"，近代被加固培修成御黄主堤，作为古今御黄的工程措施成为城镇外围的第一道屏障。主堤、农田、水渠及缓冲池构成了御黄堤景观，塑造出"城—田—渠—池—堤"的风景格局，成为黄运交界处独具一格的水利风景界面。古人云"北堤杨柳绿丝烟"，现今堤上杨柳依依，仍保留着一丝古韵遗风（图 9）。

2.4 泉河滋养，林田相间的农业景观

东平湖地区水土资源优渥，水源来源依靠井泉与河流，形成了汶阳与州城北稻屯洼两处核心灌区，灌溉模式

引水灌田与傍水湖田两种农业生产模式，经过多次梳理形成了农田林网的特殊景观，林田相间、田水相依，绘制出"一水护田将绿绕，两山排闼送青来"的农业景观风貌（图10）。

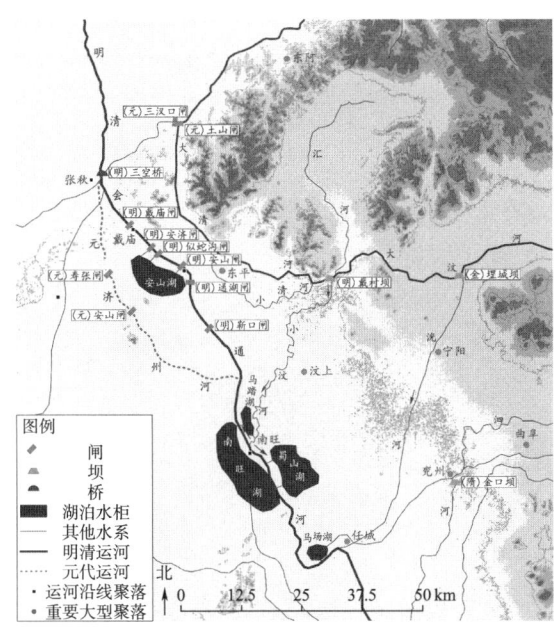

图7 元明清大运河东平段调蓄单元分布共时图

图8 东平八景之"戴村虎啸"

图9 南金堤堤坝景观

主要有3种（图10）。引水灌田区位于稻屯洼与大汶河连通地带，水涨漫灌落淤，后筑大清河北堤，洼内积水由王台闸泄入大清河，水退耕种；傍水湖田区位于汶阳，处汶河之北，于大汶河两岸灌溉田地，元代筑堽城坝后引汶济运，即被禁止；引泉灌田区即引芦泉水源溉田。东平州内泉水大多济运，唯独芦泉非济运泉水，未通过戴村坝汇入南旺，由此成为农田灌溉的核心水源。现东平湖地区仍存

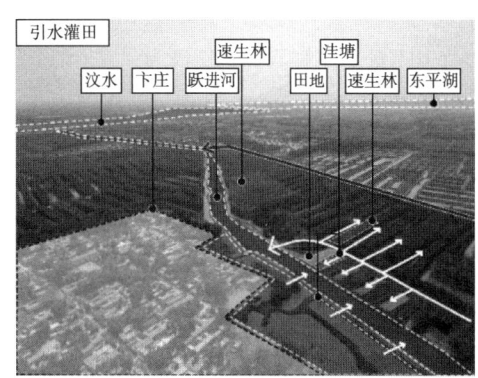

图10 部分灌溉单元现状

2.5 城水相依，因势成境的水城风貌

沿运聚落因形就势，形成了独特的城邑空间格局。

第一，随形就势，骨架支撑。街巷为聚落的骨架和支撑，影响着聚落的空间结构，也将聚落内部各要素联系为有机整体。东平州城主干道是由北门拱极门至南门望鲁门的一条纵向笔直街巷。为避让洼地，以大街中东侧的州治衙署为中心，其余街巷由西新、东新及州前街3条长度相等、宽度5米的T形街巷扩展延伸，发展出50条街巷、72条胡同，形成严谨方正又富有变化的街巷格局；大安山主街为沿运河北岸的三里长街，其余支巷垂直运河分布，形成了"鱼骨状"的街巷体系；戴庙有8条主街，民居面朝运河，8条主街与运河之间形成"四横四纵"的街巷体系（图11）。

第二，外防内居，因地制宜。三座城邑均呈现出外环军事防御区，内部行政、居住和商贸区的格局。州城的功能空间呈现出"西疏东密，中为行政，北居南商，四隅农耕"的布局特征。东平州城外环绕双重防御格局，内

部择中心较高处作为行政中心单元,向东北方向的区域为商贸交易、宗教教化区,西南方向为居住区。城邑内东北区域内的洼地较少,人口较为密集;西南方向的坑塘数量较多,人口较为稀疏,由此构成了东密西疏的居住格局以及以行政为核心的布局特征。

大安山与戴庙作为滨临运河的聚落,其内部空间格局具有同一性,大安山具有"运北商业、南岸居住、犄角军防、邻闸行政"的布局特征,戴庙具有"中为行政、运北商贸、居围商住、犄角军防"的布局特征。在西北、东南方位皆为警戒军防区,配合设置漕运行政区。中部地势较高点为商贸居住混杂区,构成了外防内居、以运河为轴的中密外疏的空间布局(图12)。

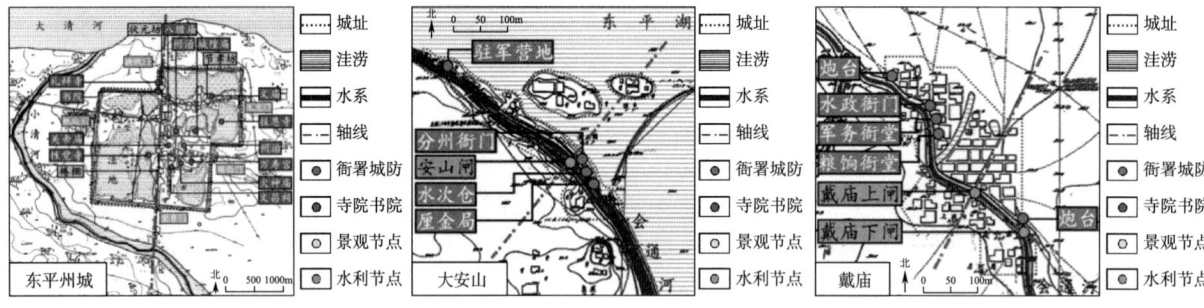

图11 典型聚落骨架结构示意图

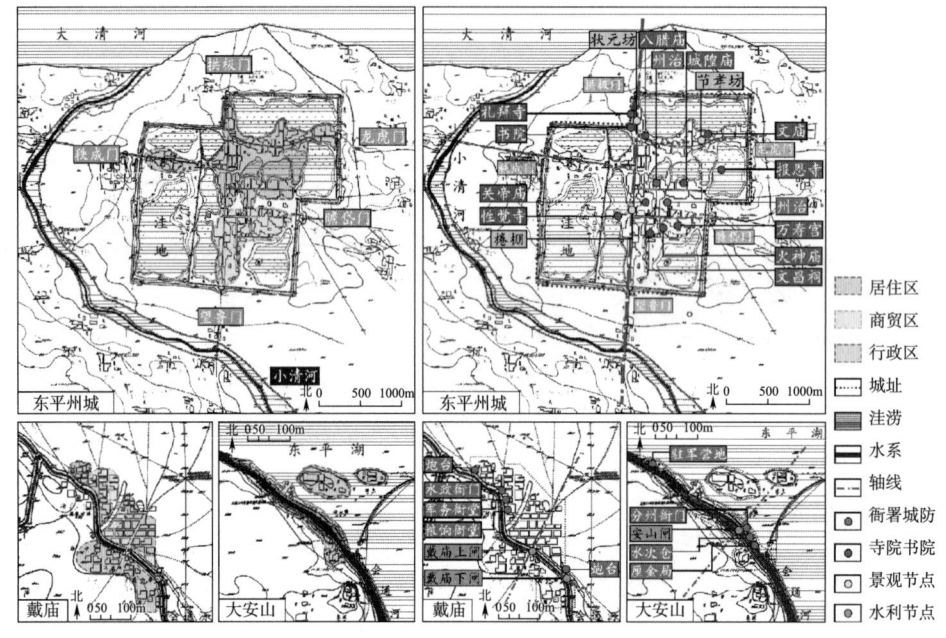

图12 典型聚落内部格局

第三,山水关联,人文化境。随着运河水利建设的发展与城址的迁移,东平八景多择景于自然山水与运河景观,形成沿运聚落独具地方性的景观集称[12]。清乾隆三十六年(1771年)《东平州志》记载有"东平八景",与运河相关的有"稻蒲荷香""城堤秋水"及"会河帆影"三景,体现出区域水利建设发展后沿水两岸的生产生活、游玩观赏的场景。从自然要素上分析,"稻蒲""秋水""瀑雪""会河"意象取自城北稻屯洼、城南小清河、芦山下芦泉及会通河等水体景观要素,"龙山""危峰""尧陵""黄石""坤岩"取自东平州内龙山、白佛山、芦山、水牛山、蚕尾山及昆山等山体景观要素。从区域景观空间的角度对东平八景景观位次进行分析,发现其从地理分布上呈现"东—北—中—西"的分布规律,其中五景为城邑远郊的山体要素,三景为依托于城市近郊的水体要素,在景观要素出现次序上反映出山水耦合的特点[13]。东平八景从景源选择上阐释出其作为泰山余脉与沿运复合城邑的特殊性,从城邑整体环境观的视角下反映出东平湖地区"东北傍山环景,西南依水抱景"的山水景观格局及人水和谐共生的互动关系[14-15](图13)。

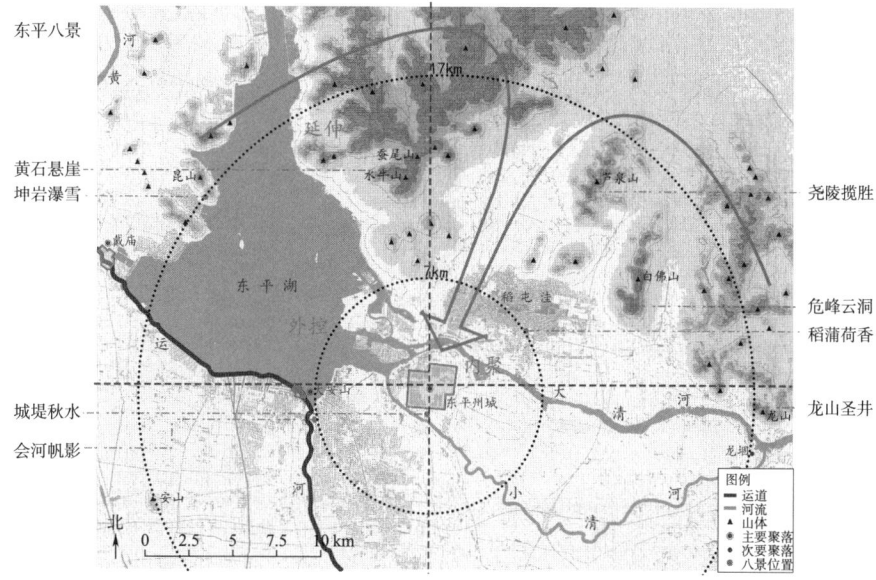

图13 东平八景的"山缘环景"特征

3 水利营建引导下区域风景体系营建智慧

3.1 保漕运——协同调控,保证水量

东平湖地区的运河水量调节有赖于闸坝系统的有序调控,戴村坝、金口坝和堽城坝是调控汶水、泗水、洸河的重要水利枢纽,以实现运河的水量补给。其中,位于汶河之上的戴村坝为核心坝体,其作用为阻截汶水并分水至小汶河,进而抵达运河地势的最高点"南旺水脊";位于泗水之上的金口坝主要用于控制下游府河之水,位于汶水之上的堽城坝用于阻截汶水,并分水至洸河,二者分水后的水源均直抵运河。三坝联动,均作用于汶水,直接或间接分水至运河,以补充运河水量,保证航运通畅。

此外,东平湖地区的主要节制闸有戴庙闸、安山闸等,当济运水源到达南旺分水枢纽时,通过调控南旺以北的多个节制闸来逐级抬水,将运道船只从地势低点送至地势最高点的南旺水脊。由此可见,充沛的水源对漕运通航至关重要,东平湖地区内四水济运工程、南旺分水枢纽以及运河河道上的节制闸的联合运行实现了运河水量的宏观调控,体现出各个闸坝工程协同运行的系统智慧(图14)。

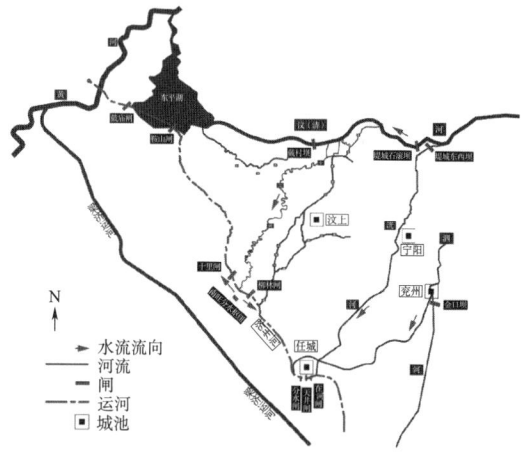

图14 四水(汶、泗、洸、府)工程示意图

3.2 保安全——闸坝联动,分级蓄泄

黄河水患是区域面临的核心水问题,自元代以来,东平湖地区设置闸坝、堤防、水柜等一系列调蓄设施以泄滞分洪,体现了因地制宜的防洪智慧。

明清时期东平湖地区设置拦黄堤、安山湖水柜、分水沟渠及闸坝构成的防洪系统来分蓄黄水,实现区域水环境安全(图15)。沿黄河设置的线性拦黄堤为控制黄河水的第一道防线,拦黄堤溢出之水会通过分水沟渠汇入地势较低的位置,即安山湖。安山湖作为运河的重要水柜,承担着蓄水济运和分泄洪水的双重职能，是控制黄河水的第二道防线。当洪水水量过大或汶河来水时，位于东平州城五城门外的护城河为第三道防线，护城河上设石闸槽、拦水坝，并备有叠梁式闸板、板槽两道，洪水来时可逐层下板，双板齐下并中筑土料，使水无可泄露；水退时可取板去土，保证州城的安全。以州署为核心，署前的3条"T"形街道上筑有卷棚厦门，构建出"吊桥—护城河—城墙—城门—卷棚厦门"的空间序列，形成双重防御体系[12]（图16）。

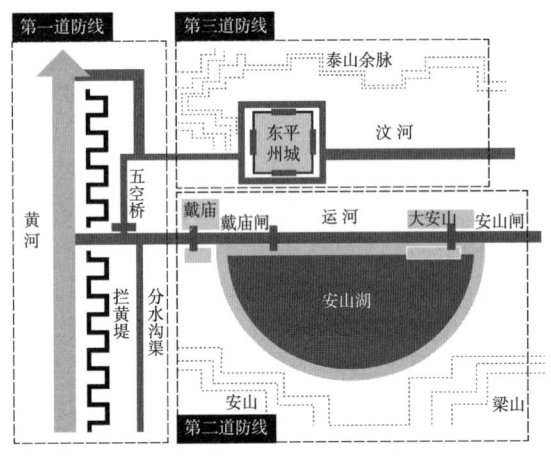

图15　东平湖地区防洪系统示意图

3.3　保生计——协调用水，旱涝轮种

东平湖地区在漕运与农业生产的用水次序上，以保漕为主，灌溉次之，碾硙末之。由此形成从由高至低的三级法规，即漕运—灌溉—碾硙[16]。区域内水资源丰沛，但受保漕治河政策的限制，仍然面临着航运发展与农业生产用水之间的矛盾。为协调两者用水平衡，地方官定制新规，"稻田需水，正在夏秋间。若届时始行宣导，是只借闭蓄之水为灌溉之资，于漕运初无所妨"[16]。为保证农业生产，地方放开占垦湖田的限制，允许合理开发洼地，并改变原有农业结构，开创了高效有序的生产调节制度[17]。区域内洼地主要分布于汶河北稻屯洼、州城内洼地及安山湖堤外。当雨水丰沛时，关闭闸坝使洼地内蓄水缓冲，可培植水生植物，养殖鱼虾；当雨水消退时，开启闸坝放水归于运河，作旱田生产。秋季将至，低洼处呈现出"兼葭一片水云乡，柳扶沙堤荷满堂"的景色，兼葭摇曳、荷香宜人，蔚为壮观。为提高土地利用率与农业产量，于运河区域种植抗涝抗碱性的高粱，当地百姓也抛弃原有一年一熟的种植方式，使用麦豆套种的生产模式，实现两年三熟，提高了作物产量[18]。

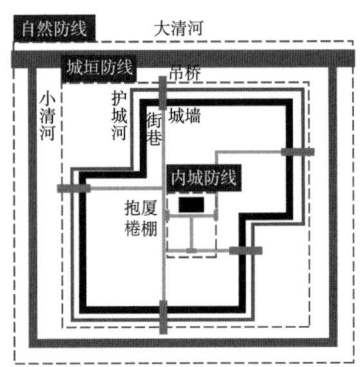
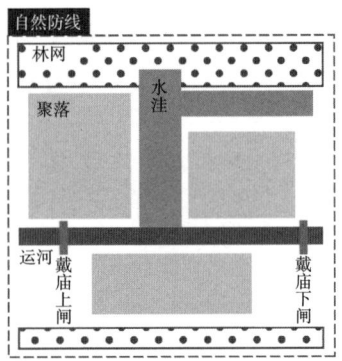
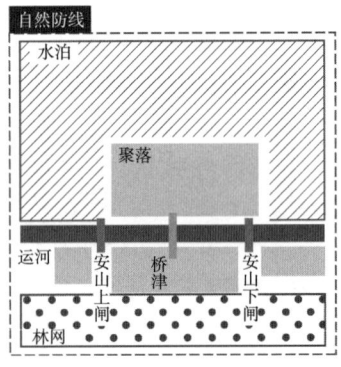

图16　典型聚落边界序列示意图

3.4　塑景观——水利成景，因水成邑

东平湖地区作为鲁中山区与鲁西南平原交接地带，形成了山地、丘陵、平原及洼涝交错出现的独特地域风景。为保漕运顺畅，防止黄河水泛滥，助农田灌溉，广泛分布的水利单元成为该地域风景的重要组成部分。黄河东流，大运河北上，形成了"河和之契"的壮美景观，是区域水利景观的基底；运道之上的闸坝、水柜等水工设施形成了以调蓄工程为特色的水利景观风貌，进水闸与减水闸位于水柜取水口，开闸放水与引水调配使之呈现出动态的水工奇观；调节漕运与生产用水关系，实现旱涝交替的作物轮种，形成引水溉田、河傍水湖田的农业景观；通过择高

而居、随势筑城、外防内居的城邑格局营建,有效防治洪涝,保证生产生活,形成独特的城水关联的地域景观特色。

4 结语

东平湖地区作为鲁中山区与鲁西南平原交接地带,形成了山地、丘陵、平原及洼涝交错出现的独特地域风景。为保漕运顺畅,防黄河水泛滥,助农田灌溉,广泛分布的水利单元成为该地域风景的重要组成部分。通过水利体系构成与运行,影响了风景体系的结构与动态变迁过程,形成独特的风貌特征。通航单元由济州河、会通河和盐河构成,通过截弯取直、黄运交错,形成"河和之契"的河道景观;补水单元包括水柜补水、引黄补水和井泉补水3种方式,通过引水补源、水柜调蓄,形成河泉汇聚、水柜广袤的"洞庭"风光;调蓄单元由进水闸、节制闸、减水闸、泄水桥、滚水坝构成,通过闸坝蓄泄、动态调控,形成闸坝绵延、动态多变的水工奇观;灌溉单元由引河、引泉、河傍湖3类灌溉方式构成,通过协调用水,旱涝轮种,形成泉河滋养、林田相间的农业景观;聚居单元居高防涝、双重防御、随水而居,形成随形就势、山水化境的聚落景观。由此,挖掘出以保漕运、保安全和保生计为核心目标的风景体系营建智慧,体现在协同调控、保证水量,闸坝联动、分级蓄泄,协调用水、旱涝轮种以及水利成景、因水成邑4个方面。

然而,随着人类活动的发展和土地利用方式的改变,森林砍伐、水土流失控制不善等农业扩展行为导致了大片的森林开垦和土地改造,城市化过程中的建设活动也造成了山体的破碎化,进而影响到东平湖湿地生态保护和在地居民生活生产。现代城镇化发展对曾经繁荣的运河码头集镇产生了极大冲击,沿运聚落的城水关系改变,城镇传统风貌逐渐丧失,整体性保护较差。基于东平湖地区风景体系营建智慧的研究,提出修复山水环境、构建山水林湖格局,挖掘地域文化、焕活城水共生场景以及活化历史遗存、构建历史景观线路等发展建议,从而延续片区自然山水意象,构建绿色生态的环境基底,保护和修复沿运城镇的文化景观格局,为黄河流域生态保护和高质量发展及黄运国家文化公园建设提供有力的理论支持。

参考文献

[1] 夏成钢. 基于地域空间构建中国传统风景园林体系[J]. 中国园林, 2024, 40(8): 18-23.

[2] 蒋鑫, 林箐. 运河水利支撑影响下的淮扬运河沿线区域传统风景体系特征研究[J]. 中国园林, 2022, 38(9): 34-39.

[3] 黄楚梨, 王晞月, 王向荣, 等. 余杭南湖与"城-湖"风景体系研究[J]. 风景园林, 2022, 29(2): 46-52.

[4] 龚慧敏, 张成, 刘纯青, 等. 古代地方城市水利营建智慧及地域景观表达——以宜春李渠为例[J]. 中国园林, 2024, 40(6): 138-144.

[5] 仇渊勋, 王瑞琦, 李雄. 黄泛平原现存十四古城"城—湖风景"的结构体系与营造方法[J]. 风景园林, 2024, 31(4): 118-124.

[6] 胡根根. 冲突·流变·承续: 南宋城市人居防御环境的空间体系与营建智慧[J]. 城市规划, 2024, 48(3): 24-35.

[7] 山东省黄河位山工程局东平湖志编纂委员会. 东平湖志[M]. 济南: 山东大学出版社, 1993: 20-22.

[8] 东平县县志编纂委员会办公室编. 东平县志[M]. 泰安: 东平县县志编纂委员会办公室, 1985: 35-37.

[9] 姚汉源. 京杭运河史[M]. 北京: 中国水利水电出版社, 1998: 55.

[10] 谭其骧. 中国历史地图集[M]. 北京: 地图出版社, 1982: 62.

[11] 左宜似, 卢崟纂. 光绪东平州志[M]. 南京: 凤凰出版社, 2004: 16.

[12] 张廷玉. 明史·河渠志三[M]. 北京: 中华书局, 1974: 67-69.

[13] 王树声. 重拾中国城市规划的风景营造传统[J]. 中国园林, 2018, 34(1): 28-34.

[14] 万敏, 刘梦馨, 黄婧, 等. 城市八景中的生态智慧考析——以江汉平原为例[J]. 中国园林, 2022, 38(7): 18-25.

[15] 王之羿, 覃远, 陈期钰, 等. 城市八景中的流域山水营建智慧研究——以汉江沿线(湖北段)为例[J]. 风景园林, 2023, 30(7): 133-140.

[16] 胡其伟. 环境变迁与水利纠纷: 以民国以来沂沭泗流域为例[M]. 上海: 上海交通大学出版社, 2018.

[17] 中共山东省委党史研究院, 等. 京杭大运河山东段志[M]. 北京: 中华书局, 2021: 84-86.

[18] 王玉朋. 明代大运河沿线湖田开发政策的演变[J]. 档案与建设, 2022(5): 83-86.

作者简介

王越, 1991年生, 女, 山东泰安人, 博士, 山东建筑大学建筑城规学院, 副教授、硕士生导师。研究方向: 传统地域景观与生态智慧、风景园林遗产保护。

万博涵, 2000年生, 女, 吉林梅河口人, 山东建筑大学建筑城规学院硕士研究生在读。研究方向: 传统地域景观与生态智慧。

任震，1975年生，男，山东淄博人，硕士，山东建筑大学建筑城规学院，院长、教授、硕士生导师。研究方向：城市设计与公共空间景观特色、风景园林规划与设计。

（通信作者）宋凤，1976年生，女，山东招远人，博士，山东建筑大学建筑城规学院，副教授、硕士生导师。研究方向：传统地域景观与生态智慧、风景园林历史与理论。电子邮箱：12976@sdjzu.edu.cn。

国家公园体制改革背景下风景名胜区资源保护与更新
——以杭州超山风景名胜区为例

Protection and Renewal of Scenic Spots under the Background of National Park System Reform
—Taking Hangzhou Chaoshan Scenic Area as an Example

姚 洁 许 旭* 梁 杰

摘 要：风景名胜区是最具中国特色的自然保护地，见证了中华民族优秀传统文化与思想的形成、发展、融合与传承，是中华民族几千年历史文明进程的缩影。在国家公园体制改革下，风景名胜区体系整体保留，本文梳理风景名胜区发展历程，探究国家公园体系建立对风景名胜的影响，以此总结当前生态文明建设中风景名胜区保护目标与管理重点。本文挖掘杭州超山四个历史时期的文化发展脉络，探究文化遗产更新重点；梳理超山风景名胜区三个发展阶段，总结不同时期的建设重点与保护方向。提出"总规引领、分级保护"自然资源与"山水格局提升""植物空间塑造""诗画意境再现"三种文化遗产保护与更新措施，同时对于有效保护风景名胜区自然资源与文化遗产、充分发挥其自然与文化价值提出合理化建议。

关键词：国家公园；风景名胜区；更新与保护；超山

Abstract: Over thousands of years of evolution, scenic spots have highly integrated the diverse and profound traditional culture of China, witnessed the historical civilization process of the Chinese nation for thousands of years, and are the most distinctive nature reserves in China. Under the reform of the national park system, the overall system of scenic spots is preserved. This article reviews the development process of scenic spots, explores the impact of the establishment of the national park system on scenic spots, and summarizes the protection goals and management priorities of scenic spots in the current ecological civilization construction.

This article explores the cultural development context of four historical periods in Hangzhou Chaoshan and explores the key points of cultural heritage renewal; Sort out the three development stages of Chaoshan Scenic Area and summarize the key construction and protection directions in different periods. Propose: "Guided by overall planning and graded protection" of natural resources, through three measures of cultural heritage protection and renewal, namely "improvement of landscape pattern", "shaping of plant space", and "reproduction of poetic and artistic conception", to effectively protect the natural resources and cultural heritage of scenic spots and fully tap into their natural and cultural values, and put forward rational suggestions.

Keywords: National Park; Scenic Spots; Cultural Heritage; Chaoshan

引言

杭州超山风景区是国家级4A级景区，位于浙江杭州市临平区塘栖镇，系天目山余脉。

超山风景区面积为5km²，主峰超峰，海拔265m，因超然突立于皋亭、黄鹤之外得名。梅花以"古、广、奇"三绝闻名，有唐梅和宋梅两大中国古梅，历代文化墨客留下丰富诗词歌赋赞赏超山梅花，尤其是国画大师、西泠印社首任社长吴昌硕先生特别推崇超山，身后更是长眠于此，同时超山风景区在历史沿革中留下众多宗教寺院和文物古迹，最终形成以梅花文化、金石文化为主的人文资源。

"梅香几许，问超山！"

"诗里、画里，梅花故里——超山。"

"山藏古今，梅香天下——超山风景区。"

1 研究背景

1.1 国家公园体系建立

2019年6月，中共中央办公厅、国务院办公厅印发了《关于建立以国家公园为主体的自然保护地体系的指导意见》（本文简称《指导意见》），提出按保护区域的自然属性、生态价值和管理目标对其进行梳理调整和归类，构建以国家公园为主体的保护地体系，要突出中国特色，"建立以国家公园为主体、自然保护区为基础、风景名胜区为特色，其他保护地为补充的中国自然保护地体系"。

1.2 风景名胜区发展

中国风景名胜区起源于上古时代，具有数千年的发展历史，其以名山为基，古人在崇敬自然、认识自然、欣赏自然到自我意识觉醒、追求自由的过程中形成中华民族特有的宇宙观、价值观、山水观。风景名胜区自然与文化高度融合，是天人合一、和谐共生的典范。风景名胜区不仅有效保护了动物、植物、山脉、水系、农田等自然生态资源，而且传承了思想、哲理、宗教、历史等传承文化。

中国风景名胜区的起源可以追溯到远古西部昆仑神话：天下山脉从昆仑山发源，伸向四面八方，产生了人们对山岳的自然崇拜；后东方蓬莱神话兴起之后，形成"一池三山"的山水意境模式，影响了中国国家园林近2000年，这一时期被视为"神圣山水阶段"。春秋时诸子百家对"神山圣水"有新的认识，古人赞美山水、敬仰山水、借山比喻君子之德、借水比喻智士仁人的山水观萌发，这一时期视为"君子山水阶段"。夏末商初时期，神话阶段结束，开始形成以"中原文化"为核心的汉文化，封禅制度的发展，进一步催生了自然祭祀和游览活动，这一时期称为"宇宙模型山水阶段"。东汉以后，原本朴素的通灵活动开始宗教化进程，诸家各派由学变教之后，通灵活动主要集中在僧侣阶层，名胜风景区吸引诸家教派修建书院、传播思想，开启"筚路蓝缕，以启山林"的时代（《左传》），诸子百家在名山中修炼，逐渐形成了以儒、释、道、医家和民间各家为主的宗教道场。山水承载了文化，文化重塑山水，这一时期可视为"宗教山水阶段"。君子山水比德，文人名士内修自省，僧道先行修炼，大众相随观光览胜，历来名山风景区开发建设一贯的特色就是以寺观为主体的宗教建设与世俗的风景建设相结合。

自然与文化高度融合是风景名胜区独特魅力所在，是风景名胜区有别于其他自然保护地最突出的特征，也使得风景名胜区成为最具中国特色的自然保护地，是世界保护地类型中的一项重大创新与杰出贡献。截止到2018年，我国共设立各级风景名胜区1000处左右。其中浙江省有22处国家级风景名区，37个省级风景名胜区，数量居全国第一。风景名胜区的风景名胜资源是能引起人们的审美与游览活动，可作为风景旅游资源和风景开发利用的自然资源的总称，是构成风景环境的基本要素，是风景区产生环境效益、社会效益和经济效益的载体，简称"景源"，可分为人文景源和自然景源两大类。

1.3 国家公园体系对风景名胜区的影响

自1982年我国正式建立风景名胜区制度以来，国家和地方政府制定了相关法规和条例，加强了对风景名胜资源的调查、评估和规划工作，多年来，风景区已形成以一系列法规、标准为基准的总体规划制度。同时，我国也加大了对风景名胜区基础设施和服务设施的建设投入，提升了风景名胜区的游览体验和服务水平，形成了比较成熟的申报、规划、保护、建设、监管、督查等管理制度，风景区总规制度的确立是使其区别于其他自然保护地最显著的制度特征。

2019年，中共中央办公厅、国务院办公厅印发《指导意见》中，将自然保护地按照生态价值和保护强度高低依次分为3类：国家公园、自然保护区和自然公园。在自然保护地体系建设中，自然保护地体系位列第一层级，国家公园、自然保护地和自然公园属于第二层级，风景名胜区等位列第三层级。风景名胜区在保留原有制度建设的前提下，角度和地位发生了新的变化，作为"非主体的自然保护地",其以自然生态空间为主导,有效补充了自然保护地。其保护目标是保护和展示具有特殊景观、历史或文化价值的景观和人文价值;其管理重点侧重于保护和开发景点、提供游览设施和服务;其规划和建设重点是关注资源的保护利用,满足游客观赏需求。国家公园体系建立有效协调了其与自然保护区等其他多类保护地的空间范围、管理权属重叠的问题。

2 历史中的超山

2.1 筚路蓝缕,以启山林

超山植梅可以追溯到五代,最早在五代十国后晋天福二年(937年)前,已有僧人在此开山结庐,始植梅。南宋咸淳年间何熹之《重修福臻寺并增建钟鼓二楼记》记载:"左有玉梅交径,不减林氏孤屿;右有银杏参天,犹抱晋时老干"。

超山在五代后晋时期就建有寺庙道观,昔日是宗教传布和活动的场所,当时游人已盛。在超山大明堂内观音殿内,原供唐代大画家吴道子画观音大士像刻石。

至北宋,杭州太守赵抃到超山游览祷雨,提写"海云洞",并写下著名的《游海云洞》诗:"缥缈齐云阁,遥闻摸石池。物华春已盛,人意乐无涯。罗绮一山遍,旌旗十里随。花棚夹归道,绕骑看星驰"。这首诗将900多年前游客空巷的超山盛况第一次推向主流社会,引起世人关注,在超山文化发展史上具有重要的标志性意义。

2.2 君子比德,结庐山水

南宋定都杭州后,超山兴修大量宗教建筑物,声名也越来越大。宋绍兴二年(1132年),超山改建报慈圆满院;宋嘉定八年(1215年),干旱,祷雨海云洞,感应,赐额"通灵之祠";宋淳祐六年(1246年),超山建化城庵。元延祐二年(1315年),建聚秀庵;元至正年间建化城庵,重建惠济庵。明洪武初年(1368年),重建大圆庵;明洪武六年(1373年),重建聚秀庵。

元末明初,塘栖聚市,凝聚文气之脉;到了明代中期,达官显贵在功成名就后,选择超山作为退休归隐之地,陆续修建一些宗祠,其中较为著名的是塘栖丁氏在海云洞侧所建的"青霞洞天"及"三先生祠",并建造了松坡小筑、齐云阁等建筑。扩建摩崖石刻,这是超山金山文化的开端。元代书画家赵孟𫖯在超山化城庵有"化城深处"一匾。这一时期超山的主要景观主要集中在南麓一带,宗教由道教占主导。明隆庆年间,塘栖名宦卓明卿建真武庵建筑群,即上圣殿,并在《登超山绝顶》诗中写道:"秋空鸟道极高寒,两腋天风化羽翰。飞步直凌双柱上,银河咫尺侧身看"。

超山独特的山水风光太仆寺卿邵锐落葬于此,晚年赋诗《汲泉煮茶》:"栖溪老人鬓欲华,杖藜方外谒袈裟。云端度岭青天近,松下乘风白帻斜。峭壁坐禅飞锡杖,空堂演法雨天花。明年此兴迟迟日,重到南山看采茶。"描摹了自己年迈时渴望青衣布衫、拄杖踏步、坐禅采茶、赏梅花雨的心愿。

2.3 百家争鸣,人文荟萃

清代以来,有关超山梅花的记载和题咏渐多,"山水之胜,赖乎人传"。清光绪年间,超山有宋梅百余株,环山十余里一片梅海,清军统帅彭玉麟到超山赏梅,欣然写下《超山梅花诗》:"德薄幸能修到此,万梅花里过生辰",为超山人文平添一抹浓墨重彩。自称"嗜梅者"的林琴南游超山观梅花后,大为惊叹:"以生平所见梅花,感不如之多且盛也"。民国14年(1925年),康有为尝游超山赏梅,感叹超山梅花之盛,浓墨挥笔:"超山山后报慈寺,卅里梅花百万树"。郁达夫著书《超山梅花》使得超山梅花名声大噪。

至1923年,兴建宋梅亭事件将超山文化推向高峰。这一时期的重要景点主要集中在大明堂区块,其中最为著名的是"香海楼"和"宋梅亭",随着时间的推移,梅花文化逐渐成为超山文化主线。

超山另一条文化主线是金石文化。海云洞摩崖石刻是超山金石文化的开端,其上有"卧龙渊""摩崖行书""钓月矶"等题刻,金石文化更因中国金石书画大师吴昌硕而达到顶峰。1921年,书画家周庆云、画家姚虞琴、乡绅王绶翔等人共游超山,他们见报慈寺香海楼前环植老梅数十株,苍苔鱼鳞,虬曲如龙,心甚奇之,在宋梅旁构筑小亭。他们又寄书吴昌硕,请他画一幅宋梅图。后吴昌硕来超山观梅,为宋梅亭撰联,在香海楼画《宋梅图》,宋梅亭落成,周庆云撰写亭碑,吴昌硕勒石"宋梅小影"一幅。

1961年,书法家张宗祥提写"超峰"两字,另有陈振镰"和梅"、陈俊愉"超山天下梅"、高占详"中国观梅第一山"等题刻,成为超山金石文化的延续。

2.4 复兴超山，既往开来

1934年本地文人士绅冼冠生提出"复兴超山"。1964年，潘天寿与吴茀之、诸乐三3位中国书画大师共作《长春图》，为超山文化留下了当代书画发展史中的一段佳话。"文化大革命"时期，超山一些历史遗迹遭受严重破坏，吴昌硕墓、姚虞琴墓被毁，唐吴道子观音像碑等文物被砸。

3 探索中的超山

3.1 总规引领

1993年经省政府批准，超山风景名胜区被列为浙江省省级风景名胜区；1994年启动编制《超山风景名胜区总体规划》，1995年获得批复，指导超山风景名胜区各项建设及景区管理。随着经济社会的发展和景观管理，资源保护、景区景点建设、游览设施建设、道路及基础设施配套等方面问题和矛盾凸显。

2008年启动总规修编工作，此次修编进一步完善景区空间结构和布局，指导核心景区规划，加强规划实施监督管理。同年5月，区政府批准《超山风景区综合整治与保护利用方案》，10月超山综合整治与保护利用工程一期启动，力争建成"中国第一流的赏梅胜地"、创作佳地、佛教胜地、居住福地等旅游综合体。2009年2月15日，首届中国杭州超山梅花节将超山文化进一步推向中国和世界。2011年，超山风景区被国家旅游局正式批准为4A级旅游景区，至此，超山成为杭州远郊游玩的风景名胜区。

2018年以来，在生态文明建设的引领性下，强调保护自然资源与生态环境的国家公园与自然保护地体系开始建立。2024年超山风景区启动第二次修编，本次修编旨在通过优化景区布局，提升基础设施和公共服务设施，加强生态文明建设，使超山风景区更好地融入国家公园建设和大运河国家文化公园建设。此次修编是以国土三调数据为基础，与国土空间规划划定的"三区三线"及用地分类相对应，有利于风景区规划与国土空间规划相互衔接。

3.2 分级保护

2023年，临平启动超山—丁山湖综合保护工程，公布三年行动计划，超山再次迎来重大发展。超山核心景区提升工程是继西湖综保、西溪综保、运河综保之后的杭州重大蓝绿空间的综合保护和提升工程，是完善杭州北部城市绿心、推动大运河国家公园建设的重要组成，是联动杭州北部大运河、丁山湖、塘栖和超山协同发展，全面推进区域景区化，构建临平区域"蓝绿相织、山水相连"格局的重要组成部分。

超山风景名胜区的风景资源共有2大类，8中类，20小类，共53处景源，其中自然景源19处，人文景源34处（表1）。本次超山综保工程充分利用超山自然景源与人文景源，发挥山水资源优势，挖掘彰显超山文化底蕴，提升完善超山服务接待能力，助力超山风景区从单一观梅的"冷门景区"奋进成为"国家5A级风景区和全国赏梅胜地"，打造以山水生态空间为基底，以风景游赏、运动健身、文化体验、自然研学、度假休闲为核心功能的山水型生态文化大公园。

超山风景名胜区资源类型表　　表1

大类	中类	小类	景源名称
一：自然景源	1. 天景	1. 冰雪霜露	1. 超峰雪霁
	2. 地景	2. 山景	2. 超峰；3. 龟山；4. 庙山；5. 掌山；6. 枕头山；7. 庙后山
		3. 洞府	8. 海云洞
		4. 石林石景	9. 超山奇石
		5. 其他地景	10. 田园风光
	3. 水景	6. 泉景	11. 洗心泉；12. 云岩奇泉
		7. 江河	13. 接坝桥港
	4. 生景	8. 古树名木	14. 唐梅；15. 宋梅
		9. 植物生态类群	16. 十里梅海；17. 香雪海大草坪；18. 杨梅林；19. 竹林春色

续表

大类	中类	小类	景源名称
二、人文景源	5. 园景	10. 专类公园	20. 东园；21. 北园
	6. 建筑	11. 风景建筑	22. 大明堂；23. 宋梅亭；24. 望海楼；25. 八仙亭；26. 翠筠亭；27. 疏影亭；28. 松风亭；29. 浮香阁；30. 揽翠亭
		12. 文娱及商业服务建筑	31. 金石厅；32. 文化创意园；33. 中国戏曲梅花苑
		13. 宗教建筑	34. 中圣殿（妙喜寺）；35. 青莲寺；36. 上圣殿（玉皇寺）；37. 娘娘庙；38. 乾元观；39. 三先生祠
		14. 纪念建筑	40. 吴昌硕纪念馆
	7. 胜迹	15. 摩崖题刻	41. 海云洞摩崖题刻；42. "超峰"题刻；43. "虎岩"题刻
		16. 纪念地	44. 吴昌硕墓
	8. 风物	17. 节假庆典	45. 梅花节；46. 重阳登高
		18. 民族民俗	47. 东缶会
		19. 地方人物	48. 吴昌硕
		20. 地方物产	49. 塘栖熏鸭；50. 细纱羊尾；51. 烂湖鳝丝；52. 毛肉圆；53. 糯米锅巴

《超山风景区名胜区总体规划（2017—2035年）》中按照资源价值等级大小以及保护利用程度的不同，将超山风景名胜区划分为一级、二级、三级保护区三个层次。《超山风景名胜区总体规划修编（2024—2035）》在三级保护区外，新增外围保护带，实施分级控制保护，并对一、二级保护区实施重点保护控制。其中一级保护区即严格禁止建设范围，包括一级景点、二级景点及周围对保护生物多样性和生态环境作用十分重要的区域；二级保护区即严格限制建设范围，是超山风景名胜区内景物、景点、景群等各级风景结构单元和风景游赏对象集中的区域；三级保护区即一、二级保护区以外的区域，是风景名胜区重要的设施建设区或环境背景区。另外依据超山自然景源及人文景源特色，加强梅花特色保护、古树名木保护、森林植被保护、水系水体保护等资源的分类保护（图1）。

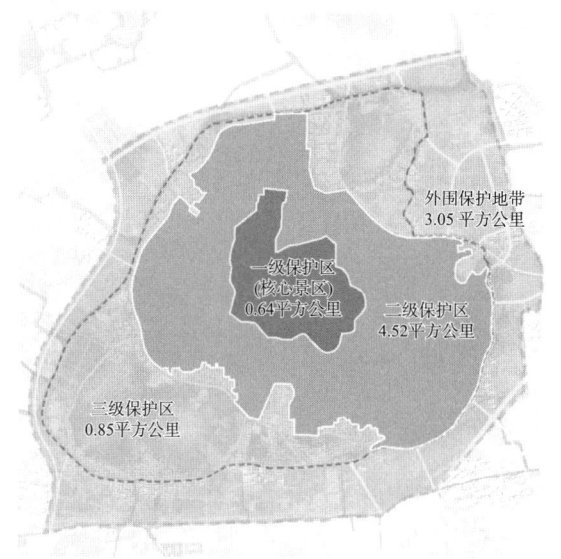

图1 超山风景区分级保护范围图
（图片来源：笔者根据《超山风景名胜区总体规划修编2024—2035》绘制）

4 蜕变中的超山

4.1 总体设计

超山—丁山湖综合保护工程核心景区工程包括"十里梅花香雪海、梅花忆我忆梅"的东园片区，"香海楼前访宋梅、凌寒犹见一枝开"的北园片区、"波杳杳水潺潺，此去林密约共攀烟"的西园片区、"花蓬夹小道、飞驿看星驰"的南园片区、"泰山村外绕清溪，万树梅花压水低"的掌山芳菲（图2）。

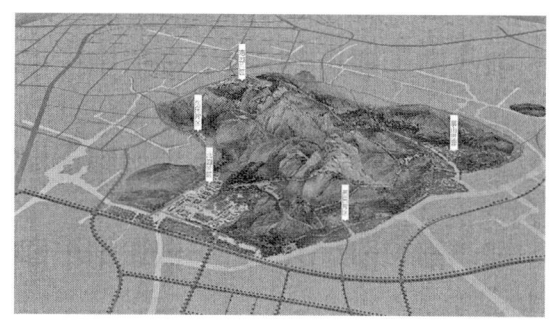

图2 超山风景区综合保护工程核心景区

基于对超山自然基底与人文底蕴的多重考究与思量，景区设计制定了三大核心策略——山水格局提升、植物空间塑造、诗画意境再现，为游人徐徐讲述"十里梅花香雪海"的故事。按照"东俗·北雅·西闲·南幽·掌学"的定位为游人营造探梅、问梅、寻梅、咏梅等不同的观梅场景。结合场地文化、诗画作品形成"东园十景"与"北园八景"，以自然山水为底，以诗书画为据，以植物搭配为式，营造底蕴丰厚的超山风景名胜。

4.2 山水格局提升

超山属于壮年期地形，以超山为中心海拔向四周渐低，起山山体坡度约在15°~30°；由于火成岩活动发生断层，造成局部岩石破碎，节理发育，有丰富的地下水；山四周河网交错，连接着古运河，水系发达。郭璞《葬书》："气乘风则散，界水则止；古人聚之使不散，行之使有止，故谓之风水。风水之法，得水为上，藏风次之"。借助超山东园山脉走势及水势，在入口草坪东侧开挖水系，连通山上汇水与东园景区内溯溪探梅、水墨蓉庄、跌马报慈等节点，借水成景，形成梅溪共生的内部水循环，并引水入街，激活东入口商业街活力。

4.3 植物空间塑造

超山梅花作为主景，可依水而生，形成水岸梅林，体现"疏影横溪水清浅"；可片植形成梅林，与山为背景，虚实结合，形成繁华似雪、暗香涌动的壮丽景观；可藏于偏僻深幽之处，或隐于松石；可孤植于亭侧，突出其形体的"横、斜、疏、透"；可立足桥头，体现梅花冰清玉洁、坚韧不拔的品格。在本次的提升改造中，于溪畔、草坪、庭院、亭侧、桥头等梳理移栽补植梅花，形成探梅、问梅、寻梅、咏梅等丰富多样的观梅景致。

4.3.1 探梅

东入口开挖水面，堆砌置石，引水成溪，种植香樟、乌桕、朴树形成骨架，并移植场白梅、骨红梅，局部点缀松、石造景；梅与水结合，梅花为实，水为虚，形成"疏影横溪水清浅，暗香浮动月黄昏"的入口形象；保留并强化原有江梅小径，结合地势形成"水湾行尽接山湾，贪看梅花引入山"，营造溯溪而上、花棚夹道的探梅意境。

4.3.2 问梅

超山旅游以赏梅为主，绕山20km均有梅，东园入口草坪绵延大气，种植'宫粉''江梅''绿萼''朱砂''美人梅''骨红梅'等梅花品种。2008年在超山东园新植梅花4500株，经过十余年生长，如今片林白梅青翠繁盛，但植株密度较大，影响植物后期长势。本次提升工程梳理东园原有梅林，将东园香雪海大草坪由6000m²拓展为8000m²，最终净宽180m，形成更加壮阔的"香雪海"画卷，同时开阔草坪西侧问玉亭提供观赏视野，以纵览东园全景，感受"十万蕊奇葩，图开胜景；数千年芳信，谁是解人"的问梅意境（图3）。

图3 溯溪探梅、寒雪问梅

4.3.3 寻梅

超山之麓有报慈寺，现改名为"大明堂"，寺前有宋梅一株，虬枝盘曲，满树披鳞，姿态苍劲古朴，花开六瓣，曲屈苍老，脚下只剩下两条树皮围拱，中间空心，上面树干四叉，为防止有人折断，树外面用铁丝网罩住。如今老梅隐匿于周边茂密的梅林竹海中，本次设计通过梳减两侧梅花、海桐球、沿阶草等植物，以及梳理空间、铺装工程提升等措施打开观赏视线，再现吴昌硕夕阳扶影"传家一本宋朝梅，土缶从之跳劫灰"的寻梅探幽意境。浮香阁前有古梅一本，称"唐梅"，大明堂内庭院幽静，唐梅掩映在路侧江梅、骨红梅、绿萼及蜡梅之中，轻易不得见。本次设计通过移植梅花，梳理地被，两侧各保留3棵梅花，梳理观赏视线，再现吴昌硕"梅林晴吐萼，散策意幽闭"的散意雅静，并体会与寺外宋梅亭来往诗人"无由话共盘"的快意人生。

4.3.4 咏梅

北园北区中心，碧波涟漪，桥亭相间。岛上布局张弛有度，曲折迂回，展现出亭台楼阁、小桥流水的江南园林景象。水侧、山冈上有数亭。

醉荫亭：位于北园东侧小岗上，每逢三月，醉荫亭下，万千游客于此欣赏梅花姿态或透过梅梢仰视醉荫亭，

"呼吸皆正气，俯仰是梅花"。游人通过林间小道踏步至醉荫亭，煮酒赏梅，品'朱砂''宫粉''美人'与蜡梅，整个北园景色尽收眼底。本次景观提升移植醉荫亭下绿地植物，开阔路侧边缘空间，使景观视线后移，加强园路两侧景观连接。

缘溪亭：取陶渊明"缘溪行，忘路之远近"。本次提升拆除原有木结构亭子，改为四角飞檐亭，亭身轻盈灵动，伫立于亭上，看往来船只，感受徐弘道先生梅去春来"一坳影动三更月，十酒香飞百盏"的快意人生。

醉红亭：位于湖心岛中心位，六角攒尖顶。隐士结庐宴客有"帷仗寒梅超世俗，但凭香雪友烟霞"的描写。本次提升，梳减亭周边丰富的下层植物，保留乔木+地被的植物群落，形成良好观赏视线，一侧可窥探桥头不顾世俗制约的白梅正在飞雪中独领风骚，一侧观赏林下六七株红梅争相斗艳（图4）。

图4 醉荫亭寻梅、缘溪亭咏梅

4.4 诗画意境再现

西泠印社首任社长吴昌硕与超山有着不解之缘，《忆梅》描写他萦怀超山，难忘梅花的一片深情。先生一生多次游览超山，首次游览超山彼时山间十里梅海，红白相间，寒香四溢。这让吴昌硕流连忘返。先生尤爱宋梅，为其作画，留下《超山宋梅图》珍贵墨宝。而后于游人周庆云商定，建宋梅亭。如今我们还能看到先生亲手种植的蜡梅王。到了晚年，虽年迈足疾，先生仍扶杖攀登超峰，游海云洞。超山美景使得先生不能忘怀，先生逝世后，长眠于宋梅亭畔香雪坞中，与一生钟爱的梅花永伴，了却他"安得梅边结茅庐"的心愿。先生偏爱超山，留下了脍炙人口的诗画作品。

本次再造超山，挖掘以吴昌硕为主的先贤留下的宝贵文化遗产，活化其书画作品，打造"庭肆萃集、溯溪探梅、梅海倚山、寒雪问玉、冠生品饯、烟雨梅林、曲艺梅香、荷影镕月、跌马报慈、鹤梅耕雪"等东园十景及"梅溪醉荫、斜阳晚照、玉堂篆碧、芰荷立亭、印泉鸣石、福臻添香、豫樟古翠、知己照梅"等北园八景，策划一幅真山、真水、真花的"书画实景"画卷。

4.4.1 东园十景

庭肆萃集：对东园原有入口大门形象进行改造，新入口大门建筑呼应山体背景，同时通过增加斗栱、檐口等建筑细节展现宋韵美学，构建庄重大气的入口形象，入口匾额选取吴昌硕《超山宋梅亭记》中"超山"二字。对原商业街进行改造，设置与东大门对称轴线的水面，沿水面两侧布置单层和两层建筑，延续塘栖民居走势，打造亲水民宿体验氛围。建筑提取宋代建筑特征，展现其线条感、水平延伸、连续立面、木白互显及构饰精美。民宿区建筑细节多用悬山顶，设计中重点刻画歇山顶，控制屋顶的变化节奏，博风板、悬鱼、鱼鳞瓦、撑檐杆+挂落、覆盆式柱础等细节体现宋韵美学，营造"唐栖官道所由，风帆梭织，其自杭而往者，至此少休；自嘉秀而来者，亦至此而泊宿，水陆辐辏，商家鳞集，临河两岸，市肆萃焉"的热闹景象。

烟雨梅林：位于东园、北园间探梅路之两侧。超山多雾霾，每逢春雨霏霏，梅花和杨梅林犹如美人披纱，悠然缥缈。漫步其中，恍如置身仙境，美不胜收。本次提升，梳理探梅路下层地被，补植白茶，用白茶的宁静衬托出美人梅"日暮暗香浮欲动"的朦胧。

曲艺梅香：梅花园含手模浮雕墙和天女散花组雕，以浮雕长廊的形式将中国戏剧文化的发展史和500多位中国戏剧梅花奖得主的手模一一拓印展示，突显了超山"自然梅"与"人文梅"的完美交融。本次提升工程梳理了梅花苑外立面及水系，梳理了内外空间，对内庭深院幽、雅致清新；对外宁静致远，荷塘"青荷盖绿水，芙蓉披红鲜"。

荷影镕月：水墨蓉庄前身为临水梅轩，位于梅子湖畔，为超然山人和梅仙子江梅邂逅之地，形似一叶扁舟依靠在梅子洲头。超山一重山、一重水、一重梅林，水墨蓉庄藏在云雾中，是夏日避暑清凉的好去处。本次提升工程在湖畔中种植荷花、睡莲等，为夏日游客营造"白菡萏花镕月，屈拟兹姑叶落衣。香风消夏梦初觉，露气横江野鹤飞"的初夏意境。

鹤梅耕雪：依托原有村落肌理，营造田园质朴的研学空间，延续西侧香雪海草坪的梅花特色，形成以摄影、绘画、手作、亲子、茶饮活动为主的梅林研学活动场地，构建农田与梅林共赏的"白云堆里雪，定有鹤来耕"景象。

更有"水湾行尽接山湾，贪看梅花引入山；曲径盘纡风料峭，幽香馥馥出林间"的溯溪探梅；"十年不到香雪海，梅花忆我忆梅"的梅海倚山；"十万蕊奇葩，图开胜景；数千年芳信，谁是解人"的寒雪问玉；以及清年龚尧跌马报慈景象。

4.4.2 北园八景

玉堂篆碧：金石厅现状地形山势南高北低，在后院形成洼地，场地小而闭塞，植物凌乱郁闭，后院空间利用率不高，故进行拆除重建。改造传承北园空间格局，结合宋人四雅"焚香、点茶、挂画、插花"的活动内容，将金石厅的南侧绿地打造为开放雅致的盆景园，收集梅花、对节白蜡、兰花等珍稀品种。同时，通过植物梳理和园路改建，将金石厅显露在主园路游览体系之中，并结合现状大乔木和梅林，形成虚实结合的花窗围墙，同时增加月洞门等，引导游客进入游览。内部空间利用天然的地形高差，顺坡就势地利用叠石和奇梅老松，为盆景营造台基，同时将外部的真山真水和内庭院的假山流水融合，在水石美景下为日后盆景策展预留活动空间，营造吴昌硕先生笔下"香南研北持无偈，闲看蜗牛篆碧苔，孤根欲结无盘石，采撷何人供玉堂"的雅致氛围。

印泉鸣石：原印泉区块池体渗水严重，水位较低，景石破损脱落，植被杂乱郁闭，整体视觉感官风貌不佳，故进行拆除重建。首先梳理保留山上汇水，形成印泉天然水源，又通过池底循环泵，在西侧古井下堆石造景形成假山叠水，构建印泉区块亦真亦假的"两股活水"，保留现状原有的垂柳、水杉、香樟、白梅等骨架，对原有植物风貌进行传承。同时，优化原有池壁形态，增加游览路径，引导游客进入游览，并结合外侧主园路的观赏视线通廊，以原有块石挡墙为底，增加吴昌硕书法作品石刻"印泉鸣石"，再现吴昌硕先生"包山妙笔募玉溪，端石砚刻神仙姿。沈郎得之日临池，雪窗更和无题诗"中山石林泉的

意境，将"印泉"作为大明堂片区"吴昌硕"文化游览的空间礼序（图5）。

图 5　玉堂篆碧、印泉鸣石

另有"梅溪水平桥，乌山睡初醒；月明乱峰西，有客泛孤艇"的梅溪醉荫；"一树斜阳下，吟诗系客舟；吴江久不到，因画忆前游"的斜阳晚照；"避炎曾坐菱荷香，竹缚湖楼水绕墙；荷叶今朝摊纸画，纵难生藕定生凉"的菱荷立亭；"左有玉梅交径，不减林氏孤屿；右有银杏参天，犹抱晋时老干"的福臻添香；"铁如意击珊瑚毁，东风吹作梅花蕊""艳福茅檐共谁享，匹以盘敦尊罍簋。苦铁道人梅知己，对花写照是长技"的知己照梅（表2）。

5 结语

自然保护地是我国生态文明发展的核心和重要载体，是中华民族的绚烂瑰宝、美丽中国的标志性象征，对于保护国家生态安全具有很大的作用。风景名胜区是极具中国特色的自然保护地，在国家公园体系引导下，研究风景名胜区的保护与更新路径，以为中国特色自然保护地提出合理化意见。本文通过超山历史脉络研究、人文资源挖掘、

总规修编原因总结，提出分级保护自然景源，以山水格局、植物空间塑造、诗画意境再现为切入点创新传承人文景源，充分发挥风景名胜区的自然价值与文化价值，为带动超山文化遗产旅游打下坚实基础。

吴昌硕局部诗画作品　　　　　　　　　　　　　　　表2

梅溪醉荫	玉堂篆碧	菱荷立亭	印泉鸣石	知己照梅

参考文献

[1] 中共中央办公厅国务院. 关于建立以国家公园为主体的自然保护地体系的指导意见[EB/OL]. [2019-6-26]. https://www.gov.cn/zhengce/2019-06/26/.

[2] 疏良仁, 黄利, 昝丽娟. 论我国风景名胜区在自然保护地体系中的重要地位与基础作用[J]. 城乡规划, 2020（1）: 119-124.

[3] 李金路. 中国名山风景区的演化[J]. 风景园林, 2020, 27（4）: 114-117.

[4] 李金路. 风景名胜区是最具中国特色的自然保护地[J]. 中国园林, 2019, 35(3): 21-24.

[5] 周维权. 山的图腾：名山、名山风景区及其文化内涵[J]. 今日国土, 2003(Z2): 14-19.

[6] 赵强. 工程技术支撑和制约的山岳型景区景观建筑设计研究[D]. 西安：西安建筑科技大学, 2012.

[7] 中华人民共和国住房和城乡建设部. 风景名胜区总体规划标准: GB/T 50298—2018[S]. 北京：中国建筑工业出版社, 2018: 3-11.

[8] 刘秀晨. 风景名胜区是中国自然保护体系的独立类型[J]. 中国园林, 2019.

[9] 陈楚文, 王庆, 凌雨凡, 等. 浙江省风景名胜区人文景源分布特征及影响因素研究[J]. 中国园林, 2024, 40(2): 17-23.

[10] 彭茜, 金云峰. 自然保护地体系、国家公园、风景名胜区规划编制技术与整合优化方法——基于政策指引下的国土景观治理[J]. 城乡规划, 2023(6): 81-90.

[11] 严国泰, 宋霖. 国家公园体制下风景名胜区的价值与发展路径[J]. 中国园林, 2021, 37(3): 112-117.

[12] 苏红巧, 罗敏, 苏杨. "最严格的保护"是最严格地按照科学来保护：解读"国家公园实行最严格的保护"[J]. 北京林业大学学报：社会科学版, 2019, 18(1): 13-21.

[13] 郑月宁, 贾倩, 张玉钧. 论国家公园生态系统的适应性共同管理模式[J]. 北京林业大学学报：社会科学版, 2017, 16(4): 21-26.

[14] 王同. 唐栖志[M]. 杭州：浙江摄影出版社, 2006.

[15] 王德娟. 明清塘栖卓氏家族诗歌研究[D]. 苏州：苏州大学, 2014.

[16] 杭州市余杭区超山风景名胜区管理委员会. 超山志[M]. 北京：中华书局, 2015.

[17] 宋霖, 王晓洁, 严国泰, 等. 风景名胜区总体规划制度发展历程[J]. 中国园林, 2024, 40(2): 24-29.

[18] 超山风景名胜区管理委员会.《超山风景名胜区总体规划（2017—2035）》[EB/OL]. （2024-8-16）[2025-03-01]. https://www.linping.gov.cn/art/2021/11/15/art_1229525601_3967110.html.

[19] 大运河(科创城、超山)管委会办公室. 超山风景名胜区总体规划修编(2024—2035)[EB/OL] (2021-11-15) [2025-03-01]. https://www.linping.gov.cn/art/2024/8/16/art_1229594531_4291482.html.

[20] 杨柳. 风水思想与古代山水城市营建研究[D]. 重庆：重庆大学, 2005.

[21] 牟俊. 基于风水学说的宁波慈城古县城山水格局研究[D]. 武汉：华中科技大学, 2015.

[22] 郭璞. 葬书[M]//王玉德. 古代风水术注评. 桂林：广西师大出版社, 北京：北京师大出版社, 1992.

[23] 刘妮娜. 杭州超山梅园植物造景分析[D]. 杭州：浙江农林大学, 2019.

[24] 刘妮娜, 耿昊, 王小德. 梅景观空间营造探析——以杭州超山梅园为例[J]. 建筑与文化, 2019(8): 109-110.

[25] 杜超山有梅花处好凭栏[J]. 浙江林业, 2014(2): 36-37.

[26] 徐芳. 试论吴昌硕的艺术品格[J]. 社会科学家, 2001(3): 102-105.

[27] 叶澜涛. 论中国现代画家诗人咏物诗的类型[J]. 青海师范

大学学报（哲学社会科学版），2019，41（5）：106-110.

作者简介

姚洁，1995年生，女，硕士研究生，中国电建集团华东勘测设计研究院景观一所，工程师。研究方向：风景名胜区保护、低维护园林植物应用。

（通信作者）许旭，1987年生，女，本科，中国电建集团华东勘测设计研究院，主任工程师、高级工程师。研究方向：校园景观、滨水景观。电子邮箱：xu_x2@hdec.com。

梁杰，1989年生，女，本科，中国电建集团华东勘测设计研究院景观一所，所长、高级工程师。

公园城市城绿融合视角下的绿色基础设施建设研究
——以成都市新津区为例

Research on Green Infrastructure Construction From the Perspective of Urban-Green Integration in Park Citie
—A Case Study of XinJin District, Chengdu

苟丹丹* 蔡婷婷

摘　要：新时代背景下，公园城市理念为解决城市发展与生态保护之间的矛盾指明了方向，绿色基础设施作为一种具有基本服务功能的系统方法，在城市自然生命支持系统中发挥着重要作用。本文基于公园城市城绿融合视角，以成都市新津区为例，采用生态敏感性分析以及 Linkage Mapper 方法确定源斑块和潜在廊道，优化绿色基础设施网络，探索绿色基础设施和公园城市的和谐共生关系，促进更多交叉研究的开展，丰富彼此内涵，共同助力城市和谐发展与建设。

关键词：公园城市；城绿融合；绿色基础设施；和谐共生

Abstract：In the context of the new era, the concept of park city provides a direction for resolving the contradiction between urban development and ecological protection. Green Infrastructure, as a systematic approach with fundamental service functions, holds a significant role in the urban natural life support system. Based on the perspective of urban-green integration in park cities, this article takes Xinjin District as an example, uses ecological sensitivity analysis and the Linkage Mapper method to determine source patches and potential corridors, optimizes the green infrastructure network, explores the harmonious symbiotic relationship between green infrastructure and park cities, promotes the conduct of more cross-disciplinary research, enriches each other's connotations, and jointly contributes to the harmonious development and construction of cities.

Keywords：Park City；Urban-green Integration；Green Infrastructure；Harmonious Symbiotic Relationship

引言

当前快速城镇化背景下，原有生态环境遭到破坏，物质、能量以及物种流动受阻，然而生态网络的系统性和连续性对于生态过程来说至关重要[1]。绿色基础设施是一种解决城市生态问题的有效途径，主要由源斑块、连通廊道构成，是保育城市生态、维护生物多样性、保障生物迁徙、承担物质能量流动的重要媒介，能够过渡与衔接自然与城市空间，并提供休闲游憩、体育运动、科普教育等社会服务[2]，引导城市生态环境健康及可持续发展[3-4]。

国内外结合城市基础条件对绿色基础设施概念进行完善和衍生，并展开多尺度的实践探索。瑞典"斯德哥尔摩公园计划"、欧盟绿色基础设施和城市生物多样性促进城市可持续发展和绿色经济项目等，聚焦绿色空间的生态系统服务，以提升城市环境质量为目标，探索路径适宜、功能复合的绿色基础设施构建方式[5]。国内从雨洪管理领域应用、网络格局时空变化分析拓展至功能服务、综合效益、公益性保障等[6-8]，并契合城市特色发展模式展开了与生态文明、城市更新、海绵城市等理念相融合的绿色基础设施研究[9-10]。研究方法从定性分析发展至定量定性相结合的综合研究，主要包括：基于形态学空间格局分析（morphological spatial pattern analysis，MSPA）的绿色基础设施网络构建[11-12]，GIA 体系及模型[13]，基于生态系统服务综合评价与权衡模型（integrated valuation of ecosystemservices and tradeoffs，InVEST）的生境质量识别网络中心评估，基于 HEC-HMC 水文模型评估的绿色基础设施设计优化等[14]。

公园城市理念自 2018 年提出，聚焦城市与自然的和谐发展，公园城市"功能相互协调、多元共生发展"核心理念，与绿色基础设施"自然与城市共生"理念不谋而合，两者共同促进城市生态、生产、生活空间的共生发展。但公园城市理念与绿色基础设施建设相结合的研究较少，本文采用生态敏感性分析以及 Linkage Mapper 研究方法，基于公园城市与绿色基础设施理论与实践基础，围绕"城绿融合"视角展开研究，为新时代背景"自然-城市"协调发展主线下的绿色基础设施规划建设提供一定参考。

1 公园城市与绿色基础设施

1.1 秉承生态优先理念，将绿色基础设施作为城市支持系统

过去增量规划时期城市绿色空间多在用地布局完成之后，以"+绿色"的方式构建，而公园城市强调从"城市中建公园"向"公园中建城市"转变[15]，其不仅是城市的公园，还可理解为山水田园、绿地组团等对生态有益的生态要素和体系[4,16]，它强化内外自然系统的连续性，形成自然系统与城市系统有机融合的"城绿融合"新形态。公园城市理念要求将绿色空间作为支撑城市可持续发展的基础设施，需基于"格局-过程"等原理，构建开敞空间与自然系统嵌套的绿色基础设施网络体系，支撑城市生态、社会、经济、文化等可持续发展。

1.2 强化空间形态城绿渗透，实现城市与自然的嵌套耦合

公园城市理念以"城园相融、城绿渗透"为最重要的形态特征，在保护修复自然生态系统的基础上，强调城市和蓝绿空间嵌套耦合，城市风貌与公园形态交织相融。这就要求通过建设不同尺度的绿色基础设施体系，引入建成区之外的山水林田自然风景，链接城市内外绿色空间，疏通城乡生态脉络，并以廊道为载体实现空间渗透融合，统筹构建系统完整、城乡协调的城市绿色空间体系，利于推动城市与自然的嵌套耦合，并为公众提供优质绿色公共服务。

1.3 融合多元复合功能，促进提供各要素的高效服务

绿色基础设施的功能以生态环境效益为主，新时期其功能结合城市发展模式进行演变，通过丰富类型、优化结构、匹配供给、关联需求等方式形成更多元的服务网络。在公园城市理念下，需创新"绿色+"路径，通过特色化、差异化的功能服务链接城市重要功能区域、各类基础设施以及自然生态环境。要求以生态本底资源提供环境质量改善、生态系统服务等功能，以生态廊道、河流水系、绿道等线性空间提供物质与能量流动功能，以公园绿地等开放共享绿色空间提供休闲游憩、科普教育等公共服务功能，以公园场景高效发挥综合效能和多元价值，探索以绿色基础设施为载体的外生效用协同和集成。

1.4 注重以绿色赋能，推动生态资源的价值转化

公园城市强调生态价值向多元价值转化的建设路径，与绿色基础设施以功能结构耦合提升生态系统服务的策略不谋而合。以促进人与自然和谐共生、城市与自然和谐相融为出发点，要求通过绿色基础设施网络的构建，形成相互连接、有机统一的城市绿色空间网络系统[17]，稳固提升城市复杂系统的生态效益。并以绿色基础设施为载体，以生态系统服务功能提升促进城市环境质量提升，以绿色健康、韧性可持续的城市人居环境带来产业发展、创新集聚、人才吸引等多方面派生价值，实现将"绿水青山"转化为"金山银山"。

2 研究区概况与数据来源

2.1 研究区概况

结合成都市新津区国土空间规划，新津区系统营建"青

山绿道蓝网"体系,形成全域"一区一网两山"生态格局。新津区虽初步构建绿色生态格局,然而目前从生物迁徙、能量流动等角度对绿色基础设施建设的考量不足,因此本研究以新津区为例,探索"自然-城市"和谐共生下的绿色基础设施建设,对夯实城市生态本底、加强生态网络连通性、探索生态价值持续转化、推动生态系统服务功能耦合优化、塑造城绿融合的公园城市形态有一定积极作用。

2.2 数据来源及预处理

本文采用的基础资料数据来源于《践行新发展理念的公园城市示范区——新津区建设总体规划》《成都市新津区国土空间总体规划（2021—2035年）》《成都市新津区绿地系统规划（2022—2035年）》等；图形数据主要包含来源自中国地理空间数据云的 Landsat 8 OLI TIRS 遥感卫星影像，GDEMV3 数字高程数据（分辨率为30m），以及国土空间三调数据。为方便后续管理使用，将数据进行几何校正，统一采用 WGS1984 坐标系和高斯投影，栅格数据统一采用30m分辨率，以成都新津区区界为范围建立图形数据库。

3 技术方法路径

3.1 基于生态敏感性分析的绿色基础设施源斑块识别

绿色基础设施指由多种用于维持生物多样性、保护自然生态过程以及提高人民生活质量的自然开敞空间所组成的，彼此之间相互联系的绿色空间网络。在城市层面，绿色基础设施网络构建的主要目标是保护生态空间及动物迁徙廊道，如森林、湿地、河流水系、水源地等，这些空间通常是生态环境中对外界干扰最为敏感的区域；同时，城区内面积较大的公园绿地，对于保持城市生态系统稳定和城市生物多样性亦具有重要作用。本文结合新津区实际情况，选取地形、水文、生物等生态敏感因素作为评价指标，对新津区全域的生态敏感性进行综合评价（表1）。

基于各个单因子生态敏感性评价结果，采用层次分析法、专家研讨等方式确定权重，对8个因子进行垂直过程中的成果数据叠加，最终形成生态敏感性分级成果。本文结合前人研究成果及新津区地域特征，选取面积大于1km²的绿色空间作为研究对象，即为绿色基础设施源斑块。

3.2 基于 Linkage Mapper 方法的生态廊道提取

除河流廊道等现状廊道之外，不同生态源斑块之间还可能存在潜在生态廊道，其被视为减少流动成本的潜在路径。目前生态廊道提取主要包括以下方式：一是借助最小累计阻力模型（MCR）提取最小费用路径[18]，其操作过程需大量反复且所生成的廊道冗杂；二是利用水文分析原理提取生态廊道，并能生成以源地为中心、按照阻力向周围展开的低阻力通道，即"辐射道"[19]；此外，还可运用 Linkage Mapper 工具提取带有宽度的生态廊道，其优势在于不需要人为剔除重复冗余的廊道，操作便捷，且可通过设定长度阈值等得到含宽度信息的生态廊道[20]，可为物种迁徙及保护范围划定提供一定的科学参考。

生态敏感性评价指标及权重　　表1

生态敏感因素	指标因子	评价对象	分级标准					权重
			极高/5	高/4	中/3	低/2	极低/1	
地形	高程	高程	518~659m	481~518m	460~481m	445~460m	341~445m	0.11
	坡度	坡度	≥53%	23%~53%	13%~23%	7%~13%	0~7%	0.07
	地形起伏度	地形起伏度	≥75	45~75	25~45	15~25	0~15	0.06
水文	主干河流	五江一河	主干河流范围	80m缓冲区	80~150m缓冲区	150~400m缓冲区	大于400m区域	0.1
	其他水体	水库及其他水面	—	水库及其他水面范围	50m缓冲区	50~80m缓冲区	大于80m区域	0.06
生物	土地覆盖类型	地表景观	林地、湿地	水域	草地	耕地、园地	建设用地、未利用地	0.2
	归一化植被指数	NDVI	≥0.3	0.2≤NDVI<0.3	0.1≤NDVI<0.2	0≤NDVI<0.1	NDVI<0	0.18
	优先保护区	生态林地保育及修复区、公益林、湿地公园、森林公园、水源保护区、生态红线等	优先保护区范围	100m缓冲区	100~200m缓冲区	200~500m缓冲区	缓冲区以外	0.22

本文结合绿色基础设施网络优化等研究目的，选取Linkage Mapper方法进行潜在生态廊道的提取。结合Linkage Mapper工具把综合阻力基面和源斑块一同导入，识别物种迁移的最小成本路径，获得生态流通道；结合相关研究成果，通过土地利用类型来确定景观阻力值（表2），本文用于截断生态廊道的距离阈值设置为20km。

新津区土地利用类型阻力值　　　表2

土地利用类型	景观阻力值
林地	1
湿地	3
草地	3
城市绿地	30
耕地、园地	50
河流	50
库塘等其他水体	20
城市建设用地	250
未利用地	150

4　结果与分析

4.1　GI源斑块识别

基于ArcGIS软件对于新津区生态敏感性分析结果（图1），采用自然断点法对其进行等级划分，分为极高敏感区、高敏感区、中敏感区、低敏感区以及极低敏感区五类（图2）。其中，极高敏感区、高敏感区分别占11.07%、16.62%，中敏感性和低敏感性区域分别占29.55%、29.38%，极低敏感区约占13.38%。

在生态敏感性评价结果基础上，选取极高、高生态敏感区为范围，结合遥感影像识别去除人类高度利用的区域，基于相关研究成果和新津区域情况，以 1km² 为面积阈值进行筛选，识别出绿色基础设施源斑块，其主要分布于长秋山、牧马山、白鹤滩湿地自然公园、水源保护地、兴义湿地、斑竹林森林公园、团结岛湿地、西河故道湿地公园、杨柳湖公园等区域，并在此基础上叠加红石涵养湿地公园、骑龙湖公园、天府明珠公园等具有重要生态功能的城市公园绿地，丰富完善GI源斑块类型（图3）。

4.2　生态廊道提取

基于Linkage Mapper工具箱下Build Network and Map Linkages工具识别带有一定宽度信息的生态流通道，可为后期规划生态廊道宽度提供一定参考。生态流通道映射出4条生态廊道（图4），实现了每个源斑块均有生态廊道连接且形成网络系统。

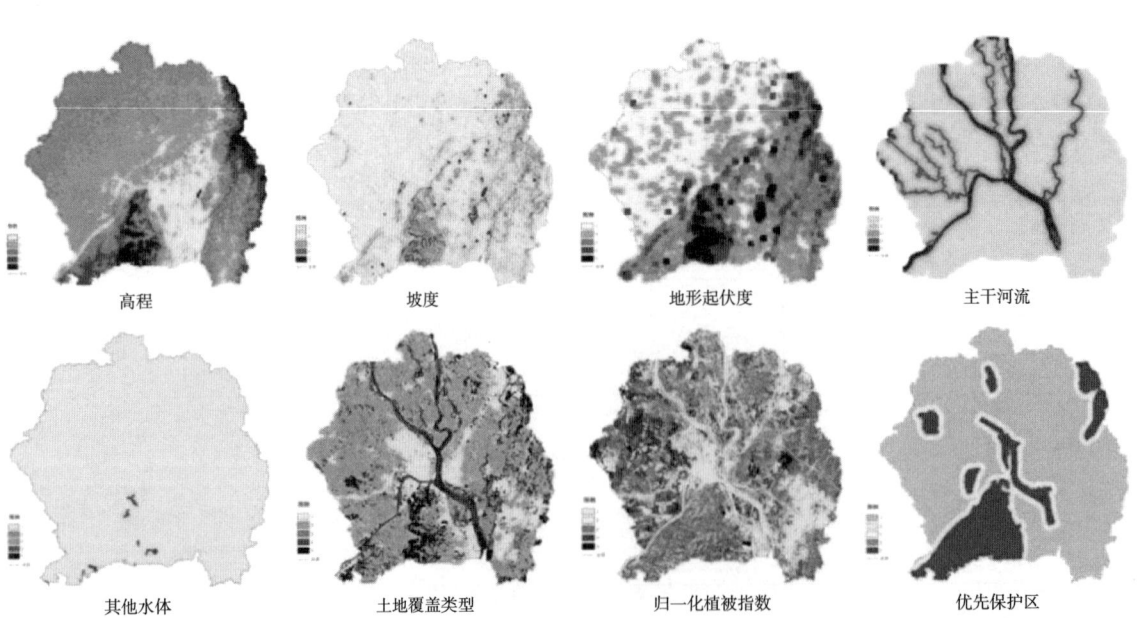

图1　单因子评价结果图

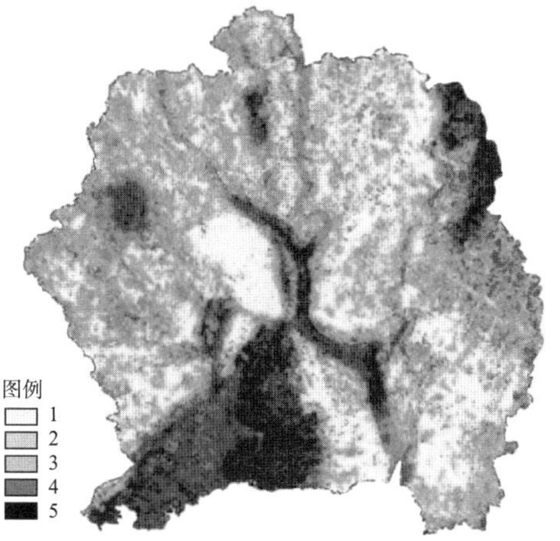

图2 生态敏感性分析结果图

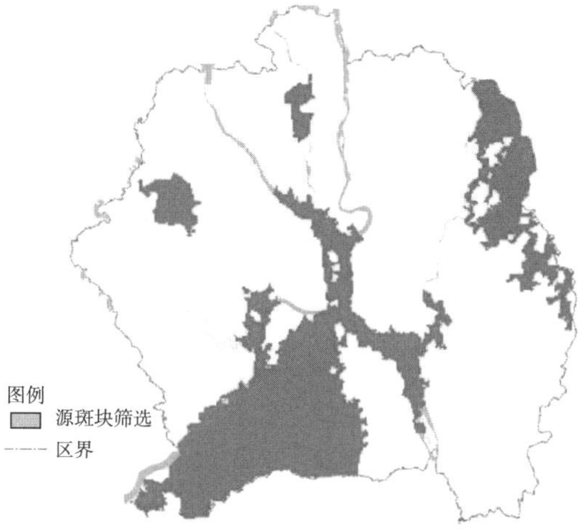

图3 新津区生态源斑块分布图

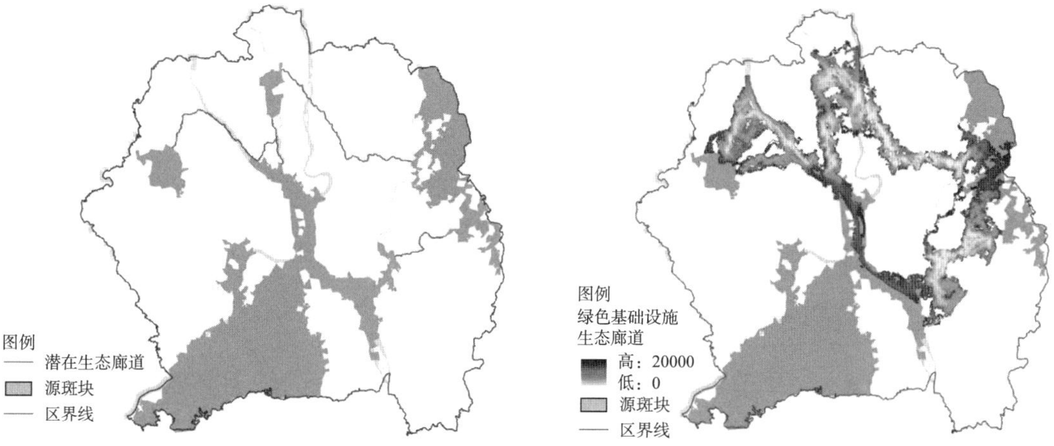

图4 潜在生态廊道路径及其宽度信息

5 城绿融合视角下的新津绿色基础设施规划建议

5.1 构建"以绿为底"绿色基础设施网络格局

结合新津区"一区一网两山"空间结构，通过源斑块保护修复、增强廊道连通性等方式，优化新津区绿色基础设施网络，叠加岷江、金马河、杨柳河等河流水系以及全域三级津津绿道体系，与白鹤滩国家湿地公园、长秋山、牧马山等绿色基础设施源斑块相互连通、渗透与融合，构建开敞空间与自然系统嵌套、多元功能结合的绿色基础设施网络体系（图5）；同时，与国土空间规划、城

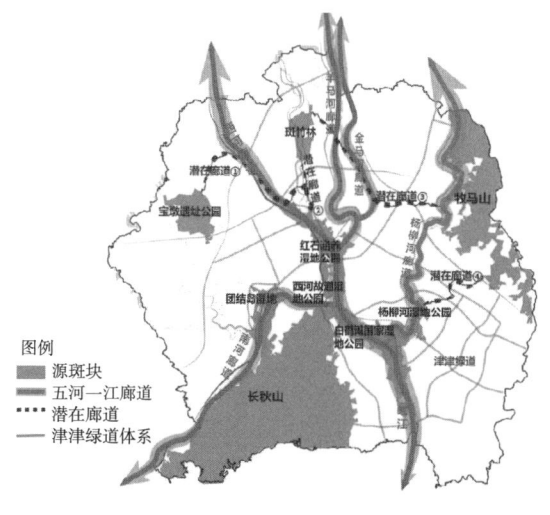

图5 新津区绿色基础设施网络结构图

市绿地系统、城市公园体系等协调，融合不同尺度的绿色空间规划，优化调整绿色开放空间的布局，并加强城市内外绿色空间的耦合与连通，并强化多领域、多学科合作，使绿色基础设施建设与国土空间规划"底图一致"，形成全域绿色基础设施网络格局。

5.2 分类推进绿色基础设施空间的底线管控与功能叠加复合

如图5所示，结合新津区三调地类以及实际调研，绿色基础设施主要包括以自然生态保护、风景游憩为主要功能，位于郊野区域、提供休闲服务功能，位于城市建成区范围内、具有生态、景观、社会多重服务功能的源斑块。绿色基础设施廊道主要包括以水生态、水景观功能为主的河流廊道，串联城市多尺度绿色空间以及各个功能区域的绿道体系，以及通过研究分析得出的潜在廊道。差异化推进保护利用与功能叠加有利于强化整体绿色基础设施网络，保障生态过程流动，并促进各类生态要素的功能业态叠加（表3）。

各类绿色基础设施建设重点 表3

	绿色基础设施空间类型		建设重点
点状	不同服务功能的源版块	长秋山、牧马山等风景游憩斑块	强化生态系统稳定性保护与生物多样性提升，适度融入自然教育、旅游服务、休憩娱乐、文化展示等功能业态
		斑竹林等郊野斑块	依托农林资源，整田护林、兴业增产、丰富业态，推动农商文旅体融合发展
		白鹤滩国家湿地公园、红石涵养湿地公园、骑龙湖公园等公园	以"公园+"促进公园绿地功能复合、场景融合，营造公园城市公园场景
线状	现状连接廊道	五河一江廊道	依托水系沿线绿地、道路绿化建设，强化蓝绿空间连通性，提升水土保持、水源涵养能力，营造多样生境，提升水生态韧性
		津津绿道体系	以绿道为载体，以"绿道+"为路径，增强源斑块与城市空间环境的融合度，提升绿色基础设施间的连续性、可达性、连通性和共享性
	潜在廊道	潜在廊道①、②、③、④（图5）	在符合国土空间规划基础上，通过多维增绿、建设绿化隔离带等形式，关联现状生态廊道，加强廊道脆弱点、不易识别处建设，减少人为干扰，避免阻隔影响，培育潜在生态廊道形成明晰路径，完善新津区绿色基础设施体系线性网络

5.3 积极推动相关方参与，有效推动生态价值转化

进一步发挥生态资源的价值带动作用，通过"绿色+""生态+"功能复合、业态融合、场景叠加，积极探索生态价值向经济价值和社会价值转化的实现形式，通过打造消费产品和提升服务，以商业收益反哺运维成本，形成动态良性循环。同时，积极出台相关政策，推动相关领域标准化、制度化建设，建立健全、符合市场化要求的多元投融资机制，吸引相关企业及社会资本参与生态修复、综合治理、场景营造等过程，拓宽投资融资渠道，更好保障建设与实施。此外，推动绿色基础设施共建共享，在规划、设计、管护、监督等各流程增加社会公众参与，提高公众对优质生态环境的满足感和获得感。

6 结论与讨论

本文从公园城市城绿融合视角出发，探讨城绿融合理念在绿色基础设施建设方面的落脚点；并以成都新津区为例，结合生态敏感性分析、Linkage Mapper方法识别绿色基础设施的源斑块和潜在廊道，探索公园城市目标下的绿色基础设施网络构建，从不同层级提出优化建议，为其他城市绿色基础设施建设提供一定的参考和借鉴。

受研究尺度的影响，在不同尺度上的绿色基础设施构建存在一定的差异。本文基于新津全域尺度，从物种迁徙的生态角度、人文游憩等角度出发构建绿色基础设施网络，缺少城区层面的研究。城区尺度上，可考虑在水平维度融合商业、居住、公共服务等用地与城市绿地，垂直维度上综合考虑城市绿地系统、居住商业空间、社会文化、市政基础设施等衔接，实现城市与自然的横向、纵向的深度融合发展，为城绿融合下的绿色基础设施建设提供新的思路。

参考文献

[1] 苏同向. 扬州城乡绿色基础设施网络规划研究[J]. 园林, 2019(4): 7-11.

[2] 胡玥. 多尺度绿色基础设施网络结构的规划研究[D]. 上海: 华东师范大学, 2016.

[3] 刘颂, 杨莹. 生态系统服务供需平衡视角下的城市绿地系统

规划策略探讨[J]. 中国城市林业, 2018, 16(2)：1-4.
[4] 徐海顺, 陆晓. 城园共融——基于公园城市理念的城市绿地建设研究[J]. 园林, 2020(10)：82-87.
[5] 叶林, 何磊, 颜文涛, 等. 促进绿色经济的城市绿色基础设施生态系统服务——欧盟 GREEN SURGE 研究项目解析[J]. 上海城市规划, 2019(1)：33-39.
[6] 刘文, 陈卫平, 彭驰. 社区尺度绿色基础设施暴雨径流消减模拟研究[J]. 生态学报, 2016, 36(6)：1686-1697.
[7] 付喜娥. 基于条件价值法的绿色基础设施社会效用评估——以苏州金鸡湖景区为例[J]. 中国园林, 2019, 35(10)：46-50.
[8] 邢忠, 汤西子, 周茜, 等. 城市边缘区绿色基础设施网络规划研究——公益性产出保障导向[J]. 城市规划, 2020, 44(12)：57-69.
[9] 崔志远. 生态文明理念下城市公共空间规划中的绿色基础设施建设——评《绿色基础设施导向的生态城市公共空间》[J]. 世界林业研究, 2022, 35(05)：140.
[10] 王云才, 申佳可, 彭震伟, 等. 适应城市增长的绿色基础设施生态系统服务优化[J]. 中国园林, 2018, 34(10)：45-49.
[11] 戴菲, 毕世波, 陈明, 等. 基于 MSPA 与混淆矩阵的绿地系统格局演化及其驱动因子研究——以伦敦为例[J]. 中国园林, 2020, 36(11)：34-39.
[12] 荣月静, 严岩, 王辰星, 等. 基于生态系统服务供需的雄安新区生态网络构建与优化[J]. 生态学报, 2020, 40(20)：7197-7206.
[13] 朱捷, 苏杰, 尹海伟, 等. 基于源地综合识别与多尺度嵌套的徐州生态网络构建[J]. 自然资源学报, 2020, 35(8)：1986-2001.
[14] Aja, B, D. Assessing the potential of strategic green roof implementation for green infrastructure: Insights from Sumida ward, Tokyo[J]. Urban Forestry & Urban Greening, 2022.
[15] 陈明坤, 张清彦, 朱梅安, 等. 成都公园城市三年创新探索与风景园林重点实践[J]. 中国园林, 2021, 37(8)：18-23.
[16] 刘滨谊. 公园城市研究与建设方法论[J]. 中国园林, 2018, 34(10)：10-15.
[17] 栾博, 柴民伟, 王鑫. 绿色基础设施研究进展[J]. 生态学报, 2017, 37(15)：5246-5261.
[18] 孔繁花, 尹海伟. 济南城市绿地生态网络构建[J]. 生态学报, 2008(4)：1711-1719.
[19] 王原, 何成, 刘荣国, 等. 宁夏沙坡头国家自然保护区鸟类景观生态安全格局构建[J]. 生态学报, 2017, 37(16)：5531-5541.
[20] 韦宝婧, 苏杰, 胡希军, 等. 基于"HY-LM"的生态廊道与生态节点综合识别研究[J]. 生态学报, 2022, 42(07)：2995-3009.

作者简介

（通信作者）苟丹丹，1993 年生，女，硕士，成都市公园城市建设发展研究院，工程师。

蔡婷婷，1993 年生，女，硕士，成都市公园城市建设发展研究院，工程师。

基于生物文化多样性评估的喀斯特山区保护格局构建研究

Study on the Construction of Conservation Pattern in Karst Mountainous Areas based on Biocultural Diversity Assessment

李小琦

摘　要：中国西南喀斯特山区拥有丰富的生态系统和独特的乡土文化。然而，在生态环境退化和外来文化冲击下，这些高价值区域未能得到充分保护，部分区域甚至面临生物和文化的双重威胁。为了有效保护喀斯特山区的生物文化多样性，本研究以苗岭山区为例，提出了一种耦合生物多样性和文化多样性评估的综合保护框架。首先，本研究利用5个生物多样性指标和4个文化多样性指标来评估生物文化多样性值；其次，结合 Zonation 模型确定苗岭山区生物文化多样性保护的优先区域；最后，以这些优先区为源点，构建潜在的生态廊道，形成"源地—廊道—节点"系统保护网络。研究发现，苗岭山区的生物文化多样性平均耦合协调度为0.611，有接近一半的区域面临不协调的状态；其中前15%的高生物文化多样性区域，总面积达2286.76km^2。此外，保护网络包括29条一级廊道、76条二级廊道及30个节点。本研究展示了通过整合生物多样性与文化多样性因素来强化喀斯特山区生物文化保护区域识别的有效性，并强调了构建网络化保护系统的重要性，以促进喀斯特山区的全面保护和规划，助力山地社会生态系统的可持续发展。

关键词：生物文化多样性；Zonation 模型；保护优先区；廊道网络；保护格局；喀斯特山区

Abstract: The karst mountainous areas in southwest China have rich ecosystems and unique local cultures. However, under the impact of ecological environment degradation and foreign culture, these high-value areas have not been fully protected, and some areas are even facing dual threats of biology and culture. In order to effectively protect the biocultural diversity in karst mountainous areas, this study takes the Miaoling Mountain area as an example and proposes an integrated protection framework that couples the evaluation of biodiversity and cultural diversity. First, we use five biodiversity indicators and four cultural diversity indicators to evaluate the biocultural diversity value; second, we combine the Zonation model to determine the priority areas for biocultural diversity protection in the Miaoling Mountain area; finally, with these priority areas as source points, potential ecological corridors are constructed to form a "source-corridor-node" system protection network. The study found that the average coupling coordination degree of biocultural diversity in the Miaoling Mountain area is 0.611, and nearly half of the areas are facing an uncoordinated state; among them, the top 15% of high biocultural diversity areas have a total area of 2286.76 square kilometers. In addition, the protection network includes 29 first-level corridors, 76 second-level corridors and 30 nodes. This study demonstrates the effectiveness of strengthening the identification of biocultural conservation areas in karst mountain areas by integrating biodiversity and cultural diversity factors, and emphasizes the importance of building a networked protection system to promote the comprehensive protection and planning of karst mountain areas and contribute to the sustainable development of mountain social-ecological systems.

Keywords：Biocultural Diversity；Zonation Model；Conservation Priority Area；Corridor Network；Conservation Pattern；Karst Mountain Area；

引言

喀斯特山区具有典型的生物和文化价值，包含着最完整和多样化的生态系统[1]。中国西南喀斯特山区占中国陆地面积的1/4，作为自然地理屏障塑造了生物多样性的分布格局，为珍稀濒危动植物、两栖动物、鸟类和哺乳动物提供了优良的栖息地。喀斯特山区的生物多样性不仅反映在物种的形成和气候变化的影响上[2]，还通过多种进化机制、生态过程和物种间的相互作用展现出来。由于其独特的地理特征和较少的外部干扰，喀斯特山区提供了广泛而充实的生态系统服务，尤其是在中国西南资源匮乏和人口密集地区[3]，它满足了居民的用水等生存基本要素的需求，也为当地的土壤保持、水土流失治理、生计供应和气候变化监测及调整提供了坚实保障[4]。

中国西南喀斯特山区高度封闭性和本地化的特征，促进了多样化的生态系统和独特的民族文化的形成。当地居民与自然资源之间的文化联系，包括宗教信仰和美学艺术，赋予了自然资源以文化身份，并有助于维护生态系统的完整性。尽管喀斯特山区人口稀少且分散，但由于其地理位置偏远和交通的闭塞，避免了城镇化发展带来的文化同质化，有助于当地社区保存更完整的传统生产和生活方式。当地土著居民理解和利用自然资源的文化实践，特别是传统的农业生态系统，是保护山区生物多样性的有效举措。可以说，强调社会生态系统中人与自然互动的历史信息和技术促进了区域的可持续发展，从而提高了当地的居民福祉[1]。

然而，近年来全球化进程加速，气候变化剧烈，以及相关政策导致的土地利用频繁变化，破坏了喀斯特山区脆弱的自然环境和生态系统，与之相关的乡土记忆、民族文化和传统生态知识日益丧失。尽管在全球范围内，生物多样性热点区域的保护已经得到重视，但喀斯特山区尚未获得充分的关注和保护。现有的保护政策通常忽视区域的文化属性，导致自然与文化突出的喀斯特山区的保护不足。为了补充这一保护空缺，一些学者已经认识到人类文化实践对生物多样性的影响，并提出从资源利用、地理关系、现代与传统文化冲突、传统管理制度和社区参与决策等角度构建整体性保护策略[2]。因此，在喀斯特山区的生态保护与管理研究中，应重点关注自然与文化的相互作用，但目前从生物多样性和文化多样性的整体视角出发的保护策略和方法仍然缺乏。

生物文化多样性的概念代表了一种识别具有文化特征但未得到充分保护的高价值喀斯特山区的创新策略。生物文化多样性强调人类对自然资源系统和相互作用机制的利用和理解，已被广泛应用于传统习俗保留较好的农村、山区和圣地等偏远生态系统，同时用以探索土著群体与自然环境、减少因素和响应之间的关系。将具有地方资源特色的生物文化多样性纳入区域空间规划因子选择与评价体系，不仅能识别出具有文化与自然整体价值的优先保护区，还能形成社会生态系统下多个利益相关方参与的保护管理模式。先前的生物文化多样性评价方法已被应用于识别保护地、风景区、传统农业景观和森林生态系统等多类型研究对象的保护价值[6]，从人与自然互动的角度实现高价值自然和文化遗产地的保护，以及探索生物多样性与文化多样性的地理分布关系[5]。中国西南喀斯特山区作为一个动态的社会生态系统，传统文化习俗与自然环境共同演化，形成了多种类型的生物文化景观。目前，生物文化多样性保护实践多以社区为基础，通过访谈和田野调查等方式，关注与生计相关的传统乡村振兴、关键类型文化要素保护、社会生态系统相互作用机制等问题[1]。在区域尺度上，喀斯特山区的生物文化多样性整体保护研究尚不多见。因此，在生态脆弱性与文化多元性并存的背景下，生物文化多样性耦合方法能够充分反映地域生物文化、传统生态知识以及与土著居民文化习俗和集体记忆的互动特征。

在生物文化多样性下降且未得到充分保护的中国西南喀斯特山区，亟须采取更多措施来保护生物和文化资源。因此，本研究以苗岭山区为例，建立一套系统的生物文化多样性评估方法，以识别喀斯特山区的优先保护区，并提高山地保护与管理的效率。研究目标：①通过分析苗岭山区自然与文化资源特征，构建生物文化多样性评价因子体系，分析苗岭山区的生物文化多样性现状及空间分布；②基于生物文化多样性识别苗岭山区的保护优先区；③构建连接优先保护区的系统保护网络格局。

1 研究区域及方法框架

1.1 研究区域

苗岭山区是中国西南喀斯特地区的典型区域（图1），

也是西南民族历史迁徙及文化交流的重要通道，具有丰富的生物多样性和文化特色。在生物多样性方面，苗岭山区位于中国西南部，是全球生物多样性热点区域之一，植被和动物种类繁多，其中包括南方红豆杉、伯乐树、秃杉、大鲵等珍稀动植物。此外，苗岭山区地处我国第二级阶梯，山脉海拔从200m上升至2000m以上，呈现出明显的自然和生物垂直地带性多样性。在文化多样性方面，苗岭山区民族构成复杂，包括苗族、侗族、布依族、水族等多个民族，各民族的聚落生活方式和形态各异，文化多样性特征显著。然而，随着经济社会的发展，苗岭山区正面临生态环境退化、生物种类减少和文化传统淡化的挑战，迫切需要采取可持续的保护措施。系统规划下的生物文化多样性保护研究对于该区域的综合保护和发展至关重要。

1.2 研究数据来源和预处理

本研究中使用的数据集列于表1中。所有数据都一致地投影到WGS-84坐标系上，裁剪至研究区域边界范围，并使用ArcGIS 10.5将分辨率重新采样为1km×1km。

图1　苗岭山区景观

研究数据来源和预处理　　　　　　　　　　　　　　　　　　　　　　　　　　　　　　　　表1

Data Products	Resolution	Data sources
Karst Distribution Vector Data in China	30m	United Nations Educational, Scientific and Cultural Organization (https://www.unesco.org/)
Land Use Type (2020) Spatial distribution of China's water basins dataset	30m	Data Center for Resource and Environmental Sciences, Chinese Academy of Sciences (http://www.resdc.cn)
Average annual potential evapotranspiration (2020)	1km	National Earth System Science Data Center (http://loess.geodata.cn)
Monthly precipitation dataset (2020)	1km	
Harmonized World Soil Database (HWSD)	30m	HWSD World Soil Datasets (https://gaez.fao.org/pages/hwsd)
Digital elevation model (DEM) dataset	30m	Geospatial Data Cloud (https://www.gscloud.cn/)
Depth to bedrock	250m	https://data.isric.org/geonetwork/srv/chi/catalog.search#/home
Species observation and distribution data	—	The Global Biodiversity Information Facility (https://www.gbif.org/)
Historical climate data (2020)	bio 5m	The WorldClim data website (http://www.worldclim.org/)
List of Traditional Villages in China	—	https://www.mohurd.gov.cn/
List of famous historical and cultural towns and villages	—	PRC State Administration of Cultural Heritage (http://www.ncha.gov.cn/)
Seventh census data of China	—	https://www.stats.gov.cn/
National representative list of intangible cultural heritage projects	—	https://www.ihchina.cn/
List of important agricultural cultural heritages in China	—	https://www.moa.gov.cn/
National and provincial key cultural relic protection units	—	http://www.ncha.gov.cn/
Ancient Stagecoach Route Data	—	Extraction and organization of historical maps and local history information

1.3 方法框架

本研究方法框架采用3个主要步骤进行（图2）。首先，通过田野调查和文献资料的广泛收集，选取生物多样性、文化多样性等多个因子，构建苗岭山区生物文化多样性评价体系。该体系旨在识别和解析生物文化多样性的分布热点区域，为后续的保护工作提供科学依据。其次，利用系统保护规划方法，在Zonation模型中输入空间特征数据，识别出苗岭山区生物文化多样性的优先保护区域。然后，以优先保护区为源点，依据电路理论构建潜在保护廊道，形成"源地—廊道—节点"综合保护网络格局，以实现对该区域生物文化多样性的系统保护。最后，基于这一保护格局，提出针对苗岭山区的具体保护规划策略。

1.3.1 生物文化多样性评估体系建构

1. 生物文化多样性评价因子选取

通过对苗岭山区的历史文化、民族特色和地理环境的综合梳理，结合对多个片区的实地考察和无人机航拍数据，建立生物文化多样性评价体系。该体系旨在对苗岭山区的生物文化多样性进行系统的评估和分析。在生物多样性分析方面，苗岭山区的喀斯特地貌为其动植物提供了独特的生境条件，同时也为当地聚落和土著社区的生存和发

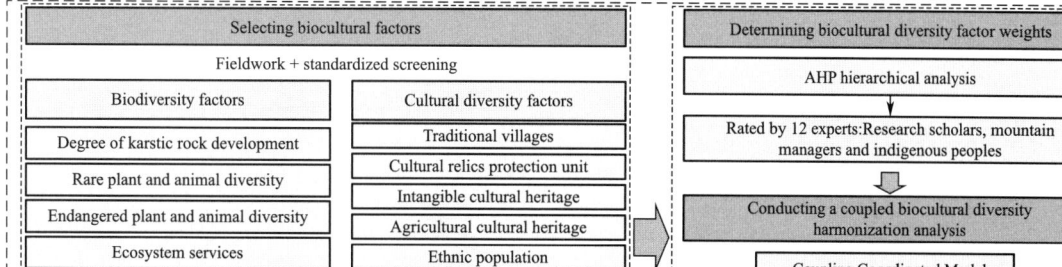
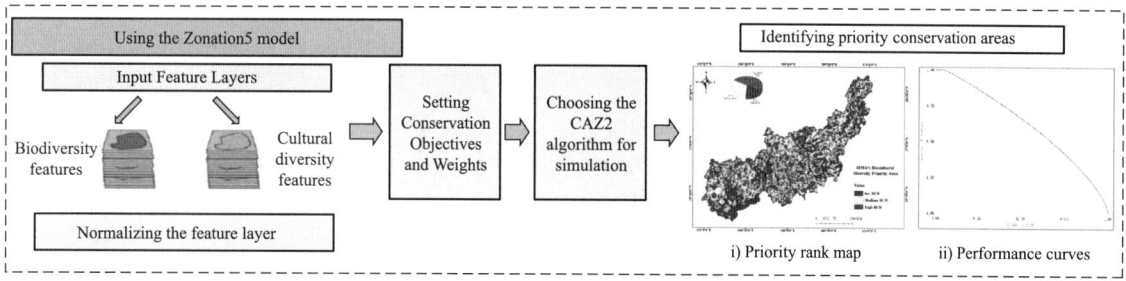
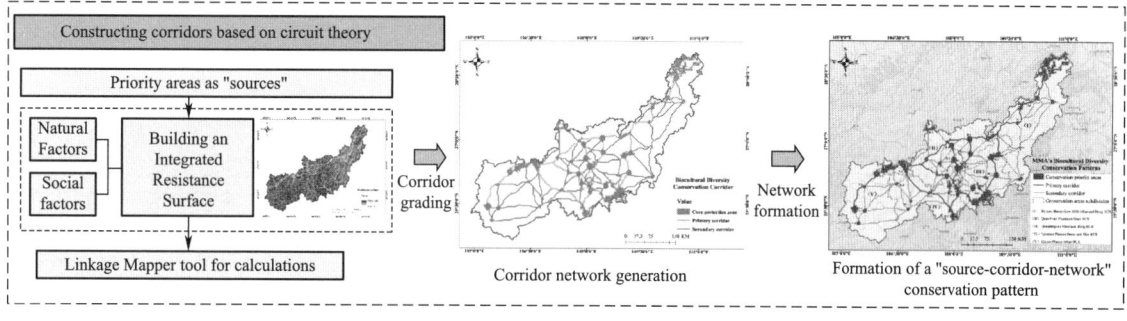

图 2 研究方法框架

展提供了重要的生态屏障。这些条件为文化多样性的留存提供了良好的基础。因此，本研究将喀斯特地貌的发育程度作为一个重要的考虑因子。其次，结合相关研究[7]和对喀斯特生境内的物种梳理，选取苗岭山区16目30科39属的珍稀物种以及8目9科11属的濒危物种（附表1），通过MaxEnt模型和ArcGIS软件模拟物种栖息地的分布范围。此外，生态系统服务主要来自于由生物多样性维持的生态系统和生态系统过程。选取碳封存、土壤保持、水源涵养和生境质量等生态系统服务因子，利用InVEST模型进行模拟，将这些作为生物多样性特征表征之一。在文化多样性分析方面，苗岭山区内有苗族、侗族、布依族等多个少数民族分布。针对多民族聚居的文化特色，选取民族人口、传统聚落和历史文物遗迹作为文化多样性的关键因子。同时，本土居民在对区域环境的适应过程中形成了丰富的非物质文化遗产，研究将其纳入作为文化多样性评价因子之一。此外，本土居民基于区域的水土资源形成了独特的农业文化景观，这些景观蕴含着重要的生物文化传统知识。因此，研究将农业文化遗产也作为一个重要的文化因子（表2）。

为了确保评价结果的准确性和可重叠性，根据各因子的特征，统一赋值量级为 1、3、5、7、9，代表不同的价值水平。同时，使用 GIS 工具构建了 1km×1km 的网格单元，并创建了反映生物多样性和文化多样性的空间分布地图。

生物文化多样性评价因子及过程　　　　表 2

类型	评价因子	评价过程
生物多样性评价指标	喀斯特岩性发育程度	通过 ArcGIS 根据喀斯特岩性发育程度等距分为 5 个等级
	濒危动植物多样性	根据《中国生物多样性红色名录》《世界自然保护联盟濒危物种红色名录》，筛选出濒危 EN、极危 CR 级别物种，并获取其坐标，通过 MaxEnt 模型和 ArcGIS 软件模拟物种的分布范围，通过自然断点法分别划分为 5 个等级
	珍稀动植物多样性	通过全球生物多样性信息网站（www.gbif.org）获取珍稀物种分布数据，通过 MaxEnt 模型和 ArcGIS 软件模拟物种的分布范围，通过自然断点法分别划分为 5 个等级
	生态系统服务：碳储存、土壤保持、生境质量、水源涵养	由 InVEST 3.11.0 模型模拟生成，通过自然断点法分别划分为 5 个等级
文化多样性评价指标	传统村落	基于传统村落、历史名村名镇的分布核密度值，通过自然断点法分为 5 个等级
	历史文物遗迹	基于文物保护遗迹的分布核密度值，通过自然断点法分为 5 个等级
	农业文化遗产	基于农业文化遗产的分布核密度值，利用自然断点法分为 5 个等级
	非物质文化遗产	基于非物质文化遗产的分布核密度值，利用自然断点法分为 5 个等级
	少数民族人口	基于第七次全国人口普查各县区非汉族人口占比值，等距分为 5 个等级

2. 生物文化多样性因子权重

采用层次分析法确定生物文化多样性因子的权重。本研究邀请了来自生物多样性和文化多样性领域的专业研究学者、苗岭山区保护区管理者以及当地土著居民等 12 位评分人员，共同参与对苗岭山区生物文化特征的判断和重要性评定。评分人员根据各因子在苗岭山区生态和文化系统中的贡献和影响程度，进行客观评分。随后，将所有评分数据输入 Yaahp 层次分析软件进行综合处理。通过一致性检验，确保评分的一致性和可信度。最终得出各评价因子的权重（表 3），以指导苗岭山区生物文化多样性保护的优先级和策略制定。

生物文化多样性因子权重　　　　表 3

类型	评价因子	权重
S1 生物多样性评价指标（0.67）	B1 喀斯特岩性发育程度	0.07
	B2 濒危动植物多样性	0.18
	B3 珍稀动植物多样性	0.2
	B4 生态系统服务：碳储存、土壤保持、生境质量、水源涵养	0.18
S2 文化多样性评价指标（0.33）	B5 传统村落	0.1
	B6 历史文物遗迹	0.05
	B7 农业文化遗产	0.03
	B8 非物质文化遗产	0.05
	B9 少数民族人口	0.1

3. 生物文化多样性耦合协调分析

为了进一步分析苗岭山区生物文化多样性因子空间分布的关联性，研究利用耦合协调模型量化苗岭山区生物多样性与文化多样性之间的相互作用关系。耦合协调模型是指两个或多个系统相互作用或相互影响的程度，该模型不仅反映了系统之间的耦合强度，还表明了它们之间的协调水平强度。公式如下：

$$C = 2\sqrt{\frac{f(a) \times f(b)}{[f(a)+f(b)]^2}}$$

$$T = \alpha f(a) + \beta f(b)$$

$$D = \sqrt{C \times T}$$

式中，C 为耦合度（$C \in [0,1]$），表示生物多样性与文化多样性相互作用强度的一致性；$f(a)$ 与 $f(b)$ 分别为生物多样性与文化多样性的指数值；T 为综合协调指数，反映两个子系统整体发展水平对协调度的贡献；α 和 β 为两个子系统的权重，代表生物多样性与文化多样性的相对重要性，根据 AHP 法打分得出两者权重，分别设定为 0.67 与 0.33；D 为耦合协调程度（$D \in [0,1]$），值越高代表耦合协调程度越高（表 4）。

耦合协调度分类　　　　表 4

程度	类型	级别
$D \in (0.8, 1.0]$	Senior coordinated	I
$D \in (0.6, 0.8]$	Moderately coordination	II

续表

程度	类型	级别
$D \in (0.4, 0.6]$	Basically coordination	III
$D \in (0.2, 0.4]$	Moderately incoordination	IV
$D \in [0, 0.2]$	Extreme incoordination	V

1.3.2 基于系统保护规划方法的保护优先区识别

研究采用系统保护规划方法（SCP）来识别优先保护区。这种方法通过结构化的步进式保护区网络设计，综合考虑区域内所有相关信息，以确保最终设计的保护区网络能全面反映区域的生物文化多样性特征。具体而言，研究选取 Zonation 模型作为系统保护规划的工具，其使用 SCP 理论中的互补效率原则[8]，能够确定多个空间特征要素之间近乎最佳权衡的区域，并为景观中所有单元提供保护优先级排名[9]。因此，具有较高优先级的区域涵盖了一系列特征的所有重要特征。主要操作过程如下。

首先，设置多种保护特征。将生物多样性和文化多样性的空间特征数据输入模型，输入前面确定的目标权重以反映生物多样性和文化多样性的相对重要性。接着，采用 CAZ2 边际损失规则算法来确定具有相对较高平均特征的优先级。此外，根据相关研究[7,10]，保护区网络总面积达到研究区域的 15% 左右，可以最优地提高区域保护效率，

因此，将前 15% 的区域划定为优先保护区，以确保苗岭山区生物文化多样性的有效保护和管理。

1.3.3 苗岭山区保护格局的构建

以优先区为源地，利用电路理论和 GIS 空间分析来构建生物文化多样性保护廊道网络。首先，建立综合阻力面。基于苗岭山区的自然环境和社会经济特征，参考相关文献[6,11]，筛选与生物文化密切相关的阻力因子，确定出构建阻力面的 7 个阻力因子（表 5），包括高程、坡度、水体缓冲、岩溶地貌类型、土地覆盖类型、距交通线路距离、距古驿道距离。采用自然断裂法将不同的阻力系数分为 4 类，分别对应 1、2、3 和 4 的阻力值。利用层次分析法对各阻力因子进行权重赋值，使用加权求和法计算出综合生物文化保护廊道阻力面。

其次，利用电路理论进行廊道模拟。借助 Linkage Mapper 的 Build Network and Map Linkages 工具，输入源地与成本阻力栅格数据识别出潜在廊道。随后，利用中心性测绘工具评估各种廊道的重要性，从而根据廊道的重要性得分将其分为一级和二级[12]。

最后，确定关键保护节点。在节点的确定上，依据"源地"内生物文化资源特点，将距离相近且生物文化资源特征相似的源地整合为关键节点，并明确保护节点的重点保护要素。最终，形成"源地—廊道—节点"多层次保护网络格局（图 3）。

生物文化廊道阻力值因子及其权重　　表 5

类型	阻力因子	权重	阻力值			
			1	2	3	4
自然环境	高程（km）	0.12	<0.6	0.6~1.2	1.2~1.8	>1.8
	坡度（°）	0.15	<7	7~15	15~25	>25
	水体缓冲区（km）	0.08	<0.2	0.4~0.6	0.6~0.8	>0.8
	岩溶地貌类型	0.08	坪坝地貌	峰丛地貌	峰林地貌	—
	土地覆盖类型	0.22	建设用地、其他用地	草地、林地	耕地	水域
社会经济环境	距交通线路距离（km）	0.20	<0.5	0.5~1	1~1.5	>1.5
	距古驿道距离（km）	0.15	<0.5	0.5~1	1~1.5	>1.5

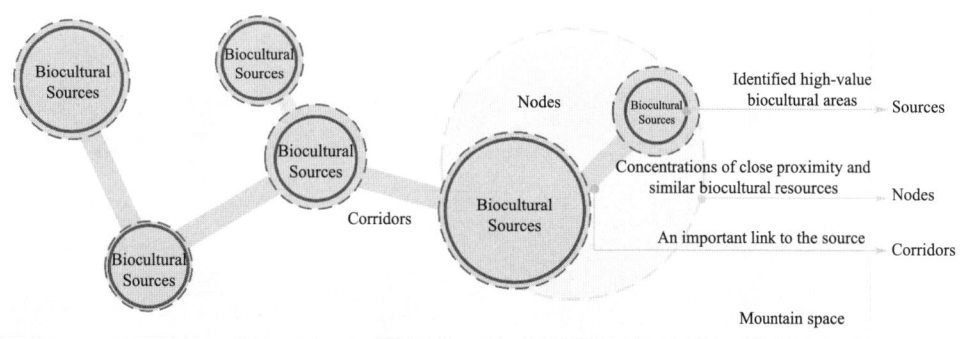

图 3 "源地—廊道—节点"多层次保护网络格局示意

2 结果

2.1 苗岭山区生物文化多样性因子空间分析

依据图4显示，4类生物多样性评价因子在苗岭山区东、中、西部都有一定的分布，因子之间的分布具有一定的关联性。喀斯特地区岩性发育强烈的地区主要集中在苗岭山区中部和西部北盘江流域。这些区域由于喀斯特地貌的强烈发育，地形条件复杂，为动植物的生存提供了相对完整的生境环境，同时也具有一定的岛屿效应，隔离了较多的外部环境干扰。在物种分布方面，大鲵、黔金丝猴、梵净山冷杉、秃杉等濒危物种栖息地多位于苗岭东部的丘陵地区以及西部高原地区，这些区域海拔较高、生境环境复杂，为物种的生存提供了重要条件。此外，区域珍稀物种也在苗岭中部与西南部也广泛分布。在生态系统服务方面，碳储存、土壤保持、生境质量、水源涵养等生态系统服务高价值区域主要位于黔南、黔东南以及怀化等区域的山区地带及沅江、清水江流域，这些区域森林覆被面积大，水分条件较为充足，具有良好的生态系统保护价值与潜力。

依据图5显示，5类文化多样性因子在空间上均呈现小片集中、整体分散的分布特点。其中，苗岭山区的传统聚落主要是苗、侗、布依族等少数民族村寨，主要选址分布在苗岭山间坪坝地区、峰丛及峰林地区，且在月亮山及雷公山腹地、乌江流域和北盘江流域的分水岭地带以及云贵高原向广西丘陵山地过渡的都柳江流域形成了主要的传统聚落分布区，村寨与自然山水环境融合形成良好的社会

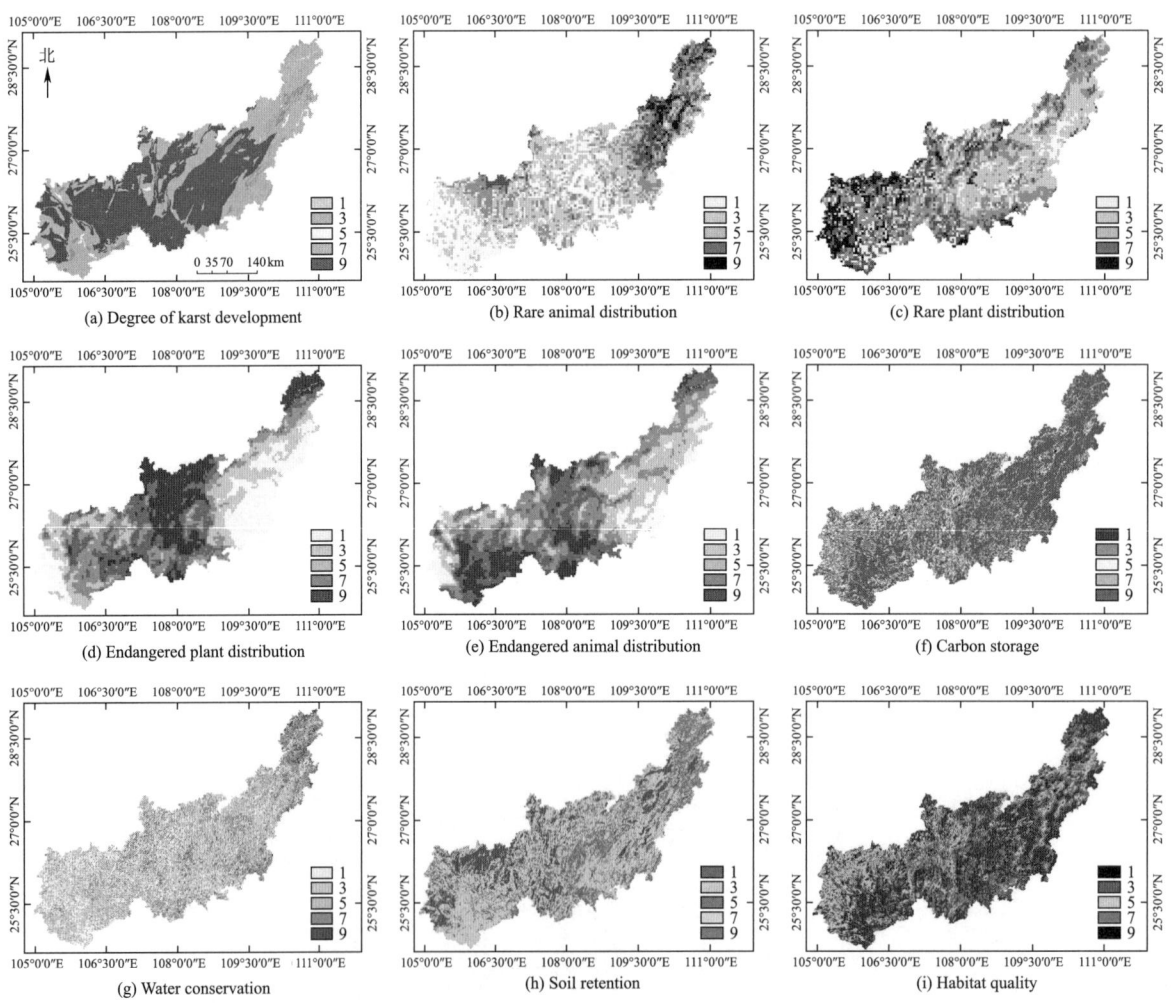

图4 生物多样性因子空间分布结果
（a）喀斯特岩性发育程度；（b）~（c）濒危动植物分布；（d）~（e）珍稀动植物多样性；（f）~（i）生态系统服务

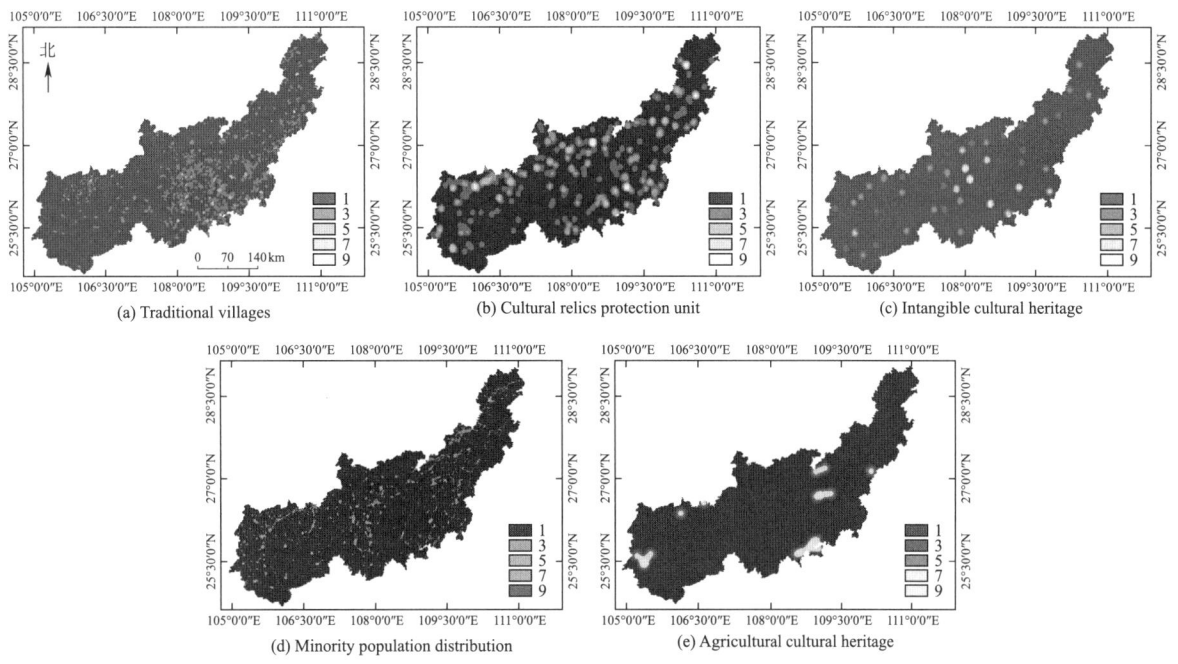

图 5 文化多样性因素空间分布结果
（a）传统聚落；（b）历史文物遗迹；（c）非物质文化遗产；（d）少数民族人口密度；（f）农业文化遗产

生态系统。受古代政治与军事需求、经济发展、行政管理以及地理条件的影响，物质与非物质文化遗产集中在镇远、安顺、黎平等古代城镇、历史驿道沿线等区域，并形成历史文化重点保护地区和文化生态保护区。对比前者，农业文化遗产则主要分布在喀斯特高山地区以及北盘江、清水江等小流域，对山水资源的依赖性更强，联系更为紧密，例如从江县的稻鸭田农业生态系统，顺应山地地形，对水土资源进行了合理利用。

基于生物多样性与文化多样性的空间分布结果，通过耦合协调模型分析喀斯特山区生物文化多样性空间分布的耦合协调度（图6）。结果可知，苗岭山区的平均耦合协调度为0.611，相关性处于Ⅰ、Ⅱ级别 $[D \in (0.6, 1.0]]$ 的有57.603%，表明苗岭山区生物多样性与文化多样性总体上存在协同关系，两者相互促进。在具体空间分布方面，生物文化多样性价值较高的区域基本集中在苗岭山区中部，特别是贵阳市花溪区、安顺市、黔南和黔东南地区，以高级协调和适度协调为主。而对于苗岭山区西部与东部，耦合协调度分布整体偏低，主要处于Ⅲ、Ⅳ级别 $[D \in (0.2, 0.6]]$，呈现适度的不协调与基本协调。这一结果表明，苗岭山区生物与文化多样性整体存在协调关系，但山区东部与西部仍然存在较多的不协调区域，迫切需要进一步采取措施，完善对苗岭山区生物文化多样性的协同保护。

2.2 苗岭山区生物文化多样性保护优先区识别

图7显示了基于Zonation模型整合的生物文化多样性保护优先区域分布情况。高值区、中值区和低值区面积分别为 2286.07km²、5328.54km² 和 6761.2km²，分别占15%、35%和50%。

生物文化多样性高值区（15%）呈现较大面积的点状分布，主要集中在苗岭山区重点小流域的传统民族聚居地、农林生态系统区域。整体分布在三大板块区域。一是贵州的黔东南地区，集中分布在雷公山及清水江流域，包括凯里市、雷山县、镇远县、从江县、黎平县，这些区域不仅是珍稀动植物的重点分布生境，还是苗侗民族文化集中地和梯田农业遗产分布地。其次，是苗岭西北部的贵阳花溪区、安顺市平坝区和西秀区，临近红枫湖流域，水利和林业资源遗产十分突出，拥有丰富的水土资源利用、植物保护利用经验。第三个区域是湖南沅陵县，是苗岭珍动植物分布的重点区域，境内的风景名胜古迹较多。该区域内生态与文化深度融合，是苗岭山区的优先保护区域。

此外，生物文化多样性中值区（35%）主要分布在主要山系和河流的周围，多为山地草甸、耕地景观。在这一地区，以人类耕种和灌溉为主要活动，自然与文化的互

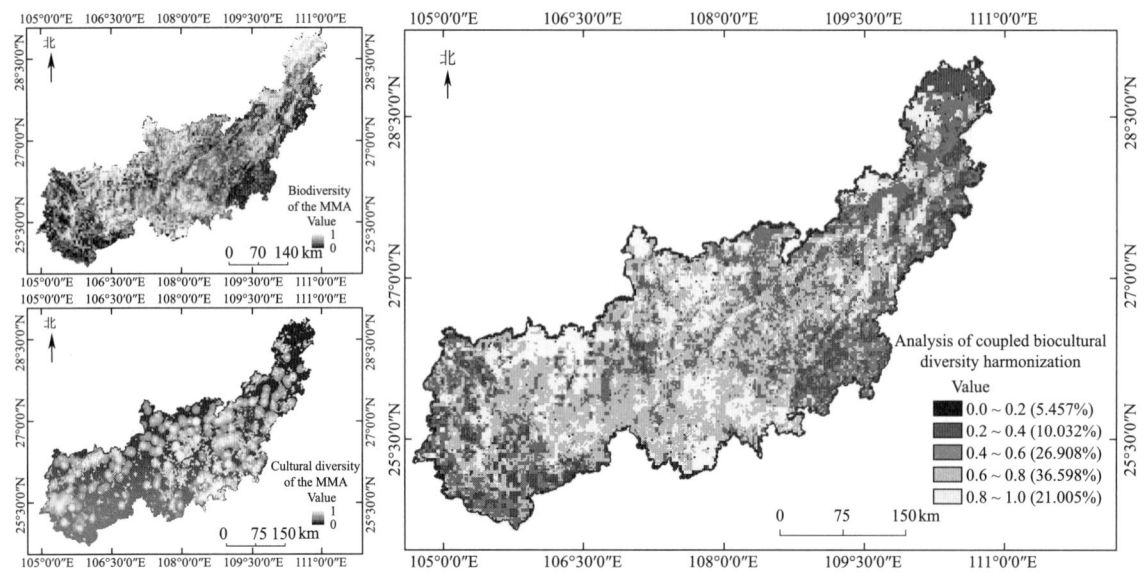

图6 苗岭山区生物多样性与文化多样性评价结果及耦合协调程度

动相对均匀。生物文化多样性低值区（50%）主要分布在苗岭山区黔南的贵定县、黔西南望谟县、罗甸县附近、怀化的溆浦县附近。这些区域处于地势条件复杂的峡谷区域，动植物生境条件艰难，生态系统十分脆弱。同时，其与文化中心隔绝，自然与文化之间的互动很少。

整体而言，识别的优先保护区域较好地覆盖了苗岭山区重点民族聚居地、农林生态系统区域。但是，由于喀斯特山区地形的破碎化与复杂性，优先保护区分布较为零散，需要进一步构建保护廊道以增强生物文化资源的整体性保护。

2.3 苗岭山区生物文化多样性保护格局构建

基于以上结果，从点线面的角度出发构建苗岭山区生物文化多样性保护网络格局，形成"源地—廊道—节点"多层次网络系统（图8），以提升生物文化保护的连通性与稳定性。通过以先前识别的保护优先区为源地，利用电路理论识别出一级廊道29条，长1013.46km；二级廊道共76条，长3703.25km；此外，依据关键生物文化要素明确重点保护节点30个，并进行分区编号（附表2）。由图7可知，构建的廊道网络较好地连接了苗岭山区的优先保护区域，总体呈现多中心向外发散的封闭网络状。苗岭山区中部廊道分布密集，整体网络连接度较好；东部和西部地区节点较为分散，廊道等级整体偏低且密度较低，其复杂的地形地貌一定程度上限制了部分廊道的延展。

3 讨论

3.1 生物文化多样性系统评估框架的合理性

中国西南喀斯特地区由于区域地形复杂而形成了相对封闭的环境，其生物多样性与文化多样性存在紧密的耦合关系。因此，构建喀斯特地区生物文化多样性保护格局并制定系统化的管理策略，对喀斯特地区生物文化多样性的保护和管理尤为重要。本研究综合Zonation模型和电路理论，从点线面的角度出发构建苗岭山区生物文化多样性保护网络格局，形成"源地—廊道—节点"多层次网络系统，推进了基于生物文化多样性评估的山地社会生态系统保护格局研究范式。

本研究的框架中，在Step1的生物文化多样性因子选取中综合选取了喀斯特地貌因子、珍稀及濒危物种、生态系统服务等多个因子来表征喀斯特山区的生物多样性分布特点，充分考虑了喀斯特山地多元化的生态环境系统及丰富的物种资源。因子权重的确定广泛考虑了研究学者、政府管理者以及当地土著居民等广泛的群体。与前人的研究[5]相比，本研究在指标选取上更加具有区域环境特征上的针对性和系统性，使得研究结果能有更强的实践意义。在Step2的保护优先区识别中，苗岭地区生物文化保护优先区域较好地覆盖了苗岭山区重点民族聚居地、农林

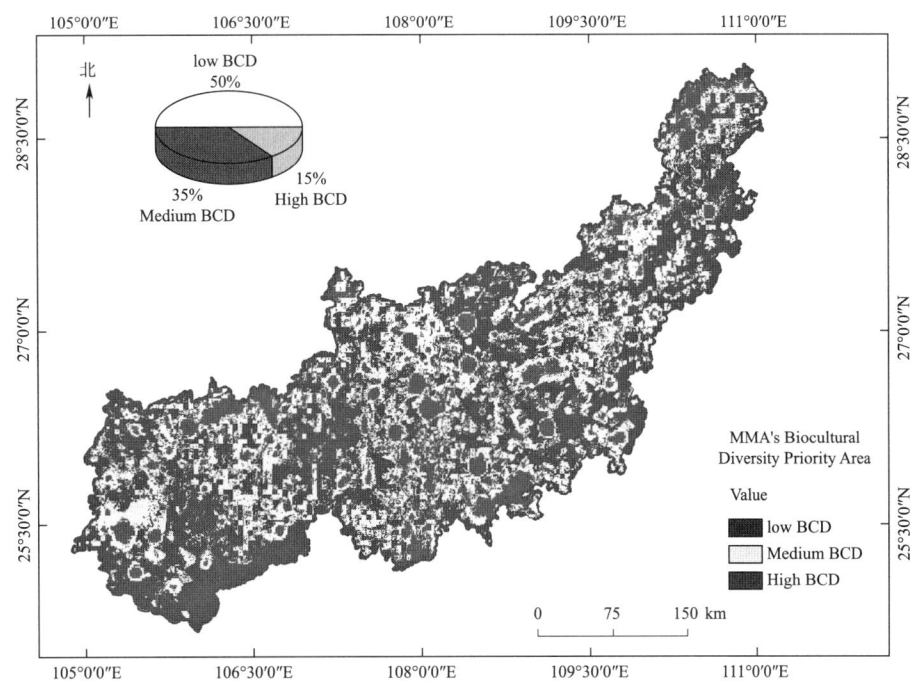

图7　苗岭山区生物文化多样性保护优先区识别结果
（注：结果分为高、中、低 三个等级。高值区是核心保护区域（core protection area，CPA），是生物文化多样性最关键的保护区域）

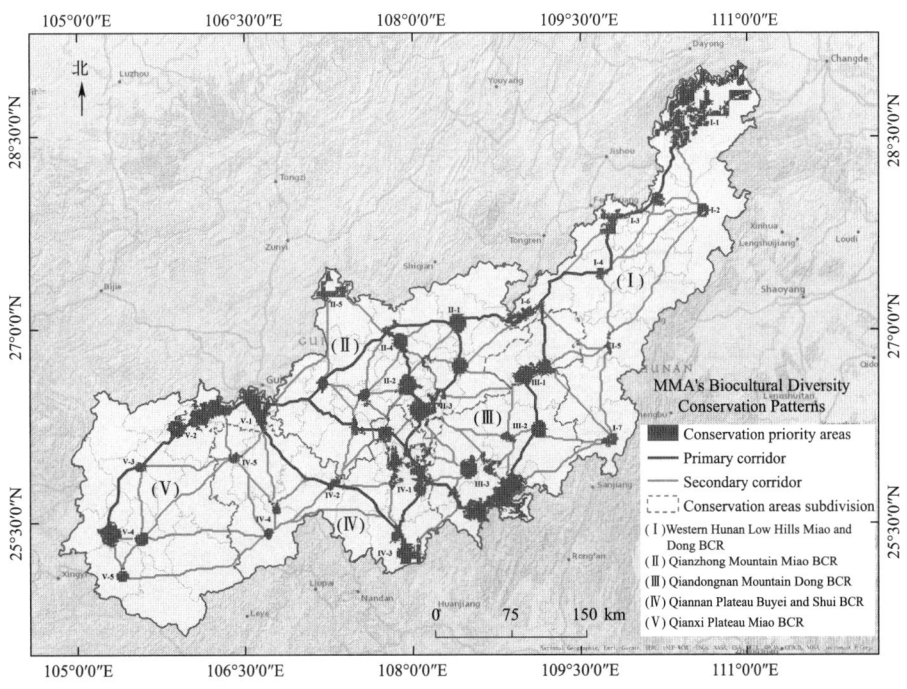

图8　苗岭山区生物文化多样性保护格局

生态系统区域，这与 Zhao 等（2024）对泰山保护优先区的分析[5] 和 Song 等（2024）对保护地的研究得到的结果[13] 相同，证明了生物文化资源的耦合分布特征。与以上两项研究相比，本研究采用了 Zonation5 系统保护工具，将生物文化因子作为整体进行统一识别，避免了通过叠加分析确定生物文化优先保护区的粗略性，提高了生物文化多样性保护区识别的科学客观性。从模型性能来说，Zonation模型适用于较大研究范畴的由多种景观构成的复合生态系统，其能够处理大量的空间数据，并考虑到不同因素的权重，有效识别出生物文化多样性的优先保护区。得出的保护优先区是生物多样性和文化多样性最为丰富及独特的区域，其能为区域生物维护和文化传承起到核心作用。

与此同时，本研究发现，仅仅识别出生物文化多样性的保护优先区，往往忽视了对保护区域之间连接性的考虑。特别是对于生态脆弱的喀斯特山区，其地形破碎，系统的抗干扰能力较弱、环境异质性高，会进一步加强保护节点碎片化与孤立化的趋势，从而对区域整体保护结构的系统性、整体性与连通性产生不利影响。因此，本研究考虑了进一步构建潜在廊道，以连接不同的源地，形成连续的文化生态网络，强化源地之间的文化生态迁移和交流。电路理论可以找到最有效的路径和区域来建立廊道，增强不同保护优先区域之间的连通性，防止孤岛效应，提高整个区域的保护效力。同时，电路理论能够灵活处理复杂的地理和生态数据，这使得电路理论在karst地形中依然有效。然后，通过进一步识别区域内关键节点，形成"源地—廊道—节点"多层次网络系统，这对于对喀斯特地区生物文化多样性的保护和管理尤为重要。

综上，本研究从点线面的角度出发构建苗岭山区生物文化多样性保护网络格局，形成"源地—廊道—节点"多层次网络系统，不仅能够有效保护生物和文化多样性，还能为区域的可持续发展提供重要保障。

3.2 基于保护格局的苗岭山区发展规划及管理策略

全球化背景下，各国高度注重生物多样性与文化多样性相互依存对可持续发展的价值[1,14]。中国生物多样性保护战略与行动计划中也进一步强调了对传统知识和文化遗产的保护和传承[5]。因此，基于生物与文化多样性的苗岭山区景观规划和管理需要考虑环境、原住民生计与社会系统在相互作用过程中的整体性[15]。在整体区域规划格局上，苗岭山区生物文化多样性保护区划可概括为"一核两轴五区多点"。一核是苗岭山区生物文化分布最密集的主峰雷公山区域，联动山区多个次核心地点。两个轴线中，从东至西的横轴是依托苗岭走廊的民族文化生态保护发展轴；纵轴是依托都柳江的驿路生物文化保护发展轴。此外，依据地理环境和民族文化差异形成5个重点生物文化保护区，区域内分别包含苗、侗、布依族、水族等多民族传统知识与文化以及独特的动植物资源（图9）。

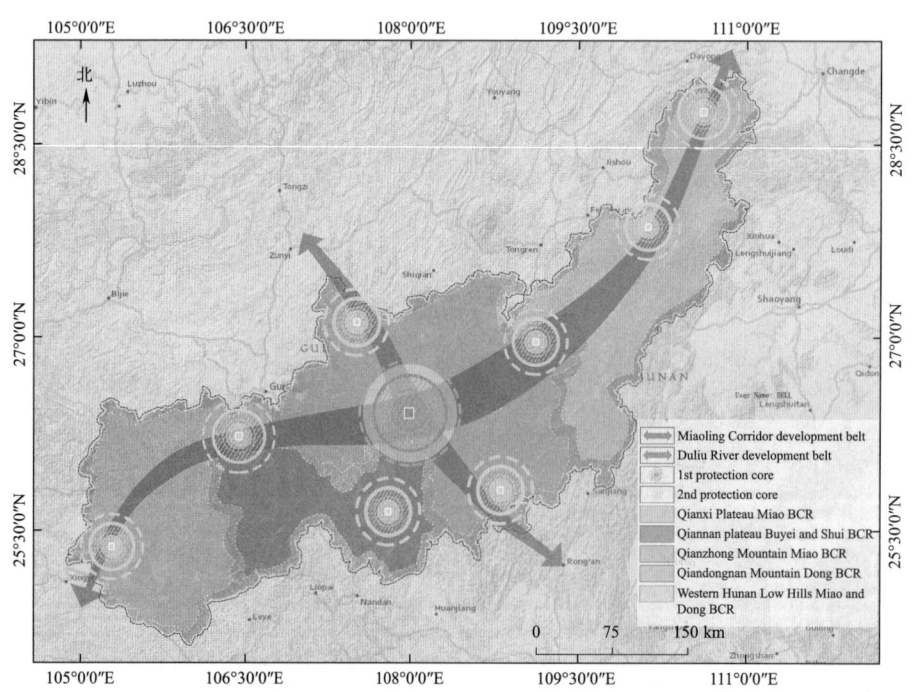

图9 苗岭山区"一核一环、两轴五区"保护区划

对于苗岭山区的优先保护区域，即生物和文化多样性都高度集中的区域，考虑到喀斯特生态环境的脆弱性，应优先强化生态系统服务和珍稀物种的保护。在维护生物文化多样性良性循环的前提下，支持土著居民在不破坏自然环境的条件下从事可持续的农业生态实践和民族文化活动，以促进当地传统知识和文化的传承，探索其在生物多样性保护、气候变化适应和乡村振兴中的应用价值。此外，对于区域生物文化多样性具有较大干扰的建设活动，应考虑迁移或在其周围建立足够距离的缓冲区以隔离影响。同时，在优先保护区域周边，可以依托山区优质的苗侗民族文化资源和喀斯特生态风光，适度开展文化生态旅游、研学活动，以及进行民族生态文化村和生态博物馆建设等，这不仅有助于传承和利用"苗岭走廊"的生态文化资源，还能为贵州、湖南等地区增加经济产值，实现当地社区生态、文化和经济的可持续发展。

在线性廊道的管理方面，一级保护廊道作为连接优先保护区的主要通道，应保证高度连通性，确保廊道不被人为分割，主要用于重要生物文化节点区域的文化生态要素流动和活动连接。同时，鼓励廊道进行综合利用，依托原有驿路、水路形成重要文化生态科考线路；但要严格控制人类活动强度，避免破坏沿路生态和文化资源。二级保护廊道主要用于支持一级廊道的功能，应积极促进线路生态环境改善，加强廊道内的文化生态资源关联，形成文化生态旅游线路。此外，建议政府和相关机构提供政策支持和资金投入，鼓励社区参与，保障保护规划和措施的实施，共同推动苗岭山区的生态保护和可持续发展。

3.3 不确定性和局限性

本研究通过系统的方法和具体案例，提出了一套科学的生物文化多样性保护框架和策略，为苗岭山区的保护工作提供了重要参考，也为其他类似区域的保护研究提供了借鉴。研究也存在以下不确定性和局限性：①BCD评估因子数据获取的限制和权重的不确定性。由于数据资源获取的限制，所选取的生物文化因子数量相对较少，未能全面覆盖所有相关的影响因素，这可能限制了评估体系的完整性和深度。同时，生物文化多样性因子权重主要依赖于专家的经验和判断，尽管通过多轮咨询和修正以提高权值的合理性，但专家意见的多样性和个人判断的主观性仍可能导致权值分配的不确定性。②保护优先区阈值设定的不确定性。在划分优先区时，本研究采用了前15%的作为阈值标准。这一阈值的设定是多次模拟筛选后的最终结果，具有一定的主观选择性，不同的阈值选择可能会导致优先区的划分结果出现差异。③保护廊道构建的不确定性。在构建保护廊道时，由于受到喀斯特地区地形条件和数据精度的限制，廊道阻力因子的选取和阻力值的确定存在一定的不确定性。在未来的研究中，我们将运用更加精确的数据、主客观相结合的权值确定方法、更权威的阈值设定策略，进一步优化保护优先区识别和廊道构建的方法，以提高研究的准确性和普适性。

4 结语

本研究通过对中国西南喀斯特山区苗岭地区的生物文化多样性进行评估，提出了一种耦合生物多样性和文化多样性的保护策略，并构建了优先保护区域及其廊道网络。研究结果显示，苗岭山区的生物文化多样性平均耦合协调度为0.611，表明该区域的生物和文化资源在大多数地区处于协调状态。识别出的前15%高生物文化多样性区域，总面积达2286.76km^2，进一步证明了这些区域具有高保护价值。通过构建包含29条一级廊道、76条二级廊道及30个节点的系统保护网络，本研究展示了整合生物多样性和文化多样性因素在强化喀斯特山区生态文化保护中的有效性。该网络不仅有助于连通高价值区域，增强生态系统的稳定性和恢复力，还能保护和传承当地的文化遗产，提升社区居民的生活质量。本研究的结论强调了基于生物文化多样性评估构建保护格局的必要性和可行性，为喀斯特山区及类似地区的综合保护提供了科学依据和实际指导。未来的研究应关注动态变化的环境和社会因素，以持续优化保护策略，推动喀斯特山地社会生态系统的可持续发展。

参考文献

[1] Agnoletti M. Rural landscape, nature conservation and culture: Some notes on research trends and management approaches from a (southern) European perspective [J]. Landscape and Urban Planning, 2014, 126: 66-73.

[2] Milanovic P. Water resources & environmental problems in karst-Cvijic Karst 2005-Serbia and Montenegro, September 14-19, 2005 [J]. Episodes, 2006, 29: 59-60.

[3] Qi S Z, Zhang X X. Urbanization induced environmental hazards from breakage hills in the karst geological region of Jinan City, China[J]. Natural Hazards, 2011, 56: 571-574.

[4] Tan K, Zhao X Q, Pu J W, et al. Zoning regulation and development model for water and land resources in the Karst Mountainous

[5] Zhao Y, Zhao Y J, Liu X Y, et al. Enhancing conservation and management of mountain area through a biocultural diversity evaluation approach: A case study of Taishan Mountain Area, China [J]. J Clean Prod, 2024, 449.

[6] Wang T W, Huang Y C, Cheng J H, et al. Construction and optimization of watershed-scale ecological network based on complex network method: A case study of Erhai Lake Basin in China[J]. Ecological Indicators, 2024, 160.

[7] Zhang Y B, Wang Y Z, Phillips N, et al. Integrated maps of biodiversity in the Qinling Mountains of China for expanding protected areas[J]. Biological Conservation, 2017, 210: 64-71.

[8] Moilanen A, Lehtinen P, Kohonen I. et al. Novel methods for spatial prioritization with applications in conservation, land use planning and ecological impact avoidance [J]. Methods in Ecology and Evolution, 2022, 13: 1062-1072.

[9] Virtanen E A, Lappalainen J, Nurmi M, et al. Balancing profitability of energy production, societal impacts and biodiversity in offshore wind farm design[J]. Renewable & Sustainable Energy Reviews, 2022, 158.

[10] Yao L J, Yue B R, Pan W T, et al. A framework for identifying multiscenario priorities based on SCP theory to promote the implementation of municipal territorial ecological conservation planning policy in China[J]. Ecological Indicators, 2023, 155.

[11] Kim J, Song Y. Integrating ecosystem services and ecological connectivity to prioritize spatial conservation on Jeju Island, South Korea[J]. Landscape and Urban Planning, 2023, 239.

[12] Yang H H, Xu W Z, Chen Z Y, et al. Ecological network construction for bird communities in high-density urban areas: A perspective of integrated approaches [J]. Ecological Indicators, 2024, 158.

[13] Song X F, Wu Y T, Chen S Y, et al. A framework for functional zoning of national parks based on biocultural diversity assessment [J]. Global Ecology and Conservation, 2024, 51.

[14] Arnaiz-Schmitz C, Herrero-Jáuregui C, Schmitz M F. Losing a heritage hedgerow landscape. Biocultural diversity conservation in a changing social-ecological Mediterranean system[J]. Sci Total Environ, 2018, 637: 374-384.

[15] Lukawiecki J, Wall J, Young R, et al. Operationalizing the biocultural perspective in conservation practice: A systematic review of the literature [J]. Environmental Science & Policy, 2022, 136: 369-376.

作者简介

李小琦，1997年生，女，华中农业大学园艺林学学院博士研究生在读。研究方向：乡村文化景观遗产保护。电子邮箱：1395699528@qq.com。

附表1 苗岭山区选定的濒危物种信息

序号	濒危物种	目	科	属	Endangered level
1	大鲵 *Andrias davidianus*	有尾目 (Caudata)	大鲵科 (Cryptobranchidae)	大鲵属 (*Andrias*)	极危 (CR)
2	黔金丝猴 *Rhinopithecus brelichi*	灵长目 (Primates)	猴科 (Cercopithecidae)	仰鼻猴属 (*Rhinopithecus*)	濒危 (EN)
3	白头叶猴 *Trachypithecus francoisi*	灵长目 (Primates)	猴科 (Cercopithecidae)	乌叶猴属 (*Trachypithecus*)	濒危 (EN)
4	四川髭蟾 *Vibrissaphora boringii*	无尾目 (Anura)	角蟾科 (Megophryidae)	髭蟾属 (*Vibrissaphora*)	濒危 (EN)
5	宽阔水小鲵 *Pseudohynobius kuankuoshuiensis*	有尾目 (Caudata)	小鲵科 (Hynobiidae)	假小鲵属 (*Pseudohynobius*)	极危 (CR)
6	梵净山冷杉 *Abies fanjingshanensis*	松杉目 (Pinales)	松科 (Pinaceae)	冷杉属 (*Abies*)	极危 (CR)
7	贵州山核桃 *Carya kweichowensis*	胡桃目 (Juglandales)	胡桃科 (Juglandaceae)	山核桃属 (*Carya*)	濒危 (EN)
8	秃杉 *Handeliodendron bodinieri*	无患子目 (Sapindales)	无患子科 (Sapindaceae)	秃杉属 (*Handeliodendron*)	濒危 (EN)
9	岩生红豆 *Ormosia saxatilis*	豆目 (Fabales)	豆科 (Fabaceae)	红豆树属 (*Ormosia*)	濒危 (EN)
10	银杉 *Cathaya argyrophylla*	松杉目 (Pinales)	松科 (Pinaceae)	银杉属 (*Cathaya*)	濒危 (EN)
11	多脉木莲 *Altingia multinervis*	虎耳草目 (Saxifragales)	金缕梅科 (Altingiaceae)	木莲属 (*Altingia*)	极危 (CR)

苗岭山区保护节点信息

附表 2

分区	编号	保护节点	保护面积（km²）	关键保护对象
I	I-1	湖南五强溪生物文化保护区	2338.79	生物：中华秋沙鸭、虎纹蛙、银杏、南方红豆杉等珍稀物种；五强溪湿地景观资源。 文化：莲花池村古建筑群、二酉藏书洞、龙兴寺、辰州三塔等文物保护单位
	I-2	湖南雷锋山生物文化保护区	130.46	生物：多样化的岩溶地貌景观。 文化：红军长征文化；湘西雪峰山会战旧址、龙泉山舍利塔群等文物保护单位；辰河高腔、茶山号子等非遗项目
	I-3	辰水生物文化保护区	563.03	生物：喀斯特的水源涵养功能、松雀鹰、白颈长尾雉、南方红豆杉、银杏等珍稀物种。 文化：以岩口山村为代表的古苗寨；非遗傩阳花灯戏、目连戏、花瑶挑花
	I-4	湖南芷江侗族生物文化保护区	95.76	生物：南方红豆杉、鹅掌楸等大面积的森林资源；林麝、云豹、穿山甲等珍稀物种。 文化：侗族文化；以黄甲侗寨为代表的历史侗寨；芷江文庙、天后宫等文保单位；湘黔古道
	I-5	湖南鹰嘴界生物文化保护区	83.92	生物：红豆杉、伯乐树、云豹、白鹳等珍稀物种；低海拔森林生态系统。 文化：粟裕故居
	I-6	新晃侗族生物文化保护区	345.03	生物：岩溶地貌资源；山地的固碳功能与生境质量；南方红豆杉、银杏等珍稀物种。 文化：侗族文化、湖南新晃侗藏红米种植系统；非遗傩戏
	I-7	通道侗族生物文化保护区	143.13	生物：华南虎、云豹、珙桐、桫椤等珍稀物种。 文化：侗族文化；以芋头侗寨为代表的古寨群；侗族芦笙、大歌、琵琶歌、侗锦织造等非遗项目；坪溪寨门、普修桥、陈团寨门等文物保护单位
II	II-1	镇远水乡生物文化多样性保护区	256.05	生物：南方红豆杉、银杏等珍稀物种。 文化：镇远古城、青龙洞；镇远石屏山古建筑群；吴王洞摩崖等文物保护单位；镇远赛龙舟、报京侗寨"三月三"等非遗文化活动；潕阳河古驿道文化；镇远红色文化遗址
	II-2	清水江生物文化保护区	994.14	生物：中华秋沙鸭、蟒蛇、红豆杉、大青猴等珍稀物种；混农林生态体系；水源涵养林。 文化：清水江木商贸易文化；苗族文化（苗族长衫龙舞蹈等非遗）；侗族文化；布依族文化（盘江镇音寨村、布依族六月六歌会）；河坝、岩鸯、乌羊寨等民族村寨；黔贵驿道
	II-3	雷公山生物文化多样性保护区	615.13	生物：秃杉、钟萼木、大鲵、黑熊等珍稀物种；亚热带山地森林生态；山地森林的水源涵养功能。 文化：芦笙舞、锦织技艺、铜鼓舞、银饰锻制、苗年等苗族文化；西江千户等苗寨、郎德上寨古建筑群等文物保护单位；黔桂古驿道、苗疆廊道等古代文化线路
	II-4	施秉生物文化保护区	331.99	生物：硬叶兜兰、岩生鹅耳枥、云豹、林麝等各类珍稀物种；白云岩喀斯特地貌景观。 文化：旧州古建筑群等文物保护单位；上塘古驿道、奢香古驿道、普安路等文化线路；红色文化遗址
	II-5	江界河生物文化保护区	344.12	生物：亚热带阔叶次生森林；斑羚、大鲵、林麝、红豆杉、楠竹、香果树等珍稀物种。 文化：瓮安江界河红军抢渡乌江遗址、瓮安桐梓坡农会和游击队驻地旧址等红色文化遗址
III	III-1	锦屏生物文化保护区	571.05	生物：南方红豆杉、闽楠、三尖杉等珍稀物种。 文化：贵州锦屏杉木传统种植与管理系统；侗族文化；非遗侗族刺绣；清水江木商贸易文化；锦屏文斗村姑建筑群、锦屏飞山庙、邦寨村古商道、龙云故居、龙大道故居等文物保护单位
	III-2	黎平生物文化保护区	322.49	生物：乐东拟单性木兰、花榈木等珍稀物种；野生鸟类迁徙、繁衍生息的"生态洼地"。 文化：侗族文化；黎平流芳村古建筑群、黎平地坪风雨桥、登岑粮仓群等文保单位；红色文化遗址；等
	III-3	从江梯田生物文化保护区	1871.29	生物：异形玉叶金花、穿山甲、白颈长尾雉等珍稀物种；常绿阔叶林、水源涵养林。 文化：苗族文化；侗族文化；红色文化；贵州从江侗乡稻鱼鸭系统；从江加榜梯田；增冲侗寨、岜沙苗寨等少数民族村寨；都柳江水路
IV	IV-1	三都水族生物文化保护区	1251.32	生物：南方红豆杉、伯乐树、香樟、云豹、林麝等珍稀物种。 文化：水族文化；红色文化遗址；三都怎雷村古建筑群、羊福崖墓、三都都江厅城墙等文保单位；青岩古道、都柳江水路等文化线路；牙舟陶器烧制技艺、花灯戏毛南族打猴鼓舞等非遗项目
	IV-2	六硐河生物文化保护区	129.96	生物：喀斯特地貌及溶洞群；大鲵、中华秋沙鸭、穿山甲、麻栎等珍稀物种。 文化：布依族文化
	IV-3	荔波茂兰生物文化保护区	549.25	生物：亚热带喀斯特原生森林生态系统；单性木兰、掌叶木、云豹、白颈长尾雉等珍稀物种。 文化：布依族、苗族、水族等少数民族村寨；红色文化遗址；环江黔桂古道、邓恩铭故居等文物保护单位
	IV-4	蒙江坝王河生物文化保护区	162.66	生物：岩溶地貌的水源涵养能力；红腹锦鸡、猕猴、穿山甲、桫椤、银杏等珍稀物种。 文化：麻翁古围墙；水族剪纸、水书习俗等非遗；拉来寨墓葬
	IV-5	长顺生物文化保护区	97.02	生物：喀斯特峰丛山谷地貌；喀斯特森林生态系统。 文化：长顺青山黄氏节孝坊；来远写字崖；来远神仙洞遗址等文物保护单位

续表

分区	编号	保护节点	保护面积（km²）	关键保护对象
V	V-1	花溪生物文化保护区	579.04	生物：银杏、伯乐树、大鲵、穿山甲等珍稀物种；古茶树种群；岩溶地貌。 文化：贵州花溪古茶树与茶文化系统；黑泥哨古道、青岩古道、茶马古道等文化线路；"是春谷"摩崖、惠水仙人桥洞葬、引朗古板墓等文物保护单位
	V-2	安顺生物文化多样性保护区	1005.61	生物：多样的喀斯特地貌；喀斯特亚热带常绿阔叶林、虎纹蛙、穿山甲、红豆树等珍稀物种。 文化：苗族文化、屯堡文化、布依文化；贵州安顺屯堡农业系统；天台山伍龙寺、安顺文庙、鲍家屯水利工程等文物保护单位；苗族服饰、屯堡抬亭子、安顺地戏、蜡染技艺、苗族跳花节等非遗项目
	V-3	黄果树生物文化保护区	90.15	生物：喀斯特地貌的侵蚀裂典型瀑布群；猕猴、穿山甲、珙桐、银杏等珍稀物种；常绿阔叶混交林资源。 文化：苗族文化（芦笙舞、服饰等）；关索岭、顶营司城垣等文保单位
	V-4	洛帆河生物文化保护区	515.37	生物：辐花巨苔、十萼花等珍稀物种；喀斯特亚热带常绿阔叶林、天然杜鹃林以及水源涵养森林生态系统。 文化：贵州兴仁薏仁米栽培系统；布依族文化；布依铜鼓十二调、小屯古法造纸等非遗；以岩鱼布依古寨为代表的布依族村寨
	V-5	安龙生物文化保护区	110.91	生物：白鹇、红腹锦鸡、贵州苏铁、红豆杉等珍稀物种。 文化：红色文化与红军旧址；安龙"明十八先生"墓

闽台两岸乡村景观设计比较与分析研究①
Comparison and Analysis of Rural Landscape Design between Fujian and Taiwan

刘 静* 申歆童 周旭丹

摘 要：本研究通过对比研究闽台两岸乡村景观设计的现状、特点与差异，闽台两地虽地理位置相近，但受历史文化、社会制度及经济发展水平的影响，乡村景观设计呈现出各自独特的风格与特征。本研究重点比较了两岸乡村景观设计的差异，从设计理念上看，福建乡村景观设计更加注重历史文化的传承与保护，强调景观的本土化与特色化；而台湾地区的乡村景观设计则更加注重创意与实用性的结合，通过艺术化的手法提升乡村景观的附加值。从设计手法上看，福建乡村景观设计多采用传统与现代相结合的手法，注重材料的就地取材与生态环保；而台湾地区的乡村景观设计则更加注重细节的处理与空间的营造，通过精致的设计提升乡村的整体品质。进而探讨两岸在乡村景观设计领域进行融合发展的新路径，有助于增进两岸文化认同与情感交流、推动乡村振兴与经济发展以及促进生态宜居与可持续发展等。

关键词：乡村景观；对比分析；设计实践；景观要素；融合发展

Abstract: This article conducts a comparative study on the current status, characteristics, and differences in rural landscapedesign across the Taiwan Strait. Despite their geographical proximity, the rural landscape designs in Fujian and Taiwan exhibit unique styles and features influenced by historical culture, social systems, and levels of economic development. The article focuses on comparing the differences in rural landscape design between the two regions. From the perspective of design philosophy, Fujian's rural landscape design places greater emphasis on the inheritance and protection of historical culture, emphasizing the localization and specialization of landscapes. Taiwan's rural landscape design, on the other hand, focuses more on the integration of creativity and practicality, enhancing the added value of rural landscapes through artistic techniques. In terms of design methods, Fujian's rural landscape design often adopts a combination of traditional and modern techniques, emphasizing the use of local materials and ecological environmental protection. Taiwan's rural landscape design, on the other hand, places greater emphasis on detail processing and space creation, enhancing the overall quality of rural areas through exquisite design. Furthermore, exploring new paths for the integrated development of rural landscape design across the Taiwan Strait can contribute to enhancing cultural identity and emotional exchanges between the two regions, promoting rural revitalization and economic development, and promoting ecological livability and sustainable development.

Keywords: Rural Landscape; Comparative Analysis; Design Practice; Landscape Elements; Integrated Development

---

① 基金项目：福建省社科规划项目——专项项目"现代治理视域下的福建传统村落保护与发展路径研究"（编号 FJ2022BF078）。

引言

在乡村振兴战略的推动下，乡村地区作为人类生产、生活和自然环境的交汇处，其重要性日益凸显。乡村景观设计作为乡村建设的重要组成部分，不仅关乎乡村面貌的改善与提升，更直接影响到乡村居民的生活品质与乡村经济的可持续发展。福建省与中国台湾地区，作为中华文化的重要组成部分，在地理、历史、文化等方面均有着紧密的联系。在乡村景观设计领域，两地却展现出了各自独特的发展路径与风格。福建省以其丰富的自然资源和深厚的文化底蕴为基础，近年来在乡村景观设计中不断探索创新，力求在保护乡村生态环境的同时，提升乡村景观的美观度与实用性。而台湾地区则凭借其先进的休闲农业与乡村旅游发展经验，将乡村景观设计融入整体产业体系中，形成了独具特色的乡村景观风貌。

1 福建省乡村景观设计代表性案例解读

1.1 闽东——宁德市南岩村

南岩村位于福建省宁德福安市，古建筑保留完好，这些连成片的古民居被誉为"闽东明清博物馆"，乡村景观设计中以保留传统风貌为主。景观中主要包含建筑、道路、水体、田园林地等景观要素。整体风貌的营造以留住古建筑、保留乡村历史、融合地形、还原历史面貌、展现特色元素为主要方式；水体景观结合自然与人工，突出地性；田园林地景观重在观赏，生态原始性明显。南岩村既以还原古村落风貌为主，又保留了乡村独有特色，营造了村民心目中的美好乡村景观，其建筑景观极具特色，对乡村建筑景观的设计具有重要的影响（表1、图1）。

南岩村乡村景观实践内容　　　　表1

景观类型	借鉴内容
建筑景观	建筑保留传统风貌、主体特征明显、与环境协调统一
道路景观	还原官道、特色铺装、结合地形、景观层次分明
水体景观	自然人工相结合、在地性突出
田园景观	结合地形、层次分明
林地景观	原始生态、乡土元素、突出自然

1.2 闽西——龙岩市培田村

培田村位于福建省龙岩市连城县，目前仍保留着完整的明清建筑群，形态优美，砖木与土楼结构居多，是中国传统古村落（图2）。浓厚的客家文化吸引众多观赏者，客家文化也成为培田村的地域文化，这种文化也体现在古村的建筑上。

培田村以独特的客家文化以及古村落为主要设计来源，保留传统建筑，结合地形设计乡村道路，路面卵石铺筑，展现乡土文化；水体既考虑到休憩、观赏又考虑到村民的用水需求；设施景观材料来源于乡村，景观效果出自村民之手，无形中增强了村民对景观爱惜与维护的自觉性，推广村落手工艺文化，打造中国传统古村落（表2）。

培田村乡村景观主要实践内容　　　　表2

景观类型	借鉴内容
建筑景观	土楼砖木结构、客家文化元素、色调偏灰、手工雕刻窗花等
道路景观	开合有序、卵石铺筑、鱼骨结构、纹路多样
水体景观	由内向外、视线变化、结合风水、植物搭配
设施景观	乡土材料
田园景观	原始生态、观赏为主、体验为辅

1.3 闽南——厦门市芸溪村

芸溪村位于厦门市的西北，后溪镇北部，北有坂头水库，西紧邻第二农场。依托国道、县道以及厦门大桥等交通线路，对外交通方便，易于到达。周边拥有丰富的旅游资源，如宋代芸溪桥、观音寺、坂头水库、真德殿等。其中，芸溪桥是厦门古桥之一，年代久远，不断吸引游客前来观赏。芸溪村现状建筑保留着闽南沿海地区风格，建筑大多集中在北部片区沿村庄内部道路的两侧，有很高的美学价值。芸溪村建筑景观以闽南传统古厝为主，暖色元素突出，并与现代建筑相结合；道路景观种类多样，打造符合芸溪村实际情况的慢行系统，展现浓厚历史氛围；水体景观以观赏为主，自然水景生态化、人工水景整齐化。设施景观多来源于乡村的历史文化，形态及表现力与历史文化相呼应；田园景观主要以观赏为主，缺少变化；宗教景观颜色上富丽堂皇，浮雕精致。芸溪村进行乡村景观设计优先考虑借助古桥、驿站展现当地的历史故事，全域景观历史化，使当地的历史文化得到传承与发扬（表3）。

芸溪村乡村景观主要实践内容　　　　表3

景观类型	借鉴内容
建筑景观	闽南大厝、暖色元素、色彩鲜亮、与现代建筑相结合
道路景观	铺装多样、历史浓厚
水体景观	观赏为主、自然生态、水体互动
设施景观	设施多样、体现村庄历史文化
田园景观	观赏为主、缺少变化
宗教景观	颜色富丽、浮雕精致

图1 南岩村景观风貌

图2 培田村景观风貌

2 台湾地区乡村景观设计代表性案例解读

2.1 台中—南投县桃米村

桃米村位于台湾中部南投县埔里镇,与日月潭相邻,二者直线距离仅10km,是前往日月潭必经之地,地理位置得天独厚。区域内拥有高山、丘陵,溪流较多,这都使得桃米村呈现出一副秀美的自然景观画卷。桃米村的依山傍水,自然环境的良好,蕴藏着丰富的生态资源,台湾原生的29种不同类型的青蛙桃米村拥有23种,此外蜻蜓、蝴蝶以及鸟类也十分的丰富,这为桃米村发展成为生态农业休闲村提供了前提条件。桃米村景观设计重点突出生态,同时融入了大量的现代设计理念。建筑新旧融合,部分建筑拟人化;道路景观类型众多,景观层次丰富;水体景观极具特色,人工水池"生态化",满足亲水要求;设施景观创意性强,形状各异,充满趣味性;田园景观坚持生态农业带动传统农业；宗教景观将社区精神、建筑与体验融为一体；林地景观以生态为主，小范围干预，减少破坏(表4)。

桃米村乡村景观主要借鉴内容　　　　表4

景观类型	借鉴内容
建筑景观	新旧相融合、建筑拟人化(图3)
道路景观	景观层次丰富、特色小路众多(图4)
水体景观	人工水池"生态化"、亲水互动较强
设施景观	创意设施、形态各异
田园景观	生态农业结合传统农业
宗教景观	社区精神、建筑与体验相结合
林地景观	生态优先

图3　桃米村建筑景观(图片来源：网络)

图4　桃米村道路景观(图片来源：网络)

2.2　台南—台南市土沟村

土沟村位于台湾地区台南市后壁乡，土沟村周围的自然资源较为丰富，是艺术家和艺术学生参与设计的乡村，整个村落的营造以艺术介入为主。建筑景观整体艺术新式化；道路景观采用本地材料，塑造独一无二的当地景色；水体景观较少；设施景观经过艺术处理，增加了体现农业生产生活的剪影，激活了公共空间；田园景观主要以观赏为主，搭配景观小品，塑造"油画农田"；林地景观以植物造型为主，也加入了色彩艺术。土沟村的路旁、田间、建筑等都充满了艺术气息，使村庄重新焕发生机(表5)。

土沟村乡村景观主要借鉴内容　　　　表5

景观类型	借鉴内容
建筑景观	艺术景观装饰、新旧建筑新式化(图5、图6)
道路景观	使用本土铺装材料、艺术搭建
水体景观	排水渠为主、景观较少
设施景观	激活公共空间、增加基础设施人情味
田园景观	社区景观观光区
宗教景观	无
林地景观	植物造型、色彩艺术化

图5　土沟村建筑景观(图片来源：网络)

图6　土沟村建筑景观(图片来源：网络)

2.3　台北—宜兰县白米村

白米村位于台湾宜兰县，村庄三面环山，坐落在山谷中，溪水从旁经过，地形地貌变化复杂。随着社区营造的热潮，白米村为改变现状成立社区发展协会，解决乡村问题进行自

图 7　田园景观（图片来源：网络）

图 8　田园景观（图片来源：网络）

救活动，强调社区特色，挖掘社区乡村歌谣与文化。白米社区景观设计来源于社区的木屐制作工艺与当地盛产的白米，社区主要以文化产业为景观设计来源，建筑形式以现代建筑为主，多数建筑外墙增加白米形成的涂鸦及纹路，突出白米社区的独特产业。白米社区主要以木屐制作、木屐的材料以及木屐的形状为景观元素，形成各种不同的景观形象，较为完整地展现社区营造中的木屐文化（图7、图8、表6）。

白米村乡村景观主要借鉴内容	表 6
景观类型	借鉴内容
建筑景观	现代建筑为主、白米装饰墙体
道路景观	铺装划分道路、盆艺点缀道路
设施景观	木屐形态出现

3　闽台两岸乡村景观设计实践的比较与分析

3.1　乡村景观设计中的相同点

闽台两岸乡村景观设计相似性集中在乡村中的宗教景观、林地景观及整体景观协调3个方面（表7）。

闽台乡村景观的相同点			表 7
乡村景观设计内容		相同点	
主要景观类型	主要方面	福建省	台湾地区
宗教景观	建筑外观	规模宏大	体量硕大
		雕镂精湛	装饰美观
		硬质广场	开敞空间
林地景观	林相变化	自然生态	保护生态
		幽静小路	林荫小路
		植物丰富	植物多样
整体设计	与周围环境	道路、建筑、铺装协调统一	新旧结合、协调一致
		维持乡村整体风貌	维持乡村风貌

3.2　乡村景观设计中的不同点

闽台两岸乡村景观设计的不同点较多，主要集中在乡村建筑景观、道路景观、水体景观、设施景观、田园景观、景观设计来源等方面（表8）。

闽台两岸乡村景观的不同点			表 8
乡村景观设计内容		不同点	
主要景观类型	主要方面	福建省	台湾地区
建筑景观		古建筑为主	建筑创新化
		修旧如旧	新旧融合
		风格多样	细节点缀
		色调统一	颜色多变
道路景观	主要道路	缺失道路绿化	绿化覆盖率高
		铺装单一	铺装多样
		景观无变化	景观单调
	次要道路	特色铺装	铺装多样
		乔灌草搭配合理	特色元素融合
		乡土氛围浓厚	空间变化
水体景观	自然水体	自然水景	原生水景
		人为硬质景观	自然景观
		观赏水景	观赏景观
		硬质驳岸	软质驳岸
		植物稀少	自然植物搭配
	人工水体	形状整齐	仿"自然"水体
		水池池塘	还原自然水景
		观赏为主	亲水景观
		缺少景观	模仿生态
设施景观	公共空间	硬质空间	自然结合
		空间单调	景观互动
	基础设施	形状规整	形状差异
		乡土元素	创新元素
		颜色统一	变化繁多

续表

乡村景观设计内容		不同点	
主要景观类型	主要方面	福建省	台湾地区
田园景观		农田观赏	插缝式景观
		农田体验	文化田园景观
景观设计来源		历史文化	历史文化
		民风民俗	生态资源
		自然资源	产业资源
整体景观设计	设计方式	观赏+体验	景观+文创
		美食+住宿	种植+观光+体验+度假+教育
	景观类型	自然景观	文化景观
		农产品景观	产业景观
		观光农业园	观光农业景观
		历史文化景观	手工艺景观

3.3 产生差异的原因

3.3.1 自然环境因素

福建省地形地貌复杂多变，自然资源丰富，乡村景观设计主要来源于当地的自然资源与历史文化。乡村景观以"景观+体验"为主，从欣赏景观到体验农耕，并逐步发展到以农家乐为主的乡村采摘活动。其背后的附加价值较少，不能形成乡村景观体验链，不能吸引游人也无法激发乡村景观带动作用。景观主题类型以自然景观、农产品景观、观光农业园以及历史文化为主，主题类型虽然丰富多样，但局限在乡村现有资源，一旦乡村资源被破坏，景观也将产生问题，并容易陷入景观设计模式化的问题。

台湾地区由于自然资源有限，对自然资源的开发较少，许多社区对自然资源的利用都停留在保护、观赏上，导致自然景观缺失。大部分社区挖掘社区文化精神，结合社区产业，通过艺术创作的方式研发乡村旅游产品，带动文创产业发展，但过度美化设施造成了设施景观商业化。

3.3.2 设计理念因素

福建省乡村景观设计在保留乡村原有风貌的基础上，注重创新与实用性的结合，形成了多样化的设计风格。台湾地区乡村景观设计则更加强调生态、文化、经济的综合考量，追求人与自然和谐共生的设计理念。二者的差异主要体现在3个方面。

（1）设计手法方面。福建省乡村景观设计手法以"景观"为主，注重乡村不同景观类型的营造；对景观的附加价值探索不够深入，景观体验主要以耕种体验、农田作物采摘为主，无法形成景观体验链，容易造成乡村景观体验项目模式化的问题。台湾地区的乡村景观设计手法以"景观+"为主，营造乡村景观的同时，开发乡村产业与文创业，实现景产融合、景产互动，活化乡村景观体验链，留住乡村景观、乡村经济产业，更留住乡村的劳动力，实现乡村可持续发展。

（2）资源利用方面。福建省以自然资源为主，合理利用自然资源并充分发挥自然资源的景观作用，但也带来了乡村景观单一化的问题，将景观局限在农业景观、讲历史故事等。台湾地区由于自然资源条件受限，在乡村景观设计重点上偏向于利用乡村的生态资源以及乡村的古老历史与神话传说，营造新的乡村景观，但对乡村的自然环境不做景观设计，也使得乡村的自然资源无法得到利用(图9)。

（3）文化展现方面。福建省文化景观侧重于保存、保护文化，台湾地区文化景观侧重于活化文化与培养新文化。福建省乡村景观中，对于乡村的历史文化、民风民俗主要的展现方式分为保存、保护以及再利用两个方面。对乡村内具有历史记忆的古建筑、古街道等根据历史空间进行修复、保护，保留历史氛围；对乡村中可以合理利用的建筑、古老的手工艺等乡村文化载体采取再利用的方式进行景观改造，这样使得文化通过不同的载体实现人与时代的对话，活化了文化价值。台湾地区对于文化体现的主要表达方式为活化利用、培养开发新文化两个方面。台湾社区营造过程中，积极展开文创产业景观，产业景观下带动乡村文化再生与活化，形成文化景观体验链，增加与乡村文化之间的联系；其次，社区营造鼓励村民加入，不断塑造新的社区文化。

3.4 推动闽台两岸乡村景观融合发展

3.4.1 设计理念的融合

强调创意与生活的结合，注重细节处理与人文关怀。台湾地区团队带来的设计理念更加注重创意的发挥和实用性的结合，通过艺术化的手法提升乡村景观的附加值。两岸设计师可以共同开展设计理念的交流活动，如研讨会、工作坊等，促进设计理念的相互借鉴与融合，形成既具传统文化底蕴又富有创意的乡村景观。

3.4.2 设计手法的融合

福建多采用传统与现代相结合的手法，注重材料的就地取材与生态环保。在景观设计中充分考虑自然环境的保护，如雨水收集系统、生态绿道等。台湾地区更加注重细节的处理与空间的营造，通过精致的设计提升乡村的整体品质，如利用微地形、小品雕塑等元素丰富景观层次，提升村民的居住体验。两岸设计师可以共同探索生态环保与精细化设计相结合的设计手法，将福建的生态理念与台湾地区的精细设计相结合，打造更加宜居宜业的乡村环境。

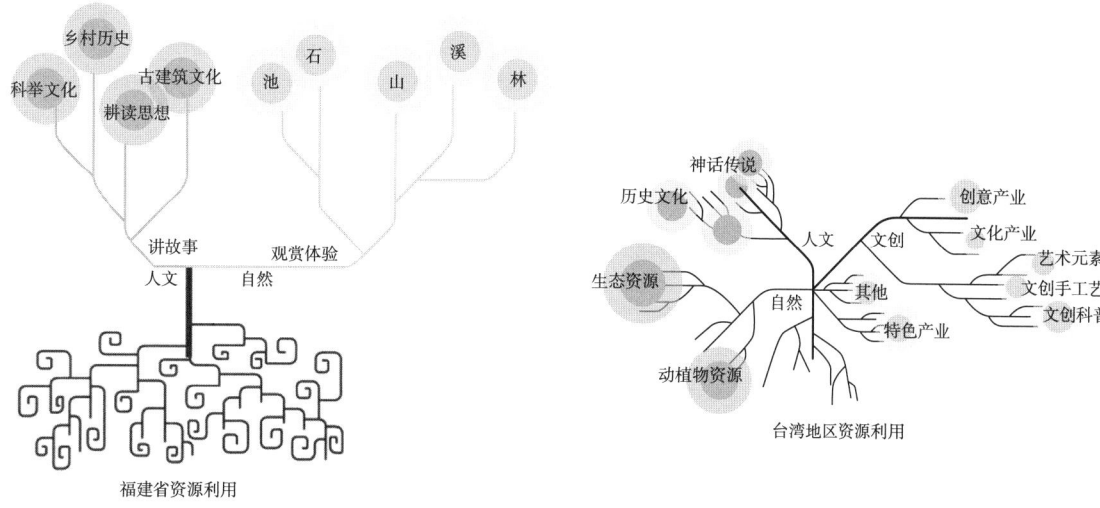

图 9　资源利用

3.5　闽台两地乡村景观融合发展的现实意义

3.5.1　增进两地文化认同与情感交流

闽台两地乡村景观蕴含着丰富的中华文化和乡土情感，通过融合发展，可以进一步挖掘和传承这些共同的文化遗产，增加两地同胞的文化认同感和归属感。乡村景观的融合发展促进了闽台两地民众在乡村建设、文化旅游等领域的交流与合作，加深了彼此的了解和友谊，为两岸关系的和平发展奠定了坚实的民间基础。

3.5.2　推动乡村振兴与经济发展

台湾地区在乡村建设、农业产业、文化创意等方面具有较为丰富的经验和成果，通过融合发展引入先进经验，推动农业、旅游、文化等产业的深度融合，形成多元化的产业体系，为乡村经济发展注入了新的动力，推动乡村振兴战略的深入实施。

3.5.3　探索两岸融合发展新路径

福建作为大陆对台工作的前沿，在推动闽台乡村景观融合发展中具有独特的优势和条件。通过积极探索和实践，福建可以为全国其他地区提供可借鉴的经验和模式，推动两岸融合发展向更深层次、更宽领域拓展。闽台乡村景观融合发展是构建两岸命运共同体的重要举措之一。通过加强在乡村建设、文化旅游等领域的合作与交流，可以促进两岸同胞的心灵契合和情感共鸣，为实现祖国统一奠定更加坚实的基础。

综上所述，闽台两岸乡村景观设计融合发展有助于增进两岸文化认同与情感交流、推动乡村振兴与经济发展、促进生态宜居与可持续发展等。这些意义不仅体现在当前阶段的发展成果上，更将为未来两岸关系的和平发展和中华民族的伟大复兴注入新的动力。

参考文献

[1] 黄桥明，姚成，杨福英，等．城市化进程中乡村景观的变迁与保护——以闽西古村落芷溪村为例[J]．台湾农业探索，2020（1）：69-75．

[2] 闫超．传统村落的生态社区营造模式研究[D]．苏州：苏州大学，2018．

[3] 薛戴嵘．社区营造视角下的传统村落保护策略[D]．南京：南京大学，2018．

[4] 赖敬予，郑庆昌．台南土沟村社区营造对大陆美丽乡村建设的启示——基于内生发展理论的视角[J]．台湾农业探索，2017（3）：10-15．

[5] 郑文君．基于艺术创作的乡村景观特色构建研究[D]．天津：天津大学，2019．

[6] 颜潇潇．台湾宜兰地区创意社区营造中公共空间设计研究[D]．长沙：湖南大学，2012．

[7] 徐丽萍．福建省乡村旅游景观中乡土建筑景观营造研究[D]．福州：福建农林大学，2009．

[8] 雍振华．台湾乡村建设中特色塑造的启示[J]．中国名城，2015（7）：91-95．

[9] 刘芳．略议闽南地区乡村景观的规划设计[J]．江西建材，2016（1）：17-22．

[10] 黄庄巍，许勇铁．我国台湾地区当代乡村人文环境源流及其建构路径研究[J]．小城镇建设，2020，38（6）：104-109．

作者简介

(通信作者)刘静,1980年生,女,博士,厦门理工学院土木工程与建筑学院,副教授、硕士生导师。研究方向:风景园林规划与设计。

申歆童,1992年生,女,硕士,吉林农业大学林草学院。研究方向:风景园林规划与设计。

周旭丹,1980年生,女,硕士,吉林农业大学林草学院,副教授、硕士生导师。研究方向:风景园林规划与设计。

喀斯特山地城市生态旅游绿道选线研究
——以贵阳市花溪区为例

Research on the Route Selection of Ecotourism Greenways in Karst Mountainous Urban Areas
—A Case Study of Huaxi District

陈 莎 洪世健*

摘 要：贵阳市作为典型的喀斯特山地城市，花溪区是贵阳市重要的生态屏障，具有珍贵的生态资源和独特的地质景观，是全国喀斯特地貌的典型代表。近年来贵阳市城市化进程加快与城市人口密度的急速攀升导致生态资源被攫取，带来了绿色生态空间锐减、城市近郊生境退化等城市问题。生态旅游绿道作为一种线性绿色空间，在城市近郊区域的生态保护和改善游憩质量方面的潜力日益凸显。为积极响应国家关于全域旅游示范区建设的号召，实现花溪区生态文明深入发展，本研究聚焦青岩镇—黔陶乡—高坡乡这一花溪区最为关键的生态屏障区域，构建MCR模型识别潜在生态廊道路径，从而筛选出对生态系统干扰最小、旅游资源连接度最优的生态旅游绿道选线方案，为花溪区乃至全国类似山区的生态旅游绿道选线提供科学依据。

关键词：喀斯特地区；生态旅游绿道；绿道选线；MCR模型

Abstract: As a typical karst mountainous city, Guiyang City has Huaxi District as its significant ecological barrier, which is endowed with precious ecological resources and unique geological landscapes, and is a typical representative of karst landforms in China. In recent years, the accelerated urbanization process and the rapid increase in urban population density in Guiyang City have led to the exploitation of ecological resources, resulting in a sharp reduction in green ecological space and the degradation of habitats in the urban fringe. As a linear green space, the ecological tourism greenway has increasingly demonstrated its potential in ecological protection and improvement of recreational quality in the urban fringe areas. In response to the national call for the construction of a national tourism demonstration zone and to achieve the in-depth development of ecological civilization in Huaxi District, this study focuses on the most critical ecological barrier area of Qingyan Town-Qiantao Township-Gaopo Township in Huaxi District and constructs the MCR model to identify potential ecological corridor paths, thereby screening out the ecological tourism greenway route selection plan with the least disturbance to the ecosystem and the best connection of tourism resources, providing a scientific basis for the selection of ecological tourism greenways in Huaxi District and similar mountainous areas across the country.

Keywords: Karst Area; Ecotourism Greenway; Greenway Routing; MCR Modeling

---

① 基金项目：国家社会科学基金一般项目"基于空间政治经济学视角的旧城空间演替机理与管控机制研究"（20BJL108）。

引言

存量规划时代下高质量人居环境发展迫切需要探索山地城市近郊范围内既有的生态资源优化策略与游憩品质提升路径。过去山地城市中粗放式的城市建设模式对城市生态环境构成了严峻挑战，当下人们对自然环境体验需求大幅上升，城市规划的方式亟需向城市更新与生态保护相结合转型[1]。

绿道作为线状空间轴线，与生态旅游发展有着必然联系。从规划体系来看，生态旅游与绿道在空间与功能规划中具有关联性[2]。从空间边界效应来看，生态旅游与绿道通过生态空间、生产生活的连接，形成空间集聚与景观连续的完成体系[1]。从资源空间组织来看，生态旅游和绿道在空间规划布局中均是从"点—轴"理论出发，从而实现点到线的布局模式以及资源要素高重叠性[3]。Forman 在 *Landscape Ecology* 中指出：绿道几乎以各种方式渗透到每一个景观之中。

花溪区在贵阳市绿色生态旅游结构占据重要地位，其生态用地基本形成"生态用地环绕城市"型空间格局[4]，是区域重要的自然生态资源与功能区，需要得到切实有力的保护，大力推进花溪区生态旅游绿道系统建设符合贵阳市总体部署要求。花溪区生态旅游绿道是构建花溪区全域旅游网络的主要脉络，是花溪区推进全域文化旅游创新区最具特色的生态文明建设项目，不仅可以发挥生态环境保护作用，还能串联花溪区重要的自然、文化资源节点及旅游景区景点解决生态和发展需求耦合问题。

在此背景下，喀斯特山地城市近郊区凭借丰富的旅游资源成为平衡发展与保护需求的最优城市空间载体，探究绿道的经济效益和生态效益的共现价值，构建适宜的绿道选线是当前绿道系统研究亟待展开的重要方向。

1 材料与方法

1.1 研究区概况

贵阳市下辖区花溪区，坐落于黔中腹地之核心区域，其地理位置紧邻贵阳主城区，与主城区相距约20km，展现出丰富的旅游资源禀赋。区域内现有独立旅游实体共计1046项，文物保护单位44处，其旅游景点所覆盖的广袤地域，占据了全区总面积的1/4。花溪区南部的青岩镇—黔陶乡—高坡乡区域，总面积近接近292km²，是花溪区推进生态文明建设战略的核心地带，是研究旅游绿道建设的关键区域。因此，对该区域进行生态旅游绿道选线研究具有一定的指导意义。

1.2 数据来源及处理

研究区地貌特征为低中山丘陵，并且旅游资源分布广泛，区域内有自然文化遗产、旅游景区、水源保护区等需要进行严格保护。因此本研究使用的数据主要包括研究区的土地利用数据、DEM 数据、水资源分布数据、归一化植被指数（NDVI）。本研究以贵阳市花溪区的 Landsat-8 卫星遥感影像数据（采用 WGS-1984 UTM Zone 48N 坐标系）作为核心数据源，该数据具备30m 空间分辨率的栅格形式，充分契合本研究的精度需求。对获取的遥感影像实施几何精校正、图像剪裁等预处理步骤，以确保数据的准确性与适用性。再依据国家统一的土地利用分类体系，结合青岩镇、黔陶乡、高坡乡的具体地域特征，解译研究区域内的土地利用类型（耕地、草地、林地、水域、城乡建设用地、其他类型的未利用土地），以此为基础展开后续深入分析（表1、图1）。

研究数据来源　　　　表1

数据名称	数据描述	数据来源
土地利用类型	30m 分辨率的栅格数据	地理空间数据云
数字高程模型	30m 分辨率的栅格数据	地理空间数据云
水资源分布数据	国家1:250000公开数据	地理空间数据云
归一化植被数据	30m 分辨率的栅格数据	地理空间数据云
农田因子	30m 分辨率的栅格数据	土地利用类型中耕地数据

1.3 卫星图

91卫图助手企业版坐标系选择 WGS84 坐标系经纬度投影，影像级别选择18级，保存格式为 tif，裁剪获取花溪区青岩镇、黔陶布依族苗族乡、高坡苗族乡最新卫星地图（图2）。

2 结果分析

2.1 生态旅游资源点

依据花溪区资源分布现状，严格遵循《旅游资源分

规划设计理论／喀斯特山地城市生态旅游绿道选线研究——以贵阳市花溪区为例

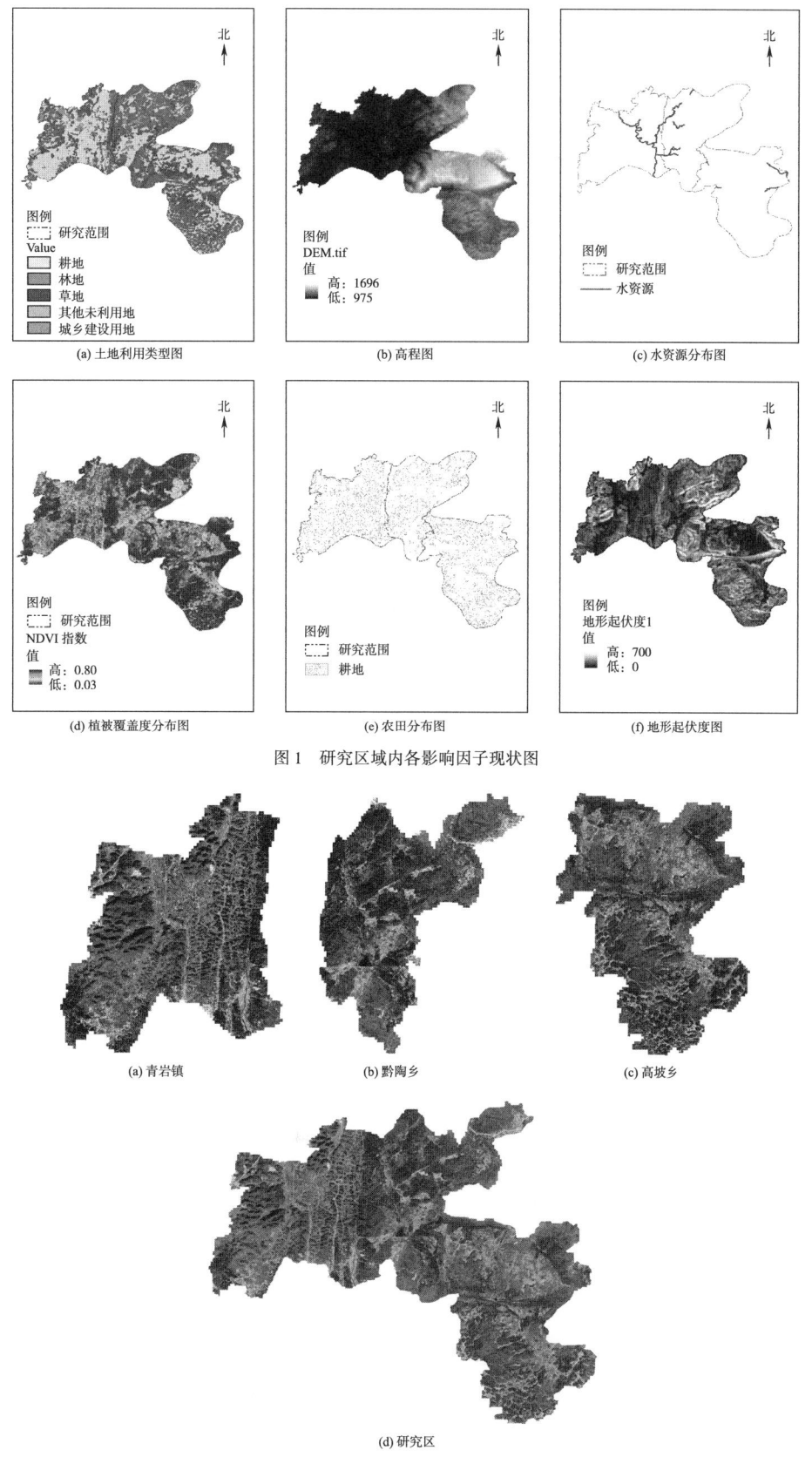

图1 研究区域内各影响因子现状图

图2 研究区卫星图

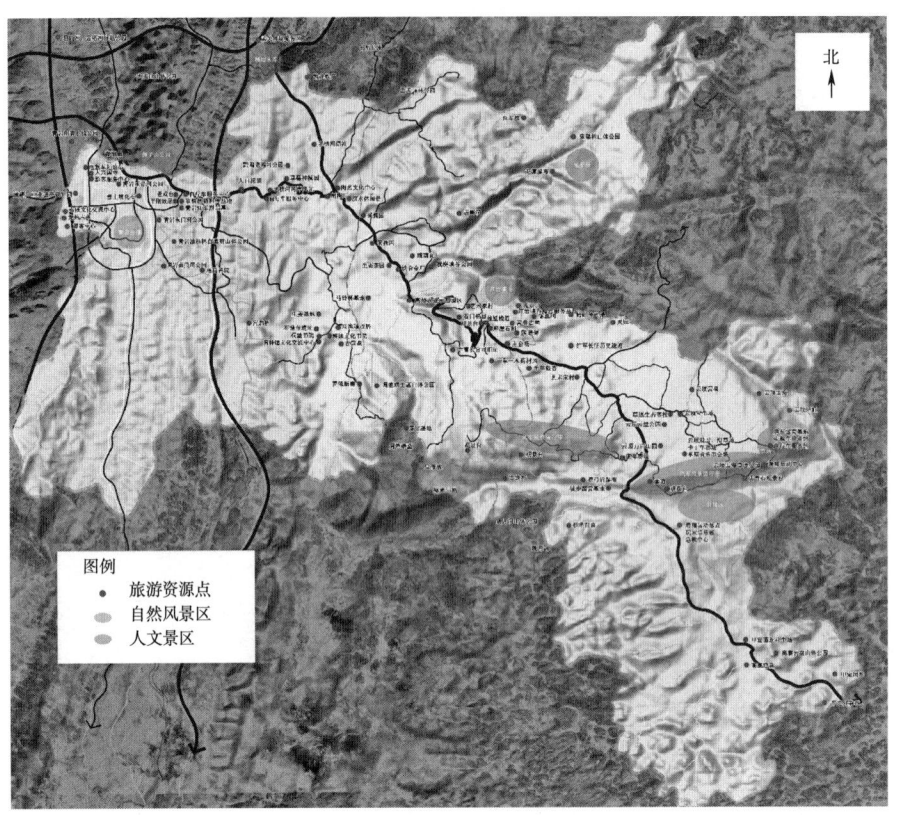

图3 研究区境内旅游资源分布图

类、调查与评价》GB/T 18972—2003，并借鉴郭佳等学者对花溪区主要旅游资源的定量评价，对研究区域内部的旅游资源进行等级划分工作，确保旅游资源分类的准确性和等级界定的合理性。

研究结果显示，在研究区域内共识别出三级旅游资源7项，二级旅游资源共计11处，以及一级旅游资源2项（图3）。高坡乡片区的自然景观展现出了极高的独特性和潜在开发价值。基于此，本研究采用了权重分析的方法，优选了具有较高权重的资源点作为模拟优化路径的起始基点，旨在通过这一策略实现资源开发利用成本的最小化与效益的最大化。

旅游资源等级划分　　　表2

片区名称	景点名称	类别	分值	等级
青岩片区	青岩古镇	遗址遗迹	92	1
	青岩油杉林白鹭群	森林	87	2
	营上坡三叠化石	火山岩溶	88	2
	歪脚寨平刚故居	纪念建筑	76	3
黔陶片区	鬼架桥	奇峰	90	1
	龙潭瀑布	瀑布跌水	87	2
	周渔璜墓	陵园墓园	85	2
	桐埜书屋	纪念建筑	78	3
	周渔璜故居	纪念建筑	76	3

续表

片区名称	景点名称	类别	分值	等级
高坡片区	扰绕峡谷	峡谷	85	2
	扰绕村孤山	专类游园	76	3
	螺丝洞	洞府	82	2
	笔架山	奇峰	84	2
	高坡石门	奇峰	87	2
	云顶风情竹林村	民族风俗	82	2
	云顶营盘	风景建筑	76	3
	摆弓岩瀑布群	瀑布跌水	81	2
	甲定苗族洞葬	民族风俗	86	2
	甲定杜鹃林	森林	76	3
	跳月洞	洞府	72	3

2.2 生成生态阻力面

2.2.1 阻力面指标权重结果

根据前者学者对生态敏感性因子的选取，基于研究区特征选取以下6个因子进行生态敏感性分析：目标层为花溪青黔高生态敏感性；准则层包括生境、地形地貌、人为干扰；指标层为土地利用类型、归一化植被指数、地形起伏度、坡度因子、水资源保护、农田因子。权重结果显示，地形条件权重大于生境条件权重，坡度和归一化植被指数较其他因子对绿道选线的关联度更高。

研究区生态敏感指标体系权重一览表　　表3

因素层	权重	指标层	权重	参评因子	赋值
生境	0.38	土地利用类型	0.10	林地	1
				草地	3
				耕地	5
				其余未利用地	7
				城镇建设用地	9
		归一化植被指数	0.28	0.65~1	1
				0.50~0.65	3
				0.35~0.50	5
				0.10~0.35	7
				0~0.10	9
地形因子	0.51	地形起伏度	0.21	0~30m	1
				30~200m	3
				200~500m	5
				500~1000m	7
				1000~1694m	9
		坡度	0.30	<7°	1
				7°~15°	3
				15°~25°	5
				25°~35°	7
				>35°	9
人为干扰	0.11	水域	0.09	<500m	1
				500~1000m	3
				1000~1500m	5
				1500~2500m	7
				>2500m	9
		农田	0.02	不存在	1
				存在	9

2.2.2 单因子成本面结果

本研究采用了自然断裂点分级法（Jenks Optimization）量化单一生态因子的敏感性程度，将其细分为绝对敏感、高度敏感、中度敏感、轻度敏感及一般敏感5个等级（图4）。随后，运用加权求和法综合考量各生态因子的敏感性等级，以精确界定并评估整个生态系统的综合敏感性水平。

研究区呈现出显著的西高东低的地势梯度，地面高程自西向东由1011m攀升到1694m。具体来说，青岩古镇区域地势相对平缓，为典型的低山丘陵平原过渡带，更有利于城镇活动；黔陶乡大部分地区亦表现出较为平坦的地貌特征，为农业生产和居民生活提供了良好的自然条件；相比之下，高坡乡则以其整体陡峭的地势成为研究区内的一个显著生态屏障。土地利用类型因子所呈现的阻力成本在东部高坡乡区域尤为显著，这主要归因于该区域复杂的地

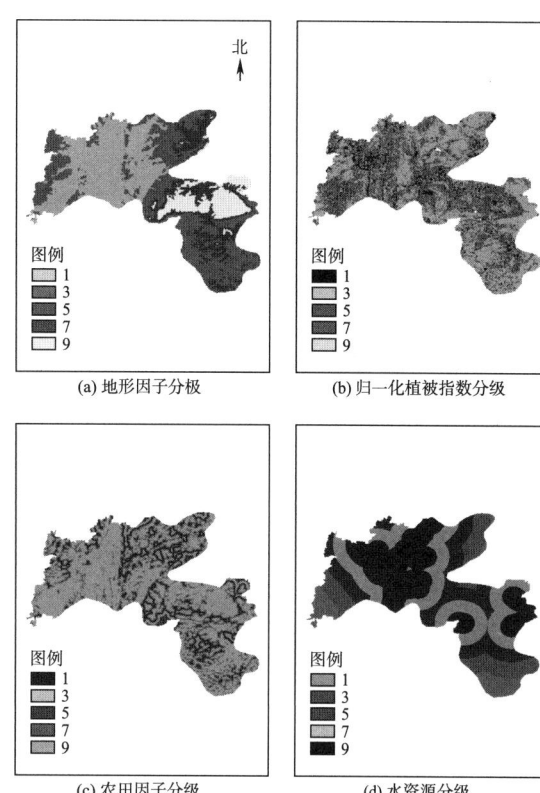

(a) 地形因子分极　　(b) 归一化植被指数分级

(c) 农田因子分级　　(d) 水资源分级

图4　研究区域内生态敏感性因子分级图

形条件与相对较少的人类活动干扰。高程因子的阻力成本分析揭示了研究区西部与北部地区因地势相对较低而呈现出较小的阻力成本，这些区域往往更加适宜于农业、林业及部分城镇建设活动。相反，东部高坡乡因地势陡峭，高程因子成为制约人类活动的重要因素，但同时也为生态保护提供了天然屏障。研究区总体植被覆盖度表现良好，体现了区域生态环境的整体健康状态。具体而言，高坡区域以其高达0.970的植被覆盖率成为全区植被最为茂密的地区。低覆盖率区域主要集中在青岩古镇、黔陶村零散的建设用地周边，高覆盖率主要集中在高坡乡南部未开发区域。

2.2.3 综合成本面结果

利用ArcGIS-10.2中Weighted Overlay Method这一空间分析工具，将地形起伏度、归一化植被指数（NDVI）、坡度、土地利用类型、水资源保护、农田6个关键生态因子进行科学的权重分配和叠加处理，从而划分花溪区青黔高生态绝对敏感、十分敏感、比较敏感、稍微敏感、一般敏感5个等级的区域，以揭示其空间分异特征（图5）。

结果表明，生态绝对敏感地区总面积约为14km²，约占研究区总面积的5.5%，主要为水域、主干河流和支

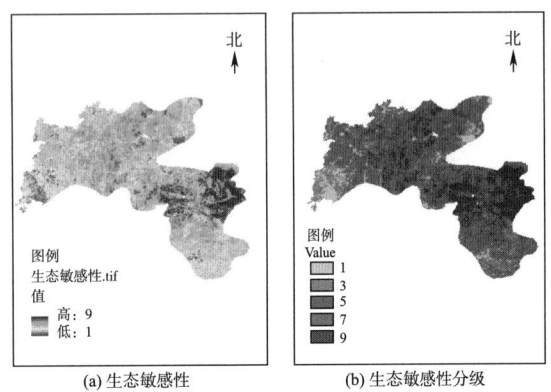

(a) 生态敏感性　　(b) 生态敏感性分级

图 5　研究区域内生态敏感性分级图

流，主要分布在高坡乡云顶景区区域；生态十分敏感地区总面积约为 34km²，占研究范围总面积的 14%，主要分布在绝对敏感区域的边缘，黔陶乡东部；生态比较敏感地区总面积约为 73km²，占研究范围总面积的 29%，主要分布在十分敏感边缘地带；生态稍微敏感地区总面积约为 86km²，占研究范围总面积的 34%，主要分布在高坡乡、黔陶乡部分区域；生态一般敏感地区总面积约为 43km²，占研究范围总面积的 17%，主要分布在研究对象区域西部，燕楼镇、青岩古镇附近地势平坦、地质条件良好的区域。生态绝对敏感区域、十分敏感区域和比较敏感区域面积约为 121km²，占比高达 48%。鉴于此，未来数年内，亟须加强对这些区域原始植被的修复与保护工作，通过科学合理的生态恢复措施，提升区域生态多样性与稳定性，促进形成一个健康、可持续的生态循环系统。

2.3　生态廊道识别

生态廊道系统作为物质流动、能量流动的桥梁，是维系生态系统动态平衡的关键机制，而阻力面反映了物种空间运动的趋势[5]。最小累积阻力模型（minimum cumulative resistance model）被广泛地使用在生态空间的评估和预测中：

$$MCR = f\min \sum_{j=n}^{i=m} D_{ij} \times R_i$$

式中，f 为 $D_{ji} \times R_i$ 的正相关函数；D_{ij} 为点 j 和点 i 的空间距离；R_i 为源 i 对其他斑块的阻力系数。

本文利用 ArcGIS-10.2 软件以筛选出的 5 个冲突生态源地斑块作为源输入，基于最小累积阻力模型法，借助 ArcGIS 10.2 中的 Cost Distance 工具和 Cost Path 工具，计算构建最小阻力耗费路径作为潜在生态廊道识别的依据。结果显示，潜在的生态廊道并未遵循直线形分布，而是在村镇边缘展现出蜿蜒曲折的路径特征，说明城市化对自然生态系统结构有着显著影响，随着城市边界的不断扩张，自然生境被不断切割与压缩，迫使生态廊道在有限的生存空间内寻求最优化的穿行路径，从而呈现出复杂的迂回形态（图 6）。

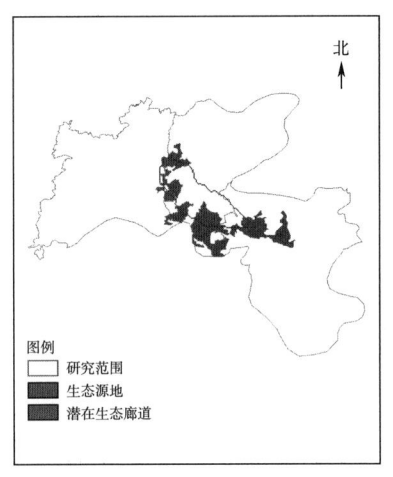

图 6　研究区域内关键生态源地及潜在生态廊道图

2.4　生态绿道选线

耦合潜在生态廊道、研究区范围内旅游资源点等级评价，绿道选线最终呈现出"一环一带"的空间格局，充分连接了研究区范围内文化遗址遗产点、特色乡村、乡村田园景观节点、历史文化资源点以及纪念馆等旅游资源。该绿道选线依托国省干道及县乡公路网络，构建起一个以中部集群化景观为核心驱动力，辐射北线线性景观带、南部滨河生态景观带及东部点状集聚景观区的生态旅游环线网络。对于没有道路基础的部分，一是通过新建道路或步道，填补现有道路网络中的空白区域，确保绿道能够连续、无障碍地穿越不同生态单元；二是采用生态工程技术，如生态桥、生态隧道等，实现绿道对河流、湿地等自然屏障的友好穿越，同时保护生物多样性；三是优化道路交汇点设计，确保新道路与原有道路在功能、景观及生态层面上的无缝衔接，形成结构清晰、功能完备的绿道网络体系。

此环线不仅高效串联了区域内的核心生态旅游资源，还通过其延展性向周边散落的旅游资源点及居民点释放生态红利，通过绿道的引导，沿线地区得以依托丰富的生态与旅游资源，发展生态旅游、休闲农业等绿色产业，进而带动当地经济结构的优化升级，实现经济效益与生态效益的双赢局面（图 7）。

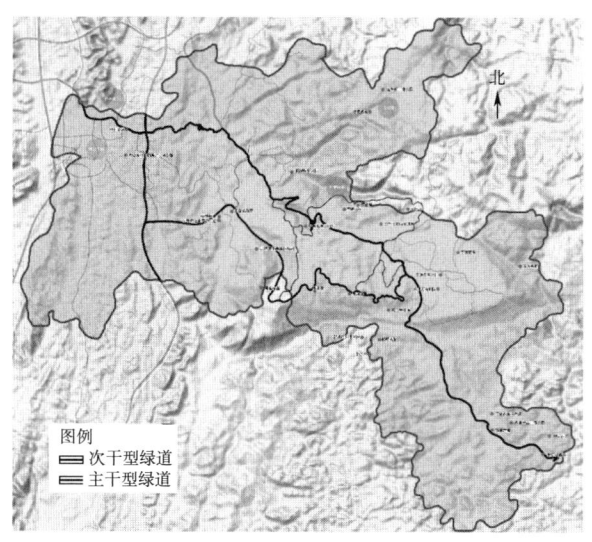

图 7 研究区绿道选线

3 结论与讨论

3.1 结论

（1）从生态旅游绿道的选线来看，潜在绿道的选线基本依托现有的道路和沿河景观带，因此，可针对部分路段尚无现状道路支撑的情况，着力提升绿道连通性，将新道路与原有道路进行串联，形成连通性高、结构清晰的绿道网络。阻力等级整体呈现"东部高、中西部低"的格局，等级越低，生态旅游绿道的建设适宜性就越强。贵阳市花溪区喀斯特地貌显著，旅游资源和生态资源丰富，中西部的地势较为平坦，生活资源丰富，较为适合开展生态旅游；东部的地形起伏大，旅游开发成本高，绿道建设难度较大，因此，生态旅游绿道的建设应该避开高阻力区域，形成连接乡镇和周边旅游资源点的具有生态、游憩功能的环形生态旅游绿道。

（2）从生成的潜在生态廊道来看，理想中的生态廊道往往为直线形或者相对平滑的曲线，识别的潜在生态廊道并未遵循这一模式，而呈现出一种蜿蜒曲折、错综复杂的路径特征。生态廊道的这种变化反映出自然界与人类活动之间的一种动态平衡与适应过程，可通过合理的规划，为生态廊道提供更加适宜的发展空间，作出更加合理的绿道选线。

（3）从生态旅游绿道的选线来看，潜在绿道的选线基本实现了对生态和经济价值的共现，生态旅游绿道的选线基本依托现有的道路系统，尤其是那些已经具备一定通行能力与景观价值的路径，以及沿河景观带等自然资源丰富的区域。此举一方面能显著降低建设成本，减少对自然环境的直接干预，另一方面能高效整合现有的资源，实现资源的最优配置。针对部分路段尚无现状道路支撑的情况，着力提升绿道连通性，将新道路与原有道路进行串联，形成连通性高、结构清晰的绿道网络。

（4）从绿道线路空间形态来看，虽然现有绿道已经将大部分资源点串联，但仍有等级较高的资源点尚未有效串接入绿道网络内。因此，应结合上位规划，充分考虑花溪区全域旅游的发展要求，通过增设自行车道、徒步道、小径等方式，优化绿道网络，加强现状交通环境较差的景区周围道路的通达性。通过闭合环路连接资源能够提高可达性并形成绿道空间缓冲区，在组织生态旅游资源的同时向周围辐射，从而带动全域旅游发展。

3.2 讨论

全域旅游模式的推广，对全域生态环境提出更为严苛的要求，全域旅游依托自身发展特色驱动绿道建设蓬勃发展，绿道以生态环境、经济价值、文化价值提升反哺全域旅游发展，两者形成良性耦合关系。生态旅游绿道建设能够发挥地区生态资源优势、展现特色文化、最大化整合多种资源与空间，使生态资源带动经济发展。

现阶段，对于特殊地形地貌，尤其是喀斯特山地城市的绿道选线研究仍存在明显不足，多数学者关注城市绿道选线研究[6-9]，部分学者关注到山地城市的绿道研究[10-11]，但忽视了将绿道对旅游资源的连通性考虑进绿道选线研究中。鉴于此，本研究创新性地引入了MCR模型，旨在通过量化分析，精准识别出对生态系统干扰最小、同时又能高效连接旅游资源的潜在生态旅游绿道路径。本研究可为类似喀斯特山地城市的生态旅游绿道选线提供科学、合理的决策依据。

参考文献

[1] 何昉. 中国绿道规划设计研究[D]. 北京：北京林业大学，2020.

[2] 姜雪. 全域旅游视阈下宁安市绿道网络构建研究[D]. 哈尔滨：哈尔滨工业大学，2020.

[3] 徐清. 基于"点—轴系统"理论的乡村旅游空间集聚研究——以浙江江山市为例[J]. 经济地理，2013，33(4)：174-178.

[4] 王志杰，程玉卓，班先娅，等. 典型喀斯特山地城市生态空

间格局演变研究——以贵阳市花溪区为例[J]. 西南大学学报(自然科学版)，2020，42(9)：155-164.

[5] 俞孔坚. 生物保护的景观生态安全格局[J]. 生态学报，1999(1)：10-17.

[6] 刘宇舒，林芳，王振宇，等. 公共健康视角下城市社区绿道空间挖掘与规划选线研究——以苏州市中心城区为例[J]. 西部人居环境学刊，2024，39(3)：58-64.

[7] 蒋金亮，高湛，徐云翼，等. 中心城区绿道智能选线规划研究——以宿迁为例[J]. 风景园林，2023，30(10)：103-110.

[8] 董晓峰，梁颖，侯波，等. 基于资源环境评价系统构建的京津冀城市群绿道选线研究[J]. 城市发展研究，2021，28(12)：118-127.

[9] 王春晓，黄佳雯，林广思. 基于选线适宜性评价的城镇型绿道规划方法研究[J]. 风景园林，2020，27(7)：108-113.

[10] 邓忠坚，李晓娜，杨红梅，等. 山地城市骑行绿道选线适宜性评价研究——以云南省普洱市为例[J]. 林业调查规划，2021，46(4)：193-200.

[11] 李运远，饶成之，冯君明. 华北地区浅山区绿道规划设计研究——以石家庄市鹿泉区山前大道绿道规划设计为例[J]. 风景园林，2017(12)：93-100.

作者简介

陈莎，1997年生，女，厦门大学建筑学院博士研究生在读。研究方向：城市空间增长与管理。

（通信作者）洪世键，1979年生，博士，厦门大学建筑学院，教授、博士生导师。研究方向：城市空间增长与管理、城市土地与房地产开发、大都市区发展与治理。电子邮箱：hongshijian@xmu.edu.cn。

基于网络文本的郊野公园公众体验研究
——以北京市绿隔地区为例
Research on the Public Experience of Country Parks Based on Network Text
—Taking the Green Area of Beijing as an Example

徐 畅 王怡鑫 陈 聿 王向荣*

摘 要：在城市发展背景下，北京市绿化隔离地区郊野公园将在未来十年展开提质、更新、增绿工作，关于使用者视角的相关研究的关注度也逐步提高。本文将通过网络评论数据的语义分析，利用Python、ROSTCM6等工具对大众点评数据进行爬取与处理，挖掘公众对绿化隔离地区20处典型郊野公园的使用后评价，提取公众关注点、使用偏好、情绪感知多维度的反馈信息，总结建成整体与单处公园现状问题，并为绿化隔离郊野公园特征提炼、形式创新、协同发展提供科学支撑并提出相应建议。

关键词：郊野公园；绿化隔离地区；网络文本分析；使用后评价

Abstract: Under the background of urban development, the country parks in the green isolated areas of Beijing will carry out quality improvement and new green work in the next ten years, and the attention of related research on the user's perspective will gradually increase. Through the semantic analysis of network comment data, this paper uses Python, ROSTCM6 and other tools to crawl and process the public comment data, excavate the public's post-use evaluation of 20 typical country parks in green isolated areas, extract the multi-dimensional feedback information of public attention, use preference and emotional perception, summarize the current situation of the whole and single park, and provide scientific support and corresponding suggestions for the feature extraction, form innovation and coordinated development of green isolated country parks.

Keywords: Country Park; Green Isolating Areas; Network Text Analysis; After-use Evaluation

1 概述

城市快速发展严重挤压了绿地空间，起源于英国的郊野公园逐步引入中国，这一公园类型在早期成为超大型城市——广州、上海等城市生态文明建设中的重要组成部分。而社会的发展赋予了郊野公园这一新兴的公园类型更多的定位属性与功能价值。在存量提质的过程中，公众参与体验度也成为郊野公园更新改造过程中的重要参考与未来风向标。

依据《北京城市总体规划（2016年—2035年）》，绿化隔离地区包括第一道绿化隔离地区和第二道绿化隔离地区两部分（本文简称"一绿地区"和"二绿地区"）。其中，一绿地区紧靠中心城区，面积约310km²；二绿地区紧邻一绿地区，延伸至六环路外的空间，面积约910km²[1]。绿化隔离地区除了肩负北京城市生态屏障的使命外，也是保障首都未来发展、防止城市无序扩张的主要区域。2021年11月颁布的《北京市"十四五"时期绿化隔离地区建设发展规划》中，新时代背景下绿化隔离地区将实现减量提质增绿从而实现城乡结合的关键作用，最终实现"一绿百园绕京城，二绿项链环北京"[2]的总体定位。

绿化隔离地区的各处郊野公园，为响应一绿地区城市公园环"加快由郊野公园向城市公园的转型升级"、二绿地区的郊野公园环"百园建设目标"等规划要求，位于不同公园环的郊野公园包括了71处开放的建成郊野公园与28处待建成的郊野公园，将因面临多样的发展方向而选择不同的建设要求。2023年11月，北京市城乡接合部建设领导小组发布的《北京市第二道绿化隔离地区减量提质规划（2021年—2035年）》中提到，将在2035年前在二绿地区形成"一环、六廊、百园"的总体空间格局，其中"一环"指郊野公园环，"百园"指围绕"九大公园群"打造的提供具有生态、游憩功能的供市民亲近享受自然的百座绿色开场空间[3]，赋予了郊野公园明确的功能定位。综上，北京市绿化隔离地区郊野公园的未来发展方向将由"存量增加"向着"质量提升"方向转型。

目前，关于绿化隔离地区现有研究视角主要集中于绿色空间网络构建[4-5]、土地利用[6-7]、生态保育[8-9]等方面，其中绿化隔离郊野公园的研究侧重于客观存在分析引导下的体系搭建[10]、空间布局优化[11-12]、公园选址[12-14]、情景规划[15]等方面。而公园的建设脱离不开公众体验感知的反馈，但实际中对使用者主观体验与评价态度的研究较少，研究方法多局限于传统的问卷调查[16-18]。伴随自媒体发展，公众评价引入了具有自发性、数量大等特点的网络评价数据。风景园林网络文本分析的相关研究，选择对象多以城市核心区综合公园[19-21]、文化遗产[22]、城市绿道[23]、湖泊公园[24]、展园[25-26]等城市空间类型为主，且多以单一空间单元或市域为划分依据的多个公园为研究对象，缺少针对同一规划体系下多数量公园群样本的横向比较研究，绿化隔离地区郊野公园则更少使用网络文本数据分析方法。

本文将通过网络评论数据的语义分析，利用Python、ROSTCM6等工具对大众点评数据进行爬取与处理，挖掘公众对北京绿化隔离地区20处典型郊野公园的使用后评价，提取公众关注点、使用偏好、情绪感知等多维度的反馈信息，总结建成整体与单处公园现状体验问题，并为未来绿化隔离郊野公园品质提升、特征提炼、转型更替、形式创新、协同发展提供科学支撑与建议。

2 研究对象与数据搜集

2.1 研究对象

依据北京市园林绿化局（首都绿化委员会办公室）于2024年所颁布的《北京市公园名录》，自2007年大规模建设郊野公园起，北京市域范围内已建成70余处免费开放的郊野公园[27]。综合考虑公园的区位、点评数量、面积等客观因素，选取绿化隔离地区20处典型郊野公园作为研究对象（表1），这些郊野公园分布于北京市各区，涵盖多尺度的公园类型，研究公园的总面积达1913.2公顷。经查阅北京市人民政府官网等官方网站，得到样本公园管理类别、等级、始建时间，以及在建设初期的主要景观与功能定位。

二十处郊野公园概况　　　　　　　　　　　表1

行政区	公园名称	类别	面积（hm²）	功能定位	主要景观	关键词
朝阳区	兴隆公园	综合公园	67.8	以生态环境为主、以树木为基础的郊野式森林公园；以人性化管理，为周边居民和游人提供一个良好的休闲、散步、健身的活动场所；以优雅的环境，让游人体验大自然的清新气息	湖水泻、八角亭、将军林	古典园林、亭台楼阁
朝阳区	将府公园	综合公园	58.0	丰富此地区的城市功能，提升城市环境形象，为居民提供优美的休闲、健身、娱乐空间；利用现有林地文化底蕴，融入适合在自然环境中开展的休闲、健身、娱乐、体验、科普、观赏等多种活动，提供必要的配套服务设施，满足居民的多种休闲需求	酒仙桥的传说大型壁画墙、点将台、驼房小径、驼影寻踪	山林郊野、将府文化
朝阳区	古塔公园	综合公园	55.7	依托地区浓厚的文化底蕴，传承历史文化，大力推进地区文化创意产业的有序发展，在提升地区环境质量的同时，为百姓提供了休闲娱乐的好去处	十方诸佛宝塔、中心湖、七彩春花园、花王台、海棠广场、亭廊组合、平泉叠水	古塔文化、宗教文化
朝阳区	东坝郊野公园	专类公园	234.2	为东坝区域及周边广大居民提供了一个集休闲、健身、娱乐为一体的绿色生态空间，同时也为东坝地区的经济发展构建了新的平台	田趣园、艺趣园、情趣园、民族文化广场等	观光林、皇家历史文化

续表

行政区	公园名称	类别	面积（hm²）	功能定位	主要景观	关键词
朝阳区	常营公园	专类公园	74.3	以秋景林为特色，是满足市民观赏、休闲、健身、运动等活动内容的郊野公园	花之舞文化林荫广场、山林休息亭、空竹运动广场、林间千米慢跑道、银杏林走廊	千亩银杏林、秋色景观
朝阳区	黄草湾郊野公园	专类公园	39.0	成为重要的城市界面展现在与会来宾及公众面前，成为展示城市绿地建设的重要窗口	人工湖、清代的太清观、林地露营区	林田风光、健身场地和娱乐设施
朝阳区	京城森林郊野公园	专类公园	43.3	以"城市森林文化"为文化主题，将文化内涵融入公园整体环境中，为游人提供一处集休憩观赏、运动健身、科普教育为一体的休闲空间	人工湖、季相森林、自然课堂场地	森林观光、自然教育
朝阳区	东风公园	专类公园	80.0	东区建设有以湖区为中心的春满园景区和集中展示树木科普知识的自然之路景区，西区主要包括展示多种植物健康药用功能的健康园和供游人林下健身休闲的健身园	药用健康园、春满园、"自然之路"景区	千亩生态林、药用科普
朝阳区	温榆河公园（朝阳示范段）	综合公园	39.3	全园配套多种休闲活动设施，是集文化交流展示、户外运动体验于一体的亲自然、高品质、国际化城市生态休闲公园，游人可遍览山、水、林、田、湖、草的30km²大尺度蓝绿空间，将被打造成为北京生态文明"金名片"	梯田湿地、花溪锦田、活力东湖、松云华盖、蒹葭照水芦苇湿地等	生态休闲、山水林田湖草风光、城市名片
朝阳区	朝来森林公园	专类公园	53.3	以植树、种草为主，突出植物景观，紧密结合保护和改善首都的生态环境，是一个集健身、休闲、娱乐、防灾避险于一体的综合性郊野公园	国际友谊林、青年林、秋色园、密林园、花卉观赏园、丁香径、植物迷宫	植物造景、休闲健身活动
朝阳区	京城梨园郊野公园	专类公园	62.0	以梨树和梨文化为主题，着重渲染"梨花满枝花似雪，千树万树梨花开"的春季景观。以其丰富的植物景观和完善的基础设施，创造了一个舒适自然、意趣生动的游憩空间，是一个集日常健身休憩及周末休闲活动为一体，融合了梨园文化、现代健康休闲理念和郊野气息的综合休闲公园	梨花广场、林荫树廊、梨花草坪、梨园小屿、梨花山谷、梨园晴雪、梨园舞台、梨园别苑	戏曲文化、梨树苗圃文化、春景、日常休闲
海淀区	北坞公园	综合公园	47.0	设计风格既突出历史文化底蕴，又具有现代气息。东园借景颐和园、玉泉山，内有四大景；西园位于北坞嘉林西侧，园内开辟出多处场地，供周边群众休闲娱乐游憩，满足百姓需求	瞭望台、稻田	三山五园文化、京西稻、船坞文化
海淀区	东升八家郊野公园	专类公园	101.4	主题应"八、家"二字谐音，取"八方安和""佳（家）木更新"之意。"八方安和"取自圆明园"万方安和"，景观创意中隐含有"八家（佳）"之意，是对历史文化印记的保留。"佳木更新"即对此处原生树木进行调整、充实和提高，旨在打造和谐美好以"绿地为体、公园为形、自然为魂、市民为本"的绿色空间	奇园八景、梨花飞雪、怡然小径	绿色生态、自然野趣
石景山区	老山城市休闲公园	专类公园	79.1	"以林为体，郊野休闲"的理念，充分体现了"体育"元素的山地休闲郊野公园	瞭望台、山地自行车比赛赛道	运动休闲、山地车赛道
昌平区	东小口森林公园	专类公园	153.3	集生态、健身、娱乐、休闲、防灾避险五大功能于一体，是北京郊野公园之一，是北京高楼林立社区间的一座天然氧吧	人工及天然湖、滨水沙滩、阳光沙滩活动区	山林郊野、健身体育活动
丰台区	天元郊野公园	专类公园	32.8	本着"以野为魂，以林为体"的原则，主题思想是"天圆地方"，园以大面积植物景观为主，满足周边及中心城区市民休闲健身、娱乐、体验、观赏、科普教育等多种活动需要	林间休闲活动区、康乐花园区、新四军纪念区、水生植物观赏区	自然野趣、山林郊野
丰台区	绿堤郊野公园	专类公园	105.0	是一个集生态恢复、湿生植物科普、郊野休闲为一体的公园，可提供休闲、娱乐、运动、健身、研习等多种活动空间	湿地绿野、永定河湿地风光、健走步道、滨河路春季景观线、左堤路彩叶景观线、中轴路花卉景观线、以7个纪念林为主的7个主题景观点、景石广场	生态修复、湿地植物
丰台区	槐新郊野公园	专类公园	90.0	以野为引，以人为本，体现林间野趣、生态之音，以动、静两条景观线进行量观的构建，是市区外围绿色生态环的重要组成部分。集日常健身休憩及周末休闲活动为一体，以特色植物景观、森林健康休闲、户外有氧运动为特色的郊野公园	森林活动园区、花木风情园、采摘活动区、草地运动区、小木屋、体育健身器械	自然野趣、山林郊野、槐花雨

续表

行政区	公园名称	类别	面积（hm²）	功能定位	主要景观	关键词
大兴区	南海子公园	综合公园	398.2	以生态恢复为基础，以"传承历史文化、恢复湿地文化、保护麋鹿文化、创新现代文化"为灵魂，形成集自然休闲、健身娱乐、科普宣传、承载产业为一体的多功能、可持续发展的综合性公园	园内设置了朱雀迎宾、上林花坞、南囿秋风、九台环碧、神游清旷等十大景观区以及历史文化步道、中山纪念林	燕京十景、清皇家文化、麋鹿狩猎文化
大兴区	旺兴湖郊野公园（一期、二期）	专类公园	89.3	以周边社区居民、城市中心区的市民为主要服务对象，对绿化隔离地进行近自然和公园化改造，遵循以"野"为魂，以"林"为主题，因地制宜、自然朴野、健康生态，以满足散步休闲活动为主，为周围居民提供良好的绿色郊野空间	江南园林风、徽派楼阁、中央生态湿地、石桥	山水风光、自然野趣

本次研究所挑选的 20 处郊野公园与上位规划的一绿地区、二绿地区的整体空间关系如图 1 所示。目前北京市公众点评数量较多的郊野公园多始建于 2010 年及以前，且多位于邻近城市核心区域发展较早的第一道绿化隔离地区。

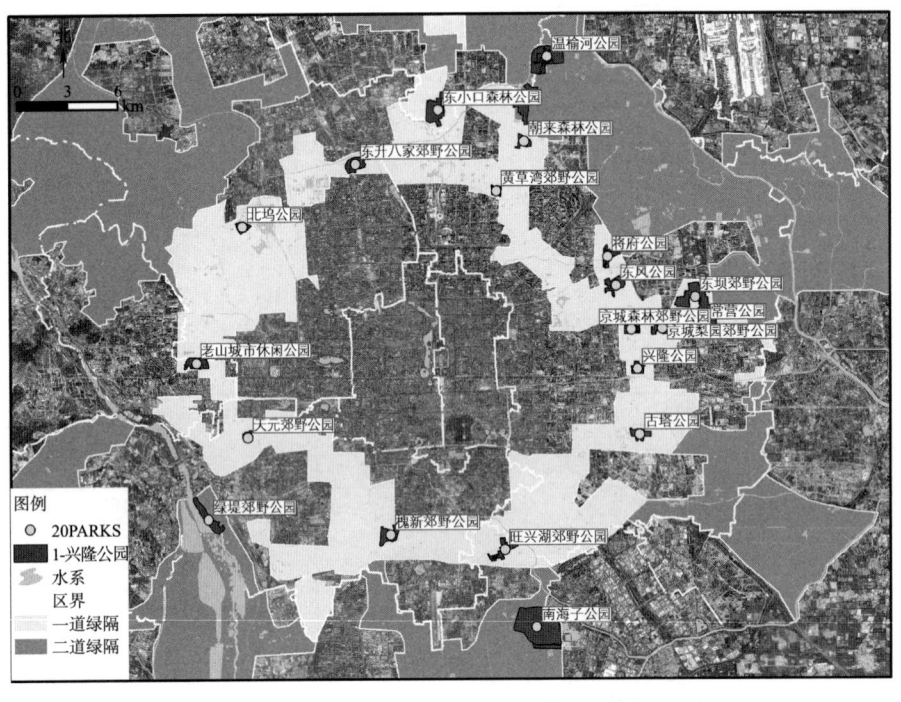

图 1　20 处郊野公园区位概况

本研究的数据来源综合考虑社交平台的受众范围与覆盖面，选择大众点评网站对 20 处公园名逐一搜索，利用 Python 工具包爬取至 2024 年 1 月 31 日的用户评论、评论时间、点评分数等信息内容。并对数据进行整理，手动删除与对应公园无关的评论，并对网络用语进行标准词替换，剔除字数较少、容易引起情感倾向而引起误判的评论。

2.2　研究方法

将上述数据利用 ROSTCM（6.0）内容分析软件（ROST Content Mining System）对 20 个样本公园的评论内容进行文本分析，主要步骤如下：①将 20 处样本评论导入 ROSTCM（6.0）进行分词处理；②提取整体公园与各个公园的前 200 位高频词，并分析词间语义网络关系，分析公众整体关注点并横向比较各样本的公众关注点与感知情况；③依据高频词与网络分析，对各公园的公众体验偏好进行归纳与对比；④通过情感分析，得出整体与单各公园的情绪态度。

3　研究结果

3.1　网络点评数据概况

截至 2024 年 1 月 31 日，经数据预处理共获取有效评论51526条（图2），各样本公园的有效评论数量均大于500条。其中南海子公园的评论数据最多，共12299条，占总数据的23.87%；朝来森林公园评论数据最少，共534条，占总数据的1.04%。20处样本公园的评分差值小，均位于4.6~4.9分。其中将府公园、北坞公园、温榆河公园朝阳示范段评分偏高，为4.9分，朝来森林公园与槐新郊野公园评分偏低，为4.6分。

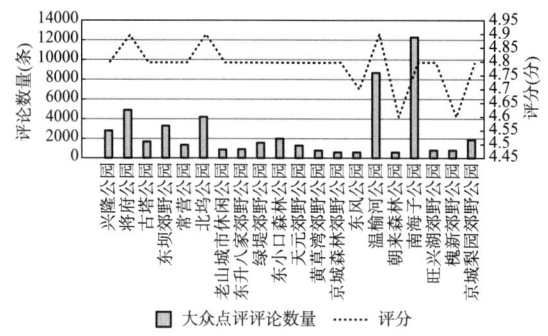

图2 评论数量与评分

3.2 公园的公众关注点与感知差异

3.2.1 公众关注点

针对分词文本数据进行词频分析，利用ROSTCM（6.0）工具捕捉各公园前200位的高频词，运用微词云工具形成可视化词云图（图3），图中字号越大的词语表示在网络评论中出现的频率越高，反映公众对改词的感知程度越高。整体上看，20处郊野公园的高频词集中在停车、免费、拍照、孩子、附近、方便、环境、风景、银杏、遛弯、跑步等词语上，反映了公园规模、运营模式、基础设施、生态环境、自然资源、空间距离等基础要素是公众的基本且重要的关注点。

各公园的特色公众关注点上，公众视角主要聚焦于自然环境资源、景观特色构筑、历史文化资源、游憩活动模式等方面，具体词汇如下。

（1）自然环境资源：花海（花田）、麋鹿、天鹅、孔雀、沙滩、二月兰、荷花、银杏、芦苇、湖泊、氧吧、梯田、湿地等。

（2）景观特色设施：卡丁车、游乐场、篮球场、足球场、摩天轮、茑屋、沙坑、迷宫、儿童公园、宠物公园、小火车、咖啡厅等。

（3）历史文化资源：铁道、十方诸佛宝塔、汉墓、皇家园林、颐和园、玉泉山、卢沟桥、电视塔、朗园等。

（4）游憩活动模式：划船、骑车、野餐、钓鱼、露营、拍照、爬山、遛狗、烧烤、放风筝、玩水等。

横向比较20个样本公园的高频词可以发现天元郊野公园、黄草湾郊野公园、京城森林公园、东风公园、朝来森林公园、槐新郊野公园等公园的公众关注点趋同，针对公园内部特色的高频词集中在健身、野餐、露营、银杏、孩子、散步（遛弯）上，这些词语所展示的多为周边居民的日常公园使用状态，反映了这几处公园的社区属性明显，而定位与特色需要深度挖掘。

3.2.2 公众感知社会语义网络分析

基于高频词分析，利用ROSTCM（6.0）的社会语义网络分析工具绘制网络图，删除指向性不明确的词汇，20处公园样本均呈现"核心—次核心"的感知表征结构[28]，且均以"公园"为核心，同时存在高关联词汇，对高频词间的关系进行补充。

其中具有代表性的8处样本公园中（图4），次核心词汇以名词与动词为主，表现在区位（石景山、朝阳区、大兴区）、规模（很大）、植物资源（二月兰、银杏）、动物资源（麋鹿、孔雀）、自然景观（稻田、沙滩、梯田）、历史文化景点（铁路、古塔、王四营、颐和园、玉泉山、老山、宛平湖、永定河、南海子）、游憩活动（打卡、拍照、跑步、马拉松、健身、休闲、爬山）、价格收费（免费）、基础设施（停车），反映了公众对游憩体验与历史文化景点的关注度较高。高关联词方面，具有代表性的有北坞公园样本中"颐和园"与"玉泉山""拍照""附近""景色""西郊线"关联度较高，反映了公园的使用会受到周围历史文化景点的辐射带动作用。

3.3 公众使用体验偏好

3.3.1 时间偏好

通过对时间相关的高频词提取，可以反映公众对于公园使用的时间偏好。相关词语可以归类为单日时段（上午、下午、晚上）、季节（春、夏、秋、冬）、工作日（平日、下班）、休假日（周末、假期等）。依据单日时段的高频词分析，白天中北坞公园、南海子公园、温榆河公园（朝阳示范段）公众在对上午与下午的选择有明显差异，主要集中在下午出行；10处公园"晚上"一词频率排名靠前，反映出公众夜游公园的选择。工作日与休假日的选择上，13处公园的"周末"或"假期"一词排名位于样本公园时间高频词的前三位，而朝来森林公园、槐新郊野公园、京城梨园郊野公园则显示"平日"是公众的出行时间偏好。季节维度上，结合具体文本，将季节对应的词语也归入到季节高频词的横向对比参照中，如"二

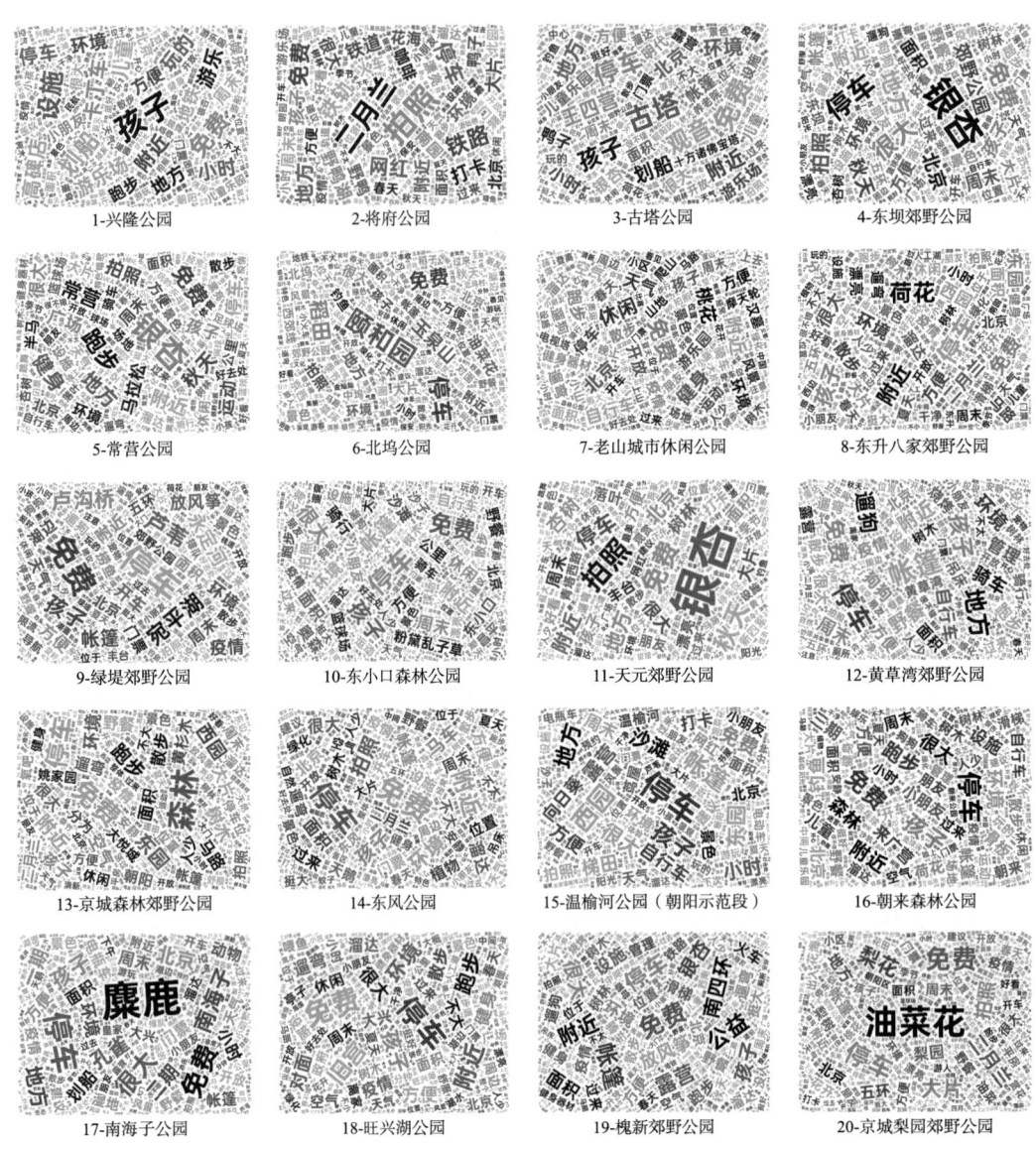

图 3 高频词云图

月兰"(春)、"荷花"(夏)、"银杏"(秋)、"滑冰"(冬)。经过比较，整体季节及其相关词汇以春、秋频率高，约占 71%，夏季占比 20%，冬季占比 9%，对于淡季(夏冬)公园的引流与开发亟待落实。

3.3.2 人群构成

针对高频词中适用人群相关的词语进行分析，数据显示人群出行单位以家庭、朋友为主。南海子公园、温榆河公园（朝阳示范段）、东风公园 3 处样本的市域范围的居民与游客的感知频率高于周边居民，显示其影响力与辐射力在众多样本中排名靠前，属于游客市民主导型的综合公园；其余 17 处公园的使用人群以周边居民为主，属于居民主导型的公园。"孩子"在 15 处公园的感知频率排名第一，反映了郊野公园的更新需要着重考虑儿童的需求。

3.3.3 活动偏好

活动相关的公众感知高频词可以反映公园使用者的活动偏好。依据活动场景与利用方式可以将活动分为以下 5 个方面：居民日常休闲活动（散步、锻炼、健身、跑步、遛狗）；市民文娱游憩活动（唱歌、跳舞、游乐、划船）；郊野氛围体验活动（露营、野餐、烧烤、动物互动、农场体验）；自然风景观光活动（观光、赏花、拍照）；城市节事庆典活动（参与音乐节、斯巴达勇士节、冰雪节）。依据各样本的活动词汇出现频率（图 5），样本公园使用者整体活动偏好以日常休闲与自然风景观光为主，其中具有特殊性的公园以娱乐游憩为主要活动偏好的有兴隆

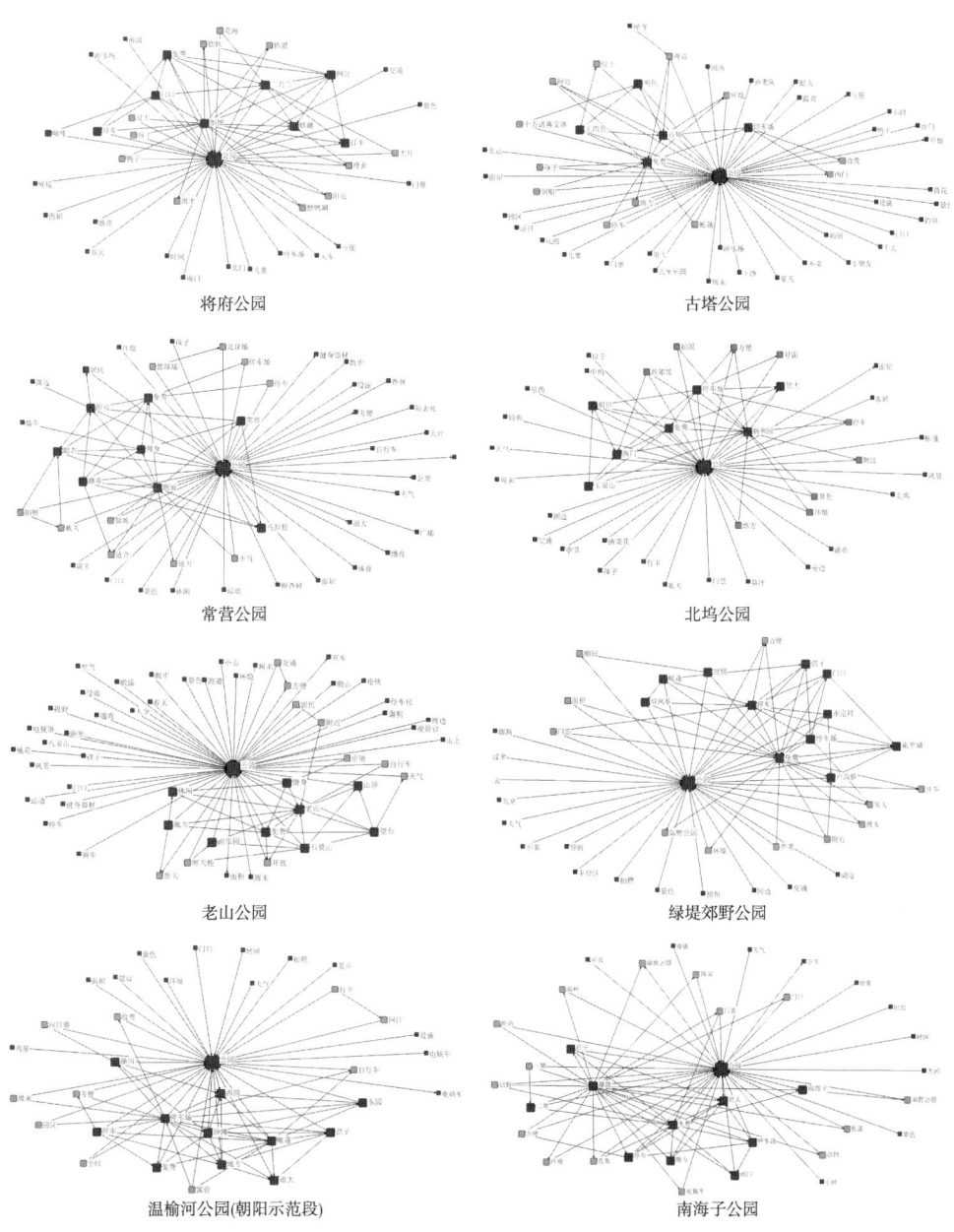

图4　8处公园语义网络分析图

公园（以游乐场游玩活动为主）；以郊野氛围体验为主要活动偏好的有南海子公园（以动物互动、露营野餐活动为主）。依据点评数据显示，城市节事庆典类型活动较少分部，主要出现在将府公园的城市艺术节、东风公园的斯巴达勇士营地比赛、温榆河公园（朝阳示范段）的音乐节与冰雪节中。而郊野公园规模较大，未来在合理运营下可以发展成为城市节庆活动开展的重要开放场所。

3.4　公众情绪感知

利用ROSTCM（6.0）情感分析工具，将样本公园的评论内容依据情感态度的词语进行分析，可将文本情绪分为积极、中性、消极3个等级，形成情感分布统计图（图6）。总体来看，各公园评论的情感分布均以积极情绪为主，占比为70%~87%，中性情绪普遍低于1%，消极情绪占比13%~30%。依据积极情绪与消极情绪的比值，可以反映公众对样本公园的情绪感知倾向。其中，公众情绪感知偏积极的公园为北坞公园、兴隆公园、京城梨园郊野公园；感知偏消极的公园主要为东风公园、槐新郊野公园、朝来森林公园。公众情感偏向的存在会给各样本公园提供一定的参考与借鉴，发掘出公众提倡改造更新的公园，并为郊野公园提质工作的逐步分期开展提供参考依据。

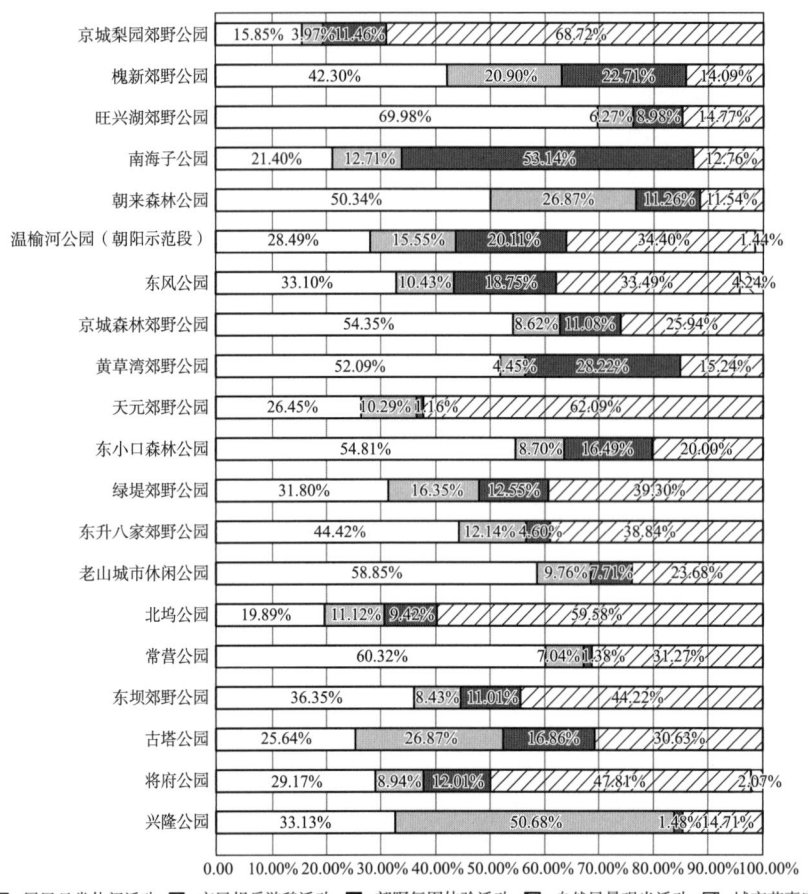

图 5　公众活动模式感知频率

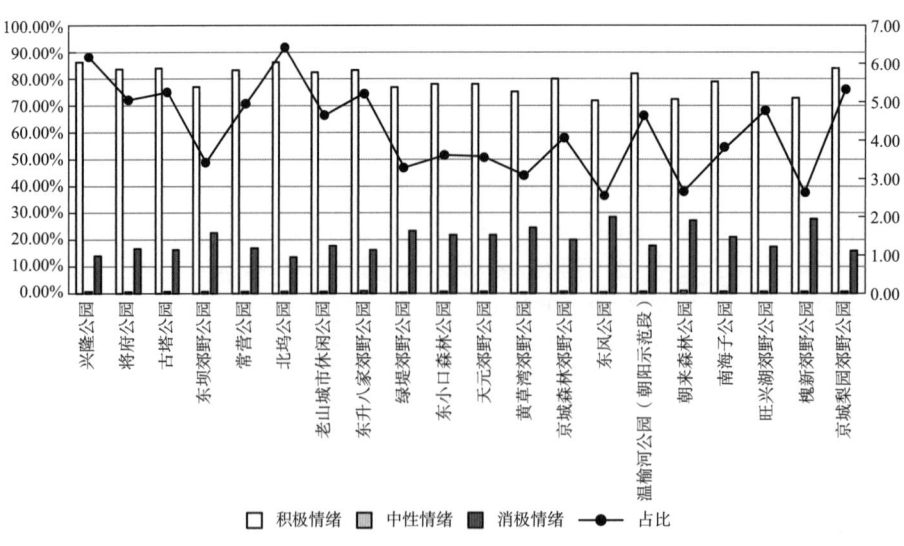

图 6　情绪感知分析

4 优化策略与建议

4.1 绿化隔离地区公园环的整体把控与发展

整体把控各公园成环成体系的发展方向，并依据未来规划落实到具体设计与更新改造内容。例如，以规划提到的"绿道连通"[20]视角，据分析20处郊野公园基本拥有慢跑条件，拥有骑行条件的有17处，建议将公园慢行系统进行"骑行—慢跑—步行"分级规划后，将园区慢行系统与城市慢行道进行贯通，打破公园边界，形成系统的绿色慢行体系；以规划内容中"九大公园群[29]"为发展视角，规划须注重郊野公园环模式下组团公园的发展，把控好同一组团公园中各节点利用模式配比，"连点成面"以弥补单体公园利用模式单一、服务范围小等不足。

4.2 公园个体特征与差异性的提炼

在统筹公园利用模式配比的条件下，应当注重各公园的特征挖掘。结合上文分析，各公园存在较明确的公众利用模式的定位。针对各公园的差异性发展方向，本文给出了相应策略（表2）。

20处公园定位与发展建议　　　　　　　　　　　　　　　　　　　　　　　　表2

序号	公园名称	利用模式与定位	发展建议与策略
1	兴隆公园	全天型游乐主题倾向的公园	提升游憩设施的郊野属性，如利用自然肌理材料进行设施的更新
2	将府公园	年轻化自然休闲型公园	融入多样的年轻化的文创节事活动
3	古塔公园	具有夜游属性的古迹观光公园	搭配虚拟现实技术、强化夜景灯光效果；引入传统庙会等夜游型节事活动
4	东坝郊野公园	全天型自然郊野观光公园	引入更多乡土树种，并设置科普互动装置；植入乡土儿童游憩设施（如沙坑、农田采摘等）
5	常营公园	全天型社区马拉松主题公园	分级管理慢行道实现人车分流，并与城市慢性体系做衔接；举行区域马拉松赛事
6	北坞公园	"三山五园地区"自然人文复合主题公园	引导贯通与周边三山五园地区标志景点的交通、视线联系，并进行科普宣传；引入虚拟现实技术，打造夜晚游园灯光秀；设置科教设施，宣传北坞漕运船工历史文化
7	老山城市休闲公园	全天型山地健身郊野公园	植入丰富多样的山地运动（如山林探险、山地自行车越野、攀岩等）
8	东升八家郊野公园	观花为主的社区型康养公园	引入更多观花植物品种，丰富季相色彩变化；配合植物设置疗愈花园；注重对周边主干道的噪音消纳，打造静谧的城市氧吧
9	绿堤郊野公园	滨水自然湿地型公园	植入沼泽湿地系统、动植物以及栖息地的科普设施，对湿地空间的生态效益进行宣传
10	东小口森林公园	森林露营体验为主的城市天然氧吧	贯通与昌平骑行道的连接，引入自行车追风活动
11	天元郊野公园	自然风光观赏型的郊野公园	引入丰富的秋色叶与观花植物，丰富公众关注最多的春秋两季的植物景观；发扬并宣传红色文化
12	黄草湾郊野公园	宠物友好型野趣体验园	注重人宠分离，设置单独的宠物公园，举行爱宠人士聚会等；植入丰富多样的野趣活动（如农场体验、创意牧场等）
13	京城森林郊野公园	社区型日常休闲聚会公园	设置包容开放的活动空间单元，承纳社区性活动（如社区瑜伽表演、森林二手市集等）；对园路进行漫步道与慢跑道的分级设计，满足公众的使用需求
14	东风公园	社区度假型郊野体验园	科普教育：树木生科普知识；植物健康药用功能
15	温榆河公园（朝阳示范段）	景观特征鲜明，节日氛围浓厚，科技，冬季游乐	承纳城市大型节日庆典活动（如冬季冰雪节、秋季丰收节、夏季嬉水节）；搭配虚拟现实新技术、强化夜景灯光效果
16	朝来森林公园	融入农艺主题的郊野科普型公园	设计自然材料定制的儿童游戏设施；结合现有农场，设置教育牧场；打造林带栈道，提供公众与本土树种树冠接触的机会
17	南海子公园	市域型融入动物互动感知的湿地型郊野公园	承纳城市大型节日庆典活动（如春日游园会、花朝古风节等）；搭配虚拟现实新技术复原"南囿秋风"这一燕京十景
18	旺兴湖郊野公园（一期、二期）	全天型郊野湖泊观光体验公园	完善鸟类栖息地营建与其科普的科普宣传设施；植入自然式的构筑设施，提供给游客观鸟空间
19	槐新郊野公园	社区型郊野露营公园	规划设计露营空间；植入乡土儿童游憩设施（如沙坑、农田采摘等）；对公园乡土野菜进行科普与种植采摘
20	京城梨园郊野公园	社区型春景观光公园	搭配更多的春花植物，同时兼顾其他三季的植物季相变化，对植物进行科普展示宣传；以"梨树"为主题，提供农业采摘体验场所

4.3 创新使用方式与感知形式的植入

据分析，公众对于样本公园的使用与感知仍局限于社区属性的日常休闲与表层的视觉观光层面，而对于郊野公园所具有的生态、文化、乡土景观等方面存在不足，这反映了这些层面的感知形式缺乏或吸引力不足等问题。未来各郊野公园的更新发展中可考虑更多乡土景观的植入，如沼泽、农田、牧场等，搭配种植更多样的乡土植物丰富季相变化，避免如现状公园植物选择同质化（以银杏、二月兰、荷花为主）的问题，并布局采摘园、创意牧区、植物或动物栖息地科普展示区等，丰富儿童的认知学习体验。此外，应考虑丰富的活动与场景的植入吸引更多使用者，如植入春日游园会、花朝古风节、灯会、音乐节、森林市集等的城市节事活动等；引入多媒体或数字化技术，如在夜游中增加虚拟现实等技术再现公园历史文化沿革，在新型的数字化技术下加深公众对公园文化层次的感知。

4.4 承接未来城市发展

对接未来城市发展中诸如生态安全、洪涝灾害、公共卫生安全等问题，郊野公园应当扮演多样的绿色空间角色，从而提升城市应对多样安全问题的弹性与自我恢复性。此外，应对城市扩张，郊野公园定位会随着城市发展需求植入更多的城市化功能，如何做到平衡绿色生态与城市活力之间的关系将成为公园转型过程中的重要议题。

5 结语

未来十年，北京绿化隔离地区将打造各具特色、统筹成环的百个郊野公园。公众感知的动态反馈将成为引导规划发展的重要数据支撑。本研究所选择的网络文本评价具有既有、自发性、数量大、真实、动态等非介入式数据的优势特点[30]，但仍存在无法确认用户的真实信息、评价多来源于中青年群体等局限性。且本研究基于公众主观感知为引导的公园使用分析，其与公园客观存在的空间与实体之间是否存在规律性的关联，即主观评价在多少程度上可以反映公园客观情况这一问题，亟待深入研究与考证。未来可基于本研究选取多个郊野公园进行介入式调查（问卷、访谈等），补充研究人群类型与感知偏好的相关性，并将公众感知评价与公园客观存在因素进行关联度分析，为绿化隔离郊野公园更新发展提供进一步的科学支撑。

参考文献

[1] 北京城市总体规划（2016年—2035年）[EB/OL]. 2017-09-29 [2024-09-27]. https：//www.beijing.gov.cn/gongkai/guihua/wngh/cqgh/201907/t20190701_100008.html.

[2] 绿化隔离地区"十四五"规划发布 让青山绿水蓝天成为大国首都底色[EB/OL]. 2021-11-04 [2024-09-27]. https：//www.beijing.gov.cn/zhengce/zcjd/202111/t20211104_2528835.html.

[3] 北京市规划和自然资源委员会. 北京市第二道绿化隔离地区减量提质规划(2021年—2035年)[EB/OL]. 2023-12-29 [2024-05-13]. https：//ghzrzyw.beijing.gov.cn/zhengwuxinxi/ghcg/zxgh/202312/t20231229_3520976.html.

[4] 黄婷婷, 高梦瑶, 韩若东, 等. 国土空间背景下的城市绿色空间体系规划研究[J]. 中国城市林业, 2020, 18(1)：54-59.

[5] 葛韵宇. 基于生态系统服务评估的北京市第二道绿化隔离地区绿色空间格局演变与优化研究[D]. 北京：北京林业大学, 2022：35-36.

[6] 詹芳芷, 田思月, 刘志成. 基于第二道绿隔规划的北京市平原区绿色空间土地利用多情景模拟与景观格局研究[J]. 城市发展研究, 2023, 30(1)：26-34.

[7] 周慧荻, 解铭威, 魏巍, 等. 基于CA-Markov模型的北京第二道绿化隔离带土地利用时空演化研究[J]. 北京规划建设, 2022(1)：147-154.

[8] 葛韵宇, 李雄. 基于多源数据的北京市第二道绿化隔离地区生态系统支持服务与景观多样性关联研究[J]. 风景园林, 2021, 28(8)：100-105.

[9] 刘海龙, 王茜, 宋洋, 等. 北京第二绿化隔离地区以鸟类为主的城市生物多样性保护规划途径[J]. 中国园林, 2022, 38(10)：6-13.

[10] 杨亦松. 北京市西南郊地区：二道绿隔地区郊野公园体系构建研究[J]. 北京规划建设, 2019(5)：130-133.

[11] 葛韵宇, 李雄. 基于碳汇和游憩服务协同提升的北京市第二道绿化隔离地区郊野公园环空间布局优化[J]. 北京林业大学学报, 2022, 44(10)：142-154.

[12] 刘子晴, 葛韵宇. 北京第二道绿化隔离地区空间潜力分析及郊野公园选址研究[J]. 北京规划建设, 2024(1)：40-45.

[13] 冯一凡, 郭灿灿, 赵鸣. 山水城市视角下北京"二道绿隔—郊野公园环"选址研究[J]. 北京规划建设, 2019(4)：106-110.

[14] 王瑞琦, 仇渊勋, 李雄. 以生境保护优先的北京市第二道绿化隔离地区郊野公园选址方法[J]. 北京林业大学学报, 2021, 43(2)：127-137.

[15] 李方正, 李科慧, 李雄. 北京市第二道绿化隔离带郊野公园环情景规划研究[J]. 风景园林, 2021, 28(4)：58-64.

[16] 秦悦婷, 温亚利. 北京市郊野公园特征对市民使用需求的影响[J]. 资源开发与市场, 2022, 38(11)：1401-1408.

[17] 李翠翠,徐程扬,章志都,等. 北京市居民对郊野公园建设的满意度分析[J]. 北京林业大学学报(社会科学版),2010,9(2):68-72.

[18] Lan G, Bin M, Yadong Q, et al. A satisfaction analysis of the infrastructure of country parks in Beijing[J]. Urban Forestry & Urban Greening, 2015, 14(3):480-489.

[19] 叶阳,裘鸿菲. 基于网络文本分析的城市公园形象感知[J]. 中国城市林业,2022,20(1):90-95.

[20] 李姝霖,刘竞舸,吴玉萍,等. 基于网络文本分析的福州市公园形象感知对比[J]. 中国城市林业,2022,20(1):85-89.

[21] 刘瑞雪,孙毅翀. 基于网络点评数据的城市公园公众满意度及其影响因素研究[J]. 地域研究与开发,2021,40(4):63-68.

[22] 张希,蒋鑫,张诗阳,等. 大运河文化遗产利用的公众感知研究——基于网络数据的语义分析[J]. 中国园林,2022,38(1):52-57.

[23] 谭立,赵茜瑶,李倞. 基于多源大数据分析的北京市典型建成绿道评价[J]. 现代城市研究,2019(10):36-42.

[24] 张怡,裘鸿菲. 基于LDA主题模型的湖泊公园生态系统文化服务公众感知研究[J]. 中国园林,2023,39(7):121-126.

[25] 姚翔宇,孟静,陈京京,等. 基于网络文本分析的南京园博园游客旅游体验研究[J]. 绿色科技,2022,24(23):80-85+91.

[26] 翟宇佳,贡若玉,陈静,等. 基于网络文本数据的上海辰山植物园及月季园游客感知分析[J]. 园林,2023,40(9):21-28.

[27] 北京市园林绿化局(首都绿化委员会办公室). 北京市公园名录[EB/OL]. [2024-09-27]. https://yllhj.beijing.gov.cn/ggfw/bjsggml/.

[28] 赵琳,章锦河,陆佩,等. 基于宣传口号的南京市旅游形象社会公众感知研究[J]. 现代城市研究,2020(6):117-124.

[29] 建百余无界公园 形成400公里慢行体系 第二道绿化隔离地区——打造京郊旅游休闲第一目的地[EB/OL]. 2023-11-18 [2024-05-13]. https://www.beijing.gov.cn/ywdt/gzdt/202311/t20231118_3304370.html.

[30] 王琳,白艳. 基于网络点评的城市公园使用后评价研究——以合肥大蜀山森林公园为例[J]. 中国园林,2020,36(6):60-65.

作者简介

徐畅,1998年生,女,北京林业大学园林学院硕士研究生在读。研究方向:风景园林规划与设计。

王怡鑫,1998年生,女,硕士,厦门大学建筑与土木工程学院,研究助理。研究方向:遗产保护。

陈耸,1997年生,男,学北京林业大学园林学院博士研究生在读。研究方向:风景园林规划与设计、乡村景观与聚落。

(通信作者)王向荣,1963年生,男,博士,北京林业大学园林学院,教授、博士生导师,《中国园林》主编。研究方向:风景园林规划与设计。电子邮箱:wxr@bjfu.edu.cn。

花园营建工程中设计变更与工程实现探索
——以"焕生之窗"家庭花园建设为例

Exploration of Design Changes and Project Realization in Garden Construction Projects
—Taking the Construction of "the Window of Rejuvenation" Family Garden as an Example

何诗瑶　刘雨馨　秦仁强*

摘　要：在园林建设中，大中型园林工程在范式追求"确定解"的情况下，仍存在施工过程中设计图纸变更问题。而城市小微尺度花园营建过程中设计变更与工程实现问题更加突出，这与分寸毫厘、一花一草的营建实现密切相关。本文通过对家庭园艺营建工程中的植物设计应用入手，从植物应用与时间演替、空间结构与景观结构、艺术结构与空间塑造、游览路径与游赏方式、更新能力与管理方法几个方面全面探讨了设计与施工过程中设计变更的问题。总结出设计与施工密不可分、互为支撑的关系。小尺度的花园营建突出了设计师参与指导施工，重视项目管理，从施工环节利用植物造景有效地进行生态性、合理性、隐喻性、多样性和开放性的家庭花园工程建设。

关键词：家庭花园；植物设计；设计变更；因地制宜；工程管理

Abstract: In the construction of gardens, large and medium-sized garden projects still have the problem of design drawings change in the construction process under the condition of pursuing 'definite solution' in the paradigm. In the process of urban small and micro scale garden construction, the problem of design change and engineering realization is more prominent, which is closely related to the construction and realization of one flower and one grass. Based on the application of plant design in family horticultural construction project, this paper comprehensively discusses the problems of design change in the process of design and construction from the aspects of plant application and time succession, spatial structure and landscape structure, artistic structure and space shaping, tour path and tour mode, renewal ability and management method. Summed up the design and construction are inseparable, mutually supportive relationship. The small-scale garden construction highlights the designer's participation in guiding the construction, attaching importance to project management, and using plant landscaping to effectively carry out ecological, rational, metaphorical, diverse and open family garden construction from the construction link.

Keywords: Family Garden; Plant Design; Design Changes; Adjust Measures to Local Conditions; Project Management

引言

《中庸》有言，君子"致广大而尽精微"。花园设计从微小处着手，关注细腻的设计，草花的位置组合、园建基础和艺术装置的建构应用，无一不在"尽精微"。而设计的不断更迭、工程的持续推进催生对于二者关系的"广大"思考。在花园营建过程中，设计与施工密不可分、互为支撑，设计指导施工，施工反馈设计，重视项目管理，才能实现设计与施工两个环节的同步协调、深度融合。

"焕生之窗"花园位于武汉市沙湖公园，面积约15m²。作为2024年世界花园大会武汉分会场家庭园艺展区参与设计与施工的一个展园，获得了多个奖项。从花园设计竞赛阶段到施工建设呈现阶段，营建过程中存在较大的变更，尤其是设计师针对施工现场环境、园建材料、植物材料等限制条件的变化和花园功能与意境创造需求进行较大的园建与植栽变更处理。以湖北地带性植物景观为蓝本，选用湖北地区特色乡土植物和园艺新优品种，采用低废弃植物造景手法，展示独具武汉乡土性自然和地域性文化的植物景观艺术美。

本文从设计师作为设计主体的角度总结了园林建设中设计与工程、设计理念与地域性艺术表达实现问题。

1 作为整体中的花园

"焕生之窗"花园是以"焕生之境"为总体概念的五个系列花园之一。这五个花园作为具有相似尺度并在不同框架空间中变化的微花园，理念互补递进，秉承传统园林造园观念，结合现代手法，始终贯彻循环利用的理念，传递可持续发展与韧性景观的知识。逐步构建了自然、城市和家庭融合的花园空间，强调植物的自然演替与可持续生长，通过多年生宿根植物和乡土植物的组合，模拟乔木、灌木和草本植物的生境，让绿意焕发新生、勃勃生长。

在设计初期进行总体协调规划，"焕生之窗"花园作为序章，并设定为五个花园的总入口（图1）。在靠近道路一侧塑造开敞空间，大面积采用冻害原木与草地结合，利用博物空间立体展示自然力量，突出枯木重生、生生不息之意。

2 设计方法与实践过程

2.1 理念与设计

设计注重完整的园林过程和植物生命过程，尤其重视家庭尺度的花园的功能、设计理念、建造模式、系统性及可持续性等几个方面的有效结合。通过材料手法、空间艺

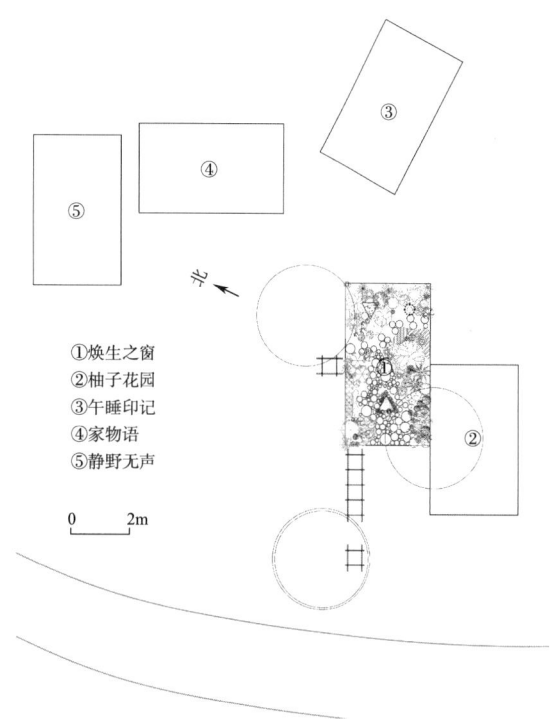

图1 焕生之窗花园位置示意图

术和建造工艺[1]等实现花园美学搭配[2]。设计聚焦植物对花园营造的特殊贡献[3]。植物常被视为被动的、受制于人类的物体，但实际上是能够交流、有知觉[4]和创造世界的参与者[5]，具有主体性和社会性。植物时间是探索植物能动性的核心，从植物的视角观察时间，更加关注植物生命[6]及其变化[7]。根据Timothy Morton的观点，"strange stranger"的方法能够颠覆之前有限的、固定的人类尺度的时间感的环境假设。通过延时（time lapse）即时间压缩的视角观察世界，可以在惯常的生活周遭中产生陌生感与神秘感[8]。这挑战了园林设计中关于植物只是静态元素的惯例。设计以自然态的营造和过程性为核心，达到弹性使用、有机增长的长期目标。借助金属框架及艺术装置进行创造性表达，用自然材料的不同表现手法将平面与立面区别设计。利用场地现有基底和天然高差，营造富有层次的低维护可持续自然花园（图2、图3）。

季节性特征依赖于人为的偏好与经验，而物种与群落的复杂性无法简单通过季相表达，因而设计更关注时间性（temporality）的理念。突显植物及其群落生存路径的不确定性，通过难以预测的时间尺度和类别，超越四季重复的结构。将植物视为一个持续的过程，超越即时的视觉、形式和技术特征，并关注植物在其生长环境中变化的复杂性。

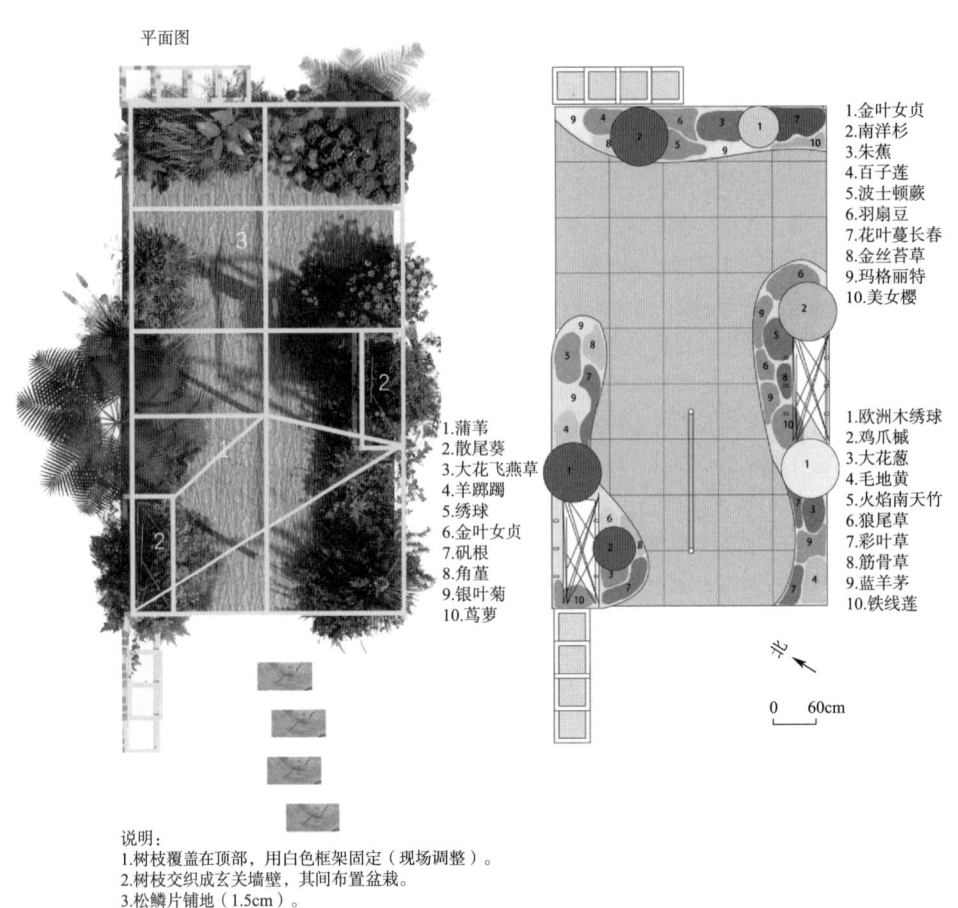

图 2　焕生之窗花园设计平面图

2.2 实践过程

本次花园竞赛建造周期较短，花园面积较小，全程由团队设计与施工。设计着眼于自然花园的可持续性[9]，选择用一种低干预、可降解的材料介入花园，既能保证材料的功能性，又不破坏花园的自然感，聚焦当地居民日常生活和城市环境中常见的废弃物[10]，最终选用完全自然的材料——武汉冻雨影响下断裂废弃的樟树枝来铺设花园道路。

首先进行因地制宜的台阶式空间处理，在简单整地的基础上，依坡就势，将校园内搜集废弃樟树枝作为基础材料，完成切割、打磨、运输、安置后，形成最具特色的樟树桩花园路径（图4、图5）。

其次为艺术装置搭建，同样对樟树枝进行解构重组，粗细不一的树枝编织成图案覆盖于结构四周，能增强装置的安全性，又带来丰富的视觉效果。随着时间推移，光线逐渐斑驳，在日间形成不断变幻的光影图案。夜晚，艺术装置则成为一个暖黄色高塔，吸引游客参与夜游。

在植物材料的选择上，组合多种地域性的乡土植物物种，注入时间和空间的思考，创造自然、生态的植被组合状态。以武汉乡土植物及宿根花卉为主要材料，并根据展览时间、周期和种植效果，配植春季特色观赏植物。在博古架上的水钵内栽植小型水培植物，既有助于形成良好的花园景观，又能够适地适时栽植。最终完成具有生态性、地域性、文化性的家庭花园营建（图6）。

3 施工建设与花园创造

3.1 植物应用与时间演替的生态性

设计保留了场地原有的三棵大树，以尊重原有生态环境，并为花园提供了天然的树荫和借景效果。而植物的选择与布置遵循生态演替和可持续生长的原则。多年生的宿

规划设计理论／花园营建工程中设计变更与工程实现探索——以"焕生之窗"家庭花园建设为例

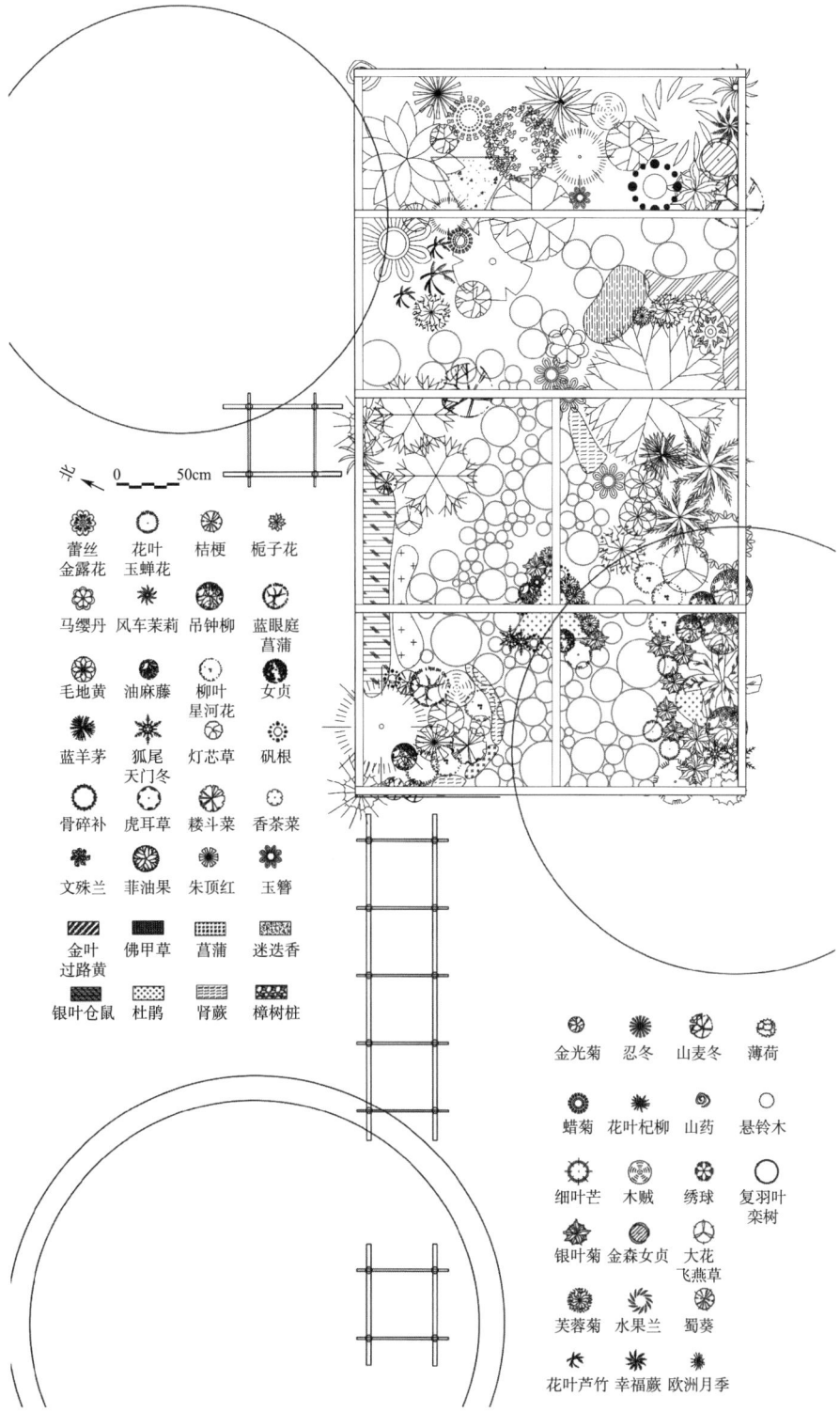

图3 焕生之窗花园植物配置竣工图

图 4　樟树桩路径搭建过程

图 5　樟树桩路径搭建完成

图 6　花园建成效果
（图片来源：新华网）

根植物和本地乡土植物的合理搭配，展示了时间中的生机盎然。同时充分利用经过自然演替、已融入当地生态系统的乡土植物[11]，如女贞、杜鹃、栀子、麦冬、灯芯草和虎耳草等，旨在最大程度地还原本土植被花园，营建具有地方特色的园林景观。

花园的设计和建造是一个开放且充满不确定性的过程，需要不断试验与调整[12]。通过现场测试植物的适应性，并根据实际生长情况调整和修改设计方案。例如，因芙蓉菊的品相存在差异，设计选择品相较差的植株用于底层铺设，品相较好的植株用于观赏位置。同时考虑到武汉的气候条件，购买花卉幼苗以测试其耐热性及其他抗逆性，持续对植物的生存状态进行评估，适时调整植物种类及品种[13]。在实践进程中，不同植物提供多样的组合结果以适应场地特性，宿根花卉以及灌木得以茁壮生长，而由于武汉严酷的天气，一年生草花则逐渐消亡，在必要时对其进行了调整、修改，同时增加其他干预措施（图7、图8）。

图 7　花园竣工时

图 8　花园竣工三个月后

这种自然态的营造观，在设计图纸中也能够体现。设计只依赖少量工程图纸，施工过程中的大量工作依靠设计草图和现场优化。最终呈现的竣工图反映了主要种植实践完成后的理想状态。这些图纸表达了更为庞杂却相对模糊的万物美学。从万物一体的角度构建花园，构筑、花木、器皿、人物，从图纸到场地、从虚拟到现实。

总之，花园不仅仅是植物与设计师之间的合作成果，更是一场关于自然演替和生态恢复的生动实践。通过时间推移和植物生长过程，持续思考如何最大限度地利用自然时间和地域特征，创造一个美观、低维护和可持续的生态性景观，为城市提供绿色休憩空间和生物多样性的栖息地。

3.2 空间结构与景观结构的合理性

作为五个系列花园中的序章,花园采用相对均衡的布局,结合视觉上的中轴结构,又并非完全对称,轴线起到引领作用,而两侧各有特点与侧重,使整体空间平衡而舒适。

可控性与不可控性同时存在于营建之中。设计之初,白色金属框作为花园的"外骨骼"被固定,形成一种占位的功能装置,使得花园尺度以及空间限定由模糊变为准确。施工阶段考虑到艺术装置的位置变更及承重调整,相应精简了金属框的结构。在花园持续发展的过程中,作为框架和基础的装置被生长的植物率先突破,与外部环境进行互动。从入口上坡,花园视觉上被中部的高大艺术装置分割,同时将道路空间划分为南北两侧,分隔人流。两侧空间展现截然不同的氛围。北侧空间松弛开敞(图9),路面高度顺着坡度逐渐上升,通过花草配置逐渐推进视觉关系,各种植物高低错落,前后参差有致,主次分明,植景次第展开。南侧空间则较为紧凑,艺术装置与侧面栏杆组成相对收缩的空间(图10),仅容一人快速通过,后侧布置体积庞大的球形灌木菲油果,进一步收紧空间。枝下有一片较阴的区域,因而搭配低矮的耐阴植物,如玉簪、肾蕨、佛甲草等,围合空间的同时填补空缺。

图9 松弛空间

图10 收缩空间

3.3 艺术结构与空间塑造的隐喻性

花园通过艺术装置"解锁时间",将冻雨后死亡断裂的枯木编织成纠缠向上的姿态,在自然的野生粗犷与人工的几何秩序之间建立链接,衰败与鲜活的植物生命共存于同一个空间,利用艺术装置作为介质,植物自身材料的原场地转化[14]以表达地域性的文化背景。最终,艺术装置成功融入环境,成为整体的一部分。

偶然性与必然性同时存在于营建过程之中。原设计中博古架的位置将导致内部空间过于拥挤,因此在施工阶段将其移至靠近道路的入口一侧,通过这个偶然的设计,花园空间向外拓展。博古架与相邻花园的风车茉莉分置入口两侧,形成对景。同时,在地面铺设厚厚的松鳞片,从而使得入口成为一个颇具规模的小空间。花园在空间中产生互动,邻侧花园种植了满墙的风车茉莉,这成就了本设计花园的入口空间,完成了绝妙的借景。在花园后部,邻侧花园布置的竖向栏杆形成空间的韵律,也为花园的球形灌木菲油果制造了美妙的背景。不仅如此,从邻侧花园内部向入口望,映入眼帘的正是花园的博古架,上有琳琅满目的器物装饰,造就了花园的框景。

艺术装置成功塑造了花园内部空间。在装置搭建阶段,额外准备的三棱形的高塔装置弥补了设计上的不足——金属柱将内部空间切割得过于生硬。而高塔艺术装置柔和地分割花园空间,同时形成视觉焦点。枯木搭建的博古架上布置透明水钵收纳空间,可用来插花,进行临时性花园创作,日常作为多个小水体处理,使用小型花艺布景的方法,结合散落的家庭器物以及可食用植物营造成景(图11、图12)。这种设计在时间推移中逐渐将万物互联——人类、动植物与水联系在一起,以作为展示人与自然和谐共生的窗口。

图11 博古架

图12　竣工3个月后的博古架

作为生态艺术的结构装置能够拓宽"纪念碑"的概念[15]。传统意义上"纪念碑"是作为纪念人类历史事件或英雄人物的象征，而本设计作为关于武汉冻雨灾害的群体记忆的载体，紧密连接自然、人及城市，强调生命、社会和整个生态系统的关系。所以本花园不只创造了一个理想的生态系统，更是一个历史性的、活的纪念碑（图13）。

图13　艺术装置

3.4　游览路径与游赏方式的多样性

在设计阶段，由于松鳞片重量轻且易于运输和放置，本计划铺设1.5cm厚的松鳞片路径。但考虑到花园内坡度较大且松鳞片较为松散，固定性较差，如遇较大的雨雪或地表径流，将会产生位移甚至快速被带走，因而改为使用校园内断裂废弃的樟树枝干铺设花园道路。经过处理后的树桩按直径被分为两个等级，直径大于30cm为一级桩，直径在10cm到30cm为二级桩。一级桩作为主要定位点，布置在出入口及花园客厅内部，间隔距离摆放，同时固定其他树桩的位置。二级桩起辅助作用，填充道路空隙以及与种植区接壤的部分。对每一个树桩的摆放位置、角度、深度都进行了细致推敲，使路径如行云流水，与园内起伏变化的地形相呼应，引导游客穿行在一连串变化的景致中（图14）。

图14　游览路径

从设计图与竣工图的对比中也可以得到一些启示。铺装的艺术性和精神性能够体现花园的类型以及风格[16]。设计图中的铺装通常采用图案填充，呈现出单一刻板的重复形式；而实际施工中的铺装则充满不确定性，需要权衡材料与场地的适配性，做到精细定位并大胆创新。

在时间性思考的引导下，本设计注重展示植物在不同生命历程中的生长状态，将有生命与失去生命的植物同时呈现于博物架中，从而重塑对于植物与时间的认知。通过"去中心化"的设计，游客不再按照线性路径游览，而是可以在多变的景致中自由探索。"去中心化"的叙事结构是多元化、非线性的，游客的行为可以随机且开放，这种交互叙事创造了一种动态的故事结构。

3.5　更新能力与管理方法的开放性

花园是可降解的。选用完全自然的材料铺设花园道路、搭建艺术装置。随着植物生长和后期维护，导览牌拆除清理，将逐步完成降解工作。可持续、可降解的材料介入花园，既能保证材料的功能性又不破坏花园的自然感，摒弃过多的人工干预，以自然演替为主导，实现低维护的可持续生态系统。将自然的野性融合在花园中，在时间里见证自然更新的过程。

随着时间流逝，花园从春季完成搭建到夏季生长繁茂，硬质空间与软质空间均产生一系列变化。金属框显现出某种意义上的永恒性，但生长盘旋的油麻藤已经将其限定的空间突破并作为生长的助力（图15）。树桩道路蒙上尘土长出菌类，间隙之中生出杂草，边界地带由于植物生长而逐渐模糊，树桩之间相互结合更加紧密，呈现融入自然直至回归自然的趋势。艺术装置逐渐落败，褪去原有的色彩。植物在环境中呈现独有的生长变化的复杂性。"焕生之窗"将最终变成一个朴素的自然花园。

图15　竣工后3个月的油麻藤

将竣工后的阶段视为管理行为，而非维护行为。"维护"追求的是一种固定不变的最终状态，而"管理"则意味着持续的参与，且没有预设最终效果。从项目早期便将管理作为出发点，将种植视为一个不确定的持续发展过程，而不仅仅是在特定时间段内达成目标。管理模式创造了丰富的设计可能性。

4　思考与讨论

在城市园林工程中，建立在工程学基础上以精准控制为导向的设计范式，仍存在施工过程中的变更问题。花园尺度营建过程同样面临设计变更与工程实现问题，本文通过总结分析家庭花园营建工程，从植物应用与时间演替、空间结构与景观结构、艺术结构与空间塑造、游览路径与游赏方式、更新能力与管理方法几个方面探讨设计与施工的关系。

花园工程的特性决定了设计图纸无法完全控制施工过程，但正是这种不确定性意味着无限的可能性和机遇（图16、图17）。花园施工是从虚拟设计到现实世界的造物转化过程，是对设计的二次创作。在工程中，不确定性往往是常态，确定的是设计师对空间不断演变的理解与重塑。最终实现生态性、合理性、隐喻性、多样性和开放性的家庭花园营建。

图16　花园效果图

图17　花园建成图
（图片来源：武汉市园林和林业局官方公众号）

参考文献

[1] 刘通, 王向荣. 建构语境下的小尺度风景园林设计——以三个小花园为例[J]. 中国园林, 2014, 30(4): 86-90.

[2] 胡杨炯. 自然主义种植在上海的应用[J]. 中外建筑, 2016(8): 130-132.

[3] Lewis-Jones K E. World-making with plants[J]. Environment and Society, 2016, 7(1): 1-7.

[4] 吴卫文. 浅谈园林绿化工程的施工管理[J]. 现代园艺, 2018(5): 164-165.

[5] Gutierrez K C. From objects of study to worldmaking beings: The history of botany at the corner of the plant turn[J]. History Compass, 2023, 21(8): e12782.

[6] 汪默英, 彭文洁, 史育玉. 社区花园全生命周期管理——以中关村小花园为例[C]//中国城市规划年会暨2021中国城市规划学术季, 2021.

[7] 马特·达洛斯, 佟思明. 植物与时间：关于慢速植物知识的探讨[J]. 中国园林, 2024, 40(5): 26-33.

[8] Timothy M. The Ecological Thought[M]. Cambridge: Harvard University Press, 2012: 43.

[9] 舒婷婷. 可持续主题下的外国艺术性花园展和展览花园营建

研究与经验启示[J]. 园林, 2024, 41(7): 117-127.
[10] 贾文贞, 贾绿媛, 苗晨松, 等. 展览花园对低碳理念的表达——2022粤港澳大湾区深圳花展大学生花园"水到花开"为例[C]//中国风景园林学会. 中国风景园林学会2022年会论文集. 北京: 中国建筑工业出版社, 2022.
[11] 刘秀群, 刘海燕, 陈龙清. 武汉市乡土植物资源及其园林应用潜力[J]. 湖北农业科学, 2009, 48(6): 1422-1425.
[12] 王敏. 如何将设计思想贯彻融入园林施工之中——以第九届园博会丰台"北京园"北区施工管理为例[J]. 中国园林, 2019, 35(3): 120-124.
[13] 王钰, 唐敏. 气候变化背景下国内外园林绿化工程标准对比思考[C]//中国风景园林学会. 第十三届中国风景园林学会年会. 北京: 中国建筑工业出版社, 2023.
[14] 刘璐萍, 刘瞳. 乡村微花园——共同缔造乡村高品质公共环境[C]//中国城市规划年会暨2021中国城市规划学术季, 2021.
[15] 杨晓雨. 生态艺术视角下的城市公共艺术建设[J]. 公共艺术, 2020(2): 88-95.
[16] 虞金龙, 吴筱怡, 施惠珠, 等. 上海城市绿地更新中花园的设计与实践[J]. 中国园林, 2024, 40(7): 25-31.

作者简介

何诗瑶, 1999年生, 女, 华中农业大学园艺林学学院风景园林系硕士研究生在读。研究方向: 风景园林规划与设计。

刘雨馨, 2001年生, 女, 硕士在读, 华中农业大学园艺林学学院风景园林系硕士研究生在读。研究方向: 风景园林规划与设计。

(通信作者) 秦仁强, 1971年, 男, 硕士, 华中农业大学园艺林学学院风景园林系, 副教授。研究方向: 风景园林规划与设计、山水美学。

人口结构变化背景下的老年人公园供需空间特征分析
——以北京市海淀区为例

Analysis of the Spatial Characteristics of Supply and Demand for Parks for the Elderly under the Background of Demographic Structure Changes
—A Case Study of Haidian District, Beijing

卢纪文　林纯宇

摘　要：人口的快速老龄化导致老年居民数量急剧增加，年龄结构的变化重塑了对城市公园的需求和使用，深刻影响公园供需关系。为响应老龄化背景下公园公平规划的需求，本研究重新审视并分析了老年人供需的时空变化，采用了一种考虑公园间竞争关系和老年人选择概率的三步浮动集水区（3SFCA）方法测量老年人公园的可达性，并分析未来情景2035年公园的供需情况。研究强调，政策制定必须考虑当前公园的分布和基于人口预测的未来公园可达性，以确保以公平为导向的可持续公园规划。本研究结果可为未来公园规划设计提供政策建议。

关键词：公园；老年人；人口结构变化；3SFCA；供需关系；情景模拟

Abstract: The rapid aging of the population has led to a sharp increase in the number of elderly residents. The change in age structure has reshaped the demand for and use of urban parks, profoundly affecting the supply-demand relationship of parks. In response to the need for equitable park planning in the context of aging, this study re-examines and analyzes the spatio-temporal changes in the supply and demand for the elderly. A 3SFCA (Three-Step Floating Catchment Area) method, which takes into account the competitive relationship among parks and the choice probability of the elderly, is adopted to measure the accessibility of parks for the elderly. Moreover, the study analyzes the supply-demand situation of parks in the future scenario of 2035. It is emphasized that policymakers must consider the current distribution of parks and the future park accessibility based on population projections to ensure equity-oriented and sustainable park planning. The research results provide policy recommendations for future park planning and design.

Keywords: Parks; The Elderly; Demographic Structure Changes; 3SFCA; Supply-Demand Relationship; Scenario Simulation

引言

据《世界人口老龄化报告》（*World Population Aging 2017*），中国60岁以上的老年人口预计将从2017年的16%（2.3亿）上升到2050年的35%（4.8亿），届时中国老年人口将占据全球老年人口的1/4[1]。截至2020年底，北京市60岁以上人口数量为429万，占总人口的19.6%，与2010年的12.5%相较大幅增加，年龄结构的变化产生了新的社会需求。城市人口激增，对公园的供需平衡和需求模式产生了巨大冲击[2]。老年人口的快速增长使得公园供需面临前所未有的压力。由于特定的社会经济属性，老年人对城市公共绿色资源的需求更为迫切[3]。

与大多数城市基础设施一样，城市公园的规划也面临时间滞后这一挑战。城市规划者需要深入分析并预测未来的人口动态，以便绘制出一幅具有前瞻性的规划蓝图。在长期规划时，规划者需要多次检查人口预测，而不仅仅是当前的人口状况。如此，城市公园的规划才能成为大众的福祉。

在这样的背景下，作为城市生态系统的重要组成部分，公园的设计和规划必须考虑到老年人的需求，为城市的持续繁荣注入动力。而了解老年人口分布的时空变化和公园供需关系是促进老年人积极参与、保障老年人对自然环境的可利用性的关键所在。

本研究选取中国特大城市高密度城区为实证案例，重新审视了公园可达性与人口年龄结构变化的关系，据此提出一种考虑公园竞争关系和老年人选择概率的3FSCA模型。模型使用高德地图的路径规划获取真实的出行阻抗以代替传统的GIS欧几里得距离，并根据老年人的真实出行状态进行了数据之间的校准，从而深入分析老年人公园的供需空间特征，同时模拟了未来场景下老年人口与公园的供需关系，并提出对应的精细化的指引与优化策略，以期为城市规划者和设计师提供借鉴，帮助他们创造更加活跃、更加包容的公园空间，从而应对人口老龄化带来的挑战，实现"生生不息"的社会愿景。

1 文献综述

1.1 关于老年人进入公园的研究

随着年龄结构的快速变化，新的社会需求涌现，导致城市公园用地紧张，对和谐社会环境构建提出新挑战。现有研究多依赖过去的人口统计数据[4]，未能捕捉到人口结构与公园供需关系的动态演变，缺乏从年龄结构变化角度探讨老年人使用公园的研究。世界卫生组织（WHO）的报告详细地指出，为了确保老年人的健康，营造一个老年友好的环境至关重要。在这一环境中，城市公园成为老年人健康生活的关键之一。公园的质量直接关系到老年人的出行意愿，高质量的公园能够吸引更多的老年人前来休闲、锻炼和社交。尽管他们的出行效率和活动能力可能不及年轻人群[5]，但他们对公园绿地的向往更为强烈，愿意花费更多的时间去享受绿地[6]。然而，以往研究往往只关注老年人进入公园的需求[3]，而未深入探讨他们的具体活动需求。

1.2 公园供需关系与公园可达性相关研究

在量化公园供需关系时，常用可达性来衡量。可达性概念源自交通运输研究[7]，后被引入风景园林领域。两步浮动集水区（2SFCA）方法常用于评估城市公园可达性[8]，主要是通过比较研究单元内集水区的供应（公园资源）与需求（人口）之比来计算潜在的空间可达性[9]。前人文献表明关于2SFCA方法的改进，主要集中在4个方面：第一方面是通过增加空间权重来扩展模型；罗等人开发了增强型E2SFCA模型[10]。第二个方面是根据特定的因素来调整搜索半径，例如人口密度和设施级别[11]。第三个重点领域是扩展2SFCA方法嵌入供需模型[12]。第四个方面侧重于从人口所在地到相应供应点位置的出行行为。Langford认为[13]，使用不同交通方式的人群应该有不同的时间阈值，因此他们修改了2SFCA模型，计算不同交通方式各自的供需比。

尽管2SFCA模型已有许多改进，但以往研究通常仅用绿地面积作为单一吸引力系数来量化公园服务能力[14]，这可能无法全面反映老年人等特殊群体的需求[15]。因此，整合公园质量评价以全面评估老年人与公园之间的供需关系至关重要。公园服务能力还受风景、设施和服务等因素影响[16-17]。出行阻抗数据主要基于欧几里得距离获取[18]，这种方法存在误差且难以考虑不同道路类型的影响。

本研究从人口结构变化角度重新审视公园可达性与老年人供需关系，引入3FSCA模型考虑老年人公园选择概率和公园竞争力，并使用API路径规划改善出行阻抗数据，为积极老龄化社会提供决策参考。

2 研究方法与研究区域概况

2.1 研究区域

本研究选取中国特大城市核心城区作为研究区域，该区域具有典型的高密度城市特征和明显的老龄化人口结构。研究区域总面积约430km²，由多个行政单元组成，其29.6%的老龄化率显著高于所在城市的平均水平。该区域的城市发展历程和人口结构变化使其成为研究老年人公园可达性的理想样本。

2.2 数据来源和处理

2.2.1 供应点和需求点

本研究主要探讨城市老年人和公园的供需关系，分析需要供应数据和需求数据。

供应数据包括研究区域城市公园的规模和分布，以及相关的质量数据。研究首先通过高德地图的 API 获取研究区域城市公园的位置和规模信息。并结合地方园林管理部门发布的公园名录进行数据校正，以获得城市公园数据。研究进一步使用谷歌地图数据，大众点评评论数据，归一化植被指数（NDVI）和兴趣点（POI）等多源数据对公园进行质量评估，从而构建服务供应数据集。

需求数据则集中于老年人口的空间分布。研究采用了英国南安普敦大学的 WorldPop 研究小组基于 Microsoft Azure 平台开发的大规模数据处理技术获取了 2020 年 100m 分辨率中国人口统计数据。根据以往的研究和经验，人们普遍认为"老年人"或者"老年人口"是指 60 岁及以上的人[19]。因此本研究统计的老年人口数据集是 60 岁以上的人口，研究采用标准网格单元对老年人口分布数据进行空间离散化处理，建立了精细化的需求数据集。通过多源数据融合技术，确保了人口空间分布数据的准确性。

2.2.2 流动性数据

流动性是指从人口点到公园的旅行成本。在传统方法中，行进阻抗基于在 ArcGIS 平台上建立的道路网络模型获得[20]。这种方法需要多次手动检查，在数据的来源和质量上可能会产生偏差和错误。为了提高数据的准确性，本文使用高德地图上的应用程序接口（API）捕获从每个人口点到公园实际出入口的最短步行时间。通过构建了起点和终点的 OD 路线，向高德地图发送 API 请求，研究共获得了 240793 条数据，这些数据详细记录了每条路线经过的道路类型。先前的研究表明老年人的步行速度通常在 4.3km/h，老年步行者在十字路口的平均延误时间为 48s，人行天桥和地下通道为 32s。基于以上结果，本文对返回的 240793 条路线的阻抗时间进行了校准，结果见表 1。

高德地图 API 路径规划返回结果　　　　表 1

OD 路线	人口位置点编号	公园出入口编号	距离（m）	返回时间	校准时间	道 路 类 型
1	1	1	25455	20366	21306	0-0-0-0-0-0-0-0-0-0-0-0-0-0-1-3-0-0-0-0-0-0-0-0-0-0-0-0-0-0
2	2	2	8403	6723	7020	0-0-0-0-0-0-0-1-3-0-0-0-20-0-0-0-0-0
3	3	3	19593	15677	16380	0-0-0-0-0-0-0-0-0-0-0-0-0-0-20-0-0-0-0-0-0
……	……	……	……	……	……	……
240793	1896	127	26311	21048	22020	0-0-0-0-0-0-0-0-1-0-0-0-0-1-0-0-0-0-0

2.3 研究方法

2.3.1 老年人公园质量评价

在城市公园的研究中，服务能力是一个多维度的概念，不仅受到公园规模的影响，还与公园内部的环境设施密切相关。Celina 等人的研究针对老年人这一特定群体进行了城市绿地质量评估，他们通过实验证实筛选出"散步""放松""观察自然"3 种活动所对应的公园特征，以此作为衡量公园质量的指标并通过实验证明了这些指标的有效性，为本文提供了宝贵的参考。基于 Celina 等[21]的描述性变量，本文构建了一套评价指标体系（表 2），并且采用多源数据，如谷歌地球卫星图像、高德地图和百度地图的兴趣点（POI）数据以及大众点评的数据，对公园质量进行综合统计。

公园的吸引力系数也受到公园容量（如面积）的影响，公园容量通常由公园面积决定。而吸引力系数 S_j 则是衡量公园对访客吸引力的一个重要指标。本研究通过考虑公园面积和公园质量，更全面地揭示了公园的异质性供给。这一改进也为需求概率的计算提供了基础。吸引力系数 S_j 可以通过以下公式进行计算：

$$S_j = S_j^A \times W_j$$

式中，S_j^A 是仅考虑公园面积的公园 j 的面积；W_j 是公园 j 的质量指数，是综合反映公园各种质量因素的加权指标。

2.3.2 基于 Huff 的 3FSCA 模型计算可达性

本研究基于 Huff 和 Gaussian 的 2SFCA 模型以及老年人选择概率函数 S_j 开发了一种新的 3FSCA 方法。该方法通过将浮动集水区中包含空间阻抗和服务吸引力的概率方案纳入以下三个步骤，避免了对多个可用绿地间竞争关系的忽视或高估。

第一步，从所有绿地位置（j）出发，搜索在时间阈值 t_0 内可到达的所有人口位置（i），以此划定人口位置（i）的集水区 I。Huff 模型[22] 是一种被广泛接受的方法，可以量化人们从多个可用服务站点中选择特定服务站点的概率，即量化人口从位置（i）前往绿地（j）的概率 $Prob_{ij}$。该模型本质上是基于重力的，体现了距离衰减效应如何影响空间实体间的相互作用及绿地的吸引力，公式如下：

公园质量指标及权重 表 2

类别	描述	描述	数据来源	时间参考	权重
植物	植物配置	公园的归一化植被指数（NDVI）	Landsat8	2021年8月	0.272
动物	是否存在动物	社交媒体提供的评论信息	大众点评网	2024年4月	0.083
宁静	宁静满意度	社交媒体提供的评论信息	大众点评网	2024年4月	0.088
便利设施	园内设施	公园内兴趣点（POI）的个数	高德地图	2024年4月	0.084
便利设施	步道密度	步道长度与公园面积之比	高德地图	2024年4月	0.084
水域	水覆盖率	公园水域面积与公园面积之比	谷歌地球	2024年4月	0.073
景观美学	评分分数	社交媒体提供的历史访客得分	大众点评网	2024年4月	0.065
清洁	清洁满意度	社交媒体提供的评论信息	大众点评网	2024年4月	0.086

$$Prob_{ij} = \frac{S_j \times t_j \times G(t_{ij}, t_0)}{\sum j \in (d_{ij} \leq d_0) S_j \times t_{ij} \times G(t_{ij}, t_0)}$$

式中，t_{ij} 是绿地（j）和人口位置（i）之间通过步行矫正后的旅行时间；t_0 表示从人口位置（i）出发的阈值旅行时间；S_j 为集水区内（即 $t_{ij} \leq t_0$）绿地（j）的吸引力，本研究中用公园质量因子与面积的乘积表示；G 为基于 Dai 提出的距离摩擦法修正的距离阻抗系数，用于修正出行模式对距离的影响，其计算公式为：

$$G(t_{ij}, t_0) = f(x) = \begin{cases} \frac{e^{-\frac{1}{2} \times \left(\frac{t_{ij}}{t_0}\right)^2}}{1 - e^{-\frac{1}{2}}}, & t_{ij} \leq t_0 \\ 0, & t_{ij} > t_0 \end{cases}$$

第二步，对于每个绿地（j），搜索时间阈值 t_0 内可到达该绿地的所有人口位置（i），以此划定绿地（j）的集水区。用概率 $Prob_{ij}$ 对人口位置（i）的需求进行加权，随后将集水区内对绿地（j）的加权人口需求求和，得到绿地（j）的潜在用户量。绿地（j）对人口需求的比率 R_j 计算公式如下：

$$R_j = \frac{S_j}{\sum_{i \in (d_{ij} \leq d_0)} Prob_{ij} \times P_i \times G(t_{ij}, t_0)}$$

式中，S_j 表示绿地（j）对老年人的服务能力，用于衡量绿地（j）的容量，P_i 表示在人口位置（i）的人口数量。

第三步，对于每个人口位置（i），搜索在时间阈值 t_0 内可到达的所有绿地（j），将绿地的供给能力（R_j）与 $G(t_{ij}, t_0)$、$Prob_{ij}$ 相乘求和，以此估计人口位置（i）的空间可达性（A_i），公式为：

$$A_i = \sum_{j \in (t_{ij} \leq T)} Prob_{ij} \times R_j \times G(t_{ij}, t_0)$$

15 分钟城市的概念，即居民可以通过步行等交通工具在 15 分钟内满足日常需求，在可持续城市规划中越来越受到关注[23-24]。因此采用 15 分钟作为临界时间阈值。另有研究表示 10~15 分钟是步行的极限值，因此我们还设置了 10 分钟和 20 分钟两个时间阈值，以避免唯一阈值造成的混淆。

2.3.3 情景模拟与空间自相关分析

（1）人口预测与情景模拟

在研究城市公园的供需关系时，考虑到人口老龄化是一个不断变化的动态过程，老年人口比例的增加对区域人口老龄化水平有着显著影响。为了深入探究这种影响，本研究进行了一项跨越 15 年的模拟计算。研究首先通过数学模型完成了人口预测，以模拟长期的人口趋势，例如逻辑回归模型、灰色预测模型、BP 神经网络等等[25]。此外，还可以使用基于人口自然增长的年龄-性别结构方法实现人口与预测[26]。灰色预测模型可以提供更准确的长期时间序列人口预测[27]，但由于缺乏老年人口长期实践序列数据，年龄性别结构法更为合适。因此，本研究基于 2020 年 60 岁以上的老年人口数据，采用年龄-性别结构方法对 2035 年老年人口进行推算。计算公式如下：

$$P_{(\omega+1)(t+1)} = P_{\omega(t)} \cdot S_\omega$$

式中，$P_{(\omega+1)(t+1)}$ 为预测年（$\omega+1$）岁的人口数；$P_{\omega(t)}$ 为预测基年 ω 岁的实际人口数；S_ω 为 ω 岁人口的存活率。

（2）空间自相关分析

空间自相关的度量是公园绿地供需匹配区域识别过程的关键分析步骤[28]。本文利用 GeoDa 软件，以双变量局部莫兰指数（Local Moran's I）作为空间自相关的度量指标，计算公式如下：

$$I_i = Z_{xi} \sum_{j=1, j \neq i}^{n} W_{ij} Z_{yj}$$

式中，Z_y 是变量 y（公园可达性）的标准化值；Z_x 是变量 x（老年人口密度的标准化值）；W_{ij} 表示区域 i 和区域j之间的空间权重矩阵。通过评估供需匹配水平，结果揭示了公园资源供给能力的5种聚类类型：H-H（高-高）、H-L（高-低）、L-H（低-高）和L-L（低-低）和非显著性（表3）。H-H集群是指既有高城市公园可达性又有高老年人口密度的居住地。同样，H-L、L-H和L-L也有相应的含义。非显著类型意味着城市公园可达性与老年人口密度之间没有明显的空间关系。根据集群分布，可以识别供需分布不匹配的区域。

空间自相关聚类类型　　表3

自相关级别聚类类型	变量说明			
	公园可达性	人口密度	匹配关系	公园供应能力
H-H	高供应	高需求	空间积极匹配	供需匹配
H-L	高供应	低需求	空间积极匹配	供过于求
L-H	低供应	高需求	空间消极匹配	供应不足
L-L	低供应	低需求	空间消极匹配	供需匹配

3　研究结果

本研究采用改进的三步浮动集水区（3SFCA）方法对老年人公园可达性与供需关系进行了系统分析。结果表明，城市老年人与公园间存在明显的供需空间不匹配现象，这种不匹配在时间维度和空间维度均表现出显著特征。

3.1　老年人公园可达性与供需空间特征

公园的可达性是衡量居民从居住地点到达公园难易程度的重要指标，较高的可达性指数意味着公园更容易被访问。研究基于改进的3SFCA方法计算了研究区域内老年人口聚居区的公园可达性指数，发现公园服务呈现出明显的空间梯度特征。城市核心区域由于大型公园群的集聚效应，形成了高可达性服务圈，其可达性指数均值达到$4.7±1.2$，显著高于其他区域（$t=9.34$，$p<0.001$）。而城市扩展区受限于资源配置不足和人口快速增长的双重压力，可达性指数均值仅为$1.8±0.9$。时间阈值分析进一步揭示，从10分钟到15分钟，服务覆盖率从9.3%增至18.2%（增幅95%），可达性指数提升80%（由0.25提升至0.45）；从15分钟到20分钟：覆盖率增至28.2%（增幅55%），可达性指数仅提升20%（由0.45提升至0.54），显示边际效益递减（表4）。

在探索公园与老年之间的供需匹配关系时，双变量局部莫兰指数分析[29-30]提供了一种量化空间不匹配的有效工具，该分析方法可以揭示公园可达性与老年人口需求之

间的空间相关性。通过双变量局部莫兰指数分析，本研究识别出三类典型供需匹配区域：低供给-高需求区（30.3%）集中在高密度居住区，呈现公园资源短缺与老年人需求旺盛的矛盾；低供给-低需求区（38.9%）分布于人口稀疏带，资源与需求均处于低位；高供给-高需求区（0.05%）零星分布，反映稀缺的供需平衡状态。

不同步行时间阈值下的公园覆盖特征　　表4

时间阈值（min）	服务覆盖率（%）	平均可达性指数
10	9.3	0.25
15	18.2	0.45
20	28.2	0.54

3.2　从人口结构变化角度预测2035年的公园可达性供需关系

基于年龄移算法，2035年研究区域人口将呈现结构性失衡加剧的特征：公园可达性指数下降35%，未匹配区域激增114%（由30.7%增加到65.7%），成为主导性矛盾；低供给-高需求区锐减81%（由30.3%降低至5.8%）；高供给-高需区完全消失，低供给-低需求区缩减至27.8%（表5）。这些变化趋势凸显了在人口密集区域加强公园建设和对现有设施进行适老化改造的紧迫性。长远规划应更加注重人口密集地区的公园建设以及对现有设施的改造升级，特别是针对老年人口比例超过区域平均水平的社区。

2020—2035年老年人公园供需匹配区域占比变化　　表5

区域类型	2020年占比	2035年预测	变化幅度
未匹配区域	30.7%	65.7%	+114%
高供应-高需求	0.05%	0%	-100%
低供应-低需求	38.9%	27.8%	-29%
低供应-高需求	30.3%	5.8%	-81%
高供应-低需求	0.05%	0.7%	+1300%

4　讨论与结论

随着我国人口老龄化现象的加速发展，解决社会资源供给不足的问题变得尤为紧迫。从年龄结构变化视角提升公园对老年人的供给水平，利用现有公园资源提高服务能力和适老化建设，是推动老年友好型社会建设的关键策略。本文提出了一种改进的3FSCA模型来估计老年人公园可达性，该模型在多个方面较传统方法具有显著优势：首先，其考虑了公园之间的竞争关系和老年人选择概率函数，提高了结果的准确性；其次，通过使用高德地图API

获取真实出行阻抗数据，相较于传统的基于GIS的欧几里得距离计算，能够更准确地反映不同道路类型的出行阻抗；最后，本文根据所提方法并结合人口预测模型，模拟了2035年老年人公园的供需匹配情况，为未来的城市规划与管理提供了参考。

公园作为生态系统服务的主要提供者，在健康、福祉和社会安全方面发挥着重要作用[31]。随着城市的高密度发展，公园分布是否满足老年居民需求已成为重要议题。本研究发现公园与老年人需求存在供需不匹配问题，并从时空视角指出了这种不相符的情况。基于此，本文对公园规划提出以下具体建议。①增加公园数量与改善服务质量：在人口密集区域增设小型公园和绿地，特别是在那些目前公园资源稀缺且老年人口密度较高的地区；改善现有公园的服务质量，例如增设休息座椅、无障碍设施以及清晰的指示牌等，确保老年人方便访问这些绿地[32]。②加强公园质量设计：提升城市公园的综合水平，优先翻新那些具有巨大潜力的城市公园及低绿化社区周围的公园；增加适合老年人使用的设施，如健身器材、自然观察区域等，以满足他们的特殊需求；在设计时充分考虑老年人的身体状况和偏好，例如设置更多遮阳设施、平缓的步道等。③持续监测与灵活调整：持续监测人口变动趋势，特别是老年人口的增长和分布变化；根据监测结果适时调整公园规划和管理策略，确保公园布局和服务能够适应未来社会发展需求。

最后本研究仍存在一定的局限性，首先在老年人公园供需的预测方面，由于数据采集和长度限制，研究只考虑了老年人年龄结构和规模的变化，未能涵盖其他潜在的影响因素。其次在园区质量的评估上，为了操作的便于实施，研究主要从物理环境层面考虑老年人的公园质量，未来还可以从感知层面如环境舒适度等层面来丰富评价体系。最后本研究方法上只选取了老年人最常用的出行方式——步行来评估公园的可达性，而实际上老年人的出行方式可能更为多样，未来可考虑老年人群的不同出行方式来调整模型参数以衡量多模式的公园可达性。

（数据声明：本研究所有空间分析结果均通过专业GIS软件生成，受出版规范限制，本文未展示空间分析图纸。完整数据集及分析代码可联系作者获取，确保研究可重复性）

参考文献

[1] Cheng L, Caset F, De Vos J, et al. Investigating walking accessibility to recreational amenities for elderly people in Nanjing, China[J]. Transportation Research Part D: Transport and Environment, 2019, 76: 85-99.

[2] Loukaitou-Sideris A, Levy-Storms L, Chen L, et al. Parks for an Aging Population: Needs and Preferences of Low-Income Seniors in Los Angeles[J]. Journal of the American Planning Association, 2016, 82(3): 236-251.

[3] 王欢, 李宏, 常俊丽, 等. 老年人对城市公园绿地的需求规律与特征探析[J]. 金陵科技学院学报, 2009, 25(5): 1-5.

[4] Guo S, et al. Accessibility to urban parks for elderly residents: Perspectives from mobile phone data[J]. Landscape and Urban Planning, 2019, 191: e103642.

[5] Aghamolaei R, Lak A. Outdoor Thermal Comfort for Active Ageing in Urban Open Spaces: Reviewing the Concepts and Parameters[J]. Ageing International, 2023, 48(3): 438-451.

[6] Baquero Larriva M T, Higueras García E. Confort térmico de adultos mayores: una revisión sistemática de la literatura científica[J]. Revista Española de Geriatría y Gerontología, 2019, 54(5): 280-295.

[7] Hansen W G. How Accessibility Shapes Land Use[J]. Journal of The American Planning Association, 1959, 25(4): 73-76.

[8] Gu X, Tao S, Dai B. Spatial accessibility of country parks in Shanghai, China[J]. Urban Forestry & Urban Greening, 2017, 27: 373-382.

[9] Dai D. Racial/ethnic and socioeconomic disparities in urban green space accessibility: Where to intervene? [J]. Landscape and Urban Planning, 2011, 102(3): 234-244.

[10] Luo W, Qi Y. An enhanced two-step floating catchment area (E2SFCA) method for measuring spatial accessibility to primary care physicians[J]. Health & Place, 2009, 15(4): 1100-1107.

[11] Kim Y, Byon Y J, Yeo H. Correction: Enhancing healthcare accessibility measurements using GIS: A case study in Seoul, Korea[J]. PLOS ONE, 2018, 13(3): e0194849.

[12] Xing L, Liu Y, Wang B, et al. An environmental justice study on spatial access to parks for youth by using an improved 2SFCA method in Wuhan, China[J]. Cities, 2020, 96: e102405.

[13] Langford M, Higgs G, Fry R. Multi-modal two-step floating catchment area analysis of primary health care accessibility[J]. Health & Place, 2016, 38: 70-81.

[14] Tian M, Yuan L, Guo R, et al. Sustainable development: Investigating the correlations between park equality and mortality by multilevel model in Shenzhen, China[J]. Sustainable Cities and Society, 2021, 75: e103385.

[15] Arnberger A, et al. Elderly resident's uses of and preferences for urban green spaces during heat periods[J]. Urban Forestry & Urban Greening, 2017, 21: 102-115.

[16] Zhang J, Cheng Y, Zhao B. Assessing the inequities in access to peri-urban parks at the regional level: A case study in China's largest urban agglomeration[J]. Urban Forestry & Urban Green-

[17] Wen C, Albert C, Von Haaren C. Equality in access to urban green spaces: A case study in Hannover, Germany, with a focus on the elderly population[J]. Urban Forestry & Urban Greening, 2020, 55: e126820.

[18] Fan P, Xu L, Yue W, et al. Accessibility of public urban green space in an urban periphery: The case of Shanghai[J]. Landscape and Urban Planning, 2017, 165: 177-192.

[19] Shen Y, Sun F, Che Y. Public green spaces and human wellbeing: Mapping the spatial inequity and mismatching status of public green space in the Central City of Shanghai[J]. Urban Forestry & Urban Greening, 2017, 27: 59-68.

[20] Stoia N L, Niță M R, Popa A M, et al. The green walk—An analysis for evaluating the accessibility of urban green spaces[J]. Urban Forestry & Urban Greening, 2022, 75: e127685.

[21] Stanley C, Hecht R, Cakir S, et al. Approach to user group-specific assessment of urban green spaces for a more equitable supply exemplified by the elderly population[J]. One Ecosystem, 2022, 7: e83325.

[22] Yun Zeng, Jin Zuo, Chen Li, et al. Assessing the Spatial Equity of Multi-Type Health Service Facilities: An Improved Method Integrating Scale Accessibility and Type Diversity[J]. Land, 2024, 13(6): 795.

[23] Moreno C, Allam Z, Chabaud D, et al. Introducing the "15-Minute City": Sustainability, Resilience and Place Identity in Future Post-Pandemic Cities[J]. Smart Cities, 2021, 4(1): 93-111.

[24] Staricco L. 15-, 10- or 5-minute city? A focus on accessibility to services in Turin, Italy[J]. Journal of Urban Mobility, 2022, 2: e100030.

[25] 阎慧臻. Logistic 模型在人口预测中的应用[J]. 大连工业大学学报, 2008, 27(3): 1-5.

[26] 蒋远营. 基于年龄移算法的人口预测[J]. 统计与决策, 2012(3): 1-5.

[27] 茆长宝, 程琳. 两种人口预测模型的精确度比较——以人口年龄移算法和灰色预测模型为例[J]. 南京人口管理干部学院学报, 2009, 25(2): 1-5.

[28] Shiode N, Morita M, Shiode S, et al. Urban and rural geographies of aging: A local spatial correlation analysis of aging population measures[J]. Urban Geography, 2014, 35(5): 608-628.

[29] Ma X, et al. Incorporating multiple travel modes into a floating catchment areaframework to analyse patterns of accessibility to hierarchical healthcare facilities [J]. Journal of Transport & Health, 2019, 15: e100675.

[30] Liang H, Yan Q, Yan Y, et al. Using an improved 3SFCA method to assess inequities associated with multimodal accessibility to green spaces based on mismatches between supply and demand in the metropolitan of Shanghai, China[J]. Sustainable Cities and Society, 2023, 91: e104456.

[31] La Rosa D, Takatori C, Shimizu H, et al. A planning framework to evaluate demands and preferences by different social groups for accessibility to urban greenspaces[J]. Sustainable Cities and Society, 2018, 36: 346-362.

[32] Wolch J R, Byrne J, Newell J P. Urban green space, public health, and environmental justice: The challenge of making cities 'just green enough'[J]. Landscape and Urban Planning, 2014, 125: 234-244.

作者简介

卢纪文, 1999年生, 女, 北京林业大学园林学院硕士研究生在读。研究方向: 风景园林规划设计。电子邮箱: lujiwen@bjfu.edu.cn。

林纯宇, 1999年生, 女, 北京林业大学园林学院硕士研究生在读。研究方向: 风景园林规划设计。电子邮箱: linchunyu2022@163.com。

基于建成环境的儿童积极通学决策框架评述
A Review of Built Environment-Based Decision-Making Framework for Children's Active School Travel

谢满玉 杜 雁 张 群*

摘 要：在机动车已成为人们出行的优选，步行、骑行等积极出行比率持续降低以及中国儿童友好型城市建设如火如荼背景下，构建适宜的积极通学道路网络，对鼓励和促进儿童积极通学意义重大。本文梳理了国内外影响儿童积极通学的决策框架，分析其发展脉络、关联要素、影响机制及适用情境，为构建适合我国国情的儿童积极通学决策框架提供借鉴和参考，助力中国安全、健康、友好的通学环境建设。
关键词：积极通学；决策框架；建成环境；影响机制；儿童友好

Abstract: With motorized vehicles becoming the preferred mode of travel, the rate of walking and other active travel decreasing, and the construction of child-friendly cities in China in full swing, it is of great significance to build a safe schooling road network that encourages and promotes Children's Active School Travel. The study compiles domestic and international decision-making frameworks affecting Children's Active School Travel, and analyzes their development, related elements, influence mechanisms, and applicable contexts, in order to provide reference for the construction of a decision-making framework for Children's Active School Travel that is suitable for China's national conditions, and to assist in the construction of a safe, healthy, and friendly environment for Children's Active School Travel in China.
Keywords: Active School Travel; Decision-making Framework; Built Environments; Mechanisms of Influence; Child-friendly

引言

"积极通学"是指儿童采用步行、骑行等使用人力交通工具上下学的行为模式，是积极出行的重要部分，也是低碳出行的一种日常行为方式[1]。随着中国机动车出行的比例大幅增加，儿童积极通学比率持续降低[2]。于社会而言，促进儿童积极通学有利于解决环境污染等问题，同时还有助于缓解交通拥堵，减少交通事故。于家庭而言，儿童积极通学既能节省父母/照料者的时间与精力[3]，也可作为儿童日常运动量的重要部分，锻炼儿童的身体素质，促进儿童心理健康，同时促进儿童未来积极出行习惯与观念的养成。

建成环境与儿童积极出行的关系研究最初由交通规划领域为减少机动车使用而提出，随后公共健康领域出于促进儿童身体健康的目的也开始关注[4]。20世纪50—70年代，研究认识到土地利用、密度等因素与城市交通间的联系[5-6]，开始致力于建立各种交通需求模型、交通方式选择模式和交通分配模型，用于预测交通需求以及交通供需平衡分析[7-8]。这些模型多是从社会经济学角度出发，将出行作为到达目的地的派生需求，以经济与时间效益最大化为前提，进行分析预测。此时尚没有将建成环境作为整体概念纳入模型分析出行需求。20世纪80年代末，随着新都市主义的兴起，鼓励步行、骑行出行，减少机动车出行的倡议被逐步提出。20世纪90年代建成环境与出行行为关系成为研究热点，Cervero开始综合各影响因子，建立影响交通出行的综合性建成环境模型，即包含就业与居住密度（density）、土地利用多样性（diversity）及步行导向的设计（design）的3Ds模型，用于解释建成环境对交通行为的影响[9]。随后Ewing和Cervero二人又在此基础上提出了5Ds和7Ds[10-11]。1996年《新都市主义宪章》正式提出了多个与积极出行相关的城市设计原则[12]：建设紧凑、多样化、步行友好的社区，有助于增加步行出行，减少驾车出行；在社区内，将日常活动目的地置于步行距离之内，以便于不开车的人，特别是老人、小孩能独立到达；提供相互连接的街道、人行道、小巷网络；发展在公交设施支持下的步行道系统；等等。这些原则成为其后学者研究建成环境与积极出行关系的理论基础。进入21世纪后，有学者开始关注到建成环境与通学出行之间的直接关系，开始提出建成环境对通学出行影响的概念解释框架[3]。在建成环境与通学出行的研究方面，最早可追溯到1999年美国安全通学路计划的实践。随后，McMillan、Panter等学者基于多元视角，对儿童积极出行（active school travel，AST）决策的影响机制进行了深入剖析，并据此构建了多个系统化、结构化的决策分析框架。这些框架虽在研究对象的具体界定、分析维度的选取上各异，但通过对比研究，仍可观察到它们之间存在着一种隐含的、共通的发展脉络。具体而言，这些框架均在一定程度上反映了从单一因素考量向多维度、综合性分析转变的趋势，体现了对儿童积极出行决策机制理解的不断深化与扩展。本研究旨在系统梳理自1999年以来，国际社会在儿童积极通学领域所构建的主要决策框架体系，深入剖析其历史演进轨迹、发展趋势、内在关联要素及其复杂的影响机制与具体适用情境。通过细致的分析，本文力求为构建适应中国国情的儿童积极通学决策框架提供理论支撑与实践借鉴，进而为促进中国儿童在更加安全、健康、友好的通学环境中成长与发展贡献力量。

1　1999年美国安全通学路的初探

1999年美国《加利福尼亚州议会法案》发起一项直接针对儿童上学出行的国际交通和公共卫生运动——SRTS计划（Safe Route to School）。作为城市精明增长与新都市主义运动的一部分，SRTS计划旨在通过三个方面措施促进儿童积极通学：①对道路安全的教育（education）；②在学校周围执行交通法规（enforcement）；③建设通往学校的道路沿线的街道环境（engineering）。此基础框架强调了建成环境与儿童通学行为的直接联系，但未考虑其他因素且未被测试，被认为可实施性和操作性较弱[3]。

2　2005年儿童通学出行行为决策框架初成

2005年McMillan认识到将儿童步行行为研究从成人和汽车出行行为研究中单独分离出来的必要性，提出以城市形态为核心要素的儿童通学出行行为决策框架（图1）[3]。此框架聚焦于美国小学学龄人口（即6~12岁儿童）的积极通学问题，基于以下两点考量：首先，小学的服务范围往往以邻里为基础，相较于中学或高中，其地理空间规模可能更有利于较高比例的学龄人口采用步行与骑行方式；其次，鉴于低龄儿童在步行与骑行中面临的伤害风险以及身体活动不足与肥胖问题的相关数据令人忧虑，亟须深入探究其行为模式，并及早采取干预措施以促进其身体活动与改善出行方式[13]。

该框架假定在儿童一定年龄段内，通学出行行为是由父母或照料者而非孩子做出。因此这种决策并无太多考虑儿童的偏好与看法，而在很大程度上受到父母或照料者的影响。在此前提下，父母决策被看作是城市形态与儿童上学之间假设因果路径上的一个变量[14]。然而父母决策本身可能是其他媒介因子影响的结果。如街区照明可能会影响社会心理因素（对安全或交通的看法）和社会经济因素（家庭交通方式选择），进而影响父母决策。McMillan指出也可能存在与城市形态无明显关系、未被视为媒介因子但影响父母上学出行决策的因素——调节因子（家庭收入、儿童年龄、文化规范等）。McMillan认为城市形态与媒介因子、调节因子共同影响父母决策，进而影响通学行为，这意味着媒介因子与父母决策之间的关系强度可能因调节因子（性别、年龄等）的不同而异。该框架将父母作为关键决策者推动了建成环境与儿童积极通学行为研究的发展，然而框架未能纳入已被研究过的可能影响父母决策的环境成分，同时因未考虑儿童自主性的影响，只适用于幼龄儿童的研究[15]。

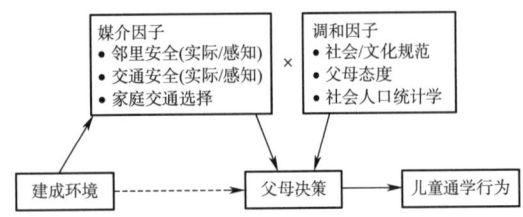

图 1　McMillan 提出的儿童通学出行行为决策框架图
(注：实线箭头表示假设的直接关系；虚线箭头强调假设的间接关系；X 表示中介和调节因素之间的相互作用)
(图片来源：翻译改绘自参考文献 [3])

3　2008 年生态与认知主动通勤（ECAC）框架——McMillan 框架的再发展

2008 年，结合社会生态模型、McMillan 框架和社会认知理论，学者们发展出了另一个概念框架——生态与认知主动通勤框架（Ecological and Cognitive Active Commuting Framework，ECAC 框架，图 2）[16]。在 ECAC 框架中，不同层次的影响通过政策、邻里和父母/家庭层面来体现，社会人口因素（如年龄、性别、种族或民族）在最底层呈现，修订父母关于允许积极通学的决定。与 McMillan 提出的框架类似，该框架规定了环境现实（建成环境和社会背景）与父母决策的间接关系，同时假设对物理和社会环境的客观评价是通过家长的感知进行筛选的，而父母又会将这些看法与关于孩子走路上学的态度、信念，对社会规范的看法以及感知到的支持结合起来。此外，父母决策还会从孩子的偏好与看法（是否喜欢步行上学，对建成环境和社会背景的感知）和其他潜在的信息获得额外的影响。家庭可利用的资源（汽车数量、工作日程、时间等）具有一定的不可变性，可能会直接作用于步行上学行为。即父母可能会感知到不安全的物理环境和不良的社会环境并对孩子步行上学产生消极的信念，但因为时间限制与父母工作时间的冲突或缺乏其他交通选择，孩子必须步行上学。除此之外，ECAC 框架还提出主动通勤上学的实际行为反过来可能会改变儿童的态度和看法或父母对社会和建成环境的看法。

4　2008 年潘特儿童积极出行的环境决定因素概念框架——更多因素被广泛纳入考虑

2008 年，Jenna R Panter 通过对美国和澳大利亚多项已有研究的梳理，提出环境影响儿童是否积极出行决策的概念框架（图 3）[15]。Panter 将与青年积极出行行为有关的广泛因素考虑在内，提出了包括居住地属性、目的地属性和路线特征的建成环境因素框架。框架首先强调了年龄、性别和出行距离 3 个能够改变建成环境与儿童积极出行之间联系强度的主要调节因素，又将影响积极出行行为的因素归纳为个人因素、建成环境因素、外部因素以及主要调节因素 4 个主要领域。该框架认为个体、建成环境和外部因素最有可能影响出行方式决策，而主要的调节因素会改变这些因素与决策之间关联的强度和形式。

与 McMillan 提出的框架不同，该框架同时容纳了儿童和青少年，适用于跨年龄范围的青年。由于建成环境因素都具有年龄特异性，从而导致年龄影响联结的强度和方向，因此年龄是儿童主动旅游行为的重要调节变量。例如，于儿童而言，人身安全和道路安全对积极出行的决策影响极大，而对于拥有更多自由的青少年而言，相比于人身安全，参观的设施或目的地可能更重要。同时有证据表明，建成环境与积极出行之间的关联因性别而异。如 Carver 等发现周围有许多朋友且认为邻里安全的女孩更有可能步行出行[17]；Timperio 等也发现年长的女孩如果居住地附近没有公园，更不可能步行或骑自行车[18]。此外，不管建成环境对主动出行的支持程度如何，出行距离很可能也是主要调节因素。如果距离太大，花费时间太长，儿童不太可能步行或骑自行车。而如果距离较短，儿童和青少年更有可能积极出行。

在 Panter 建立的框架中，一些研究证据不存在但可能

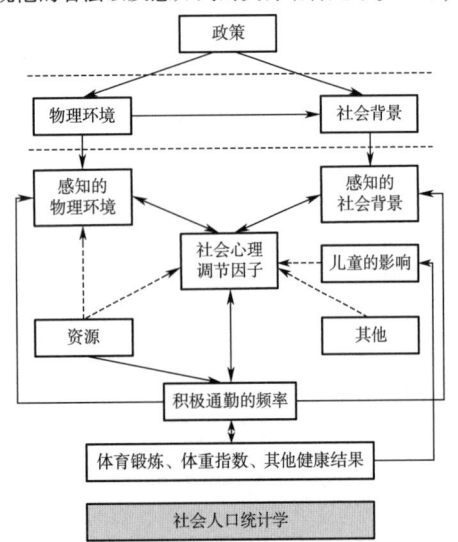

图 2　生态与认知主动通勤（ECAC）框架
(资料来源：翻译改绘自参考文献 [16])

与主动出行相关的建成环境因素（目的地提供设施等）被考虑进框架内。例如，如果在出行途中存在公园、商店等可停留游玩点，儿童则更有可能步行或骑车前往目的地。但这些因素都尚未经过调查，有待进一步考证。同时该框架还强调了可能影响出行方式决策的外部因素，包括天气和气候[19-20]、出行费用[21]等。比如燃油价格上涨可能迫使驾驶员考虑减少使用他们的车辆；天气，包括温暖和潮湿等条件也可能影响步行和骑行行为。

该框架突出了父母和儿童在决策过程中的重要性，以及影响儿童积极出行的因素之间广泛而复杂的相互作用。然而，其也包含了一些模糊的变量分类。例如，到目的地的距离既被认为是主要的调节因素，也被认为是建成环境因素；而青年的年龄和性别被包括在主动调节因素中，而并非在青年特征中与种族和身体能力并列，这使其难以定位研究从而在框架内跟踪儿童的发展轨迹。此外，由于囊括了多种要素且部分有待证实，使得框架变得非常复杂且不同层级之间的关系有待进一步解释，所以该框架的实用性仍受到限制[22]。

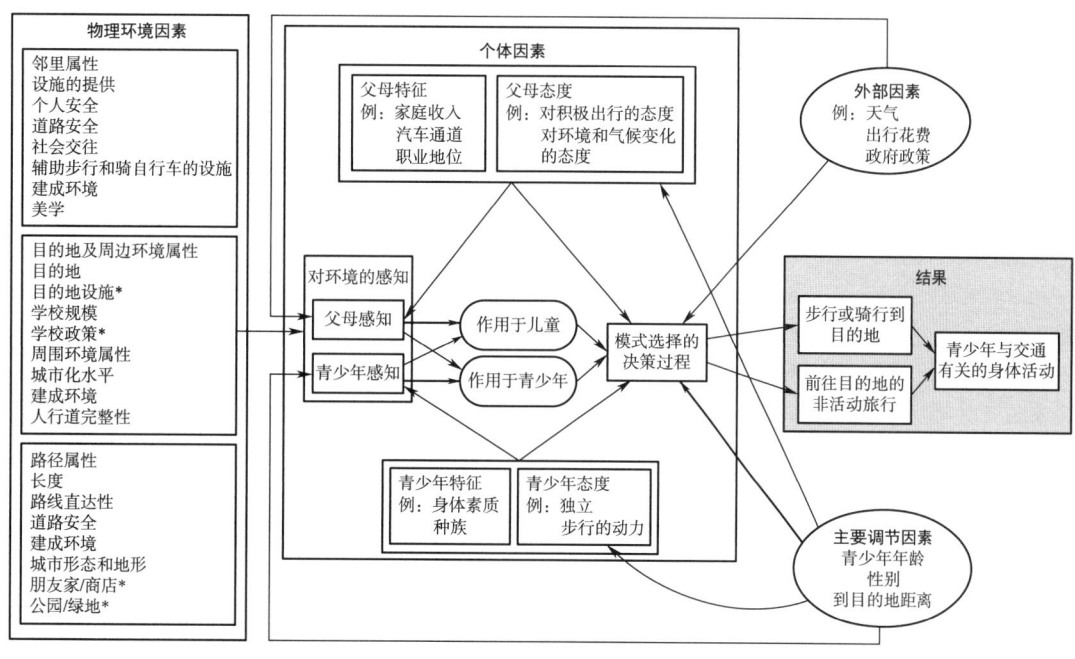

图 3　潘特儿童积极出行的环境决定因素概念框架
（注：*表示未就儿童积极出行行为进行研究，箭头表示假设的直接关系；线表示假设的直接关系更强）
（图片来源：翻译改绘自参考文献［15］）

5　2011 Karina Pont 的儿童积极出行（M-CAT）框架——决策的复杂性与动态性被理清

借鉴《国际功能分类》《残疾和健康》[23]、Bronfenbrenner 的生态系统理论[24]和个人-环境-职业模型[25]的理论基础，Pont 等提出能够反映儿童在家庭情境中嵌入性以及反映客观和主观环境对父母和儿童态度和决策影响的儿童，出行框架（图 4）（Model of Childrens Active Travel，M-CAT）[22]。M-CAT 框架专注于研究影响父母和儿童积极出行决策过程的因素，大致可分为以下几方面：①由儿童、父母、家庭和环境等客观要素构成；②家长和儿童对这些元素的看法构成感知要素；③结果。即客观要素、感知要素与结果三方面。

客观要素指环境和客观的儿童、父母和家庭特征（年龄、性别、收入等）。框架宽泛地将环境定义为儿童及其家庭生活的外部环境，使其能够代表物理、经济和政治-社会-文化三方面。这些方面在框架中以 3 个相交的圆圈示意性地表示，而每个圆圈的大小刻画了该方面环境的支持性。所有 3 个圆相交的区域代表了客观环境对积极出行的总体支持性，更大的重叠区域意味着支持性的增加。

在感知要素方面，M-CAT 框架将其分为父母和儿童感知两部分。与客观环境部分相同，M-CAT 框架将父母和儿童的感知化为 3 个相交的圆组成，圆圈的大小描述了对儿童积极出行的支持性，较大的圆圈代表对积极出行的支持增加。其中父母的圈包括：①父母的态度、信念和价值观；②父母对环境的感知；③父母对孩子的认知。父母对儿童体力活动和积极出行的态度、对其风险和益处的信念等都会影响他们对儿童积极出行的决策。例如，在父母可能认为积极出行对健康无益并且一直不喜欢锻炼身体的情况下，代表家长态度、信念和价值观的圆圈就会缩小。但如果父母重视身体活动及其对健康的益处，那么圆圈会更大，代表他们将可能会鼓励他们的孩子积极出行。

同理，儿童的感知也被划分为3部分，包括儿童自身的态度、信念和价值观，对父母及其出行决策的认知，以及儿童对环境的感知。M-CAT框架认为，在儿童参与积极出行的决策过程中，儿童自身的认知和决策是不可分割的。然而，因为儿童深深地嵌入在家庭情境中，所以M-CAT框架将其置于父母的决定之下[24]。即儿童的决定是以其对环境和父母的认知，以及其自身的态度、信念和价值观为基础的。儿童的决定可以与父母相同也可以不同，并且随着儿童的成熟和独立，儿童对积极出行的看法和决定的影响相对于父母而增加。儿童如何看待父母以及他们关于积极出行的决策在M-CAT框架中得到了体现，包括儿童对父母关心问题的了解，对父母积极出行的态度以及父母对儿童的保护。具体表现为：如果孩子与父母有良好的关系，并且知道父母会支持他的决定，那么圆圈就会增大，反之圆圈则会变小。而代表儿童的态度、信念和价值观、对环境的感知和对父母的感知的3个圈子相交的区域代表着儿童自身积极出行的可能性。

M-CAT框架的结果成分包括父母和儿童关于积极出行的决策、儿童积极出行的情况以及积极出行过程中发生的事件。在儿童每次出行中，都会发生能够影响积极出行积极或消极的事件。积极事件可以包括安全抵达目的地、与朋友同行和社交以及健身等。而负面事件可以包括儿童卷入或接近交通事故，表现出不稳定的行为（闯红灯、马路上嬉戏等）以及遭受欺凌或遇上糟糕的天气等。M-CAT框架假设在出行过程中经历的事件会形成一个反馈回路的开始，作为儿童技能和能力的展示，知识和经验被添加到先前的经验中，并修改了客观的儿童、父母和家庭特征。这些特征，伴随着客观环境的任何变化，反过来又影响着父母和孩子的观念，通过时间形成回环。通过这个反馈回路，父母对环境支持性和对孩子积极出行安全到达目的地能力的感知发生了变化，同时，儿童的感知也会随着自身积极出行经历作出类似的调整。

M-CAT框架强调了影响父母和儿童积极出行决策过程的因素的复杂性和动态性。其承认儿童在家庭中的嵌入性，同时保持儿童自身对其积极出行的认知和决策的重要性。该模式确定了影响儿童积极出行的显著因素，包括儿童、家庭和环境的客观要素，父母和儿童围绕这些要素的看法以及结果。虽然可以得到促进和阻碍因素对儿童积极出行到目的地的相对影响，但不能推定这些因素的相对大小。未来的测试需要验证这些假设，并巩固对决策过程中因素的理解。

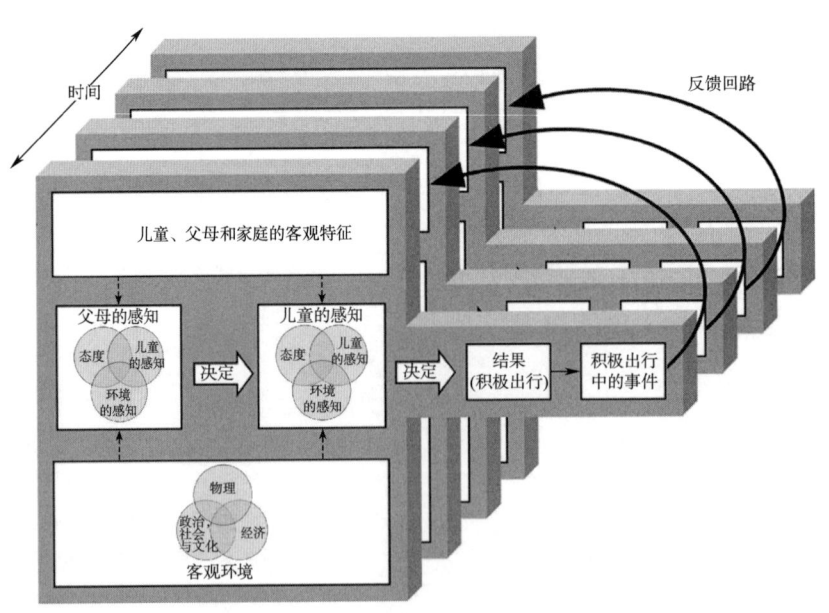

图4　Karina Pont的儿童积极出行框架（M-CAT）
（资料来源：翻译改绘自参考文献［22］）

6 2013年Raktim Mitra的学校交通行为（BMST）模型——多层次模型的建立

2013年，Mitra在McMillan基础上提出进一步的概念框架。从交通与城市规划、公共卫生和环境心理学等领域出发，提出学校交通行为模型（图5）（Behavioural Model of School Transport, BMST），从个体、家庭、建成环境、外部环境4个维度分析影响通学出行的因素[26]。

通过广泛的文献回顾，Mitra发现学校出行结果可能受到多个层面的影响（如城市环境、家庭、儿童/青少年的特征和其他外部因素），所以BMST模型采用社会-生态框架来概念化这种多层次的关系。然而，在家庭活动-出行框架的背景下，家庭内部的学校出行行为可以更好地被理解，特别是与独立（或陪同）通学出行相关的行为[27-28]。一些研究认为陪同出行的结果是由照顾者的流动性选择（私家车的拥有等）和活动限制（工作等）决定的[28-30]。另一些研究则强调了多层面因素对陪同出行的影响[31]。BMST模型采用社会-生态框架，将影响通学出行的建成环境分为临近性、安全性、连接性、舒适性与吸引性及社会资本5个方面。Mitra指出儿童通学出行受多层面影响，而出行选择包括陪同与否与出行方式两方面内容。针对陪同与否的选择，模型将独立出行置于更广泛的家庭活动-出行范式中，假设家庭成员根据以下因素来谈判独立或陪同通学行为的可能性：①陪同旅行的重要性（受到家庭态度、儿童的身体和认知发展以及对邻里环境的评价的影响）；②流动性选择（如获得私人汽车的机会）；③活动限制（如对工作和旅行安排的承诺）。除此之外，基于人类行为的生态学理论，模型假设儿童越成熟，对出行行为的控制力越强。即儿童的认知、自信等会随年龄增长，也受邻里环境（父母、邻居、同伴等）影响，同时儿童自身身体素质、独立出行能力也会随年龄增长。BMST模型将建成环境与儿童学校出行活动方式选择之间的因果关系理论化，不仅进一步加深了对学校交通行为的理解，而且有助于促进积极通学行为干预措施的发展。

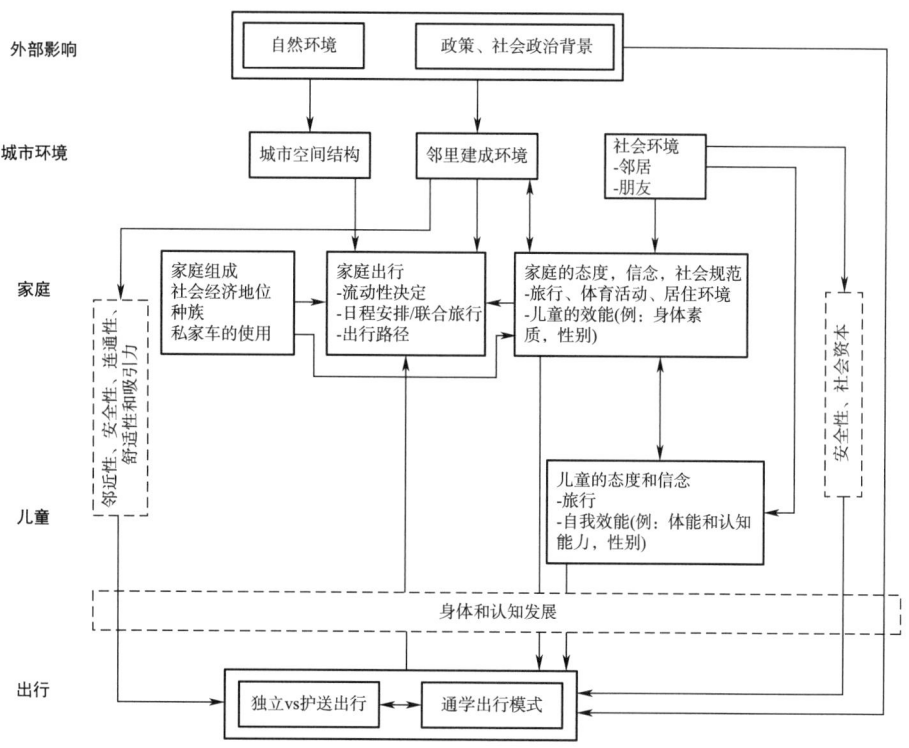

图5 学校交通行为模型
（注：独立出行：儿童/青少年独自或与同伴出行，无成人陪同；陪同出行：由成人看护者协助出行）
（图片来源：翻译改绘自参考文献[26]）

7 国内儿童积极通学决策框架研究

目前国内在该决策框架方面的研究较少。王侠于2018年等综述了国外有关决策框架[32]；毕波等则利用了GPS追踪与观察法，研究北京新老街区中小学生放学时行为的空间分布，分析了行为与空间的关联性，为"空间-行为"互动研究提供了实证补充[33]。

2022年徐梦一等基于环境行为学，从理论角度建立"建成环境-安全感知-儿童出行行为-建成环境"研究模型（图6）。结合对长沙市岳麓区1509名6至12岁儿童及其家长的调查和数据分析，将影响儿童出行的因素归纳为个体、环境和其他因素3方面，构建了建成环境与儿童出行行为的影响机制模型（图7）[34]。该研究得出：儿童和家长对环境安全方面的感知会对儿童出行决策产生较大影响，机动车交通量、道路复杂程度、步道和自行车道、自然水体等因素影响显著。

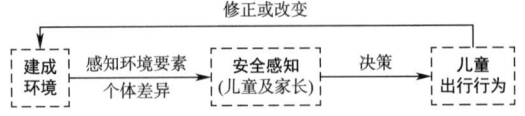

图6 "建成环境-安全感知-儿童出行行为-建成环境"研究模型[34]

2023年张宇等结合国内现状，以活力通学为目标，提出适宜中国城市建成环境的"儿童活力通学干预因素概念模型"（图8）[35]。其中，为有效指导城市环境建设，模型将不可控性与个体多样性较强的个体和外部因素（性别、年龄、城市规划现状等）从核心决策过程中排除，从建成环境的角度，建立家长决策、儿童认知和城市环境三元调节的决策模式，将建成环境分为空间功能、交通结构、城市设施和环境设计4方面。

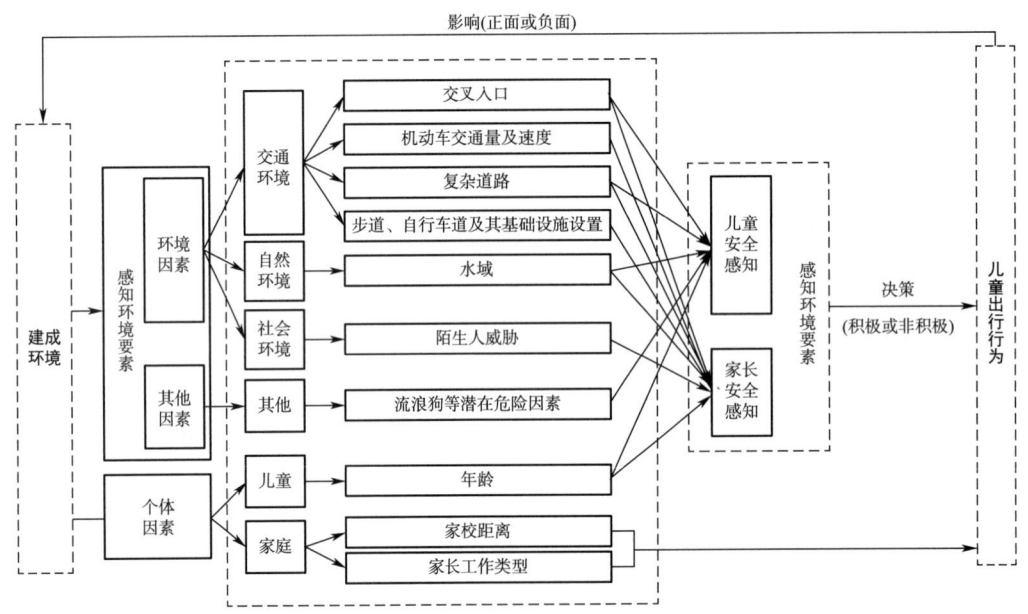

图7 建成环境与儿童出行行为的影响机制模型[34]

徐梦一等基于环境行为学所提出的模型，从感知角度出发，更加注重父母与儿童对于安全担忧的影响；张宇等则从有效指导城市环境建设的角度出发，更加注重建成环境的影响。无论是从何种角度出发，以上模型的构建皆有利于推动国内在儿童积极通学问题上的研究，助力中国儿童友好型城市的建设。但是对于该问题的研究有待进一步的探讨。例如，相比与西方国家种族差异的影响，学区制度、电动车的使用以及祖辈陪同的习惯等的影响也许会更加强烈，构建适宜中国国情的决策模型框架亟需更深入广泛的研究和实证。

8 结语

通过梳理国内外建成环境与儿童积极出行行为关系的决策框架的发展历程可以发现，儿童积极通学决策框架呈现从简单走向系统、科学的态势，主要表现为：①纳入考虑的因素由单一变复合，从冗杂走向系统；②儿童、父母参与决策过程中的复杂性及作用关系逐渐被厘清；③积极通学的结果被纳入形成完整反馈机制。

研究同时认为，上述框架仍存在一定欠缺。最突出的便是框架影响因素的杂糅与欠缺。由于框架多是从某一个

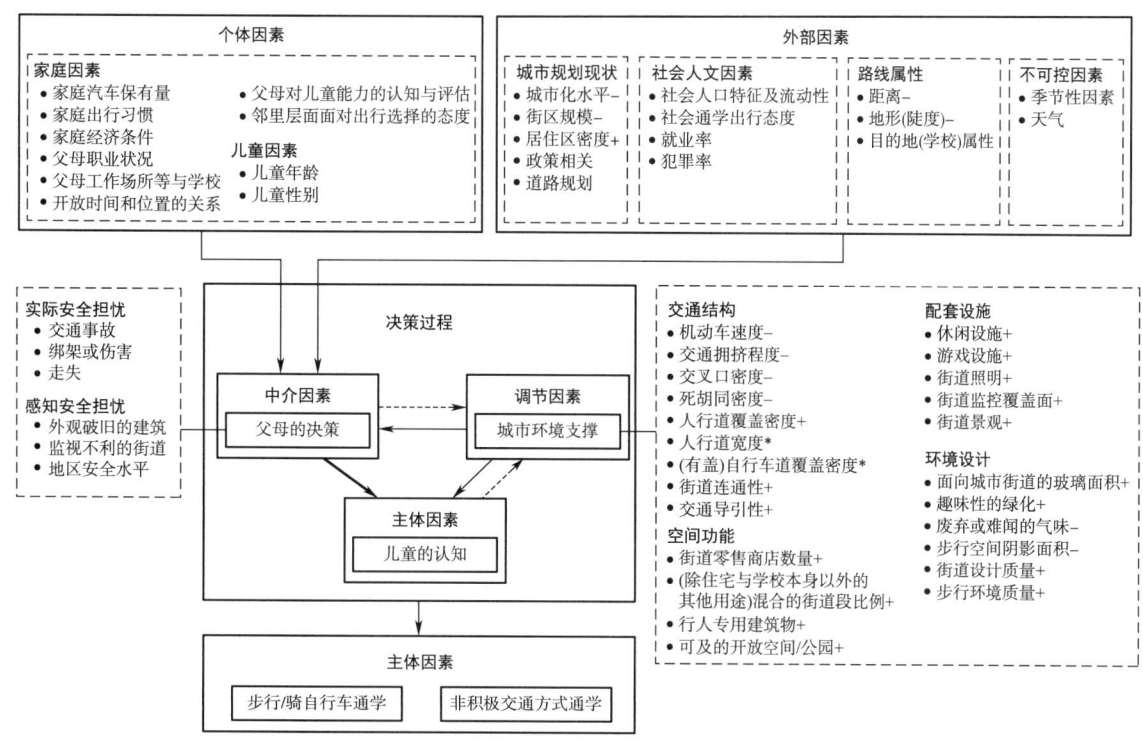

图 8 以城市环境为主导的儿童活力通学干预因素概念模型[35]
（注：实线箭头代表有影响；虚线箭头代表反馈作用；线条粗细代表关联强度；"+"代表对儿童活力通学有正向反馈；
"-"代表负向反馈；"*"代表影响需具体讨论）

角度出发考虑问题，而从一个角度出发往往会使得另一些因素的影响被忽略。同时也存在部分框架为凸显某些社会因素（年龄、种族等）而导致杂糅，影响了操作实施层面的清晰和便利。此外需注意的是，与中国城市长期以来因鼓励对土地功能混合利用的总体规划而发展形成的高密度、高混合度的城市形态不同，西方城市是基于精明增长和紧凑城市等理论发展的，在建成环境因素对出行行为影响方面的研究中，西方城市的研究注重于密度与多样性的增量优化，希望通过土地紧凑利用，减少远距离出行需求，从而缓解汽车依赖。因此，国外相关的儿童积极通学决策框架是否能同样适用于中国有待进一步深入探讨，建立基于国内背景、更适用于促进国内儿童积极通学的决策框架至关重要。

参考文献

[1] 曾秀玲，刘录护. 国际通学研究述评[J]. 中国校外教育，2023(6)：108-124.

[2] 陆明，李瑞南."步行巴士"通学的国际经验与启示[J]. 低温建筑技术，2021，43(11)：20-25.

[3] Mcmillan T E. Urban Form and a Child's Trip to School: The Current Literature and a Framework for Future Research [J/OL]. Journal of Planning Literature, 2005, 19(4): 440-456.

[4] Klesges R C, Eck L H, Hanson C L, et al. Effects of obesity, social interactions, and physical environment on physical activity in preschoolers[J]. Health Psychology, 1990, 9(4): 435-49.

[5] Mitchell, Robert B, Rapkin, et al. Urban Traffic: A Function of Land Use, New York Chichester [M]. West Sussex: Columbia University Press, 1954.

[6] 简·雅各布斯美国大城市的死与生[M]. 金衡山，译. 南京：译林出版社，2005.

[7] Stopher P . Modeling Travel Demand, A Disaggregate Behavioral Approach: Issues and Applications, Papers and Proceedings[C]. Transportation Research Forum, 1970.

[8] Domencich T A, Mcfadden D L . Urban Travel Demand: A Behavioral Analysis [J]. Canadian Journal of Economics, 1975, 10(4).

[9] Cervero R, Kockelman K. Travel demand and the 3Ds: Density, diversity, and design[J]. Transportation Research Part D: Transport and Environment, 1997, 2(3): 199-219.

[10] Ewing R, Cervero R. Travel and the built environment: a synthesis [J]. Trans portation research record, 2001, 1780(1): 87–114.

[11] Ewing R, Cervero R. Travel and the Built Environment[J]. Jour-

[12] Urbanism N T F C. Charter of the New Urbanism[J]. Bulletin of Science, Technology Society, 2000, 20(4): 339-341.

[13] Ozanne-Smith, Joan. Child injury by developmental stage.[J] Australian Journal of Early Childhood, 1992, 17(3): 39-48.

[14] Baron, Reuben M, David A. Kenny. The moderator-mediator variable distinction in social psychological research: Conceptual, strategic, and statistical considerations.[J] Journal of Personality and Social Psychology, 1986, 51(6): 1173-82.

[15] Panter J R, Jones A P, Van Sluijs E M. Environmental determinants of active travel in youth: A review and framework for future research[J]. International Journal of Behavioral Nutrition and Physical Activity, 2008, 5(1): 34.

[16] Sirard J R, Slater M E. Walking and Bicycling to School: A Review[J]. American Journal of Lifestyle Medicine, 2008, 2(5): 372-396.

[17] Carver A, Salmon J, Campbell K, et al. How do perceptions of local neighbourhood relate to adolescent's walking and cycling? [J]American Journal of Health Promotion, 2005, 20: 139-147.

[18] Timperio A, Crawford D, Telford A, et al. Perceptions about the local neighbourhood and walking and cycling among children.[J] Preventive Medicine, 2004, 38: 39-47.

[19] Sirard JR, Ainsworth BE, McIver KL, et al. Prevalence of active commuting at urban and suburban elementary schools in Columbia, SC.[J] American Journal of Public Health, 2005, 95: 236-237.

[20] Humpel N, Owen N, Iverson D, et al. Perceived environment attributes, residential location and walking for particular purposes.[J] American Journal of Preventive Medicine 2004, 26: 119-124.

[21] Pucher J, Dijkstra L. Promoting Safe Walking and Cycling to Improve Public Health: Lessons From The Netherlands and Germany [J]. American journal of public health, 2003, 93: 1509-1516.

[22] Karina, Pont, Jenny, et al. The Model of Children's Active Travel (M-CAT): A conceptual framework for examining factors influencing children's active travel[J]. Australian Occupational Therapy Journal, 2010, 58(3): 138-144.

[23] World Health Organization. Global strategy on diet, physical activity and health[EB/OL]. 2004-05-26 [2025-04-10]. https://www.who.int/publications/i/item/9241592222.

[24] Bronfenbrenner U. Ecological system theory[J]. Annals of Child Development, 1989, 6: 187-249.

[25] Law M, Cooper B, Strong S, et al. The Person-Environment-Occupation Model: A Transactive Approach to Occupational Performance[J]. Canadian Journal of Occupational Therapy, 1996, 63(1): 9-23.

[26] Mitra R. Independent Mobility and Mode Choice for School Transportation: A Review and Framework for Future Research[J]. Transport Reviews, 2013, 33(1): 21-43.

[27] Copperman R, Bhat C. Exploratory Analysis of Children's Daily Time-Use and Activity Patterns: Child Development Supplement to U.S. Panel Study of Income Dynamics[J]. Transportation Research Record Journal of the Transportation Research Board, 2007, 2021: 36-44.

[28] Vovsha P, Petersen E. Escorting Children to School: Statistical Analysis and Applied Modeling Approach[J]. Transportation Research Record, 2005(1921): 131-140.

[29] Mcdonald N C. Household interactions and children's school travel: the effect of parental work patterns on walking and biking to school [J]. Journal of Transport Geography, 2008, 16(5): 324-331.

[30] Yarlagadda A K, Srinivasan S. Modeling children's school travel mode and parental escort decisions[J]. Transportation, 2008, 35 (2): 201-218.

[21] Faulkner G E, Richichi V, Buliung R N, et al. What's "quickest and easiest?": parental decision making about school trip mode [J]. International Journal of Behavioral Nutrition & Physical Activit, 2010, 7(1): 62-62.

[32] 王侠, 焦健. 基于通学出行的建成环境研究综述[J]. 国际城市规划, 2018, 33(6): 57-62, 109.

[33] 毕波, 杨婷婷, 马春叶, 等. 儿童友好的街区中小学生放学空间与行为互动研究——以万柳片区和大栅栏片区为例[J]. 风景园林, 2022, 29(2): 119-126.

[34] 徐梦一, 沈瑶, 张潇, 等. 环境行为学视角下建成环境与儿童出行影响机制研究[J]. 中国园林, 2022, 38(8): 54-59.

[35] 张宇, 程筱添, 高玥. 以活力通学为目标的城市通学干预因素概念模型及设计策略[J]. 上海城市规划, 2023(2): 133-140.

作者简介

谢满玉, 2001年生, 女, 华中农业大学园艺林学学院硕士研究生在读。研究方向: 风景园林设计及其理论。

杜雁, 1972年生, 女, 博士, 华中农业大学园艺林学学院, 副教授、硕士生导师。研究方向: 风景园林设计及其理论。

(通信作者) 张群, 1978年生, 男, 硕士, 华中农业大学园艺林学学院, 副教授、硕士生导师。研究方向: 风景园林设计及其理论。电子邮箱: 337564980@qq.com。

基于眼动实验的高校小游园夜景观视觉感知量化研究①
——以西南交通大学犀浦校区为例

Quantitative Research on Visual Perception of Night Landscape in College Small Playgrounds Based on Eye Movement Experiments
—Taking Southwest Jiaotong University Xipu Campus as an Example

崔月婷* 王 玮

摘 要：高校小游园是重要的城市公共设施附属绿地，亦是校园文化的重要载体。本研究选取西南交通大学犀浦校区犀湖小游园作为研究对象，运用眼动追踪实验和半结构访谈相结合的研究方法，从公众视角探究高校小游园夜景观视觉感知在不同影响因素下的差异。结果表明：①公众因素特征对高校小游园夜景观视觉感知无显著差异性；②不同时段之间被试者的平均瞳孔直径存在显著差异；③不同环境要素对公众视觉感知的影响具有差异，道路要素和绿化要素的注视占比最高，鸟类及动物、公共家具及标志、路灯要素占比最低，但夜晚时段路灯要素的注视占比有所增长。进而解析高校小游园夜景观的营造策略模式，为高校小游园夜景观更新及有效建设提供新的研究视角和理论支撑。

关键词：眼动追踪；高校小游园；夜景观；量化；视觉感知

Abstract: Small gardens in colleges and universities are important green spaces attached to urban public facilities, and they are also important carriers of campus culture. In this study, we selected the Rhinoceros Lake Garden on the Ripu Campus of Southwest Jiaotong University as the research object, and used a combination of eye-tracking experiments and semi-structured interviews to explore the differences in the visual perception of the night landscape of small gardens in colleges and universities from the public's point of view. The results show that: ①there is no significant difference between the public factor characteristics on the visual perception of the night landscape of the college garden; ②there is a significant difference in the average pupil diameter of the subjects between different time periods; ③there is a difference in the influence of different environmental elements on the public visual perception; the road element and the green element account for the highest percentage of the road element, and the birds and animals, the public furniture and signs, and the streetlight element are the lowest, but the streetlight element of the nighttime time increased the proportion of the eye gaze. And then analyse the creation strategy mode of the night landscape of college small garden, to provide new research perspective and theoretical support for the updating and effective construction of the night landscape of college small gardens.

Keywords: Eye Tracking; University Mini-gardens; Nightscape; Quantification; Visual Perception

---

① 基金项目：四川省哲学社会科学重点研究基地现代设计与文化研究中心重点项目（编号：MD23Z002）；西南交通大学新型交叉学科培育基金项目（编号：YG2022003）；西南交通大学2022年课程思政建设专项研究项目（编号：KCSZ20220006）；西南交通大学2024年本科教育教学研究与改革项目（编号：20240801）。

引言

高校是进行科学研究的教育基地,是人才培养、知识传播、信息更新、技术创造的高等教育载体[1]。高校小游园是重要的城市公共设施附属绿地,在国家高等教育强国理念和系列教育措施的助推下,高校小游园建设及校园文化逐渐受到关注。

其次,已有研究主要关注于高校游园日间景观而较少聚焦夜间景观。游园夜间景观的良好营造能有效丰富校园历史文化意象、激发校园夜景活力,满足师生对校园夜生活精神质量的高追求。

目前,国内涉及高校小游园建设的研究较少,其主要关注高校整体建设及规划更新等,关于高校小游园夜景观营造研究尚少,且在校园夜间人群视觉感知及情绪感知方面的研究不足,无法为使用者夜间出行游憩需求问题的研究提供足够的参考。

1 研究背景

1.1 高校小游园研究进展

高校小游园是校园环境的重要组成斑块,不仅为师生休闲活动、课余生活提供舒适的公共空间,更是校园风貌的形象展示。《中国大百科全书》中将"小游园"定义为:"提供城市行人作短暂游憩的场地,是城市公共绿地的一种形式,又称小绿地、小广场、小花园"[2]。在我国《城市绿地分类标准》CJJ/T 85—2017 中将其游园定义为"除综合公园、社区公园以及专类公园之外,用地独立,规模较小或形状多样,方便居民就近进入,具有一定游憩功能的绿地。"

本研究所探讨的高校小游园是对用地规模较小的一类城市小型公园绿地的统称,为保证后续试验、调研和研究过程中研究对象的统一性,将高校小游园定义为:校园中一种小尺度的、能够承载一定的游憩活动的校园公共活动绿地空间,绿化占地比≥65%,具有方便到达及为使用者提供服务的特点。

国外小游园及公园建设起源较早,且有较为完善的理论体系。在美国,小游园绿地又称为"袖珍公园""口袋公园",著名的佩雷公园(Paley Park)正是由美国第二代现代景观设计师罗伯特·泽恩(Robert Zion)设计。国内对于小游园的研究主要集中在城市街旁游园和口袋公园,郭晓静通过文献研究、实地调研和综合分析的方法对高校小游园的景观设计进行研讨[1];骆畅等人运用 LBS 公众数据对各类样本进行分析观测,提出游园设计应合理地按照不同的特征和需求提供多样化的活动空间,满足使用者的多样化需求[3]。

1.2 夜景观视觉感知研究进展

视觉是人类获取和处理信息的重要渠道,视觉感知是人类最为重要的感知途径,通过与景观连接而获得生理、心理、精神等多方面的审美体验[4]。夜晚高校游园中人群游憩活动的过程正遵循了视知觉原理所说的人类感知外物的必经途径。眼睛是大脑视觉信息加工的第一站,当视觉信息通过大脑神经系统传入中枢后,与大脑已有的存储信息融合形成完整的视觉景观意象。视觉感知评价被认为能够帮助探索公众偏好与景观之间的规律[5]。

夜景观是指城市或自然环境在夜间通过人工照明和其他光源呈现的视觉效果。学者王晓燕认为夜景观是由城市自然景观资源和人文历史资源共同组成的城市夜间综合景象,即视觉可视化信息的总和[6];学者陈秋杏等人针对高校老校区夜间缺乏活力、夜景观地域性不突出的现状,以校园意象为依托对校园夜景观进行"微更新",激发校园活力及延续历史文脉[7]。在欧美地区,不少发达国家将夜景观照明技术运用在建筑设计、城市设计、景观设计等,在设计思路上也更多考虑到空间、环境、时间等的变化,以及人的行为活动与环境的关系等。

近些年国内外景观视觉感知评价应用于城市游园、乡村古镇、街道等中小尺度区域,研究内容多围绕人群与景观构成要素间的视觉关系,进行人群偏好和空间特征分析,但对于夜景观要素下视觉感知分析的研究并不多,且游园日、夜景观有着视觉上的显著差异,其本质都是对生活构成的外在反映。因此,利用眼动追踪技术反映公众在夜间的景观视觉感知具有重要的意义。

1.3 眼动追踪研究进展

眼动追踪技术作为一种实验手段最早应用于生理学和心理学的研究当中,通过记录和分析人眼轨迹,探索人类心理活动或感知过程。穿戴式眼动仪通过内置的摄像头和传感器记录眼球的位置及移动,捕捉个体的眼球运动和视线行为,研究人们对视觉刺激的注意力、兴趣和认知过程。相对于传统的问卷调查、评价量表、访谈记录等直接研究方法,眼动追踪技术提供了更加精确有效的方法,也为解决环境空间认知邻域的相关问题提供了重要参考。

国内外学者利用眼动追踪技术开展了相关的研究。陈筝等人采用头戴式眼动仪探究参与者自然状态下在商业步行街行走时的注意力分布情况[8]；张琳等人从游客的视角研究商业街四类界面的视觉感知，通过眼动追踪实验，按照时间序列分析人眼感知的注视百分比趋势[9]；吴思琪等人运用眼动实验和问卷调查相结合的研究方法，研究日、夜景观对游客情感体验与行为意向的影响差异[10]；Gholami等人利用眼动追踪技术评估人们对城市公园中景观元素和其他主要因素的关注度[11]；Roughen等人以视知觉感知为研究重点，探讨了景观视觉行为的性别差异及原因[12]。

综上，大部分眼动实验是建立在二维画面基础上的直观或量化的分析，利用主观拍摄的场景照片及固定的眼动视角和观察范围进行实验，缺乏对真实三维环境的信息及要素的研究。基于此，本研究以西南交通大学犀浦校区犀湖小游园为研究对象，使用穿戴式眼动仪开展现场试验，还原人群在高校小游园夜间环境下游逛的真实状态及行为活动，探索高校小游园夜景观对公众视觉感知的影响，以期为提升高校小游园夜景观营造提供参考。

2 研究设计

2.1 研究对象选取

本研究以成都市西南交通大学犀浦校区犀湖小游园为研究对象开展眼动试验。该小游园位于校园中轴线西北方向，西临北校区学生宿舍楼，南临建筑学院及设计艺术学院8号教学楼，占地面积约为62500m²。小游园绿化空间围绕中心的犀湖呈向心状布局，设置休憩廊亭、景观装置、休闲步道、公共座椅等基础设施，供校园师生进行户外娱乐游憩活动（图1）。

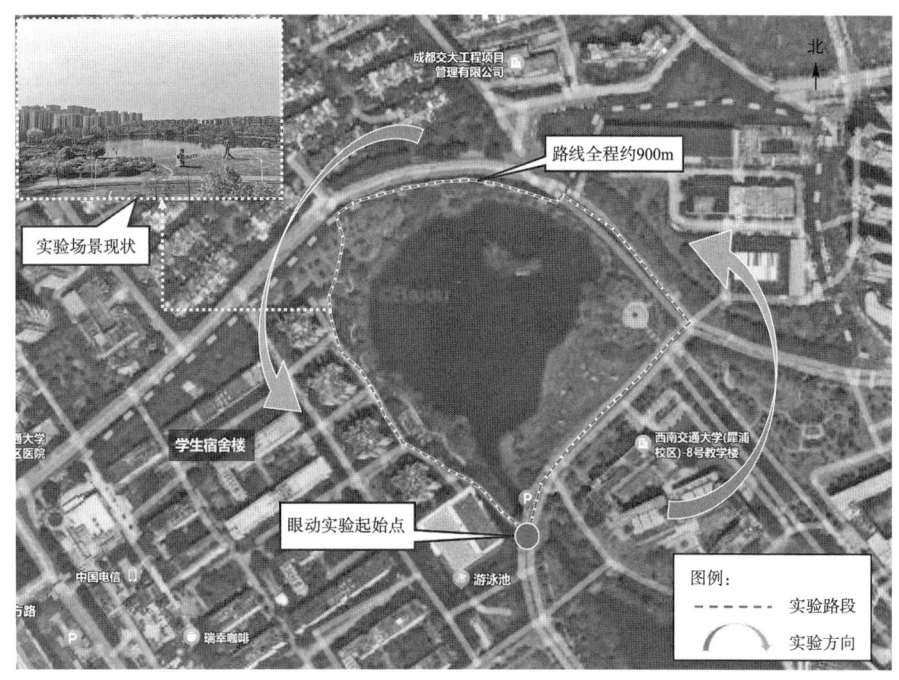

图1 西南交通大学校园试验起始点及路程

为尽可能在还原真实场景的同时减少现场寻路的需要，研究以犀湖为中心绕湖一圈的闭环路线为试验路径，全长约900m，并规定试验路径的起始点。平均步行时间是13~15min，平均速度为70m/min。

2.2 仪器与被试选取

目前市面上主流的眼动设备可以分为两种：桌面式眼动仪和穿戴式眼动仪。桌面式眼动仪需要将设备固定在桌面或者电脑屏幕下方，被试者需要坐在显示器前合适的位置，与屏幕中的试验内容进行眼动交互，被试者的自由度受限较大[13]。穿戴式眼动仪则允许被试自由移动，其受限较小，通过直接捕捉被试者的眼动特征进行相关数据研究。本次试验使用采样率为50Hz的Tobii Pro Glasses 3穿戴式眼动仪，在保证数据质量的前提下，被试者能够更加自由地移动头部和身体，以扩大活动范围[14]。眼动设备后期可以导出的眼动数据包括被试者的眼动视频录像及音频记录。

研究选择西南交通大学在读学生为试验参与者，为不影响眼动设备所获取的数据，所选参与者指标要求设定为：裸眼或矫正视力达 1.0 以上，视觉颜色正常，无色盲、色弱等视觉缺陷或眼部疾病。最终共招募 15 名符合要求的参与者进行试验。

2.3 试验过程

（1）试验区域：西南交通大学犀浦校区犀湖小游园。
（2）被试对象：15 名西南交通大学在读学生。
（3）试验时间安排：2023 年 7 月 14 日至 2023 年 7 月 18 日，共计 5 天。具体试验安排如图 2 所示。

日期	时段	被试人员编号 ①②③ ④⑤⑥ ⑦⑧⑨ ⑩⑪⑫ ⑬⑭⑮
7月14日	傍晚时段(19:00—20:30)	
	夜晚时段(21:00—22:30)	
7月15日	傍晚时段(19:00—20:30)	
	夜晚时段(21:00—22:30)	
7月16日	傍晚时段(19:00—20:30)	
	夜晚时段(21:00—22:30)	
7月17日	傍晚时段(19:00—20:30)	
	夜晚时段(21:00—22:30)	
7月18日	傍晚时段(19:00—20:30)	
	夜晚时段(21:00—22:30)	

注：色块表示每组被试开展眼动实验的时间段
傍晚时段(19:00~20:30)
夜晚时段(21:00~22:30)

图 2 试验时间安排

（4）实验流程：首先引导被试者到达指定任务起点，由研究人员介绍整体试验流程及试验路径，随后帮助被试者佩戴眼动仪并进行眼动校准操作；试验开始后，被试者依据规划好的试验路径自由行走、观看和浏览，研究人员全程跟随其后，保持合适距离；试验结束后，邀请被试者填写基本信息问卷并展开半结构访谈（图 3）。

2.4 眼动指标选取

眼动指标可以直观地反映出被试者在自由状态下观看高校小游园夜景观的视觉信息。由于眼动指标种类众多，且受户外自然因素的影响，为保证试验数据较高的准确性，本次试验选取总注视次数（Total Fixation Number，TFN）、平均注视时间（Average Fixation Duration，AFD）和平均瞳孔直径（Average Pupil Diameter，APD）作为研究指标（表 1）。

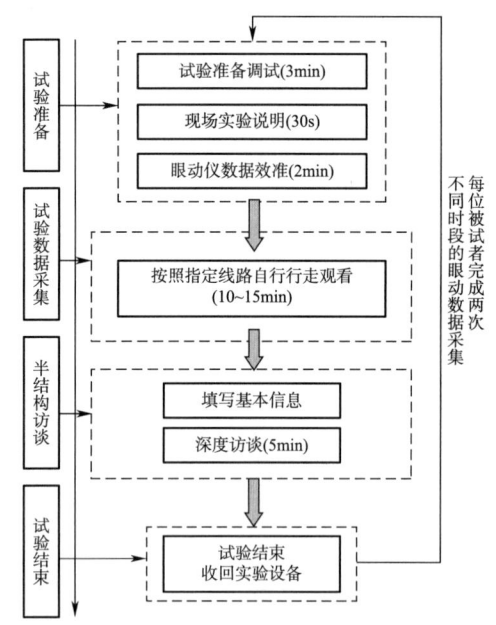

图 3 试验流程示意图

眼动指标选取与作用　　表 1

眼动指标	指标含义
总注视次数（TFN）	指总体时间内的注视次数，表示被试者对整体信息量获取的多少。总注视次数越多，表明获取的信息量越多
平均注视时间（AFD）	指每次注视所花费的时间，表示被试者的感兴趣程度。平均注视时间越长，表明对被试者所受到的吸引力越大
平均瞳孔直径（APD）	指左眼和右眼瞳孔大小的平均值，表示被试者的心智负担度。其数值的大小一般受到光线和外界刺激两方面因素的影响

3 研究结果

通过数据分析发现，有效采样率越低，眼动数据的质量越差。试验排除记录不完整或采集有效率低于 60% 的眼动数据，最终保留 12 位试验者的有效样本数据。其中男生 4 人，女生 8 人，整体年龄为 18～30 岁。研究根据被试者参与试验的时间顺序进行编码，男生以 M 表示（M1、M2、M3……），女生以 F 表示（F1、F2、F3……）。

将 12 位被试者按照专业程度分为专业组和非专业组。专业组是指具有环境设计、建筑学相关专业知识的被试者，非专业组则是环境设计、建筑学等相关专业以外的大学生群体，专业组与非专业组各 6 名被试者。

3.1 基于公众因素的视觉感知差异性分析

3.1.1 不同性别视觉感知差异性分析

为研究不同时段高校小游园夜景观对不同性别视觉感知差异的影响,将12名被试者的眼动数据导入SPSS 27.0统计软件中进行分析,其中男性4人,女性8人。S-W检验结果显示,各项数据服从正态分布。从而对被试的总注视次数、平均注视时长、平均瞳孔直径进行独立样本T检验(表2)。

独立样本T检验结果显示:以性别为划分标准,P值均大于0.05,表明不同性别之间,傍晚时段和夜晚时段的总注视次数、平均注视时长及平均瞳孔直径之间不存在显著性差异。

3.1.2 不同专业背景视觉感知差异性分析

为研究不同专业背景对公众的高校小游园夜景观视觉感知的差异影响,对被试者的总注视次数、平均注视时长和平均瞳孔直径3个指标进行独立样本T检验(表3)。其中,被试者中具有环境设计相关专业背景的6人,非环境设计相关专业背景的6人。

独立样本T检验结果显示:以专业背景为划分标准,傍晚时段和夜晚时段的总注视次数、平均注视时长和平均瞳孔直径的P值均大于0.05,不存在显著差异,表明专业背景的被试者和非专业背景的被试者对高校小游园夜景观视觉感知差异的影响不显著。

不同时段不同性别被试者的总注视次数、平均注视时长与平均瞳孔直径的独立样本T检验结果　　表2

时段	眼动指标	性别	N	$M±SD$	P
傍晚时段 (19:00—20:30)	总注视次数 TFN	男	4	1705.75±388.92	0.779
		女	8	1774.13±385.48	
	平均注视时长 AFD (s)	男	4	0.33±0.04	0.103
		女	8	0.26±0.10	
	平均瞳孔直径 APD (mm)	男	4	3.66±0.20	0.395
		女	8	4.05±0.86	
夜晚时段 (21:00—22:30)	总注视次数 TFN	男	4	1666.75±548.79	0.180
		女	8	2087.00±441.42	
	平均注视时长 AFD (s)	男	4	0.35±0.09	0.085
		女	8	0.24±0.09	
	平均瞳孔直径 APD (mm)	男	4	5.95±0.94	0.053
		女	8	4.84±0.77	

注:P值小于0.05,表示具有显著性差异。

不同时段不同专业背景被试者的总注视次数、平均注视时长与平均瞳孔直径的独立样本T检验结果　　表3

时段	眼动指标	专业背景	N	$M±SD$	P
傍晚时段 (19:00—20:30)	总注视次数 TFN	专业组	6	1642.00±286.37	0.329
		非专业组	6	1860.67±436.56	
	平均注视时长 AFD (s)	专业组	6	0.32±0.03	0.177
		非专业组	6	0.25±0.12	
	平均瞳孔直径 APD (mm)	专业组	6	3.93±0.73	0.962
		非专业组	6	3.91±0.77	
夜晚时段 (21:00—22:30)	总注视次数 TFN	专业组	6	1879.50±467.64	0.662
		非专业组	6	2014.33±564.00	
	平均注视时长 AFD (s)	专业组	6	0.29±0.09	0.789
		非专业组	6	0.27±0.12	
	平均瞳孔直径 APD (mm)	专业组	6	5.40±1.05	0.532
		非专业组	6	5.03±0.91	

注:P值小于0.05,表示具有显著性差异。

3.2 基于不同时段的公众视觉感知差异性分析

为研究不同时段高校小游园夜景观对公众视觉感知是否存在显著差异,进行配对样本T检验,判断12名被试者在不同时段下的总注视次数、平均注视时长、平均瞳孔直径3项眼动指标的均值差异性。将3项配对样本进行前期检验,样本数据没有异常值,且配对样本数据以及对应差值均符合正态分布特征,结果如表4所示。

研究显示,不同时段的总注视次数和平均注视时长没有显著差异（P=0.253>0.05，P=0.857>0.05）。其中不同时段的总注视次数均值分别为1751.33次和1946.92次，不同时段平均注视时长均值相等，说明被试者在不同时段下对高校小游园夜景观的整体认知程度和感兴趣程度的差异不明显。

不同时段下的平均瞳孔直径呈现显著差异（P=0.002<0.05），且傍晚时段被试者的平均瞳孔直径均值小于夜晚时段的平均瞳孔直径均值，分别为3.92mm和5.21mm。以往的研究发现，瞳孔直径大小会根据刺激不同而产生变化，一般有3种情况：一是瞳孔会根据周围光线的强弱发生变化；二是瞳孔会根据注视距离发生变化；三是瞳孔随着认知活动的增加而扩张[14]。因此，夜晚时段被试者瞳孔直径的扩张可能是受到光线、注视距离或者认知活动的影响。

不同时段下公众的总注视次数、平均注视时长与平均瞳孔直径的独立样本T检验结果　　表4

眼动指标	不同时段	N	M±SD	P
总注视次数 TFN	傍晚时段（19:00—20:30）	12	1751.33±370.06	0.253
	夜晚时段（21:00—22:30）	12	1946.92±498.95	
平均注视时长 AFD（s）	傍晚时段（19:00—20:30）	12	0.28±0.09	0.857
	夜晚时段（21:00—22:30）	12	0.28±0.10	
平均瞳孔直径 APD（mm）	傍晚时段（19:00—20:30）	12	3.92±0.72	0.002
	夜晚时段（21:00—22:30）	12	5.21±0.96	

注：P值小于0.05，表示具有显著性差异。

3.3 基于环境要素的公众视觉感知差异性分析

为探究高校小游园夜景观中各环境要素对被试者视觉感知的差异影响，本研究从景观设计的角度出发，把眼动实验固有的二维可视化分析投射到三维空间中，采用穿戴式眼动仪自带的时间标签分析功能（marker analysis）对景观各要素注视进行系统统计[8]，通过查看单个被试者的眼动实验录像回放，对被试者注视点停留在不同环境要素的时间段进行标记，进而分析各环境要素注视占比的趋势。

环境要素是构成人类环境整体的独立的、性质不同的而又服从整体演化规律的各个基本物质组分，分为自然环境要素和人工环境要素[15]。高校小游园的环境要素是校园空间的构成部分，也是使用者认知校园最直观的媒介。根据相关研究对游园环境要素的分类以及本次试验地点的实际调研勘察情况，最终共确定8类环境要素划分，具体描述见图4。

根据每位被试者眼睛注视特定环境要素的持续时间与总注视时间的比值为指标，反映各环境要素的视觉吸引程度，具体公式如下。

特定环境要素注视百分比=
$\frac{(特定环境要素的注视时长)_{被试者 i}}{(总注视时长)_{被试者 i}}$
$\times 100 (i=1,2,3\cdots,12)$

对傍晚时段（19:00—20:30）高校小游园各环境要素的注视情况进行统计分析（图5），结果显示，傍晚时段各环境要素注视占比中，道路要素和绿化要素占比较大，共有9名被试者的道路要素注视占比大于绿化要素占比；注视占比相对较低的是建筑装置、天空及人群行为，可见天空虽然在环境中所占视野面积较大，但注视关注度却很低，对公众视觉吸引程度不高；其次，鸟类及动物、公共家具及标志的注视占比极低；路灯的视觉注视占比最低。

傍晚时段12组被试者全部要素注视占比均值排列顺序为：道路（40.51%）>绿化（31.05%）>建筑装置（7.23%）>天空（6.04%）>人群行为（5.28%）>鸟类及动物（3.74%）>公共家具及标志（3.21%）>路灯（2.92%）。

对夜晚时段（21:00—22:30）高校小游园各环境要素的注视情况进行统计分析（图6），结果显示，相比于天未黑的傍晚时段，夜晚时段道路要素以绝对的优势占据第一，而绿化要素注视占比则大幅度下降；其次，公共家具及标志、鸟类及动物、天空、人群行为4者要素的注视占比都有所下降；路灯要素相较于傍晚时段注视占比有显著增长。由此可见，夜晚对公众视觉感知影响较大，夜间天完全黑后，在灯光照明不充足的情况下，人群眼动注视主要以寻路状态为主，因此对道路路面的视觉关注程度最高；绿化和天空视觉面积占比较大但受天黑光线的影响反而容易被忽略，所受关注度降低，眼睛注视视线较涣散；鸟类及动物包括人群行为在夜间出行活动较少，所受关注度极低；路灯则起到夜晚照明的重要作用，强化了人的视线引导，其注视程度显著提高。此外，夜晚部分建筑立面通过灯光勾勒而呈现出一定的视觉效果，增强人群的视线

规划设计理论 / 基于眼动实验的高校小游园夜景视觉感知量化研究——以西南交通大学犀浦校区为例

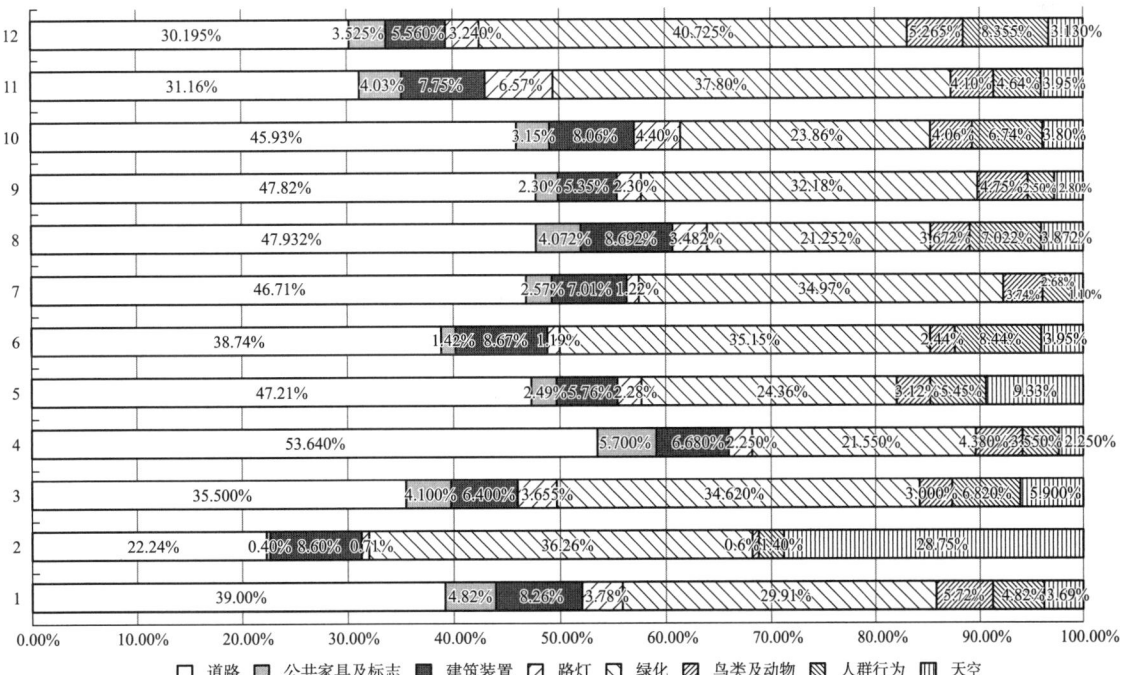

图4　西南交通大学犀浦校区高校小游园环境要素概况表

图5　12名被试者傍晚时段不同环境要素的注视占比统计

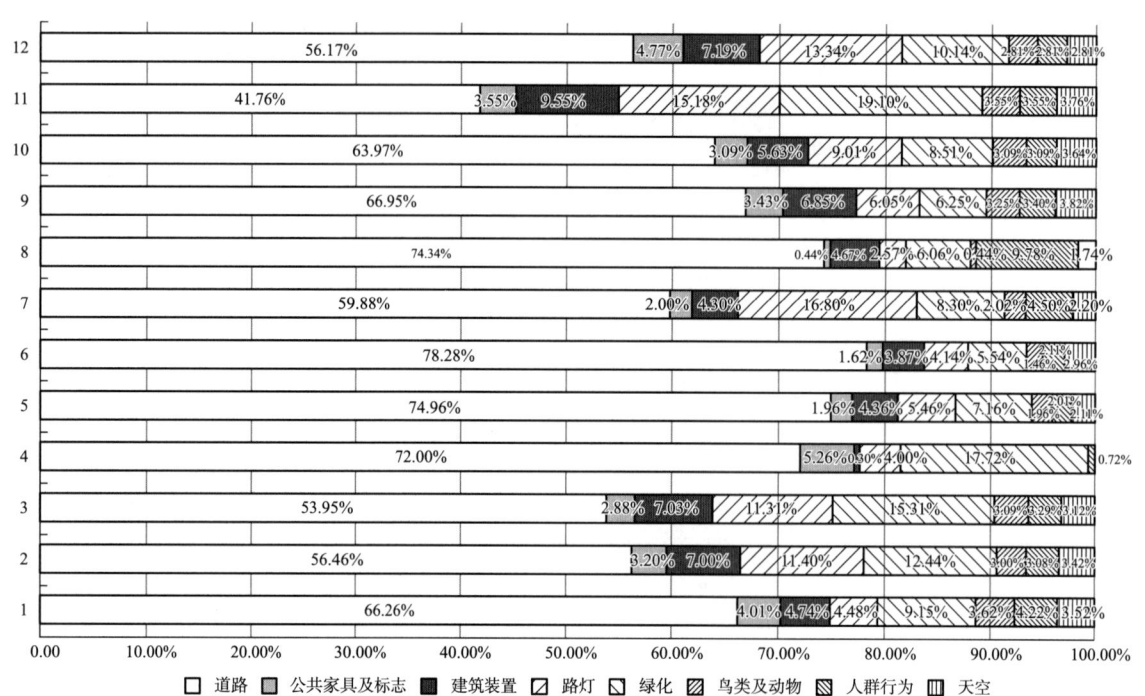

图 6　12 名被试者夜晚时段不同环境要素的注视占比统计

引导。

夜晚时段 12 位被试者全部要素注视占比均值排列顺序为：道路（63.75%）>绿化（10.47%）>路灯（8.64%）>建筑装置（5.46%）>人群行为（3.54%）>公共家具及标志（3.02%）>天空（2.76%）>鸟类及动物（2.36%）。

4　讨论与建议

4.1　讨论

本研究选取西南交通大学犀浦校区犀湖小游园作为研究对象，通过眼动追踪试验，探索高校小游园夜景观对公众视觉感知的影响。利用眼动数据指标分析公众不同时段下的视觉感知差异，利用时间标签功能分析公众对各环境要素的视觉注视百分比趋势。试验结果显示：

（1）基于公众因素来看，不同时段下公众之间的眼动数据不存在显著差异。通过对公众性别特征的分析发现，性别对高校小游园夜景观视觉感知的影响不明显；不同专业背景的被试者之间的眼动数据不存在显著差异。原因可能是前期未对研究对象进行更深入的试验介绍和系统描述。未来应更加针对性地设计眼动试验来对比不同专业背景间的公众特征差异影响。

（2）基于不同时段来看，不同时段之间公众的总注视次数和平均注视时长数据没有显著差异，说明被试者在不同时段下对高校小游园夜景观的整体认知程度和感兴趣程度不高。从访谈中获悉，傍晚时段和夜晚时段高校小游园给被试者的整体印象不太深刻，"游园绿化不错，但是很少有吸引人的地方，都是很单一的景观，有些地面铺装不平，容易出现危险（F1）""整体环境给人的感受还可以，但是一些道路绿化太繁杂，视野被遮挡，使得很多路段有点乏味，没什么吸引点（F3）"。不同时段之间，平均瞳孔直径则存在显著差异，且夜晚时段被试者的平均瞳孔直径均值大于傍晚时段。根据这一结论可以得出被试者瞳孔直径可能受到光线、注视距离或情绪认知等刺激从而产生扩张。根据访谈，大部分被试者认为夜晚时段高校小游园整体夜景观视觉感知减弱，光线较暗，照明力度不够，部分杂乱昏暗的植物环境可能会在夜间诱发恐惧感和消极情绪。"夜晚时段游园整体很黑，没有人群活动，越往里走灯光照度越不够，有点害怕不敢往里走（F2）""傍晚时段的能见度很高，晚霞也比较漂亮，夜晚时段只在有灯光照明的地方能看得比较清楚，其他昏暗的地方有点恐怖，缺乏安全感（F5）"。

（3）基于环境要素来看，高校小游园夜景观中不同环境要素对公众视觉感知产生不同影响。被试者在两个时段下对道路要素的注视情况最多，且夜晚时段道路占比大幅度上升，路灯要素相较于傍晚时段的注视占比有显著增长，说明公众在夜晚行走时更注重其寻路过程，夜间视觉能见度降低。"基础的照明设施不完善，道路铺装破旧老化，有些小路很容易绊倒别人，存在很多暗处，有一定危险性（M1）"。傍晚时段绿化、建筑装置和天空环境要素的注视程度高于夜晚时段，表明公众在天未黑的傍晚时期感知的景观元素及其评价优于夜间。"傍晚时段给我一种很惬意舒适的感觉，人心情愉悦，夜晚环境很安逸，适合谈心散步，就是灯光有点暗，道路不是很明显（M4）""路边的灯虽然稀疏，但是灯光洒在湖面上波光粼粼的感觉还是很漂亮的，特别是钟楼的景观建筑很漂亮（F6）"。人群行为、鸟类及动物两个要素傍晚时段的占比高于夜晚时段，表明两者更偏向于视觉能见度高的时段出行活动，此时整体环境气候舒适宜人，夜间出行活动反之频率降低。"傍晚时段交大游园的景色很美，路过草坪能看到交大地标志性雕塑，还有一些亲子活动，以及在浙亭有人在演奏，一路听着他们的声音很惬意（M2）""给我留下印象比较深刻的地方是湖面，有黑天鹅以及白天鹅在那里嬉戏，我一直给它们拍照（F4）"。公共家具及标志两个时段的注视占比都不足5%，这可能与校园中景观小品、公共设施、导视标识等景观设施较少的现状有关。"游园后半段路缺少基本的照明，也缺少引导性的路牌，建议增加一些具有互动趣味的灯光装置和湖边座椅（F4）"。

4.2 建议

综上，本研究基于高校小游园夜景观环境的营造提出以下策略。

（1）在设计营造层面，对不同景观要素进行针对性提升。部分绿化植物搭配杂乱、空间拥挤的地方，适当搭配柔和温暖的灯光装置及地面可识别装置等以增强其可视性，合理规整植物布局，降低潜在的安全风险和消除游人恐惧心理，提升人群夜间寻路过程的体验感。针对面积空旷、视觉注意涣散的区域，可以适当植入与校园文化相关的景观艺术装置，强化校园文化意象的同时提升夜间视觉艺术效果。

（2）在空间管理层面，对高频次使用的环境设施加强管理和规范。定期对杂乱植被进行修剪，维护游园中景观雕塑、廊亭、艺术装置、公共设施等，提升公众夜晚出行的安全感和舒适感。同时，注重游园景观环境的生态优化，满足自然环境与人文环境的融合发展，体现人与自然和谐共生的文明理念及价值观。

5 结语

本研究基于眼动追踪技术，采用穿戴式眼动仪探索高校小游园夜景观对公众视觉感知的影响，还原公众在高校小游园中真实游逛的视觉感知过程，为视觉研究方法在三维环境下的应用作出推进和探索。研究仍存在一定的局限性及有待优化的地方，未来研究可尝试引入更多先进的技术手段，可以结合脑电、肌电等生理仪器进行多维度测评，以期进一步增强研究的真实性和准确性。

参考文献

[1] 郭晓静. 高校小游园景观设计研究[D]. 泰安：山东农业大学，2018.
[2] 中国大百科全书总编辑委员会《经济学》编辑委员会，中国大百科全书出版社编辑部编. 中国大百科全书[M]. 北京：中国大百科全书出版社，1988.
[3] 骆畅，刘晓明. 基于LBS数据的城市小游园使用情况研究——以北京市海淀区为例[J]. 中国园林，2016，32（12）：48-52.
[4] 李姝，朱灿. 基于视觉感知的工科高校景观评价研究——以成都工业学院郫都校区为例[J]. 地域研究与开发，2022，41（3）：49-54，74.
[5] 刘思雨，宋希法，王玏. 乡村景观视觉感知特征与影响因素研究——以湖南紫鹊界龙普梯田群为例[J]. 西北林学院学报，2024，39（4）：242-249.
[6] 王晓燕. 城市夜景观规划与设计[M]. 南京：东南大学出版社，2000.
[7] 陈秋杏，徐俊丽. 以校园意象为导向的老校区夜景观"微更新"设计探索——以苏州大学为例[J]. 中国园林，2022，38（4）：92-97.
[8] 陈奕言，陈筝，杜明. 注意力的设计——眼动追踪技术辅助下的上海市南京路步行街景观体验研究[J]. 景观设计学（中英文），2022，10（2）：52-70.
[9] 张琳，李承业，王金平，等. 传统风貌商业街视觉感知量化研究——以平遥古城明清一条街和太原古县城十字街为例[J/OL]. 西安建筑科技大学学报（自然科学版）. [2024-01-26]. http://kns.cnki.net/kcms/detail/61.1295.TU.20231124.1734.002.html.
[10] 吴思琪，李君轶. 旅游街区日/夜景观对游客情感及行为意向的影响——基于眼动实验分析[J]. 地理与地理信息科学，2023，39（5）：66-73.
[11] Yasaman G, Hassan S T, Saeid M N, et al. Identifying the stimulus of visual perception based on Eye-tracking in Urban Parks:

Case Study of Mellat Park in Tehran[J]. Journal of Forest Research, 2021, 26(2): 91-100.

[12] Ma, RC, Luo, YX, Furuya, K. Gender Differences and Optimizing Women's Experiences: An Exploratory Study of Visual Behavior While Viewing Urban Park Landscapes in Tokyo, Japan [J]. Sustainability, 2023, 15(5): 3957.

[13] 候健. 面向情感计算的可穿戴式眼动追踪系统设计与实现[D]. 兰州: 兰州大学, 2023: 3-4.

[14] 魏蓝坤. 知觉状态对瞳孔大小的影响[D]. 成都: 成都医学院, 2022: 6-7.

[15] 马红旺. 基于Geoportal的环境科学数据共享平台研究与实现[D]. 湘潭: 湖南科技大学, 2013: 7.

作者简介

（通信作者）崔月婷，2000年生，女，西南交通大学设计艺术学院硕士研究生在读。研究方向：景观设计。电子邮箱：549688317@qq.com。

王玮，1981年生，女，博士，西南交通大学设计艺术学院，副教授、硕士生导师。研究方向：景观设计、儿童游憩空间设计。

同一健康视角下绿色健康校园景观设计的体系构建
Construction of Green HealthyCampus Landscape Design System from the Perspective of One Health

郭玉笑 黄 滟*

摘 要：校园景观发挥着浸润型的育人影响，保障人、环境、动物健康对绿色校园健康环境的营造有关键作用。既有校园景观研究多关注对人与环境的健康关系的探讨，系统性的设计体系尚未建构。本研究以同一健康视角下人与环境、动物的相互关系为依托，结合注意力恢复理论、生态心理学、社会支持理论等，探明中小学、职校高校在健康校园实践中的景观途径。其次，依托专家访谈文本，利用python进行高频词提取，明确绿色健康校园构建中师生行为情感与景观目的维度的经验偏好，并通过分类探究个人与人际、人与环境、人与动物三方面的校园需求，研究景观在环境与动物健康促进人类健康中的转化作用，形成具有易理解性、可行性、可扩展性的绿色校园健康景观设计体系。研究成果有助于促进校园景观万物并育、健康共融，未来应提升校园各类空间中的疗愈影响，保障师生与职工在生理、心理和社会层的全面健康，优化绿色共享的健康校园福祉。

关键词：同一健康；绿色校园；健康设计；景观疗愈

Abstract：The campus landscape exerts a permeating influence on student development, and ensuring the health of people, the environment, and animals plays a key role in the creation of a green, healthy campus environment. Existing studies on campus landscape tend to focus on the relationship between human health and the environment, but a systematic design framework has yet to be established. This study, grounded in the One Health perspective, explores the interrelationships between people, the environment, and animals, combining theories such as Attention Restoration Theory, environmental psychology, and social support theory to investigate the landscape approaches adopted in primary and secondary schools, as well as vocational and higher education institutions, in their pursuit of a healthy campus. Furthermore, through expert interviews and the use of Python for high-frequency word extraction, the study identifies the experiential preferences of teachers and students regarding the emotional and purposeful dimensions of green, healthy campus construction. By categorizing the campus needs into three aspects-human-to-human, human-to-environment, and human-to-animal-the study elucidates the transformative role of the landscape in promoting the health of the environment, animals, and ultimately, human health. The resulting design system is characterized by its accessibility, feasibility, and scalability. The research findings contribute to the development of a campus landscape that fosters the symbiotic growth of all living beings and promotes comprehensive health integration. In the future, the study suggests enhancing the healing influence across various campus spaces to ensure the holistic well-being of teachers, students, and staff in the physical, psychological, and social realms, thereby optimizing the green, shared health and well-being of the campus community.

Keywords: One Health; Green Campus; Health Design; Landscape Healing

引言

随着与环境关联的传染性疾病发病率的居高不下以及社会压力的增加，暴力、自杀、虐杀动物等校园事件频发，以全面健康为导向的绿色校园景观设计至关重要。当前，各类校园建设呈现开放、多元、共享的新发展趋势[1]。校园不仅是学生健康成长的重要园地，也是职工乃至周围家属区的活动中心。研究表明，动物与环境健康对人类健康有直接影响，三者相互影响与平衡[2]。校园作为城市中的学术绿岛，是社会系统中的关键成分，也是人、动物、环境交互的重要生境。国内外在健康校园建设中提出了诸多指导性政策，如《"健康中国2030"规划纲要》明确提出要将健康教育融入校园建设，充分发挥健康环境的育人功能，促进学生的身心健康发展[3]。针对中小学、职校和高校的《绿色校园评价标准》（GB/T 51356—2019）将环境与健康作为核心指标之一，兼顾到空气、水质、绿化、热舒适度各方面，强调对校园长效健康需求的考虑[4]。此外，美国大学健康协会（ACHA）出台的"健康校园2020"政策，从环境、教育、活动等各方面进一步完善了全美高校的健康建设体系[5]。

近年来，国内外健康校园建设吸收转化了疗愈景观、生态景观等相关研究的成果，进一步丰富了健康校园的理论与实践经验。具体包括：①具有疗愈效益的景观空间探索：自然空间的疗愈体系[6-7]、校园阅读疗愈的关键作用[8]、多感官参与的互动性疗愈[9]以及"绿色医学"的构想[10]，各类景观空间提供了与不同元素接触、互动的可能性，其潜在的疗愈效益对人类生理、心理、社会全面健康有重要意义[11-12]；②人与环境的协同发展探索：可持续的绿色校园营造策略[13]，参与式环境的营造经验[14]，绿色校园环境的恢复性效益[15]；③校园评价体系的建立：国际经验比较下的健康校园评价体系[16]，绿色校园评价体系的建立[17]。此外，在健康校园建设实践中，北京大学积极推进"健康校园，活力北大"的各项建设，通过了FISU"健康校园"的铂金认证；德国波恩大学的花园绿地以其所处位置、文化符号等特点，展示出活动、社交、体验等绿地空间对学生身心健康的促进作用[18]。然而，长期以来绿色校园规划设计多考虑环境导向下的景观提升，忽略了人、环境、动物三者间密不可分的互动关系，需要系统性地梳理人在"人-环境-动物"中的景观需求，以深化相关工作者对校园环境建设的全面认识。

校园是学生与教职工长期所在的环境单元，学校作为最大规模的公共部门，绿色健康建设也是缓解"学生病""城市病"的理想场所。"绿色校园""健康校园"的营造对推进健康中国建设有重要意义。因此，有必要明晰人、环境、动物的交互影响对景观设计的指导作用，以推动绿色校园健康环境的高水平建设。同一健康（One Health）是2021年国际组织联合提出的行动计划[19]，旨在构建人类健康与环境以及动物健康耦合发展、健康共享、威胁共防的社会系统，以实现可持续发展，改善全球健康与福祉[20-21]。同一健康的相关内容可追溯到远古时代，神灵主义医学模式的形成强调了自然环境与人类健康的联系[22]；西方医学始祖希波克拉底（Hippocrates）首次从现代医学的角度认识到环境、动物健康与疾病的关系[17]。当前，"同一健康"理念已经形成了完善的体系，并且具备跨学科的创新性，应用领域广泛。其与注意力恢复理论（Attention Restoration Theory）[23]、亲生物假说（Biophilia Hypothesis）[24]等都认为自然与生命环境对促进人群的心理、生理健康有正向作用。因此，同一健康与绿色校园景观设计可形成切实的联系，绿色校园建设可以以同一健康为目标导向、设计原则乃至建设手段，通过人、环境与动物明确三者的相互关系、协调彼此的发展需求，维持校园生态系统的稳定发展，构建人、环境与动物共享共生的健康环境与福祉。本研究聚焦中小学、职业学校和高等院校的校园环境建设，分析同一健康理念指导下如何构建全面的校园健康景观设计体系，以期为健康校园的景观更新建设提供参考。

1 研究方法和研究框架

1.1 研究方法

研究以同一健康理念为切入视角，梳理了各类院校及校园人群的行为特征与健康需求，结合注意力恢复理论、生态心理学、社会支持理论、动物疗法的基本理论，拓展了同一健康理论在景观设计中的作用途径，归纳出人在"人-动物-环境"共同健康中的交互联系。其次，根据既有理论与实践研究，梳理绿色健康校园景观建设的相关话题，以制定访谈提纲，于2024年9—10月邀请20位行业专家（包括从事风景园林、校园建设等相关行业的高校老师，设计从业者及校园管理者）进行"同一健康视角下的绿色健康校园构建"访谈，能够在一定程度上反映出行业专家在校园景观建设中的经验偏好，从而进一步归纳出校园景观设计实践的具体途径。

1.2 研究框架

首先，基于同一健康理论，明确人类、环境、动物健康对校园建设、社会发展的重要意义，并分类构建人与人际、人与环境、人与动物3方面的校园需求，以此进行详细的发展演绎与阐述。其次，依托注意力恢复理论、生态心理学等相关理论，从中小学校、职业学校及高等院校中主要人群的全面健康出发，明确景观在环境与动物健康中促进人类健康的转化作用，构建健康校园的景观设计框架。最后，依据《绿色校园评价标准》及既有相关研究，梳理3类校园景观设计的详细空间功能与要素，以形成全面系统的、可扩展性的绿色校园健康景观设计体系（图1）。

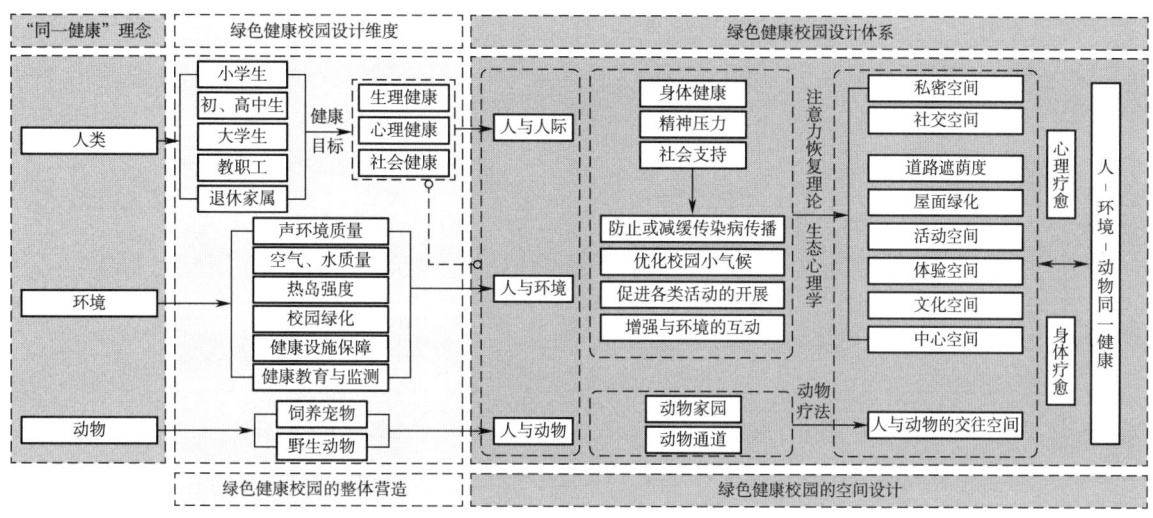

图1 同一健康视角下绿色校园健康环境研究框架

2 "人—环境—动物"同一健康理念下校园健康需求

2.1 人类健康——人与人际的健康关系与需求

人类健康是校园健康景观建设的核心，可以演化为人与人际、人与环境、人与动物的三大关系[25]（图2）。以中国年满6周岁为小学入校的年龄标准为依据，结合人体生理机能的发展状态，推算中小学校、职业学校及高等院校所包含人群的大致年龄层：小学生（6~12岁）、中学生（12~18岁）、大学生（18~25岁）、教职员工（25~65岁）、退休人员（65岁及以上）。

（1）小学生（6~12岁）。小学生正处在成长发育的重要阶段，对世界充满好奇，有丰富的想象力，自我意识逐渐增强，喜欢探索和发现新事物[26]，如乐于交朋友、参与团体活动、玩游戏等。创造性的活动环境不仅有利于儿童在人交际中提升表达力与探索力，促进智力发育，还有助于稳定不安的情绪、集中注意力等。

（2）中学生（12~18岁）。中学生处在身心发育的高峰期，开始对自我定位与角色有探索倾向。他们渴望独立同时需要支持，更加注重自身的观点和决策，学习压力明显增加，并且随着青春期的到来，社交关系也变得更加复杂[26]。独处型空间环境有助于学生对自我认知的思考和独立决策的锻炼，活动型的空间环境有利于缓解学生的学习压力、促进身体发育。

（3）大学生（18~25岁）。大学生的身心发育趋向成熟，但突然的环境转变也会加重其面临学术科研和独立生活时的复杂压力，在学术和生活上都需要更多的社交支持和交流，同时也有更多的选择机会[27]。多样的活动体验与多元的环境状态有利于锻炼自主力、领导力与专注力，形成健康的生活方式。

（4）教职员工（25~65岁）。教职工群体的身心发育处在成熟稳定期，但受到身体代谢速度减缓的影响，主要面临高血压等慢性病、身体亚健康的威胁，同时面临复杂的教学与科研任务、家庭责任等压力[28]。休闲、体验、活动环境能够提供运动或休憩活动空间，缓解复杂压力对心理状态的影响，增加社会交往活动，改善工作氛围。

（5）退休人员（65岁及以上）。随着年龄的增长，其人体机能逐渐衰退。同时，他们对身体健康的重视程度、对亲属关系的渴望程度逐渐提高。为了避免"孤独"感的产生，他们对各类活动充满热忱，对校园建设具有较强的归属感[29]。轻松休闲的活动环境既能够契合老年人的身体素质，又能够进一步培养老年爱好，促进身心的健康。

"人-环境-动物"同一健康视角下的绿色校园各类人群的健康需求				
人群划分	行为需求与特征	人与人际	人与环境	人与动物
小学生(6~12岁)	1.好奇心强、想象力丰富 2.学习能力强，但注意力不集中 3.社交需求增强 4.情绪波动大	1.表达与交流能力的培养 2.探索力与创造力的开发 3.情绪价值的获取	1.丰富探索空间，增强五感体验 2.培养兴趣爱好，改善注意力 3.丰富户外活动，满足成长需求	1.增强对动物的认知与保护意识，培养责任心和同情心 2.增强对生态系统的认识
中学生(12~18岁)	1.自我认知探索，兴趣逐渐清晰 2.独立性增强，自尊心强 3.学习压力增强，情绪波动 4.社交圈进一步扩大	1.提供独处空间，自我认知的思考 2.社交技巧与人际关系的处理 3.处理情绪，建立健康的情感联系	1.丰富体育运动，缓解视疲劳 2.多元文化体验，促进跨文化理解 3.组织趣味活动，避免沉迷游戏	1.培养对生态系统的理解和保护意识 2.引导对自然界的尊重和保护，增强社会责任感
大学生(18~25岁)	1.求知欲强，追求个人兴趣 2.自主性和独立性 3.面临学术压力和挑战，需进行压力管理 4.职业发展意识 5.寻求社交支持与团队合作	1.培养健康的生活方式 2.增强专注力 3.领导力的发展 4.自主学习的契机	1.多元的风景体验，获取情绪价值 2.高效的锻炼契机，满足身体需求 3.缓解学术与职业规划的压力 4.打破矛盾状态，寻求社交可能性	1.帮助流浪物建立家园，增强社会责任感 2.与动物社交娱乐，获取情绪价值
教职工(25~60岁)	1.责任感增强，专业水平的提升 2.时间压力；工作和生活的协调 3.教学压力；教学创新与评价指标 4.竞争压力；职业发展意识	1.专业水平的发展 2.工作氛围的提升	1.寻求忙碌的缺口，降低工作压力 2.高效的锻炼契机，满足健康需求 3.城市的吸氧场所，绿色学术的氛围	1.对宠物的情感寄托 2.对野生动物的新奇探索
退休家属(60岁以上)	1.注重参与社交活动，追求兴趣爱好 2.健康管理与关注 3.渴望家庭关怀与支持	1.对校园建设的归属感 2.对校园各类活动的热忱	1.开放的活动空间，追求兴趣爱好 2.适宜的体育活动，满足健康需求 3.亲子活动的需求，提供家庭价值	1.对宠物的情感寄托 2.对野生动物的新奇探索

图2　不同群体的行为特征与三大关系中的健康需求

2.2 环境健康——人与环境健康关系与需求

环境是所有生物赖以生存的家园，环境健康也是人类与动物健康的基础保障。基于《绿色校园评价标准》与同一健康的理念，可以将环境健康分为：声环境，空气和水质量，热岛强度，健康设施保障，健康教育与监测5部分。

（1）声环境质量。良好的声环境有助于提供安静的学习空间与友好的社交活动空间，从而有助于校园环境健康。例如在教学区和私密空间通过栽种植物减少噪声的影响，可以缓解师生烦躁的心理状态；在活动区通过水景声、水生生物声、自然风声等营造丰富多样的声环境，对人的情绪唤醒和注意力转移有显著影响[30]。

（2）空气和水质量。空气和水质量与人的身体健康有直接影响联系。校园景观设计中可以采用雨水花园、种植缓冲带、生态过滤池和优化景观布局等措施，利用植物和微生物加强对水源的净化与调节，同时也形成可用于教育展示的自然空间。除了可以通过种植具有净化作用的植物优化空气质量外，还应该注意避免易致敏、产生毛絮等植物在人流量大的区域栽植。

（3）降低热岛强度。热岛效应会导致区域温度升高、污染物聚集，威胁着人群健康。通过增加绿色覆盖面积可以有效地降低热岛强度[31]，如校园活动场地应该种植乔木或建设构筑物以达到一定面积的遮阴比，在建筑物上增加屋面绿化或垂直绿化，如攀藤植物的自然种植，优化校园布局，保留足够的绿地和开放空间。

（4）健康设施保障。完善的健康设备有利于提高学生的健康素养和体质水平。如优化高校的健身器材布局，在自然的开放空间中即可达到健身目的；多元运动场地的设立，提供多类型、多活动的锻炼方式，从而促进学生健康生活方式的建立。

（5）健康教育与监测。健康教育有助于从根本上培养学生的健康思想，要将健康教育融入景观建设的各个环节中，如园艺疗养体验、生态装置标识等等。良好的教育与监测工作有利于维持同一健康要素的循环与平衡状态，也是环境健康惠及人的健康的关键环节。

2.3 动物健康——人与动物的健康关系与需求

动物健康是人与环境健康不可或缺的共同体，相关研究表明，70%的动物疫病可传染给人类[32]，保护动物健康不仅是在维护生态系统的完整运行，也是在保护人类自身的健康。校园中常见的动物类型可以分为：饲养动物与野生动物。

（1）饲养动物。校园环境中常见的饲养动物有猫、犬、鸟类、鱼类等，它们中既包含长期生活在校园中、已经与校园师生建立起长期喂养或帮扶关系的动物，也包含周围家属区居民的家庭宠物。这些动物已经熟悉了校园环境，对人群呈现低威胁的健康状态，往往受到大众的喜爱。对于更开放包容、人群更成熟的高校类校园空间，有必要考虑可促进社交的宠物乐园在户外活动环境中的应用，促进人与动物的健康接触；中小学可以设立小型的宠物喂养体验场所，从而培养学生的社会责任感。

（2）野生动物。校园常见的野生动物如鸟类、昆虫以及其他兽类等。在公共健康领域，要做好有害昆虫繁衍聚集、不可控兽类及保护动物出现等事件的应对工作，重视相关部门的联动作用[33]，通过健康教育，呼吁大众避免与野生动物直接接触。同时，也可以在健康安全的前提下开展相关活动，如鸟类摄影等，以促进人与动物互利共生，优化校园环境。

3 同一健康视角下绿色健康校园设计体系构建

3.1 人、环境、物种——绿色健康校园构建维度

同一健康视角下绿色校园体系的构建体现人类、环境、动物的共同作用（图3），通过合理规划三者密不可分的关系，实现校园环境的共同健康。在校园景观设计中，应以环境保护先行为态度，进行破损环境的保护修复工作，形成自然生境与健康设施共存的绿色基底；再以保障人类健康为核心，将人的健康、动物健康融入环境健康中，以此进行人与环境、动物共同健康的绿色校园建设。

基于同一健康的作用关系，有必要明晰校园环境与动物健康对人类健康的促进作用，也就是说，景观要素是如何在人-环境-动物间发挥连接作用的（图4）？怎样避免恶性校园事件的发生？生理、心理、社会层面的疗愈景观理论的应用提供了有效的连接途径。如注意力恢复理论（Attention Restoration Theory）认为自然、舒适、迷人、隐私等环境特点能够给人带来感知刺激，使人的注意力得以集中，并产生恢复性效益[34-35]；生态心理学（Ecological Psychology）强调了人与自然的关系，环境密切影响着人的潜在心理意识与行为[36]；社会支持理论（Social Support）强调了社会关系在人类健康发展中的重要作用，通过建立人际关系，获得他人支持的资源，有利于个体应对发展过程中的压力与困难；动物疗法（Zootherapy）指出了动物可辅助身心疗愈，通过动物陪伴等可以改善个体的心理情绪，有利于增进抑郁群体与外界的互动。综上所述，从人与人际、人与环境和人与动物的三大关系出发，以各类校园的健康需求为导向，明晰各类活动方式发挥的景观作用，满足各类人群在校园生活中的疗愈需求，为景观介入校园健康环境的营造提供契机。

3.2 基于专家访谈的校园建设高频语义词条梳理

研究整理访谈文本，并利用python中的Jieba对文本进行词条整理。首先对连接词、无语义词进行清洗排除，其次将访谈文本划分为"行为情感类""景观目的类"两类，通过词频整理获取以下高频词汇（表1）。具体来言，在小学校园建设，提取到行为情感类词条为：合作、探索、运动、游戏、冒险、参与；景观目的类词条为：户外娱乐、开放互动、趣味活力、游戏化元素、舒适健康、绿色可持续，这些高频词条表明了相关专家对探索合作、互动参与类景观空间的认可，如探索花园、共创工坊等景观空间。在中学校园建设中，提取到行为情感类词条为：互动、尊重、体验、减压、运动；景观目的类词条为引入自然、户外学习、活力生机、平等包容、绿色可持续，在访谈中，相关专家强调了基于自然的户外景观设计对学生的重要意义，可设立园艺种植、绿氧剧场等自然交互的户外空间。在职校与高校校园建设中，提取到行为情感类词条

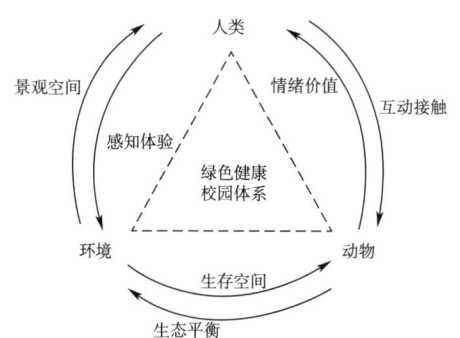

图3 人-环境-动物的作用关系

为创造力、聚会、静思、疗愈、爱好、互动；景观目的类词条为丰富多元、社会意识、美观简洁、休闲放松、动物友好、绿色可持续，相关专家注意到师生在校园环境中社会意识等的形成，以及在自我压力、思想、爱好、交际等方面问题的应对能力，可设立疗愈景观、园艺学堂等空间优化健康校园建设。

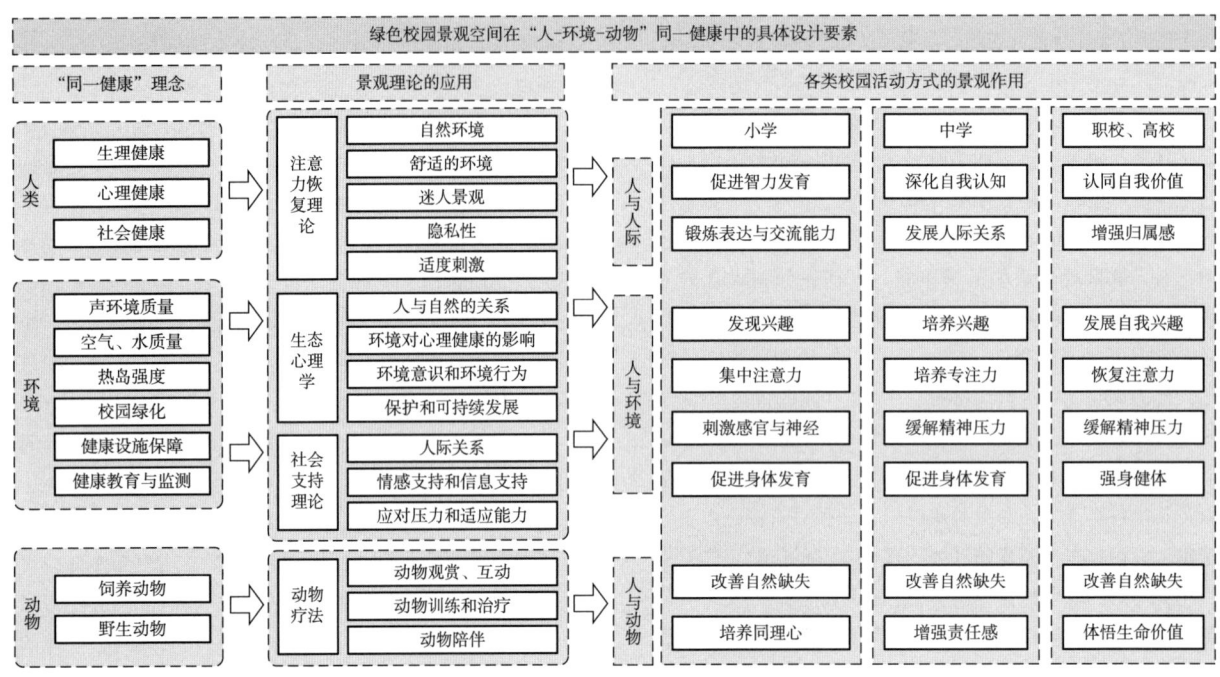

图 4　景观要素在人-环境-动物健康间的连接作用

访谈文本中的高频词　　　　　表 1

访谈视角	类别	行为情感类词条	景观目的类词条
"人-环境-动物"同一健康	小学	合作	户外娱乐
		探索	开放互动
		运动	趣味活力
		游戏	游戏化元素
		冒险	舒适健康
		参与	绿色可持续
	中学	互动	引入自然
		尊重	户外学习
		体验	活力生机
		减压	平等包容
		运动	绿色可持续
	职校、高校	创造力	丰富多元
		聚会	社会意识
		静思	美观简洁
		疗愈	休闲放松
		爱好	动物友好
		互动	绿色可持续

3.3 基于同一健康理念的各类绿色健康校园疗愈路径

结合上述分析，基于人、环境、动物的交互关系形成了各类绿色校园的健康体系框架，构建了以扩大景观空间潜在疗愈影响的健康设计策略。

（1）小学校园。在个人与人际的关系方面，将校园功能空间定位为独处与社交空间，考虑到小学生好动、好奇的特点，可以建设探索花园（1～2人）、共创工坊（2人以上）等，进行涂鸦绘画、秘境寻宝、材料堆叠等疗愈活动，鼓励人际表达、交流。在人与环境的关系方面，定位为五感空间与娱乐空间，可以进行在视、听、嗅、触、味五感花园中的游玩活动，以及儿童运动活动，满足身心成长的需求。在人与动物的关系方面，定位为观察空间与互动空间，可以建立生态花园、小小动物园，吸引自然动物，有助于训练小学生的观察意识，培养对自然环境的认知（图5）。

（2）中学校园。在个人与人际关系方面，同样将校园功能空间定位为独处与社交空间，但在独处内容上更加注重私密性与多样性，设立自然座椅，可以进行树下沉思、阅读、观景等疗愈活动，以满足中学生思考自我认知的需求，同时建设共享共乐的学习与娱乐空间。在人与环境的关系方面，定位为体验空间、观演空间、运动空间与休闲空间，考虑到中学生动手与组织能力的强化，可以进行园艺种植、可食菜园、运动、剧场观演等娱乐休闲活动，有助于减缓压力、促进身心健康。在人与动物的关系方面，定位为观察空间与互动空间，相比小学校园可以进行更全面的动物认知活动（图6）。

（3）职校与高校。在个人与人际的关系中，增加更加多元丰富的休闲或社交活动，如水景花园的摄影打卡等。在人与环境的关系中，定位为活动空间、打卡空间、运动空间、康养空间、休闲空间。由于大学的开放性，在开放日、节假日其往往面临多类型的人群，与环境相关的各类活动也应更加丰富，并且鼓励各类人群的参与。如设置艺术画境的展览打卡活动，在陶冶情操的同时唤醒低压情绪；怡养园地的按摩小径，给各年龄段人群提供了赤脚放松的自由场所；园艺学堂，为师生提供了与自然元素亲近接触、手工制作的机会。在人与动物的关系层面，增设友好生境和宠物乐园，为迁徙动物提供了近自然的环境，也为校园里的常驻动物提供了与人互动的交往空间，提升了小动物们的归属感，有助于学生探索欲的重新唤醒（图7）。

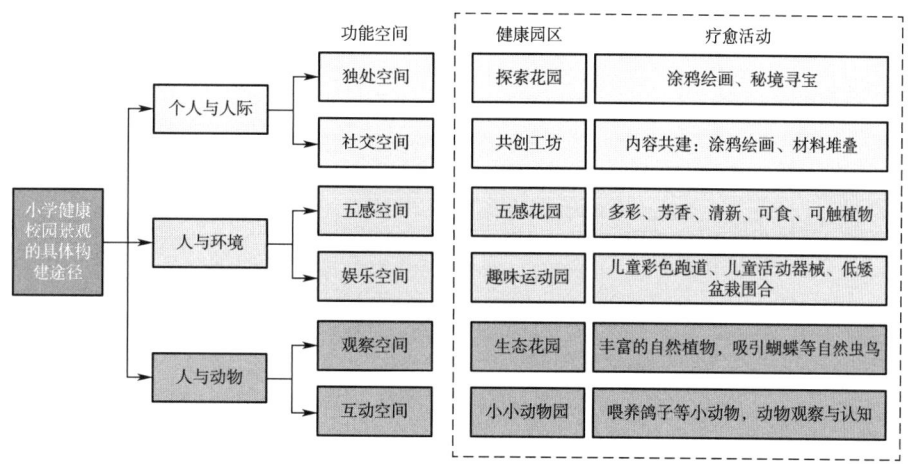

图5　小学校园景观功能组成与疗愈活动

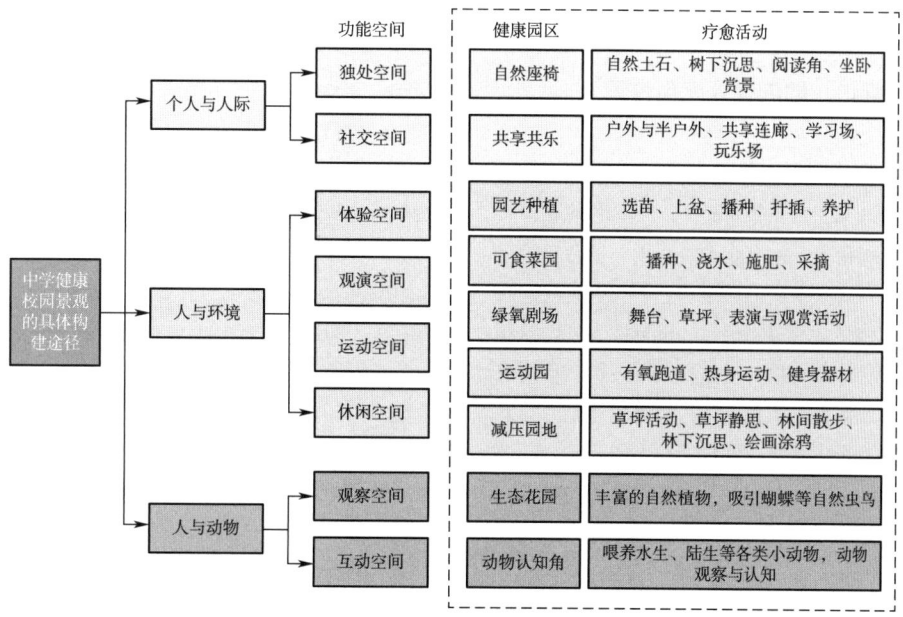

图6　中学校园景观功能组成与疗愈活动

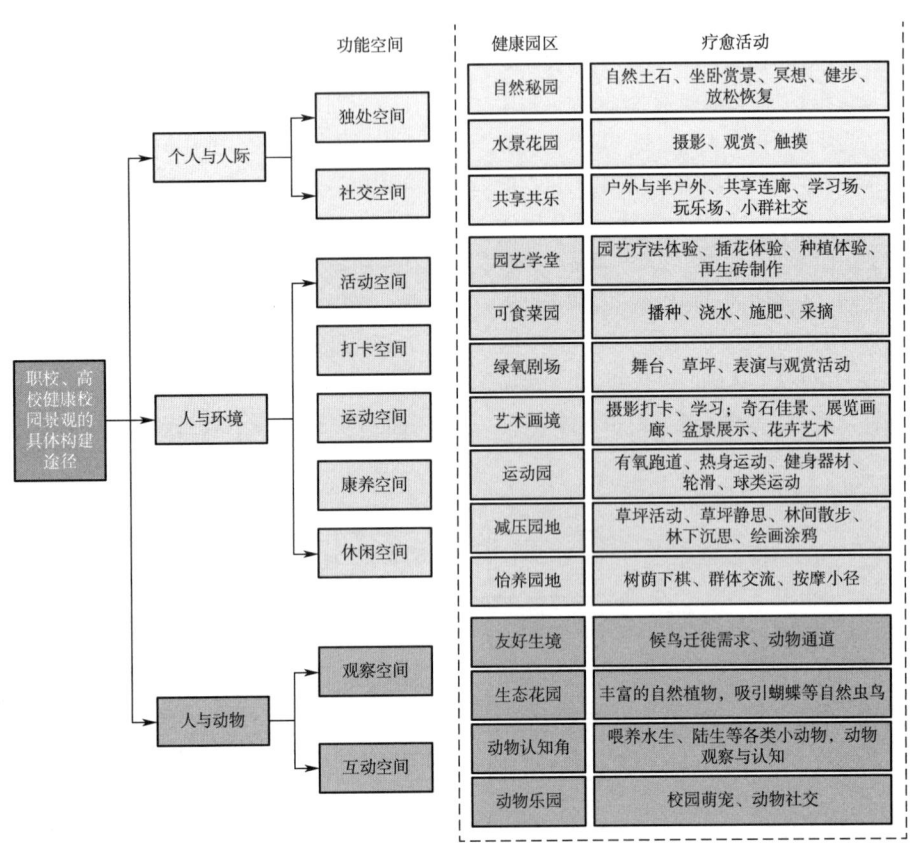

图 7 职校、高校校园景观功能组成与疗愈活动

4 结论

4.1 同一健康视角：健康融入绿色校园

研究探讨了人类、环境、动物同一语境下的健康对校园环境建设的重要意义，进一步辨析了人与三者的联系及所呈现的行为特征与需求。结合生理、心理、社会层的疗愈理论，探究了景观要素在同一健康理念下对人类健康的转化效益，从而构建了具有易理解性、可行性、可扩展性的绿色校园景观设计体系。同一健康视角的应用，将健康融入到校园环境建设的各个层面，同时与景观理论的相关联为健康校园的提升提供了系统性的建设方向。

4.2 局限与展望

研究系统梳理了同一健康视角下，中小学、职校高校校园整体景观空间的功能定位和详细节点的疗愈活动设计脉络，探析了校园环境中人-环境-动物健康的相互作用关系。但在各类校园的整体功能定位和详细疗愈活动设计中仍有需要进一步探讨的问题。在整体功能空间的定位上，如微生物健康与校园健康的关系、各类校园中各种学生病和职业病等的发生频率等尚待探讨。在详细疗愈活动的设计上，动物认知角、园艺学堂等的建设都需要专业人员的管理与指导。考虑到区域文化、学校培养方式的不同而产生的人群习惯差异，健康环境建设后也需要进一步的使用评估，形成反馈机制，以判断健康景观体系中各类空间功能是否契合实际的需求，从而根据景观偏好进一步修正或扩展校园健康景观的设计体系。整体而言，同一健康理念符合"健康中国"的发展要求，有利于保障师生与职工的全面健康，优化绿色共享的健康校园福祉。

参考文献

[1] 陈冰，任昆仑，钞秋玲. 融合与流变：我国高校学习空间演化模式探讨——以西交利物浦大学为例[J]. 建筑学报，2023（2）：79-85.

[2] Rabinowitz P, Comtii L. Links Among Human Health, Animal

Health, and Ecosystem Health[J]. Annual Review of Public Health, 2013, 34(1)：189-204.
[3] 中共中央国务院."健康中国2030"规划纲要[Z]. 2016-10-25.
[4] 中国城市科学研究会. 绿色校园评价标准：GB/T 51356—2019[S]. 北京：中国建筑工业出版社, 2019.
[5] 李文嘉, 张再瑜. 美国"健康校园2020"视域下的校园政策[J]. 中国高等教育, 2021(10)：62-64.
[6] 李树华, 姚亚男, 孟令爽, 等. 从园艺疗法到自然疗愈：类型、发展、机理与展望[J]. 风景园林, 2024, 31(5)：12-22.
[7] Lau S S Y, Gou Z, Liu Y. Healthy campus by open space design：Approaches and guidelines[J]. Frontiers of Architectural Research, 2014, 3(4)：452-467.
[8] 刘宇庆, 袁曦临, 付少雄. 隐匿性抑郁症大学生群体阅读疗愈参与意愿影响因素研究[J]. 国家图书馆学刊, 2022, 31(2)：60-71.
[9] 郑朝. 沉浸式艺术疗愈的设计策略[J]. 新美术, 2021, 42(6)：257-263.
[10] 李树华, 姚亚男, 刘畅, 等. 绿地之于人体健康的功效与机理：绿色医学的提案[J]. 中国园林, 2019, 35(6)：5-11.
[11] 康宁, 李树华, 李法红. 园林景观对人体心理影响的研究[J]. 中国园林, 2008, 24(7)：69-72.
[12] 张琳, 刘苏燕, 贾虎, 等. 基于公共健康需求的城市社区公园景观设计[J]. 中国城市林业, 2020, 18(6)：49-54.
[13] 鲍莉, 周静, 丁园白. 苏黎世联邦理工学院科学城校区的绿色校园策略解析[J]. 建筑学报, 2019(5)：23-29.
[14] 张浩, 卓康夫, 李迪华. 由学生自主营造一个全要素雨水花园的困难与经验[J]. 中国园林, 2024, 40(3)：41-47.
[15] 周艳慧, 王一凡, 金荷仙. 视嗅感知下校园绿地的恢复性效益研究[J]. 中国园林, 2023, 39(11)：36-41.
[16] 徐结晶, 刘剀, 邱文航. 健康校园评价体系的国际经验及发展趋势[J]. 工业建筑, 2024(5)：1-12.
[17] 周越, 朱笔峰, 葛坚. 中美绿色校园评价标准适宜性比较与改善研究[J]. 建筑学报, 2016(S1)：150-154.
[18] Julia F. Academic Greenspace and Well-Being-Can Campus Landscape be Therapeutic? Evidence from a German University[J]. Wellbeing, Space and Society, 2021, 2：10.
[19] Zhu Y G, Gillings M, Penuelas J. Integrating Biomedical, Ecological, and Sustainability Sciences to Manage Emerging Infectious Diseases[J]. One Earth, 2020, 3(1)：23-26.
[20] Jesudason T. A New One Health Joint Action Plan[J]. The Lancet Infectious Diseases, 2022, 22(12)：1673.
[21] 邓强, 陆家海. 同一健康与人类健康[J]. 科学通报, 2022, 67(1)：37-46.
[22] 孟宪泽, 刘振. "绝地天通"与中国医学"巫医分立"的完成[J]. 医学与哲学, 2021, 42(20)：71-75.
[23] Felsten G. Where to take a study break on the college campus：An attention restoration theory perspective[J]. Journal of Environmental Psychology, 2009, 29(1)：160-167.
[24] Gullone E. The Biophilia Hypothesis and Life in the 21st Century：Increasing Mental Health or Increasing Pathology?[J]. Journal of Happiness Studies, 2000, 1(3)：293-322.
[25] 黄浩真, 康宁, 朱怀真, 等. 全健康(One Health)视角下绿色健康社区景观设计体系构建[J]. 中国园林, 2024, 40(1)：40-46.
[26] 许涛, 刘立辉. 未成年人心理健康的影响因素分析[J]. 湖北师范学院学报：哲学社会科学版, 2007(2)：86-91.
[27] 梁宝勇, 郝志红, 卢国华. 大学生和研究生心理压力情况的调查研究[J]. 心理科学, 2009, 32(1)：63-66.
[28] 孙亚慧, 谢兴伟, 常春. 高校教职工健康素养与饮食、运动习惯研究[J]. 中国健康教育, 2015, 31(5)：452-455.
[29] 田晓明. 孤独：中国城市秩序重构的心理拐点[J]. 学习与探索, 2011(2)：13-19.
[30] 翁羽西, 朱玉洁, 董嘉莹, 等. 校园绿地声景观对情绪和注意力的影响——以福建农林大学为例[J]. 中国园林, 2021, 37(2)：88-93.
[31] 姚远, 陈曦, 钱静. 城市地表热环境研究进展[J]. 生态学报, 2018, 38(3)：1134-1147.
[32] 孙娟娟. 动物健康与法制完善：欧盟生物安全保障的经验与启示[J]. 自然辩证法研究, 2022, 38(4)：67-72.
[33] 庞素芬, 袁丽萍. 世界动物卫生组织"同一健康"理念和实践[J]. 中国动物检疫, 2015, 32(10)：58-60.
[34] Kaplan S, Talbot J F. Psychological Benefits of a Wilderness Experience[M]. Behavior and the Natural Environment. New York：Plenum Press, 1983：163-203.
[35] Kaplan S. The restorative benefits of nature：Toward an integrative framework[J]. Journal of Environmental Psychology, 1995, 15(3)：169-182.
[36] 吴建平. 生态心理学探讨[J]. 北京林业大学学报(社会科学版), 2009, 8(3)：37-41.

作者简介

郭玉笑, 2002年生, 女, 华中农业大学园艺林学学院硕士研究生在读。研究方向：风景园林规划与设计。

(通信作者) 黄滟, 1976年生, 女, 博士, 华中农业大学园艺林学学院, 副教授、硕士生导师。研究方向：风景园林历史与理论、景观美学。电子邮箱：HY760415@126.com。

基于 VR 实验的小城镇社区公众景观与行为偏好研究
——以达州市二郎社区为例

A Study of Public Landscape and Behavioral Preferences in Small Town Communities Based on VR Experiments
—Taking Erlang Community in Dazhou City as an Example

张子涵　范琪琪　刘春林　周钰栗　付而康[*]

摘　要：社区公共空间是居民日常活动、休憩和交往的重要场所，就小城镇社区而言，目前研究对公共空间的公众景观偏好与行为活动偏好考虑不足，导致其更新设计实践与居民切实需求错位。本文以达州市二郎社区为研究区域，借助 VR 平台开展沉浸式试验，分析公众景观偏好与行为活动偏好的相关性，探寻文化娱乐空间、儿童活动空间、体育锻炼空间中适宜的景观要素组合模式。研究显示：①文化娱乐空间中居民的活动偏好与景观偏好存在显著的相关关系，具体表现为跳广场舞和集会等活动的偏好与文化娱乐空间的景观偏好存在显著相关关系，下棋打牌和聊天等活动与景观偏好表现为极显著相关。②在儿童活动空间中居民的聊天活动与儿童活动空间的景观偏好有显著相关关系，其他活动与景观偏好无明显相关性。③在体育锻炼空间中，集会和聊天与景观偏好有显著相关关系，其中聊天与体育锻炼空间的景观偏好有显著相关关系，集会活动与景观偏好存在极显著相关关系。本文研究结果为优化小城镇社区公共空间景观提供了理论基础和技术参考。

关键词：景观与行为偏好；社区公共空间；小城镇社区

Abstract：Community public space is an important place for residents' daily activities, rest and interaction, and in the case of small town communities, current research has not paid enough attention to the public landscape preference and behavioral activity preference of public space, which leads to a mismatch between the renewal design practice and the actual needs of residents. This paper takes Erlang community in Dazhou city as the research area, conducts immersive experiments with the help of VR platform, analyzes the correlation between public landscape preference and behavioral activity preference, and explores the appropriate combination mode of landscape elements in culture and entertainment space, children's activity space, and physical exercise space. The study shows that: (1) There is a significant correlation between residents' activity preferences and landscape preferences in cultural and recreational spaces, which is specifically manifested in the significant correlation between preferences for activities such as square dancing and gathering and landscape preferences for cultural and recreational spaces, and the highly significant correlation for activities such as playing chess and cards and chatting. (2) In children's activity space, residents' chatting activities are significantly correlated with landscape preference for children's activity space, while other activities have no significant effect. (3) In the physical activity space, gathering and chatting are significantly correlated with landscape preference, where chatting is significantly correlated with physical activity space preference, and gathering activities are highly significantly correlated with landscape preference. The results of this paper provide a theoretical basis and technical reference for optimizing the landscape of community public space in small towns.

Keywords: Landscape and Behavioral Preferences; Community Public Space; Small Town Communities

引言

2021年我国城镇常住人口91425万人，城镇化率达到64.7%[1]，新型城镇化成为中国经济社会高质量发展的重要引擎。作为城乡联结纽带和农村区域中心[2]，小城镇成为新型城镇化的重要载体[3]，小城镇社区由此受到了学界的广泛关注，越来越多的学者就社区服务[4]、社区治理[5]、社区规划[6]以及社区居家养老[7]等各方面展开深入研究。然而，目前小城镇社区的空间规划多立足于城市社区的规划思维，忽视了小城镇社区城乡混合的特征以及小城镇社区人群需求结构的差异性，导致小城镇社区公共空间缺乏针对性和人文关怀，具体表现为社区公共空间绿化环境较差、设施质量参差、空间使用率低等问题。根据《全面推进城镇化老旧小区改造工作的指导意见》，应改善小城镇社区公共空间中公共设施状况和环境绿化质量，从而适应居民日益增长的户外活动需求。已有研究证实，社区公共空间的公共设施状况、环境质量与居民的生活满意度存在相关性[8]。

2019年住房和城乡建设部出台《在城乡公共空间建设和整治中开展美好环境与幸福生活共同缔造活动的指导意见》，强调群众参与是城乡美好环境与幸福生活缔造的核心，设计人员应更多地从"参谋者"的角度来思考城乡人居美好环境的建设[9]。虚拟现实（VR）技术因具有良好的沉浸感、交互感而成为体验空间环境的新途径，为公众对新环境进行实时体验与评价提供了可能。本研究以四川省达州市二郎社区为研究区域，借助"MARS+VR"软件平台构建的社区公共空间虚拟场景，进行公众参与式主观评价，探究满足居民偏好的社区公共空间景观要素的组合形式，以期为未来小城镇社区公共空间更新设计提供理论支撑。

1 基本概念

1.1 小城镇社区

中国的小城镇由3个部分构成：①非农业人口20万以下的城市；②经省级国家机关批准设置的镇，即建制镇；③农村集镇，即非建制镇[10]。小城镇社区是经省级国家机关批准的建制镇社区，其为介于城市社区和农村社区之间，社会实体人口密度与聚居程度较小，并且以从事非农业生产劳动的人口为主体组成的社区[11]。小城镇社区在国民经济和社会生活中起着重要的作用，是城市社区和农村社区之间的纽带和桥梁。

1.2 社区公共空间

社区公共空间又称社区开放空间，可以理解为在社区中私人空间以外的所有居民可共享的其他公共空间（即私人建筑以外的空间），是为居民提供社会交往、健身活动、休闲娱乐和其他活动的场所[12]。一般而言，社区公共空间包括了社区中心绿地、社区广场空间、社区道路空间、社区庭院空间、社区公用室内空间及剩余空间[13]。不同于城市社区，小城镇社区由于身处农村，一直是其周围农村地区的商品集散中心，其公共空间除了社区中心绿地、社区广场空间、社区道路空间、社区庭院空间以外，还包括集市空间。

1.3 "MARS+VR"虚拟现实实验平台

"MARS+VR"软件平台是由光辉城市自主研发的MARS智慧可视化设计平台结合VR虚拟空间所构成，设计者通过SketchUp、Rhino等软件完成模型建造后导入MARS软件进行材质与组件的实时编辑处理，同时实时渲染，能够更精细化地表现出建成后的实景效果，随后在VR空间体验中还能辅助叙事，记录行进路径、观察视点，输出动画视频。"MARS+VR"虚拟场景建构及输出技术在设计师和使用者之间搭建了一个多维可交互的信息传递平台[14]。

2 研究设计

2.1 研究区域与具体研究空间选取

研究选取达州市大竹县石河镇二郎社区作为研究区域，该社区尺度适宜，住宅建筑毗邻街道，建筑底层为商业和公共服务空间，其上为居住空间，街区内建筑、街道构成一个有机体，具备小城镇社区的典型特征（图1）。

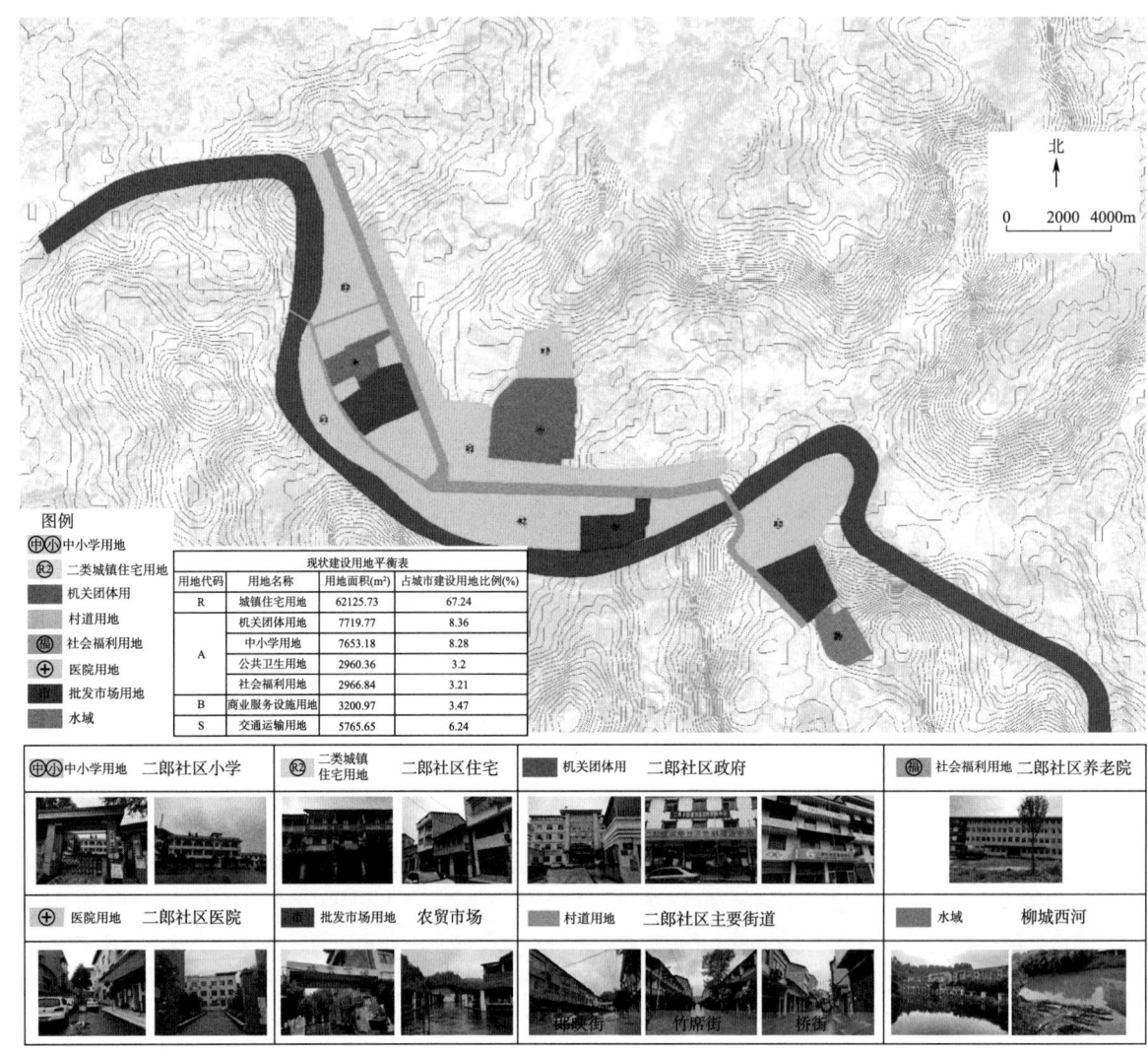

图 1 二郎社区用地布局

通过对社区内现存的 6 种（庭院空间、中心绿地、广场空间、滨河空间、集市空间、街道空间）公共空间进行调研发现，空间内普遍缺乏基本的公共设施，无法满足居民日常活动的各种功能需求，绿化、铺装等设施情况较差，空间品质不高。为进一步了解居民对社区公共空间的需求，采用半结构访谈法分析发现，儿童活动空间、体育锻炼空间以及文化娱乐空间是居民认为急需增加的公共空间。

2.2 虚拟现实模型构建

本文基于访谈中居民提及的目前急需的文化娱乐空间、儿童活动空间、体育锻炼空间的基础物理环境搭建模型原型，以休憩设施和环境绿化为变量建构虚拟现实模型。

2.2.1 基础模型建构

首先结合基础物理空间，借助 AutoCAD 进行方案平面绘制；其次通过 SketchUp 构建三维模型，生成基本的模型框架；然后导入 MARS 中，通过添加天空、植物、材质、纹理、阴影等效果进行优化渲染，创建虚拟场景；最后通过 PC 电脑客户端与 VR 设备进行连接，开展 VR 沉浸式体验。

2.2.2 社区公共空间要素及户外行为活动指标选取

（1）公共空间要素指标选取

研究表明，休憩设施和环境绿化因素与居民总体生活满意度呈强相关关系，是影响居民总体生活满意度最关键的公共空间因素。参考刘奎威对住区休憩设施的分类[15]，研究将休憩设施分为基础休憩设施（坐凳、廊架等）和辅助休憩设施（花坛、树池、台阶等）以迪特尔·林克、托马斯·阿恩特[16] 以及罗伯特·凡·东根、哈利·J·P·蒂默曼斯[17] 的相关调查为参考，用植物丰富度表示环境绿化，并在尽可能控制其他变量的前提下，将植物丰富度分为低、中、高三个等级[18]。

（2）户外行为活动指标选取

相关研究表明，适宜的户外活动能够促进居民的身心健康，提高居民的生活满意度[19]，文化娱乐和人际交往因素与居民总体生活满意度呈强相关关系，是影响居民总体满意度最关键的户外行为活动因素。通过文献研究，发现社区居民的文化娱乐活动主要有棋牌、广场舞、宗教祭祖以及民俗节庆等[20-22]，人际交往活动主要有串门、聊天、走亲访友、集会等[23-24]，其中发生在社区公共空间中频率较高的文化娱乐活动为棋牌以及广场舞，发生在社区公共空间中频率较高的人际交往活动为聊天和集会[25]。

（3）评价模型建构

针对符合居民活动需求的3种普适性公共空间（文化娱乐空间、儿童活动空间、体育锻炼空间）进行虚拟场景构建；将休憩设施分划为基础休憩设施和辅助休憩设施；用植物丰富度表示环境绿化情况，并且分为高（乔木+灌木+地被）、中（乔木+灌木）、低（乔木+地被）三个等级，因此，每个空间6个场景，共18个场景（图2）。

(a) 文化娱乐空间

(b) 儿童活动空间

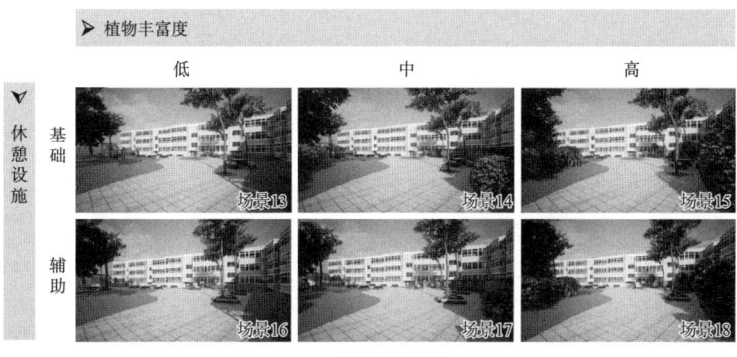

(c) 体育锻炼空间

图2　18个虚拟场景展示

2.3 虚拟场景评价

2.3.1 问卷设计

本问卷共分为 3 个部分：问卷背景、景观场景偏好调查、户外活动偏好调查。通过邀请居民对 18 个场景内的景观偏好、户外活动偏好进行评价，依据克特量表设置 1~5 的评价等级，评分范围从"很不喜欢"（分值=1）到"很喜欢"（分值=5）。

2.3.2 试验流程

本研究选取 50 名二郎社区居民作为受试者参与该试验，其中男性 23 人、女性 27 人，男女比例接近 1∶1，所选受试者身体健康状况良好，无高血压、心脏病等疾病，身心未受过重大创伤。

试验过程中 50 名受试者依次在 MARS 中按照预设好的角度以及路线对 A、B、C 3 种空间，每个空间 6 个场景进行体验，每个场景停留 30s。每个空间 3min 的体验完成后便对该空间进行景观偏好以及户外活动意愿评价。

3 数据分析与结果

3.1 数据分析

本次数据采用 Excel 和 SPSS26.0 对所得数据进行处理。运用统计学方法对 18 个场景的景观偏好以及活动偏好进行统计分析；使用皮尔逊相关分析法来探讨居民活动偏好和景观偏好之间的相关性。本研究通过克朗巴哈值与 KMO 值进行信度、效度检测，信效度较高。

3.2 分析结果

3.2.1 文化娱乐空间评价

（1）景观偏好分析

居民对文化娱乐空间的 6 个场景偏好如表 1 所示。

文化娱乐空间景观偏好   表 1

不同场景	场景 1	场景 2	场景 3	场景 4	场景 5	场景 6
很不喜欢	8%	0%	0%	0%	0%	0%
不喜欢	20%	8%	8%	24%	4%	6%
一般	48%	40%	28%	46%	42%	34%
喜欢	20%	42%	36%	26%	44%	22%
很喜欢	4%	10%	28%	4%	10%	38%
平均分	2.92	3.54	3.84	3.10	3.60	3.92

结果表明，在文化娱乐空间中，评分最低的为场景 1（分值为 2.92），是基础休憩设施搭配低植物丰富度的场景，评分最高的为场景 6（分值为 3.92），是辅助休憩设施搭配高植物丰富度的场景；在相同的休憩设施下，随着植物丰富度的升高，居民的评分也逐渐增高；而在相同植物丰富度下，该空间中的辅助性休憩设施评分更高，更受居民青睐。

（2）活动偏好分析

对被试者在 6 个场景中开展活动的偏好程度进行统计，具体情况如表 2 所示。

文化娱乐空间活动偏好   表 2

不同场景		场景 1	场景 2	场景 3	场景 4	场景 5	场景 6
文化娱乐	跳广场舞	16%	28%	60%	16%	38%	50%
	下棋打牌	44%	60%	72%	14%	30%	44%
人际交往	集会	30%	52%	72%	12%	26%	50%
	聊天	46%	64%	74%	24%	52%	62%

纵向看来，在众多活动中，居民在该空间的各种场景中都更倾向于聊天这种活动；横向来看，在众多场景中，场景3是居民最喜欢开展这几项活动的场景，其中跳广场舞偏好占比60%、下棋打牌占比72%，集会占比72%，聊天占比74%。

(3) 景观偏好与活动偏好的相关性分析

为探究居民活动偏好与景观偏好之间的关系，研究通过SPSS26.0对问卷进行分析。由于活动偏好与景观偏好之间是线性关系，且为连续数据，变量之间满足正态分布，因此采用皮尔逊相关分析（表3）。

文化娱乐空间居民活动偏好与景观偏好的相关性　表3

居民活动	跳广场舞	下棋打牌	集会	聊天
总分	0.238*	0.463**	0.337*	0.374**

注：** 表示在0.01级别（双尾）相关性显著；* 表示在0.05级别（双尾）相关性显著。

从分析结果来看，文化娱乐空间中居民的活动偏好与景观偏好存在显著的相关关系，具体表现为跳广场舞和集会等活动的偏好与文化娱乐空间的景观偏好存在显著相关关系（sig<0.05），下棋打牌和聊天等活动与之表现为极显著相关（sig<0.01）。

3.2.2 儿童活动空间评价

(1) 景观偏好分析

居民对儿童活动空间改造的6个场景偏好程度如表4所示。

根据以上结果可以看出，在儿童活动空间中，评分最低的为场景7（平均分为2.84），是基础休憩设施搭配低植物丰富度的场景，评分最高的为场景12（平均分为4.18），是辅助休憩设施搭配高植物丰富度的场景；在该空间中，相同基础休憩设施下，中等植物评分更高，相同辅助休憩设施下，高植物丰富度评分更高；而在相同植物丰富度下，辅助休憩设施评分更高。

(2) 活动偏好分析

对被试者在这6个场景中开展活动的偏好程度进行统计，具体情况如表5所示。

儿童活动空间景观偏好　表4

不同场景	场景7	场景8	场景9	场景10	场景11	场景12
很不喜欢	4%	0%	2%	0%	0%	2%
不喜欢	26%	12%	8%	16%	2%	2%
一般	54%	46%	28%	52%	32%	22%
喜欢	14%	34%	46%	26%	50%	24%
很喜欢	2%	8%	16%	6%	16%	50%
平均分	2.84	3.38	3.66	3.22	3.80	4.18

儿童活动空间活动偏好　表5

不同场景		场景7	场景8	场景9	场景10	场景11	场景12
文化娱乐	跳广场舞	6%	14%	16%	18%	24%	32%
	下棋打牌	18%	30%	14%	14%	22%	36%
人际交往	集会	14%	26%	12%	16%	26%	48%
	聊天	30%	42%	24%	28%	48%	64%

纵向看来，在众多活动中，居民在该空间的各种场景中都更倾向于聊天这种活动；横向来看，在众多场景中，场景12是居民最喜欢开展这几项活动的场景，其中跳广场舞（偏好占比32%）、下棋打牌（占比36%）、集会（占比48%）和聊天（占比64%）。但前3项活动偏好占比都小于50%，说明居民不愿意在该空间中跳广场舞、下棋打牌和集会，但不介意在该空间中聊天。

(3) 景观偏好与活动偏好的相关性分析

为探究居民活动偏好与景观偏好之间的关系，研究通过SPSS26.0对问卷进行分析。由于活动偏好与景观偏好之间是线性关系，且为连续数据，变量之间满足正态分布，因此采用皮尔逊相关分析（表6）。

儿童活动空间居民活动偏好与景观偏好的相关性　表6

居民活动	跳广场舞	下棋打牌	集会	聊天
总分	0.101	0.257	0.288	0.241*

注：*表示在0.05级别（双尾）相关性显著。

由上表来看，在儿童活动空间中居民的聊天活动与儿童活动空间的景观偏好有显著相关关系（$sig<0.05$），其他活动无明显影响。

3.2.3 体育锻炼空间评价

（1）景观偏好分析

居民对广场空间改造的6个场景偏好程度如表7所示。

体育锻炼空间景观偏好　表7

不同场景	场景13	场景14	场景15	场景16	场景17	场景18
很不喜欢	6%	0%	2%	0%	0%	2%
不喜欢	18%	6%	8%	22%	6%	8%
一般	50%	46%	26%	52%	44%	24%
喜欢	22%	42%	40%	20%	36%	34%
很喜欢	4%	6%	24%	6%	14%	32%
平均分	3.00	3.48	3.76	3.10	3.58	3.86

根据以上结果表明，在体育锻炼空间中，评分最低的为场景13（平均分为3.00），是基础休憩设施搭配低植物丰富度的场景，评分最高的为场景18（平均分为3.86），是辅助休憩设施搭配高植物丰富度的场景；在相同的休憩设施下，随着植物丰富度的升高，居民的评分也逐渐增高；而在相同植物丰富度下，该空间中的辅助性休憩设施评分更高，更受居民青睐。

（2）活动偏好分析

对被试者在这6个场景中开展活动的偏好程度进行统计，具体情况如表8所示。

体育锻炼空间活动偏好　表8

	不同场景	场景13	场景14	场景15	场景16	场景17	场景18
文化娱乐	跳广场舞	34%	24%	44%	20%	28%	50%
	下棋打牌	36%	42%	66%	22%	28%	50%
人际交往	集会	36%	40%	62%	44%	40%	62%
	聊天	44%	54%	74%	38%	46%	76%

纵向看来，在众多活动中，居民在该空间的各种场景中都更倾向于聊天这种活动，而场景16除外，该场景中更倾向于集会活动；横向来看，居民不喜欢在该空间中跳广场舞，在众多场景中，更愿意在场景15中下棋打牌（偏好占比66%），更喜欢在场景15和18中集会（占比62%），更愿意在场景18中聊天（占比76%）。

（3）景观偏好与活动偏好的相关性分析

为探究居民活动偏好与景观偏好之间的关系，研究通过SPSS26.0对问卷进行分析。由于活动偏好与景观偏好之间是线性关系，且为连续数据，变量之间满足正态分布，因此采用皮尔逊相关分析法（表9）。

体育锻炼空间居民活动偏好与景观偏好的相关性　表9

居民活动	跳广场舞	下棋打牌	集会	聊天
总分	0.169	0.265	0.381**	0.257*

注：**表示在0.01级别（双尾）相关性显著；*表示在0.05级别（双尾）相关性显著。

根据以上分析，在体育锻炼空间中，集会和聊天与景观偏好有显著相关关系，其中聊天与体育锻炼空间的偏好有显著相关关系（$sig<0.05$），集会活动与景观偏好存在极显著相关关系（$sig<0.01$）。

4　结论与建议

小城镇社区公共空间在特定的环境要素组合模式下，

能更好地为居民的户外活动提供场地，从而提高他们的生活满意度。

在文化娱乐空间中，居民普遍偏好高植物丰富度的场景，这与植物能带给人舒适、美的享受有关。其中，景观偏好评分最高的是辅助休憩设施搭配高植物丰富度的场景，可能由于辅助休憩设施（花台、台阶等）与植物进行搭配更加自然、美观度高；但就活动偏好评分而言，居民更愿意在基础休憩设施搭配高植物丰富度的场景中跳广场舞、下棋打牌、集会和聊天，可能由于该空间中基础休憩设施（坐凳、廊架等）更能满足居民日常活动的功能需求。因此，文化娱乐空间的最佳环境要素组合思路为基础休憩设施搭配高植物丰富度。

在儿童活动空间中，景观偏好评分最高的是辅助休憩设施搭配高植物丰富度的场景；由于居民到儿童活动空间的主要目的是看护小孩，其他的活动（跳广场舞、下棋打牌和集会）会影响小孩玩耍，但在看护小孩的过程中不介意在该空间中聊天，而居民最愿意在辅助休憩设施搭配高植物丰富度的场景中进行聊天活动。因此儿童活动空间的最佳环境要素组合思路为辅助休憩设施搭配高植物丰富度。

在体育锻炼空间中，景观偏好评分最高是辅助休憩设施搭配高植物丰富度的场景；由于到该空间的居民主要是为了使用器械和场地进行体育锻炼，50%的居民认为跳广场舞会影响其他活动的正常进行，因此不愿意在该空间跳广场舞，但锻炼之余居民愿意在此地集会和聊天，而居民更愿意在辅助休憩设施搭配高植物丰富度的场景中进行以上活动。因此体育锻炼空间的最佳环境要素组合思路为辅助休憩设施搭配高植物丰富度。

基于以上，由此提出三种公共空间的改造模式。

（1）将庭院空间改造为文化娱乐空间。文化娱乐空间处于社区主要交通流线的交点，通过座椅等休憩设施与绿植的组合在该交点形成小型活动空间，为居民提供休憩场所。

（2）将中心绿地改造成儿童活动空间。宅间绿地是由居民楼围合形成的封闭空间，到达方便且安全，树池形式的辅助性休憩设施搭配高植物丰富度更能吸引居民在此停留。树池形式的休憩设施一方面为儿童看护者提供停留等候的空间，创造沟通交流的机会，另一方面也有利于提高绿化率，增强空间的自然氛围。在植物配置方面，通过乔木+灌木+地被的多层次植物种植模式，可以起到丰富空间场景的作用和满足亲近自然的需求。

（3）将广场空间改造为体育锻炼空间。通过设置一些体育运动的设施，如乒乓球台、羽毛球场等来吸引社区居民在场地中进行体育锻炼。设置树池等辅助性休憩设施，既可以为居民提供休息、观看或等候的空间，又可以增加绿化率和绿视率。在植物配置方面，采用乔、灌、草的搭配，采用落叶乔木搭配常绿灌木有助于丰富场地色彩，激发居民的活力。

参考文献

[1] 林小昭. 31省份城镇人口数据：广东最多河南等潜力大[N]. 第一财经日报，2022-09-01（A06）.

[2] 郭占锋，娄梦玲. 张和荣. 政府主导型城镇化的发展困境——Y示范区小城镇建设兼与费孝通小城镇理论对话[J]. 中国农业大学学报（社会科学版），2015, 32(6)：12-21.

[3] 肖若石. "十四五"时期我国新型城镇化发展研究[J]. 价格理论与实践，2022（10）：29-31, 91.

[4] 成自雄，韦寒松，祖卫生. 中小城镇社区服务的发展问题[J]. 中国社会工作，1996（3）：46-47.

[5] 朱鲁楠. 鲁西地区小城镇社区居民自治提升路径研究[D]. 济南：山东师范大学，2017.

[6] 陈晶佳. 县域小城镇社区发展研究[D]. 呼和浩特：内蒙古大学，2015.

[7] 沈霞. 小城镇社区居家养老的研究[D]. 南京：南京大学，2017.

[8] 刘聘，季翔，李培. 城市住区环境适老性综合评价研究——以徐州市国基城邦住区为例[J]. 华中建筑，2021, 39(12)：51-56.

[9] 董婵婵，杨滨章，商双娇. 结合村民素质提高的乡村景观提升途径研究——以宜兴市张阳村为例[J]. 中国园林，2018, 34(5)：19-22.

[10] 赵海然. 小城镇社区居家养老服务的供需匹配研究[D]. 上海：华东政法大学，2020.

[11] 魏莱. 探索与争鸣：小城镇社区音乐文化建设现状个案研究[D]. 上海：华中师范大学，2017.

[12] 方悦. 基于行为模式的老旧社区公共空间适老性设计研究[D]. 上海：华东师范大学，2022.

[13] 岳悦. 基于活力复兴的城市社区公共空间更新设计研究[D]. 济南：山东建筑大学，2022.

[14] 付而康，李昕韵，邓晓玉，等. 基于"MARS+VR"技术的风景园林专业《城市设计》课程教学设计与实践[J]. 中国多媒体与网络教学学报（上旬刊），2022（4）：57-60.

[15] 刘奎威. 住区休憩设施与环境行为的关系研究[D]. 合肥：合肥工业大学，2020.

[16] RINK D, ARNDT T. Investigating perception of green structure configuration fo afforestation in urban brownfield development by visual methods—A case study in Leipzig[J]. 2016, 15-16.

[17] VAN DONGEN R P, TIMMERMANS H J. Preference for different urban greenspace designs：A choice experiment using virtual

environments[J]. Urban Forestry and Urban Greening, 2019, 126-435.

[18] 魏方,王宇卓,陈鲁,等. 中国城市老旧社区非正式绿地改造及其公众感知研究[J]. 景观设计学,2020,8(6):30-45.

[19] 宋彦,李青,王竹影. 城市老年人活动——出行行为特征及相关建成环境影响研究[J]. 西南交通大学学报(社会科学版),2018,19(6):77-89.

[20] 祁双,李夏阳. 基于老年活动特征的村落空间规划设计策略——以祁阳县龙溪村为例[J]. 中外建筑,2019(9):121-123.

[21] 陈金泉,谢衍忆,等. 乡村公共空间的社会学意义及规划设计[J]. 江西理工大学学报,2007(2):74-77.

[22] 夏北瑶. 益阳乡村社区公共文化活动空间研究[D]. 长沙:湖南大学,2018.

[23] 葛睿. 行为模式引导的乡村社区公共空间优化研究[D]. 扬州:扬州大学,2020.

[24] 陈满妮. 基于行为特征的关中新型乡村社区邻里交往空间研究[D]. 西安:长安大学,2013.

[25] 徐云飞. 代村:社区化背景下当代乡村交往空间演变与趋势研究[D]. 西安:西安建筑科技大学,2021.

作者简介

张子涵,2001年生,女,四川农业大学风景园林学院硕士研究生在读。研究方向:城乡公共空间健康效益与健康设计。

范琪琪,1997年生,女,硕士,中凡国际工程设计有限公司,景观设计师。研究方向:社区微更新与空间治理。

刘春林,2001年生,女,四川农业大学风景园林学院硕士研究生在读。研究方向:城乡公共空间健康效益与健康设计。

周钰栗,2001年生,女,四川农业大学城乡规划学院硕士研究生在读。研究方向:社区微更新与空间治理。

(通信作者)付而康,1983年生,女,硕士,四川农业大学风景园林学院,副教授、国家注册城市规划师。研究方向:城乡公共空间健康效益与健康设计。电子邮箱:358066539@qq.com。

从乡土文化到乡村管护
——中国村落保护政策的历史演变

From Local Culture to Rural Management and Protection
—the Historical Evolution of China's Village Protection Policy

潘洋伊　高樱芷　秦仁强*

摘　要：伴随着国家对于乡村治理和文化遗产保护理念的深化，传统村落保护政策应运、应时、应需、应变而生。政策引导村落保护大方向，优化村落保护政策有利于更好地保护传统村落、传承文化。本文选取中央层面的村落保护政策法规为研究对象，对政策文本进行量化，通过PMC指数模型来评估村落保护政策效力；通过政策时间、政策对象、政策效力的三维视角对村落保护政策法规的演进历程进行系统梳理；研究分析了村落保护政策的内容特征、效力特征、对象的层级转变特点，确定了村落保护政策的3个具体阶段。结果表明村落保护政策具有延续性、稳定性和动态性等特征。本研究不仅揭示了传统村落保护政策的发展演变规律，还探讨了政策与保护对象之间的动态反馈机制，为村落保护政策制定者和执行者提供了科学参考。

关键词：风景园林；传统村落；政策法规；乡村遗产

Abstract: In recent years, with the deepening of the country's concept of rural governance and cultural heritage protection, traditional village protection policies have emerged as the times require. The policy guides the general direction of village protection, and optimizing the village protection policy is conducive to better protecting traditional villages and inheriting culture. This paper selects the village protection policies and regulations at the central level as the research object. The policy text is quantified and the effectiveness of the village protection policy is evaluated through the PMC index model. Through the three-dimensional perspective of policy time, policy object and policy effectiveness, the evolution process of village protection policies and regulations is systematically sorted out. The research analyzes the content characteristics, effectiveness characteristics and hierarchical transformation characteristics of the village protection policy, and determines the three specific stages of the village protection policy. The results show that the village protection policy has the characteristics of continuity, stability and dynamics. This study not only reveals the development and evolution of traditional village protection policies, but also explores the dynamic feedback mechanism between policies and protected objects, which provides a scientific reference for village protection policy makers and implementers.

Keywords: Landscape Architecture; Traditional Villages; Policies and Regulations; Rural Heritage

引言

村落是乡土文化的物理载体和空间表现，在历史演变中，是古代先民为了满足生存需求聚族而居从而形成的相对稳定的基本社会单元，是人类由狩猎生活进化到农耕文明、定居生活的重要标志[1]。村落的形成历程也是人类由游牧生活转向择地定居的过程。自然条件作为农业发展的先决条件，影响着早期村落的形成与发展，所以早期的村落大多选择土地资源和水利资源丰富的地方。出于政治、军事和经济等方面原因，新的巨型聚落群——城郭逐渐形成。城郭不仅成为人口与资源的集中地，也逐渐发展成为经济和文化的中心。村落依附于城郭向下分化，与周边聚落融合而群团化。随着城郭间的联系日益紧密，地理上的邻近逐渐转化为一种区域性的联合，这种联合基于共同的利益、文化和行政需求，逐步形成了更为广泛的地域一体化。地缘一体化形成、扩展，最终促成国家诞生[2]。国家通过田制进行土地产权的分配和管理（表1），从而限制农民的权力；通过户籍制掌握村民的基本情况，将农民编组进乡里制度体系；通过乡里制度实现赋役征发和治安监控的目的，从而最大程度地满足国家的统治需要。历史上均田制、占田制、乡官制和衙役制等制度的本质，一方面在于使村庄这一国家最基本的政治单元，发挥维系国家稳定、繁荣与发展的作用；另一方面，使村庄立足于自身需求及文化传统，在内生性的基础上形成稳定的自我秩序[3]。

中国古代土地制度　　　　表1

序号	法规（制度）	起止时间	期效	权属	作用对象
1	井田制	商朝—秦朝	长期	国家	农民
2	受田制	战国—西汉	中期	国家	农民、外来人口
3	名田	春秋—东汉	中期	国家	有军功和事功的人
4	王田制	西汉末	短期	国家	全体土地所有者，包括贵族与农民
5	屯田制	西汉—清	长期	国家	士兵、无地农民和谪戍罪徒
6	均田制	北魏—唐中叶	中期	国家	农民
7	占田制	西晋	短期	国家	编户农民以及官僚士族

村落作为文化遗产的重要组成部分，是乡村治理和文化遗产保护中的宝贵资源。然而，在现代化进程中，村落面临着诸多挑战，如城市化扩张、旅游业促成的商业化以及文化同质化等，这些因素均对村落的原真性保护构成了威胁。政策文本作为指导和规范村落保护工作的重要工具，其制定和实施对于推进村落的保护至关重要。但目前缺乏对村落保护文本的系统分析，这限制了对政策效果的深入理解和对保护策略的持续优化。

本文旨在讨论以下关键问题：在过去，时代变更和上级政策是如何影响村庄发展的；村落保护政策自身的演进过程与特征规律。文章通过三维认知框架对村落保护政策文本进行解读，以期为村落的保护与发展提供更为科学的决策支持。

1 政策分析三维框架

1.1 研究设计

孟德拉斯《农民的终结》里提到时间推动社会的转型，这一过程中，村落作为文化和社会结构的载体，经历了比农民职业身份更为深远和复杂的变迁[4]。国家通过政策实现其意志，政策的实施对村落产生影响，村落在政策影响下的变迁与演进又反馈至政策制定层面，促进政策调整与优化。本文借鉴郭俊华及朱慧林等人的研究成果[5-7]，结合本文研究对象特征，建立政策时间-政策对象-政策效力三维分析框架对国家层面的村落保护相关法规进行整合分析（图1），以此对我国传统保护村落制度演进历程进行回溯和梳理。

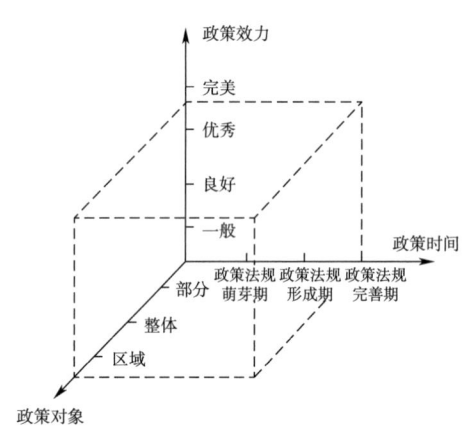

图1　村落保护政策三维分析图

1.1.1 X轴——政策时间

早期村落的发展史见证了村落的自我调节机制与中央集权政策间的复杂博弈。随着时间的推移，近现代村落在保护历史遗产与适应现代社会需求的辩证统一中演化。中国村落保护利用议题经历了一段长期非线性的动态演变。系统性地梳理并剖析演变过程中各个时期的显著变化及其动因，对于洞察传统村落未来的保护与发展路径具有启示意义[2]。

综合审视研究对象，村落保护法规在时间维度上具有稳定性，可以为政策预测提供可靠的历史参考。基于研究政策目标的变化，关键政策事件，政策工具、手段的变化，政策文本的效力评估以及政策制定者的变化，本文将三维分析框架的 X 轴设为时间。

1.1.2　Y 轴——政策对象

村落保护政策的对象范围随着社会发展和保护需求的变化而不断演进，基于对村落保护政策的理解，将政策对象按空间层级分为"部分""整体""区域"。"部分"层级是指政策法规的保护对象聚焦于单体建筑或遗址的历史、艺术、科学和社会价值。"整体"层级的保护不仅要包含物质文化遗产，亦扩展至非物质文化遗产，其评价指标覆盖了村落的自然环境与整体格局、历史风貌、文化传统和社会活动等，旨在确保完整、连续的聚落空间。"区域"层级指的是超越单一村落的界限，将保护和规划的视野扩展到一个更广阔的地理和文化背景中，强调了村落之间的互联互通以及与周边环境的互动关系[8]。

1.1.3　Z 轴——政策效力

政策效力涵盖了政策文本的权威性以及政策在实际应用中带来的积极变化和长远效果。根据本文的研究对象以及相关研究[7,9]，考虑到主观因素的影响选择，通过 PMC 指数模型来评估村落保护政策的效力。依据是否二元逻辑编码对变量进行量化评估，不限制变量数目和权重设限（表2）。

政策效力评估变量　　　　　表 2

一级变量	二级变量
x_1：法规权属	x_{1-1}：国务院
	x_{1-2}：部属部门
x_2：主体合作	x_{2-1}：颁发部门合作
	x_{2-2}：执行部门合作
x_3：政策作用方式	x_{3-1}：强制
	x_{3-2}：激励
	x_{3-3}：服务
x_4：保护措施	x_{4-1}：自然环境与格局保护
	x_{4-2}：建筑保护
	x_{4-3}：文化保护
	x_{4-4}：资金支持
	x_{4-5}：示范引导
x_5：时效	x_{5-1}：短期
	x_{5-2}：中期
	x_{5-3}：长期

1.2　样本选取

文章聚焦村落保护政策，期冀通过对完整的村落保护政策的历史进程进行分析，揭示政策演变规律以提供决策支持。20 世纪 60 年代是中国现代政策体系开始逐步建立的时期，许多基础性的政策和法规都在这个时期开始形成。从这个时间点开始研究，可以追溯全面的中国村落保护政策的发展历程，深入分析政策如何适应社会经济的变迁，为当前和未来的政策制定提供有价值的参考。因此文章样本选取 1960 年 10 月至 2024 年国家层面发布的村落保护政策，样本来源于国务院以及中华人民共和国住房和城乡建设部等官方部委网站，以"村落""传统村落""历史文化名村"为关键词，选取的政策类型以政策法规、意见、办法、通知、条例为主，针对与村落保护直接相关的主题进行全面检索，最终得到 38 份政策法规（表3）。从发文数量来看，1960 年至 2012 年年均政策文本数量较少，2012 年之后政策文本数量增多，发展势头强劲（图 2）。

村落保护政策法规统计　　　　　表 3

序号	法规名称	发文字号	发布时间
1	文物保护管理暂行条例	/	1961 年 3 月
2	中华人民共和国文物保护法	/	1982 年 11 月
3	关于组织申报 2024 年传统村落集中连片保护利用示范的通知	财办建〔2024〕15 号	2024 年 3 月

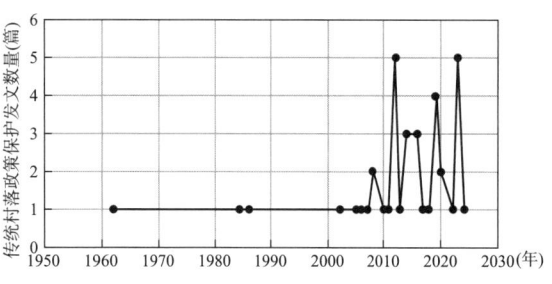

图 2　传统村落保护政策年度发文数量图

2　乡村资源时代转型与乡建政策发展变化

不同时代的政治、经济、社会及文化层面的演变都会对传统村落的经济模式、文化传承、人口流动和治理体制产生影响。乡村政策和传统村落保护政策在多方面相互关联且相辅相成，因此政策的变化直接影响村落的保护和利用。乡村政策的导向和趋势对传统村落保护政策具有指导意义，传统村落保护政策往往需要在乡村政策的总体框架下进行协调和整合。本文尝试从国家乡村政策导向与影响出发，梳理乡村社会自我调整与适应的内在逻辑。

2.1 时代变更与乡村维系结构变化

1911 年，辛亥革命改变了中国社会的结构，地方权力增加，宗族权力得到强化。拥有雄厚经济资源的家的宗族开始重新修建祠堂和编撰族谱[10]。新中国成立初期，土地改革打破了旧有的地主-佃农关系，乡村社会秩序得以重建。农民逐渐参与到村庄治理和决策中，同时他们对于村落传统文化的保护意识开始萌芽滋长，对村落自身的传统建筑和习俗开始产生自豪感与归属感[11]。

1953 年，农业合作化运动改变土地所有制性质，国家原先属于宗族的寺庙、祠堂重归公有，改建成食堂等公共用地，使得原有的聚居形式重新调整和组合，宗族内部交往的便利性被削弱。人民公社阶段对经济发展的迫切追求对部分区域的村落生态环境产生了影响，一定程度上使村落与自然和谐共生的传统文化被割裂。"政社合一"的乡村治理制度使得传统的地主阶级、乡绅荡然无存，宗族组织崩解离析。许多传统建筑和文物被视为封建残余而遭到破坏，寺庙中的菩萨像被抬到大街示众后砸毁，寺庙祠堂的题名被涂抹、大量匾额被拆卸，古建筑中雕刻有精致图案的"牛腿"等被拆毁。乡村土地产权从私有制度转向公有制，农民与土地捆绑的制度也加强了城乡二元对立结构[12]。

2.2 乡村资源流散与政策指导发展

1978 年，改革开放标志着乡村进入政治改革的新阶段。一方面，改革开放提升了中国农业生产力，促进了农村经济的多元化发展，进而对村落产生积极影响。同时，城市的需求变化也悄然影响着村庄的面貌。在 20 世纪八九十年代，随着城乡发展需求不均衡的加剧，地方政府通过法律手段拆迁和占用近郊区的传统村落作为城市建设用地，导致其被动消失。另一方面，城市发展需求的增加使得农村劳动力流向城市，村落出现空心化现象[13]。

1982 年，我国宪法第一次出现了"村民委员会"的概念。村民委员会的建立不仅提高了村落的自我管理能力，农民开始以自由村民的身份参与公共事务的决策和监督，还推动了乡村资源的整合，村落得以选择适合本村的经济发展模式进行发展。村民自治体系的形成使得宗族组织在此时期恢复发展。

由于改革开放加速了村落人口外流，农村"三留守、空心化"现象严重，各种社会问题突出，矛盾频发，村委会作为农村基本的治理单元运转效率较低。2005 年党的十六届五中全会后，我国加大了对于农村建设的投入，伴随新农村建设，惠农资金、政策和项目持续涌入乡村，为乡村发展带来了前所未有的机遇。在新农村建设政策的指引下，地方政府积极引领乡村根据自身条件，开辟了多种层面、多种类型的自我管理路径。在新农村建设的过程中，由于村民认知水平不均，一些问题也随之出现。在当地建房的，常常出现盲目原拆原建的情况，村民将"土气"的老房子拆了，重建"洋气"的西方小洋房。很多珍贵的历史建筑在这个过程中遭到破坏，古村落原有的格局被打破，变得"五彩斑斓"，失去韵味。2007 年 10 月，党的十七大顺利召开，正式确立城乡统筹发展战略，强调协调城市与农村。2008 年，"中国美丽乡村"成为城乡统筹发展战略的具体实践，反响显著。2013 年中央明确提出"努力建设美丽乡村"，为村落保护提供了坚实的经济基础与社会支持。

2017 年，党的十九大提出了"乡村振兴战略"，标志着乡村从强调民主转向治理。乡村振兴战略不仅关注文化遗产的保护和生态环境的可持续性，还涵盖了经济发展、社区治理、基础设施改善、城乡融合等多个方面的内容，为村落保护构建了综合框架。村民对环境改善和生活便利的需求反过来推动乡村振兴。2023 年，中央文件首提"和美乡村"，乡村建设的内涵与目标进行了全面的"版本升级"。

3 村落保护与发展制度演进

3.1 村落保护法规初始阶段——物质为主要载体，保护框架初建

1982 年《中华人民共和国文物保护法》首次为文物保护提供了全面的法律架构。相关法规的制定不仅标志着村落保护政策的萌芽，也体现了国家对历史文化资源保护的重视。同年，国家公布首批历史文化名城名单，强调对历史文化资源进行系统性保护。1986 年国务院《关于请公布第二批国家历史文化名城名单报告的通知》提出对于具有特色的村寨，也应予以保护，为后来村落整体保护政策的出台奠定了基础。2002 年《关于全国历史文化名镇（名村）申报评选工作的通知》首次明确了将历史文化名村作为保护对象，村落正式纳入国家历史文化保护传承体系，随通知公布的《指标体系》从价值和措施两方面对村落进行定量评估。2002 年至今，全国公布了 7 批

共487个中国历史文化名村[14]。2008年4月,《历史文化名城名镇名村保护条例》明确指出村落应整体保护,这也恰好与注重生态环境的平衡和文化遗产的完整性的保护目标不谋而合(表4)。

第一阶段:村落保护法规初始阶段法规梳理 表4

序号	法规(制度)	时间	法规期效	法规作用方式	政策保护措施	法规特征
1	文物保护管理暂行条例	1960—1982年	中期	强制、服务	建筑保护	综合性的文物保护法规
2	中华人民共和国文物保护法	1982年至今	长期	强制、服务	建筑保护	中国文物保护工作的基本法律
3	关于请公布第二批国家历史文化名城名单报告的通知(国发〔1986〕104号)	1986年至今	长期	强制、服务、激励	自然景观与格局保护、建筑保护、示范引导、文化保护、经济支持	主张保护具有特色的完整村寨,为后续村落整体保护政策的制定提供了基础
4	关于全国历史文化名镇(名村)申报评选工作的通知(建村〔2002〕233号)	2002年至今	长期	强制、服务、激励	自然景观与格局保护、建筑保护、示范引导	首次明确将具有历史文化特色的村落纳入命名评选体系
5	历史文化名城名镇名村保护条例	2008年至今(2017重新修订)	长期	强制、服务	自然景观与格局保护、文化保护、经济支持、示范引导	目的明确,适用范围广的行政法规

注:因篇幅原因本图表只呈现本阶段重点政策。

3.2 传统村落保护法规形成与完善期阶段——物质与非物质双轨并行

在2012年之前,国家对于村落的法律保障体系尚处于初始萌芽阶段,尚未构建起系统化的框架。当时,尽管历史文化名城名镇名村制度已初步确立,但其覆盖范围有限,难以有效减缓传统村落迅速消逝的严峻态势。鉴于此,传统村落名录制度应运而生。名录制度使得众多村落被正式纳入系统性保护范畴,村落保护政策框架初步形成[15]。2011年出台的《中华人民共和国非物质文化遗产法》为随后传统村落名录制度的制定奠定基础。传统村落蕴藏着诸多活态文化,这些活态文化共同彰显了中华文化的多元性,承载着深厚的民族精神与独特的地域文化特征。

2012年《传统村落评价认定指标体系(试行)》将评判维度由单一的定量研究拓展为定性与定量结合的多维度评价方法,为传统村落的评估与有效保护提供了科学统一的评判标准。2012年9月,传统村落保护与发展委员会首届会议将过去"古村落"的称谓统一更新为"传统村落"。2012年12月,《关于加强传统村落保护发展工作的指导意见》明确指出了保护与发展传统村落的必要性和重要性,并提出了相关工作方法。自2012年至2023年全国有6批共8155个传统村落列入国家级保护名录(表5)。

第二阶段:传统村落保护法规形成与完善期阶段法规梳理 表5

序号	法规(制度)	法规期效	法规作用方式	政策保护措施	法规特征
1	中华人民共和国非物质文化遗产法	长期	强制、服务	文化保护、引导示范	用法律条例规定了保护非物质文化的具体措施
2	关于开展传统村落调查的通知(建村〔2012〕58号)	中期	强制、服务	文化保护、建筑保护、自然景观与格局保护	结合相关调查成果等对有特殊价值的村落进行有效调查
3	传统村落评价认定指标体系(试行)(建村〔2012〕125号)	长期	强制、服务	文化保护、建筑保护、自然景观与格局保护	传统村落价值评价量表,属于基础文件
4	关于加强传统村落保护发展工作的指导意见(建村〔2012〕184号)	长期	强制、服务、激励	自然景观与格局保护、建筑保护、文化保护、经济支持、示范引导	为国家级传统村落的评价、认定和推荐提供明确的标准和方法
5	关于印发传统村落保护发展规划编制基本要求(试行)的通知(建村〔2013〕130号)	长期	强制、服务	自然景观与格局保护、建筑保护、文化保护、示范引导	确立了传统村落保护、发展与规划的指导框架
6	关于切实加强中国传统村落保护的指导意见(建村〔2014〕61号)	长期	强制、服务、激励	建筑保护、自然景观与格局保护、文化保护、经济支持、示范引导	正式提出传统村落名录制度
7	中国传统村落警示和退出暂行规定(试行)	长期	强制、服务	自然景观与格局保护、建筑保护、文化保护	明确了警示和退出的具体条件、程序和要求
8	关于实施中国传统村落挂牌保护工作的通知(建办村函〔2020〕227号)	长期	强制、服务、激励	自然景观与格局保护、建筑保护、文化保护、示范引导	设置统一标志、实施挂牌保护

注:因篇幅原因本图表只呈现本阶段重点政策。

3.3 传统村落保护法规形成与完善期阶段——集中连片保护利用

2020年《关于组织申报2020年传统村落集中连片保护利用示范市的通知》中国家对传统村落的保护利用研究方式由点转向面，标志着村落保护政策走向完善。示范市的成功创建，为全国范围内的传统村落保护与活化利用提供了实践模式蓝本，推动了传统村落保护工作的系统化和创新性发展。而2022年《关于做好2022年传统村落集中连片保护利用示范工作的通知》则首次将集中连片保护的范围由市缩小至县，以县域为范围，对传统村落进行保护利用的规划引领，同时提出了更具有针对性、体系化的工作重点。从2022年至2024年，村落保护的政策持续深化发展，进一步巩固并细化了传统村落保护和发展的综合框架[16]（表6）。

第三阶段：村落保护法规成熟阶段法规梳理　　　　表6

序号	法规（制度）	时间	法规期效	法规作用方式	政策保护措施	法规特征
1	关于组织申报2020年传统村落集中连片保护利用示范市的通知（财办建〔2020〕47号）	2020年至今	短期	服务、激励	自然景观与格局保护、建筑保护、文化保护、示范引导	通过示范市的成功创建，为全国范围内的传统村落保护与活化利用提供了实践模式蓝本
2	关于在城乡建设中加强历史文化保护传承的意见（国务院2021年第26号）	2021年	长期	服务、强制、激励	自然景观与格局保护、建筑保护、文化保护、示范引导	系统、完整地保护各类历史文化遗产
3	关于做好2022年传统村落集中连片保护利用示范工作的通知（建村〔2022〕32号）	2022年	长期	服务、强制、激励	自然景观与格局保护、建筑保护、文化保护、示范引导	进一步将保护范围由市缩小至县，县域统筹推进保护利用规划
4	关于印发传统村落保护利用可复制经验清单（第一批）的通知（建办村函〔2023〕170号）	2023年	中期	服务、激励	示范	国家级经验指导文件，要求相关部门结合实际情况学习借鉴

注：作者自绘，因篇幅原因本图表只呈现本阶段重点政策。

4 结论与讨论

本研究对政策文本进行人工研读后，进行数字编码，使用origin软件将编码后的数据可视化。政策对象层级的动态变化揭示了传统村落保护策略随着历史进程的深化而经历的阶段性演进。以对象层级的变迁为标志和参考，中国传统村落保护政策历经了萌芽期、形成期与完善期3个阶段，且各个阶段的政策呈现持续性和延续性的特征。在这个过程中，政策出现了反馈循环调整的过程，如2020年集中连片的范围为市，而2022年的集中连片保护政策则调整为县。反馈循环的过程一方面体现政策在实践中的不断优化和精细化管理，另一方面体现政策制定者对村落文化多样性和复杂性的认识的加深及对于村落与其自然环境、社会环境的互动和依存关系的深入理解。在政策文件密度的量化分析中，可知传统村落保护法规形成与完善期阶段的发文数量达到了峰值，凸显了该时期政策制定者对于相关议题的高度关注（图3）。从政策时间和政策效力两个维度来看，发现政策效力集中于4~4.5分，在2012年后日趋集中。这表明中央层面发布的村落保护政策对于村落保护具有较高的可行性、有效性和科学性（图4）。从政策对象和政策效力来看，可以看到从单一的传统村落名录制度转向更复杂的集中连片保护制度，政策的效力不升反降。在保护方式的升级和深化过程中需要更多的协调和整合，以及更多的财政和社会资源投入。这种转变需要时间来实现预期效果（图5）。2012年之后的政策对象包含村落的非物质评价指标，但从保护政策实施的角度来说，存在非物质遗产比重过大的问题。非物质遗产强调稀缺性和精华度，只占了文化传承的一小部分，如果文化传承中的活态文化权重较小，将会导致村落文化保护力度不足等问题。

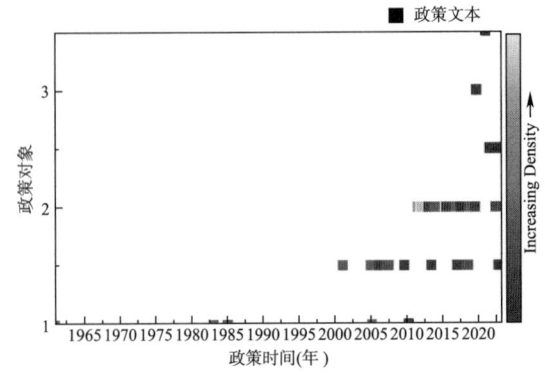

图3　政策时间—政策对象二维散点图

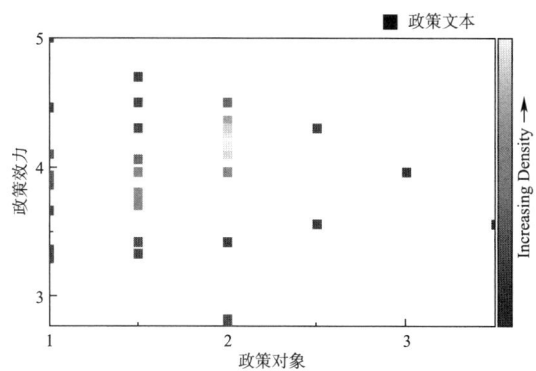

图4　政策时间—政策效力二维散点图

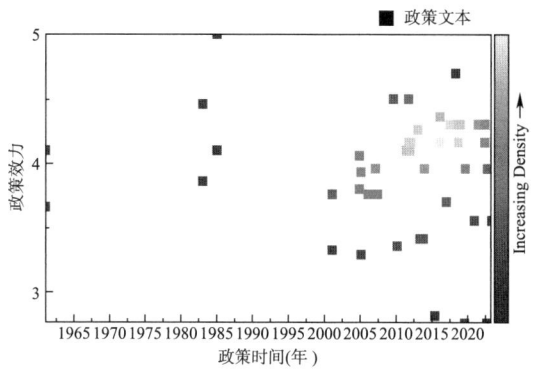

图5　政策效力—政策对象二维散点图

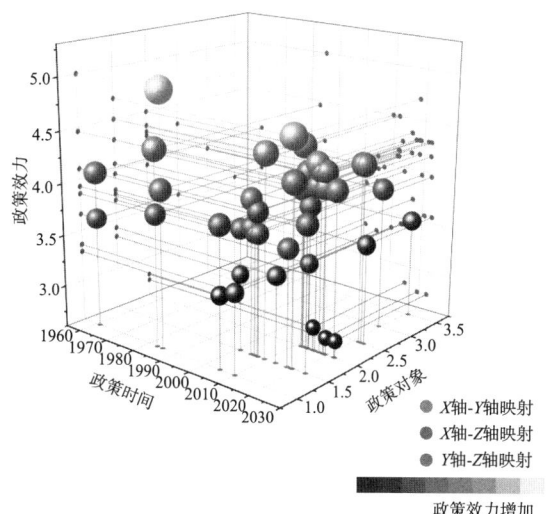

图6　村落保护政策三维散点分布图

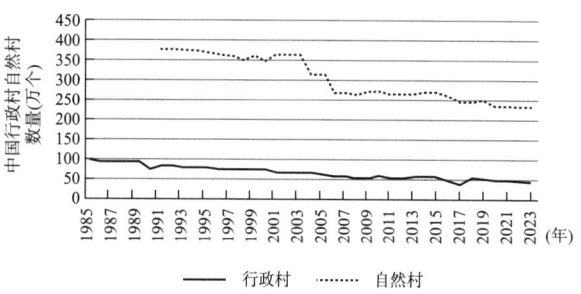

图7　中国行政村自然村数量

本研究对村落保护政策文本进行三维空间立体认知（图6），创新性地构建了针对风景园林政策文本的三维视角研究方法，在政策分析中具有一定的应用价值。同时本研究初步系统地分析了中国传统村落保护政策文本，旨在揭示传统村落保护政策的发展及演变规律，探讨政策与保护对象之间反馈机制的形成原因以及村落保护政策的导向特征，有利于未来村落政策的优化。将中国行政村、自然村的数量（图7），传统村落保护政策年度发文数量（图2）与村落保护政策三维散点分布图（图6）关联，中国行政村与自然村的数量变化受到城镇化和不合理规划等多方面因素影响，政策的发布一定程度上延缓了村落的消亡，也形成了世界上规模最大、价值最丰富、保护最完整的农耕文明遗产保护群。

本研究也存在一定的局限性：一是本文仅对中央层面的保护政策进行探究，未将地方性保护政策纳入研究范围。二是政策效力中涵盖了政策文本的权威性，以及政策在实际应用中带来的积极变化和长远效果，而本文仅仅构建了一个三维框架对政策文本本身进行量化评价。传统村落未来的研究可以进一步拓展到政策实施的实地效果评估，可通过田野调查、案例研究等方法，收集和分析政策实施后的社会、经济和文化影响，以及村民的反馈和满意度，从而为政策的持续优化和调整提供更为全面和深入的依据。

对于乡村的管护，学术界既存在宏观层面的探讨，也有相关具体措施层面的研究，本文结合政策的认知建议如下。宏观层面：①提高公众认知：通过教育和媒体宣传，提高公众对传统村落价值的认识，树立公民自治意识；强调全社会共同参与村落保护的相关过程，提高村落政策制定和执行的质量。②推动传统村落保护政策法治化：制定和完善相关法规，确保保护工作有法可依。③推动传统村落政策协调化：相关部门建立统筹协调机制，强化跨部门、跨区域的协调。④强调政策的一致性，确保村落扶持政策与非经济政策目标一致。措施层面：廓清政策客体，注重综合性考量的同时，也更加注重单类政策客体的细化。对政策进行优化，确保村落在得到有效保护的同时也能够适应现代社会的发展。改进现有政策工具，如加强法规政策标准的完善，推动传统村落纳入中华文明标识体系。根据村落政策的不同目标和需求，实现文化遗产的传承与活化利用。

参考文献

[1] 胡彬彬，邓昶. 中国村落的起源与早期发展[J]. 求索，2019(1)：151-160.
[2] 张云路，李雄. 新中国成立以来我国村镇绿地发展历程及发展趋势研究[J]. 中国园林，2016，32(5)：102-106.
[3] 鲁西奇. "下县的皇权"：中国古代乡里制度及其实质[J]. 北京大学学报(哲学社会科学版)，2019，56(4)：74-86.
[4] 孟德拉斯. 农民的终结[M]. 北京：社会科学文献出版社，2010.
[5] 朱慧林. 政策导向下武汉市园林绿化政策与建设研究(1995-2019)[D]. 武汉：华中农业大学，2020.
[6] 华剑英. 政策工具视角的金华市乡村旅游政策优化研究[D]. 舟山：浙江海洋大学，2023.
[7] 郭俊华，王阳. 乡村振兴背景下农村产业政策优化调整研究[J]. 经济问题，2022(1)：8.
[8] 刘淑虎，黄龙英，李燕亮，等. 基于"三境论"的传统村落景观特征与当代价值探析——以福建党城村为例[J]. 中国园林，2023，39(10)：76-82.
[9] 胡运宏，葛诗唯，颜麒. 新中国城市园林绿化政策的历史演进研究：基于1949—2021年政策文本的量化分析[J]. 中国园林，2023，39(4)：133-138.
[10] 于建嵘. 转型期中国乡村政治结构的变迁——以岳村为表述对象的实证研究[D]. 武汉：华中师范大学，2001.
[11] 朱余斌. 建国以来乡村治理体制的演变与发展研究[D]. 上海：上海社会科学院，2017.
[12] 石立邦，蔡辉，余侃华. 基于土地制度变迁的村落闲置空间再利用——以西安市阎良区为例[J]. 城市建筑，2019，16(30)：13-16.
[13] 邬艳丽. 我国传统村落保护制度的反思与创新[J]. 现代城市研究，2016(1)：2-9.
[14] 刘佳，姚亚方，禹玉佐. 价值导引的省域历史文化资源保护体系研究——以湖南省历史文化名城名镇名村保护利用规划为例[J]. 国土资源导刊，2023，20(1)：39-45.
[15] 葛晓丹，杜瑞雪，吴宙漳，等. 浙江省传统村落保护管理制度探索——以松阳县为例[J]. 小城镇建设，2022，40(11)：17-24.
[16] 黄嘉颖，王念念. 传统村落集中连片区保护体系构建方法——以青海省黄南藏族自治州传统村落集中连片保护利用示范区为例[J]. 规划师，2023，39(7)：123-130.

作者简介

潘洋伊，2000年生，女，华中农业大学园艺林学学院硕士研究生在读。研究方向：风景园林历史与理论。

高樱芷，2000年生，女，华中农业大学园艺林学学院硕士研究生在读。研究方向：风景园林历史与理论。

（通信作者）秦仁强，1971年生，男，硕士，华中农业大学园艺林学学院，副教授、硕士生导师。研究方向：风景园林历史与理论、山水美学。电子邮箱：180566881@qq.com。

语言景观视域下中国传统村落地名标识研究[①]
——以桂林漓江流域传统村落为例

A Study on the Landing Names and Signs of Traditional Chinese Villages from the Perspective of Linguistic Landscape
—Take the Traditional Villages in the Lijiang River Basin of Guilin as an Example

邓 宁

摘 要：乡村语言景观建设是乡村文明建设的重要内容。地名作为非物质文化遗产，是乡村地域文化的凝结。地名标识属于地名可视化表达方式，同时也是地名语言景观的具象化呈现。本文基于语言景观理论的场所符号学理论、SPEAKING分析模型、三维分析模型与地名文化遗产资源论，构建中国传统村落地名标识研究分析框架，并结合实地调研通过两步路等APP，收集桂林漓江流域传统村落地名标识语料。从地名语词层面与地名实体层面的词汇语音、语言内涵、书写字体、置放背景、语言形式、呈现方式6方面，分析桂林漓江流域传统村落的地名标识特征，探析其发展的内在逻辑，分析传统村落空间话语模式，探索传统村落语言景观建设和空间话语构建路径，丰富地名文化与乡村景观建设相关研究，为非遗保护政策完善补充提供实践指导，对建成社会主义文化强国具有重要的现实意义。

关键词：桂林传统村落；语言景观；地名文化遗产；地名标识

Abstract: The construction of rural language landscape is an important part of the construction of rural civilization. As an intangible cultural heritage, place names are the condensation of rural regional culture. Place-name identification is a visual expression of place-name, and it is also a concrete presentation of the linguistic landscape of place-name. Based on the site semiotics theory, SPEAKING analysis model, three-dimensional analysis model and the theory of place name and cultural heritage resources of linguistic landscape theory, this paper constructed a research and analysis framework for the landing name signs of traditional villages in China, and collected the corpus of landing names of traditional villages in the Lijiang River Basin of Guilin through two-step road and other APPs in combination with field research. This paper analyzed the characteristics of place name identification of traditional villages in the Lijiang River Basin of Guilin from six aspects: lexical phonetics, language connotation, writing fonts, placement background, language form and presentation mode of place names at the level of place names and place names entities, explored the internal logic of their development, analyzed the spatial discourse mode of traditional villages, explored the construction path of traditional village language landscape and spatial discourse, enriched the research related to place name culture and rural landscape construction, and provided practical guidance for the improvement and supplementation of intangible cultural heritage protection policies. It is of great practical significance to building a socialist cultural power.

Keywords: Guilin Traditional Villages; Linguistic Landscapes; Toponymic Cultural Heritage; Toponymic Identification

---

[①] 基金项目：广西旅游产业研究院2023年度研究生科研培育基金项目（LYCYX2023-26）。

引言

地名作为非物质文化遗产，2017年1月，中共中央办公厅、国务院办公厅印发《关于实施中华优秀传统文化传承发展工程的意见》，明确将"推进地名文化遗产保护"作为重点任务，地名文化遗产保护被上升到了国家文化建设的高度。党的十九大提出乡村振兴战略，提出全面实现农业强、农村美、农民富的目标任务，其中乡村文化的传承与发展是乡村全面振兴的精神保障。《"十四五"旅游业发展规划》提出要深入挖掘、传承提升乡村优秀传统文化，带动乡村旅游发展，同时加强文物和非物质文化遗产的保护利用，突出地方文化特色，优化公共服务设施配置，完善公共文化设施的旅游服务功能。

中国传统村落是乡村文化传承与发展的重要载体，蕴含着丰富的地方特色景观与历史信息。随着现代城镇化的推进，大量内涵丰富的村落景观遭到破坏。面对严峻形势，2012年，我国开启对中国传统村落的调查，并编制《中国传统村落名录》。目前，桂林市申报了6批中国传统村落，共171个，申报数量位居广西之首[1]。中国传统村落入选要求拥有整体格局肌理保存较完整的传统民居、古建筑等物质文化遗产，或者传承良好的传统技艺、民俗等非物质文化遗产。传统村落作为地名景观场域，地名标识是村落地名的具象化体现。村落地名标识作为语言景观的组成要素之一，是公共文化设施的重要组成部分，可以依托各种形式的载体呈现在他人面前。通过精心设计与规划，地名标识能够激发地域景观资源的活力，激励村民对传统文化的传承，促成地域形象的构建。本研究之所以选取桂林漓江流域的国家级传统村落的地名标识作为研究对象，是因为位于桂林漓江流域的国家级传统村落人文景观涵盖的文化类型多样、数量颇丰，地名标识作为公共空间旅游资源的组成部分，浓缩、呈现了当地的历史人文信息和地域文化内涵。

有鉴于此，研究桂林漓江流域传统村落地名标识，探析其发展的内在逻辑，分析传统村落空间话语模式，探索传统村落语言景观建设和空间话语构建路径，有利于丰富地名文化与乡村景观建设相关研究，对促进桂林乡村旅游资源开发，进一步完善桂林世界级旅游目的地的旅游服务设施建设，为非物质文化遗产保护政策的完善补充提供实践指导等具有重要的现实意义。

1 研究述评

1.1 语言景观

"语言景观"一词最早由加拿大学者Landry和Bourhisl 1997年提出，即"某个特定领域、地区或者城市群中，所有公共路标、广告牌、街名、地名、店牌和政府建筑物上的公共标志"[2]。国外相关热门研究主要集中在多语语言景观、语言景观与空间、语言景观与身份、语言景观与语言政策4个方面，如Inal收集伊斯坦布尔语言景观数据，探讨了土耳其语、英语和阿拉伯语的相互作用[3]；Calvi以米兰两个多民族社区移民商贩的店铺标识为研究对象，描述了拉丁美洲社区语言景观在多语言城市空间的定位策略[4]；Wroblewski通过分析亚马逊城市特纳的语言景观中的多语言现象，揭示公共标牌背后的意识形态、身份建构、群体认同以及代表的权利[5]；Kroon研究厄立特里亚首都阿斯马拉的语言景观，发现阿斯马拉不同统治时期的历史痕迹共同构建了阿斯马拉的公共空间，并赋予其意义[6]。

国内关于语言景观的研究相比国外起步较晚，高钰以岳阳市为例对地方性语言景观的设计进行了探索，开启了国内对语言景观进行的研究。国内研究主要集中在语言景观翻译、语言政策与语言规范、少数民族语言活力、语言景观与身份认同等方面，例如孔辉在《旅游区语言景观的生态翻译学应用研究》阐述了绿色景区中语言景观公示语翻译的英译现状，进行语言、文化和交际3个层面的"三维"转换翻译方法统计[7]。孙利以"语言景观"为题发表论文，调查研究了温州市语言景观的英译现状[8]。田飞洋、张维佳基于全球化社会语言学视角，从超多元性、移动性和标准性3个方面，对北京学院路街道双语路牌中存在的不规范现象进行了解释[9]。单菲菲、刘承宇从社会符号学视角剖析了西江多语社会结构中各语言之间的关系及社会地位[10]。刘慧引入民族志的研究方法考察广州城中村的历史传统语言景观及当代语言景观，分析了该地区语言景观反映出的外来农民工阶层的社会方言特征，以及其与外来农民工多重身份认同之间的关系[11]。程江霞通过实地调研和访谈，以SPEAKING模型分析获得语料，并建立棉花村语言景观语料库[12]。

综上所述，语言景观相关研究均有所发展，有一定的参考借鉴价值。从研究对象看，我国语言景观的研究多集中于城市、商业区、旅游景区等方面，以乡村语言景观为对象的研究较少，且研究范围大多是选取某一个或几个村落的语言景观作为研究对象，引用城市语言景观的方法，从微观角度出发进行个案研究，得出的研究结论不具备普适性，未从宏观视角出发或针对更广地区作深入研究。从研究方法上看，语言景观研究理论框架主要是场所符号学理论、SPEAKING多维分析模型以及三维空间分析模型，研究方法仍不够系统全面，分析维度不够明确。在本土化应用研究中，存在研究视角局限和分析维度割裂等问题。从研究内容上看，乡村语言景观的研究多集中于语言标牌特征、译写、规范及多语言标牌的应用关注，对景观背后的隐性功能与本土化的解读不够深入。总体上未将乡村语言景观、场所符号学以及地名标识进行联系，构建出系统的范式框架，乡村语言景观的研究需要得出更具代表性、普遍性、可推广性的研究范式和研究成果。本研究以地名标识与语言景观之间的相通性为突破口，从语词、实体两方面，对桂林传统村落的语言景观话语模型进行分析，总结规律形成范式，进而探索传统村落语言景观建设和空间话语构建新路径，为桂林乡村旅游的文化建设提供系统科学的范式框架。

1.2 地名标识研究

地名标识是指示地理空间的符号，是将地名文化进行可视化的语言景观。对地名标识的研究通常集中于地名书写情况及翻译存在问题、地名标识内涵解读、地名标识资源开发利用、地名标识建设与设计等方面。例如秦明瑛分析湖北宜昌市主城区道路双语标识的现状问题，提出规范公共场所的双语标识建议[13]；郑佳佳对云南红河哈尼梯田核心区的地名标识进行考察，发现该地现有的地名标识尚未较好地反映民族文化的内涵，不利于民族文化意义与价值的自识和他识[14]；管梓言等通过材料应用、色彩选择、主题表现3方面对浙江省丽水市地域包括地名标识在内的园林小品的文化特色及存在问题进行研究[15]；赵巧艳以黄河乾坤湾地名为媒介，把地名背后的"伏羲传说"变成乾坤亭、乾坤台、青帝坛、伏羲庙等具体可感的旅游景观，实现地名资源的旅游开发利用[16]。在关于地名标识的研究中，研究内容主要是在语词层面对地名标识的内涵进行分析与应用，鲜少对地名标识的载体进行研究剖析。

2 研究对象与方法

2.1 研究对象

地名标识是地名景观呈现的浓缩，是地域文化社会构建的结果，是聚落语言景观的重要组成部分。本文选取桂林市漓江流域国家级传统村落的地名标识作为研究对象，即村牌、景观小品等村落中出现的地名载体。通过两步路、中国国家地名信息网等线上信息平台，结合实地调查、非结构化访谈，进行语料信息收集与初步数据统计，从广西壮族自治区桂林市漓江流域的46个国家级传统村落收集到210个地名标识语料。

2.2 相关理论与研究框架

2.2.1 地名文化遗产论

"地名文化遗产"于2005年开始在国内学界、社会上广泛使用，而在国际中并未出现这类名词用法，属于一个混合使用的名词。刘保全将其区分分为"地名文化"与"地名遗产"两个概念进行系统论述，其中将地名文化分化为地名语词文化与地名实体文化两个层面，地名语词文化包括地名读音、文字书写、由来含义、地理实体位置等，地名实体文化指代地名实体所承载的历史、地理、乡土等文化内涵[17]。

2.2.2 SPEAKING分析模型

SPEAKING分析模型由Hymes1972年提出，其核心内容包括S（背景）、P（参与者）、E（目的）、A（行为顺序）、K（基调）、I（媒体和渠道）、N（规约）、G（体裁），并提出这一模型可作为语言景观研究的分析框架。依据此模型，Huebner将SPEAKING分析模型引入语言景观研究。其中背景引申为语言景观置放的背景，参与者引申为语言景观的制作者与受众，目的引申为设计该语言景观的目的与功能，行为顺序引申为语言标牌的语言形式，基调引申为语言景观的呈现方式，规约引申为语言景观设置规范等相关政策规定，体裁引申为语言景观的类型[18]。依据多元化、多维度的分析路径可较为全面地对语言景观进行研究。

2.2.3 场所符号学

场所符号学是地理符号学的子系统之一，由Scollon2003年提出，用以分析现实环境中语言符号系统，其核心要素由语码取向、字刻、置放构成。语码取向指的是语言景观的语码选择中所展现出的语言优势。字刻主要考察公共标牌的材料、字刻形式等外在表征。在场所符号学中，最为重要的是考察公共标牌的置放，将置放标牌与所处具体环境联系起来，并且针对其在具体物质环境中激活的意义进行考察和研究，这也是场所符号学所关注的根本问题[19]。

2.2.4 三维分析模型

三维分析模型源于 Henri Lefebvre 在 1991 年时提出的以空间时间、构想空间、生活空间 3 个维度构成的空间生产理论。2010 年时 Trumper-Hecht 将语言景观的研究与该理论结合，对语言景观的研究引入三维的视角，主要内容包括：①实体维度，收集的语言景观语料的分布情况；②政治维度，考察决策者的观点和意识形态如何决定语言景观的生成；③体验维度，考察居民及语言使用者对语言景观的态度和理解[20]。该理论将语言景观研究从视觉研究拓展至三维空间研究，将表征形式与决策者、使用者相结合，探究语言景观背后的语言权势、身份认同等深层特征。

2.2.5 研究框架构建

具有指代功能的语言景观，具有语言景观的特征，同时也具有地名的属性。桂林传统村落地名是桂林乡村地域文化的集中体现与非物质文化遗产，地名字词的命名、音义形等各方面必不可少，故将场所符号学、SPEAKING 分析模型以及三维空间分析模型与地名文化遗产理论相结合，构建地名文化遗产理论与语言景观理论相结合的"双层多维度村落语言景观分析模型"（图1）。模型由地名语词与地名实体（载体）两方面组成，地名标识语词层面包括词汇语音、语言内涵、书写字体，地名标识实体层面包括置放背景、语言形式、呈现方式等方面，并尝试描述桂林传统村落地名标识的整体情况与发展趋势。

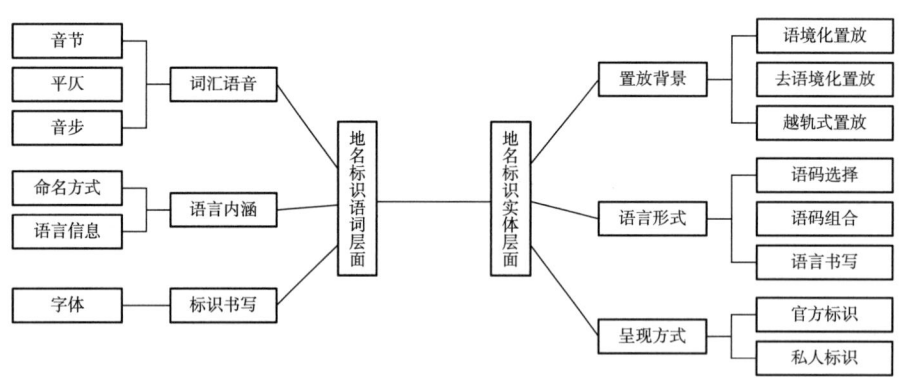

图 1 双层多维度村落语言景观分析模型

3 桂林漓江流域传统村落的地名标识调查结果

3.1 语词层面

中国传统村落地名是村落乡土文化景观的一个重要组成部分，其语词的音、义、形皆具有地域特色。因此本研究在总结前人关于地名语词的研究经验下，以一个具有具体边框的地名标识为单位，从词汇语音、语言内涵、地名结构 3 方面，考察所收集的桂林传统村落地名标识语料的语言内在特点。

3.1.1 词汇语音

村落地名由汉字组成，其发音多是一个汉字表示一个音节[21]。根据音节数量统计（表1），地名标识数量主要集中于二音节与三音节，其中三音节共计 86 个，占总数的 48.5%，如来趣亭、横山村等；其次是四音节的地名标识数量，共计 42 个，占总数的 24.4%；其余音节地名标识仅占总数的 27.1%。通过数据统计结果发现，地名标识的语词在各音节均有分布，从占比而言，具有以下特点：一是地名语词音节主要分布在二音节至五音节之间，其中三音节占有绝对优势，侧面体现地名作为指称性语言景观，具有简洁凝练的特点；二是音节越大的地名标识，特别是七音节之后的地名标识呈现"村名+建筑名""村名+街名""村名+景区名"的组合形式，例如长岗岭村古建筑群便是将"长岗岭村"作为"古建筑群"的限定词使用，限定了该景观的地理范围，一定程度增强了地名实体的指位性。

地名标识的音节数量情况统计表			表1
音节类型	数量（个）	占比（%）	举例
二音节	15	8.47	旧村、朗梓、毛村、义渡
三音节	87	49.15	横山村、旧县村、太平村
四音节	43	24.29	溶流上村、泰履津通
五音节	12	6.78	大桐木湾村、华夏第一榕
六音节	9	5.08	桂林在水一泠、古代钱庄遗址、榕门中学礼堂
七音节	4	2.26	民族团结示范村、江头村古建筑群
八音节	2	1.13	老寨瑶族古建筑群、长岗岭村古建筑群
九音节	1	0.56	屯塘村村级服务中心
十音节	2	1.13	江口村特色文化旅游区、大边塘村公共服务中心
十一音节	1	0.56	大边塘村银杏旅游示范点
十二音节	1	0.56	长岗岭商道古村生态博物馆

3.1.2 语言内涵

地名标识作为一类指称型的语言景观，具有传递信息的功能。通过实地调查，结合所收集的桂林传统村落地名标识包括村名、路名、建筑名、植物景观名等，共计177个地名标识。桂林漓江流域国家级传统村落地名命名方式多样，蕴含信息丰富，经过总结归类可以分为自然要素与人文要素两类。自然要素命名有因山得名、因水得名、因地势地貌得名、因方位得名、因动植物得名，如毛村、朗梓村等；人文因素命名有因姓氏得名、因美好寓意得名、因纪念旧址得名、因传说得名、因谐音得名、因新旧地渊源得名等，如太平村、水源头村、旧村、新寨村等。

经过资料梳理，结合实地调研情况发现，地名语词具有传递信息、美化环境、文化宣传、方向导览、文化象征、文物保护等功能。其功能会使村落其他地名汇聚形成一定的地名文化网络，对展现地域文化以及深化旅游者感知有一定影响。一方面是地名结群形成的地名景观群，如位于灵川县江头村西临甘棠江，因其位置得名，村内有爱莲家祠、举人路、金钱井等。其中爱莲家祠是江头村的核心建筑，是周敦颐后裔所建，取其文章《爱莲说》得名。周氏崇尚儒学文化，明清以来出仕为官者200多人，素有"才子村"和"百年清官村"之美誉[22]。村内还有以知县、大夫、进士、同知、解元、知州等以古代官职称谓为名的古建筑名称，形成了以爱莲文化、仕宦文化为核心的地名景观群。以"莲"文化为核心的江头村地名景观群推动了地方村落的廉政文化建设，使江头村成为灵川县廉政文化教育基地。另一方面是历史文化融合形成的地名景观群现象。桂林传统村落在文旅融合的政策发展中，经过

旅游资源的开发，对地名景观的形成较大的影响，如老寨村、新寨村，其村民祖先同出一脉，属于瑶族聚集地，村落是红军长征的途经之处，2013年两村均列入桂林市民族团结示范村[23]。为了凸显红色历史文化、少数民族特色文化，村口地名牌坊上标注的是"红色瑶寨""民族团结示范村"，而非"老寨村""新寨村"（图2、图3）。

图2 老寨村村口牌坊及标识
（图片来源：网络）

图3 新寨村村口牌坊及标识
（图片来源：网络）

3.1.3 标识字体

地名标识为了体现不同功能，其书写字体形式多元丰富，包括简体字、繁体字、印刷体、手写体、行书、楷书、草书、篆体等。桂林漓江传统村落地名标识是以宋体、楷体、黑体等简体汉字书写为主体。这类标识一般是作为放置在村落道路旁的方向导览标识以及景点周围的文物保护单位标识，如熊村的指位牌（图4）与文物保护单位标识（图5）；使用易于辨识的简体汉字书写地名等相关信息，以便读者获取信息。位于村口、建筑门楣的地名标识，作为该景观实体文化象征，其字体通常是手写的行书、黑体等字体，以凸显村落文化底蕴深厚。如江头村的爱莲家祠（图6）作为村落的文化核心建筑，使用行书繁体字体的木刻牌匾作为标识，两侧以繁体字书写的"宗

图 4　熊村指位牌

图 6　爱莲家祠

图 5　熊村古建筑群文物保护单位标识

盟会法传，世德乡举选"对联表达了江头村民以先贤为榜样、以道德相激励的风范[24]，营造了以"莲"文化为核心的文明村落氛围。

3.2　实体层面

3.2.1　置放背景

地名标识作为一种指称型的语言景观，其置放通常有去语境化、场景化、越轨式 3 种形式[25]。调研拍摄照片以及收集到的二手资料显示（表 2），桂林漓江流域中国传统村落地名标识放置背景包含以下 3 种形式。

一是去语境化置放，即功能性较强且不受环境限制的标准化形态标识，主要侧重于地名标识的方向指引、信息科普等实用功能。如熊村指位牌（图 4）、榜上古建筑群文物保护单位标识（图 7），前者附着于建筑墙体，两者均放置于村落对外的出入口处，均设置成矩形，其文本信息除了地名，还包括文物发布单位、确立时间等。标识外形及文本信息具有明显的规范性。

地名标识的置放情况统计表　　表 2

标识置放	标识类型		置放位置	文本内容	数量
去情境化置放	村落地名标识	文化信息牌	村落广场	地名+文化信息	83
		交通牌	道路	地名+拼音	
		中国传统村落标志牌	附着于建筑墙体或村口	中国传统村落 logo+地名+单位+时间+二维码	
		文物保护单位标识	附着于建筑墙体或周围	地名+成立单位+公布单位+第 X 批 X 级保护单位+时间+文物简介（背面）	
场景化置放	村落地名标识	景观小品	村落广场	地名+文化信息	122
		村名标志物	村口	地名/地名+楹联	
	景点地名标识	石刻/牌匾	门楣	地名/地名+日期/其他	
		指位牌	道路	地名+方向箭头+图案	
越界式置放	村落地名标识	村名标志物	村口	地名+成立单位+成立时间	5
	景点地名标识	交通牌	道路	地名	

图7　榜上古建筑群文物保护单位标识

二是场景化置放，意为结合周围环境与文化特色进行设计的地域化形态标识。如灵川县宅庆村始建于清康熙年间，村落最大的建筑是黄氏大院，其大门不似传统民居书刻"黄氏大院"，而是悬挂"文魁"牌匾。门匾下书"举人门第"字样，两侧对联有云："寒窗攻读春燕舞，蟾宫折桂夏牛飞"讲的是黄氏先祖黄继修刻苦读书，考取功名的故事，黄氏后人以此为勉励[26]。这类地名标识通常选择放置于村口、村落公共广场，兼具美化环境与文化审美的功能。

三是越界式置放，一般指的是涂鸦、广告等较为随意的语言标识。除此之外，还有因年久失修及位置颠倒的标识牌。越界式地名标识在桂林漓江流域中国传统村落出现较少，有5处喷涂、年久磨损的标识。如西洲壮寨村地名标识（图8）是1块随意置放在杂乱草地上的水泥板，其标识信息因年久磨损模糊不清，兴坪镇渔村存在两例涂鸦现象（图9）；可见村落地名标识管理存在疏忽之处。

图8　西洲村地名标识
（图片来源：网络）

图9　渔村涂鸦
（图片来源：网络）

3.2.2　语言形式

地名标识的语言形式包括标识牌的语言符号选择、组合、排列等。语言符号不单指文字，数字，拼音，还有特殊符号[27]。经调查统计发现（表3），桂林漓江流域中国传统村落语料使用的语言符号有文字、数字、拼音、特殊符号4类。

单语/多语	语码组合类型	优势语码	数量	总计
单语	纯汉字	汉字	126	191
	汉字+特殊符号	汉字	53	
	汉字+数字	汉字	10	
	汉字+拼音	汉字	6	
双语	汉字+英语	汉字	4	19
	汉字+英语+特殊符号	汉字	10	
	汉字+英语+数字+特殊符号	汉字	2	
三语	汉字+英语+韩语+特殊符号	汉字	2	
总计	8种		210	210

地名标识的语码组合情况统计表　表3

从语言使用频率与组合形式而言，汉语作为官方语言，在地名标识语言使用中应用得最为频繁。单语标识有191条，其中景点地名标识的建筑牌匾皆采用纯汉字形式，如熊村"万寿宫"、江头村"爱莲家祠"等。单语标识的字符组合形式多样，组合按数量统计排序，依次为"汉字+特殊符号""汉字+数字""汉字+拼音"。前两者的数量比较大，主要为中国传统村落标志牌与文物保护单位标识，二者是由政府官方设置，信息内容具有比较标准与规范。如熊村的中国传统村落标志牌由"中国传统村落logo+地名+单位+时间+二维码"组成，其中时间数字是以汉字书写；横山村的"榕门中学礼堂"文物保护单位标识为"地名+成立单位+公布单位+第X批X级保护单位+时间+文物简介（背面）"的组合。

多语标识主要是全景导览牌、指位牌、文化信息牌，其组合形式有"汉字+英语""汉字+英语+特殊符号""汉字+英语+数字+特殊符号""汉字+英语+韩语+特殊符号"。从语码组合情况与排列次序上看，无论是单语标识还是多语标识，汉字语码明显占领主导地位，在多语标识中排列顺序是汉字—英语—韩语。

3.2.3 呈现方式

桂林漓江流域中国传统村落地名标识载体的制作材料可以分为6类，即木质、石质、纸质、金属、塑料以及其他混合材料等。从设计者角度，可以分为私人标识与政府标识，前者是村落集体出资设立的公共标识，或者是企业出资进行旅游资源开发所设置的景区景点标识；后者则是由政府设置的地名标识。地名标识载体材料的使用也因设计者与其发挥的作用有所不同。

如表4所示，官方标识中，金属和石质标识数量最多，占比35.1%、27.7%；其次是纸质标识，占比20.4%；最后是木质、塑料以及混合材质标识，都为3个，占比5.6%。金属材质标识的使用有中国传统村落标志牌、交通牌以及文化信息牌。例如新寨村的中国传统村落标志牌（图3）是政府对其悠久历史与特色文化的身份认定呈现，悬挂于村口的村名标志物进行展示；旧县村放置于公路旁的交通标识，一般采用蓝底白字形态，外形设计上简洁清晰，具有永久性、规范性；榕津村古建筑周围会置放金属牌，用于介绍古建筑历史文化。石质标识一般是文物保护单位标志碑与石刻，如榜上村古建筑群文物保护单位标志碑（图7）、旧村清真寺文物保护单位标志石刻（图10）等。纸质标识通常是文化信息牌，用于介绍景点文化信息，例如长岗岭村自然生态博物馆内使用村落内莫氏宗祠、五福堂等古建筑民俗文化内容，制作成展览牌展示（图11）。

地名标识的呈现方式情况统计表　　表4

标牌性质	木质（处）	石质（处）	纸质（处）	塑料（处）	金属（处）	混合（处）	合计
官方标识	3（5.6%）	15（27.7%）	11（20.4%）	3（5.6%）	19（35.1%）	3（5.6%）	54
私人标识	65（41.67%）	68（43.59%）	1（0.64%）	4（2.56%）	0（0%）	18（11.54%）	156
合计	68（32.38%）	83（39.52%）	12（5.71%）	7（3.33%）	19（9.05%）	21（10%）	210

私人标识中，石质和木质标识标识数量最多，占比42.59%、41.67%；其次为混合材质标识，占比11.54%；最后是塑料、纸质标识，占比2.56%、0.64%。木质与石质标识造型古典朴实，被大量使用于村落古建筑匾额，如江头村爱莲家祠、爱莲荷花园等建筑匾额皆为木刻匾额。石质匾额则分为石刻和笔墨书写两种。前者如熊村自明代开始设圩，四方商贾往来云集，村内巷多石拱门多，但现如今完好保留下来的石拱门仅剩八九道，如"紫气门""天相门""齐贤门"等皆在门拱上方用石刻撰写其名[28]。后者如水源头村秦家大院爱月堂、西花厅等古建筑其建筑门楣上以篆体书写着"朗照乾坤""紫气东来"（图12）。

图10　旧村清真寺庙

图11　长岗岭村莫氏宗祠文化宣传牌（图片来源：网络）

图12　水源头村秦家大院爱月堂门楣"朗照乾坤"

传统村落入口是地名标识载体材料使用种类最丰富的区域。村落地名标志物是村落文化象征，通常借鉴古代牌坊的形式，由楼顶、匾额、斗拱、花板、挺钩、额枋、雀替、石墩柱、基座等构成。牌坊不同结构使用的材料不同，有瓦、瓷片、混凝土、木质、纸质、青砖、金属等。例如阳朔县朗梓村为明清风格的壮族湘赣式古村落，朗梓村村口牌坊设计独特（图13）。牌坊上部以瓦片覆盖楼顶；中部以木制成，将八角纹、菱形纹、方格纹、散点几何纹、寿字纹、翔鸾纹、人物纹等壮锦纹样结合彩绘建成精美的梁枋；下部是现代的混凝土结合瓷砖制成的柱、依柱石。朗梓村牌坊的风格别具一格，彰显了壮族文化特色。

图13　朗梓村口牌坊

4　结语

研究以桂林漓江流域国家级传统村落地名标识为研究对象，结合地名文化遗产论和语言景观相关理论，借鉴SPEAKING分析模型、场所符号学的分析框架，语词层面分析词汇语音、语言内涵、书写字体，实体层面分析置放背景、语言形式、呈现方式，探究桂林传统村落的语言景观，探索传统村落地名标识的发展现状。

从语词层面看，桂林漓江流域中国传统村落地名标识的音节丰富，书写字体多样，具有一定的美观性。地名标识类型多样，包括地名标识物、文化信息牌、中国传统村落标志牌、文物保护单位标识、导览牌、指位牌等。地名之间关系密切、相互影响，形成的地名景观群对村落形象的塑造起到一定作用。

从实体层面看，村落地名标识大多是去情境化置放，但也存在少量的越界式置放，说明地名管理上存在疏忽。同时部分石刻标识受到磨损，信息传递功能受损。许多村落没有双语标识，对外开放性不强。景点地名标识多数使用的是单一材料，位于村落大门的村名标志物使用材料多样，特别是少数民族聚居村落可利用民族特色纹样结合村口牌坊，展现地域特色文化。

参考文献

［1］桂林日报．桂林又有33个村入选全国传统村落名录［EB/OL］．（2022-10-29）［2023-12-01］．https：//www. guilin. gov. cn/ywdt/xwgz/202210/t20221031_ 2398031. shtml.

［2］LANDRY R，BOURHIS R Y. Linguistic landscape and ethnolinguistic vitality：An empirical study［J］．Journal of language and social psychology，1997(1)：25.

［3］Inal D，Y Bayyurt，M Ozturhan，et al. MultiLingualism in the Linguistic Landscape of Istanbul［J］．World Englishes，2021(2)：280-289.

［4］Calvi M V&M Uberti-Bona. Negotiating Languages，Identities and Space in Hispanic Linguistic Landscape in Milan［J］．Journal of Multilingual and Multicultural Development，2020(1)：25-44.

［5］Wroblewski M. Inscribing Indigeneity：Ethnolinguistic Authority in the Linguistic Landscape of Amazonian Ecuador［J］．Multilingua，2020(2)：139-168.

［6］Kroon S. Language Policy in Public Space：A Historical Perspective on Asmara's Linguistic Landscape［J］．Journal of Eastern African Studies，2021(2)：274-296.

［7］孔辉．生态翻译学视角下绿色景区语言景观的翻译策略［J］．环境工程，2023，41(4)：239.

［8］孙利．语言景观翻译的现状及其交际翻译策略［J］．江西师范大学学报(哲学社会科学版)，2009，42(6)：153-156.

［9］田飞洋，张维佳．全球化社会语言学：语言景观研究的新理论——以北京市学院路双语公示语为例［J］．语言文字应用，2014(2)：38-45.

［10］单菲菲，刘承宇．民族旅游村寨语言景观调查研究——基于社会符号学与文化资本理论视角［J］．广西民族研究，2016(6)：153-161.

［11］刘慧．城中村语言景观与农民工身份认同研究——以广州石牌村为例［J］．语言战略研究，2020，5(4)：61-73.

［12］程江霞．乡村振兴视阈下青岛乡村语言景观实探［J］．青岛农业大学学报(社会科学版)，2021，33(3)：85-89.

［13］尹仕红，秦明瑛．对外传播视域下规范城市道路双语标识的必要性分析［J］．新闻前哨，2022，(17)：62-64.

［14］郑佳佳．通往文化空间消费的地名——云南红河哈尼梯田核心区地名标识的人类学考察［J］．北方民族大学学报(哲学社会科学版)，2017(3)：49-54.

［15］管梓言，董超杰，林丹，等．地域文化在园林小品设计中的表达——以丽水园林小品为例［J］．绿色科技，2018(3)：9-12.

［16］赵巧艳，闫春．伏羲传说与景观叙事的互构-黄河乾坤湾地名标识的人类学解读［J］．中南民族大学学报(人文社会科学版)，2019，39(3)：74-79.

[17] [1]张春阳,范今朝.试论"地名文化"和"地名遗产"的概念界定及其评价方法[J].赤子(上中旬),2016(16):42-43.

[18] 王璐.SPEAKING交际模型:语言景观研究的视角与理论[J].长春大学学报,2021,31(3):36-40.

[19] 杜禹.地理符号学视角下的语言景观调查研究[J].文化产业,2022(21):151-153.

[20] 尚国文,赵守辉.语言景观的分析维度与理论构建[J].外国语(上海外国语大学学报),2014,37(6):81-89.

[21] 陈宝勤.汉语词汇的生成与演化[D].成都:四川大学,2004.

[22] 灵川县县志办.瑶族古寨-老寨村、新寨村[EB/OL].(2018-09-20)[2023-12-02]. http://www.lcxzf.gov.cn/zmlc/zjlc/lsrw/201906/t20190603_1160914.html.

[23] 中央纪委国家监委驻司法部纪检监察组.青史斑斑丨百年爱莲心[EB/OL].(2024-03-15)[2024-11-03]. https://www.moj.gov.cn/pub/sfbgw/jgsz/gjjwzsfbjjzs/zyzsfbjjzsj/202403/t20240315_496185.html.

[24] 龙邈晴,张锐.场所符号学视角下东莞地铁的语言景观研究[J].嘉应文学,2024(7):94-97.

[25] 桂林日报.宅庆村:"举人门第"书香不散[EB/OL].(2024-01-29)[2024-11-03]. http://epaper.guilinlife.com/glrbpc/glrb/20240129/Articel07001NR.htm.

[26] 李杰.古城旅游文化景区语言景观研究——以商丘古城景区为例[J].文物鉴定与鉴赏,2024(9):157-160.

[27] 《中国古镇游》编辑部.中国古镇游·广西、云南、贵州32座经典古镇[M].西安:陕西师范大学出版社,2005.

[28] 广西壮族自治区住房和城乡建设厅.广西特色民居风格研究:下[M].南宁:广西人民出版社,2015:33-34.

作者简介

邓宁,1999年生,女,桂林理工大学旅游与风景园林学院硕士研究生在读。研究方向:风景园林历史与理论。

美国 SRTS 计划的发展与落实
——关于儿童通学路的建设

Development and Implementation of the SRTS Programme in the United States
—on the Construction of Safe Routes to School

谭　灵　谷龙珠　杜　雁　张　群*

摘　要：随着现代交通体系的发展，机动车导致的儿童通学问题如安全事故、交通堵塞等屡见不鲜。与此同时，儿童选择步行和骑自行车通学的比例较低间接导致了如儿童肥胖症等身心健康问题的出现。SRTS 即"Safe Routes to School"这一概念最早被提出旨在减少步行和骑自行车上学时死亡的儿童人数。美国的第一个 SRTS 项目开始于 1997 年，并于 2005 年正式写入美国国家法案。其目标是让更多的儿童能安全地步行和骑自行车上学，希望可以通过增加身体活动改善儿童健康以及改善社会交通问题。本研究通过梳理美国 SRTS 计划基于法案的发展历程，从基础设施和非基础设施层面阐明计划的落实框架与落实措施，对我国儿童通学路的规划以及儿童友好城市的创建具有借鉴意义和积极影响。

关键词：美国 SRTS 计划；安全通学路；儿童；步行安全；骑行安全

Abstract：With the development of modern transport systems, motorised vehicles are causing many problems in children's schooling, such as safety accidents and traffic jams. At the same time, the low percentage of children choosing to walk and cycle to school has indirectly led to physical and mental health problems such as childhood obesity. The first SRTS (Safe Routes to School) programme in the United States began in 1997 and was formally incorporated into the US National Act in 2005, known as the SRTS programme. The goal was to get more children walking and cycling safely to school in the hope that increased physical activity would improve children's health as well as social transport problems. In this study, the development of the SRTS programme in the United States based on the Act is reviewed, and the implementation framework and measures for implementing the programme are clarified at both the infrastructure and non-infrastructure levels. It has implications and positive impacts on the planning of children's school routes and the creation of child-friendly cities in China.

Keywords：Safe Routes to School Program；Safe Routes to School；Children；Walking Safety；Riding Safety

引言

交通系统及其所服务的社会日益复杂，针对交通安全问题的解决方式也更为丰富和多样。儿童作为交通人群中的弱势群体，应当受到更多的关注[1]。美国为解决儿童安全通学问题提出"Safe Routes to School program"即 SRTS 计划，国内有学者将其译为"安全上学路计划"[2]，也可理解为"安全通学路计划"。美国法案中对 SRTS 计划进行了以下两方面的定义：

①环境范围：学校的骑自行车和步行距离大约2英里的区域；②学校范围：从幼儿园到12年级提供教育的学校[3]。作为一个法案规定的国家级儿童安全计划，它通过支持和鼓励中小学生步行和骑自行车上学，并致力于改善基础设施和非基础设施，为步行和自行车骑行提供一个安全、富有吸引力的环境，改善儿童的生活质量并支撑国家级的健康目标[4]。在SRTS计划的发展与落实层面，由于其发展时间较久，成果较多，所以无论是基础设施层面还是非基础设施层面，美国均形成了较我国而言更为完善的保障儿童安全上学的路线体系。美国SRTS计划的落实对于我国建立健全通学路体系具有一定的学习价值和指导意义。

1　SRTS计划的背景

20世纪40—50年代，伴随着汽车交通的盛行，交通事故的发生数量不断增长，其中儿童的交通伤亡率居高不下[1]。丹麦于20世纪70年代末率先提出"Safe Routes to School"即SRTS一词，旨在减少儿童步行和骑自行车上学时死亡的人数。此后SRTS的概念在国际上传播，于欧洲其他地区、澳大利亚等地区的国家都有发展该项目。美国关于儿童步行和骑自行车上学安全性的研究始于20世纪70年代初，1975年美国交通部出版了《学校出行安全和城市游乐区》（SCHOOL TRIP SAFETY AND URBAN PLAY AREAS），为步行上下学的儿童制定了保护指导方针[5]。1997年，美国的第一个SRTS项目为区级项目，启动于纽约州纽约市的布朗克斯区。同年，美国佛罗里达州也实施了一项州级SRTS试点项目。紧随其后，美国国会于2000年8月通过国家公路交通安全管理局以国家名义资助了两个SRTS试点项目[6]。在此试点项目启动一年内，美国各地启动了许多其他SRTS项目。美国SRTS项目逐渐进入大众视野，并以独立的项目为依托。直到2003年，美国自行车联盟（Pedestrian Bicycle Information Center（PBIC））组织了第一次行人和自行车问题领导人会议[7]，讨论SRTS项目的问题以及制定国家级美国SRTS计划的想法，为美国SRTS计划的诞生奠定了基础。

2　基于法案变化的SRTS计划的发展历程

法案在推动美国SRTS计划的发展中发挥了非常重要的作用，其发展经历了逐步完善的过程。从2005年起，SRTS计划正式写入法案并开始获得独立资助。无论是国家层面还是州级层面，立法作为计划发展的保障，在管理和提供资金等方面大大提升了与儿童相关的基础设施和非基础设施的建设[8]。其发展历程可以分为起步探索阶段（2005—2012年）、变化发展阶段（2012—2021年）、稳定发展阶段（2021—2026年），见表1。

美国SRTS计划基于法案的发展变化历程表　　　表1

阶段	法案名称	颁布时间（年）	资金层面	详细介绍
阶段一：起步探索阶段	《安全、负责、灵活、高效的运输公平法案——用户的遗产》（Safe, Accountable, Flexible, Efficient Transportation Equity Act—A Legacy for Users）[8]	2005	独立资助SRTS计划，无需与其他类型项目竞争	（1）新计划在7年内向所有州提供了超过10亿美元的资金。（2）向各州提供SRTS基础设施资金以及向当地学校和社区提供非基础设施补助。（3）每个州交通部都有州级SRTS协调员。（4）预留资金建立并管理信息交换所
阶段二：变化发展阶段	《迈向21世纪进步法案》（Moving Ahead for Progress in the 21st Century Act，简称为MAP-21）[4]	2012	SRTS计划、步行和骑自行车联合资助	（1）取消了SRTS计划的独立联邦资金流。（2）将联邦SRTS计划与"交通增强计划"和"休闲步道计划"包括环境缓解和林荫大道建设等用途合并并和其他骑自行车和步行计划合并为交通替代计划（《Transportation Alternatives Program》简称为TAP计划）。（3）SRTS计划、步行和自行车的联邦资金总体减少30%
	《修复美国地面交通法案》（Fixing America's Surface Transportation Act，简称为FAST法案）[9]	2015	SRTS计划、步行和骑自行车联合资助	FAST法案保留了MAP-21的大部分TAP内容，当前TAP资助的主要特点：（1）没有用于SRTS计划的独立资金。（2）所有资金均由州通过竞争性流程授予，地区机构（大都市规划组织）、地方政府、学区和非营利组织有资格申请。（3）对项目追踪更加严格，要求项目定期提供进展报告。（4）资金可用于SRTS计划的基础设施和非基础设施项目。注：该资金仍被称为TAP，但正式名称已更改为《地面交通计划》（Surface Transportation Program Setaside）

续表

阶段	法案名称	颁布时间（年）	资金层面	详细介绍
阶段三：稳定发展阶段	《2021年基础设施投资和就业法案》又称"两党基础法"（Infrastructure Investment and Jobs Act）[3]	2021	SRTS计划重新获得独立资助	2021年11月，国会通过了一项新的交通法案，即《2021年基础设施投资和就业法案》，也称为"两党基础法"。这是美国历史上最大的基础设施长期投资，对交通运输领域进行了历史性投资：改善公共安全和气候适应能力，在全国范围内创造就业机会并创造更加公平的未来： （1）资金在2021年为8.5亿美元，2022—2026年平均每年增加14亿美元。 （2）将SRTS计划的人群从最初的k-8扩展到k-12。 （3）成立项目交付中心，监督全部项目按时、按任务、按预算推进交付

"两党基础法"重新加大了对SRTS计划的投资力度，在人群界定等方面完善了计划的管理与资金分配制度，这对于安全通学路的建设具有积极的促进作用。"两党基础法"作为新时期里程碑式的法案，其出台也标志着美国安全通学路的发展从之前的探索与发展阶段进入了稳步提升的新阶段。

3 SRTS计划的管理与保护体系

宏观层面，国家、州、地区在支持和推进安全上学路线方面都发挥着作用，并以美国国家交通部（USDOT）为首，主要负责资金（TAP）的分配与管理。与此同时，美国国家交通部向州交通部（DOT）提供资金管理方面的指导。州交通部在交通投资、设计和事项发展方面发挥主导作用并具有深远影响，决定了州级层面如何资助、管理步行和自行车项目。各个州交通部需要向国家交通部提交计划书，在经过联邦政府批准得以实行，计划书内容需包含：①如何再分配资金、②实体如何制定竞争流程、③管理再分配的能力、④计划合规性、⑤计划报告。值得一提的是，在2005年，SRTS计划签署成为法律，立法要求每个州都有一名安全上学路线协调员作为该州的联络中心。除此之外，各个州响应安全上学路线计划的号召，形成了丰富多样的相关计划成果、项目成果。如2009年，犹他州交通部（UDOT）推出了学生邻里通行计划（SNAP），通过新型软件工具让学生绘制上学的安全路线。UDOT通过学校集会和娱乐活动推广安全上学路线和SNAP的使用。研究证明该计划不仅显著增加了主动交通，还提高了头盔等安全设备的使用率。除此之外，佛罗里达州迈阿密戴德县提出Walk Safe计划，旨在向孩子们传授安全和主动交通的重要性，并致力于改善社区步行能力。

除了政府部门的管理者外，还有全国性的非营利性组织和社团参与计划的管理与保护，如安全路线伙伴关系（The Safe Routes Partnership）。其致力于促进安全步行上学，改善所有种族、收入水平的人们的健康和福祉，并为每个人建立健康、繁荣的社区。安全路线伙伴关系为所需人群提供专业帮助[10]。

美国SRTS计划的开发与管理虽然总体上是以国家层面为主导，但是受美国的国家体制影响，各州负责通过地方层面的政策、规划、资金和活动来具体落实SRTS计划。SRTS计划在州层面具有很大的自由度和灵活性，这也导致其在全国各地的落实情况存在很大差异。

4 SRTS计划的基础设施和非基础设施建设

美国SRTS计划以"支持和鼓励儿童（包括残疾儿童）步行和骑自行车上学，使步行和骑自行车上学更安全、更有吸引力，同时促进项目的规划、开发和实施，提高学校周边的安全性，减少交通问题、燃料消耗和空气污染"为目标[11]。2005年至今，已使其全部州超过17400所学校受益。在计划落实方面，SRTS计划既包含基础设施建设，也包含非基础设施建设。

计划建立最初以"5E"为总体实施框架，即education（教育）、encouragement（鼓励）、engineering（工程）、enforcement（执法）、evaluation（评估）。在计划的推行过程中，资源条件相对较好的社区、学校受外部因素影响常常被优先考虑作为示范点，但伴随着需求的持续增长，低收入社区、有色人种社区和农村社区等相对弱势的区域的需求被人们所关注。这些区域作为更加需要支持性政策和计划的场所，使得安全上学路线计划的措施由"5E"改为"6E"，增加的第6"E"为equip（公平）。自此以后，"6E"（表2）作为更为完善的确定需求以及构建活动和目标的框架而广泛使用[12]。

"6E" SRTS 计划实施框架分析表　　表 2

序号	6E	定义	建设层面	具体措施举例
1	engineering 工程	对学校周围的基础设施进行运营和物理改进，以降低行车速度及与机动车交通的潜在冲突，并建立更安全且完全无障碍的十字路口、人行道、小径和自行车道	基础设施层面	人行道改造和提升、自行车设施工程、交通平静工程等
2	education 教育	向孩子们传授广泛的交通选择，指导他们重要的终身骑自行车和步行安全技能，并在学校附近发起驾驶员安全运动	非基础设施层面	安排相关步行与骑车安全指导课程、家长教育、强制措施等
3	enforcement 执法	与当地执法部门合作，确保在学校附近遵守交通法规（包括在人行横道上给行人让行以及正确的步行和自行车行为等），并启动社区执法，例如过马路警卫计划	非基础设施层面	执法加班、警卫和培训、增加警卫用品、超速执法、邻里守望计划等
4	encouragement 鼓励	利用事件和活动来促进步行和骑自行车	非基础设施层面	步行上学日、步行校车、自行车火车、步行俱乐部、里程俱乐部、自行车俱乐部等
5	evaluation 评估	通过收集数据来监测和记录结果与趋势，包括干预前后的数据收集	基础设施层面/非基础设施层面	运营和维护国家 SRTS 中心并进行数据收集等
6	equip 公平	确保安全上学路线倡议使所有人口群体受益，特别注意确保低收入学生、有色人种学生、所有性别学生、残疾学生和其他人的安全、健康和公平	基础设施层面、非基础设施层面	调研弱势社区等

已有研究表明，在提高儿童步行和骑自行车的安全性方面，SRTS 计划中基础设施相关措施提供的帮助大于非基础设施相关措施[13]。同时，有国外学者提出，SRTS 计划可以依托绿道项目进行建设与改造，充分利用已有城市线性空间更利于创建儿童友好型城市[14]。因此我国儿童通学路的建设与发展中应当首先重视基础设施的建设与完善，即"6E"中的"engineering 工程"，并且充分考虑对现有空间的更新利用。

在基础设施建设相对完善的前提下，国外学者提出通过教育等非基础设施层面的措施，可以增加主动交通和提高安全性[15]。在美国 SRTS 计划中，基于网络的非基础设施建设同样发挥着比较重要的作用。国家 SRTS 中心（the National Center for Safe Routes to School）是面向不同受众开发和维护的网站系统，包括：SRTS 信息、步行和骑自行车上学活动和步行校车信息。作为一个国家数据库，国家 SRTS 中心被用于评估 SRTS 计划，即"6E"框架中的"evaluation 评估"部分。通过开发两种标准化的数据收集工具，即学生旅行统计和家长调查，建立地方计划绩效衡量国家数据库，并通过免费的数据处理和报告服务支持其使用[16]。除此之外，在"6E"框架中的"encouragement 鼓励"部分，国家 SRTS 中心会在每年 5 月和 10 月举行骑行上学日（Bike & Roll to School Day）和步行上学日（Walk & Roll to School Day）活动，鼓励家庭进行步行和骑行，从而带动周边区域交通安全和社区生活质量的改变。

儿童通学行为是一项复杂的社会经济活动，受到许多潜在因素影响，作为一个社会性的计划，SRTS 计划非常强调合作，在基础设施和非基础设施结合层面也进行了许多的尝试。以邻里步行和自行车活动（the neighborhood walk-abouts and bike-abouts）为例，该活动由社区或学校组织，每次活动可能涉及当地政策制定者、交通工程师和规划设计师、执法人员、安全专业人员、学区人员、学校医护人员、家长、学生、学校校长和当地媒体等等。活动通过组成专业调查小组，在接送时间于学校见面，观察学校活动，并参观学区以及步行和骑自行车到学校的路线。在此过程中，安全问题被记录下来并拍照以供后续讨论。ASRTS（Active & Safe Routes to School）提供了调查事项清单。参与者还可以在进行步行或骑自行车时完成清单上的内容，例如步行性检查表和骑自行车检查表等等。参观结束后，相关人员再次开会讨论解决存在的问题以及对应的短期和长期解决方案。通过会议讨论制定明确的行动计划，包括每个人的责任和后续行动日期，并将步行和骑自行车的结果及时传达给学校和社区[17]。

5　总结与讨论

美国 SRTS 计划的发展总体上较为迅速，并且收获了显著的成果。在提高步行和骑自行车通学率方面，数据表明在美国 SRTS 计划最初 10 年中（2005 年至 2014 年），步行上学日活动的举办数量增加了数倍，骑自行车上学日的参与人数在短短三年内翻了一番。在减少儿童交通事故方面，以迈阿密达德州为例，从2002年试点项目开始到2015年的十多年时间里，10～14岁的儿童受汽车伤害的人数减少了63%。在国家SRTS中心的数据收集层面，截至2015年3月，国家中心的数据系统收集了超过158万条数据记录，来自家长调查问卷和学生出行调查问卷。这些数据服务在识别趋势、分享成功实践和支持研究等方面发挥了作用。SRTS在促进儿童健康，安全出行环境方面持续作用[16]。

目前，我国正处于通学路建设的探索阶段，美国SRTS计划的成功经验对我国通学路的建设具有积极的启示作用。在建设通学路体系的过程中首先应在国家层面加以重视，从法律法规层面支持SRTS计划的发展，同时还需要足够的资金来保障基础设施及非基础设施的建设。除此之外，计划的落实离不开各方的协同合作，包括但不限于政府部门、交通部门的工作人员、城市规划设计师以及学校、社区、家庭等。在计划落实过程中，也要注意对项目建设进度的及时追踪并进行计划回顾，以发现问题、总结经验，及时调整与完善政策方案，在规范资金使用的同时提高项目建设效率，以更好地进行儿童安全通学路的发展和建设。

参考文献

[1] Joanna P, Laura Jean C, Cosgrove M. Literature Review on the Preschool Pedestrian [EB/OL]. (1985-01-01) [2024-04-13]. https://rosap.ntl.bts.gov/view/dot/1404.

[2] 蔡巧贤, 许靖涛. 国内外通学路规划研究及对广州的启示 [C/OL]//人民城市, 规划赋能——2023中国城市规划年会论文集(06城市交通规划). 2023: 416-423.

[3] Charnley S, Jane Davis E, Schelhas J. The Bipartisan Infrastructure Law and the Forest Service: Insights for Local Job Creation and Equity from the American Recovery and Reinvestment Act [J]. Journal of Forestry, 2023, 121(3): 282-291.

[4] US Department of Transportation. Moving Ahead for Progress in the 21st Century Act [EB/OL]. (2021-07-06) [2024-04-13]. https://www.transportation.gov/map21.

[5] REISS M L. School Trip Safety and Urban Play Areas. Volume 1, Executive Summary: FHWA-RD-75-104 [R/OL]. (1975-11-01) [2024-04-12]. https://rosap.ntl.bts.gov/view/dot/1130.

[6] Saferoutesinfo. SRTS Guide: History of Safe Routes to School [EB/OL]. (2015-08-15) [2024-05-30]. http://guide.saferoutesinfo.org/introduction/history_of_srts.cfm.

[7] Saferoutesinfo. Safe Routes to School Guide-Introduction to Safe Routes to School: the Health, Safety and Transportation Nexus [EB/OL]. (2007-02) [2024-05-17]. http://guide.saferoutesinfo.org/pdf/srts-guide_introduction.pdf.

[8] US Department of Transportation. Safe, Accountable, Flexible, Efficient Transportation Equity Act: A Legacy for Users [M/OL]//Encyclopedia of transportation: Social science and policy (Vol. 4, pp. 1195-1198). https://sk.sagepub.com/reference/encyclopedia-of-transportation/n422.xml.

[9] Federal Highway Administration. Fixing America's Surface Transportation (FAST) Act: Equal Access for Over-the-Road Buses Guidance [EB/OL]. (2018-02-22) [2024-05-30]. https://www.govinfo.gov/content/pkg/FR-2018-02-22/pdf/2018-03617.pdf.

[10] Safe Routes Partnership. Safe Routes To School [EB/OL]. (2017-5-11) [2024-05-30]. https://www.saferoutespartnership.org/.

[11] U. S. Department of Transportation Federal Highway Administration. SAFETEA-LU-Fact Sheets-Safe Routes to School [EB/OL]. (2005-8-10) [2024-05-30]. https://www.fhwa.dot.gov/safetealu/factsheets/saferoutes.htm.

[12] Safe Routes Partnership. The Basics of Safe Routes to School [EB/OL]. (2017-5-11) [2024-05-30]. https://www.saferoutespartnership.org/safe-routes-school/srts-program/basics.

[13] Lizarazo C G, Hall T, Tarko A. Impact of the Safe Routes to School Program: Comparative Analysis of Infrastructure and Non-infrastructure Measures in Indiana [J]. Journal of Transportation Engineering, Part A: Systems, 2021, 147(1): 04020151.

[14] Taylor C, Coutts C. Greenways as safe routes to school in a Latino community in East Los Angeles [J]. Cities & Health, 2019, 3(1-2): 141-157.

[15] Rojas Lopez M C, Wong Y D. Children's active trips to school: a review and analysis [J]. International Journal of Urban Sustainable Development, 2017, 9(1): 79-95.

[16] U. S. Safe Routes Partnership. Creating Healthier Generations A Look at the 10 Years of the Federal Safe Routes to School Program [EB/OL]. (2015-10-29) [2024-05-30]. https://www.fhwa.dot.gov/environment/safe_routes_to_school/resources/ten_year_report/index.cfm.

[17] Saferoutesinfo. SRTS Guide: Neighborhood Walk-abouts and Bike-abouts [EB/OL]. (2015-7-11) [2024-05-30]. http://guide.saferoutesinfo.org/engineering/neighborhood_walkabouts_and_bikeabouts.cfm.

作者简介

谭灵，2000年生，女，内蒙古包头人，华中农业大学园艺林学学院硕士研究生在读。研究方向：风景园林理论与历史。

谷龙珠，1999年生，女，河南周口人，华中农业大学园艺林学学院硕士研究生在读。研究方向：风景园林理论与历史。

杜雁，1972年生，女，湖北长阳人，博士，美国华盛顿大学（西雅图）访问学者，华中农业大学园艺林学学院风景园林系，副教授、副系主任、山水风景传承与保护团队负责人。研究方向：风景园林理论与历史。

（通信作者）张群，1978年生，男，浙江衢州人，华中农业大学园艺林学学院，讲师。研究方向：风景园林理论与历史。电子邮箱：337564980@qq.com。

女性与风景园林

扩大的缝隙——晚明至清末才女文化的发展及其与园林的互动

Enlarged Fissure: The Development of Talented Women's Culture and Its Interaction with Gardens from the Late Ming Dynasty to the End of the Qing Dynasty

宗 琮

摘 要：晚明至清末是古代才女群体兴起到成熟的时期，也是园林发展的成熟期。才女与园林的碰撞会对彼此产生怎样的影响，是本研究关注的重点。本文通过对史料的梳理和解析、对已有文献的总结提炼，厘清了才女文化在这一时期内的发展历程，并解析了这一时期内才女文化与园林空间产生的相互作用和影响。研究发现晚明时期出现了以家庭为单位的女性文学社群，到清代发展出跨越家庭的女性文学社群并且非常兴盛。才女文化在发展中与园林产生了相互促进、正向循环的互动：园林能激发才女的灵感，是其构建文学社群网络并借此接触外部世界的窗口；才女们于园林中举行的种种文艺活动也提振了园林的声誉。此外，这一互动逐渐在传统性别限制的壁垒上破开缝隙，让才女们的活动范围扩大，能接触到更多园林山水并且发展出更丰富的园林活动模式。在漫长的发展过程中，这一缝隙不断拓宽，最终使得才女能够更深入地参与到园林营造和经营之中。

关键词：古典园林；女性；性别限制；园林活动；才女文化

Abstract: The late Ming to late Qing dynasties marked the period of emergence and maturation of the group of talented women in ancient China, as well as the mature phase of garden development. The interaction between these talented women and gardens, and the mutual influence they exerted on each other, is the focal point of this study. This paper examines historical records and existing literature to clarify the development of talented women's culture during this period and analyzes the mutual interaction and influence between talented women's culture and garden spaces during this period. Research findings reveal that during the late Ming period, female literary communities emerged based on family units, and by the Qing Dynasty, these communities had expanded beyond family boundaries and flourished extensively. The development of female literary culture interacted with gardens in a mutually reinforcing, positive feedback loop: gardens inspired female literary figures, serving as a window through which they built literary community networks and engaged with the external world; the various cultural activities held by female literary figures in gardens also enhanced the reputation of these gardens. Additionally, this interaction gradually broke through the barriers of traditional gender restrictions, expanding the scope of talented women's activities, allowing them to access more gardens and engage in more diverse garden-related activities. Over the course of this prolonged development, this fissure continued to widen, ultimately enabling talented women to participate more deeply in the creation and management of gardens.

Keywords: Classical Gardens; Women; Gender Restrictions; Garden Activities; Female Literati-culture

引言

女性视角下的中国园林研究的关注度自 2007 年以来逐年上升，在中国园林史的领域，部分研究者探究了女性在园林中的生活与活动[1-5]，部分研究者论述了女性对传统园林空间营造的影响或女性与园林的美学共通性[6-9]。总体来说，目前关于女性与传统园林的研究多集中于古代女性在园林中的风雅活动，以及古代女性对园林空间的美学或功能方面的影响。由于古代社会女性的低微地位和行动受限制的境况，女性主动进行园林营建的案例稀少，被记入文献的概率也大大低于男性园主，不过仍有少量研究聚焦于具体女性的园林设计营造，如云嘉燕等[10]研究了由明末清初倪仁吉设计的香草园，戴秋思等[11]挖掘了晚明陆卿子、文淑两代女性对寒山别业的营造和经营的影响，宗琮等[12]研究了清代顾春①设计的纸上园林，冯天敏[13]研究了初盛唐时期的公主园林。除了唐代公主这个特殊群体，大多数的女性造园活动都发生在晚明到清代的这个时间区段内，且造园女性的身份大多为闺秀才女。而前述的其他女性相关的园林史研究，所涉及的时间段和人物也多是如此，这让笔者关注到这一时间段中才女文化与园林的特殊关系。才女文化在明末到清代有着怎样的发展，其与园林产生了怎样的互动，这与当时丰富的女性园林活动乃至才女对园林营建的参与有着怎样的关系，这些问题亟待进一步探索和研究。

1 才女文化的发展与园林活动

1.1 晚明才女文化兴起与园林女性活动

在儒家的理想世界秩序中，男女之间有着极其明确的职责与空间的划分，同时也严格地将女性隔离在家庭之内。这种性别隔离是中国漫长历史中对女性的枷锁和禁锢，严格地限制了她们的求学、外出与工作。晚明时期，王阳明心学发展到鼎盛，其"心即是理"的思想对程朱理学"存天理、灭人欲"的严格要求产生了极大冲击。在这一思潮涌动之下，社会各方面的礼教禁锢也各有松动，对女性求学的限制也略有放松，隔离女性的墙壁上似乎裂开了一道缝隙。特立独行的心学泰州派哲学家李贽公开招收女弟子，文人之中也逐渐兴起了让家中女孩接受教育的风潮。这背后的动机虽然大多是为了女性能在婚后承担教育子女的重任或与夫婿有一定的精神交流，如《牡丹亭》中杜父所说的："他日嫁一书生，不枉了谈吐相称"[14]，但客观上这一阶层的女性的确得到了受教育的机会，其中很多人在诗文上展现出了极高的才华。其次，晚明时期的书坊版刻业极为兴旺，书商们积极地拓展市场和读者。他们一方面努力开拓了女性读者市场，一方面还发现了女性作品的价值。例如当时出版了女性诗集《名媛诗归》的钟惺深信"清"是诗歌最重要的特质，而女性独有的性别特质也是"清"，因此女性比男性更适合作诗[15]。

在社会风潮的鼓动之下，才女群体逐渐壮大，文人家庭也愈加希望家族中的女孩接受良好的教育。在这一观念的推动下，女性塾师出现了。她们突破闺阁的限制，游走于大江南北各个名宦世家，播撒下了女性教育的种子，让才女的群体有了扩大和传承的希望[16]。才女们之间也通过书信、诗集的刻印与与塾师的交流建立起主要以家庭为单位的文学社群，并在自身的文学作品中记载了在园林环境中的诗文雅会活动。又如晚明才女沈宜修和其女叶纨纨、叶小纨、叶小鸾三姐妹都在文学上取得了一定成就，其母女四人常聚集在家中的中庭吟诗作对，庭中的花缸小石、梧桐、青竹等景素都成为其觞咏对象[17]。另一个重要的案例是祁彪佳的妻子商景兰，她在丈夫殉国后支撑住了家业，还通过自身的教育和经营，在家族内部构建起了一个闻名江南的才女群体，吸引了远近名媛才女唱和园中。著名女闺塾师黄媛介就曾与祁家女性在家族园林寓园和密园中诗文唱和，作有《同祁夫人商媚生祁修嫣湘君张楚续朱赵璧游寓山分韵二首》《密园唱和同祁夫人商媚生、祁修嫣、张楚绫、朱赵壁咏》[18]等诗，描绘了祁家园林之美和与才女们在园中的游玩唱和之乐。其中"欲和金闺句，惭非兔苑才"之句，将寓园比作汉代梁王兔苑，暗示发生在此处的女性文会也如当时兔苑中才子文士的交游酬唱一般风雅，寓园于女性在文学上的意义如同兔苑于男性文人的意义。明清时期文人家族的女性，其大部分时间被束缚于家中。园林是其朝夕以对的生活环境，也是滋养心灵、陶冶情致、激发才华的乐土。

由以上案例可见，在明代晚期才女文化兴起之时，园林诗情画意的环境正好为才女们提供了诗文的灵感和相互交流、构建社群的空间，成为其精神和物质生活中不可缺少的一部分。另外，名园与文会的结合，更让她们在精神上与古代经典的名园文士雅集相应和，把自身纳入这种

---

① 顾春（1799—1876 年），号太清，是晚清满族女诗人，贝勒奕绘的侧福晋。

"名园—文学"的传统模式之中，得到文化地位的彰显[19]。

1.2 明清易代之际才女的机遇与作为避风港的园林

明清易代之际的山河破碎、兵荒马乱固然给正值蓬勃发展的才女文化以重大打击，但乱世也致使规则和礼教的破坏，这使许多女性生存空间的缝隙进一步扩大。一些书香世家在战乱后失去了以往的经济地位，家族中的一些富有学识的女性得以承担养家的重任，其获得了走出家门、接触社会的机会，并在此过程中增广见闻、滋养学识[19]。明代著名小品文作家、旅行家王任重的女儿王端淑，其夫家在战乱后陷入贫寒之境，她通过卖文鬻画来补贴家用。还有黄媛介，也在清朝入侵江南之后游历于江南各地教书授徒，甚至远赴北京坐馆。名妓柳如是在战争中积极投身政治，参与了为抗清义军筹集资金等活动。这些女性的种种行动表明，当时的动荡环境让那道性别分离之门的缝隙进一步扩大，给了才女们许多施展才华的机会。有两个案例可带领我们一窥在此种境遇之下才女的园林活动。

一个是明末清初时期的才女徐灿与她的家族园林。徐灿是光禄丞徐子懋的次女，能诗善词，自幼生活在苏州城外支硎山下的一座山庄内，其诗词中追怀当年所居山庄景物及游赏胜事之作尤多，如《初夏怀旧》："金闾西去旧山庄，初夏浓阴覆画堂。和露摘来朱李脆，拔云寻得紫芝香。竹屏曲转通花径，莲沼斜回接柳塘。长忆撷花诸女伴，共摇纨扇小窗凉"[20]。园林的美景和与女伴在园中的游赏之乐让她念念不忘。她嫁给出身官宦世家的陈之遴后，于明崇祯十年（1637年）随丈夫至北京，"侨居都城西隅。书室数楹颇轩敞，前有古槐，垂阴如车盖。后庭广数十步，中作小亭。亭前合欢树一株，青翠扶苏，叶叶相对，夜则交敛，侵晨乃舒，夏月吐花如朱丝"[20]。如诗似画的居住环境，夫妻觞咏园中，"闲登亭右小丘，望西山云物朝夕殊态"。但后来陈之遴的父亲因过被革职收监，陈之遴也被革去功名。徐灿于崇祯十二年（1639年）随丈夫离京南归。明崇祯十七年（1644年）清军入关，次年屠戮江南，陈、徐两家的亭园也不可幸免。之后陈之遴变节降清，徐灿痛苦于丈夫的变节，但也随之再次赴京。时隔十年之后再次回到北京的旧园，想起往日"向洗墨池边，装成书屋，蛮笺象管，别样风流"的美好，而旧园"曩西城书室亭榭，苍然平楚，合欢树已供刍荛"，今昔之比、鼎革之变以及十年的历经沧桑，让她感怀无限，"西山依然在，知何

意、凭栏怕举双眸。便把红萱酿酒，只动人愁。谢前度桃花，休开碧沼，旧时燕子，莫过朱楼。悔煞双飞新翼，误到瀛洲"[20]。她的词作才华被战乱和朝代更迭带来的悲愁激发，成长得更加出色[21]。园林不仅是美好的生活环境和激发其灵感的角色，还是朝代更迭的大背景下"故国"和过去的美好生活的象征，让她能够"梦中重到"[20]。

另一个是冒辟疆的姬妾群体与水绘园。不愿失节仕清的冒辟疆与董小宛隐居水绘园中，寄情于诗画创作。其两个妾室蔡含和金玥也擅长绘画，她们在园中画山水花鸟，蔡含还绘制了《水绘园图》立轴。显然，此时园林成为她们的灵感源泉和"避秦"的桃花源[22]，这个家族中的女性得以在此终日与虫鸟花木为伴，以自然为师为友，沉浸于艺术的世界以屏蔽世间的苦难。

1.3 清代才女文化与园林活动的双重成熟

清代初期由于战争的影响、文字狱的打击，以及文人们将明亡之祸归咎于晚明时期过于开放的思想之故，士人阶层的文学活动逐渐低落，才女文化的发展遭受了一定打击。但明末的影响没有泯灭，女性读书习文之风仍然被士人家庭看重，甚至是重要的择偶标准。如《浮生六记》的作者沈复就是因看到了芸娘"秋侵人影瘦，霜染菊花肥"的诗句而执意求娶[23]，严永华与沈秉成成婚时已31岁，远远超过一般概念中清代的适婚年龄，两人的结合是严永华以诗才打动沈秉成的结果，这也是才女备受重视的体现[1]。才女文化的发展脉络也没有被打断，社会平稳后，才女文化逐渐复苏并取得了进一步的发展，袁枚和前朝的李贽一样公开招收女弟子，其中的大多数都在诗文上取得了一定的成就。当时还出现了女性的诗社组织——蕉园诗社、清溪吟社等，突破了晚明时期以家庭构建女性文学社群的模式。这些诗社中的才女们有定期的诗文雅集活动，还会相携泛舟湖上，悠然自得地享受自然风光，"值春和景明，画船绣幕交湖浒，争饰明珰翠羽、珠髻蝉縠以相夸炫。季娴独漾小艇，偕冯又令、钱云仪、林亚清、顾启姬诸大家，练裙椎髻，授管分笺。邻舟游女望见，辄俯首徘徊，自愧弗及"[24]。

除了蕉园诗社和清溪吟社，清代著名的且与园林互动最多的女子诗社是秋红吟社。晚清时期（约1839年），才女顾春在北京成立秋红吟社，与社友们游览京城山水园林，并帮助社员沈善宝完成表现清代各地才媛创作与生活情形的《名媛诗话》[25]。当然，清代才女们结社的例子远不止这些，根据莫立民《清代女子诗社研究》[26]一书

统计，见于文献记载的清代女子诗社近三十个，可见才女文化承晚明的余韵，经清代的积累和发展，达到了新的高度。

相较于明末活动空间和交往范围多集中于家庭网络中的才女们，清代才女们的创作和游览都更加的公开化，自由度也得到了一定的提升，获得了更多外出游历的机会。官宦家庭的女性可随父随夫宦游，而结社的才女们也得以在雅致的园林山水环境中举行文会雅集。如蕉园诗社于杭州西溪之上泛舟赋诗；清溪吟社最大的一次雅集在沈纕的翡翠林中举办，才女们在翡翠林中"杂援翠裾而列坐"；袁枚的女弟子孙云凤还在湖楼上大开诗会，"畅幽情于觞咏，雅会耆英；作后学之津梁，不遗闺阁"（图1）[27]；秋红吟社的才女们十二年间共同游历了八宝山、翠微山、净业湖（即什刹海西海）等地，并吟诗留念[25]，还曾在"绿净山房""红雨轩""天游阁"等女社员的居所中举办过诗会雅集[28]，从名称看这些地点很可能都位于园林环境之中，其中"天游阁"是顾太清在荣亲王府花园中的居所，楼前修竹就是顾太清栽种的，此地也是秋红吟社举办诗社集会之地[12]。由此可见，清代才女们的文会雅集活动与园林环境结合得更加紧密，园林成为其建立女性文学社会网络的平台，使生活空间的功能和内涵都得到了拓展。

图1　（清）尤诏、汪恭合作《随园女弟子图卷》局部（图片来源：上海博物馆）

甚至这种生活方式还得到了效仿，并通过小说等途径广为传播。有学者认为，《红楼梦》中大观园诗社的原型便是蕉园诗社[29]，其影响力可见一斑。清代中前期另一部小说《镜花缘》也大篇幅地展现了才女们的园林活动，其中第六十一回描述了众才女在绿香亭中品茶论经，第六十五回、六十八至九十四回描述了百名才女在汴园中雅集的情形，充分展示了才女们作诗、谈史、占卜、弹唱、琴箫、书法、垂钓、斗草、弈棋等才艺[30]。《红楼梦》和《镜花缘》都由清代前期至中期的男性文人写就，并在社会上广泛传播、大受欢迎，这说明当时才女们的公开交往、游吟活动受到了一定的关注、认可甚至赞许，大大突破了前代"女子无才便是德""大门不出二门不迈"等思想。于是，禁锢女性的壁垒上出现的"缝隙"在漫长的岁月中被进一步地撕裂和拓宽。

总而言之，由晚明发展至清代，才女由家族内部的园林雅集发展出了跨越家族的文学社团，从而有了更多结社与游览山水园林的自由。从清代早期蕉园诗社中才女游吟于湖中，中期袁枚女弟子大会于西湖，到晚期秋红吟社多次在各个园林中集会雅集，女性的文学追求、文学社交和园林空间形成了更紧密的关联，并且园林活动的场所不再局限于家族园林之中，参与人员也不再局限于家族成员。此时的园林不再只是女性心灵滋养或精神寄托之地，还是才女们施展才华、接触外部世界的优雅舞台；其对女性情致的陶冶从私密性的心灵滋养，扩展到更具公开性的文化交往。禁锢女性之墙上的缝隙在进一步扩宽。

2　才女的园林经营与营造

2.1　才女的园林经营

女性作为家族内部事务承担者之一，往往在园林的维护、管理和使用中起到重要作用。而才女则不仅能进行园林日常事务的管理和维护，还能以自身的文艺才能赚取经营园林的费用，甚至将家族园林经营成文化荟萃之地，提振家族园林及家族女性的声誉。

晚明的陆卿常（字卿子）是明万历年间有名的才女，与其夫赵宧光一起振兴家业，买田置地，万历二十二年（1594年）两人在苏州城郊的支硎山附近修建了寒山别墅，"手辟荒秽，疏泉架壑，善自标置，引合胜流"，陆卿常亲身参与了园林的构筑，并在此后因自身的文学才华吸引闺秀才女前来，"晚年名重，应酬率率，凡与闺秀赠答……"[31]，将寒山别业经营成为苏州新兴的风雅之地。

陆卿常的儿媳，晚明出身于苏州文氏家族的女画家文俶（字端容），出嫁后与丈夫赵均居住于寒山别业中。园居生活滋养了她的艺术才能，她观察园中的花木昆虫并描摹写生，"所见幽花异卉，小虫怪蝶，信笔渲染，皆能摹写性情，鲜妍生动"，最后"图得千种，名曰《寒山草木昆虫状》"，又"摹内府本草千种，千日而就"（图2）[32]。

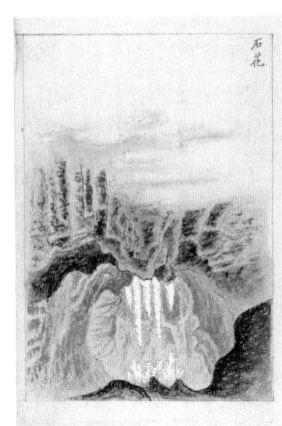

图2　（明）文俶《金石昆虫草木状》册页之一
（图片来源：网络）

文俶在公婆去世后主理寒山别业。她在园中绘画写生，所作的画"远近购者填塞"，又有"贵姬季女，争来师事"，于是通过卖画授徒所得支付园林生活所需的各项费用，撑起衰落的家业，"酒食祗饷，旨蓄庀具，晨夕百须，靡不出端容十指中"，其夫"不知其所由办也"[32]。在这里，园林不仅是清雅居所，还是文俶天然的艺术导师；而文俶又以自己的艺术才能反哺园林，使寒山别业的园景不至荒芜。

明清易代之际，才女商景兰在其夫自沉寓园水池殉国之后，执掌家族事务。历代许多名园在园主去世后都难以保全，但商景兰发挥自身的文才来教导家族女性、组织家族女性诗会、传承闺秀文脉，不仅保住了寓园，还让山阴祁氏一门的闺秀才女之名远扬海内。许多才女、闺塾师慕名而来，寓园也再次成为风雅蕴藉之地，作为才女们诗文雅会、游泳酬唱之所而焕发新生[33]。

以上种种案例都表明，园林与才女有着相互促进的良性互动关系，园林为才女的艺术创作、文学雅集提供灵感和空间，才女们的文艺活动则能维系园林的景貌、丰富园林的文化内涵。

2.2　才女的园林营造

在才女文化发展及其与园林碰撞的过程中，才女们接触到的园林与山水之景也逐渐增多。山水的游历、园林的雅集，这些经历让她们对园林山水美学的理解逐渐加深，也激发了她们对园居之美的追求。这为女性的园林营造与经营积蓄了动力和灵感。

例如沈三白的妻子芸娘随夫在苏州游览了沧浪亭、戈园等众多名园，羡慕不已，不仅劝说其夫搬至"颇饶野趣"的乡间小园中，实现了自己的园居理想，还巧妙地设计出了"活花屏"作为清贫生活中的可移动园林微环境[21]。

另一个案例是精通诗文、书画和刺绣的倪仁吉和香草园。甲申之乱（明崇祯十七年，1644 年）时，她为躲避战乱从夫家义乌返回故乡浦江，得以重温山林秀色，游览虎尖岩、密溪岩、溪山等景，并与嫂子侄女等同样富有文采的女眷徜徉于家乡的山林之中，论诗作画[34]，"与吾嫂氏及二三女伴选胜，尽日盘桓山径中。于时残雪凝峦，梅馨初逗，竹声戛玉，涧溜鸣琴，野况撩人，清思可掬"。家乡的山水给了她无尽的灵感，"胸臆间山光水色、月痕树影，历历宛在"。十四年后（1658 年）她为家乡溪山作长诗《山居四时杂咏》，"得百四十余绝"[35]，并在夫家后宅中设计营建了小型庭院香草园。这是一座方正的宅园，主建筑凝香阁临池而建，另外有亭、廊架、假山等景观；园中植物品类繁多，色彩绚丽，可观赏的植物贯穿四季。在《山居四时杂咏》中，她抚今怀昔，将多年前与家族女性们畅游家山之情境与香草园的园居生活写在一起[10]，诗中在写香草园园居时还有"何处记曾游，仿佛云林景""不见当日人，空对扶疏树"[35]等句，可见在她心中，香草园与其家乡山水以及山中诗文唱和的密切关系。可以说，香草园的营建与她在家山中与女性亲眷酬唱的往事不无关系。

清代还有一个特殊的案例：顾春与她的纸上园林。顾春与沈善宝等才女共同组建秋红吟社，在北京的许多园林和山水名胜中文会雅集。这种园林游赏和山水雅集的经验给顾春的文学创作和纸上园林创作提供了灵感和素材：她书写了《红楼梦》的续书《红楼梦影》，在书中创造了五座大小不同的园林，还展现了才女们在园林中联句的场景。这些创作都取材于她自己的园林生活、山水游赏和园林雅集的经验[12]。《红楼梦影》作为唯一一部流传至今的以古代女性为作者的《红楼梦》续书，其价值不言而喻。此书的创作和书中园林的设计是发展到清末时已臻成熟的才女文化与园林碰撞出的绝佳成果。

3　才女在园林中的社会实践

在中国传统社会中，文人家族的女性很少能够直接接触社会，但在晚明到清末才女文化不断发展的背景下，女性以文才为媒介，以园林为舞台，开始从家庭生活向社会实践扩展。

晚明时期的这一尝试通常是以举办家族内部的诗文集会的方式进行的，如沈宜修与其儿女的庭院联诗。明清易代之际发生在园林中的女性活动有时会有更深刻的社会意义，这是受其时代背景所牵引的。如黄媛介是柳如是的密友，有学者猜测她很可能利用庞大的社交网及其往来各地交游名流、收徒坐馆的生活方式，往来于不同的抗清组织进行侦查、联络及资金筹措活动[17]。若果真如此，其在山阴祁家园林中与商景兰等人的社交活动也就有了更深一层的可能。

有些才女以园林为窗口进行参与社会事务的尝试。倪仁吉在夫家后宅中营建小型庭院香草园，她不仅在园中进行赏花、下棋、品茶等种种才女雅事，还在仰止堂兴办家庭书院并亲自授课，并参与地方上的捐资修筑募粮堰等事务。仰止堂位于园门前，既是园林阻隔外界的节点，又是接触外界的窗口，是她接触外界并积极参与社会事务，突破传统性别区分的弹性空间[10]。

清代的才女对社会实践的参与更进一步。严永华在耦园中深入参与到丈夫同僚的社会活动中。她的丈夫沈秉成加入了艺术鉴赏类社团吴郡真率会，而这一群体的主要成员都是李鸿章一派在江浙的官员，因此其中也不免掺杂了政治意图。他们常在耦园中举办真率会雅集，严永华负责雅集的筹备工作，也曾参加宴会雅集。通过在吴郡真率会中十年左右的活动，沈秉成一路升至两江总督[1]，而严永华对此可说是不无贡献。她对这一活动的参与和支持，是女性活动以园林为舞台，自内向外作出极大延展的表现。

封建社会中女性被歧视和被压迫的体现之一是她们只能通过男性间接地接触社会，没有直接参与社会事务的权利。而随着才女文化的兴起和其群体的扩大，思想与文化上的丰盈让她们逐渐有了社会参与的意识，并凭借自身的才识，通过文学社交、教书授徒等途径逐渐将触角伸向社会实践，最终在禁锢女性的围墙上破开了一道道缝隙。而园林不仅是这一过程的发生地和见证者，承载了才女们的文化活动，还激发了她们创造园林的热情和灵感，并为许多才女打开了接触外界、参与社会实践的一扇窗。

4 结语

本文梳理了从晚明至清代才女文化发展的过程。在晚明时期社会思潮变化、印刷行业的商业刺激、男性文人的支持下，女性开始投身于文学艺术的学习和创作，组建起以家庭为单位的文学群体，并在园林环境中文会雅集，如吴江叶家沈宜修母女、山阴以商景兰为核心的祁家才女群体，她们在庭院中或家族园林中诗文酬唱。明清易代过程中，战乱对常规文化的破坏让一些女性的活动范围进一步扩大，黄媛介、柳如是等才女或游走于大江南北的名门教导闺秀诗文，或积极投身政治活动。清代的才女文化在晚明的积累之上继续发展，建立起跨越家族血脉的文学社群。而随着社群的扩大，社群内才女的活动范围和空间也进一步扩展，许多才女得以拥有更多游历山水、造访家族园林之外的名园的机会。

从晚明开始逐渐形成的才女文化在清代得到延续和发扬，形成了一个连续的文化脉络。这一文化脉络的形成过程中一直得到园林空间的滋养，并在和园林的互动中结出了丰硕的成果（表1）。以倪仁吉、顾春的例子来看，才女们的诗情文心与青山秀水的碰撞，为她们亲自营造园林或设计纸上之园做好了艺术准备；以陆卿子、文淑、严永华、倪仁吉的例子来看，女性的文才可为园林建立声望、创造经济效益维系园林运转、筹备园林雅集助力政治、在园中教习子孙并助益于社会。

晚明至清末才女文化、园林活动及造园参与状况　　　　表1

时代	特征	才女	园林活动	女性对造园的参与
晚明	家族内部的才女群体	吴江叶氏家族女性（沈修宜、叶纨纨、叶小纨、叶小鸾）	与家族女性联诗于庭院中	无
		苏州赵氏家族女性（陆卿子、文俶）	陆卿子夫妇隐居寒山，精研学问，广交朋友，教化山民。文淑取材寒山别业园景，绘制《金石昆虫草木状》等作品	陆卿子与丈夫一起创建寒山别业。文淑用画的收入维持寒山别业的运转和夫妻的园居生活
明清易代		山阴祁氏家族女性（商景兰及家族女性）	商景兰与女性亲眷、黄媛介等才女雅会于寓园、密园	商景兰曾与丈夫祁彪佳考察寓山园基址，在丈夫殉国后支撑家业，维持园林和家族女性的园居生活，曾在园中举行梅市唱和活动，即景题咏
		倪仁吉	战乱回乡时游览家乡山水，自己造园后在园中仰止堂教育子孙	建造庭院香草园，内有凝香阁、莲池、亭、廊等景观

续表

时代	特征	才女	园林活动	女性对造园的参与
清初至中期	组建起跨越家族的女性文学社团，并定期举行雅集文会等活动	蕉园诗社	春和景明之时在西溪湿地泛舟而行，并授管分笺，分韵作诗	无
		清溪吟社	在沈纕的翡翠林中举办雅集	无
		袁枚女弟子	孙嘉乐等十三名女弟子相会于西湖宝石山庄，向袁枚请教诗文[36]	无
清末		秋红吟社	顾春、沈善宝等人于北京慈溪、西山、万柳堂、潭柘寺、绿净山房等名园胜景中修禊雅集	顾春汲取所游山水和园林之精华，在小说《红楼梦影》中创作了五座纸上园林
		严永华	随丈夫宦游多地，客居拙政园，在耦园等办宴会雅集，与其夫同僚应酬交际	与丈夫联诗促成耦园定名，并参与了耦园的营建，促进了耦园男女空间的交融

纵观晚明到清末才女文化的发展及其与园林的互动过程，女性文学社群不断扩大，社群内才女的活动范围和空间也逐渐扩展，并带来了园林活动模式的变化：晚明时期才女们的园林活动多局限在家族范围内，清代可以跨越家族和地域组建诗社，随之而兴盛的才女诗社雅集活动让许多才女拥有更多游历山水、造访家族园林之外的名园的机会。而这一变化自然带来了才女对园林山水理解的加深，也让她们积累了造园素材，并有了造园的动力。这些都在一定程度上促使她们对园林营建参与程度的不断加深：晚明才女对园林营造的参与多与其丈夫一道进行，如陆卿子与赵宦光一同创建并偕隐寒山别业，明清易代之际出现了倪仁吉独立营造小型宅园的事例，而发展到清末则出现了顾春在书中设计五座大小、类型各不相同的园林的事例。倪仁吉、顾春设计园林之事的出现并非偶然，而是长期以来才女文化发展，并与园林不断互动所积淀的能量的迸发。

总而言之，园林是才女们秀美的生活环境、创作的灵感源泉以及文会社交的优雅场所，是女性进行文艺探索的乌托邦，也是她们探向外部世界的一个窗口。在从晚明到清末的漫长发展过程中，才女们的文学活动使她们在园林中活动的内容和范围不断扩展，也因此使女性能够更广泛地接触外部世界，从而激发才女们更多的文艺创作灵感，形成了一个才女文化与园林互动的正向循环。得益于此，晚明至清代女性在园林中的活动才不断丰富，才女的造园实践才在清代水到渠成地涌现出来。在这种互动中，隔离女性与社会的墙壁之上裂开了缝隙，并且不断地拓宽。

参考文献

[1] 贾珊. 园林的背面：才女笔记中的女性园居生活[J]. 装饰, 2021(2)：31-36.

[2] 刘珊珊，黄晓. 风雅的养成——园林画中的古代女性教育[J]. 中国园林, 2019, 35(3)：76-80.

[3] 白雪锋，郑婕，王浩. 从《增评补图石头记》园林画看清代私家园林中的女性教育[J]. 广东园林, 2020, 42(5)：87-91.

[4] 周向频，陈路平. 自由与禁锢——晚明女性对园林空间的使用与影响[J]. 同济大学学报(社会科学版), 2021, 32(6)：62-70.

[5] 云嘉燕，周向频. 雅意闲朴绣天然：晚明上海露香园对顾绣的影响[J]. 装饰, 2024(4)：94-97.

[6] 杜春兰，蒯畅. 庭园常见美人来——探寻中国女性与园林的依存与互动[J]. 中国园林, 2014, 30(11)：11-14.

[7] 袁满. 女性与中国传统园林的内在联系研究[J]. 建筑与文化, 2020(3)：118-119.

[8] 李金宇. 试论女性与中国古典园林[J]. 苏州大学学报(哲学社会科学版), 2008(4)：107-110.

[9] 吴若冰，杜雁. 中国古代私家园林女性心理及行为空间探析[J]. 中国园林, 2018, 34(3)：81-86.

[10] 云嘉燕，王浩. 晚明清初淑媛倪仁吉香草园意匠及其女性特质[J]. 中国园林, 2021, 37(5)：133-138.

[11] 戴秋思，龙敏琦. 晚明夫妻偕隐园寒山别业映射下的女性文化景观[J]. 古建园林技术, 2023(3)：120-123.

[12] 宗琮，周向频.《红楼梦影》作者顾春的纸上园林创作与园林实践考析[J]. 中国园林, 2024, 40(4)：134-138.

[13] 冯天敏. 女性视角下初盛唐长安公主园林研究[D]. 西安：西安建筑科技大学, 2023.

[14] 汤显祖. 牡丹亭 纳书楹曲谱版[M]. 周雪华, 译谱. 上海：上海教育出版社, 2008.

[15] 王艳红. 明代女性作品总集研究[D]. 上海：上海师范大学, 2006.

[16] 高彦颐. 闺塾师：明末清初江南的才女文化[M]. 李志生, 译. 南京：江苏人民出版社, 2005.

[17] 沈宜修. 鹂吹集[M]//叶绍袁. 午梦堂集十二种. 明崇祯刻本.

[18] 李贵连. 黄媛介生平经历及其与山阴祁氏家族女性交游考述[J]. 贵州师范大学学报(社会科学版), 2011(3)：95-98.

[19] 宗琼. 林下风致晚明至清中后期闺秀雅集的发展及园林文化[J]. 紫禁城, 2023(5): 89-115, 88.
[20] 徐灿. 拙政园诗集[M]//陈之遴, 徐灿. 浮云集·拙政园诗馀·拙政园诗集. 哈尔滨: 黑龙江大学出版社, 2010. 271, 298-299, 349.
[21] 陈邦炎. 评介女词人徐灿及其拙政园词[M]//陈邦炎. 临浦楼论诗词存稿. 上海: 上海古籍出版社, 2008.
[22] 汤宇星. 从桃叶渡到水绘园[D]. 杭州: 中国美术学院, 2009.
[23] 沈复. 浮生六记[M]. 杭州: 浙江文艺出版社, 2017.
[24] 吴颢. 国朝杭郡诗辑·卷三十[M]. 清同治十三年(1874年)丁氏刻本.
[25] 赵崔莉. 游学与明清闺塾师的文化身份认同[J]. 兰州学刊, 2019(12): 34-43.
[26] 莫立民. 清代女子诗社研究[M]. 北京: 中国社会科学出版社, 2021.
[27] 孙云凤. 湖楼送别序[M]//袁枚. 袁枚全集·第七册. 南京: 江苏古籍出版社, 1992.
[28] 朱莉敏. 晚明至清中期江南才女研究[D]. 河南: 河南大学, 2019.
[29] 土默热. 大观园诗社与蕉园诗社[EB/OL]. (2004-10-06) [2005-11-26]. www.openow.net/ShowArticle.jsp? aid=946.
[30] 李汝珍. 镜花缘[M]. 许卫全, 校注. 南京: 江苏人民出版社, 2018.
[31] 钱谦益. 赵宧光妻陆氏[M]//钱谦益. 列朝诗集小传(下). 上海: 上海古籍出版社, 1983.
[32] 钱谦益. 赵灵均墓志铭[M]//钱谦益. 牧斋初学集·中卷五十五"墓志铭六". 上海: 上海古籍出版社, 1985.
[33] 赵园. 废园与芜城: 祁彪佳与他的寓园及其他[J]. 中国文化, 2008(2): 83-97, 179-182.
[34] 庄国瑞, 李宁. 义乌才女倪仁吉诗歌研究[J]. 金华职业技术学院学报, 2012, 12(2): 87-92.
[35] 胡晓明, 彭国忠, 朱惠国. 江南女性别集·四编·上[M]. 合肥: 黄山书社, 2014.
[36] 林子雁. 袁枚的心机: 17世纪女性诗会雅集图——《十三女弟子湖楼请业图》研究[J]. 中国书画, 2018(2): 4-9.

作者简介

宗琼, 1990年生, 女, 同济大学建筑与城市规划学院博士研究生在读。研究方向: 风景园林历史与理论。电子邮箱: zcxkfy@qq.com。

风景园林领域中的女性视角研究进展
Research Progress on the Female Perspective in Landscape Architecture

范颖佳　金荷仙*　陆　磊

摘　要：随着性别平等观念的普及，风景园林领域中女性视角的研究逐渐受到学术界的关注。本文通过综合运用文献综述和 Citespace 可视化图谱分析工具，探讨了园林与女性关系的研究进展；从历史、文化和设计 3 个维度，系统地分析了风景园林领域女性视角的研究内容。研究发现，女性不仅是园林的使用者和审美对象，而且在园林设计、文化传承与创新中发挥着独特作用。本研究旨在促进对园林空间性别维度的认识，为园林设计和规划提供更为丰富和细腻的视角，推动性别平等在园林设计实践中的实现。

关键词：风景园林；女性角色；文化认同

Abstract: With the growing emphasis on gender equality, research on women in the field of landscape architecture has gradually garnered academic attention. Utilizing a comprehensive literature review and Citespace visualization analysis tools, this study explores the research progress on the relationship between landscape architecture and women. The analysis systematically covers historical, cultural, and design perspectives, examining the contributions of women to the field. Findings reveal that women play unique roles not only as users and aesthetic subjects of gardens but also in garden design, cultural heritage, and innovation. This study aims to enhance the understanding of the gender dimension in landscape spaces, providing richer and more nuanced perspectives for garden design and planning, and promoting gender equality in landscape design practice.

Keywords: Landscape Architecture; Women's Roles; Cultural Identity

引言

毛泽东主席曾深刻指出："妇女能顶半边天"。这是对女性力量与社会地位的崇高赞誉，女性能够在自己的领域中发挥出独特的力量。在风景园林领域，女性同样扮演着至关重要的角色，女性不仅是美的缔造者，更是情感的寄托者与文化的传承者。她们以细腻的感知力，捕捉自然界的微妙变化，将情感融入一石一木、一花一草之中，创造出既符合生态规律又不失人文情怀的园林空间。

随着女性地位的提升和社会性别意识的觉醒，性别研究不断深入，园林与女性的关系已成为学术探讨的重要议题，且不局限于表面的景观分析，而是深入到了性别视角下的空间体验、行为模式、文化认同等多个维度。重新审视园林空间中的性别差异，分析女性在园林中的活动、体验以及对园林空间的需求，探讨如何让园林空间更加贴合女性的生理、心理及文化需求，对于推动风景园林学科的发展具有重要意义。

因此，本研究从园林与女性关系的角度阐释女性在风景园林领域的研究内容和重点，归纳总结女性在风景园林领域的重要性与影响力，以期促进风景园林领域的性别平等，为优化园林空间设计与使用体验提供一定的借鉴和参考。

1 女性视角下的风景园林领域研究现状

本文以"中国知网（CNKI）"作为文献数据库的基础，利用 Citespace 可视化图谱分析工具，以检索条件"女性"和"风景园林/景观+园林"为主题，文献收集至2024 年 7 月，共检索到 CNKI 数据库中的 116 条结果，经过筛选得到中文期刊 107 篇作为本研究的样本。本研究通过 Citespace 可视化分析图谱对检索的文献进行分析。

从时间图谱（图1）可知，我国风景园林领域女性视角的研究起步于 21 世纪，虽然相较于该领域内其他层面的研究较晚，但近几年的研究热度呈上升趋势，形成了一定的研究基础。由此，我们可以预见，随着研究的不断深入和性别平等观念的普及，风景园林领域女性视角的研究将会继续扩展和深化。由关键词突现图谱分析（图2）可见，整体上关键词聚类重合性较高，在 Citespace 中自动聚类出的关键词"（中国）古典园林"频繁出现，由此说明研究者对中国传统园林中的女性角色和空间关系给予了较多关注，这可能与古典园林中蕴含的丰富历史文化内涵和女性生活实践有关；研究涉及女性在古典园林中的活动模式、园林对女性日常生活的影响，以及园林设计中反映的性别观念等等。此外，"江南园林""私家园林""女性空间"等关键词也被多次提及，反映出学者对特定地域文化中女性与园林互动的特别关注。这种关注可能指向江南园林的地理特性、设计哲学，女性在这些园林中的社会角色和个人体验以及园林如何映射和塑造女性的社会地位与文化认同。

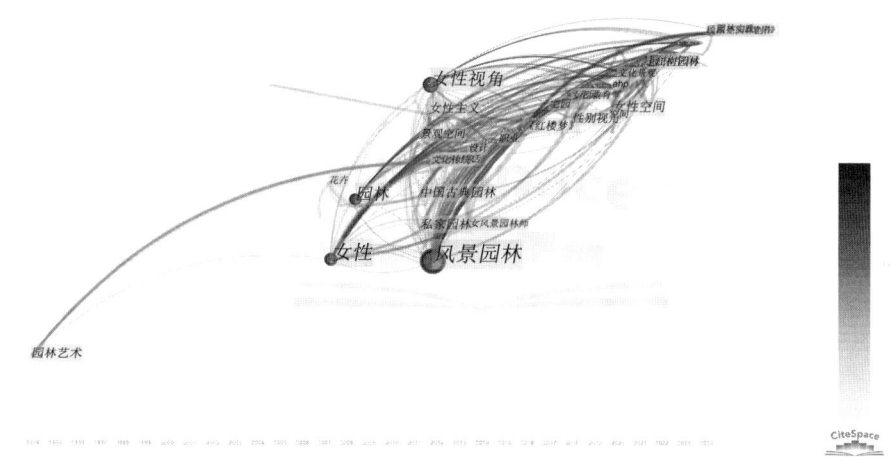

图 1　时间图谱分析

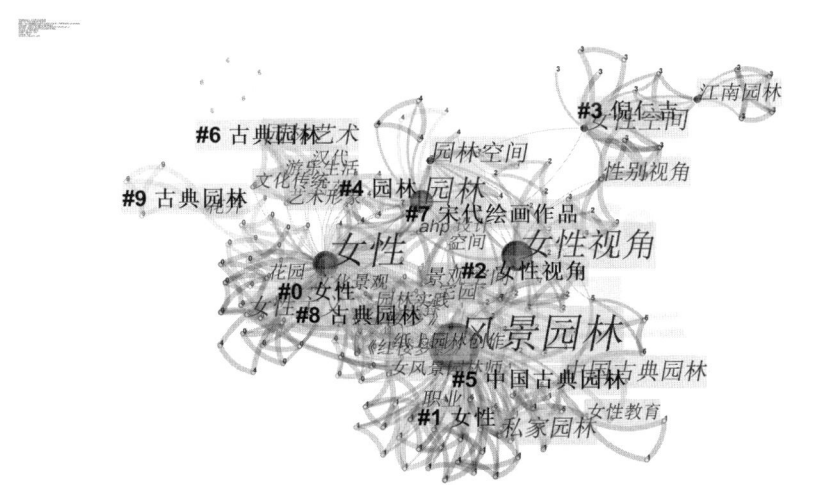

图 2　关键词突现图谱分析

本研究综合分析了107篇相关文献，主要涉及古籍、文学作品、雅集图、绘画；研究内容包括现代园林中的女性与园林空间的关系、女性在园林中的行为活动、女性在园林中的情感表达、基于女性视角的景观设计与现状评价、女性风景园林师在各国风景园林领域的发展、女性在风景园林领域面对的困难与存在的优势以及未来发展等方面；研究内容所在的时间主要集中在唐朝至清朝以及20世纪；园林类型包含私家园林、皇家园林、江南园林、徽派园林、巴蜀园林等。本文将以上内容梳理成历史、文化和设计3个维度，系统地探讨女性视角下风景园林领域的研究内容，以促进对园林空间性别维度的认识，推动性别平等在园林设计实践中的实现（表1）。

不同维度下的研究内容　　　　　　　　　表1

研究维度		研究内容
历史维度	角色演变	探讨女性在园林中的角色变化，如《诗经》中的女性形象
	女性意识觉醒	女性自我意识的觉醒，如唐代公主园林的主导权研究、严永华与耦园设计
文化维度	情感表达与自我追求	园林作为女性日常生活和情感活动的重要场所
	文化互动与象征	女性与园林在文化和情感层面的互动，如耦园中的诗文品题
设计维度	女性设计师理念	女性设计师在园林设计中注重细节和人性化空间的安排
	女性视角下的园林特征	女性需求对园林风格和功能的影响；园林设计中对不同性别需求的关注

2　历史维度研究：女性意识觉醒与崛起

深入分析国内学者的研究成果后发现，国内研究主要集中在对中国女性在传统园林中角色演变的探讨，而对国外女性与风景园林关系的研究则以介绍其生平和作品为主。因此，本研究重点分为两部分：第一部分深入分析中国女性在园林中的角色是如何随着时代的发展而转变的，以及这些转变背后的原因和社会文化因素；第二部分则聚焦于国外女性在园林领域的崛起，她们是如何通过自己的作品和理念对园林艺术和实践产生深远影响的。

2.1　中国女性在园林中的角色转变

从西周男尊女卑的格局确立到后世的男女平等，女性意识的起源和发展是一个渐进的过程，与社会结构、文化观念和经济状况的演变紧密相关，传统园林艺术的繁荣与发展揭示了女性在园林文化中的隐性贡献和独特地位。

先秦时期儒家思想开始形成，《诗经》等文学作品中展现了古代女性的情感世界，女性角色和地位逐渐被人们所讨论。至唐朝女性地位逐渐升高，其在文学、艺术等领域有显著成就，女性自我意识开始觉醒，女性的生活状态、在园林中的角色、所享有的园林空间与个人权力有着深刻的动态关系。在盛唐长安的公主园林中，公主在园林建设中享有最大主导权，园林选址与公主的政治权力变化密切相关[1]。宋代女性教育得到了快速的发展，理学的形成对女性角色和地位提出了新的要求，也在一定程度上促进了女性对自身地位的反思。虽然通常女性在园林领域依旧作为男性的附属品，但园林中不同的空间秩序已经能够表现出女性的审美以及意识形态。例如南宋朱淑真的园林诗词深刻反映了其深闺庭院的景观构成和园居生活[2]。明清时期伴随着商品经济的发展和市民阶层的崛起，女性在家庭和社会中的角色发生了变化，明清闺秀花卉赋中以细腻的语言和孤寒花卉表现女性的高洁品质，"有烟霞想，少脂粉气"展示了女性文学的新思想境界和对闺阁时空的突破[3]，女性意识进一步觉醒。明清文学作品或图像史料中常可见对女性在园林中作诗、宴饮、游玩的描写，表明女性的审美意趣和内涵特质在园林空间的意境与布局中起到了重要作用。晚明女性在园林空间中体现出的审美和才情，间接影响了私家园林风格，成为女性社会角色和地位变化的体现[4]。苏州明清宅园中女性空间的构成也与社会文化状态相辅相成[5]。而皇家园林由于其更为严格的等级制度，相较于私家园林性别空间文化更为突出，清宫后妃的陵寝空间与她们地位等级的高低严格对应[6]，体现了权力和地位，彰显出女性的政治和社会影响力。

在传统观念中，园林设计和维护领域往往由男性主导，而女性则主要作为园林的观赏者和使用者。然而，随着社会和性别平等观念的发展，女性在园林领域的参与度和影响力逐渐增强。教育体系的改革和职业机会的增加为女性提供了更多参与园林设计和管理的机会。近代以来，随着越来越多的女性接受高等教育和专业培训，她们在园林设计领域的专业能力和贡献日益受到认可。例如，程绪珂先生作为城市绿化领域生态理念的倡导者之一，毕生致力于风景园林的建设、科研和管理，为中国园林事业的发展作出了重要贡献[7]。朱钧珍先生作为中国当代风景园林理论与实践的先驱者之一，在规划设计项目中积累了丰富的实践经验，而且在学术研究方面也取得了丰硕成果[8]。檀馨先生作为中国风景园林领域的杰出代表，主持设计了500余个园林项目，其创新的设计理念和深厚的学术造诣极大地推动了现代园林艺术的发展[9]。她们的园林作品不仅继承了东西方优秀的园林文化，而且在社会发展中不断创新，对园林学科的发展产生了深远影响，展现了女性在园林设计领域的卓越才华和独特视角。

2.2 国外女性风景园林师的崛起与影响

国外女性风景园林师的崛起也是一个演进的过程，女性逐渐从传统的园艺爱好者和私人园林的维护者，转变为具有专业技能和创新理念的风景园林师。古罗马时期，贵族女性通过私人园林的建设和维护，展示她们对园艺和园林美学的兴趣和贡献。到了中世纪，女性在园艺和园林设计中的影响逐渐增强。修道院的修女们在维护修道院的药用植物和花卉园方面发挥了重要作用，她们的园艺知识对当地的植物学和园林艺术有着深远的影响。文艺复兴时期，女性通过园艺和园林设计表现自己的审美和创造力。进入19世纪，随着女性教育的普及和社会地位的提升，女性风景园林师开始在专业领域崭露头角。

女性风景园林师的崛起改变了园林设计的面貌，她们的出现打破了由男性风景园林师一统设计领域的局面[10]。美国女性风景园林师先驱之一的艾伦·比德尔·希普曼（1869—1950年）曾说："直到女性风景园林师的出现，风景园林行业才从最初的低谷走出"[11]。毕特丽克丝·法兰德（1872—1956年）在美国进步主义和女性主义运动的背景下，作为美国风景园林师协会（ASLA）创始人之一和唯一的女性成员，主持了200多个设计项目，展现了她的才华和对行业的重大影响，推动了一批女风景园林师在20世纪初的崛起[12]。2013年，美国风景园林师协会官网发布了对美国风景园林学发展作出杰出贡献的6位女性的表彰通告，除了以上两位女性，还有玛丽安·克鲁格·科芬、安妮特·霍伊特·弗兰德、玛乔丽·索威尔·考特利、玛莎·布鲁克斯·哈奇森这4位女性，她们在风景园林学的早期发展中扮演了重要角色，是彼时所有女风景园林师的缩影[13]。继这些先锋之后，杰出的女风景园林师们继续在行业中发光发热，如专注于历史保护的达维娜·L.尼尔[14]、园林规划设计事务所（CRJA）的创始人卡罗·约翰逊，她们的职业生涯和对行业的深远见解为后来者提供了宝贵的指导[15]。同时，玛莎·舒瓦茨女士以其近30年的杰出职业生涯、独树一帜的艺术风格和对风景园林教育的卓越贡献，对风景园林设计领域产生了深远的影响。她的作品和教育理念激发了新一代设计师的灵感和创造力[16]。此外，希尔维娅·克罗女爵奠定了英国林地景观管理原则，并提出应对工业扩张的风景园林方案，引领了现代风景园林行业的发展[17]。法国具有代表性的女风景园林师，如凯瑟琳·莫斯巴克、佛罗伦思·梅歇尔、卡琳·赫尔姆斯、萨宾尼·波什佩林等，她们的设计与研究领域极为广泛，其关注实践与理论的结合，不仅在法国国内推动了现代风景园林的发展，也在欧洲乃至全球范围内对风景园林专业产生了深远的影响[18]。特雷莎·巴罗作为葡萄牙著名风景园林事务所TOPIARIS的女性合伙人，将时间作为评估设计的第4维度，强调了风景园林项目随时间演变的适应性和持久性，着重于提升城市的气候韧性和可持续性，为城市环境的可持续发展提供了宝贵的思路和实践案例[19]。另外，瑞典的乌拉·波多夫、挪威的卡伦·莱西塔和芬兰的玛莉斯·罗森伯耶等北欧女性风景园林师，以其强大的力量和无限的潜力，为景观设计注入了浪漫与诗意，实现了功能主义与自然美学的完美结合[20]。

综上，从中国封建社会到现代社会，再到国际风景园林设计领域，女性通过其独特的视角和智慧，不断推动园林空间的美学、功能和社会价值的提升，性别平等和女性赋权在推动园林艺术和实践发展中起到了关键作用。

3 文化维度研究：女性特质与文化内涵

3.1 女性的特质与象征

园林不仅是物质空间的体现，更是女性生活和精神世界的写照，承载着丰富的女性文化内涵。安·希黛儿（Ann B. Shteir）1996年出版的《花神的女儿：英国植物学文化中的科学与性别（1760—1860）》（*Cultivating Women, Cultivating Science: Flora's Daughters and Botany in England, 1760 to 1860*）讲述了18—19世纪英国女性在植物学和园艺科学中的角色和贡献。可见，在中西方古典园林中，女性美的典范如维纳斯雕像和仕女图，均深刻反映了女性的特质。

明代汤显祖《紫钗记》和《牡丹亭》中的女性角色往往与自然、园林密切相关，作品通过花卉、香气和园林景致来反映女性的内心世界，展现了她们在封建社会中面临的困境和所作的抗争，赋予了女性角色深刻的思想内涵和艺术魅力。园林不仅是女性日常生活和情感活动的重要场所，更是女性自我表达和追求自由的载体[21-22]。园林文化和女性文化也在明仇英《乞巧图》（图3）中得到了紧密结合，通过描绘女性在园林中的活动，表达了女性对于美好生活的追求和对于自然的热爱，园林中的花草树木、亭台楼阁不仅是背景，更是女性形象和气质的延伸[23]。戴秋思[24-25]选取晚明寒山别业为研究对象，结合两位女主人陆卿子和文俶的文字、画作与园记、史志等文献，探讨女性意识对园林营建的影响及园林对女性生活实践的作用，揭示了晚明时期夫妻偕隐背景下女性文化景观的特点。此外，其以清代《湖楼请业图》为研究对象，从园林空间分布、景观要素经营和女性活动特点3方面探讨了二维图像中表现的人景关系，其研究展示了女性在园林文化中的独特视角和贡献，进一步丰富了对晚明女性文化的解读。

图3　（明）仇英《乞巧图》（图片来源：中国台北"故宫博物院"藏）

3.2　女性、园林文化的相互依存

女性、园林、女性化，这三者之间构成了一个绝妙的关系，现实中的女性是园林极佳的欣赏者，理想中的女性则是园林最好的诠释者[26]。中国古典园林与女性之间的紧密联系不仅体现在审美层面上的相互映射，更在文化和情感层面上形成了一种深刻的互动关系，构成了文化与审美的共鸣。女性与园林在美学特征、情感寄托和文化象征方面存在共通性，两者在美学上呈现相互映射。女性生活和情感深刻地影响园林的使用和发展，另外，女性与园林常被文人用作表达理想、抒发情感的象征[27]。女性在园林中的活动和情感体验，不仅赋予了园林生动的情致，也反映了她们对美好生活的向往和对自由、爱情的追求。同时，园林作为女性情感和自我认同的反映，展现了女性在传统文化中的特定角色和地位。

总体来看，女性与园林的相互依存关系是一种复杂的文化互动，园林不仅是女性自我表达和情感寄托的空间，也是展现女性美学特质和文化价值的平台。这种关系丰富了对园林作为文化符号的解读，同时也展现了女性在园林文化发展中扮演的重要角色和其对园林的影响力。

4　设计维度：女性的独特视角与活动方式

4.1　女性在园林中的活动方式

女性在园林中的活动方式和频率与男性有所不同，女性更倾向于在园林中进行社交活动。闺中消遣和娱乐的吟诗弹琴、围棋吹箫、写画摹帖、刺绣织锦、抹牌双陆等活动发生的场所往往是园林中的亭廊轩树[28]。清代《月曼清游图册》描绘的是宫廷嫔妃们一年12个月的深宫生活，体现了宫廷生活与民间生活的密切关联。嫔妃们的活动内容在民间生活中均习以为常，只不过由于宫廷的特殊地位，而令这些活动从内容到形式都具有更加富贵、繁琐及典制化的特点。《红楼梦》以及《增评补图石头记》（对原著《红楼梦》进行了增补和评点）作为研究古代女性生活的重要窗口，展现了不同社会阶层女性在休闲时间分配和空间选择上的多样性[29]。大观园丰富的造景序列展现了上层才女在园林中的居住形式和生活方式，揭示了园林作为生活空间对女性情感和社交活动的影响[30]。同时，园林空间还是女性教育的场所，涵盖了自然科学、生活技能和文化审美等多方面，体现了园林空间在促进女性全面发展中的重要作用[31-32]。另外，晚清严永华的《纫兰室诗钞》通过诗文细节描绘了女性在园林中的专属空间和生活场景，说明女性在传统道德标准下仍拥有一定自由度和个性表达的可能性，展现了女性在传统社会中寻求自我表达和空间自由的复杂性和深度[33]。也有学者以明清仕女画作为研究对象，梳理出了女性雅集、教育以及娱乐3种类型的园林活动，提取相应的活动类型中所具备的园林要素以及空间，归纳出女性所生活的园林空间雅致化、实用化、自然化的园林特征，揭示了女性在园林中的多样化角色和活动，进一步说明了女性对园林环境的深刻影响[34]。倪好郎学者[35]将徽商女性在园林中的活动归纳为社交型、实用型和游憩型，这些活动不仅围绕着宗族活动展开，而且表现出宗族化、社交化、实用化和悲情化的特点，有助于更好理解不同群体的女性所形成的历史文化以及其生活方式。

4.2 女性的设计视角

4.2.1 女性视角的审美特点

研究发现，女性设计师在园林设计中更注重细节表现、柔和的线条和人性化的空间安排。云嘉燕[36-38]通过镜像理论比较香草园和宫庭园，揭示了清初女性倪仁吉的实存香草园与假想宫庭园在园居空间、植景技法和造园观上的异同，展示了女性与男性视角下的多元景观设计。香草园不仅是倪仁吉个人艺术品位和生活哲学的体现，也是明清时期士绅阶层女性园林文化和空间意识的珍贵例证。另外云嘉燕还通过对大量清代女性诗词的分析，展示了女性在园林创作中的细腻观察和独特审美，表明了女性在园林文学中的重要地位。其认为女性在园林构景方面注重季候性、时间性，且更加关注植物景观。另有研究阐释了《红楼梦影》的作者顾春通过纸上园林创作展现她对园林设计的理解与实践，她的设计理念融合了自然美、文化韵味和生活情趣。这项研究梳理了女性参与造园背后的文化脉络，也说明了《红楼梦》与女性园林活动的内在关联[39]。女性在园林设计领域展现出独特的审美视角，丰富了园林艺术的内涵。

4.2.2 女性影响下的园林特征

在传统社会规范的约束下，尽管女性的活动范围受到限制，但园林为她们提供了一个展示审美追求、智慧和精神自由的特殊空间。女性通过在园林日常使用和管理中的独特视角和需求，间接地塑造了园林的风格和功能，尤其是在园林的意境营造和设计构建方面。传统私家园林空间，除了存在利用有限空间范围创造无限景色的造景意图外，还存在依据伦理文化而进行的社会性别空间结构划分[40]。女性的参与和需求促使造园者在叠山、理水、建筑和植物配置等方面进行了精心设计，满足了女性对隐私的需求，园林还为她们提供了安全和舒适的休憩环境。此外，在园林中移植彩叶植物和种植具有香气的草本花卉，使女性在休憩时能够借助花香放松神经。通过这些细致入微的设计，园林成为女性展示自我、享受自然和追求精神自由的理想场所[41]。女性通过其日常生活的实践逻辑、身体意义上的特征和经验，以及所处的社会环境和家庭地位，深刻影响了园林空间的功能、属性、形式和尺度；女性的各种行为活动，如造园、理园、游园和品园，展现了女性智慧，间接塑造了园林空间的秩序和美学，从而在园

林空间中形成了具有女性气质的独特表征[42]。在园林布局、功能设置和建筑形式等方面，如园林位置的隐蔽性、小姐楼的设置、戏厅的分隔设计以及休息座凳的高密度布置，都充分考虑了女性的使用需求和生活习惯[43]。另外在山石景观的命名艺术上，以女性作为象征对象或以女性命名山石的情况十分常见，从侧面也反映了男性对于园林的一些心理需求[44]。还有学者对古代巴蜀女性纪念园林进行了研究，其在视觉上追求"古雅清旷，飘逸乡情"的效果，风格呈现了刚柔并济与纵横才情的特点，通过端整而灵秀、雅致而富有风骨的园林风貌，展现了巴蜀女性的大气风姿和侠骨柔肠[45]。

4.2.3 性别平等在园林设计中的体现

随着性别平等观念的普及，园林设计也逐渐体现出对不同性别需求的关注。在风景园林规划设计中，需关注并解决因普遍存在的男性标准而导致的女性生理、心理需求被忽视的问题，提倡基于性别差异的平等，为女性创造安全、感性、舒适并具有明显标示性的园林空间[46]，这仅能够提升女性使用者的体验，也能够丰富园林本身的功能和美学价值。李旭芳[47]基于女性视角，总结了宋代女性需求，将女性需求融入现代园林设计中，可提升当代园林的包容性和人文关怀。

近年来，部分研究开始通过实证分析女性在园林中的使用体验和心理需求，贾艳艳[48]对女性使用者发放问卷，研究表明，景观设施的数量与种类，设施的舒适度，空间的合理性、安全性、美感度，以及小品雕塑的美感度都会影响女性对公园空间的满意度和使用体验。张天洁[49]收集女性游园者网络评论并分析，发现女性游客在视觉上偏好建筑、小品和植物等景观元素，同时她们的评论反映出其对历史元素、园林风格、园内活动和改造实施的多样感知和态度。而后郭思思[50]、朱玉洁[51]、熊睿蕊[52]、张倩岚[53]、张晓芳[54]、钟文钰[55]等分别对城市公园、湿地公园、居住区绿地、公共空间等展开研究，提出针对女性使用者的优化建议，从而推动公共空间设计向更加包容和性别友好的方向发展。

5 结语

"世界上如果没有了女性，就缺少了十分之五的真，十分之六的善，十分之七的美。"园林与女性关系的研究是一个多维度、多层次的课题，涉及历史、设计、使用和象征意义等方面。本文综述了园林与女性关系的研究进展，揭示了女性在风景园林领域中的多重角色和对风景园

林的深远影响。从历史维度看,女性意识的觉醒与崛起贯穿了从封建社会到现代社会的整个进程,展现了女性从被动观赏者到主动设计者的转变。文化维度上,女性与园林的相互依存关系不仅体现在女性对园林的审美和情感的共鸣上,更体现在女性在园林文化发展中占据了重要地位,女性在园林艺术和文化价值展现中彰显了独特作用。设计维度的研究则突出了女性在园林设计中的细腻观察和独特审美,以及女性需求对园林风格和功能的影响。性别平等观念的普及更是推动了园林设计向更加关注女性使用者体验的方向发展。未来的研究需进一步深化,特别是在女性参与园林设计的新方式、园林对女性社会地位和文化认同的影响等方面,使其更好地服务于女性的全面发展。此外,随着跨学科研究方法的发展,女性学、社会学、人工智能等领域的融合将为园林与女性关系的研究提供新的视角和深度。

参考文献

[1] 冯天敏. 女性视角下初盛唐长安公主园林研究[D]. 西安:西安建筑科技大学, 2023.

[2] 宋馥余, 解丹. 以朱淑真庭院为例看宋代民居庭院的景观构成[J]. 艺术与设计(理论), 2019, 2(9): 51-53.

[3] 李卉. 女性文学范式: 明清闺秀花卉赋的"突围"[J]. 南通大学学报(社会科学版), 2023, 39(1): 62-74.

[4] 周向频, 陈路平. 自由与禁锢——晚明女性对园林空间的使用与影响[J]. 同济大学学报(社会科学版), 2021, 32(6): 62-70.

[5] 陈思羽. 被遮蔽的空间——苏州明清宅园中女性空间初探[D]. 杭州:中国美术学院, 2023.

[6] 张婉钰. 清宫后妃的活动空间研究[D]. 天津:天津大学, 2021.

[7] 许恩珠. 浓浓园林不了情献于上海园林事业的两代人——程世抚、程绪珂[J]. 中国园林, 2009, 25(10): 42-47.

[8] 李树华, 杜建梅, 赵亚洲. 中国近代园林史研究:考证、抢救、挖掘——访清华大学建筑学院教授、中国风景园林学会顾问朱钧珍先生[J]. 农业科技与信息(现代园林), 2012(4): 1-4.

[9] 付蓉. 檀馨:中国园林的后现代实践[J]. 城市环境设计, 2009(10): 133.

[10] 曾伟. 美国女性风景园林先驱之一——艾伦·比德尔·希普曼[J]. 中国园林, 2013, 29(8): 35-39.

[11] 陈晓彤. 传承·整合与嬗变:美国景观设计发展研究[M]. 南京:东南大学出版社, 2005.

[12] 刘亦师. 毕特丽克丝·法兰德及其作品研究:兼及进步主义时期美国女性风景园林师群体之崛起[J]. 中国园林, 2023, 39(5): 43-47.

[13] 陈晓彤, 许言. 女性与美国早期风景园林学发展[J]. 中国园林, 2014, 30(3): 25-28.

[14] 达维娜·L·尼尔, 常晓菲, 何一蒂. 风景园林世界里的人生[J]. 中国园林, 2014, 30(10): 78-82.

[15] 卡罗·约翰逊, 刘纯青. 一位女风景园林师的职业生涯[J]. 中国园林, 2015, 31(3): 5-7.

[16] 周梁俊. 创作人生访世界著名风景园林师玛莎·舒瓦茨女士[J]. 风景园林, 2009(1): 14-27.

[17] 李莎, 崔旭辉, 陈镜雅, 等. 希尔维娅·克罗女爵:"二战"后英国国土风景再塑之女性领袖[J]. 中国园林, 2023, 39(11): 132-138.

[18] 杨鑫, 卢卡·玛利亚·弗朗西斯科·法布斯, 闫梦雨. 当代法国风景园林行业中的女性[J]. 中国园林, 2015, 31(3): 25-30.

[19] 特雷莎·巴罗, 欧阳立琼, 何广美. 理智和情感的相遇:27年的风景园林之旅[J]. 中国园林, 2015, 31(3): 36-41.

[20] 蒙小英. 功能主义下的浪漫与诗意:北欧女风景园林师的"自然"语境[J]. 中国园林, 2015, 31(3): 8-12.

[21] 陈施妤, 陈意微, 梁芷晴. 从《紫钗记》与《牡丹亭》管窥明代女性园林香境[J]. 广东园林, 2022, 44(1): 28-32.

[22] 李婉钰. 浅论《牡丹亭》中女性与园林的关系[J]. 青年文学家, 2022(23): 93-95.

[23] 王真凡. 明末清初《乞巧图》研究[D]. 上海:华东师范大学, 2022.

[24] 戴秋思, 龙敏琦. 晚明夫妻偕隐园寒山别业映射下的女性文化景观[J]. 古建园林技术, 2023(3): 120-123.

[25] 戴秋思, 龙敏琦, 吴任清. 从雅集图"观"女性园林空间的景与境[J]. 古建园林技术, 2024(3): 105-109.

[26] 李金宇. 试论女性与中国古典园林[J]. 苏州大学学报(哲学社会科学版), 2008(4): 107-110.

[27] 杜春兰, 蒯畅. 庭园常见美人来——探寻中国女性与园林的依存与互动[J]. 中国园林, 2014, 30(3): 11-14.

[28] 吴若冰, 杜雁. 中国古代私家园林女性心理及行为空间探析[J]. 中国园林, 2018, 34(3): 81-86.

[29] 陈慧.《红楼梦》女性休闲行为时空特征研究[D]. 泉州:华侨大学, 2015.

[30] 尹小亭. 明清江南女性园林生活场景的研究——以《红楼梦》中女性生活场景的设置为例[J]. 广西轻工业, 2011, 27(12): 123-124.

[31] 白雪锋, 郑婕, 王浩. 从《增评补图石头记》园林画看清代私家园林中的女性教育[J]. 广东园林, 2020, 42(5): 87-91.

[32] 刘珊珊, 黄晓. 风雅的养成——园林画中的古代女性教育[J]. 中国园林, 2019, 35(3): 76-80.

[33] 贾珊. 园林的背面:才女笔记中的女性园居生活[J]. 装饰, 2021(2): 31-36.

[34] 张宇, 陈小英. 明清仕女画中女性活动与园林空间特征关系

[J]. 时尚设计与工程, 2024(3): 7-10.
[35] 倪好郎, 王敏, 严军. 清朝徽商女性园林活动研究[J]. 汉字文化, 2019(6): 161-164.
[36] 云嘉燕, 王浩. 晚明清初淑媛倪仁吉香草园意匠及其女性特质[J]. 中国园林, 2021, 37(5): 133-138.
[37] 云嘉燕, 王浩. 真实与幻境: 镜像理论视域下的清初淑媛倪仁吉构园研究[J]. 风景园林, 2022, 29(5): 130-134.
[38] 云嘉燕, 刘慧媛. 基于社会网络分析的清代女性对江南园林空间设计的感知特征[J]. 华中建筑, 2024, 42(4): 6-10.
[39] 宗琮, 周向频. 《红楼梦影》作者顾春的纸上园林创作与园林实践考析[J]. 中国园林 2024, 40(4): 134-138.
[40] 胡昂, 郭仲薇, 李想. 基于性别差异的女性行为活动对私家园林营造设计的影响研究[J]. 南华大学学报(社会科学版), 2020, 21(5): 111-118.
[41] 曾雪彬. 论明清女性对造园的影响[D]. 武汉: 湖北美术院, 2021.
[42] 吴若冰. 女性视角下明清江南宅园空间研究[D]. 武汉: 华中农业大学, 2019.
[43] 邱巧玲, 李昊洋. 试探中国古代女性对私家园林的影响[J]. 中国园林, 2013, 29(8): 40-44.
[44] 李昊洋, 陈舜斌, 唐光大. 女性因素在中国古代私家园林中的影响及其作用[J]. 广东园林, 2011, 33(5): 4-7.
[45] 杜春兰, 刘廷婷, 蒯畅, 等. 巴蜀女性纪念园林研究[J]. 中国园林, 2018, 34(3): 75-80.
[46] 李佳芯, 王云才. 基于女性视角下的风景园林空间分析[J]. 中国园林, 2011, 27(6): 38-44.
[47] 李旭芳, 翁飞帆, 周恬仪, 等. 女性视角下的宋代私家园林[J]. 建材技术与应用, 2021(6): 38-41.
[48] 贾艳艳, 朴永吉. 女性对公园景观空间评价的因子分析[J]. 中国园林, 2013, 29(6): 77-81.
[49] 张天洁, 张晶晶, 师宇豪. 基于网络评论的女性游园者历史景观感知研究——以天津中心城区历史公园为例[J]. 中国园林, 2016, 32(3): 30-36.
[50] 郭思思. 女性视角下的城市公园景观设计研究[D]. 哈尔滨: 东北林业大学, 2016.
[51] 朱玉洁. 女性对城市公共园林景观设施需求的研究[D]. 合肥: 安徽农业大学, 2018.
[52] 熊睿蕊. 女性视角下的凤凰湖湿地公园景观评价[D]. 雅安: 四川农业大学, 2019.
[53] 张倩岚. 基于女性视角的城市居住区绿地安全评价研究[D]. 南昌: 江西农业大学, 2019.
[54] 张晓芳. 景观空间中女性使用行为分析及满意度研究[D]. 洛阳: 河南科技大学, 2020.
[55] 钟文钰. 基于女性视角的地铁站域景观适老化设计研究[D]. 昆明: 昆明理工大学, 2023.

作者简介

范颖佳, 1996年生, 女, 浙江农林大学风景园林与建筑学院博士研究生在读。研究方向: 风景园林历史理论与遗产保护。

(通信作者) 金荷仙, 1964年生, 女, 博士, 浙江农林大学风景园林与建筑学院, 教授、博士生导师。研究方向: 风景园林历史理论与遗产保护、康复花园、生态修复。电子邮箱: lotusjhx@zafu.edu.cn。

陆磊, 1998年生, 硕士, 浙江农林大学风景园林与建筑学院, 科研助理。研究方向: 风景园林历史理论与遗产保护。

风景园林文史哲

"动势叠山"理念下叠石造山营建方法探索
——以千层石假山为例

Exploration of the Construction Method of the Stacked Stone Mountain under the Concept of "Animated Rockery Making"
—Taking the Thousand-layer Stone Rockery as an Example

周杨琴　金荷仙*

摘　要：我国历代文献中关于假山营造的历史发展脉络已有众多的研究及探讨，对于假山营造的"动势"追求常以象形赏石为主，而如何具体实现"动势叠山"的营造建方法目前则少有成体系的研究。在以往针对不同石材种类的研究成果中，又以湖石与黄石居多。本文以现今描述较少的千层石为例，展开"动势叠山"理念指导下，如何与实践工程相结合，突破千层石长久以来"单一横纹"堆叠方式的研究，并以案例施工过程思考图为辅，寻求新的尝试与突破，以期更好地指导现代园林的营建过程，继承与创新并举，探索更多关于叠石造山的营建方法。

关键词：动势叠山；动态游观；千层石；山势；造险

Abstract: The historical development about the theory of rockery creation, there have been many studies and discussions. For the pursuit of "dynamic trends" in rockery construction, it is often based on Pictographic animal viewing stone. At present, there is little systematic research on how to realize the construction method of "Animated rockery making". Among the various research results of stacking stones of different stone types, the research on the lake stone and yellow stone is the majority. In this paper, we only focus on the less described thousand-layer stone as an example, to develop the concept of "dynamic stacked mountains" under the guidance of how to combine with practical engineering, break through its long-standing way of "single horizontal texture" stacking method, to case construction process thinking diagram as a supplement, to seek new Attempts and breakthroughs, in order to better guide the construction process of modern gardens, inheritance and innovation, and further explore the construction method of stacked stone mountain building.

Keywords: Animated Rockery Making; Dynamic Tour and Imagination; Thousand-layer Stone; Trends in Rockeries; Creating a Sinister Trend

引言

园林中的假山作为山水主题及园林景观效果最为直接的呈现方式，在传统园林中有着显要的位置，并已有高超的艺术成就。关于叠石造山的研究及理论，不同时期有着不同的追求。曹汛针对叠山总结了营建的3个阶段，即3种风格类型——真山、缩尺山和真山局部[1]。

对于叠石和造山，无论是微缩自然界山景，还是部分截取，都带着文人特有的山水情节。正如山水绘画中"马一角"的表达方式，即是追求理想中的完美自然空间，带有对山石、山川的精神崇拜,对自然生命力的追求更是历来文人士大夫的精神支柱。而对于园石和假山中的动势欣赏,与园林所要追求的生机活态,也是一脉相承[2]。历史上主要是针对如"九狮""十二生肖"等动物形象的拟态化的赏析,但不同时间段对其评价褒贬不一。其后也有对赏石的其他比喻,如植物和"奔云"[3]。日本国宝级造园专著《作庭记》也擅长对石组的动态进行比喻:"散置如群犬伏卧,如群猪走散,如小牛戏母。"尽管叠山与赏石并非全然等同,但对动势的追求完全一致。明代计成在《园冶》"掇山"篇中提到"峰"的人工营造,宜具有动感的"似有飞舞势"[4],这正是他对掇峰的基本要求,也是对"峰"内在生命力量的赏析。本文试图对"动势"一词进行更为广义的解析,探讨更多现代叠石造山的营建方法。

1 关于假山营造的历史溯源

中国的园林叠山,最早起源于模拟海上仙山。相关的早期论述可见于山水画论、山水文学或园记及相关专著等的记载[5]。魏晋时期的山水画就已经影响叠石营造,当时的造园者大多是懂绘画、通诗文的文人。随明末"画意"叠山的兴起,山水画论的地位更是陡然提升,"关仝、荆浩笔意""大痴山水",均是从画论、画理中吸取的叠石理法。

同时文人的交游清谈留下了大量的园记,其中不仅描写了某个时期的园林盛况,也兼有对叠石匠师的记录,如《东京梦华录》《山居赋》《辋川集》《洛阳名园记》等园记中,均可见当时对于叠石营造的审美取向。

《园冶》作为我国第一部园林专著,有专篇描述掇山与假山理法,后也有如清代李渔的《闲情偶寄》等,关注更多的是石材在造园活动中的品性及叠石营造的相关技法,较体现技术性。而针对赏石的论述,如宋代林㠭的《云林石谱》和明代林有麟的《素云石谱》等,则较为偏重描述石材纹理、色泽与质感,少有姿态方面的论述。

近现代,关于叠石匠师与叠石技艺的理论研究颇多。其中,实践派匠师的北派、南派等,多以家族或帮派的形式历代相传。清末香山帮姚承祖的《营造法原》、扬州叠山传人方惠的《叠石造山》、韩良顺的《山石韩叠山技艺》及周俊的《古建筑假山工》[5]等,阐述假山营造的基本操作、修复与艺术鉴赏等,均是从实践中总结出的技术和方法。

有关叠石匠师的研究方面,朱启钤《哲匠录》较早以石匠师身份来记录匠师生平及作品;后有陈从周《说园》、童寯《江南园林志》等,也有总结叠石匠师生平及作品等并发表看法;再有曹汛考证张南垣、戈裕良等匠师,为叠石史论研究奠定了基础;又有顾凯及团队对叠石的遗产保护策略提出独到见解。现代也有很多学者,针对特定的历史时期、特殊的案例修复、地方性叠石技法的挖掘等方面进行研究,产生了大量的研究成果。

综上可见,叠石的相关研究中大多为文史类的研究,对突破性技法类的探讨较少,且大多针对"一阴一阳"的湖石和黄石展开论述。鉴于现代工程的周期短,现场叠石师傅是否能真正了解并吃透项目的设计意图存疑,加之现代开采方式的升级更新,更多的石材种类被开采使用,且工程项目中叠石的需求量大,亟须探索叠石造山的营建方法。

2 石性与造型的关系

知石之形,识石之态。千层石以形态命名,其最为显著的特征是平直层叠的横向纹理,深浅不一、线条流畅;千层石质地坚硬,叩之有如金属般声音。在中国第一部赏石专著《云林石谱》中,千层石被归为常山石的一种,载之"色青、石理如刷丝,扣之辄隐手"[6]。千层石属于海相沉积的结晶白云岩;产地多为河北省遵化,其次是安徽和浙江等地;色泽上以棕色系为主,兼有偏黑灰色调的;石料较为统一,少有变化。依据其上述自然属性,与其他的横纹系石材类似,叠石造山同以追求飘逸、飞升、连贯感为主,更可营造出类似狂风侵蚀、被风吹皱、似流云般飘逸的层叠效果。

3 "动势叠山"的营建方法

叠石造山乃是通过有意识地"截取片段"的方式,诗意地表达或加工截取关系中各个要素的同框关系,从而实现古与今、现实与想象的交汇与融合。为了实现山石与观赏者"天门洞开"般共通的共鸣效果,则需要在有限空间内,通过饱含生命动势的山体,结合数步可计的溪谷之观、转折隐现的廊舫、悬挑探出的亭台等,以意联的方式实现蕴藏的"累累乎墙外"的无尽体量。

3.1 平中求变，山势营造

石以丑为美，山贵有气势。关于山势营造，方惠在《叠石造山的理论与技法》中总结，"湖石应以奇而求平，黄石应以平而求奇"，千层石则可结合两者，交替融合、平中求变。常见的千层石假山清一色横纹堆叠，偶有全竖纹。在体现山形、山意、山势的层次与深厚感，突破常规的"合纹接形"的问题上，除水平层叠千层石外，还可结合使用斜向及作"破局"之用的竖向置石（图1）。采用前后交叠、立峰取势、横纹平衡的构成方式，可提升山势及内在精神，突破常规的二维立面看山的模式，如明代吴斌的《十面灵璧图》般，呈现多维度的观赏视角，整体形成"云山千叠"般的飞动感。

图1　前后交叠，横纹平衡的千层石立峰构成方式

3.2 以少胜多，小中见大

当今叠石造山主要遵循的方法仍是"以少胜多"。以有限表达无限，以局部寓意全景。通过诸如山道、崖壁、洞壑等造景要素，结合瀑布跌落、水汽蒸腾的烘托，让人联想到更为广袤的自然山水。实施过程中，单类石材品种的形体及特征往往决定了其作为主材，对技法施展所带来的限制。然而千层石却兼具黄石与湖石两类石种的特性，既有方正体量的敦厚感又有轻盈线条的飞升感；既可利用扬派挑飘的姿态，又可结合苏派环透、山洞结合的堆叠方式（图2），通过艺术叠山手法，突显山势。在施工过程中贯穿"以少胜多"的原则，是千层石叠石造山的关键。

另外，在造型上，有别于日式庭院通过远观及透视法形成了"山在园中"[7]的方式，即只能远看"山"却不

图2　通过艺术叠山手法，突显山势

能身入其境的、以"洄游式""枯山水"与"茶庭"为主的假山型造山方式。而真山型造型在创作和欣赏上，追求的则是"园在山中"，更强调通过艺术手法，在有限空间场地内，营造大山的境界与气势，有如入山林之感。

3.3 未山先麓，截溪断谷

"未山先麓，自然地势之嶙嶒，构土成冈，不在石形之巧拙"，引自《园冶》的叠山学说，强调山麓的自然地势及形态，侧重于山石重叠带来的厚重感。其中"麓"为接近山林的前奏，即第一印象，尤应审慎。

实践操作中可先叠石造型再覆土，也可依托原有的地形高地、土丘等，先借势堆土成山，然后再布石，更显真山形态及意境。如背靠原有高地山脉，则需要将所依靠的真山背景与叠石造山统筹结合，石借助山势，控制比例关系，方能更好地展现真山气势与叠石造园艺术。应整体注重地形塑造，着重刻画山麓坡渚与环境的关联、咬合，乃至装饰性的山体余脉。山，中空而浑雄；谷，曲折而幽深。应以有限空间内的营造，唤起似有环境的空间想象。正如李渔的"一卷代山，一勺代水"，颇有芥子纳须弥之意境。

3.4 顺势贯气，石断意连

石形只封不出为阻，只出不接为断，有出有接、有呼有应方为贯。叠石造山应整体追求石断意连，气脉贯通。石涛言"峰自皴生，皴自峰出"，强调山石之间的色渡、形渡与呼应关系，将山石融于周边山脉山势。

如马远所绘山体的形貌特征，以醒目且气势取胜，不一定是单块峰石造型，也可取厚重稳定之石的组合，以竖纹、斜纹穿插取势（图3、图4），进退间顺势贯气，增强山峰整体动势。以生长势、环抱势、延伸势、扭转势的布设，实现山水情景的可游尺度和空间想象。

图 3 以竖纹、斜纹穿插堆叠，呈现厚重稳定且气势连贯的石组

图 4 （宋）马远《踏歌图》局部

3.5 来龙去脉，气韵升腾

叠石造山中，与山水画意更为一致的是对山体"云气"的欣赏，常可细分为"堆云""流云""卷云"等具体的手法及形态，分别强调雄浑气势、轻盈流动感及多角度翻卷动势感。在使用千层石时须避免如堆砌黄石、团状湖石假山那般具象化的堆云方式，因其有过于敦厚浑圆之感，不适合千层石轻盈飘逸的石材属性。可结合后两者，以层出式取阴的方式为主，结合局部层退式堆叠（图5），顾盼迎合，云头部位以轻盈体量的片石横置，向外飞悬挑出，成"流云式"假山收顶，如同层云横飞，有流霞盘绕之态[8]。应遵循山体山形，山石以曲折"Z"字形结构盘旋升腾，结合石梯园路、山体转折等，营造出随形贯气、通达入云般的空间美感。以平山顶式或亭台式收顶方式，设亭，与下方山洞池泉相配合，形成另一个独特的登高观赏视角。

3.6 突变造"险"，动态游观

"有真为假，作假成真；稍动天机，全叨人力。"如计成所言，欲达真山意境及神韵，设计上须运用人力及巧思。亲人尺度可带来游观过程本身更为直观的、身体感官上的体验。除上述营造方式外，如何不受限于对真山真水的单纯感触，而是注入体现人工之外"人巧"的构思，值得探索。可借丰富的山体形态和曲折的游线引导，结合山石挑、飘、悬、压、斜、靠等动势，带来视错觉，使得游赏过程本身具有一定的逼仄感，带来迷幻、惊、奇、惧、苦等趣味性的动态游观体验。这是"对游赏节奏变化的玩味，一种连续性的动态体验"[9]，造就了动势叠山的重要共情点。

另有"文韵点睛、声境造景"等能产生共鸣的通用方式，在此不做赘述。而"因山而造，剔土成峰"，受限于以往石料的紧缺及运输的成本，且依赖自然条件较为优越的场地，相对理想化。再有"洞壑万千""乱中取胜""平地起山""是石堪堆"等营建方法，笔者认为一山多种石类，过多地追求洞壑关系，对于千层石假山造山的营建并非全然合适，本文不再作详细展开。

4 "动势叠山"的空间表达

叠石造山一般遵循的原则：先见石，而后见山，再见主山主景,产生入山林的意趣。造园布局通常采用"前殿后园"的方式,而单独看叠石造山则是"前喧后寂"。可结合水域、岛屿、构筑、绿植等作为前景,隔篁竹,闻水声,循声取道,得见山体全貌。所以,想要以有限的石料来营造丰富的景深,则更须注重内外、动静与隐显关系,犹如画意般近有皴而远无,以层次、纹理实现空间的深邃与流动感。可以叠石造山的实践为主导,遵循"动势叠山"的要旨,并以定位置面向、定主山造型、取阴造险、阳面互补等概念作为详细的技法阐释及重点补充。

4.1 定位置面向

总体布局确立山体与园景的关系,对于如何观山、观山的位置及观看的角度等,可先定主山面,并营造出山后有山的延绵之势。园可画、画可园,主山造型正如传统山水绘画中"马一角"的意境,截取自然界山体的形貌特征,有机融合峰峦、崖壁、溪涧、山冈、洞桥、石矶等景观要素,有所取舍构建于同一画面中,产生审美体验。

4.2 定主山造型

以动态造险,整体山势与上山的步道逐步攀升。其中山石蹬道也讲究曲折幽深地交替设置,通过峰组的前后夹道、交叠及绿化的掩映,造就行云流水般的敦煌飞天之势。整组造山以下方展开的平整水面为衬托,若隐若现,实现渐入山林的深远感。

叠石造山不必刻意地追求中轴对称(图5),把握山体重心,形神互补中寻求相对的平衡之势。山石纹理平中求变,打破千层石传统的单一横纹模式(图6),改变仅有"云",没有"峰"和"谷"的方式,前后自然交叠取势,以增加自然山冈的属性特征,减少人工气。

图 6 层出式取阴的方式为主,层退式为辅

4.3 取阴造险

动势叠山还需借力"取阴造险",更显生动自然。或以山石向外作飞悬状[10],于石峰上做要之势的飘石,在稳定的前提下,营造惊险造型的挑飘取阴;或由路径造型的突凸与收窄之势,呈下奥上旷错觉上的错叠取阴;再有通过洞壁结构的阴面[11],引人"可居"遐想,创造幽静山景与深远境界的环透取阴,与下方的游人形成联动关系[12]。当然只有在主山已经形成搅动之势的前提下,取阴手法才能依主山之势,顺势增强整体流动感,并与局部逆势形成反差,目的都为增强整体的山势动态(图7)。

4.4 阳面互补

针对低处视角形成相对的阳面,包含平视视角下展开面的山脚、驳岸、水池以及池中点石、埋石、叠落、步道等造型要素。其中起脚宜收不宜扩,凹势与渐出相呼应,避免山形笨拙感。驳坎叠石以进退有据的互补之势为营造

图 5 叠石造山寻求整体相对的平衡之势

图 7 取阴造险——挑飘取阴、错叠取阴与环透取阴

图 8　横山聚五、星罗棋布的水体景石配置，呈进退有据，互补之势

原则，形成整体环抱之势。中有形状奇特、个性者可为池中点石，也可卧石结合，表达孤高气质。另可有埋石、半露半出者的亲水石矶、点石石组造型，横山聚五，星罗棋布（图8）。须把握水面的比例尺度，留出类似于绘画中"留白"的呼吸空间。

5　呈现方式的元素表达

中国造园，山水为大，并常将园林建构筑、水体、绿植等皆置于山的环境中，使人观之如"身入园中"，其间需要处理好多重关系的表达。

5.1　与建（构）筑物的关系处理

在传统园林及山水画中，用于叠山的基本构筑多以低矮的阁、亭、榭、轩、廊、桥为主，应以巧而得体、精简而裁、装饰适度[11]的建造方式为准则，控制尺度比例。"亭踞山巅"[12]，当背靠的山体环境条件好且绿量充足，可在半山腰处设置建（构）筑物。如为新建山顶，缺乏茂盛的自然绿化作为背景，则将建（构）筑物点缀于山顶以期增高山势，同时结合山顶平台，提供新的观赏视角。

5.2　与水体的关系处理

无园不水，无山不水。总体营造上，"水居其中，山吃其边"[13]。以跌落之水声，造山之险要；以平整水面，承山形倒影；以水色之深，掩映烘托整体之山势（图8）。应交代水系的来龙去脉，结合崖壁落瀑、淹水石矶、洞壑造型以及水中立石、埋石、汀步跌水等要素，甚至以周边被打湿的山石作烘托，更显幽深和凉意（图9）。

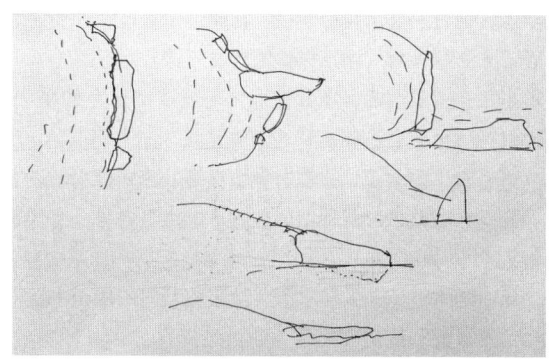

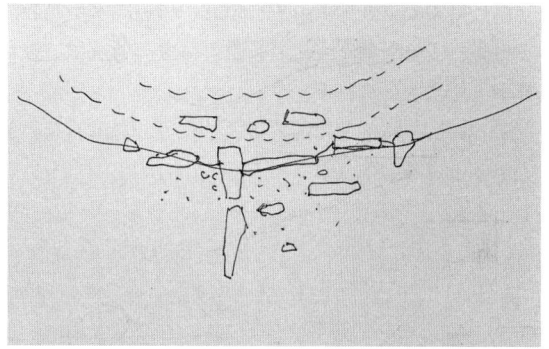

图 9　淹水石矶、洞壑造型以及水中立石、埋石、汀步跌水

日本造园家重森千青在《庭院之心》中描述，日本最古老的池泉庭院以"半岛"美景构图，以"荒矶"代礁石，以"洲滨"表小石伸延的海滨。瀑布下设"分水石"，将落水激散开，或者选有水纹理的置石，打造"枯水瀑布"，以之喻意瀑布的存在[14]。这已然是约定俗成的表现方式，无论有无水体的呈现，通过分水石，都可以联想到瀑布跌落的动势，更有奇峰、悬崖、深峡、峻岭等山地景观的想象，使人仿佛回归到自然的怀抱。

5.3　与植栽的关系处理

虽说园可画、画可园，园与画互为相同，但现实中的山，欲求"云中山、雾中树"，从开始就受到山形和堆叠方式的诸多限制，须提前介入，预留植栽所需的空间。

《林泉高致》中云："大山堂堂，为众山之主……长松亭亭，为众木之表，所以分布以次藤萝草木"[15]。所示案例借助松的苍劲挺拔，配合梅花的清逸，松梅相和，以探枝结合山石进退，突显层叠的美感。绿植营造应结合植物形态与习性来布置点位，可结合以下几个要点：衬、压、点、探、培、填、露等（图10）。

衬：松耐旱，姿态优者，可孤植，也可作为深色背景，以作烘托陪衬。梅花显色，可孤植或可片植成云。叠山整体应以足量的绿化背景进行烘托陪衬，再现自然山林的意境。

压：通过局部的树枝遮挡、衬压形成虚掩，如于挑悬之石下方布置植物，增强崖壁险要的气势。

点：于中景层面，布置树形优美或造型奇突的植物，倒影衬托下更突显植栽本身的个体美。

探：梅不耐水湿，须预留种植池且处理好排水，以其优美的探枝或略微倾斜种植的方式形成拱卫之势，实现季节特色。

培：灌木、草花及藤本类，植于山石间的培土中，对需要的石缝进行遮瑕。

填：对需要烘托的山石进行填充，岸边以水生植物填配于山脚、驳岸、叠石交接处，也可借蕨类的点缀，强化山林水汽充足的环境特征。

露：局部裸露的苍劲的树根、枯枝等，与山石相得益彰，更显山林苍劲的氛围。

图 10　花木掩映的植栽与山体关系

5.4　与周边环境的关系处理

通过题词、碑刻、诗词、楹联、匾额等文学气息的文韵点睛，实现营建者与观者的情感联动，这也是动势叠山所追求的"境生象外"。如"奇峰绝嶂，偏延于墙外"一句，通过围墙树林等遮挡，实现山后绵延之势，充分调动人的联想，让人感受雄阔的真山意境[16]。

6　结语

叠石造山虽依托的是形态多变的石材，强调的是山形山势，却也关注石情石味，与画境相融、与古人相通、与情境相连，是传达情感的重要途径和方式。本文试图对"动势"一词进行更为广义的解析，突破前人借助世俗化形象或动势的比喻，结合案例过程的草图示意，剖析、探寻更多适合千层石叠石造山技法的创新理念与营建方法。新时代的园林事业正在不断更新变化中，需要我们继续传承前人经验，珍视已有成果，并不断结合实践，更新方式方法，尤其应与当代的审美密切相关联。而更为宽泛的园林营造与审美的相关问题，可进一步展开新的探讨。

参考文献

[1] 杨云峰，云嘉燕，董芊里，等."真境造山"理念下叠石假山营建中的种植设计[J]. 风景园林，2023，30(5)：131-138.

[2] 顾凯. 以少胜多的园林假山叠石技艺详探，以小型庭院为例[J]. 风景园林，2022，29(8)：12-18.

[3] 顾凯."九狮山"与中国园林史上的动势叠山传统[J]. 中国园林，2016，32(12)：122-128.

[4] 计成. 园冶注释[M]. 2版. 陈植，注. 北京：中国建筑工业出版社，1988：216.

[5] 魏菲宇. 中国园林置石掇山设计理法论[D]. 北京：北京林业大学，2009：2.

[6] 杜绾. 云林石谱[M]. 王云，整理校对. 上海：上海书局出版社，2015：11.

[7] 应天慧. 当代叠石造山技法运用研究——以蒲山园假山营造为例[D]. 南京：东南大学，2021：29.

[8] 田建林，张柏. 园林景观假山置石·墙体设计施工手册[M]. 北京：中国林业出版社，2012：6.

[9] 顾凯."人巧"与"天然"：晚明江南园林假山的两种营造及其审美[J]. 装饰，2021(2)：24-28.

[10] 吕红霞. 扬州画舫录. 园林营造录述释研究[D]. 杭州：浙江理工大学，2019：110.

[11] 方惠. 叠石造山[M]. 北京：中国建筑工业出版社，1994：80.

[12] 顾凯. 中国传统园林中"亭踞山巅"的再认识：作用、文化与观念变迁[J]. 中国园林，2016(7)：78-83.

[13] 方惠. 叠石造山的理论与技法[M]. 北京：中国建筑工业出版社，2005：163.

[14] 重森千青. 庭院之心[M]. 谢跃，译. 北京：社会科学文献出版社，2016：7-8.

[15] 郭熙. 林泉高致[M]. 梁燕，注. 河南：中州古籍出版社，2012：89.

[16] 顾凯."画"与"真"：从叶燮《假山说》看17世纪中国园林假山营造的两种思路[J]. 美术大观，2023(2)：116-121.

作者简介

周杨琴，1983年生，女，硕士，中国美术学院风景建筑设计研究总院有限公司，景观与公共艺术研究院风景园林总工、高级工程师。研究方向：风景园林规划与设计。

(通信作者) 金荷仙，1964年生，女，博士，浙江农林大学风景园林与建筑学院，教授、博士生导师。研究方向：风景园林历史理论与遗产保护、康复花园、生态修复。电子邮箱：lotusjhx@zafu.edu.cn。

宋代衙署园林造园意境研究[①]

Research on Artistic Conception of Government Office Gardens in Song Dynasty

鲍梦涵*　周宇凌　张宁轩

摘　要：中国古代衙署园林极盛于宋。本文按照宋代行政区划建立衙署园林数据库，分析官员造园立意，并以景名的意境表达内容为切入点，结合数据库中的园林空间信息和文化信息，对宋代衙署园林的意境主题进行分类并探析意境营造手法。研究发现，宋代衙署园林的造园立意紧紧围绕着"以园促政"的目的，主题意境可分为"展政绩""励官员"和"抚军民"3类，通过营造整体仙境氛围、缩移模拟风景名胜、纪念祥瑞之兆来标榜政绩，以保护古树名木、营建纪念建筑、引用先贤典故来激励官员，营造可供民众游乐、阅兵劳军的大型园林活动空间以教化军民。本文对宋代衙署园林意境的研究有助于进一步揭示衙署园林的类型特征，同时为中国古代官员造园研究提供参考。

关键词：风景园林；衙署园林；宋代园林；意境；景名

Abstract: The ancient Chinese Government Office Gardens flourished during the Song Dynasty. This paper establishes a database for Government Office Gardens according to the administrative divisions of the Song Dynasty, analyzes the intentions of officials in creating gardens, takes the artistic expression content of scenery names as the entry point, combines the spatial and cultural information of the database, classifies the artistic themes of government office gardens in Song Dynasty, and explores the artistic creation techniques. Research has found that, landscaping design of Government Office Gardens in Song Dynasty closely revolved around the purpose of "Promoting Politics through gardens". The theme and atmosphere can be divided into three categories: "exhibiting political achievements", "encouraging officials", and "pacifying the military and civilians". By creating an overall fairyland atmosphere, shrinking and simulating scenic spots, and commemorating auspicious signs, the achievements were promoted; By protecting ancient or famous trees, building commemorative buildings, and using ancient allusions to inspire officials. In the gardens, a large garden activity space for the public to play and parade military labor was created to educate the military and civilians. The study of the artistic conception of Government Office Gardens in Song Dynasty in this article helps to further reveal the types and characteristics of Government Office Gardens, and provides reference for the study of ancient Chinese official garden design.

Keywords: Landscape Architecture; Government Office Gardens; Gardens in Song Dynasty; Artistic Conception; Name of Scenic Spots

---

[①] 基金项目：北京农学院青年教师科研创新能力提升计划（编号QJKC-2023021）资助。

引言

衙署园林是中国古代园林的重要类型，也是中国古代人居环境建设的典型实践。已有研究对衙署园林的定义存在狭义和广义两种观点：狭义观点着重于"衙"的空间属性，认为衙署园林即衙署建筑的附属园林和庭院绿化[1-4]；广义观点着重于"署"的功能属性，认为所有官方购地以及牵头营建的园林皆属于衙署园林[5-8]。从园林类型特征来说，狭义的衙署园林不同于其他官产园林以及官方带头营建的风景名胜，园林面貌受到衙署选址的深刻影响，并与衙署建筑关系密切，应作为一类独立的园林类型进行研究。衙署园林始于汉代，兴于唐代，极盛于宋代[9]。在宋代典籍中，府、州、军、监衙署的附属园林有特定的称呼——"郡圃"，县级衙署的附属园林则被称为"县圃"，标志着狭义衙署园林在宋代已经成为一类相对独立、具有完善体系的园林。在宋代繁荣文雅的社会背景下，衙署园林亦开始注重情景交融与意境营造，深刻地影响了后代的衙署园林和文人园林。

当前对宋代衙署园林的整体研究多集中于其定期向公众开放的公共属性。这些研究或结合宋代蓬勃的游赏文化揭示郡圃公共性质的转变[10]，探讨其选址建设和组织管理的途径[11]；或从历史学、文学角度揭示宋代官员对衙署园林等公共景观营建热度的变化，探讨其营建目的[12]和政治意义[13]。而对现存遗迹——绛守居园池和鼋画池的研究主要聚焦于其历史变迁[14-15]；对史料中的宋代郡圃（如相州、建康府、建德府等地的郡圃）的研究则关注衙署的基址范围[16]、整体布局和功能分区[17]以及植物景观特征[18]。总的来说，当前对宋代衙署园林区别于其他园林类型的特征尚未有深入的探讨。本研究按照宋代行政区划，对宋元明清地方志和相关文集进行检索，收集到209个府、州、军、监级衙署园林，47个路级衙署园林以及55个典型县级衙署园林，建立了宋代衙署园林的信息数据库。该数据库细分为营建信息、空间信息和文化信息3个子集，营建信息数据库包括营建时间和营建目的信息，空间信息数据库由选址和布局信息构成，文化信息数据库包括景名和活动类型信息。本文依据营建信息数据库总结出官员的造园立意，在此基础上，对文化信息数据库中的景名进行高频词分析，总结出园林主题立意类型，结合空间信息数据库中的选址和布局信息对不同主题的意境营造方法进行探析。

1 造园立意：以园促政

宋代官员是衙署园林的营建者，官员的营园目标受到宋代地方行政制度、职官制度和衙署营建原则的影响，紧紧围绕着"以园促政"的目的，表现为以下5点。

1.1 舒缓身心

满足官员自身游憩需求是衙署园林营建最首要的目标。唐代之后，这种满足自身游憩需求的营建目标开始被赋予政治意义。自柳宗元《零陵三亭记》之后，文人官员普遍认为园林景观可以在公务之余放松身心，有利于工作的开展[19]。吕温认为衙署园林的营建并非仅是为了游赏，还可以从中领悟清静为政的道理[20]。宋代官员承袭此思想，认为公务之余游园有益于处理政事，这正是衙署园林营建的重要原因①。

1.2 巩固政绩

宋代的考课机构会针对官员的功过进行评估，决定其升迁方向，衙署的损毁与兴建也被视作考课内容②。宋代方志格外注重记载衙署营建活动，吴潜在庆元府任职时编纂的《开庆四明续志》，其中衙署园林营建占据了很大篇幅。在频繁调任的前提下，官员们仍然重视营建衙署园林，以宋代福州郡圃为例，可见于地方志记载的不同官员的营建活动就有19次之多。

1.3 教化民众

由于门阀观念衰退、缩小贫富差距社会思潮的兴起以及孟子学说的复兴[21]，宋代统治集团开始将与民同乐作为治国理念，皇帝是首要践行者。有皇帝示范在前，官员与民同乐的宴游活动非常普遍。宋人有春季踏青的习俗，清明时节衙署园林向民众开放，向民众传达国泰民安、天子仁德的精神。韩琦认为民众在园中游览时，越是纵情欢乐，越能体会到天子仁德与社会安康[22]。

---

① （宋）吴渊，《退安先生遗集》，《太平郡圃记》。
② （宋）吴渊，《退安先生遗集》，《太平郡圃记》。

1.4 改善民生

一些衙署园林的营建具有改善民生的目的，这主要体现在两个方面。首先是园林建设与城市水利设施建设的结合。早在隋代，绛州太守梁轨引鼓堆泉水入城，完善城市水系，顺势将水系灌入牙城之内的衙署，凿池建园①（图1）。无独有偶，南宋建康太守马光祖疏浚青溪，并依托青溪营建了一系列城市景观，其中就包括建康府衙署园林（图2）。其次，部分衙署园林是由衙署生产用地转化而来的，这种转化可以减少官产作物对市场的冲击。宋代俞亨宗的《访求民瘼碑记》和翟汝文的《忠惠集》分别记载了漳州郡圃和济南府郡圃因前任官员的一己私欲，在衙署中大面积种植农作物，损害民众利益，而继任官员为民谋利，将衙署生产用地修葺为游观之园的过程②。

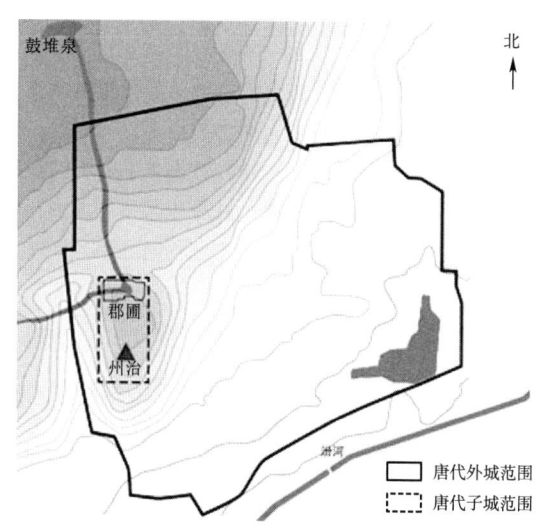

图 1 绛州鼓堆泉与衙署关系

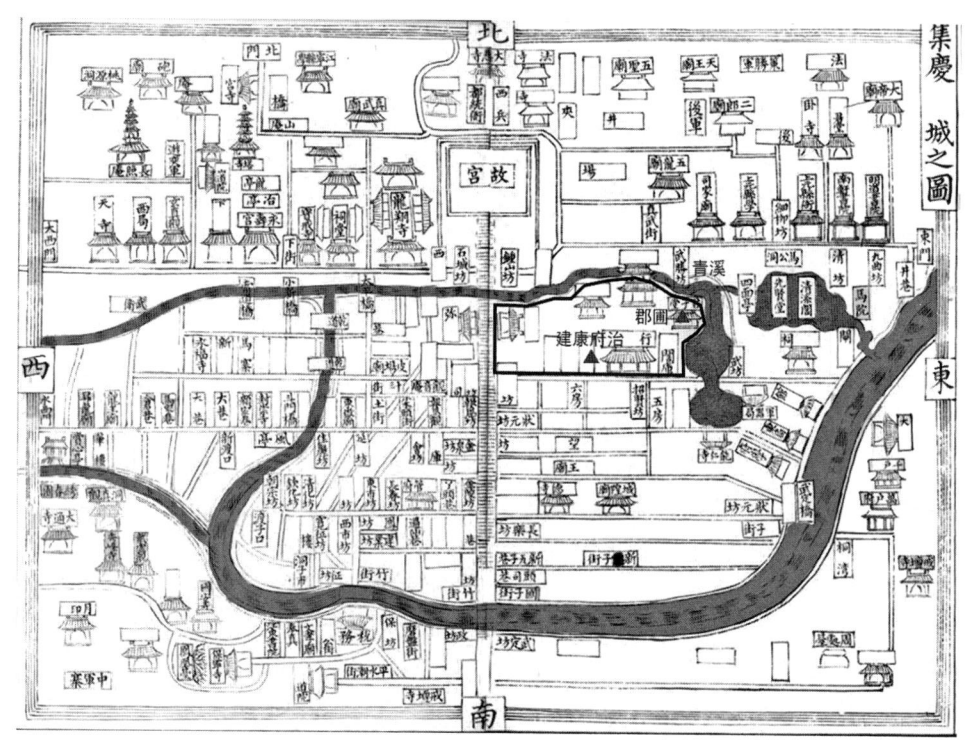

图 2 《集庆府城图》中建康郡圃与青溪的位置关系（底图为元代《集庆府城图》[23]）

1.5 训练军队

宋代府、州、军、监、县级衙署均具有军事职能，衙署中也设置了供军队训练、检阅的教场和射圃。这类用地一般与衙署园林关系紧密，部分衙署园林甚至将射圃作为园林的中心。部分官员认为将训练军队与宴饮游观活动相结合能够提升士兵的信念感、服从性和训练效率③。

---

① （宋）孙冲，《绛守居园池记序》。
② （宋）俞亨宗，《访求民瘼碑记》。
③ （宋）王安中，《初寮集·卷六·河间旌麾园记》。

2 景名主题分类

景名是对园林意象的诗意化凝练，不仅能表达出意象的观赏重点，也能体现出题名者的内心思想。同一景名在若干园林中重复出现，意味着其代表了这类园林所共有的营园主题。将衙署园林中出现的高频景名进行统计（图3、表1），可提炼出3类主题：展政绩、励官员和抚军民。

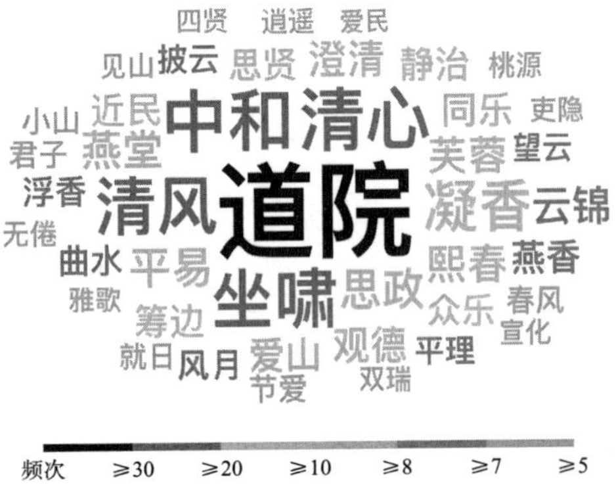

图3 宋代衙署园林中的高频景名

表1 宋代衙署园林中的高频景名

景名	频次	景名解释
道院	33	标榜治下讼稀事简，如同道院
清心	21	居心清正
坐啸	20	闲坐吟啸，指为官清闲，不理政事
中和	20	中正平和
清风	20	消暑之处，亦有惠政穆如清风之意
凝香	17	"燕寝凝清香"，出自韦应物《郡斋雨中与诸文士燕集》
思政	11	思行善政
平易	10	平和简易
芙蓉	9	荷之别称
熙春	9	明媚的春天
燕堂	9	闲居之堂
澄清	9	肃清混乱的局面
思贤	8	思念先贤
观德	8	观察德行
同乐	8	与民同乐
静治	8	无为而治
众乐	7	与民同乐
筹边	7	筹划边境事务
近民	7	平易近民，民必归之
曲水	6	曲水流觞之乐
望云	6	仰望白云，谓仰慕君王；思念亲人
燕香	6	"燕寝凝清香"，出自韦应物《郡斋雨中与诸文士燕集》
平理	6	公平处理，治理有序
逍遥	5	无忧无虑，不受拘束
雅歌	5	风雅的歌吟
春风	5	比喻天子恩泽
爱民	5	爱护百姓
双瑞	5	两处祥瑞同时出现
吏隐	5	官场隐逸之道
无倦	5	不懈怠，不厌烦
四贤	5	四位先贤
节爱	5	有操守而又仁爱
桃源	5	出自陶渊明《桃花源记》，指隐逸之地
宣化	5	传布君命，教化百姓
就日	5	比喻对天子的崇仰或思慕

2.1 "展政绩"类主题

这类主题通过表达官员治下政清事简、天降祥瑞以及地灵人杰来展现官员政绩。

2.1.1 政清事简

宋代重文轻武，官场风尚深受文人审美影响，而文人审美在官场中又不免受到中央集权的影响。中国古代文官一直在平衡仕与隐的关系，自白居易提出"中隐"，吏隐思想成为平衡仕隐关系的重要桥梁。由于宋代中央的优待，文官们既不愿放弃官场中优渥的待遇，又希望摆脱权力的控制，他们在官场中追求一种游刃有余、悠闲自在的工作和生活状态。宋代地方官员在评述个人政绩时常以某地"民性优厚，讼稀事简"作为治理成就，即民众的素质提高，刑讼事件稀少，官员工作清闲。在本文整理的209个府、州、军、监级衙署园林中，出现了33处以"道院"命名的景点。最初"道院"并非实体建筑，而是文人对地方的谑称，表示一地民众淳朴、公务清简，如同道院。至南宋时期，道院逐渐演变为衙署中的建筑实体，并广泛建设。可见宋代官员已经将对隐逸的追求包装成对其治理之下太平盛世的向往，正是在中央集权控制下个人精神追求的选择性表达方式。

2.1.2 天降祥瑞

宋代盛行祥瑞迷信之说，皇帝利用所谓的祥瑞之兆大做文章，彰显自身的统治贤明。宋徽宗所绘的《瑞鹤图》和《祥龙石图》皆以祥瑞为主题（图4、图5）。在皇帝的默许下，各地官员广泛搜罗祥瑞之兆，以投上位者所好。另一方面，官员自身也以祥瑞作为治理得当的象征。

在209个府、州、军、监级衙署园林中，出现了25处含有"瑞"字的景点名称，其中出现的祥瑞意象包括嘉禾、并蒂莲、连理木、甘露、奇珍异兽、灵芝仙草等。此外，景名中还常出现"双瑞"或"三瑞"，多种祥瑞同时出现，意义更加重大。宋代地方官员在衙署园林中以祥瑞命名景观，实际上是标榜自身政绩、祈求地方安定的行为。这种现象一方面反映了宋代官员中祥瑞迷信的普遍流行，另一方面也体现了宋代衙署园林主题在"仕"与"隐"的平衡中更偏向"仕"的一面。

图4　赵佶《瑞鹤图》[24]

图5　赵佶《祥龙石图》[25]

2.1.3　地灵人杰

宋代衙署园林中常出现以当地风景名胜作为景名的情况，这种做法不仅弘扬了地域特色，也标榜了当地的风景价值，而这种风景价值的发扬光大正是官员治理的结果。

2.2　"励官员"类主题

这类主题通过怀念先贤太守和标榜官员德行来警醒激励官员。

2.2.1　怀念先贤太守

怀念先贤是宋代衙署园林中的常见主题。西周政治家召伯常在甘棠树下为民众办事，此后"甘棠"不仅象征着前代官员遗留之嘉木，也寓意官员的惠政泽被后代。衙署园林的建设是历代官员不断完善的结果，前贤太守留下的遗迹往往成为后代纪念的对象。这种纪念行为不仅是表达对先贤官员的仰慕，也是为了激励后来者。在此观念影响下，营建者十分注重保护先贤所植的古树名木。除了保护古树名木，宋代衙署园林中还频繁出现纪念名人先贤的建筑，也有以名人官员留下的诗句作为景名的情况。

2.2.2　标榜官员德行

宋代衙署园林中常出现标榜官员品德的景名，如"清心""中和""思政""平易""观德"等，涵盖了清廉、公正、勤勉、善于思考和自省等为官品德，"近民""爱民""达民"等景名则蕴含着官员关爱百姓的治事理想。此外，宋代路级分司分管不同事务，园林主题往往具有针对性。负责财务转输的转运司和总领所，其园林意境中有规劝官员不要被物质所迷惑的内容，如淮西总领所的仁本堂取义自"君子治财以仁为本"①。负责刑狱的提刑司衙署园林则偏向于表现公正执法的德行，相关景名包括"澄清""平反""清白""平恕"等。一些由安抚使兼任府州长官的府州衙署则着重于表达军队将领应该具有的正直忠诚的品德，如广州郡圃中的"元老壮猷之堂"有正直守一的寓意[26]。

2.3　"抚军民"类主题

衙署是中央权力在地方的代表，具有向地方百姓宣扬天子恩泽、替中央稳固民心的职能。一些景名中蕴藏着称颂天子德行、传布君命的思想，如"就日""望云""宣化"等。除了直接宣扬上恩，宋代衙署园林常在清明前后向民众开放，一些景点直接以"众乐""同乐"为名，如平江府、真州、饶州、叙州、大名府、高邮军、福州等地郡圃。除了安抚民众的立意外，在设有安抚使的府州级衙署园林中，有些会明显表现出稳固军心的营园立意。如宋崇宁年间张近在河间府任职时，在衙署中营建了经武堂和旌麾园，并在此与吏士们宴饮游观，寓教于乐②。

3　主题意境营造

3.1　"展政绩"意境营造

3.1.1　政清事简——整体仙境氛围的营造

部分衙署园林有意模拟方外仙境，来营造政事稀少的氛围。浅山型衙署园林可以不经人工就营造出仙山的意

---

① （宋）周应合，《景定建康志》。
② （宋）王安中，《初寮集·卷六·河间旌麾园记》。

境，如倚靠卧龙山的绍兴府郡圃就曾被描述为蓬莱仙境。筠州郡圃位于凤山之麓，传言仙人李八百曾在此山修炼，筠州郡圃的景名大多与仙人相关①。平原型衙署则借助楼、阁、台等视线高远的建筑来模拟仙境。如以池为主体的建州郡圃（图6），景点的命名和布置皆模拟当地著名的仙人遗迹。玉仙堂是"玉清洞、梅仙山"的合称，皆为传说中仙人得道之处，子城上的幔亭和池中的紫霞洲亭则取义自幔亭峰上武夷君设宴的典故，幔亭借助子城占据地势以模拟幔亭峰，水中的小岛和亭则模拟仙人饮宴时铺设的紫霞褥。

3.1.2 地灵人杰——缩移模拟风景名胜

宋代衙署园林中常出现缩移模拟当地风景名胜的情况。庆元府郡圃在南宋时有曾有"桃源洞"和"新桃源"两个园名，"桃源"正是庆元府桃源乡的名字②。新桃源中有堂名为"四明窗"，"四明"指的是庆元府名山——四明山。四明山中，上有方石，四面如窗，中通日月星辰之光。郡圃中的四明窗堂位于园林中心，可以四面观景，与四明石窗的意境相通（图7）。

建德府（今建德市）郡圃则通过模拟范仲淹《萧洒桐庐郡十绝》诗中的意象来营造地灵人杰的意境。北宋景祐元年（1034年）春，范仲淹赴睦州任职途中写下《萧洒桐庐郡十绝》，描写了当地风土人情，自此睦州有了"萧洒桐庐"的别称。南宋时睦州更名为"建德府"，南宋景定年间（1260—1264年）建德府郡圃的园名及部分景名取自《萧洒桐庐郡十绝》诗，且与园林意象契合，几乎将当地美景全部收入园中（表2）。建德府郡圃又名"潇洒园池"，正契合了建德府"萧洒桐庐"③的名号。诗中前4句讲的是建德府四面环山的地貌特征，乌龙山在城市的东北部，郡圃东北角的面山阁正与之相对，可以观山。第5、6句说的是城中多泉，郡圃中有酿泉一眼，还有一座池上水阁名为"潺湲阁"。第7句描述城中楼阁众多，郡圃中也有一座凭借牙城墙营建的建筑"千峰榭"。第8句写的是当地悠久的种莲历史，

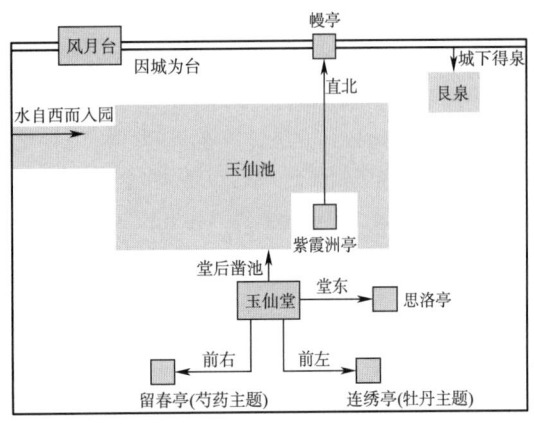

图6 建州郡圃布局示意图

[图片来源：根据（明）范嵩、汪佃纂修的《嘉靖建宁府志》文字绘制]

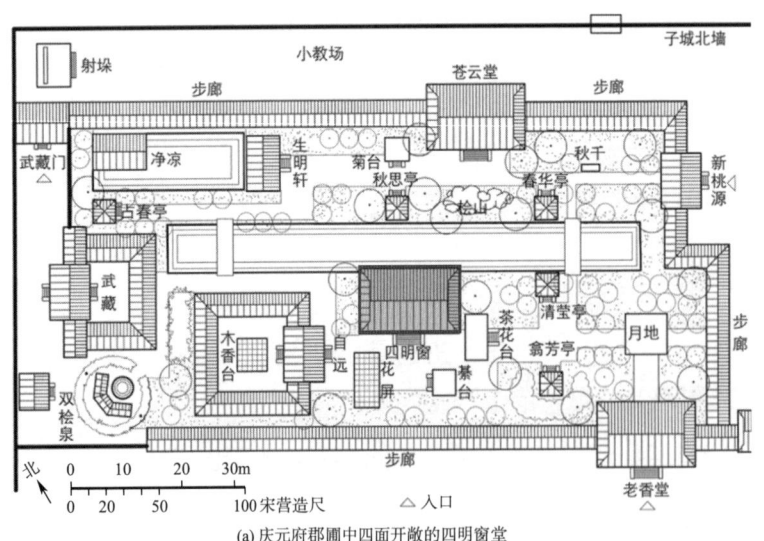

(a) 庆元府郡圃中四面开敞的四明窗堂

(b) 四明山四窗岩景观

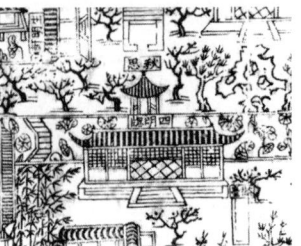

(c)《宝庆四明志·郡圃图》中的四明窗

图7 四明窗堂模拟四明山的石窗景观

---

① （明）林庭㭿、周广纂修，《嘉靖江西通志》。
② （宋）方万里、罗俊纂，（宋）胡矩修，《宝庆四明志》。
③ "萧洒"与"潇洒"为异写词，同音同义而写法不同，因此文献中也有"潇洒桐庐"的写法。

郡圃中有"木兰舟"临"荷池"而建，正对应了此景象（图8）。

3.2 "励官员"意境营造

3.2.1 保护古树名木

衙署园林历代承袭，园中不乏先贤所植的树木，官员们多加以爱护，表示敬仰。饶州郡圃中有范仲淹种植的海棠二株，太守邹柯仰慕范仲淹，在海棠之前建蜀锦亭。又如兖州郡圃中多有高大乔木，刘攽将其命名为美章园，并一再提醒后人不要伐翳[27]。

3.2.2 营建纪念建筑

宋代衙署园林中频繁出现纪念当地贤德官员的祠堂类建筑，一方面激励官员，一方面则表达了官员对治下太平富饶的向往。平江府的思贤堂最初是为了纪念韦应物、白居易、刘禹锡3位太守，南宋绍兴三十二年（1162年）郡守洪遵又增加了范仲淹和王仲舒两位太守的画像，这些太守在苏州时皆政绩丰硕，为民众所爱戴。

建德府郡圃中来源于诗歌的景名　表2

《潇洒桐庐郡十绝》诗句	诗中所述睦州风光	郡圃景名	景物营建
潇洒桐庐郡，乌龙山霭中。使君无一事，心共白云空。潇洒桐庐郡，开轩即解颜。劳生一何幸，日日面青山	睦州地处多山丘陵，府治四面环山。乌龙山在其东北	面山阁	位于郡圃东北，与乌龙山相望
潇洒桐庐郡，家家竹隐泉。令人思杜牧，无处不潺湲	睦州多泉，杜牧任太守时有"有家皆掩映，无处不潺湲"之句	酿泉	泉池
		潺湲阁	跨于池上
潇洒桐庐郡，千家起画楼。相呼采莲去，笑上木兰舟	睦州种莲历史悠久，南宋时期建德府莲子已作为皇室贡品	千峰榭	牙城之上
		木兰舟	跨于池上

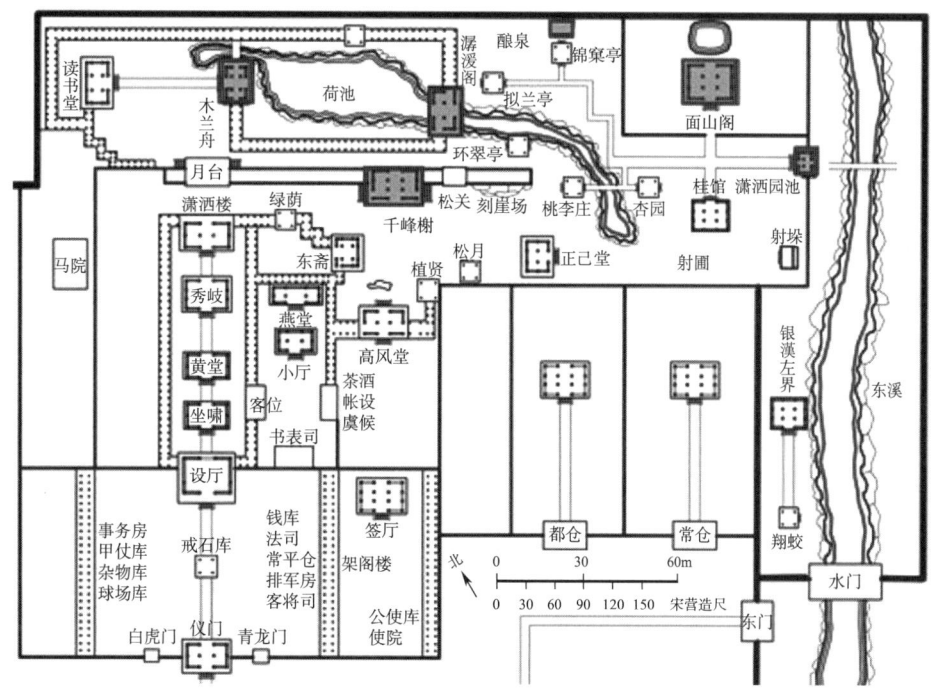

图8　建德府郡圃中来源于诗歌的景名
[图片来源：参考（宋）郑瑶等撰《景定严州续志·府治图》绘制]

3.2.3 引用名贤诗句典故

宋代衙署园林常引用先贤诗句典故作为景名来源。前文提到，建德府郡圃以《潇洒桐庐郡十绝》作为景名出处，固然是展现地灵人杰，也未尝没有怀念范仲淹的意味。平江府（今苏州）郡圃历史悠久，南宋时期该郡圃在意境上以纪念先贤太守、怀念前代名园为主题。唐代韦应物任苏州太守时在衙署中作《郡斋雨中与诸文士燕集》，诗中有"兵卫森画戟，宴寝凝清香。海上风雨至，逍遥池阁凉"之句，"凝香""逍遥"之名不仅出现在平江府郡圃中，在宋代其他衙署园林中也是经常被使用的景名。苏州北池岸边唐代白居易曾在此处种植桧树，南宋时补植桧树，并建白桧轩。

3.3 "抚军民"意境营造

宋代衙署园林为了宣抚军队、教化民众，会在园林中营造可供民众游乐、阅兵劳军等用的大型园林活动空间。

3.3.1 与民同乐的活动空间

从已有记载来看，宋代衙署园林纵民游观时会在园中开设酒罏、花市、茶房、食肆等摊位，供游人饮酒品茶，略作休息。宋代流行在寒食节前后进行秋千和蹴鞠运动，这两项运动在衙署园林纵民游观时也会举行，如广州郡圃："秋千蹴鞠，姹嬉老榕高柳边"[26]。

3.3.2 阅兵劳军的活动空间

宋代府、州、军、监和县级衙署皆具有军事职能，相应的，其衙署园林也会举行阅兵仪式以及慰劳军队的宴会。衙署中的射圃和射亭除了进行雅集活动之外，也会举行军事活动。镇江府郡治中的止戈亭，是太守检阅军队之处，每隔5日会教习射箭的技术，并以犒赏来鼓舞士气。扬州郡圃有隶武亭，军官会在此教授军队作战与射击方法。广州府衙署兼安抚司衙署，衙署西园以元老壮猷之堂为中心，呈中轴对称布局（图9），此园曾举办宏大的劳军宴会，军士列坐，席间饮酒啖肉，纪律整肃而不失活泼[26]。

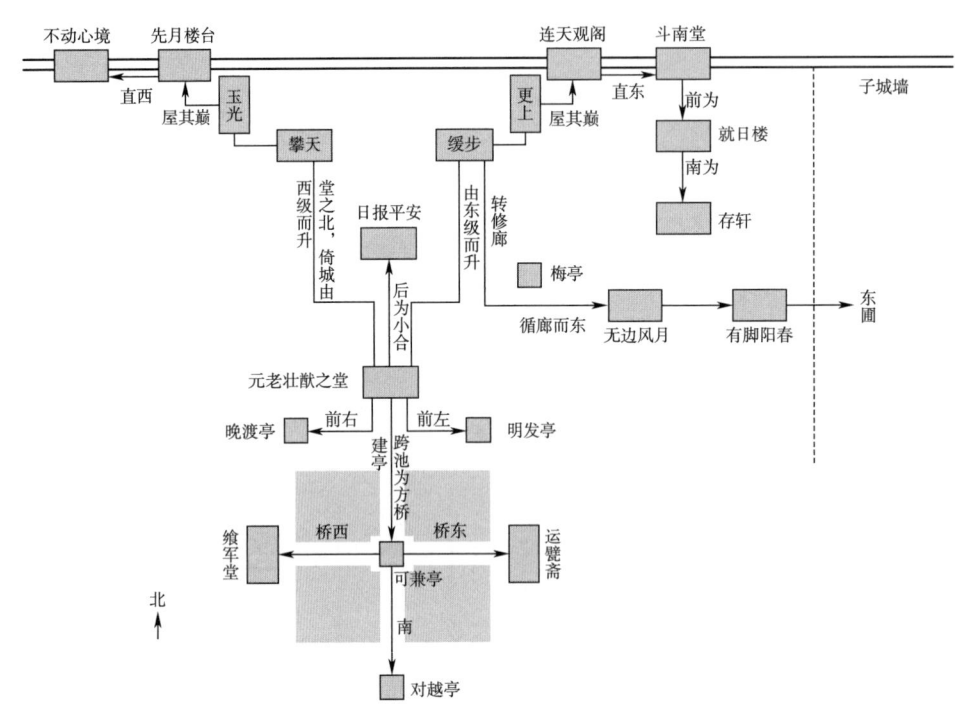

图9 广州府郡圃西园布局示意图
[图片来源：根据（元）陈大震《大德南海志》文字内容绘制]

4 结语

宋代衙署园林的造园立意紧紧围绕着"以园促政"的目的，主题意境可分为"展政绩""励官员"和"抚军民"3类：通过营造整体仙境氛围、缩移模拟风景名胜、纪念祥瑞之兆来标榜政绩；以保护古树名木、营建纪念建筑、引用先贤典故来激励官员；在园林中营造可供民众游乐、阅兵劳军的大型园林活动空间以教化军民。本文对宋代衙署园林意境的研究有助于进一步揭示衙署园林的类型特征，同时为中国古代官员造园研究提供参考。

参考文献

[1] 周维权. 中国古典园林史[M]. 3版. 北京：清华大学出版社，2008.

[2] 杨雨璇，杨洁. 地域语境下的衙署园林场所特征探析——以鼋画池为例[J]. 安徽农业科学，2012，40（32）：15751-15754.

[3] 谷云黎. 南宁古城园林与城池建设的关系[J]. 中国园林，2012，28（4）：85-87.

[4] 王金平，张海英. 地方衙署花园布局特征初探[C]//中国建筑学会建筑史学分会，同济大学. 全球视野下的中国建筑遗

产——第四届中国建筑史学国际研讨会论文集(《营造》第四辑),2007:4.
[5] 赵鸣,张洁.《绛守居园池》考[J].中国园林,2000(1):75-79.
[6] 严山艾.绛守居园池历史探源及修复对策[D].武汉:华中科技大学,2013.
[7] 周柯佳.川西衙署园林艺术探析[D].雅安:四川农业大学,2015.
[8] 舒博文,侯靖妍,陈锋.基于景观符号标出性理论下衙署园林的营造与传承[J].南方农业,2019,13(14):44-45.
[9] 成玉宁.中国园林史[M].北京:中国建筑工业出版社,2018.
[10] 刘祎绯.北宋城市园林的公共性转向:以定州郡圃为例[J].河北大学学报(哲学社会科学版),2013,38(3):23-28.
[11] 毛华松.城市文明演变下的宋代公共园林研究[D].重庆:重庆大学,2015.
[12] 丁義珏.自适·共乐·教化:论北宋中期知州的公共景观营建活动(1023—1067)[J].中华文史论丛,2020(3):135-176,388.
[13] 侯迺慧.宋代园林及其生活文化[M].台北:三民书局,2010:143.
[14] 赵鸣,张洁.《绛守居园池》考[J].中国园林,2000,16(1):75-79.
[15] 廖嵘,侯维.唐代衙署园林:崇州罨画池[J].中国园林,2004,20(10):14-21.
[16] 袁琳,王贵祥.南宋建康府府廨建筑复原研究及基址规模探讨[J].中国建筑史论汇刊,2009(00):285-304.
[17] 毛华松,廖聪全.宋代郡圃园林特点分析[J].中国园林,2012,28(4):77-80.
[18] 杨子蕾,薛晓飞.宋代韩琦与相州州署园林植物景观营造初探[J].古建园林技术,2020(1):21-25.
[19] 柳宗元.柳宗元文集[M].余彦君,注译.武汉:崇文书局,2017.112.
[20] 吕温.虢州三堂记[M]//周绍良.全唐文新编·第3部·第3册.长春:吉林文史出版社,2000:7099.
[21] 戴文嘉.试论宋代君臣"与民同乐"的治国理念[J].文山学院学报,2019,32(5):51-55.
[22] 韩琦.相州新修园池记[M]//韩琦,撰.李之亮,徐正英,笺注.安阳集编年笺注:上.成都:巴蜀书社,2000:10.
[23] 张铉.金陵全书.甲编方志类·府志·至正金陵新志[M].南京:南京出版社,2010.
[24] 《国宝档案》栏目组.国宝档案·2 绘画案[M].北京:中国民主法制出版社,2020:96.
[25] 牛苏放.图说中国300幅绘画名作[M].长春:时代文艺出版社,2012:110.
[26] 李昂英.元老壮猷之堂记[M]//曾枣庄,刘琳,主编.全宋文·第344册.上海:上海辞书出版社,2006:98.
[27] 刘攽.兖州美章园记[M]//彭城集.北京:商务印书馆,1937.

作者简介

(通信作者)鲍梦涵,1994年生,女,博士,北京农学院园林学院,讲师。研究方向:风景园林历史与理论。电子邮箱:1040324892@qq.com。

周宇凌,1998年生,女,北京农学院园林学院硕士研究生在读。研究方向:风景园林规划设计。

张宁轩,2001年生,女,北京农学院园林学院硕士研究生在读。研究方向:风景园林规划设计。

基于社交媒体数据的历史名园游人感知研究
——以广州兰圃为例

A Study on Tourists' Perception in Historic Gardens Based on Social Media Data
—A Case Study of Lanpu Park

刘敏楠　郭泽丽

摘　要：本文以广州首批历史名园之一的兰圃为研究对象，运用内容分析法，基于社交媒体平台爬取的广州兰圃游人评价数据，借助微词云、ROST CM6 等词频分析工具，分析游人对于兰圃的形象感知。结合高频词分类分析、语义网络分析与情感分析，归纳兰圃中游客感知和关注的要点在于景观特色、历史文化、区位交通、服务活动、情绪感受、人群行为 6 大方面；语义网络形成"核心—次核心—外围"三层结构。根据分析结果，结合广州市发布的历史名园保护办法，文本提出维持原有岭南名园格局风貌、提升兰花主题景观风貌、延续清幽雅致的整体景观基调 3 方面兰圃发展建议。

关键词：历史名园；兰圃；社交媒体数据；内容分析

Abstract: This study focuses on Lanpu park, one of the first batch of historical gardens in Guangzhou, as a case study. By utilizing tourist data from social media platforms, we employ word frequency analysis tools such as Weiciyun and ROST CM6 to explore tourists' image perceptions of Lanpu. Through high-frequency word classification, semantic network analysis, and sentiment analysis, six primary dimensions of tourists' perceptions and focal points were identified: landscape features, historical culture, location and accessibility, services and activities, emotional experiences, and crowd behavior. The semantic network forms a three-layer structure comprising "core-sub-core-periphery." Based on these findings, and in alignment with Guangzhou's conservation policies for historical gardens, three development recommendations are proposed: preserving the original layout and style of the Lingnan gardens, enhancing the orchid-themed landscape features, and maintaining the tranquil and elegant overall garden atmosphere.

Keywords: Historic Garden; Lanpu Park; Social Media Data; Content Analysis

引言

　　历史名园是中国传统造园艺术的遗留与见证，具有丰富的文化内涵和历史底蕴，充分展现了中华优秀传统文化的积淀与传承[1]。2023 年 1 月，广州市林业和园林局印发了《广州市历史名园保护办法》，明确历史名园是指建成 50 年以上，具有突出的历史文化价值，体现一定历史时期代表性造园艺术的园林[2]。广州于 2023 年 5 月正式确定第一批历史名园，其中便包括了广州兰圃。兰圃作为我国岭南地区唯一的以栽培和观赏兰花为主题的公园，集兰文化和岭南园林为一体，以兰之猗猗享誉岭南，以岭南园林享誉世界。从游人景观感知的角度对历史名园进行研究，将有利于深挖其历史风貌特色，增强社会对历史名园的保护意识，确保历史名园世代传承，永续利用。

随着网络大数据时代的到来及内容分析软件的发展，社交媒体平台成为人们分享生活、观点和体验的重要渠道，也为研究者进行游人行为、偏好、体验等相关研究提供了宝贵的数据来源[3]。社交媒体平台上采集到的公众点评数据，来源更为广泛，评价样本量大，评价时间跨度较长，在一定程度上保证了数据的全面性和较高的可信度。随着国家对历史名园、古典园林、文化遗产等保护管理的进一步重视，已有学者利用社交媒体数据对它们开展了多方面的研究，如张天洁等通过统计分析网络评论文本和照片，揭示女性游园者对天津中心城区历史公园的景观感知，证实了女性游园者同专家在景观遗产保护理念方面存在较大的差异[4]；范悦微等采用社会网络分析法和 IPA 分析法，通过网络文本对福州西湖公园的游憩资源进行评价，提出应抓住核心重点发展、合理利用资源、为游人提供不同的文化体验等优化建议[5]；蔡晶晶采用内容分析法，利用 ROST CM6 软件分析得出旅游者对顺德清晖园的感知意象主要体现在景观意象、文化意象、地方意象和情感意象等方面[6]；莫纪灿等利用网络文本数据，借助 ROST CM6 和 ROST EA 软件进行数据处理，探究了苏州网师园遗产活化与保护的具体策略[7]；米夏原等基于北京 9 个历史名园的社交媒体数据，使用 jieba 分词工具进行词频统计，分析公众对历史名园的关注情况和对历史文化的感知情况[8]。以上研究证实了借助内容分析软件，通过词频统计分析、社会网络和语义网络分析、情感分析等能够有效对网络评论文本信息进行挖掘，研究方法具备可行性。

本文选取广州兰圃为研究区，以主要社交媒体平台上的游人评论文本为数据源，使用微词云、ROST CM6 等内容分析工具，对数据进行提取、分类与解读，综合了解游人对园区历史风貌、景观特色的认识与评价，从而为以广州兰圃为代表的历史名园在资源保护利用、发展建设、文化遗产保护传承等方面提供一定的参考。

1 数据来源与研究方法

1.1 研究区域概况

广州兰圃位于广州市越秀区解放北路，地处广州传统城市中轴线的北端，是我国岭南地区唯一一座以栽培和观赏兰花为主题的历史名园，融兰花文化与岭南造园艺术为一体。全园面积约 5 万 m²，其中水体面积约 9000m²，园内收集的兰花有百余种，栽培 1 万余盆兰花，另有其他名贵花卉 4000 多盆，图 1 为广州兰圃的平面图。兰圃建于 1951 年，原为越秀公园的一个花圃，初期是小型植物标本园，1957 年转为专业培育兰花。经过缓慢而有序的建设，到 20 世纪 70 年代，基本形成现在的园林格局[9-10]。兰圃于 1976 年正式对外开放。2014 年，兰圃入选广州市首批历史建筑名单。2023 年，兰圃被认定为广州市首批历史名园，进一步彰显了其深厚的历史文化底蕴与艺术价值。

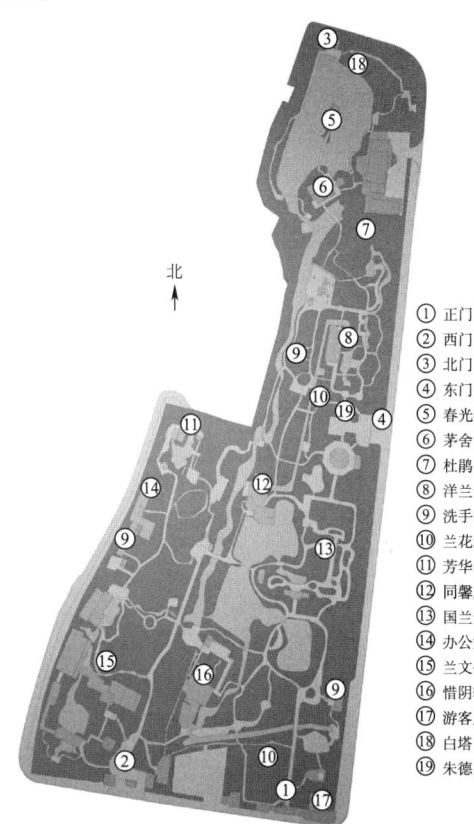

图 1 广州兰圃平面图

1.2 数据来源

本研究使用八爪鱼数据采集器作为主要的网络数据爬取工具，选取"大众点评""携程"和"去哪儿"三大社交媒体平台。这 3 个平台受众广、民众使用率高，且数据丰富真实、可信度高，能够作为游客感知研究的有效材料来源。由于网络评论具有时效性和文本相似性的特征，游客评论数据截取的时间跨度为 2018 年 1 月 1 日至 2023 年 12 月 31 日，以搜索景点名称"广州兰圃"提取相关游客网络评论，得到 980 条原始数据。在剔除各平台重复、与景区内容无关的评论后，最终得到 945 条数据，如表 1 所示。

广州兰圃网络评论数据来源　　　　　表 1

网站名称	原始点评数量（条）	预处理后数量（条）
大众点评	877	875
携程	66	65
去哪儿	38	5
总计	981	945

1.3　内容分析法

内容分析法是一种将符号性内容转化成系统化、定量化的数据资料的研究方法，旨在实现对文献、文本等内容的高效、经济、客观、系统且定量的描述[11]。词频分析法作为一种代表性的内容分析技术，通过计算特定研究领域文献中关键词或主题词的出现频率，揭示或表达其核心内容，进而确定该领域的研究热点与发展趋势，是文本挖掘过程中的关键工具[12]。本研究通过八爪鱼采集器爬取游客在社交媒体平台上发布的评价内容，对文本内容进行整理与预处理，利用中文分词效果较好的微词云工具进行分词，再对处理完成的文本进行高频词分类分析、语义网络构建分析和情感分析等。

1.4　数据处理

首先，使用微词云对 945 条数据进行分词处理，以便后续的词频统计分析。微词云是一款功能全面、易于操作、输出效果优秀的在线文字云和词云生成器，其支持大文本分词、多维度筛选、词频统计和可视化等功能。分词指的是将由连续字符组成的语句，按照一定的规则划分成一个个独立词语的过程。在分词之前，通过微词云的设置同义词功能合并数据中的近义词和同义词（如合并"园林—园子""幽静—清幽、清净、静谧、宁静、安静""地铁—地铁站、地铁口"等），使用自定义词典功能手动自定义分词（如"芳华园""路亭""国香馆"等园中专有景点名称）以识别专有名词，确保分词结果的准确性。接下来，使用微词云对处理好的数据进行词频分析，对分词词库中的词汇进行频次统计，删除无明显表征意义的词汇（如"还有""没有""不要"等），最终提取出前 100 个高频词汇，具体见表 2。

广州兰圃网络评论文本高频词汇　　　　　表 2

排序	词汇	频数	排序	词汇	频数	排序	词汇	频数	排序	词汇	频数
1	兰圃	783	26	出口	100	51	游客	61	76	照片	40
2	兰花	728	27	喜欢	99	52	很好	60	77	树木	39
3	园林	477	28	茶室	98	53	朋友	57	78	个人	39
4	越秀公园	442	29	不错	93	54	穿着	56	79	今天	38
5	广州	428	30	推荐	91	55	建筑	55	80	驱蚊	38
6	摄影	424	31	闹市	88	56	理由	55	81	位置	37
7	公园	413	32	游玩	86	57	芳华园	54	82	越秀	37
8	门票	386	33	附近	81	58	面积	54	83	假山	36
9	地方	291	34	栽培	80	59	收费	54	84	绿色	36
10	汉服	250	35	景点	73	60	周末	54	85	曲径通幽	36
11	幽静	230	36	古典	72	61	好看	53	86	水榭	35
12	地铁	222	37	不少	71	62	很大	50	87	小桥	35
13	游览	198	38	小桥流水	70	63	旗袍	49	88	步行	35
14	适合	168	39	正门	70	64	逛逛	48	89	免费	34
15	交通	165	40	喝茶	70	65	兰花展	46	90	品茶	34
16	品种	161	41	季节	70	66	散步	46	91	买票	34
17	对面	154	42	位于	70	67	越秀区	46	92	长廊	33
18	蚊子	144	43	岭南	69	68	开放	44	93	走走	32
19	不大	130	44	值得	68	69	好去处	43	94	展览	32
20	风景	121	45	老人	66	70	过去	43	95	精致	32
21	小姐姐	118	46	解放北路	66	71	下午	42	96	花园	31
22	时间	117	47	舒服	65	72	亭台楼阁	41	97	以前	31
23	便利	107	48	雅致	64	73	夏天	41	98	自然	31
24	植物	102	49	打卡	64	74	苏州园林	40	99	阳光	31
25	特别	101	50	需要	63	75	风格	40	100	天气	31

2 结果与分析

2.1 高频词分类分析

根据分词结果，将100个高频词汇分为6类，分别是景观特色、历史文化、区位交通、服务活动、情绪感受、人群行为，将高频词汇按频数从高到低排序，以便后续分析，具体分类情况见表3。

景观特色："兰花""品种""植物""栽培""绿色"等体现了兰圃是一个以兰花为主题的小型植物园，植物品种繁多，为游客提供了一个近距离感受兰花魅力的绝佳场所，堪称兰花王国。"园林""公园""地方"等指的是兰圃的基本情况，其作为城市公共园林，是市民休闲、娱

广州兰圃网络评论文本高频词汇分类　　　　　表3

类别	高频词
景观特色	兰花、园林、公园、地方、幽静、品种、风景、植物、栽培、景点、雅致、建筑、面积、风格、树木、假山、绿色、曲径通幽、小桥、长廊、精致、花园、自然、阳光
历史文化	古典、小桥流水、岭南、芳华园、兰花展、亭台楼阁、苏州园林、水榭
区位交通	越秀公园、广州、地铁、交通、对面、出口、闹市、附近、正门、位于、解放北路、越秀区、位置、越秀
服务活动	门票、茶室、喝茶、收费、开放、免费、品茶、买票、展览
情绪感受	适合、蚊子、不大、便利、特别、喜欢、不错、推荐、不少、值得、舒服、很好、好看、很大、好去处、驱蚊
人群行为	摄影、汉服、游览、小姐姐、时间、游玩、季节、老人、打卡、需要、游客、朋友、穿着、理由、周末、旗袍、逛逛、散步、过去、下午、夏天、照片、个人、今天、步行、走走、以前、天气

乐和放松的好去处，也是建设宜居城市的重要内容。"幽静""雅致""曲径通幽""精致"等表达了游人对场地环境氛围、景观体验的认识与赞赏。兰圃采用古典式园林布局，营造出一处静谧幽雅的园林胜地，隐匿于都市的喧嚣之中，独守一份宁静与雅致。"建筑""风格""树木""假山""小桥""长廊"等体现兰圃丰富的造园要素，景色秀丽多变。兰圃内的建筑皆为岭南园林风格，利用葱郁的林木，配以假山砌石、石道小桥、曲径长廊等，营造出移步异景、峰回路转之感，丰富了整个园林空间的层次。"面积"表明游人对兰圃面积大小的关注，评论中提到"占地面积不大""整体面积不大，但七弯八绕，也能逛两个小时"，可见兰圃虽面积不大但设计精妙、布局紧凑，园中道路化直为曲，加之造园要素繁多，可谓"咫尺之间，再造乾坤"。综上，极具观赏价值的兰花、幽静雅致的环境氛围、丰富的造园要素、岭南传统的建筑风格等共同营造出兰圃独特的景观特色，正如当年兰圃设计师郑祖良所评价"含蓄隐秀的兰圃"（图2）。

历史文化："古典""小桥流水""岭南""亭台楼阁""苏州园林"等说明兰圃既继承了岭南传统造园艺术，亦吸收借鉴了江南园林的空间序列和造园手法，体现出兰圃兼容并蓄、复合多元的美学内涵，其在社交媒体平台上被誉为广州版"苏州园林"。园中园"芳华园"是游客常提及的景点，芳华园作为我国参加1983年德国慕尼黑国际园艺展并夺得金牌的园林作品，是我国改革开放以来参加大型国际性展览首次获得的最高奖项，虽半亩纵横但颇具林壑之趣，凸显了我国传统园林的魅力，深受游客喜爱[13]。"水榭（同馨厅）"因朱德元帅题书"兰蕙同馨"而得名，此厅位于园林中部，凌水横空，建筑造型轻快通透，是兰圃的特色观赏点之一，在其中既可品茶休憩，也能赏景观鱼。"兰花展"体现了历史名园不仅是物质文化遗产，更承载着活态文化传承的功能，如通过举办"宋时四雅"兰花盛宴、"兰韵迎春"国兰展等，展示出兰花的千年古韵。由此可见，兰圃文化底蕴深厚，富有古典韵味，对游客具有较强吸引力（图3）。

区位交通："越秀公园""对面""附近"体现兰圃与越秀公园隔街相望的区位特点。首次来到附近的游客往往被对面热闹繁华的越秀公园所吸引，而同为广州市历史名园的兰圃则显得更为小众。地理位置的邻近为两园提供了便捷的交流与互通机会，有利于进一步提升两个公园的整体吸引力和游览量。"广州""闹市""解放北路""越秀区"等体现出兰圃深藏于解放北路繁华的闹市之中，四周无景可借，相反受周边噪声、尘土影响。设计者巧妙地通过堆山、设置植物屏障，将园区的界墙全部隐藏，隔绝了城市的喧嚣。"地铁""交通"体现兰圃具有便利的交通条件，游客乘坐地铁即可方便快捷地抵达园区。

服务活动："门票""收费""免费""买票"体现游人较为关注兰圃的票价情况和园内消费水平。绝大部分游客都能接受票价，认为门票定价合理、性价比高，但也有部分游客认为门票贵、不划算。"茶室""喝茶""品茶"印证了兰圃是闹市中难得的赏兰品茗佳处，其中有同馨厅茶馆、惜阴轩茶馆、茅舍茶馆等，且各具特色。"展览"体现兰圃不仅是绿化休闲的场所，也是开展各类主题展

图 2　广州兰圃景观特色相关照片
（图片来源：网络）

图 3　广州兰圃历史文化相关照片
（图片来源：网络）

览、文化活动的场所。近年来，园方注重提升园内景观品质，挖掘兰花文化内涵，围绕兰文化主题精心策划了一系列展览活动，如"兰缘盛荟"文化旅游艺术周、兰花主题画展、兰花摄影展等，为游客提供更多样的文化体验。

情绪感受："便利""喜欢""不错""推荐""值得""舒服""很好""好看"等属于积极情绪，"蚊子""驱蚊"体现游人在园中的消极情绪，"不大""不少"等则代表着中立情绪。结合原始点评内容可知，大部分游客对于兰圃的评价是积极的，对兰圃的自然环境和景观布局赞誉有加，对文化氛围和展览活动也给予了较为正面的评价。消极情绪中较为突出的是蚊虫问题，园内植物繁茂葱郁，水景形态多样，生态效益好，但容易滋生蚊虫，尤其在潮湿多雨的夏季，园内蚊虫数量明显增多，对游客的游览体验造成了不良影响。

人群行为："摄影""汉服""小姐姐""打卡""穿着""旗袍""照片"体现出以年轻女性群体为代表的游客偏好于穿着汉服或旗袍前来打卡、拍照记录，在兰花之间寻觅着古典韵味，可见兰圃古典的气质与汉服、旗袍承载的文化内涵契合度高。此外，"老人""朋友""个人"为游客群体里中比较突出的对象，"老人"因有购票优惠，且园区环境清幽，适宜老人散步锻炼故而提及较多。"时间""季节""周末""下午""夏天""天气"等体现游览时间的词，表明游客在游玩前会关注游园时段、季节、天气等因素。"逛逛""散步""步行""走走"体现了游客在兰圃的活动状态，除去前面已提及的赏兰、品茗活动，人们在园中活动以休闲漫步为主。

2.2 语义网络构建分析

运用 ROST CM6 软件中的语义网络分析功能对广州兰圃网络文本评论中高频词汇的关联性进行解读，以此了解游客评价的关注要素与要素间的逻辑关系。语义网络图呈现"核心—次核心—外围圈"三层结构，构成游客对广州兰圃旅游形象的整体认知（图4）。第一层核心区由"兰花""园林""越秀公园""公园""广州"等高频词组成，体现了游客对于园区景观特色和地理位置的首要感知，兰圃不仅有着独具吸引力的兰花专类主题特色，且具备与越秀公园隔路相对的区位优势。第二层次核心区域由"方便""不大""品种""时间"等组成，体现了兰圃在交通便捷性、植物品种和游览时间等方面的特点。第三层外围区域由"植物""位于""对面""季节""幽静"等组成，体现游客对于兰圃的景观特色、区位条件等的进一步感知，是对核心圈和次核心圈的拓展描述。

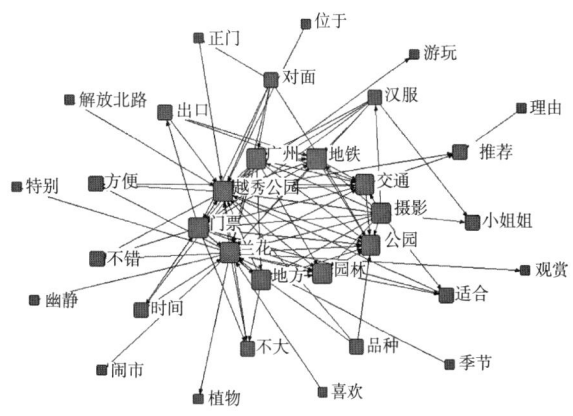

图4 广州兰圃语义网络分析图

由表4可知，"兰花""越秀公园"和"门票"作为3个关键节点，它们之间的连接强度最高，连接关系最紧密。兰圃作为岭南地区唯一以栽培和观赏兰花为主题的园林，高洁典雅的兰花构成了兰圃的特有景观风貌。门票作为入园的凭证，其定价与销售情况也在一定程度上反映了兰圃的受欢迎程度。兰圃与风光明媚的越秀公园同为广州首批历史名园，二者之间关系紧密，不仅体现在地理位置的邻近，更在于两者在文化传承、游客互动等方面的深度交融，建议两园联动发展，充分挖掘文化旅游资源。

2.3 游人情感分析

对网络评论文本进行深入分析，能够发现游客对于兰圃所持有的情感倾向及形成原因。对游人存在的消极情感进行分析，有助于园区有针对性地做出改进，增加游客重游的意愿。通过在游客评论数据中筛选评分为2.5分及以下的评价，得到20条消极评价，提到兰圃存在以下几方面问题。①整体印象：兰圃门票价值不符，淡季兰花品种稀少且状态不佳，园区摆设混乱，园内仅有一厅可观兰花，赏花体验不好。②管理水平：植物养护管理不到位，部分植物缺乏必要的照料与维护，水体浑浊，整体管理不规范。③服务水平：对游客失物的处理方式不妥当，茶室服务员态度较差，对待游客的询问和投诉表现冷漠。④公园设施：园内关键节点和交叉路口指示牌指向不够清晰明确，导致游客在游览过程中常迷失方向，园区设施不够完善。⑤安全防范：园区安保人员配备不足，缺乏必要的监控设施，安全管理和防范意识较为薄弱。

综上，兰圃在多个方面存在明显的问题与不足，亟待园方采取切实有效的措施加强对园区的日常管理、维护、服务等工作，优化游览体验。

前 40 词汇连接强度表　　表 4

排名	词汇	连接强度	排名	词汇	连接强度	排名	词汇	连接强度
1	兰花-越秀公园	189	15	广州-公园	106	29	汉服-摄影	85
2	兰花-门票	189	16	地方-兰花	106	30	地方-越秀公园	84
3	越秀公园-门票	180	17	品种-兰花	104	31	地铁-兰花	83
4	兰花-公园	163	18	摄影-兰花	99	32	汉服-越秀公园	79
5	兰花-广州	147	19	对面-兰花	98	33	对面-门票	79
6	对面-越秀公园	141	20	地方-门票	98	34	汉服-兰花	77
7	越秀公园-公园	133	21	摄影-越秀公园	96	35	园林-广州	77
8	地铁-越秀公园	132	22	交通-门票	95	36	适合-门票	76
9	交通-越秀公园	131	23	交通-地铁	95	37	园林-门票	74
10	广州-越秀公园	124	24	交通-兰花	94	38	园林-公园	73
11	公园-门票	121	25	园林-越秀公园	94	39	地铁-公园	73
12	广州-门票	120	26	地铁-门票	92	40	地方-广州	72
13	兰花-园林	115	27	汉服-门票	89			
14	摄影-门票	112	28	出口-越秀公园	89			

3　基于分析结果的历史名园发展建议

《广州市历史名园保护办法》中明确要求应当保护历史名园的原有格局风貌、特有景观风貌以及整体风貌的真实性和完整性，延续历史文脉。基于分析结果，本文从三方面对广州兰圃的发展提出建议。

（1）针对原有格局风貌：兰圃的原有格局风貌主要为以兰花为主题，为岭南造园风格与江南园林风格相结合的庭园空间。兰圃地处广州繁华区域的狭长地带，在规划上巧妙地利用了原有的地形，因地制宜采用"起、承、转、合"安排游览路线，由南至北划分为 4 个景区，将单一的直线形空间变为诗情画意的曲折空间[14]。各景区中通过堆山填淤、设置溪地瀑布等方式，配以拱门、长廊和水榭等，设以石道小桥，植以茂林修竹，营造出了峰回路转、步移景异的效果，具有很高的艺术价值。这些景观特点可从"岭南""兰花""园林""苏州园林""小桥流水""假山""长廊""水榭""亭台楼阁""曲径通幽"等高频词中体现出来。园区呈狭长带状这一不利因素未被游人明显感知，说明兰圃借助地形营造的庭园效果之成功，应维持其原有格局风貌，不能轻易改变。

（2）针对特有景观风貌：兰圃的景观特色体现在于其专业性，是我国岭南地区唯一一座以栽培和观赏兰花为主题的专类性公园，且前身为植物标本园，植物种类繁多。根据"兰花""兰花展""植物""品种""绿色"等高频词，可以看出兰花作为兰圃的主题，展现出兰圃区别于其他历史名园的特色景观风貌，应当进一步挖掘和发扬兰文化，讲好岭南植物故事，体现出园区的生命力。"兰花–越秀公园"为连接强度最为紧密的高频词，提醒着园区在保护管理方面要充分考虑和利用好区位优势，促进兰圃与周边其他历史名园的串联、协同发展。

（3）针对整体风貌：岭南园林总体风格上具有精巧秀丽、兼容并蓄、古朴淳厚的地方特色[15]。兰圃园景精美，设计师根据兰花生长及适合静观近赏的特点造园，整体景观呈现出"清幽雅致"的景观基调，具有"静、秀、趣、雅"的特点，极富传统岭南名园的神韵[14]，这与社交媒体平台中游人感知到的"幽静""雅致""曲径通幽""精致""古典"等高频词相契合。兰圃作为一个身处喧嚣繁华闹市的绿洲，建议其继续以植物造景为主，同时做好蚊患防控工作。注重园林要素与意境的保护，保持"静"的环境氛围、维护"秀"的自然景观、营造"趣"的游览体验、延续"雅"的文化底蕴。在此基础上，结合时代特征和兰文化特点进行创新实践，将兰圃打造成为岭南古典园林的杰出代表。目前，兰圃正在积极推进华南国家植物园（广州兰圃）兰花专类植物展示园建设工作，以期将兰圃打造为华南国家植物园体系中最具文化底蕴的兰花展示地。

此外，建议兰圃充分利用各类媒体手段，加强对园中景点的宣传。通过对兰圃内所有的景点建立专有名词库，发现前 100 个高频词中只有"芳华园""水榭"这两个专有名词，说明游人对于其他景点大多是陌生的。分析原因，芳华园作为我国第一个获得国际大金奖的园林作品，是体现岭南园林特色的重要景点；水榭（同馨厅）现为临水茶室，位于兰圃的游览中心，建筑轻盈通透，是一处功能性与景观性俱佳的标志性景点。园中目前作为兰花展或其他展览的活动地点，如兰棚、茅舍、国香馆、路亭等，均为广州公园设计中的代表作品。虽然游人有提及"展览"和"兰花展"，但对于布置活动的建筑本身不甚留意。为纪念朱德元帅与兰圃情缘而建造的朱德广场、朱德纪念雕像、朱德诗碑等朱德主题景点则更是鲜少被游人提及。部分富有历史文化特色的景点感知性不强，这限制了游客对兰圃文化魅力的全面认识。

4 结语

本研究统计出广州兰圃社交媒体评论文本的高频词主要分为景观特色、历史文化、区位交通、服务活动、情绪感受、人群行为六大类，同时分析了游客对以上各类要素的感知核心。语义网络呈现"核心—次核心—外围"三层结构，游人首要感知兰圃的景观特色、地理位置、门票售价等方面。游人对兰圃的总体评价是正面的，但园区在植物养护、水体管理、服务水平、园区设施、安保管理等方面存在问题，同时园内蚊虫较多，部分历史景点感知不强。根据文本的分析结果，结合《广州市历史名园保护办法》，从原有岭南名园格局风貌的维持、特有兰花主题景观风貌的提升、整体清幽雅致景观基调的延续三方面对园区发展提出建议，并结合华南国家植物园（广州兰圃）兰花专类植物展示园建设工作，提升兰圃知名度。

对社交媒体数据分析能够快速识别游人对历史名园感知的高频词和关键词间的关系网络等，直观展现游人对历史名园的感知评价，为更好地保护历史名园风貌提出策略和建议。在未来的研究中，可以结合带有地理标记的照片数据，采用机器学习等人工智能算法，深入分析游人对历史名园的感知特征。当前，我国社交媒体用户多为中青年群体，研究人群结构较单一，且用户往往只在平台上分享其主观筛选后的内容。今后的研究需要挖掘更多元、覆盖面更广泛的数据，或采用问卷、访谈等其他方法，把不使用社交媒体的人群纳入评估系统，为历史名园的保护管理提供更科学的支撑。

参考文献

[1] 边际. 历史名园保护规划研究[D]. 上海：同济大学，2007：7-9.

[2] 广州市林业和园林局. 广州市林业和园林局关于印发广州市历史名园保护办法的通知[J]. 广州市人民政府公报，2023（1）：16-20.

[3] Wilkins E J, Wood S A, Smith J W. Uses and limitations of social media to inform visitor use management in parks and protected areas: A systematic review[J]. Environmental Management, 2021, 67(1): 120-132.

[4] 张天洁，张晶晶，师宇豪. 基于网络评论的女性游园者历史景观感知研究——以天津中心城区历史公园为例[J]. 中国园林，2016，32(3)：30-36.

[5] 范悦微，毛盾，周成城，等. 基于网络文本分析的福州西湖公园游憩资源评价[J]. 中国城市林业，2019，17(6)：41-46.

[6] 蔡晶晶. 基于网络文本分析的清晖园旅游地意象及感知特征研究[J]. 顺德职业技术学院学报，2023，21(4)：84-90.

[7] 莫纪灿，张青萍. 基于网络文本分析的苏州古典园林活化策略研究——以网师园为例[J]. 资源开发与市场，2021，37(5)：629-635.

[8] 米夏原，吴作民，邹宁，等. 基于社交媒体数据的北京市历史名园景观感知与评价研究[J]. 城市建筑，2023，20(23)：1-8.

[9] 宁艳. 风景园林规划设计方法与实践[M]. 上海：同济大学出版社，2022：150-153.

[10] 周宇辉. 郑祖良生平及其作品研究[D]. 广州：华南理工大学，2011：65-66.

[11] 邹菲. 内容分析法的理论与实践研究[J]. 评价与管理，2006，4(4)：71-77.

[12] 马费成，张勤. 国内外知识管理研究热点——基于词频的统计分析[J]. 情报学报，2006，25(2)：163-171.

[13] 卢永忠，张远环，朱纯. 广州兰圃芳华园的营造特色及启示[J]. 广东园林，2017，39(2)：12-16.

[14] 列淦文. 广州兰圃的造园理法及其文化功能探析[J]. 现代农业科技，2009(3)：61-62.

[15] 李敏. 广州艺术园圃[M]. 北京：中国建筑工业出版社，2001：1.

作者简介

刘敏楠，1995年生，女，硕士，仲恺农业工程学院，讲师。研究方向：风景园林规划设计、风景园林教育。电子邮箱：minnan16@163.com。

郭泽丽，1999年生，女，仲恺农业工程学院本科生。研究方向：风景园林规划设计。电子邮箱：1336845058@qq.com。

中国近代造园知识探索的中国性与现代性再研讨[①]
——以《园冶》为原点的考察

Re-study on the Chinese Character and Modernity in the Knowledge of Chinese Modern Garden Making
—An Investigation Based on *Yuan Ye*

何梦瑶　赵纪军*

摘　要："中国性"与"现代性"指向古今、中外的多重交织，关乎中国风景园林存在与发展的中心与航向；《园冶》的流变则映射了这对概念所蕴含和立足的时空关系，以《园冶》为媒介和视角展开研究，既可为探寻中国特有的风景园林规划设计现代化发展之路奠定基础，亦可启迪理论与实践、传承与发展的互动等现实问题。本文以《园冶》的跨时代流转为线索，剖析《园冶》视野下的近代造园知识与西方学术背景之间的关联与差异以及《园冶》理论在近代造园认知与行动实践中的传承与创新，进而在现代转型的具体事件背景中辩证、鲜活地探讨"现在-中国"之学科语境的基本问题。本文辨别了职业定位、天然取向、基本法则、组成要素4方面贯通于古代与近代造园的理论演进脉络，分析阐述了其在时空变迁中受到的外来影响以及保持相对稳定的状态与原因。这些方面的外在表述以传统的内容与精神为基础，实则由现代学术目的与使命而驱使，却又辉映着个体思想与文化熏陶，表征了相因相生的"中国性"与"现代性"，并体现了这两者在中国近代造园知识结构中的复杂互动与融合，是学科多元化发展的坚实基础与基本指导。

关键词：造园知识；《园冶》；中国性；现代性

Abstract: "Chinese characteristic" and "Modernity" are signified by the intricate interplay between ancient and modern, Chinese and foreign, which is related to the center and desired track of the existence and development of Chinese landscape architecture. The spatio-temporal relationship that this pair of concepts implies and is based on is reflected by the transformation of *Yuan Ye*. Research is conducted using this as a medium and perspective, a foundation is laid for exploring the unique path of modernization in Chinese landscape architecture planning and design, and practical issues such as the interaction between theory and practice, inheritance and development are shed light on. The intergenerational flow of *Yuan Ye* is taken as a clue. The correlation and difference between the modern gardening knowledge and the western academic background under the perspective of *Yuan Ye* are analyzed, and the inheritance and innovation of the theory of *Yuan Ye* in the cognition and action practice of modern garden-making are studied. Then, the basic issues of "present-China" disciplinary contexts in the background of the specific events of the modern transformation are dialectically and vividly explored. The four key aspects of professional orientation, natural orientation, basic principles, and constituent elements that run through the theoretical evolution of ancient and modern gardening are identified, and the external influences on them and the reasons for their relative stability amidst spatial and temporal changes are elucidated. While these external expressions are rested on traditional content and spirit, they are propelled by modern academic purposes and missions, and individual thought and cultural edification are reflected. This

---
① 基金项目：国家自然科学基金项目"中国风景园林'前一级学科'时期知识生产及其演进机制研究——以风景园林规划设计为例"（项目批准号：52078227）。

represents the synergistic development of "Chinese characteristics" and "modernity" and their complex interaction and integration within the knowledge structure of modern Chinese gardening is encapsulated. It is a solid foundation and basic guidance for the diversified development of disciplines.

Keywords：Garden Making Knowledge；*Yuan Ye*；Chinese Characteristic；Modernity

引言

"现在-中国"被确立为中国风景园林存在与发展的"中心",其从时间与空间上反映了中国风景园林的过去、现在与未来,以及东方、中国与西方两组关系。相应的,"现代性"与"中国性"两个辩证统一的概念在风景园林理论发展中的意义不证自明[1]——其核心立足点在于"关系",更指涉时间与空间层面间的相互作用。完成从传统园林至现代风景园林的转型,以及在转型的过程中保住中国文化的根基是这对范畴下的根本追求。

回看关注传统园林之现代传承问题的研究便容易发现并证实"现代性"与"中国性"的互成性,探索现代转型经验往往伴随着对传统园林的认知与阐释。学者们将目光投向了传统园林之现代转型经验的探讨上,并呈现出一体两面的特性。以"现代性"追求为目的,苏州古典园林的经营管理[2]以及日本传统园林的变革[3]等现实经验、反思与启示获致关注。以"中国性"认同为初衷,传统园林现代化转译实践探索中的中国式思维态度[4]以及"营境学"视野下的传统园林多维度剖析[5]等理路不断激发历史的、民族的生命力,两者碰撞所产生的火花指向了对未来理论之自主能力的期盼,即在时空交照的宽宏视野及动态框架中发扬理论的特性。

中国风景园林近现代发展的历程起步于被概括为"传统"的历史阶段,其自身复杂的规律、机制、模式、历史特征等反映了曲折、艰辛、独特的经验或得失,有显著的历史镜鉴意义。但话题的价值并不顿足于此,西方对这一巨大转变的风景园林背景与事件已有相当诠释,从现代风景园林规划设计的转型过程中洞见学科立足的原点、基本内涵[6-7]。而近代时期中国学者们与造园相关的著作、教材以及实践亦得到关注。如朱启钤在中央公园中对中西方造园手法的继承、借鉴,彰示现代造园实践的基本路径与思路[8];童寯著之《江南园林志》的研究方法、图像表达、概括方式中呈现的设计态度、认识等,折射了学科本体的特质[9];陈植的《造园学概论》中"设计""庭园"

等外来和传统术语,在新知识体系架构中的定位、功能与思想观念所蕴含的对待传统与西学的态度、策略;等等。特定人物及其作品成为主要研究对象,通过深度的剖析逐渐探明暗含在学科日常中的逻辑与意涵,进而对学科综合性和独立性、传统阐释和定位等观点的历史动机、背景有了更深的理解[10],为现实的理论与实践问题及领域交叉趋势带来譬解。总之,一条中国特有的风景园林规划设计现代化发展之路,印证着学科与行业发展的历史与未来。

刻印于明崇祯七年(1634年)的《园冶》,清代流入日本、被改称为"夺天工"(图1);后历经时代动荡一度成为禁书,乃至湮灭无迹[11]。直至1930年代,朱启钤与阚铎等人利用北京图书馆所购明版《园冶》残本,结合日本内阁文库该书藏本之影写本,进行参照校录,并校核图式、分别句读,终由中国营造学社重刊出版营造本《园冶》(图2)。从《园冶》的失传至近代重新发现、再度诠释与不断拓展的历程,一方面可证明中国传统造园理论之艺术思想与意匠手法的煊赫与丰实;另一方面,其作为一条贯连古今的线索,在鲜活的历史进程中上演着中国造园文化在政策风波中的沉寂与在现代化浪潮中的传承和变革,是社会动荡与发展的缩影,从而足以确定其在传统与现代、东方与西方之交汇点上的关键影响。因此,《园冶》之近代研究的回顾,是探讨中国性与现代性存在的必要基础,其不仅是中国风景园林现代化进程中的关键环节,也为探讨新中国成立后中国风景园林的相关发展提供了必要前提。然而现有关于《园冶》的考据、评价等研究往往关注其文本本身[12],对其在近代得以延展、迈向现代化的动态历程却鲜有关注。尽管,《园冶》的再发现被视为直接影响我国"造园学"学科初创的重要历史事件[13],但其阐发的过程与古今、中西思想之间的交融与交锋,却始终疑团莫释。

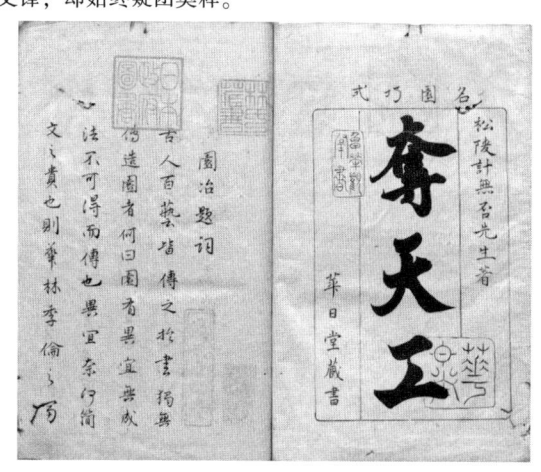

图1 流传于日本的《园冶》抄本

图2 1932年营造学社依明崇祯阮氏刻本重校印的《园冶》

如果说现代性的特性就是过渡、短暂和偶然[14]，正如近代学术语境中"造园"概念的勃发与消逝，那么追寻中国现代风景园林的现代性也就意味着对这一特殊过渡时期中学科急剧变化的特别关注。《园冶》曾掩埋于历史深处，却在失落后又重现新生。崭然的"新"不仅体现在残本实物发行与流转中的断裂性①，更意味着新时代背景下再读与诠释的连续性。流动的路径多元而繁复，从而成为触及"断层与连接"的恰当中介。其作为古代园林营造思想的范本影响莫不深刻，如果不胆大心细地加以分晓，不断被现实掩埋的痕迹又将在历史的又一声叹息中再度沉寂。本文以《园冶》的流转为线索，得以在现代转型的具体事件背景中辩证、鲜活地探讨"现在-中国"之学科语境的基本问题：近代造园知识中的"中国性"与"现代性"是什么？又有着怎样的历史意义与价值？在此主题下，立足于现代（西方）风景园林知识在近代中国的移植与转化、中国传统园林遗存与理论发扬与转变的学科背景，更具体的疑问等待进一步的探寻与解答：《园冶》视野下的近代造园知识与西方学术背景有怎样的关联与差异？《园冶》中的造园理论在近代造园认知与行动实践中如何绵延与更新？（图3）总之，《园冶》的再发现及其在现代转型背景下的重新解读为本研究提供了重要视角，而"中国性"与"现代性"作为联系古代造园与近现代园林的一对重要概念，扮演着激发意义自觉展现的中介角色。

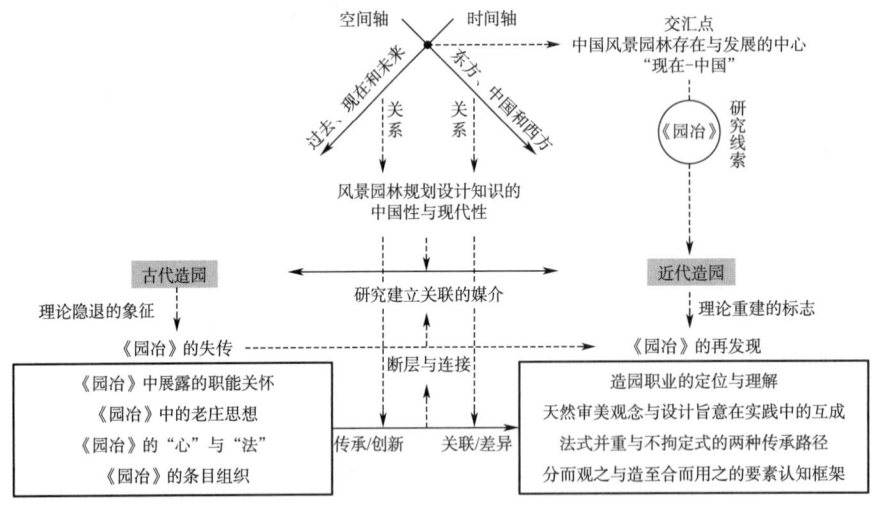

图3 研究思路

1 职业定位：从能主之人至造园学者、造园家

在《园冶识语》中，阚铎概括了计成"通艺之儒林"同时"识字之匠氏"的身份，且评判其"独于造园"而具有的心得也是别致的——"铺地、掇山，**则属专门技术，非普通匠家所可措手**。故风雅好事者，有志造园，若使熟读《鲁班经》《匠家镜》而胸无点墨之徒，卤莽从事，又几何而不刀山剑树、炉烛花瓶耶？"其眼中的匠氏并非"普通匠家"，而是能诗能画且"悟彻"独到者。阚铎

---

① 《园冶》虽在近代得到重刊与诸多学者的重视，但其作为"残本"的内容缺失仍是古代造园与近现代园林规划设计理论间存在断裂性的重要原因。

关注到文本的背后逻辑与呈现方式，总结其以"理论"与"图释"来发挥理趣，并"与世界学者流瀣一气"[15]。这些俨然已是现代学术语境下对于"造园"之学理知识与职业能力的关切与认可。

实际上，如果再回看计成在《园冶》中的论述，"自序"以及"兴造论"中也都有其对造园行为的专门见解，且更大胆地通过"能主之人"的身份强调不同于匠氏的一种专业能力：

"世之兴造，专主鸠匠，独不闻三分匠、七分主人之谚乎？非主人也，能主之人也。古公输巧，陆云精艺，其人岂执斧斤者哉？若匠惟雕镂是巧，排架是精，一梁一柱，定不可移，俗以'无窍之人'呼之，其确也。"[16]

面对园林兴造，其以"无窍之人"来评价"鸠匠"墨守成规的做法，强调"能主之人"的作用。这位"主者"的能力便是使园地"得体合宜，未可拘率"。因此，"能主之人"应该是超脱于当时的社会认知，对一种新兴能力和职业的概括与定义。"能主之人"可以被解释为主持造园的人，但计成透过这重身份所展开的对造园法式的剖解与阐释更有力说明了规划设计能力在园林职业化发展趋势中的地位。这一论断并非空穴来风，日本学者冈大路在1930年代所作的《中国宫苑园林史考》中谈到《园冶》，认为其"三分匠，七分主人"的说法指出了园林设计观念的重要性[17]。从清光绪时期举人转向中国新式学者的乐嘉藻在《中国建筑史》（图4）中论述到畅春园、圆明园等，认为相对工匠"仅有简单经验，无思想之可言"，君主"常思另辟境界，以新耳目"，亦在言语之间表达了对美术思想、布置精神等规划设计思维的重视[18]。然而，计成在书中运用了各种描述园林建设行为的词汇，如"兴造""造作"等，但未曾清晰界定出其背后各种角色分工的行为名称与确切的职业定位，也反映了其时造园之专门职能并未成熟与普及。

虽然古代的造园发展并未形成一套完整、独立的专业分工流程，但这些零散的关于园林设计的人物与事迹却在近代的知识语境中独占一方天地，与关于"造园家""造园学者"的职业身份认知相契合。如陈植在1930年发表的《中国造园史略》中考证古代园赋，肯定了当时"造园之计划书"的有效指导作用，认为"造园学家"王维营造别墅所依的绘画图即今日的"设计图"，指出裴胥公园"设计之精"，视白居易为"造园天才"[19]……童寯也在其1937年完成的《江南园林志》（图5）中直接指出计成与朱舜水均为"造园学家"[20]。他们以近代造园的认知范畴与古代造园经验交相论证与分析，摸索着以现代视野理解历史传统的路径。

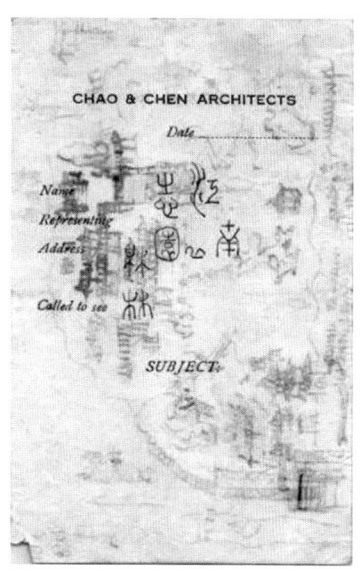

图5 童寯著《江南园林志》1937年版封面
（图片来源：童寯纪念馆藏）

同时，这种研究思路也将新的职业工作机制引入对于造园传统的深层理解之中，从而揭示了造园传统与现代模式的不同之处。其中有两点值得一提，一是尽管古代园林展现了"造园家"的魅力，但这种身份认知，往往伴随着同传统画家存在不可割裂关联的行业共识："在中国造园方面，园艺师甚至'风景建筑师'地位很低。后者纯属西方产物，他关心建筑远不及关心风景。历史上诗人、学者和僧侣在中国艺术这一分科方面享受同等荣誉，**重要的是一个好的造园家必须是一个优秀的画家**"[21]。二是认识到古代造园自有其特定的途径与方式。论及富郑公园，陈植对其文人造园模式的理解颇为通透，指出"宋代之

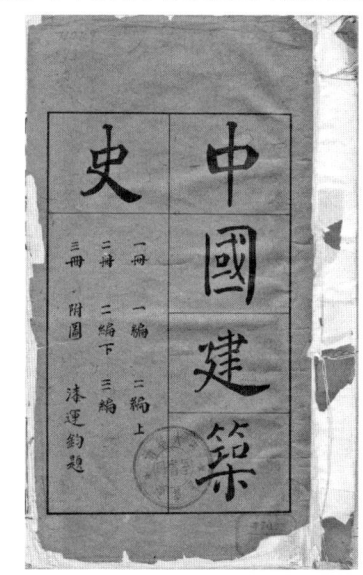

图4 乐嘉藻著《中国建筑史》1933年版封面
（图片来源：清华大学建筑学院图书馆藏）

造园学者"郑公："还政归第，谢绝宾客燕息此园，几二十年，亭台花木。皆出其目营心匠，故逶迤衡直，闿爽深密，皆曲有奥思"[19]。其中关于造园中"目营心匠"的过程引自《洛阳名园记》，这种方式与现代学术语境下的规划设计行为相当，在此恰如其分。

时空的流变创造了一种预料之中而意料之外的耦合，明末计成著成《园冶》，首创"能主之人"的重要造园作用，近世园林学者则强调"造园学家"的专门职能定位，进而在知识层面上充分展现了社会发展过程中造园专业独立的趋势和转向。可贵的是，这种以现代规划设计知识为基础的学术目光穿透了时代的隔阂，使其与传统造园经验、作品进行交流与对话，并呈现了其"中国性"的内在潜能与独特魅力。

2　天然取向：审美观念与设计旨意的互成

《园冶》对"天然之趣"的崇尚展现了中国造园的特定偏好，其中的一句"虽由人作，宛自天开"[16]，揭示了与老庄思想的紧密关联，凝练了中国造园的基本纲领。这样的思想基础也在古典园林的研究与造园理念的拓展中进一步得到确认。

在探本穷源的现代学术精神下，老庄学说被认为是这种审美追求的思想根源，同时引发了关于中国园林之本质的认知。乐嘉藻指出老庄学说引向了"菲薄人为"而"返求自然"的趋势，肯定自然在园林中提供的精神慰藉作用："由宫室而变化至于园林，亦即人为之极转求安慰于自然也"[18]；冈大路进而总结中国园林是一种与"原始自然物"相对应而发展的产物[17]。因此，以老庄学说为依托的对于园林之自然本质的认知也是中国造园思想的底色。

在这种观念色彩下，首先可以察觉的便是传统艺术审美思路的洞彻与延续。不同于前述乐嘉藻对园林之自然的因果思辨，其在《天然之爱好》的系列文章中，通过介绍蟠木器、文石等木类、石类艺术品（图6），描述了中国人爱好天然美的特殊方式，首先是事物本身呈现出的"美观"，然后"人工"介入发挥其"固有之美"：

"或焉纹理，或焉形式，**在未加以人工之前。已具有一种美观**……然亦惟是种人能感觉之。于是就其特异之点。再由人之意匠与其手工整理之。或有去取。或有增损。**务在发挥其固有之美**。以供人之利用或观赏。**故虽亦经过相当之人力。而因其居重要地位者。仍焉天然之美。**

而何以有人孜孜而焉此，则因其对于天然之美。有特殊之爱好故也。爱好之心深。则整理之念切。于是种种技术。乃由此逐渐发展。"[22]

图6　汪洙雕石研山[22]

其精辟地总结出"人工"与"天然之美"共存的原因：尽管经过了相当的人工改造，但由于"天然之美"仍具有重要地位，因此审美价值得以保存与发挥。在这段文字表述中，既能看到现代学术所强调的逻辑、技术思维，这能在乐嘉藻曾"公车上书"推行西方科学教育的经历中找到缘由。同时，对天然美之标准的把握当然也绝非仅依靠科学思维的推导，其还依靠对文化传统的体验与濡润，中国传统文人的阅历、积淀与喜怒哀乐由此流露。这样的原理同样也体现在其对庭园设计的理解之中，他认为在居处之外应"模拟天然之风景"，但这种"模拟"的行为方式在于恪守"天然之本旨"——"然模拟过于深刻，调和过于精致，则又嫌人为太过，与天然之本旨相背"[18]。从器具到园林，逻辑阐释映现为现代知识，而传统审美经验及其深刻影响则内隐其中。

敏锐捕捉天然之美的审美取向并非仅是个人的特殊写照，更是中华文明延续脉络在近代的回音。生于清光绪年间的刘敦桢自幼接受了传统文化启蒙教育，青年时期结识苏州工师首领姚朴云，一同踏访古建园宅。其建筑设计、学术研究等作品以精确、严谨的现代学术精神著称，却也在言语中蕴含传统审美根基。刘敦桢在《同治重修圆明园史料》中作了这样一段优美的描述，展现对天然之美的关怀：

"北平西北，群山连亘，自太行迤逦东趋，若天然屏障。其下陂陀起伏，流泉环带。泉之巨者曰玉泉，东南汇为昆明湖，馀支衍蔓，散于近郊，春夏之间，萍藻蒲荇，交青布绿，野禽沙鸟，出没翔泳其间，无殊江南风景。"[23]

山水风景作为园林"固有之美"的一种形式，悄然转化为一种仿佛置身其中而展开描摹的图景式知识，在观赏体验的表述中，审美经验得以阐发。与此相对，他根据"样式雷"图档史料，指出："我国旧式庭园，叠石造山，矫揉过甚，**往往乏自然之美**，而亭榭繁密，**尤背园林之旨**"，其对庭园营造的评析以对于"自然之美"的呈现为标准，注重"园林之旨"的把握。由此可见，"天然之本旨"的审美根基影响着对于园林设计的态度，在反复的观赏操练下演化为一种确定的设计标准。

"天然-人工"或是"自然-人工"的制衡在不同理解中呈现出考虑方式的弹性与多样性。首先，天然或是人工均不能独立主导中国造园法则，两者一定相须而行。童寯概括道："中国园林是一种精致艺术的产物，其种植物却常不带任何**人工痕迹**……虽师法自然，但中国园林绝不等同于植物园"[21]，也如其在《江南园林志》中所列举，"以人力胜天然"[20]"多任自然，不赖人工"[20]均可是得当的做法，天然与人工互补才共同成就了中国园林的独特性。以建筑史研究为主的中国营造学社发现《园冶》也慨然表达了对"园林式"之特质认可："宫殿式之壮丽，与园林式之简质，**同具建筑之美，其独运匠心**，因地因材，固无异致，而魏阙江湖，各有所近，**天然之结构，有时反胜于人工**"[24]。在一贯的壮丽景象中"点缀林泉""别饶野趣"的造园营舍之法自成一格。

其次，中国园林之美的设计与表达自有不同的气质与品位。出生于"香山帮"营造世家的建筑匠人姚承祖顺应时代开启其人生历程的转型，在苏州工业高等专科学校担任建筑学教授，教书育人、著书立说，其于1929年完成的初作为教学讲义的《营造法原》，指出古代园庭不同于现代的特质在于"天然之真趣"，其设计以天然山水为缩影——"**不崇庄严伟大，但求幽静精巧**，计划不重对称，免呆滞之弊，而须曲折"[25]。叶广度在《中国庭园概观》中广搜杂记，分析古代文人欣赏庭园的观点，解读其庭园之美在于郁秀清雅、精整、伟、迷趣、富丽、奇、浓媚与拙等诸多特征，而这些庭园之美在于"自然风景"与"人工装饰"的组合[26]。刘敦桢在苏州古建调研后阐发园林欣赏的不同角度，汪园："结构特辟蹊径……全园面积，不足一亩，而深溪洞壑，落落大方，一洗世俗矫揉造作之弊，可云以少许胜多许者矣"，而严家花园："人为之美，清幽之趣，并行而不悖"[27]（图7）。日本学者后藤朝太郎精辟地总结在中国园林历史中，重要的不仅是设计，而且是园林的深邃和空灵的气氛，即园林的精神——"中国园林的真正价值在于作为大自然的延伸"[28]。换言之，中国园林传统的价值在于设计方法和理念背后深深扎根所依赖的自然精神、"天然-人工"的动态关系以及园林欣赏的不同意趣，感染着对中国园林设计旨意的领悟。

除了史学研究中对于天然之趣的关注，更大规模的风

图7 木渎严家花园[27]

景经营契机为园林传统中"天然"特质的延续提供了进一步实践与拓展的机会。陈植于1929年完成的国立太湖公园的规划设计中，其在吴县东西洞庭两山以及无锡鼋头渚一带的实地勘察，对公园规划设计有着深刻影响。太湖的湖山之胜作为公园风景的核心构成，风景美的鉴赏决定着规划设计的态度，成为计划书中的论述重点。一是"天然公园"（natural park）之规划属性与取向的确定是审美鉴赏后顺理成章的结果。计划书中明确"保存天然胜景之本则"，将风景的"保存"与"启发"视为公园的本义——"论天然美，岛屿之参差似海，湖水之澄碧胜江，山势之嵯峨，港汊之曲折，岚翠之深幽，怪石之玲珑，气势之雄伟，风光之明媚，杭州之西湖弗如也"[29-30]（图8），天然美的发掘与利用成为贯彻整个计划书的要旨。尽管陈植指出"国立公园"的概念源自美国，但无疑是发扬太湖胜景的宗旨促使其进一步确立了"天然公园"的发展路径。如其在《都市与公园论》一书中依照内容与形式的分类标准将"天然公园"同"人为公园""形式公园"等并列[31]，公园形式的表现由其内容所决定。二是将风景的系统鉴赏与叙述作为风景之启发的直接

图8 太湖远景[29]

途径，识别湖中、湖周的岛屿与山的风景美，如评价："湖中岛屿以马迹及东西洞庭二山为最……隆冬积雪，掩映益丽，与木叶尽脱，四顾萧然者，迥然不同，此森林美之足以增神公园风景"[11]。

程世抚在其1947年发表的自传中列举的"主要设计"项目记载了完成于1935年的"四明山风景区计划"（包含奉化、鄞总、嵊总、新昌四县，汉口武岭学校委托）[32]，亦是近代时期启发天然之美的例证。这处以天然风景和溪口镇为依托的场所有"奉化模范镇风景区"之称，其中包含蒋介石故居、山麓的农场、山旁的武岭学校等，风景点则有距溪口不远的雪窦山及山麓的雪窦寺、南部千丈崖瀑布（图9）、三隐潭瀑布、镇上街道尽处的奉化中山公园（亦名"溪口武岭公园"）等。从当时的相关游记来看，这些景点俨然构成了系统的游览路线，发表于1937年的系列《雪窦游草》诗词中有以下记载：

"**自甬江至溪口道中**：晓趁初阳过板桥，飙车街尾过溪桥，青山十里争迎客，步障相遮柳万条；**上雪窦山**：寒松夹道连天翠，一路泉声似鼓琴，红叶半山秋已暮，疏钟远磬入清吟；**飞雪亭观瀑**：青嶂丹枫争色相，喷涛飞雪酿轻寒，悬空匹练如雷震，看瀑此行欢止观；**千丈岩瀑布**：生平独爱秋山好，雨后千寻瀑更肥，微雨微云浓翠嶂，半烟半雾怯轻衣，天开妙境听花发，人到空灵任鸟飞，凭栏欲穷千里远，吾心如水已忘机……"[33]

实际上，程世抚有着丰富的海外留学经历。他1929年本就读于美国哈佛大学的Landscape Architecture专业，因家庭经济情况恶化而转去康奈尔大学攻读观赏园艺及景观设计专业（Ornamental Horticulture and Landscape Design），1932年取得硕士学位后赴欧洲实地考察并研究了英、法、德、意、比和荷等国的市政建设和造园技艺，回国后辗转任教于广西大学园艺系和浙江大学园艺系。在其设计的中山公园中，除了凭山势而建的中正图书馆（图10），更突出的景观仍是原汁原味的天然风景美（图11）。龟山及其上的龟山亭、藏山桥成为天然图画中的人工点缀。

图10　中正图书馆

图11　溪口公园

图9　千丈崖

另外，位于悬崖峭壁之上、千丈岩和三隐潭之间的妙高台于1927年被辟为别墅——"西顾则见下隐潭，东望则见千丈崖，南眺则群山拥翠，生意盎然"[34]。这处凭借天然景色取胜的住宅园林为李驹设计[35]，建筑周围的造景充分发挥观景之妙（图12、图13），临崖的观景平台围以步道、栏杆，中间保持天然状态的岩土并种植松树（图14），亦成为一时盛游之所，春来游客如织[36]。由此可见，与其说程世抚、李驹等海归人才投身于山水实践，将规划设计知识应用于此，不如说这更是中国山水文化、天然审美观念感染和塑造近代造园知识的鲜活过程。中国风景的瑰奇面貌以及对自然山水的偏爱之情是中国近代造园发展的基色。

图 12　妙高台风景[37]

图 13　蒋氏小筑

图 14　奉化妙高台之游春客[36]

总之，一方面，"天然"之本质依托中国的风景资源特色成长，成为辨识中国古典园林气质的关键词，又演化出种种设计与表达的方向。另一方面，这种"天然"的取向在现代公园的建设背景下又倏然转化为对设计旨意的悟会。这些相关知识的发展路径在实物与史料的取证、勘察与剖析下是现代性的呈露，但传统的浸润使其拥有了更多审美意味与内涵。陈植高谈"保存"亦讲究"启发"，并不局限在视觉的欣赏之中。从英国爱丁堡皇家植物园学习归来的陈封怀介绍其中岩石园（Rock Garden）的布置与中国假山石不同，且其妙处在于"布置纯仿天然境况，虽用人工而能脱俗"[38]。这种通过精巧布置达到摹仿"天然"之状态的园林形式在其眼中更具吸引力，其取向则显然是西方学术背景影响的结果。

3　基本法则：法式并重与不拘定式之互异

郑元勋为好友计成的《园冶》题词，描述计成造园"略为区画，别现灵幽"的过程，指出其独特之处在于他的"变化"，"从心不从法"从而能出神入化地运用技巧来指导实践。而这种"从心"的过程即其谈到的"智巧""底蕴"等，与计成的个人修养与思维方法相关，终归是对主观意识的强调。"所传者只其成法"虽打破了"园有异宜，无成法"的局面，使造园得以"传之于书"，但郑元勋仍表达了对于"无否之智巧不可传"的遗憾心情。题词的最后，郑元勋仍将这种"成法"视为融灵变化的"本"和"规矩"，从此可见"心""法"可谓是造园传统的精髓，这也预示了古代造园之现代传承的两种基本路径。

当中国造园发展至学科意识萌发的近代，对于造园法则的认知则转向探察更细化的规划设计过程，演化为对规律和共性的寻绎。尽管《园冶》全书介绍了诸多理法，如理山石池法、理洞法、理岩法、理涧法等，以及大量的"绘式"，但谈到立基，指出"格式随宜"；面对屋宇，论亭"造式无定"；对于借景，更是"构园无格，借景有因"，全书围绕着"体宜因借"的核心法则展开论述。但《园冶识语》仍然将"法"与"式"视为理论要领："营造之事，法式并重"，并认为计成"由绘而园"，园林掇山与绘画"理致"相同，不同之处在于掇山"化平面为立体"，将对园林实体的认知抽象为从二维至三维的物理观察。其对计成"发挥理趣，着为卓式"的图释方式颇加赞赏，指出其中的等分平衡法等重学自然之理，图式则悉合几何原理。总之，阚铎解读《园冶》，是对计成阐释"式样"与"法式"之理路的探析。他曾留学于日本东亚铁路学校，对古籍的研究立足于全球视野，在西方现代学术思想影响下对客观内容进行了审察与精炼。同时，其在营造学社学术思想革新的趋向中勇于发掘传统造园理论中的科学规律，以兼收并蓄的态度开拓造园学术之现代演进的思维。

刘敦桢同样关注到了园林布局与结构的变化性与自由性，其在考察圆明园的史料时，论及园中殿宇"其平面配置，亦于均衡中力求变化"，内部"自由划分，不拘常套"，这也是对于中国园林面貌的总体概括。但同阚铎相仿，刘敦桢更有以"法式"为传承要义的倾向，罗列多种亭、宫殿的平面配置（图15），视为"园中风景元素之一"[23]，这与其1931年为中山陵设计的八角形石亭光华亭表里相应（图16），体现了传统"法式"在近代的传承与呈现。

华侨捐建石亭图案，刘士能建筑师设计。石亭正面图

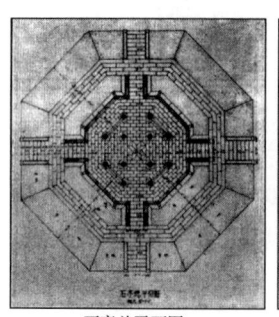 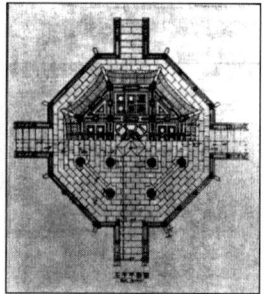

石亭总平面图　　　　石亭平面图

图16　石亭设计图[39]

相较于侧重汲取"理致"层面的学术目光，童寯在1931年回国后于上海任职的空闲之余考察江苏、浙江、上海百多处名园旧迹，由此而成的《江南园林志》展现了对于传统造园精神的传承。其大量绘制各园林铺地的实测图与《园冶》中的图示"今昔相证"（图17、图18），将"旧式园林"作为时代狂澜之下值衰末之期的古迹遗产。因此其虽研究园林的平面布置，使用钢笔、步测绘制的平面图注重总体准确，但并不强调工整（图19），且通过现代摄影技术捕捉"楼台高下，花木掩映"之中的"透视"关系（图20）。其序言也对此给出了解释："盖园林排当，不拘泥于法式，而富有生机与弹性，非必衡以绳墨也。"其书着成之时得到中国营造学社的支持："对于我国林园建筑之平面配置与局部结构，装修文样等，均有详细之论述，并辅以图样像片多种。"[40]从评价中可见"平面配置与局部结构"的图文剖析之内容与方式于当时产生的强烈吸引力。文图分离的体例也使梁思成和刘敦桢当时看到书稿后表示遗憾[41]，但正是不拘泥法式的现代阐释才是童寯与计成精神触碰的通道。思想与现实的反差也更加凸显了童寯顺势借助图示说明，通过文字表达自身感悟的理念之妙。

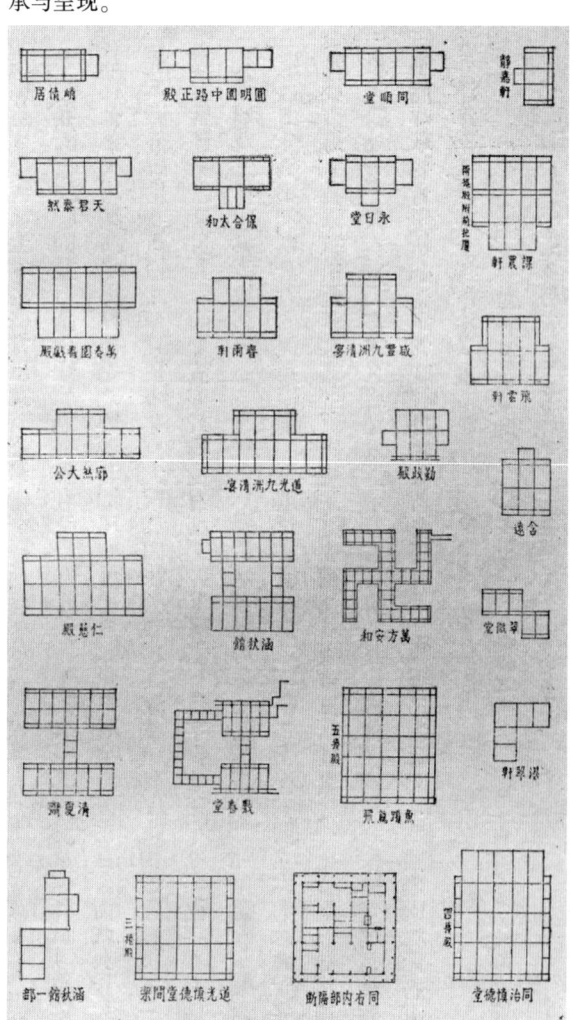

图15　宫殿建筑的平面配置[23]

如前所述，《江南园林志》也附上了诸多铺地等实测图，但并未在理论阐述上对其展开类型化的研究或是物质化的注解，而是反观体式下的运作逻辑，同时兼顾自己的

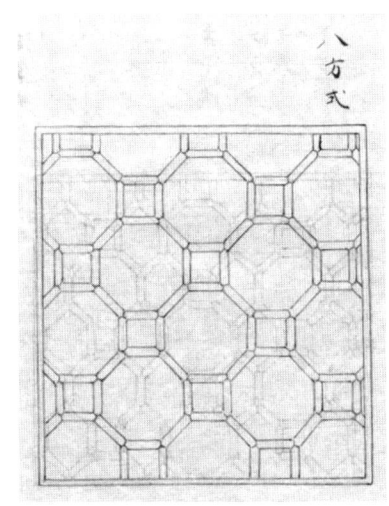

图 17 《园冶》"八方式"铺地
（图片来源：和钞本《夺天工》）

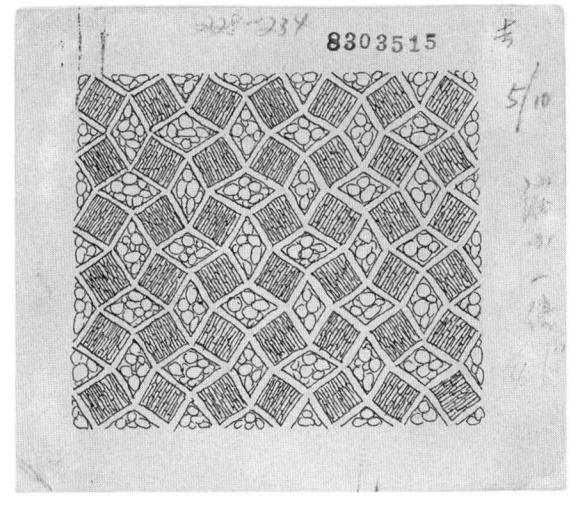

图 18 童寯绘制的太仓亦园铺地研究（图片来源：童寯纪念馆藏）

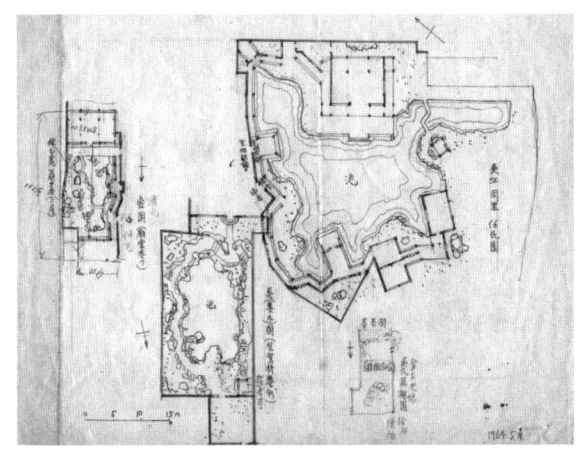

图 19 童寯手绘苏州艺圃平面图（图片来源：童寯纪念馆藏）

图 20 上海豫园俯视摄影图[20]

情感与审美体验。后藤朝太郎在其 1928 年完成的《中国的风景与庭园》一书中解释了中国庭园墙壁、地铺等——"实际的图案可以随意变化，多种多样"，其形状展现之多样性的原因为中国庭园美对其"趣味"的某种暗示手段[42]，这种趣味更多维度呈现于对于传统园林实体和史料的探究中。实际上，如果仔细观察童寯解读园林的路径，可发现其与计成跨时代的对话。他认为园林的布局构造不因类别而异，且一园之内"兼各式各体"，因而"仅有大小之差，初无体式之殊"，具体到细部中，园林屋宇"富有自由性之结构"，墙等"式样变幻，殆无穷尽"，综合展现了中国园林特有的"体制"——"任意驰放，不受制于规律"。也如其所述中国造园"既无理性逻辑，也无规则"[21]。这种对于传统园林的全局理解，也是对于现代学科理性思维之束缚的反抗，充分拓展了《园冶》中所描述的"随曲合方""未可拘率"的基本法则。

童寯瞩望中国园林的目光与其自幼的经历息息相关，中西教育均在其作品中留下印记。其在 25 岁正值青年时师从"桐城后学"中心人物吴闿生，不仅传承了吴闿生深厚的古文功底，也体悟了其学术上的归趣。吴闿生的文法评点关注传统文章中"变调"、不"板滞"的原因，相较于阐释"义理"，更依赖于阅读心理和情感效应。衰微的经学在西方新知的冲击下获得文法解剖和价值建构的机会，其则以情感与审美体验的流露展现了鲜明的个人特色并演化为研究新范式[43]。此后，童寯又师从汤定之习画，作为"京津画派"且坚守"国粹"的代表画家，汤定之不落古人窠臼，不泥古于"工笔"也"不为家法所囿"，由明清上溯宋元画学达到复古求新的意图。其作品在用笔上放纵活泼，也不拘形似并表达了鲜活的造化感受。这些霞视传统并拓展求新的意念呼应了时代际遇下的民族使命，赋予童寯崇高的家国色彩，也教会其开掘自我个性的艺术阐释思路。

1930 年回国之际，童寯开启其为期 4 个月的旅欧壮游，通过文字与图像，尤其是绘画，以手与眼的合作感知智巧与美感中的异国文化性，随之启发了他在中国的江南园林文化中探寻传统根基。"游者迷途，摹描无术"——童寯则创造性地通过"三境界"之说概括鉴赏园林的方式，"第一，疏密得宜；其次，曲折尽致；第三，眼前有景"。疏密、曲折、对景 3 者关涉的也是亭榭的安排和位置的经营，是对"园林布置之旨"的凝练。而相关论述的字里行间呈现出洒脱、尽意的情感，生动阐述了游园的真实体验与感悟。这种书写方式可以看出王国维对他的影响，在清华学堂读书之际童寯常听其讲座，童寯的为园三境界与王国维在《人间词话》中的治学三境界相应，在高度概括与形象展示的同时，借"境界"的更迭来抒发、阐释情感体验。

这种从体验与欣赏之角度描述古园的研究途径指向了情感之于园林设计的重要性，也是近代园林设计理论建构中的重要旋律。如姚承祖在《营造法原》中指出：古代园林设计引人入胜，"给人情感以舒适陶醉之感觉"[25]；乐嘉藻在《中国建筑史》中提及华林园，分析其中"鸟兽禽鱼，自来亲人"的心理，认为创作园林者应当注意人类高尚情感的激发[18]；叶广度基于文人"文学"发掘诸多美的"名词"，"一面是对当时社会所生的反动的情趣，一面又是他们个人的人生观"——基于此确定了庭园设计的"中心思想"[26]。可见，"不拘定式"的态度隐现在体悟方式的关切中，脱离了视觉形态对于美之感知的限制，引向了对于园林设计中人之感性能力的关照。

4 组成要素：分而观之与造至合而用之

从日本考察归来，叶广度面向了"真正的庭园学家"的使命，从大众生活、艺术检讨方面着手起稿一本能"供给有志庭园学者和市政卫生设计"参考的书，致力于将单调、独享、个人、神秘、散漫转变为丰富、一般、社会和科学、系统。《中国庭园概观》一书便一反"以西式庭园相尚"的风气，大量取证于中国古代典籍、绘画作品等，在开阔的现代学术理念的框架下条分缕析（图 21）。因此，其著书不仅顺应科学艺术发展的趋势，在人与自然的主题中寻求人生真谛："为大众谋幸福，使人于自然中求忘我，不踌躇于一隅，而知人生之谜，即在自己的园地中得其消息"，更是于"家邦多难、民不聊生"之背景下求索中国造园艺术之真义。自序中，叶广度从沈复《闲情记趣》的相关论述中得到了造园之组织技法与意境的启示，也在文人文学中发现中国庭园背后的国民意义："我国庭园前所赞美的竹庐、茅舍、水榭、凉亭，此类点缀，更可知影响国人'淡泊以明志，宁静以致远'的人生观了"[26]，其物证与学理性抽象的剖析路径端倪可察。

图 21　1933 年版《中国庭园概观》封面

叶广度在"中国庭园的组织"一章中对"组织的要素"之内容展开剖析。将这些要素性的认知视为"基本的骨架"，发挥"添景"的作用，具体则"不外乎花木、石山和水景三种要素"。相较于其认知中花木之培植对于庭院美的不可或缺性，建筑物反而不占其三要素之位置，而另以"添景"来指代专门"添设的建筑物"[26]。反观《园冶》，举凡相地、立基、屋宇、列架、装折、栏杆、门窗、墙垣、铺地、掇山等等条目，除园基地势以外，首要考虑的便是屋宇及其地基选址。但就花木这一园林要素而言，其无专章，而是融入相关造景的论述，如"园说"中提及"凡结林园，无分村郭，地偏为胜，开林择剪蓬蒿；景到随机，在涧共修兰芷"。对于园林物理分解之巨大差异背后呈现的又是近代学者怎样的观念与目的？

实际上，将花木作为中国园林最重要之构成的认知绝不是偶然与独断之解。乐嘉藻概括庭园六要素为："一、花木；二、水泉；三、石；四、器具；五、建筑物；六、山及道路"，且强调"无花木即无庭园"[18]。童寯根据自然与人为之属性分别，归纳了 3 种"造园之要素"："一为花木池鱼；二为屋宇；三为叠石"[20]，同样指出花木之于园林的重要作用与地位——"园林无花木则无生气。盖四时之景不同，欣赏游观，怡情育物，多有赖于东篱庭砌，三径盆盎，俾自春迄冬，常有不谢之花也"[20]。"三卷《园冶》无花木专篇，足见计成之'不知焉不知也'"[20]——从"物证"的角度，童寯意识到《园冶》无花木专章是出于时代的限制或是理念的差异①，

---

① 在 1984 年版的《江南园林志》中，童寯将此句改成"三卷《园冶》无花木专篇，殆亦'桃李不言，似通津信'者欤？"可见，其后来倾向于认为《园冶》无花木一章在于计成顺从植物之自然习性的理念。

且评价古代的花木之书"或缺图解，互异其说"，而随外来品种的引入，需要植物学者进行专门整理。显然，这种科学意识与近代时期对"中国植物种类之繁颐"、世界各国建设植物园促进科学进步的认知相关[44]。除了中山陵植物园（1928年开始筹建）、庐山植物园（1934年初创）等大型植物园的建设见证了新兴植物学科的蓬勃发展，大学校园中亦辟建植物园，如中央大学农学院的树木园、金陵大学植物园（图22），以研究植物为目的并使植物成为活教材。国立浙江大学农学院的植物园最早于1927年由植物学教授钟观光在笕桥校址创设[45]（时为第三中山大学劳农学院，图23），1935年农学院搬迁至华家池校址后由程世抚重新规划设计，并在庭园设计的课程教学中充当参考材料。当时的学生回忆植物园："依照分类系统排列，甚富学术及教育意义，或宜卑湿，或好攀援，沼渚丘陵，各适其性，当时我正修习花卉与观赏树木，课余常到园中记取一花一木，程世抚并命我们加载各种植物的开花起讫时期，以为庭园设计之参考，因得尽探花信乐趣无穷。"[46]

图22　金陵大学植物园（1918年摄）

图23　笕桥校址植物园[47]

因此相较《园冶》，通过"要素"构拟认知框架最大的区别便是概括性与客观性的并行。《园冶》分门别类地展开介绍，但内容杂综，在物象与本体之角度上无法统一完整之园林的构成。现代学术观念则通过"总和"与"分析"的步骤，得以规定"中国庭园之范围"，并明晰各名目的性质，如乐嘉藻所言："分而观之，既各得其特性之所在，造至合而用之，遮几较有把握矣"[18]，注重通过离析的过程与要素的综合来参与并缔造知识的体系化。

以园林要素组成的架构框定了中国园林的范围、建立了体系化的认知，也进一步提供了剖析园林设计的物质媒介。童寯将花木池鱼视为"自然者"，屋宇视为"人为者"，叠石则是调剂于二者之间的"半天然、半人工之物"，究其原则是石之外观形态与人的造园行为："石虽固定而具自然之形，虽天生而赖堆凿之巧"[20]。因而，假山在其看来对于园林设计而言不可或缺："它使植物、水与建筑群巧妙结合，作为自然与人类创造的中介。假山将前者生命的搏动，优美地传给后者的冷漠造作。"[21] 对于这一"吾国独有之艺术"而言，童寯假山其与其他要素之关系着手，给予了假山超脱于技法上的诠释，生动地镌刻其艺术特质，抽象为对人与自然之命题的理解。

反观《园冶》，掇山亦为其中独特的重点章节，谈及设计者与意象："蹊径盘且长，峰峦秀而古，多方景胜，咫尺山林，妙在得乎一人，雅从兼乎半士"；介绍构思创作思路和方法，有"深意画图，余情丘壑"和"未山先麓"；并追求"山林意味深求，花木情缘易逗"，以至"有真为假，做假成真"……"掇山"一章应是造园设计理念的集大成者。姚承祖无疑也传承了这一思想，强调"叠山之术"注重"灵敏奇突之意匠"："其立意贵乎气魄，取材须效天然，所谓深得山林意味，花木情缘。不妨模仿山水气势、姿态之特点，以精美奇巧之人工出之"[25]。至于其整合后的体系则源于对园林整体印象与布局的认知，尽管"擘划组合，多无定制，各随所宜"，也可依布局划分为以山为胜、以水为主、以山水混合布景者三种。在其理解中，建筑充当设计主体的角色，花木则为陪衬，假山作为园林建筑的一种类型，也是设计知识得以演绎的载体。"叠山之术，法无定制"——阚铎称其"固不可执定镜以求西子也"，其无确定的式样可以在实践中直接利用，却更考验设计者的立意与用心，可以说是"分而观之"之路径下对于中国园林设计理念的独到领会与深刻洞察。

"必须山水兼备，否则几无风景可云"[42]——这也是后藤朝太郎对中国园林骨干的提炼。其进而在这种框架下从筑山与荷池、榭亭与桥梁、对联与匾额、岩组与绿荫四方面概括并说明中国庭院的特征（图24～图27）。观察中国园林用天然石头构成云的形状，使其形成云朵之根的寓意，进而认识到"通过宏伟来增强花园的神秘感"。这种园林设计在其看来暗藏着社会、家庭中错综复杂的历史和生活方式，是"快乐的表达"，也是高雅情趣的呈现。但是相较于日本学者对日常生活场景下设计思想根基和本质的关注，中国学者面对本土园林的高度抽象路径预示着对学科成长的关切。知识应用的迫切需求整固了知识框架的实用性特征，这也是中国近代造园知识之现代性的投映。

图26　北平北海玉佛宝殿的匾额[28]

图24　苏州城外留园的荷池和亭榭[28]

图27　无锡梅园内的太湖石岩组[28]

图25　苏州城外庞门水乡的石桥[28]

尽管知识目的与背景等诸多方面不同，但"分而观之"的方式从古至今、由内而外均在园林理论的建构中发挥着重要作用，其影响及于园林事业，如南京第一公园管理处的园艺部从祠宇亭榭、房屋器具、花草果木、池沼山石、林园竹篱五部分来划分园艺师、花卉师等园务[48]（图28）。诠释方式不同，中心思想相异，也使近代造园知识具有一定的纲领性、抽象性与客观性，并能及时地在实践中通权达变。

5　结语

本研究从近代时期学者对于中国造园传统的诠释启幕，揭示了中国近代风景园林规划设计知识与传统造园理念间的贯连思路与差异，为探析近代学者建构造园学、庭园学等知识体系与其中的规划设计知识、理念提供了理解的情境基础和一些关键线索。但与此同时，其本身也反映了一个重要问题——这些经过解读、剖析而呈现的知识表征了相因相生的"中国性"与"现代性"：介绍了关于造园学者、造园家的职能定位，乃至确认了造园设计观念的历史渊源与现代需求；解析了天然之审美观念的内在逻辑，拓展园林的设计审美标准与表达方向，并使之具有内涵；延展了"法式并重"与"不拘定式"的两种融解模式，前者在实践中得到直接反映，后者的卓越之处在于赋予园林设计观念以情感体验与感性能力；通过园林要素建构知识框架，兼顾学理性抽象的途径达到知识体系化的目的，进而以之为物质媒介剖析古典园林设计，从中汲取经

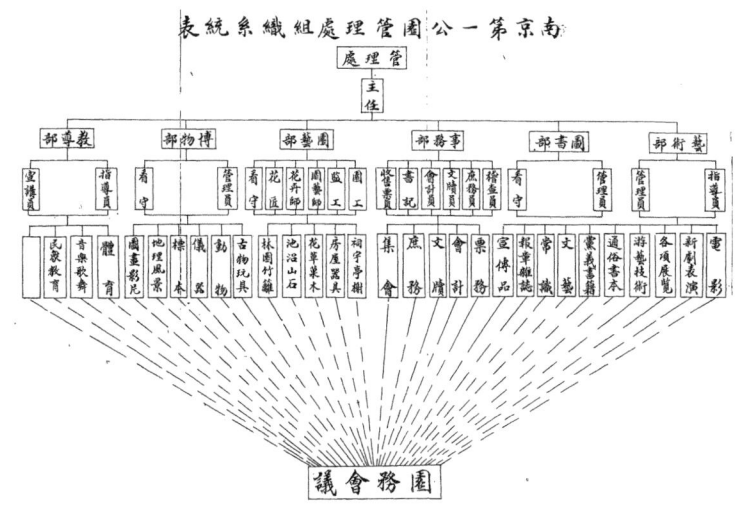

图 28 南京第一公园管理处组织系统表[51]

验与养分。因此，外在表述以传统的内容与精神为基础，实则由现代学术目的与使命而驱使，却又辉映着复杂的思想，包括深刻的民族审美偏好、展现艺术个性的含蓄精神，以及对于传统衰败的哀惜感情与传承的意念。如此密不可分的"中国性"与"现代性"，正揭示了两者在风景园林学科中的独特交互模式，进一步展现了中国近代时期风景园林规划设计的知识结构，并提示我们以一种超越简单二元对立的理论视角来研究与应用中国现代风景园林理论。在理论与实践互动不足的今日，上述职业定位、自然观念、法式意识、要素认知等方面更容易在实践中被简化甚至忽视，进而失去传统与现代间的积蕴与张力。有力的研究方案与学科进路或可进一步促使"古—今""中—外"中的混杂物不断增殖，跨越各种二元界限，在持续的学术对话中激发理论的适用性与转化方式的多元性。

（注：《园冶》虽在近代得到重刊与诸多学者的重视，但其作为"残本"的内容缺失仍是古代造园与近现代园林规划设计理论间存在断裂性的重要原因。）

参考文献

[1] 杨锐. 论风景园林学的现代性与中国性[J]. 中国园林, 2018, 34(1): 63-64.

[2] 魏宪伟. 苏州古典园林经营管理的现代转型研究[D]. 苏州: 苏州大学, 2018.

[3] 周向频, 郑春燕. 从传统中蜕变——日本现代园林的转型启示[J]. 国际城市规划, 2008, 23(6): 99-105.

[4] 冯媛. 中国传统园林现代意义的再认知[D]. 郑州: 河南农业大学, 2018.

[5] 古德泉. 营境学视野下的中国传统园林现代性思考[J]. 广东园林, 2018, 40(5): 4-7.

[6] Walker, Peter, Simo, et al. Invisible gardens: the search for modernism in te American landscape[M]. MIT Press, 1996.

[7] Marc Treib, Landscapes transitional, modern, modernistic, modernist[J]. Journal of Landscape Architecture, 2013, 8(1): 6-15.

[8] 贾珺. 朱启钤与中国古典园林[J]. 建筑史学刊, 2022, 3(3): 43-50.

[9] 张波. 童寯《江南园林志》的研究方法考察[J]. 时代建筑, 2016(5): 72-77.

[10] 段建强. "造园"学科初创与传统近代阐释 陈植《造园学概论》中的"造园学"及"造园"观念[J]. 时代建筑, 2018(4): 38-43.

[11] 王劲韬. 《园冶》成书、出版时间地点及近现代研究考释[M]// 中国风景园林学会, 等. 《园冶》论丛. 北京: 中国建筑工业出版社, 2016: 171-178.

[12] 张大鹏, 张薇. 《园冶》研究的回顾与展望[J]. 中国园林, 2013, 29(1): 70-75.

[13] 段建强. 《园冶》近代重刊及其对近代造园学科之影响初探[M]// 中国风景园林学会, 等. 《园冶》论丛. 北京: 中国建筑工业出版社, 2016: 196-203.

[14] 波德莱尔. 波德莱尔美学论文选[M]. 郭宏安, 译. 北京: 人民文学出版社, 2008.

[15] 阚铎. 园冶识语[J]. 中国营造学社汇刊. 1931, 2(3): 1-10.

[16] 张家骥. 园冶全释世界最古造园学名著研究[M]. 太原: 山西人民出版社, 1993: 162.

[17] 冈大路. 中国宫苑园林史考[M]. 常瀛生, 译. 北京: 农业出版社, 1988: 328.

[18] 乐嘉藻. 中国建筑史[M]. 贵阳: 贵州人民出版社, 2002: 155.

[19] 陈植. 中国造园史略[J]. 新农通讯, 1930, 1(4): 1-9.

[20] 童寯. 江南园林志[M]. 北京: 中国建筑工业出版社,

1963：7.

[21] Tung C. Chinese Gardens：Especialy in Kiangsu and Chekiang [J]．T'ien Hsia Monthly，1936(3)：220-244.

[22] 乐嘉藻．天然美之爱好[J]．河北第一博物院半月刊，1936，6(125)：1.

[23] 刘敦桢．同治重修圆明园史料[J]．中国营造学社汇刊，1933，4(2)：100-155.

[24] 朱启钤．园冶之整理[J]．中国营造学社汇刊，1930，1(2)：163.

[25] 姚承祖，张至刚．营造法原[M]．北京：建筑工程出版社，1959：91.

[26] 叶广度．中国庭园概观[M]．南京钟山书局，1933：53.

[27] 刘敦桢．苏州古建筑调查记[J]．中国营造学社汇刊，1936，6(3)：17-68.

[28] 后藤朝太郎．支那庭园[M]．东京：成美堂，1934：196.

[29] 陈植．国立太湖公园[J]．旅行杂志，1931，5(1)：9-24.

[30] 陈植．国立太湖公园计划书[J]．无锡县政公报，1930，5(1)：9-24.

[31] 陈植．都市与公园论[M]．商务印书馆，1930：5.

[32] 程世抚．新同仁自传程世抚同仁自传[J]．仁社通讯录，1947，4(6)：98-100.

[33] 潘仰尧．雪窦游草[J]．绸缪月刊，1937，3(10)：117.

[34] 竹扉．隐居妙高台[J]．新希望，1949，1(10)：11-12.

[35] 中国科学技术协会．中国科学技术专家传略农学编园艺卷1[M]．北京：中国科学技术出版社，1995：57-63.

[36] 陆正之．春游特写：奉化妙高台之游春客[J]．健康家庭，1937，1(2)：19.

[37] 兀斋．高处不胜寒：奉化妙高台风景[J]．新人周刊，1935，1(27)：0.

[38] 陈封怀．英国爱丁堡皇家植物园[J]．中国植物学会汇报，1935，2(3)：751-758.

[39] 总理陵园管理委员会．总理陵园管理委员会报告：上[M]．南京：南京出版社，2008：276.

[40] 刊印江南园林志[J]．中国营造学社汇刊．1937，6(4)：180.

[41] 张琴．长夜的独行者童寯1963—1983[M]．上海：同济大学出版社，2018：155.

[42] 后藤朝太郎．日本美学与艺术之旅中国的风景与庭园[M]．李复生译，杭州：浙江人民美术出版社，2022.

[43] 王芷晨．近代文章学的一种路径：吴闿生《孟子文法读本》的评点体系[J]．写作，2022，42(3)：58-63.

[44] 傅焕光．总理陵园纪念植物园之建设[J]．农林新报，1932，9(4-6)：67-71.

[45] 季次．农院植物园的过去和将来[J]．国立浙江大学校刊，1933，4(123)：1302-1304.

[46] 李文周．20世纪30年代的华家池[M]//我心中的华家池．杭州：浙江大学出版社，2016：13-14.

[47] 罗卫东．浙江大学图史[M]．杭州：浙江大学出版社，2017：34.

[48] 南京第一公园管理处组织系统表[J]．首都市政公报，1928，1(24)：242.

作者简介

何梦瑶，1996年生，女，华中科技大学建筑与城市规划学院博士研究生在读，湖北省城镇化工程技术研究中心。研究方向：风景园林历史与理论。

（通信作者）赵纪军，1976年生，男，博士，华中科技大学建筑与城市规划学院景观学系，副系主任、教授、博士生导师。研究方向：风景园林历史与理论。电子邮箱：jijunzhao@qq.com。

汉唐时期水利建设对庄园景观发展的影响研究
Study on the Influence of Water Conservancy Construction on Manor Landscape Development from Han Dynasty to Tang Dynasty

王宇婷　刘程明　刘彤彤*

摘　要：我国古代庄园与水利建设以适应、体现社会经济及农业生产为共性，二者分布重心的变化体现了社会经济重心的不断迁移。本文通过史料梳理，结合图表分析，从水利工程的营建内容及范围出发，探讨其在庄园景观发展历程中产生的多层次影响，并得出如下结论：我国古代庄园景观的形成、成熟及转化与水利建设活动密切相关。此过程中，两汉时期，陂塘水利支撑庄园景观格局的建立；南北朝，水利建设促进庄园景观中水景观体系的建成与交通游赏功能的完善；唐代，水利事业转移影响庄园别业整体分布，从中提炼的水利技术丰富了庄园别业水景的竖向设计。

关键词：庄园景观；水利建设；汉唐时期；多层次影响

Abstract: In ancient China, manor landscape and water conservancy construction had similarities in adaptation and embodiment of social and economic level and agricultural production level. The continuous change in their distribution concentration point reflected the continuous movement of the center of gravity of the community economy. Through the historical data combing, combined with the chart analysis, focusing on the construction content and scope of water conservancy project, the multi-level influence of water conservancy construction in the development process of manor landscape was discussed. In the conclusion: the formation, maturity and transformation of Chinese ancient manor landscape are closely related to water conservancy construction activities. In this process: in the Han Dynasty, the basic manor landscape pattern was formed because of the pond water conservancy; in the Northern and Southern Dynasties, water conservancy construction promoted the completion of the water landscape system in the manor landscape and the improvement of the function of traffic tourism; in the Tang Dynasty, the focus of water conservancy construction was shifted, thus affecting the distribution of manor garden, and the landscape technology extracted from water conservancy projects enriched the vertical design of the waterscape of manor gardens.

Keywords: Manor Landscape; Water Conservancy Construction; From Han Dynasty to Tang Dynasty; Multi-level Influence

引言

自古以来，水利工程的建设都是关乎人居环境建设的重要内容，我国传统农业与传统园林的发展也融合并延续了水利建设中的历史智慧。而其中的庄园景观以农业经济生产功能为主要特征。水利作为农业的命脉，其建设情况是社会经济与生产力发展程度的直观体现。故本文以水利工程营建内容及范围为切入点，探析水利建设对古代庄园景观发展的影响，从二者的共性出发，分析园林与社会经济生产的关联，解读其中的水利智慧。

谈及园林与经济生产的关系，人们很自然会联想到"庄园经济"，这一部分是经济学、历史学领域的研究重点。如杜庆余[1]提出汉代庄园在经济、社会结构中都占有重要地位；林文勋等[2]讨论了庄园经济与唐宋社会变革及商品经济发展的关系。经济学者将庄园视为古代农业经济的生产方式，对庄园在不同时期所承载的社会职能作了剖析，间接表现了园林景观对社会经济及生产力的影响，对本文具有重要启发意义。园林史领域的认知中，庄园以生产功能为典型特征，且庄园经济在其演进中发挥了主要作用[3]。故"庄园"作为园林经济生产的直观反映，对其中农业生产[4]、园林活动[5]等内容的研究结论，侧面表现了社会经济对庄园营建从形式到内容的影响作用。

从经济视角来看，水利建设与农事驱动等因素决定了一些传统聚落[6]与风景名胜[7]的形成；从水利与园林结合的意义来看，以水利作为基础，其建设历程促进了城市公共园林[8]、城市园林化[9]及灌区景观体系[10-11]的演化与完善。这些内容分别从经济生产与景观营造方面为本文多层次探讨汉唐时期水利建设对园林景观的影响作用提供了思路参考。

1 汉唐时期庄园景观的发展进程

综合百科全书及园林史著作对"庄园"的阐释，我国的传统庄园应具备两个必要特征：一是土地达到一定规模；二是包括生产、生活两个部分，除居住用地、生产性质用地外，还有供游赏的园林场所。本文选用"庄园景观"这一名称，是因为在其整个发展历程中，早期的庄园并不能算作真正意义上的"园林"，且唐后期一部分庄园逐渐向"村庄"转化，故以"庄园景观"进行界定。

在政治、经济等社会背景影响下，汉唐时期庄园景观发展历程可概括为"田庄中的园林""园林化庄园""庄园园林""庄园园林与村庄"4个阶段[12]，详见图1。

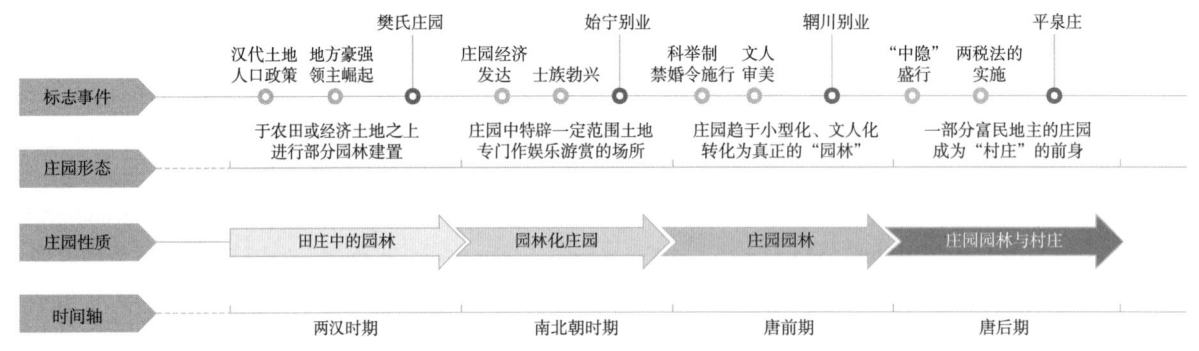

图1　汉唐时期庄园景观的发展进程

2 两汉：陂塘水利支撑庄园景观格局建立

2.1 水利工程是庄园景观形成与发展的支撑性条件，保证庄园自身独立性

从史料、方志等记载的时间线与营建内容可知，两汉时期，因水利工程建设形成的良好农田土地环境是决定庄园景观选址的主要因素。同时水利工程往往是庄园水系规划的支撑性条件，即庄园用水源流借助或依赖于水利系统，庄园的水系规划促使生产性庄园有了景观化的趋向。

位于唐河、白河流域的南阳地区是汉代灌溉发达地区[13]。樊氏庄园便是从樊氏陂发展起来的，而区域的其他水利建设是庄园在此地萌发的基础，详见图2。西汉时，南阳太守召信臣为郡中土地灌溉，组织兴修水利几十余处，以广灌溉，岁岁增收，为南阳的农业开发奠定了重要基础。东汉时，杜诗迁南阳太守，造作水排，修治陂池，对水利工程建设及水利技术发展都作出了一定贡献。公元42年，樊重于南阳新野西南开修陂渠，《水经注·淯水》记载："东西十里，南北五里，俗谓之凡亭陂。陂东有樊氏故宅"。此处的樊氏故宅即樊氏庄园，广300余顷，《水经注·比水》称其："波陂灌注，竹木成林，六畜放牧，鱼蠃梨果，檀棘桑麻，闭门成市"。水利工程保证了园内生产的旱涝保收，增强了庄园自身独立性，庄园内高度自给自足，才可说其达到了"闭门成市"的状态。

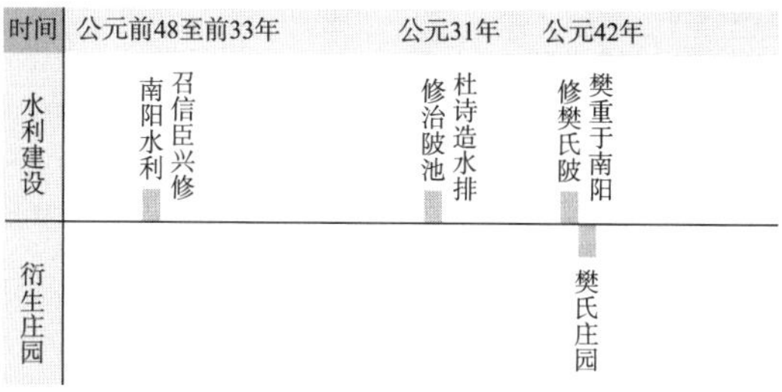

时间	公元前48至前33年	公元31年	公元42年
水利建设	召信臣兴修南阳水利	杜诗造水排 修治陂池	樊重于南阳修樊氏陂
衍生庄园			樊氏庄园

图 2　樊氏陂与樊氏庄园发展示意图

江南地区的水利工程起步相对较晚。公元 140 年左右，会稽太守马臻创修鉴湖工程，筑塘 300 里，灌田 9000 顷，是江南首见记载的水利工程。其借助自然山水格局形成蓄水空间进行农田灌溉，改善了原有地区的农业经济环境，为南北朝时期江南地区庄园景观的蓬勃发展奠定了重要基础。

2.2 人工陂塘的修建丰富了庄园内的生产要素

据《四民月令》可知，汉代庄园的大土地经营为汉代农业的发展、先进农业生产工具的出现及改进创造了有利条件，同时对汉代水利工程的修建和发展提供了便利。据汉代画像砖石可知[14]，汉代时几乎遍及各地的庄园、农庄都有自己的水利工程，庄园内人工陂塘的发展与综合利用，实现了莲藕、菱角等水生蔬菜的栽培，丰富了食用蔬菜种类。同时，陂塘的修建也是为了进一步利用水资源，发展水产养殖，以获得更高的经济收益。

3 南北朝：水利建设促进庄园景观形式发展与功能完善

3.1 水利建设对庄园景观的影响

3.1.1 改善南方农业环境、促进江南地区庄园建设与山水空间开发

东汉末年至隋朝，水利建设向江淮流域发展，以江淮为重点[13]。水利工程的建设主要是为了发展地区农业，基址选择上更倾向于人口较多、经济潜力较大的区域。同时，考虑到湖区蓄水与自流灌溉，这些陂塘工程多选址于临近平原的丘陵山地地区。南北朝时士族南渡，由于江南地方豪强多年的开发和兼并，可用于发展产业的空间不足，使得南渡侨民只得在尚未被充分开发的丘陵地带发展。故而耕种条件较好的丘陵山区随着士族庄园的建立而被迅速开发，以囤封别墅形式即庄园形式向山林湖泽地区发展，促进了江南地区的山水空间开发。就分布来看，这一点在会稽一带表现得最为突出[5]。

3.1.2 承载庄园交通功能、实现水景观体系建设

综合当时南方地理条件，庄园水利通过开浚、通船等方式，满足了庄园主一定的交通需求。如阮佃夫园"于宅内开浚……泛轻舟"，高孝瑜园"遂于第作水堂、龙舟……集诸弟宴射为乐"，萧子范园"观翠纶之出没，戏青舸之低昂"。从这些记载可知，这些因水利而成的庄园交通水道，在便利出行的同时，更丰富了庄园主的游赏娱乐活动。

江南地区的水利建设勃兴使得该地区形成了发达的水网系统，进而促进了庄园理水艺术的进步，即建成了生动活泼的水景观体系：既包括生活型水体景观及要素，也涵盖了生产性水体景观及要素，多种水体形态相互交织、联通，各种水体大小结合、动静相宜（表1）。

3.1.3 通过水碓设施、满足庄园生活需求与社会经济需求

南北朝时期有关庄园的记载中，"水碓"二字的出现频率增高。水碓是一种借水力舂米的工具，其经营加工需要不小的经济投入，普通家庭难以负担；且其运作需水力供水，水利建设便为水碓利用提供了足够的水力支持，故庄园主的经济条件与庄园内的水利建设为水碓的使用与推广提供了重要基础。

有关水碓的最早记载出现于东汉，但其在魏晋之后才开始在庄园中较为普遍应用。如石崇金谷园"又有水碓、鱼池、土窟"，潘岳庄园"池沼足以渔钓，春税足以代耕"，华廙的苜蓿园"园中有三水碓"等等。水碓的建设满足了庄园内宗族、家族的日常生活使用。由上文可知，此时期庄园主大量设立水碓等设施主要是受到了经济利益的驱动：一则通过春碓可减免赋税，二则利用水碓可以获取额外经济收益。

3.2 庄园景观对水利建设的作用

3.2.1 庄园主的地区水利建设活动

陂塘水利工程对地方发展农业生产具有重要作用，且主持修建地方水利工程的官员也往往拥有着另一种身份，即庄园主。如南北朝时裴邃修建芍陂，《梁书·裴邃传》记载："四年，进号宣毅将军……是冬，始修芍陂"，之后，裴邃兄之子裴之横"于芍陂大营田墅，遂致殷积"。再如孔灵符作为丹阳尹、会稽太守，于余姚、鄞三县

南北朝时期庄园内水景观体系建设情况　　表1

时期	园名	生活型水体景观及要素	生产性水体景观及要素	出处
西晋	洛阳、金谷园	观阁、池沼	长堤、清渠、水碓、鱼池	《文选·卷45·思归引并序》《世说新语·品藻》
西晋	洛阳、潘岳园	池、沼、游鳞、菰苕、禊于汜、浮杯乐饮	渔钧、水碓、灌园鬻蔬	《晋书·卷55·潘岳传》
南朝（宋）	会稽、始宁墅	溪、江、渚、汀、洲、沼、浦、泚、涧、泉	上田下湖、导渠引流、脉散沟并、水碓	《宋书·卷67·谢灵运传》
南朝（梁）	东田、徐勉园	池、湖	渠畎相属、溪、鱼池	《梁书·卷25·徐勉传》
南朝（梁）	东阳、金华山庄	飞涧、流泉、瀑布、山泉、池、湖	漕浍引流、交渠绮错、众药灌丛、区畛通接	《全梁文·卷57》《东阳金华山栖志》

界，垦起湖田，营建庄园。《宋书·孔季恭传》有记："（孔灵符）於永兴立墅……水陆地二百六十五顷。"

3.2.2 庄园作为流民人口与生产技术的承载体

汉末长期战事混乱，流民问题突出。想要缓和社会矛盾就必须使农民和土地再次结合，即"地著化"。而庄园主通过招纳佃农等方式，将流民私附化，其实也可视为一种地著现象。

再者北方流民带来了先进的农业生产、水利建设技术和经营管理经验。流民与技术以庄园为载体，在农业生产中发挥了积极作用，从而加速江南地区土地状况的改变，使江南地区的农业经济进入到精耕细作阶段，促进我国江南地区经济的迅速发展，促成了中国历史上全国经济生产重心南移的开端。

4 唐代：水利事业转移影响庄园别业分布，水利技术提炼丰富庄园别业造景

唐代置办田产、发展产业不再只局限于贵族或士族，科举入仕的官僚文人、富民地主也拥有了庄园主的身份，庄园别业营建成风。其中，部分富民地主的庄园后期向村庄转化，本文在此不做过多赘述。

相比于"庄"，唐代具备生产功能的郊野园林更倾向于以"业"命名。所谓业，即产业，指依此营生的不动产；而别业，就是指本宅以外的在城外的不动产[15]。

4.1 水利事业转移影响园林及庄园别业分布

隋唐水利建设达到高峰，此时期水利建设对庄园别业的影响是较为宏观的。唐前期与后期水利工程的兴修转移，影响了经济重心南移，进而影响了唐代园林及庄园别业的整体分布。

隋唐后中国经济重心开始南移，安史之乱后，正是这种局面的初步形成阶段。故以安史之乱为界（755年），将唐代分为前后两期。唐前期兴修水利工程重点在北方，后期则以南方为主，其中以江南道兴建工程最多，占据后期总工程的半数以上[16]。本文对唐代园林别业名录[17-18]中的园名及出处进行筛选，整理出唐前后期各"道"的园林数量，同时以上文提及的庄园景观特征来筛选不同时期各"道"符合条件的庄园别业并统计数量，结合水利建设数据绘制唐代水利建设与园林、庄园别业营建数量及分布情况图（图3）。

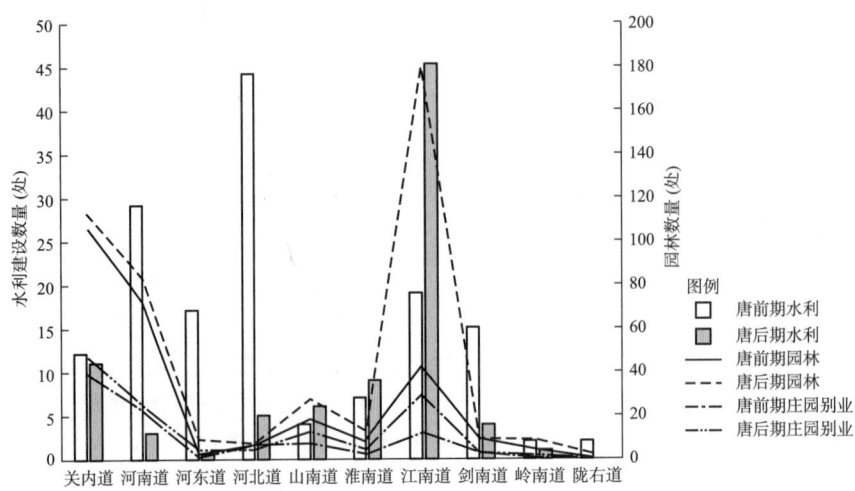

图3　唐代各"道"水利建设与园林、庄园别业营建数量及分布情况

唐前后期，关内道与河南道内的庄园别业数量都很多，这与唐代的两处京都（关内道长安、河南道洛阳）是密切相关的。京都地区以其卓越的政治地理优势和丰富的物产资源条件，满足了园主营园游憩享受及便利入京往返的双重需求，故而园林密集。

而唐后期水利建设重心向江南道、淮南道等地转移，南方农作环境因之更趋优越，实现了农业重心的转移，即经济重心的南移。这使得江南道等地区成为新的园林营建聚集地。

4.2 从水利工程提炼造景技术，增添园中水景野趣

唐代造园讲求水景的"形、声、动"，尤其是对水"声"的追求。结合从水利工程中提炼的引水、灌溉技术对园内水景进行构思营造，增添野趣。主要的营造方法有三：一是结合竹子作景，以竹筒引泉作瀑布；二是寻水脉，于山岩腹地开洞，形成瀑布泉池；三是对原来的地形、水体进行加工改造，使其具有动态和声响，详见表2。这些庄园别业的水景营造，反映了唐代将水利工程技术灵活用于水景竖向设计的造园审美与技术水平的提升，同时也反映了在唐代庄园别业中游赏与审美功能已占据主要地位。

表2 唐代庄园别业的水景营造情况

园名	水景营造方法	水景营造效果	出处
庐山草堂	"以剖竹架空，引崖上泉，脉分线悬，自檐注砌"	"累累如贯珠，霏微如雨露"	《全唐文·卷676·草堂记》
杜佑别墅	"开双洞于岩腹……交清泉于蠛上"	"止则澄澈，动则潺湲"	《全唐文·卷477·杜城郊居王处士凿山引泉记》
司徒岐公别业	"乃开源穴，以通泉脉"	"其流泠泠，或决之渟"	《全唐文·卷494·司徒公杜城郊居记》
灵泉北坞	"崖隒之下，微得泉脉。及薙草转石，渠潏沮洳，畚之锸之，决之浚之"	"喷若玉窦，泄为瑶池"	《全唐文·卷494·会稽虚上人石帆山灵泉北坞记》

5 结语

本文针对相关史料书籍中记载的汉唐时期水利建设对庄园景观的影响进行探析，总结得出庄园景观演进过程如图4所示。水利建设改善了区域农业环境，促进了地区经济发展，也在与庄园景观的结合与分离中，见证了园林发展历程中"庄园"的形成、成熟与转化。文中提到的鉴湖与芍陂工程等，历史悠久，是备受学界重视的水文化遗产。本文从汉唐时期水利建设这一视角切入，探讨其对庄园景观发展的多层次影响，挖掘园林发展中蕴藏的水利智慧，鉴古知今，以期为园林文脉的传承与创新提供理论参考。

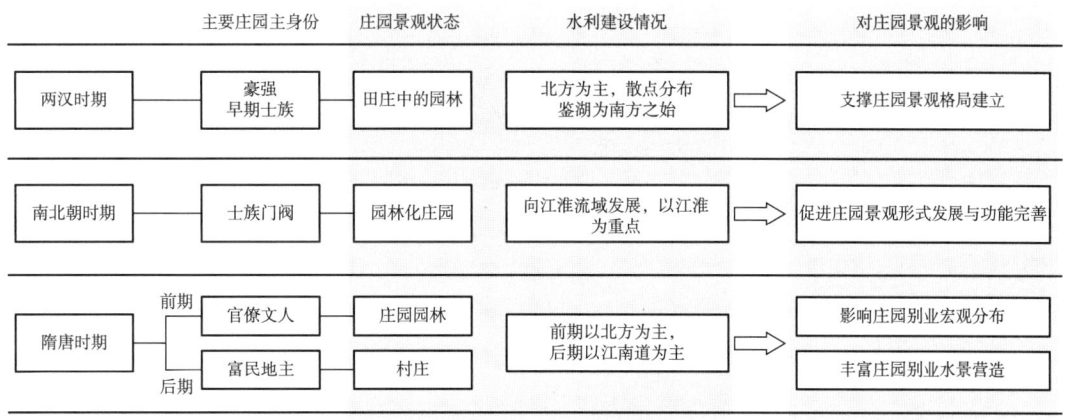

图4 汉唐时期水利建设对庄园景观的影响演进示意图

参考文献

[1] 杜庆余.汉代田庄研究[M].山东：山东大学出版社，2010：256-268.

[2] 林文勋，崔永盛.庄园生产关系与唐宋社会变革[J].中国农史，2016，35(1)：104-112.

[3] 成玉宁，等.中国园林史[M].北京：中国建筑工业出版社，2018：91.

[4] 李璇，刘庭风.始宁墅中的农业景观[J].风景园林，2015

(2)：106-111.
[5] 傅晶，王其亨. 魏晋南北朝园林史探析[M]. 天津：天津大学出版社，2018：242-245，221-229.
[6] 陈耸，王晞月，林箐. 水利营建引导下莆田平原传统聚落景观特征与形成机制[J]. 风景园林，2023，30(10)：111-118.
[7] 张思琦，王欣. 嘉兴烟雨楼"江湖地"风景名胜营造研究[J]. 古建园林技术，2023(1)：18-23.
[8] 魏成，郭珊珊，周婷. 基于水利堤防的城市公共园林营造实践研究——从杭州苏堤到雄安生态堤[J]. 中国园林，2022，38(S1)：21-25.
[9] 张春彦，王玫，王其亨. 平地起蓬瀛，城市而林壑——清代北京城市园林化营建研究[J]. 中国园林，2022，38(1)：14-19.
[10] 戴方睿. 浙中灌区景观中的风土建成遗产识别与解析[J]. 中国园林，2023，39(3)：119-124.
[11] 蒋鑫，林箐. 运河水利支撑影响下的淮扬运河沿线区域传统风景体系特征研究[J]. 中国园林，2022，38(9)：34-39.
[12] 王宇婷. 汉唐时期庄园景观的嬗变研究[D]. 天津：天津大学，2021：103-105.
[13] 姚汉源. 中国水利史纲要[M]. 北京：水利电力出版社，1987：74-75，86.
[14] 夏亨廉，林正同. 汉代农业画像砖石[M]. 北京：中国农业出版社，1996：33，65-66.
[15] 加藤繁. 中国经济史考证·第一卷[M]. 吴杰，译. 上海：商务印书馆，1959：171.
[16] 张芳. 中国古代灌溉工程技术史[M]. 山西：山西教育出版社，2009：373-374.
[17] 李浩. 唐代园林别业考录[M]. 上海：上海古籍出版社，2005：3-322.
[18] 吴宏岐. 唐代园林别业考补[J]. 中国历史地理论丛，2001(2)：37-40.

作者简介

王宇婷，1996年生，女，天津大学建筑学院博士研究生在读。研究方向：园林历史与理论。

刘程明，1993年生，女，博士，天津大学建筑学院，助理研究员。研究方向：园林历史与理论。

（通信作者）刘彤彤，1968年生，女，博士，天津大学建筑学院，教授、博士生导师。研究方向：园林历史与理论。电子邮箱：arch@tju.edu.cn。

以画入园
——传统山水画透视法下园林空间造景的视觉性解析
Translating the Canvas into the Garden
—A Visual Analysis of Landscape Architecture through the Perspective of Traditional Chinese Landscape Painting Techniques

邱新媛　董莉莉*　陈杉杉

摘　要：中国山水画与古典园林历经数千年的发展，彼此相辅借鉴，都是通过自然山水的描绘来传达艺术家的内心世界和情感，体现了"天人合一"的哲学理念以及对意境美的追求，因此，由中国山水画特殊的空间构图所产生的如画般的空间营造的手法引发了对于园林透视效果的思考。透视法是山水画常见的处理方法，园林同样以空间透视来表现如绘画一般的空间形式，本文总结了4种用于对照分析山水诗画与园林的视觉透视手法：移动视点创造连续空间、透视矫正创造空间纵深、虚实对比营造立体效果、模糊灭点创造无尽空间，从而在有限的空间内为园林带来如诗画序列般的美感体验。本研究旨从视觉透视的角度来解读中国古典园林空间造景，传承中国传统山水绘画审美，为当代人居环境建设提供参考。

关键词：古典园林；透视法；山水画

Abstract: After several years of development, Chinese landscape paintings and classical gardens have learned from each other, both expressing one's inner world and emotions through natural landscapes, it embodies the natural philosophy concept of "Harmony between man and nature" and the pursuit of artistic conception beauty. Therefore, the special spatial composition of Chinese landscape painting resulted in a picturesque approach to space-building caused by the perspective of the effect of thinking for the garden. Perspective is a common method in landscape painting. The garden also uses spatial perspective to represent the spatial form like painting, this paper summarizes four methods of visual perspective used in the contrast analysis of landscape poetry and painting: Moving Viewpoint to create continuous space, perspective correction to create spatial depth, contrast between virtual and real to create three-dimensional effect, fuzzy vanishing point to create endless space, and in limited space to bring the garden aesthetic experience like a sequence of poetry and painting. It is intended to interpret Chinese garden landscape from the perspective of visual perspective, inheriting traditional Chinese landscape aesthetics and providing reference for the construction of contemporary human settlements.

Keywords: Classical Gardens; Perspective Techniques; Landscape Painting

引言

中国传统山水画的透视原理与古典园林的空间序列设计紧密相连。传统山水绘画借助透视原理，在描绘自然山水景观时呈现出广阔的空间感，为观者创造出深远与开阔的视觉体验。

这种透视原理的应用在园林的设计中能够营造出层次分明的空间层次和景观感，使游客仿佛身临其境。同时，传统山水绘画中的"近大远小""虚实结合"等观念，也在古典园林的空间造景中扮演着重要角色。虽然近年来受到西方客观图像系统的影响，许多研究者开始采用图像投影和测绘等方法来分析园林的空间透视效果，但这些方法往往只能捕捉到某一特定时刻的静态画面，更未立足于本国的传统文化渊源。园林体验的本质是动态的，其随着时间和季节的变化而变化，且这种变化是一个连续的、流动的过程[1]，中国古典园林中所强调的"移步异景"等非透视效果也是客观图像难以完全捕捉的。因此，主观视觉和感受在捕捉这种动态性和时间性方面具有独特的优势，园林中强调的是随观赏者移动而不断变化的视觉体验，这与中国传统山水画的原理有着内在的一致性[2]。传统山水画画面看似简单但又隐藏着丰富的层次，园林空间看似有限，却又隐含着巧妙的视觉体验。

因此，本文将从主观视觉的角度出发，通过探讨传统山水绘画透视原理与古典园林空间的关联性，阐述其在园林设计中的作用，通过将山水画透视效果应用在园林设计中构建丰富的空间造景，以期为园林设计提供更深入的理解和启示，推动优秀传统文化的创新与发展。

1 传统山水画透视效果与园林的内在联系

1.1 创作理念相通

中国传统山水画与古典园林皆致力于捕捉自然之美，将创作者的情感融入作品中。它们通过细腻地描绘和塑造自然元素，来传达作者的主观情感和艺术追求。从魏晋时期开始，名士们热衷于游山玩水，推动了山水画的迅速发展。唐代，画家开始注重山水的自然真实性和细腻的表现，力求刻画出自然景物的内涵和外貌。两宋时期，山水画进一步追求写实表现，将山水的空间感和逼真感展现得更加细致。进入明清时期，山水画追求气势磅礴，多利用运用大胆的笔触表现出山水的雄伟和豪迈，尽管山水画历经千年的演变，但作品中多采用"散点透视"技法来展现自然之美。我国古典园林中的空间设计仍追求自然之美，讲究"虽有人作，宛自天开"，通过提取和利用自然界的山、水、石、树等元素，构建天人合一的自然意境。正如秦观所言："小园几许，收尽春光"，绘画是以

象征的手法抽象表现自然的山、水，而园林空间则是真实地模仿自然，形成造园之法，两者都是通过对山水形质的凝缩模拟来表现无限的天地自然之道。

1.2 创作技法相通

中国山水画与园林设计的密切关系可追溯至文人对自然山水的深刻感悟与艺术再现[3]。文人们在游历自然山水的过程中，积累了丰富的感知体验，进而促进了文人园林的兴盛，这种兴盛又反过来深刻影响了园林的创作技法。山水画的理念和技法被运用于三维的园林空间设计之中，形成了一种独特的艺术表现形式。例如从南北朝时期宗炳利用"绢素"观察景物，发现近大远小的规律，到唐代王维在《山水论》中提出"丈山尺树，寸马分人"等原则，再到郭熙在《林泉高致》中提出的"三远"法[4]，这些传统山水画的技法都在园林设计中得到了应用和发展。园林中的添景手法，如远、中、近景的布局，便是山水画近大远小理论在空间设计上的投射。现今，《中国古典园林分析》《景观形态学》等著作亦将中国山水画创作技法与园林空间进行相互解读，亦是立足于传统文化思想背景下的现代诠释。

2 传统山水画透视法在古典园林中的体现

2.1 移动视点创造连续时空

区别于西方的定点透视法，西方绘画和园林设计都强调通过透视效果和几何学原理，追求规整有序的视觉效果。例如，在西方绘画中，透视技术被用来创造深度感和空间感；而在园林设计中，几何化的设计手法确保了从特定视点获得理想的视觉效果。这种设计手法虽然创造出了规整有序的园林景观，但也忽视了时间性因素，如日照、天气和季节的变化。而中国的山水画采用了"散点透视"的方法[5-6]，不仅局限于单一点来描绘景物，所表达的也不是时间的一个点，而是时间段内的叙事构图。例如沈周所绘的《东庄园图》则是遵循了移步换景及多视点的方法，如图1所示，可以看到河溪蜿蜒、湖面荷花碧绿、果树垂枝等园林的各类影像，立足于不同点上所看见的景致，都组织到画面之中。观者能够随着画卷的展开、时间的流动，进行空间的解读。

图1　东庄园图中的视觉运动性

中国传统园林和山水画观法相似。山水画是利用"多视点"叙事性构图来创造时空观，而园林则是通过起始、过渡、高潮和结尾的空间序列创造流动的时空[7]。例如，扬州小盘谷入园便是一个小庭院，坐北花厅三间，南面沿墙堆筑土石小型假山，绕过花厅东侧，往北忽见假山水池豁然开朗。尽管园林的面积不大，但空间布局紧凑而精致，巧妙地利用山石、花木等元素创造出收放对比的空间变化，易让人产生情感共鸣，营造出情景交融的意境，使园林游赏转换成了一种连续的时空感知。这种如诗一般的游览动线是西方透视技术所无法实现的，其不仅展现了与西方客观视觉及其图像投影的差异，更体现了中国古典园林独特的艺术风格。

2.2　透视矫正创造空间纵深

透视矫正是通过分析物体在透视下的变形，调整造园元素的几何形态，以消除视觉错觉。这一技能够在特定视角下创造更深远的空间纵深效果。

山水画通过调整远景的位置、景物大小和色调3个方面来营造空间纵深的透视效果[8-9]。调整远景的位置指的是将远处的景物放置在画面远离观察者的地方，通常在画面的较高位置，以产生远近的视觉距离感。调整景物的大小指的是在绘制远处物体时适当缩小它们的大小，以产生视觉上的递减效果。调整景物的色调指的是使用浅色和低明度来呈现远处景物，以创造出远离观察者的效果。通过综合运用这3个方面的处理，画面能够有效地表现出远处山水景象和景深感，这也对园林中的远景布置提供了启示。绘画中强调适当缩小远处物体的大小，同样也对园林中景物的表现产生启发（表1）。在古典园林中，远景的位置常常被放置在园林的边缘或远处，通过山峦和水面等元素创造出开阔而遥远的视野，与观者产生一种距离感。在景物大小上，通过调控远景景物的尺度，将其适度缩小呈现，营造出远离观者的效果，创造出透视感和遥远感[4]。在色彩上，绘画中强调使用较浅的色调和明度来呈现远景，也对园林中远景的处理提供了启示，例如使用淡绿色绘制远处山岳和松林，或者采用冷色调的植物，可以增加远景的清冷感，创造出更远的视觉距离，营造出远处景物轻淡、模糊的效果，增强远景的遥远感。

山水画与园林创造空间纵深差异对比　　表1

山水画纵深透视	园林空间纵深透视
远近：远处的景物放置在画面远离观察者的地方表现纵深空间	远近：利用造园要素创造前景、中景、后景，加深园林纵深感
大小：绘制远处物体时，将它们的大小适当缩小来表现纵深	大小：调控远景尺度，景物适度缩小呈现，营造出纵深效果
色调：将远处的景物以较浅的颜色和较低的明暗度来表现纵深	色调：利用远山松林或粉墙灰瓦等作为背景，创造远景纵深

2.3 虚实结合营造立体效果

在山水画技法中还有一种不借助于线性透视效果，而是通过在绘画中区别物体的虚实纹理和细节来表现[6]远近景物，从而打造出类似于透视效果的方法。

在山水绘画里，"虚"是画面中的留白，是稀疏，或者是朦胧；"实"则是眼前实实在在的事物。以《早春图》（图2）为例，近处的山石通过浓墨重彩刻画近景山石细节纹理和丰富的层次，使观者能够清晰感受到山体的质感和形态的变化；远处的山峰则是通过淡淡的色彩和模

图2 郭熙《早春图》（局部）

糊的纹理呈现出烟笼雾绕、莫测其深远的境界。虚实绘画技法成就了如线性透视效果般的层次与空间，致使画面中溪水蜿蜒、深邃难测、峰峦叠嶂、远近难辨，营造出一种"江山无限"的错觉，令人遐想。宗炳《画山水序》曾言："且夫昆仑山之大，瞳子之小，迫目以寸，则其形莫睹，迥以数里，则可围于寸眸"，强调了观察山水时要注意尺度的处理，近处的物体应该通过绘画手法，使其近距离观察时看起来远远。唐朝《山水论》中论述了对远景规律的理解，"远人无目，远树无枝。远山无石，隐隐如眉，远水无波，高与云齐"，可见在南朝时期便已通过绘画技法来表现类似于"近大远小"的透视理论。这样的绘画技法也可联想到园林当中，自然景象的描绘也会运用虚实结合的手法，岸边山石竹藤对应实、水中倒影对应

虚，如计成在《园冶》中描述"池塘倒影，拟入鲛宫"，水中倒影在视觉上扩大了空间，对于突破狭小园地空间的束缚来说是很有效的手段。墙为实，孔洞透出的景色为虚，视线内所得的构图因为孔洞受到限制（图3），直到观者来到孔洞外才能体会到空间的真实距离，虚与实的强烈对比，于狭小空间内增强了立体效果，从而空间得以延伸。传统山水画的虚实概念表达是借助绘画技法实现的，而园林景观设计则是通过山水骨架、园林配景、质感纹理等来实现。无论是二维画面还是三维空间都是利用了视错觉的手法，微妙地引导主观感知。

图3 漏窗视线

2.4 模糊灭点创造无尽空间

模糊灭点是一种山水画中创造无尽空间的手法，即通过在画面范围内消除或者模糊灭点，减弱透视效果而创造出一种无尽的空间延伸感。例如在李嵩《看潮图》中（图4），按近大远小的透视规律，距离越远则波浪渐小，但画面中的水波与建筑边线近乎平行。在马远《秋水回波》（图5）中，不仅水波的灭点聚集在画外，远处的墨色也逐渐减淡，这种模糊灭点的做法带来了视觉错觉效果，模糊了空间距离和尺度，让人产生身处无尽空间的奇幻感受。

中国古典园林中也运用了同样的手法，当视域范围内存

图 4　李嵩《月夜看潮图》

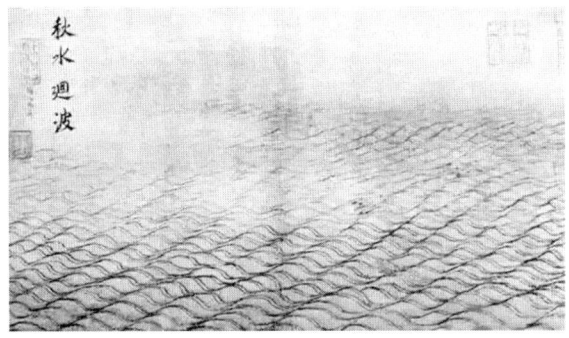

图 5　马远《秋水回波》

在明确的视觉焦点，对其灭点进行遮挡，当人游览其中时往往会感受到空间上的混沌从而使空间深度变得难以判断。

在设计大尺度园林空间时，利用视觉混淆和层次铺展的方式，将水体、植物等园林要素在水平方向上展开，形成错落有致、不易辨识前后层次及大小的效果，这样可以消除远处景物的消失点，使整体空间显得开阔连绵。而在小尺度空间中，由于空间较为局限，多采用掩映和限制视线的手法，利用门、窗、洞等元素来对观者的视线进行限定，使其感知到的画面多停留在浅空间，从而消除小尺度空间中可能出现的灭点现象。

不仅如此，这种设计手法不仅增加了园林的神秘感和吸引力，同时也引导人们去探索园林。

3　结语

不论是中国古典园林还是传统山水画，其空间都广泛地应用了透视学的原理，将传统山水画中积累的经验运用到园林的建造之中。在园林设计中融入绘画的视觉理念，使透视得到了更加夸张的运用，从而让所需的视觉效果达到空间序列的平衡，引导着人们去探索园林。无论是中国古典园林还是传统山水画，其透视构图既具备理性因素又包含感性因素。在理性方面：①移动视点，采用"散点透视"的方法，通过变换观察角度和位置，使观者能够在园林中体验到连续和流动的空间；②透视矫正，通过利用色彩、材质、质感、光影效果等矫正物体的透视变形，从而利用视错觉创造出难以判断的空间纵深。在感性方面：①通过利用山水骨架、质感纹理等要素的虚实强烈对比，在二维平面上或者狭窄空间中产生类似于透视的立体效果，以微妙的方式引导人的感知；②对视域范围内的灭点进行模糊或遮掩也能为空间带来巨大的惊喜感，从而产生探索性的游览体验。

当然，单从视觉透视角度对园林空间进行探究远远不够，园林空间的多样性不能被简单定义。因原始资料、科学实测图等数据获取困难，且获取的资料也需进一步验证，本文主要从主观视觉角度出发，分析了传统山水绘画透视原理与中国古典园林空间的关联性[10]。挖掘利用传统山水绘画的艺术手法，从中进行方法论的借鉴，结合现代园林空间设计需求，采用主客观相结合的方式[11]，注重游园过程中带来的感官变化，是后续研究的重要方向之一。这些探索不仅有助于进一步丰富和提升当代风景园林设计实践，也促进了我国优秀传统文化的传承与发展。

参考文献

[1]　闫珮珮. 基于几何形式、透视法与自然认知观的中西古典园林比较[D]. 郑州：河南农业大学, 2017.

[2]　王胜男, 吴晓淇. 寄情山水——中国山水画与造园美感的成因[J]. 中国园林, 2024, 40(7)：15-18.

[3]　罗瑜斌, 刘管平. 山水画与中国古典园林的起源和发展[J]. 风景园林, 2006(1)：53-58.

[4]　冉竹樱. "三远法"和"透视原理"在园林景观手绘教学中的运用[J]. 现代园艺, 2020(8)：225-226.

[5]　孙筱祥. 中国山水画论中有关园林布局理论的探讨[J]. 风景园林, 2013(6)：18-25.

[6]　王梦琦, 沈实现. 基于中国传统绘画的园林空间非透视性探究[J]. 中国园林, 2020, 36(11)：67-72.

[7]　田朝阳, 陈晶晶, 冯艳. 中国传统园林"时空设计法"空间构图原理探讨[J]. 华中建筑, 2015, 33(9)：21-25.

[8]　边凯. 论宋代山水画中景的再现与境的营造[D]. 北京：中央美术学院, 2014.

[9]　胡恒. 吴彬的选择——《赏雪》、透视法与明代园林画[J]. 同济大学学报(社会科学版), 2018, 29(3)：76-83.

[10]　王裔婷, 杜春兰. 基于透视还原的圆明园四十景图之天然图画景观平面图研究[J]. 中国园林, 2015, 31(6)：105-109.

[11]　刘滨谊. 风景园林主观感受的客观表出——风景园林视觉感

受量化评价的客观信息转译原理[J]. 中国园林, 2015, 31(7): 6-9.

作者简介

邱新媛, 2000年生, 女, 重庆人, 重庆交通大学建筑与城市规划学院硕士研究生在读。研究方向: 风景园林规划与设计。

（通信作者）董莉莉, 1974年生, 女, 河南信阳人, 重庆交通大学建筑与城市规划院, 院长、教授, 国家一级注册建筑师。研究方向: 风景园林规划与设计。电子邮箱: 12798062@qq.com。

陈杉杉, 1998年生, 女, 重庆人, 重庆交通大学建筑与城市规划学院硕士研究生在读。研究方向: 风景园林规划与设计。

基于"借景"理法的武当山复真观建筑群外部空间艺术解析

Analysis of the External Space Art of the Fuzhen Temple in Wudang Mountains Based on the Theory of "Scenery Supporting From"

胡雨琳　杜　雁*

摘　要：世界文化遗产武当山古建筑群具有重大的历史与信仰意义，明成祖时期敕建的道教宫观与自然的高度和谐，体现了宗教建筑的建筑学与艺术成就。复真观作为武当山道教宫观"七宫八观"体系中现存最完整的两座道观之一，其基于真武信仰与道教文化的外部空间设计思想与自然环境相互契合，反映了明代道教的宫观艺术思想与信仰内涵。本文基于"借景"理法的基本观点与设计程序，通过古代文献、历史图像与实地踏查信息的比较研究，探明武当山复真观的外部空间设计与自然环境融合的方式与途径，以期丰富对道教建筑外部空间设计手法的认识。

关键词：风景园林；武当山；古建筑群；复真观；"借景"理法

Abstract: The ancient architectural complex of Wudang Mountain, a World Heritage Site, stands as an embodiment of historical and religious importance. Its Taoist temples, constructed under Emperor Zhu Di of the Ming Dynasty, exemplify the harmony between architecture and nature, showcasing architectural and artistic prowess in this era. Fuzhen Temple, as the most intact of "Seven Palaces and Eight Temples" system, its external spatial design reflecting the integration of Zhenwu faith and Taoist culture into the natural landscape, responding to artistic and spiritual essence of Ming Dynasty. Based on the theory of "Scenery supporting from", this paper explores the strategies and methods of integrating the external space design of the Fuzhen Temple. Drawing on ancient texts, historical imagery, and field research, the study aims to enhance our comprehension of Taoist architectural space design techniques.

Keywords: Landscape Architecture; the Wudang Mountains; Ancient Architectural Complex; the Fuzhen Temple; Scenery Supporting Form

引言

世界文化遗产武当山道教宫观建筑群被认为具有重大的历史与信仰意义，其道教宫观的建筑与自然环境高度和谐，体现了宗教建筑的建筑学与艺术成就[1]。复真观作为武当山道教宫观中保存较为完好的道观之一①，其外部空间灵活多变，拥有顺应地势蜿蜒的夹墙复道，体现出明代武当山宫观外部空间与自然环境和谐交融的典型特色。尽管已有武当山道教建筑的相关论著注意到复真观与自然环境相互融合的典型特征[2-4]，但有关其外部空间的设计分析更多聚焦于建筑艺术特色[5]与建筑空间序列设置[6]，尚未基于武当本土的地方信仰文化

---

① 明末时期，大多数武当山宫观遭兵火毁坏。复真观得白玄福与其徒张静明苦守，经二人勤苦募捐、同善共擎，复真观才得以幸存。

对复真观展开整体性的分析。

与关注建筑外部空间的功能、形态与性质的分析不同，孟兆祯先生提出的"借景"理法，强调外部空间艺术创作中因借自然之宜与人文之宜同等的重要性和必要性[7]。"巧于因借，精在体宜"为理法的中心理论，文化心理图景与自然山水资源有机结合为外部空间艺术创作手法的最高标准[8]。以"借景"为核心的设计程序——"明旨、立意、相地、问名、布局、理微、余韵"反映了中国风景园林外部空间艺术与技艺的逻辑思维和形象思维，补充了建筑与自然环境调和的方式。

本研究基于"借景"理法的观点以及设计程序，对武当山复真观外部空间艺术手法进行整体分析。其一，基于前人基础研究并结合文献以及实际踏查现状，探讨复真观于明代武当山风景体系下的主旨和立意内容。其二，通过实际测绘结果，分析归纳复真观布局特征，联系历史图像，进行文化阐释。研究从明代武当山地方信仰文化角度，进一步理解复真观的建筑艺术以及景观营造特色，以期丰富对道教建筑外部空间设计手法的认识，从而为宗教性园林景观以及外部空间的历史解读与保护提供帮助。

1 明旨立意：基于武当山升真叙事的营建

明永乐十年至二十二年（1412—1424 年），为灌输"皇权神授"理念，明成祖朱棣崇祀真武，于武当山建成宫、观、岩、庙、庵、祠等 33 处，特敕武当山名为"大岳太和山"。复真观于此次营建过程中落成，建玄帝殿宇、山门、廊庑、方丈、斋堂、道房、厨室、仓库 29 间[9]101（图 1）。该道观被列入官方钦定"七宫八观"体系，成为明代武当山官方宗教叙事中的组成部分。

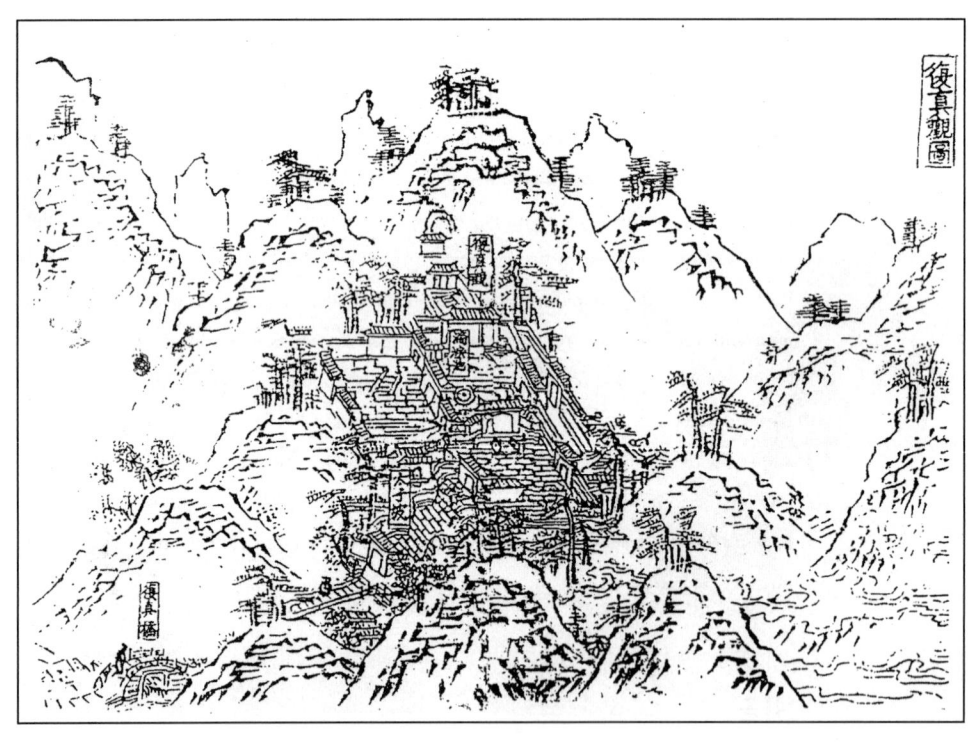

图 1 明代"太子坡"
[图片来源：（明）方升，《大岳志略卷之三·宫观图述略》]

明代武当山总体规划线索藉用真武飞升传说。《元始天尊说北方真武妙经》记载："真武为静乐国太子，入武当修行四十二年，功成飞升，奉元始天尊敕命，披发跣足，踏腾蛇八卦神龟，断天下妖魔"。该传说文本讲述了真武由人间太子步入仙山修炼，最后返还天国的升真经历，建构了"人间—仙山—天国"的文本主题结构。而规划者将敕建的"七宫八观"宫观体系对应传说主题，结合各处环境特征营造相应空间氛围，构成一个主次分明、大小有序的空间叙事格局[10]（图 2），使真武经典与本土风物在空间上形成虚实映射关系，以此获得神明权威。

图 2 武当山总体布局图
[图片来源：（明）方升，《大岳志略卷之三·宫观图述略》]

作为"七宫八观"宫观建筑群体系的组成，复真观的营建主旨与立意服务于真武修炼传说的景象单元营造。道观处于武当山海拔中段，位于仙山景象单元之中。这一景象单元基于武当山中段地势丰富、景物多样的特点，排布真武修炼的三重境界。其中磨针井、回龙观等对应传说中"悟杵成真"（图3）、"涧阻群臣"（图4）等经典情节，展现真武进山修炼的第一重境界。

复真观中，其山门处有驸马督尉沐昕所题"太子坡"三字，点明真武仍为人间太子身份。其主殿匾额"云岩初步"迎合"玄帝初入武当修炼"的主题，暗示真武将从第一重修炼境界逐步迈进第二重修炼境界。规划者将此地塑造成真武太子时期读书修行的场所，意图联系磨针井、回龙观等展现修真情节中的重要转折部分，有效表达修炼故事主题，完成武当山的风景叙事。

图 3 悟杵成真图
（图片来源：《真武灵应图册》）

图 4 涧阻群臣图
（图片来源：《真武灵应图册》）

2 问名心晓："复真"的名称内涵

道观以"复真"命名映射了真武飞升传说的总体宗旨。

其一，"复真"一词联系了真武为太子时的情节故事。《玄帝圣经启圣录》记载真武因"未契玄元"而逃出武当后，受紫元君指点"即返岩而精修至道"①，"复真"于此可作"再度修炼"理解。

其二，"复真"一词呼应了真武飞升传说"归根复命"的循环式结构。按道书，真武本为天上之神，托胎为静乐国太子，入武当山修真内炼后回归天界。"履坎离之真，归根复位，镇极北方"[9]136-138直接点明"归根复位"这一传说主题。"复真"于此可作"再次成仙"理解，以回应故事总体脉络。

其三，"复真"可作映射武当道教修炼的实践特性。于早期道教文本之中，"真"字可能从整体上取向于"人试图回归母体，即回归生命本源"的意义[11]。武当道教强调的内丹修炼，是以先后天精、气、神为内容，主张逆的方向还原本体，由坤卦返回乾卦的返还工程[12]。在复真观相关题诗之中，明代叶果将复真一词与内丹修炼境界进行联系："六欲归初性，如如复我真。阴阳合一壁，天地满腔春"[9]258。"复真"即是暗示内丹修炼中回归本真的过程，即修炼之时的道境，并表现"返回本真"的最终呈现效果和"阴阳合一"的超脱理想状态。道观以"复真"命名，暗示与强调内丹修炼当中阴阳调和、返璞归真的内涵精要。

综上，复真观的营造立意承载传说真武入山修炼变幻莫测、虚无缥缈的仙境描摹，其中又暗含内丹修炼的典型内涵。

3 相地选址：基于理想修炼环境的舆图书写

基于原址文化功能，复真观对自然环境空间进行重新建构，承接原址功能，并迎合风景规划结构。

复真观地处官方东神道中段分叉东路，是朝天必经的道观，当郧襄要冲登顶孔道。《重修复真观暨神路碑记》形容此观"正当冲衢之中"②，为往来叹跋涉者提供休憩需求。明代游记形容复真观地处"陂陀之嗌"③。复真观于陡崖之上，其正对山下剑河，千丈幽壑。山势陡峭，一面是悬崖峭壁，一面是万丈深渊，与周边环境山脉在海拔高度、陡峭程度上形成了鲜明的对比，突显其险峻的特点（图5）。然而规划者远取其"势"，在现实地理基础上建构接近"枕山环水面屏"的理想模式。道观右临天池，左系山道；背依山峰，下对剑河。舆图也尽力贴合重山包围的空间形式（图6），将对岸山脉纳入画面，使道观掩映于层层山中，如一片青芙蓉，涌出绿波，瓣弯可数，峰回路转、忽复灭没。

图5 复真观地理环境现状图
（底图来源：Google erath）

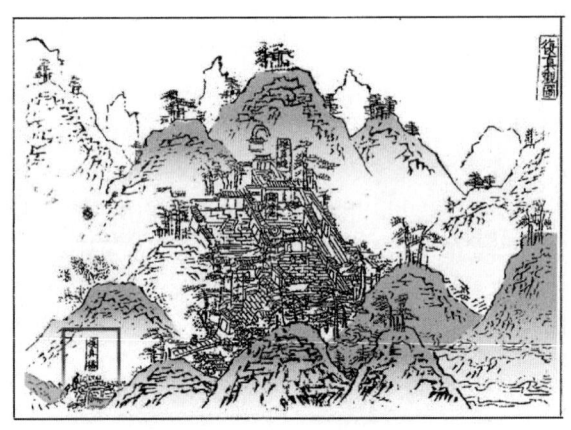

图6 复真观理想风水模式图
[图片来源：(明)方升，《大岳志略卷之三·宫观图述略》]

同时，明代复真观自然环境竖向亦因借与武当山主峰天柱峰的视线关系，"凭空下眺，群山偃伏，仰视天柱诸峰，尚隐隐插霄汉间"④。殿前具备祭祀性以及有朝山功能的拜斗台和焚帛炉，使其外部空间属性与金顶的

---

① 《玄帝圣经启圣录·卷一》："玄武修炼，未契玄元。一日，未出山，行至一涧，忽见一老媪，操铁杵磨石上。帝揖媪曰：'磨杵出何为？'媪曰：'为针耳'。帝曰：'不亦难乎？'媪曰：'功至自成'。帝悟其言，即返岩而精修至道。老媪者，乃glacé师紫元君，感而化焉，涧曰：'磨针'，因斯而名。"

② 《重修复真观暨神路碑记》："且石路之崩颓，往来圣者跬步维艰，登陟至此，易骑而步，经十八盘上下磴道险峻，精疲力竭，则此地口砌之工自不容缓。"

③ 引自（明）汪道昆《太和山记》："陂陀中分，扼其呃为复真观"，（明）王士性《五月游草·广志绎·卷六》。

④ 引自（明）何镗《古今游名山记卷之九》：陆铨《游武当山记》。

宗教关联，以此突出金顶作为武当山当中的祭祀核心与高潮的地位。

4 布局

4.1 基于武当宫观功能空间的灵活布局

作为以内丹修炼为核心的道教活动场所，武当山宫观布局反映了对修炼、祭祀与生活的特殊追求：宫观严格分离各功能空间，采用多轴线形式布局设置神灵区、生活区以及修炼区，三者通过宫墙形成独立的小空间，神灵区处中轴线突出重要地位（图7）[13]。在复真观的空间布局中，其并未遵循武当山宫观规制进行对称布局，而是因地制宜，开辟东西向轴线，从高到低依次排布神灵区、修炼区、生活区，确保神灵区重要地位，在不影响根本原则情况下进行朝向和布局的灵活改动，各区功能结构的主次关系清晰明了，满足道教宫观布局的基本要求（图8）。

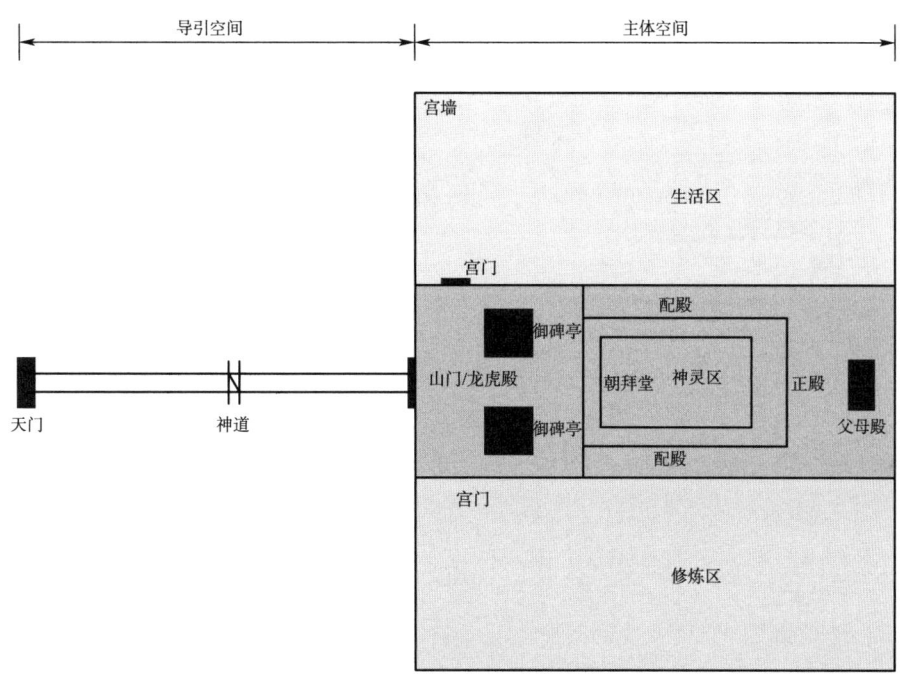

图7 武当山宫观功能空间布局
（图片来源：李慧，《武当山道教宫观环境空间研究》）

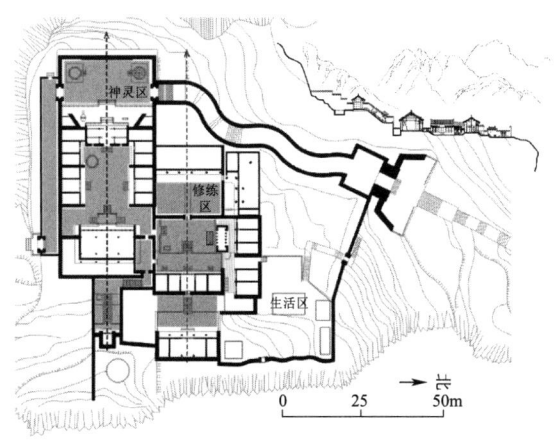

图8 复真观功能空间布局

同时，复真观因地制宜塑造独立性围合空间，弥补环境条件的先天不足：山门夹墙复道顺应地势曲折蜿蜒，形成指向性明显的围合空间，从侧边开门，利用照壁转折进入院落当中。太子殿虽处中轴线，但仍修建夹墙复道，侧边开门，使院落气场完整。这种院落格局和空间形式将山势之险要化为观内之生气，形成武当道教理想的修炼与生活环境：观外环境云雾弥漫，草木丛生。山水与建筑相得益彰，形成"仙山琼阁"的境界。

4.2 真武神话叙事空间组织

复真观的空间序列安排自然地结合了现场周边环境，

以"起承转合"[14]的传统模式串联神灵区的各空间。以朝拜信众的祭祀路线来看，空间序列分为由"起承转"构成的导引空间与以"合"构成的朝拜空间（图9）。

复真观的导引空间元素丰富。"起"由复真桥、磴道和山门组成。石桥题刻"复真"二字暗示来到修真场所，斜坡旁树木与延伸的磴道将人引至太子坡山门；"承"由九曲墙及笔直甬道组成，作为连接山门、宫门、出口的过渡空间；"转"部分由照壁以及二宫门构成。

"福禄寿"照壁使建筑朝向由南北方向转为东西方向，转变建筑轴线方向与行进路线。而朝拜空间，即"合"的部分指玄帝殿至太子殿，其空间组合再次经历了完整的"起承转合"。入玄帝殿院落迈入第一次小高潮：建筑以高耸山峰为背景，突出了玄帝殿的隆重地位。向东前进入口却需转90°，顺夹墙复道，曲折步入太子殿，再次完成"起承转"的布局安排，空间序列于太子殿达到高潮。

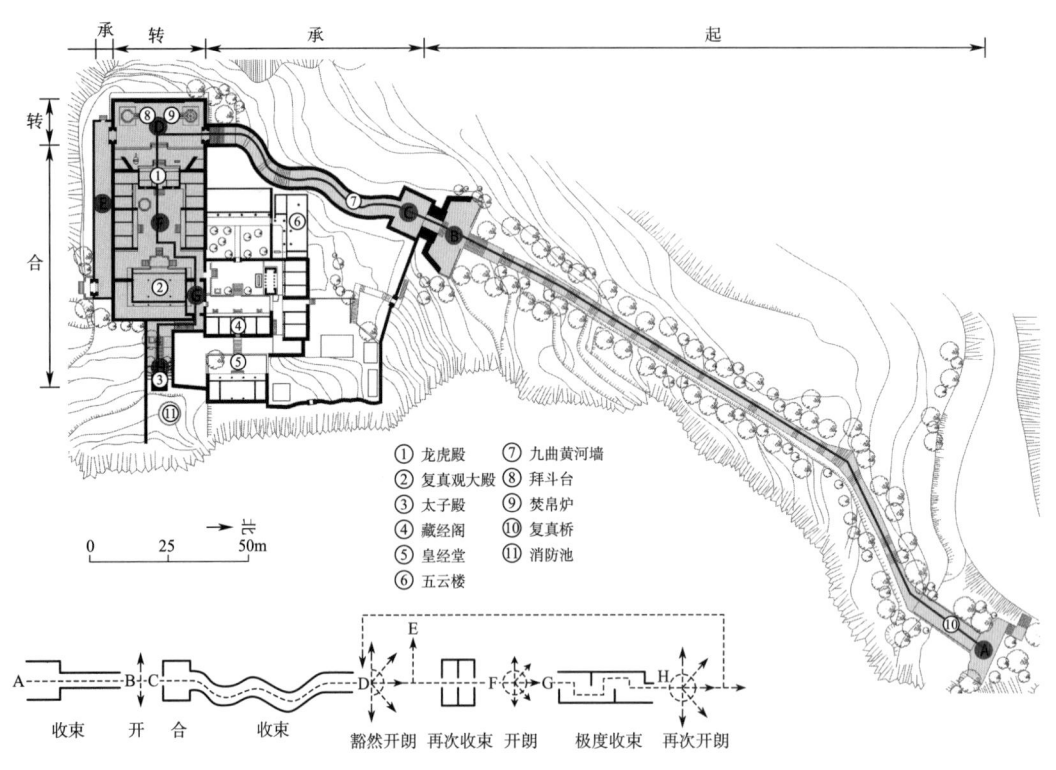

图9 复真观空间序列
（图片来源：作者自绘）

相较于单一的起承转合模式，复真观于朝拜空间同样塑造了一次起承转合。其多变的尺度以及形式营造了丰富的空间感受，形成空间上的开合变化、明暗交替以及曲直对比。九曲墙顺地势延伸，自然形成多次方向的变化、明暗交错，同时与方正的院落空间形成鲜明对比，视线在行进过程中不停展开和收束，形成矛盾统一体。太子殿前曲折闭塞的夹墙使空间的开合与明暗变化不断重复。

4.3 空间隐喻，玄武意象

玄武作为真武神灵的一种象征性符号[15]，其形象突出龟、蛇的外观、出身以及属性的相互对立特性。传统玄武图像的核心元素为龟蛇结合，其图式凸显体量、对称性等平面构成元素以及阴、阳特征的二元并置特点。

俯视复真观院落，整个神灵区空间行进方向几经变化，同时在形态上呈现迥异于一般道教宫观的"曲直交织"特征。其主体朝拜院落建筑沿轴线设置，空间形态方正规则，尺度宜人，至最高处亦可纵览周边山水，朝望金顶。导引空间自山门至宫门入口形态曲折多变，且空间闭塞（图10）。

二元对立的空间属性所组成的神灵空间如同龟蛇相互纠缠盘绕、相互咬合。其空间形态整合除为适应地形外，亦是利用玄武龟蛇意象整理，以此表征阴阳调和、周旋复始的武当道教文化内涵与龟蛇真武信仰。

4.4 视线控制，空间渗透

经实地测绘统计，复真观各建筑垂直视角处于28°～38°。该角度凸显了建筑高耸形象，也利用地势的高差隐藏太子殿，保证了观察龙虎殿和玄帝殿时的画面完整性，表现了古代深思熟虑安排视角控制的成熟技艺（图11），使得复真观在竖向上形成了丰富的层次与渗透效果。龙虎殿与玄帝殿利用尺度控制，使最低视线顺利通过重重门券抵达玄帝殿，同时"云岩初步""体慧长春""复真观"三处牌匾明朗可见，形成了丰富的层次感（图12），充分利用了门框的"管窥效应"。

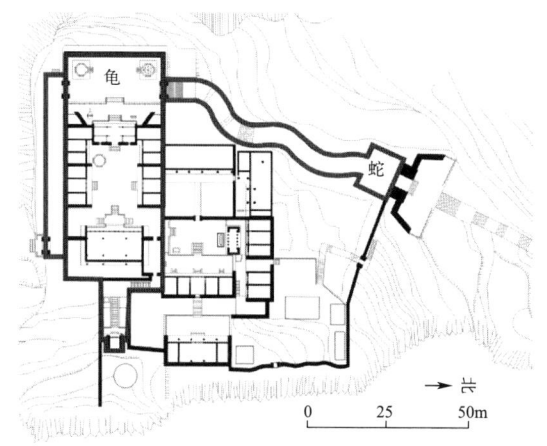

图10 复真观玄武空间意象

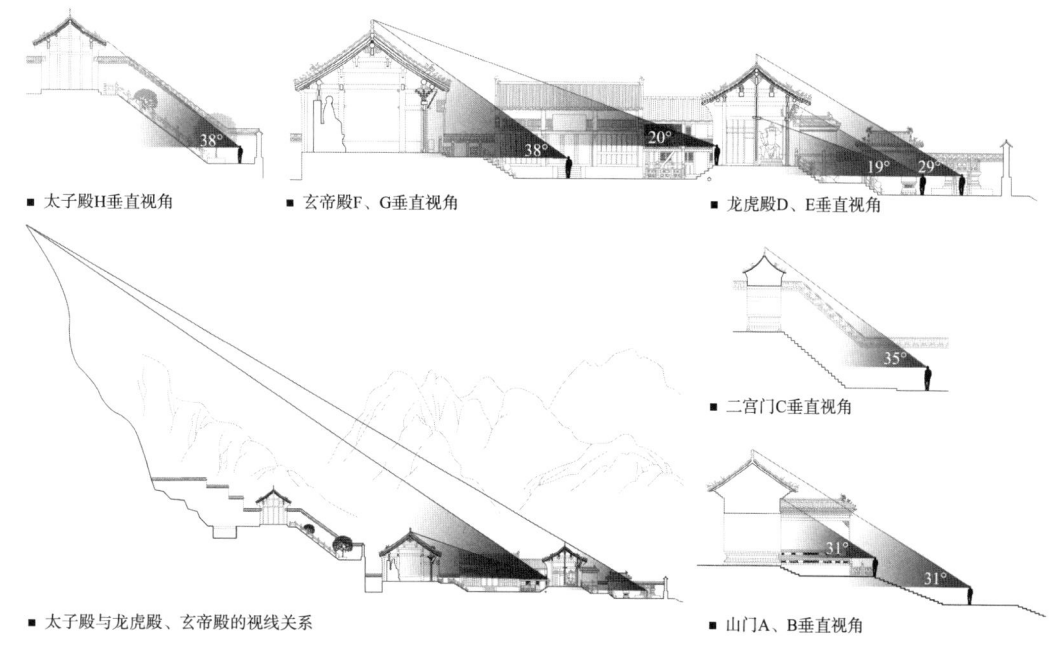

图11 复真观垂直视角分析图

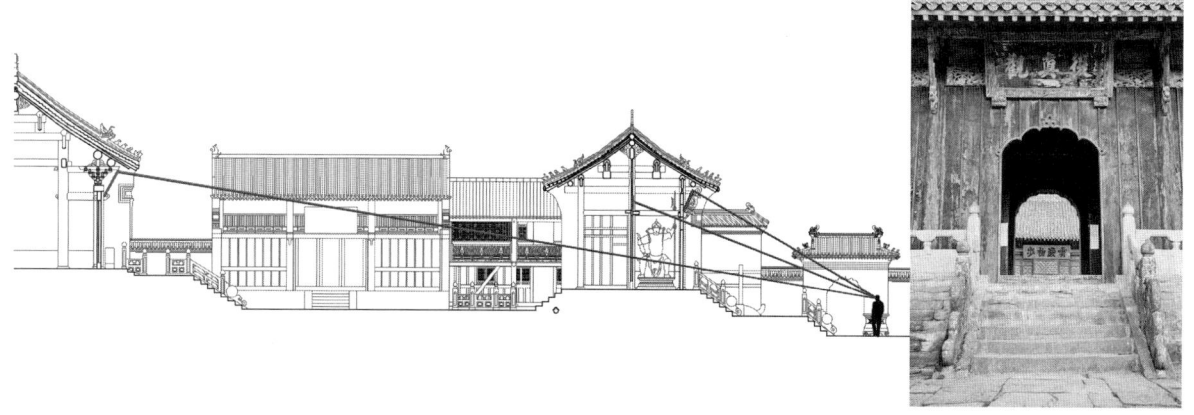

图12 龙虎殿与玄帝殿的渗透关系

同时，复真观利用框景等手法限定景物，透过龙虎殿莲花形券门、山门等景框缩小人们的视野范围，从而使人们的视线集中于建筑或山水风景，在增加宗教氛围和山水意境上都取得了良好的效果（图13）。

图13　复真观框景

5　理微

复真观通过建筑小品、自然风物联想以及匾额题名联系故事情节、反映"修炼"主题以及突显道教意境。

其一，院落设具有祭祀仪式功能的建筑。玄帝殿抱出月台三面作台阶，设石护栏；焚帛炉八边须弥座，设六脊攒尖顶；拜斗台为四方高崇台（图14）。五云楼重楼飞阁、四壁红墙的特质，在山势特点上突出"危""奇"的特点，其强烈的人工痕迹取得了超逸的效果。

其二，设置与神话传说相关的小品。在玄帝殿主殿后修建太子殿并设太子读书像，表示太子潜心修炼道法；正对为剑河，观中有圣母滴泪池，反映《启圣录》中"涧阻群臣"的传说场景（图15）。

图14　焚帛炉与拜斗台　　　　　　　　　　　图15　圣母滴泪池

其三，复真观也借匾额题名形式，以玄帝修炼的故事载体抒发道众对修炼的体悟与功成的憧憬（图16）。"云岩初步"为玄帝殿上牌匾，以山势高耸险要比喻道法莫测以及对初入修炼的勉励；"体慧长春"设于龙虎殿中，表现对悟道的追寻生生不息，思想和精神长存而不失。

图16　"云岩初步""体慧长春"匾额

6 结语

基于武当山真武信仰的本土语境以及中国风景园林"借景"理法设计程序，本文对武当山复真观外部空间的艺术手法进行整体分析。复真观基于宗教信仰文化整合，对于外部空间的自然环境的文化意涵以及建筑部分的艺术设计联系进行了合理建构。

作为"七宫八观"官祀建筑体系下的组成节点，复真观在武当山传说叙事线索中不可或缺。规划者基于真武修炼故事情节中的重要转折部分，对复真观进行营建，以此增加实感，教化信众。同时，"复真"暗含着"内炼元真，精essere至道"的修炼思想，表现归复本真，阴阳合一的超脱理想状态，以此营造在场所中的修炼实践内涵。

复真观外部空间塑造包括了理想修炼环境特征的舆图书写、真武意象的空间组织布局以及结合真武修炼情节的建筑小品设置。此将宫观建筑与周边山水环境有机结合，同时融入道教意象，通过景观序列安排串联空间，以构成修炼景象单元的重要组成部分。该外部空间艺术服务明代武当山基于真武升真叙事的景观营造，从而强化其神灵效能与正统灵异性，实现宗教文化意义与空间表达的统一。

参考文献

[1] Ancient Building Complex in the Wudang Mountains-UNESCO World Heritage Centre [EB/OL]. [2024-09-23]. https://whc.unesco.org/en/list/705.
[2] 张良皋. 武当山古建筑[M]. 北京：中国地图出版社，2006.
[3] 宋晶. 大岳品鉴[M]. 北京：中国建筑工业出版社，2020.
[4] 祝建华. 世界文化遗产——武当山古建筑[M]. 北京：中国建筑工业出版社，2005.
[5] 胡文江. 武当山复真观建筑道法自然思想管窥[J]. 汉江师范学院学报，2018, 38(2)：8-11.
[6] 崔明，赵宁. 武当山宫观空间研究[J]. 中国文化遗产，2015(4)：80-87.
[7] 薛晓飞. 论中国风景园林设计"借景"理法[D]. 北京：北京林业大学，2007：75.
[8] 孟兆祯. 借景浅论[J]. 中国园林，2012, 28(12)：19-29.
[9] 陶真典，范学锋. 武当山明代志书集注[M]. 北京市：中国地图出版社，2006：101, 136-138, 258.
[10] 杜雁，阴帅可. 正神在山 三城三境——明成祖敕建武当山道教建筑群规划意匠探析[J]. 中国园林，2013, 29(9)：111-116.
[11] 易宏. "真""道""人""身""德(得)""大""天""地"——道家道教几个核心概念的身体渊源略探[J]. 东方哲学与文化，2019(1)：114-138.
[12] 胡孚琛. 道教内丹学揭秘[J]. 世界宗教研究，1997(4)：87-99.
[13] 李慧. 武当山道教宫观环境空间研究[D]. 北京：北京林业大学，2014.
[14] 王波峰. 山林道教建筑导引空间形态研究[D]. 西安：西安建筑科技大学，2007.
[15] 杨立志. 玄武——玄帝神格地位演变考略[J]. 宗教学研究，1993(Z1)：11-17.

作者简介

胡雨琳，2000年生，女，华中农业大学园艺林学学院风景园林系博士研究生在读。研究方向：风景园林历史与理论。

（通信作者）杜雁，1972年生，女，博士，华中农业大学园艺林学学院风景园林系，副教授。研究方向：风景园林历史与理论。电子邮箱：yuanscape@mail.hzau.edu.cn。

基于三层次文化理论的清代广西八景生态文化特征研究

Study on the Ecological and Cultural Characteristics of Eight Scenes in Guangxi during the Qing Dynasty Based on Three Levels of Cultural Theory

梁 晴 王 荣[*]

摘 要：不同时期"八景"的总结记录了当时当地的地貌、天候、水文、生物、建筑及生产生活景观，能够反映人们对地理生态环境的认识与关照。本文从生态文化视角出发，对75组清代广西八景进行梳理与分析，通过物质—行为—精神三层次文化理论解读提炼八景文化元素，总结广西八景蕴藏的传统生态智慧，融合形成深层次的"人景合一"的内生机制。同时挖掘出地域性营建特征——"以物为基、择水而生、以文传情"，以有助于广西山水城市的营建与可持续发展。

关键词：八景；生态文化；三层次文化理论；地域性营建

Abstract: The eight scenes recorded the local landforms, weather, hydrology, biology, architecture and production and living landscapes at that time, which can reflect people's understanding and care of the geographic and ecological environment. From the perspective of ecological culture, we analyze the 75 groups of eight scenes in Guangxi during the Qing Dynasty, interpret and refine the cultural elements of the eight scenes through the material-behavioral-spiritual three levels of cultural theory, summarize the traditional ecological wisdom of the eight scenes of Guangxi, and integrate them to form the endogenous mechanism of "unity of people and scenic" at a deeper level. It also explores the regional construction characteristics of "taking things as the foundation, choosing water as the basis, and conveying feelings through literature", with a view to promoting the construction and sustainable development of Guangxi's landscape cities.

Keywords: Eight Scenes; Ecological Culture; Three Levels of Cultural Theory; Territorial Camping

引言

生态环境是人类生存和发展的根基，在生态文明建设的引领下，对传统生态文化的发掘探索备受关注。在中国传统文化中，"八景"是一种城乡人居风景营造的本土模式，将人工建设景观与区域山川形胜巧妙结合，将人文意涵与物质空间虚实关联[1]。八景里记载了地域性的风景体系及其营建元素，是一个完整的地域性生态文化体系[2]。广西八景数量较多，题材丰富、地方艺术特色明显、文学性强，是广西优秀传统文化的结晶和文化遗产，挖掘其地域元素，提炼生态文化信息，总结地域性营建特征与生态智慧，对广西生态文化建设均具有启发意义。

八景文化研究在宏观尺度上主要集中于八景的起源与嬗变[3-6]、空间美学及意境意象[7-10]的研究；在微观尺度上集中于地方八景的构景元素、成景规律、景观语言和地域特色的研究[11-14]。八景是一个完整的地域性文化生态系统[15]，具备"四面八方"空间格局与

"山—川—物—人"组合的整体环境观，八景是生态智慧研究实现从思想理论向实践延伸的突破。八景和选址布局、山水环境、空间格局、自然与人文背景、建筑形态与气候地形特征、营建技艺与地方乡土适应有密切联系[16-19]，有着显著的"地域性"。当前有关八景生态文化要素研究较少，缺少八景中地域文化要素与人居环境共生机制的总结。广西八景具有强烈的地域特色，本文通过挖掘广西八景中人居环境的地域性营建特征，对其地域性营建特征与生态智慧进行总结。

1 研究基础与理论方法

1.1 研究区地理基础

广西位于我国南部，属亚热带季风气候，气候温和湿润；植被繁茂，物种丰富。区内山岭遍布、河网密集，喀斯特地貌镶嵌其中，素有"八山一水一分田"之称。历经时代更迭、民族迁徙、文化交融以及人们对自然环境的物化改造，形成了以桂林、南宁等为代表的古城景观，以黄姚、大圩、扬美等为代表的古镇景观，以融水苗寨、三江侗寨等为代表的少数民族木楼建筑景观等独特的地域性风景资源[20]。历经唐、宋、元、明，至清代广西得到了较全面的开发，与中原、广东等地区进行物质贸易、人员流通、文化传播，经济文化发展迅速。独特的自然环境与人文环境孕育了广西八景文化，是广西山水营建与其特殊生态文化的重要表现形式。

1.2 数据采集

八景蕴含了丰富的自然与人文要素，体现了景观构建的思想以及环境的倾向性，是地域文化的综合体现。通过翻阅清代广西通志、府志、州志、县志、乡土志等历史文献[21]，梳理山川、古迹、岩洞、水文、名胜、古诗、艺文等条目，收集"八景"名称、元素、含义、诗词、故事等内容。八景中的"八"并非确指具体数量，而是对某一地区组景的统称，在数量上还有六景、十景、十六景等之说，因以"八"为最，故常以"八景"统称[22]。以清末广西政区为统计单位，在搜集过程中，方志史料中记载的八景存在部分缺失，因而共收集到八景75组，景名共计591个。对收集到的清代广西八景景名进行自然、人文要素的提取解读（表1），其蕴含了丰富的生态文化信息，包括清代人民对生态环境适应、利用、保护和开发的经验智慧总结，涵盖了地形地貌、气候水文、动物植物、烟村渔火等元素，带着明显的岭南烙印，也包含了文人雅士的思想和封建社会的治国之道等传统文化。

清代广西八景景名自然要素统计表 表1

类别	类型及数量	示例
地貌	山（56）、石（44）、岭（35）、峰（31）、洞（28）、岩（25）、台（13）、壁（12）、坡（6）、嶂（5）、窟（5）、屿（4）、峡（4）、谷（4）、冈（4）、滩（4）、岫（3）、峦（2）、岗（2）、崖（1）	昭山点翠、白石洞天
水文	水（27）、泉（26）、江（25）、潭（18）、瀑（9）、澜（9）、涛（8）、池（8）、湖（7）、塘（5）、涧（5）、浦（5）、湾（2）、河（2）、海（2）、潮（2）、沼（1）、源（1）、渊（1）、浔（1）、田（1）	怀城紫水、石岭龙泉
颜色	翠（24）、金（12）、白（9）、紫（8）、碧（8）、青（7）、赤（5）、黄（4）、丹（4）、绿（3）、虹（3）、墨（2）、黑（1）	紫水呈祥、碧岭晴峰
听觉	声（8）、鸣（8）、歌（7）、籁（5）、音（4）、听（3）、唱（3）	空谷传声、玉洞鸣琴
植物	松（9）、莲（6）、竹（7）、榕（5）、花（5）、桂（4）、林（3）、桃（2）、梅（2）、柳（2）、兰（2）、桑（1）、葡萄（1）	松山屏峙、莲崖秀峙
动物	龙（36）、马（12）、凤（12）、鱼（7）、狮（7）、鹤（7）、燕（6）、象（6）、牛（5）、鸡（5）、鹅（3）、鸳鸯（2）、鸭（2）、鸟（2）、鹭（2）、鹿（2）、凰（2）、雁（1）、蛇（1）	龙洞眠云、鹅潭鱼跃
气象	月（40）、云（32）、天（28）、晚（25）、晴（25）、雨（23）、霞（22）、朝（21）、夜（20）、岚（18）、雪（17）、夕（13）、晓（12）、风（12）、阳（9）、寒（7）、星（5）、光（5）、旭（4）、霄（4）、雾（4）、霜（2）、暑（2）、雷（2）、晨（2）、冰（2）、凉（2）、旱（1）	玉峰捧月、元洞朝霞
气候	春（25）、秋（23）、冬（4）、夏（2）	象岭春云、鹤岭秋风

1.3 三层次文化理论

马林诺夫斯基的《文化论》中提出金字塔式三层次文化理论[23]，生态文化包括物态层次、制度层次、精神层次[24]。本文以广西传统文化中最具代表性的八景文化为研究基础，以生态文化为研究视角，构建生态三层次文化理论模型（图1），进而对物质层次中八景外显的物质形态中的地貌、水文、天象、气候、生物等方面进行分析；对行为层次中八景显露的生活方式、生产方式、地域习惯、乡土活动等人类行为方式进行解读；对精神层次中八景内含的文化美学、意识形态、价值观念等人地关系进行提炼。基于三个层次提取的八景中的生态元素，探索人们在独特生态环境中所采取的生态行为以及形成的生态思想，通过考察环境—行为—精神的逻辑过程，提炼八景所体现的生态智慧与地域性营建特征。

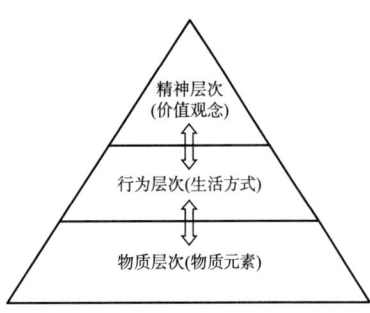

图1 生态三层次文化模型

2 物质层次：自然系统中的生态文化元素

八景数量繁多，带有极强的地域特色，记录了自然环境中山泉湖潭、江河溪涧及风花雪月、虫鱼雁鹰、树韵花香等或静或动的自然要素。清代广西八景多数反映出当时当地的生态环境状况，地貌、水域、气候、气象、植物、动物等相互组合，形成八景物质基础，为行为层次与精神层次做紧密铺垫。

2.1 地文类生态文化元素

广西地貌类型复杂多样，山峰、石林、岭谷、洞穴、岩石、平台、峭壁等景观充分反映了独特的地理特征。八景地文景观从外在形态上分为两大类：中小地貌类景观，这类地貌主要是以独立的山体或绵延起伏的山地丘陵为主，有山（56）、石（44）、岭（35）、峰（31）、嶂（5）、台（13）、坡（6）；微地貌类景观为面积较小的复杂的地貌景观，有洞（28）、岩（25）、壁（12）、和窟（5）。研究中共有122项景名提及了多形态的山景，以中小地貌类景名数量最多，如"容山晓嶂、桂岭晴岚"。加之运用色彩词语来为地名和景观命名，有翠（24）、金（12）、白（9）、紫（8）、碧（8）、青（7）、赤（5）、黄（4）、丹（4）、绿（3）、黑（2）等颜色。峰丛洼地、峰林河谷等密林广布的环境，八景描绘为"碧岭晴峰""云山叠翠""青连叠嶂"，在色彩上多选用碧、翠、青等底色；岩石、悬壁、石林等岩体裸露的环境，八景描绘为"黄岩晚照""白石洞天""黑石仙踪"，直接选用岩体黄、白、黑、灰等底色。不同的色彩构成了地理实体丰富绚丽的画面，亦使景名鲜亮明丽，八景还原广西真实的生态基底的同时，总体反映了广西山之奇特、陡峭和岩洞遍布的特征。

2.2 天文类生态文化元素

广西独特的地理环境呈现出雪山与雨林并存的立体复杂的气候景观，也间接产生了云海、日出、日落、烟雨、雾凇、佛光等气象景观。天候景观为八景提供了丰富的素材，多呈现：月（40）、云（32）、晴（25）、雨（23）、霞（22）、岚（18）、雪（17）、夕（13）、晓（12）、风（12）、阳（9）、星（5）、光（5）、旭（4）、宵（4）、雾（4）、霜（2）、暑（2）、雷（2）、冰（2）等景象；气候主要以：春（25）、秋（23）、冬（4）、夏（2）四季为主。八景是人们对当地气候环境的认识与记录，透露出当时当地生态环境状况。从历史时期考察，明清时期广西气温较低，呈冷暖交替状态，是为明清小冰期[25]。清康熙《桂林府志》载："十月二十九日，夜雪，鱼冻浮流自千秋峡至木马江，人以手取之"[26]；清同治《梧州府志》载："岑溪志曰：近年霜雪颇重逾于往时"[27]；清光绪《郁林州志》载："光绪十八年十一月二十七日申刻雨雪、次日大雪入米如花如绵"[28]。因此清代广西八景中不乏暑、旱、霜、雪、冰、寒等要素，如"消暑葛翁""尧山冬雪""寒涔飞玉"，侧面反映出气候冷暖交替，寒冷特征明显。八景总体上反映了清代广西气象复杂多样、雨水丰沛，具有朦胧美、意境美的特征。

2.3 水文类生态文化元素

山水要素作为人的理想居处的重要条件，透露着人与自然的生态和谐，它们最理想的存在状态通常是"山明水秀"[29]。广西地域河网密布，江面宽阔，水资源丰富，湖泊沼泽镶嵌其中。八景共有94项景名提及了多形态的水域，形态上以静态水域景观如泉（26）、潭（18）、池（8）、湖（7）、塘（5）和动态水体景观如水（27）、江（25）、瀑（9）、澜（9）、涛（8）两大类为主，其中以"水""泉""江"出现频率最高。广西境内的河、湖有以与人们相关的生活方式命名的，如"安湖秋水""牛潭秋月"。态势上因急流激起层层白浪形成"鹅浪涛声"，因山势险峻、河流落差大形成"响水鸣琴"，体现广西江阔水深的特征。亦有因季节的变化而发生春泛、消夏、秋涛、冬汴涨落变化，清同治时期《梧州府志》载："春夏之交，霪雨弥旬漾漾，时发三伏炎燠特甚"且"桂江……滩大水急上下舟皆难行"[27]，故而春夏之际多形成

"春泛""春涨"之景。水文色彩上多是自然界的基本颜色，加之季节、气候、日照及观赏角度的不同，产生紫水、绿水、碧涧、墨江不同的色调。水质上清溪、清泉、澄清、清江表现当时水质优良，由八景中描绘的"龙洞清溪""瓮水澄清""清江翠竹"可见清代广西江河天然无污染的状态。八景总体上反映了广西山势险峻、水流湍急、湖泊纵横、清巧秀丽的特征。

2.4 生物类生态文化元素

清代广西生物资源丰富，植被覆盖良好，动物种类繁多，八景中生境元素应用是原生态自然景观的记录，透露出清代广西人民对身边一草一木的关注和天人合一的生活智慧。这些或静或动的生境元素呈现了清代广西各地自然地理、气候及生物等生态状况。广西八景中对于生境元素的选取带着明显的岭南烙印。植物元素主要有：松（9）、莲（6）、竹（7）、榕（5）、花（5）、桂（4）、林（3）、桃（2）、梅（2）、柳（2）、兰（2）、桑（1）、葡萄（1）等；动物元素主要有：龙（36）、马（12）、凤（12）、鱼（7）、狮（7）、鹤（7）、燕（6）、象（6）、牛（5）、鸡（5）、鹅（3）、鸳鸯（2）、鸭（2）、鸟（2）、鹭（2）、鹿（2）、凰（2）、雁（1）、蛇（1）等。植物元素中松、莲、竹、榕数量最多，松、竹、梅被称为岁寒三友，八景借以比喻人格品性清雅淡泊。八景植物元素的选用侧面反映该地的植物生长及覆盖状况，"峰环翠竹""莲塘夜雨""梅岭层峦"，展示出松、莲、竹、榕等群植葱郁茂盛的景致。清同治时期《梧州府志》载："凌云山县东北十五里，与金牛岭相连，物产斑竹，八景列凌云山斑竹是也"[27]，反映梧州凌云山盛产斑竹。清道光时期《归顺直隶州》载："滨山州东北二里挺然独秀林木耸翠，潭水潆洄山腹"[30]，八景曰"滨山茂林"，反映滨山密林浮翠、郁郁葱葱的植被景况。

八景动物元素的选用主要基于万物有灵和自然崇拜等古时人们独特的生态观。龙、凤、龟、狮、鹤、燕、象、鸳鸯、鹭、鹿等要素在古时人们心中有祛邪、避灾、祈福的作用，通过文辞加以修饰，形成"蟠龙春雨""凤凰展翅""金龟吸露"等独具特色的景名。其次更多的是以生活中常见的动物作为取名要素，如带有马、鱼、燕、牛、鸡、鹅、鸭、鸟等动物要素的有"南潭鱼跃""石燕巢云""鸡鸣春晓"等。八景用词精简凝练，总体反映出动植物具有的鲜明的岭南地域性特色。清代广西食物链较为完整，生态环境优良，较少受到破坏，凝练动植物形象以此壮志抒情、祈祷祥瑞的社会心理，彰显清代广西人民敬畏自然、与自然环境和谐相处的生态文化意识。

3 行为层次：社会系统中的生态文化元素

在自然系统中物质层次的基础上，人与自然互动随之衍生，包括生活方式、生产方式、地域习惯、乡土活动等人类行为方式，即行为层次。从而产生舟桥津渡、樵唱渔歌、游玩观赏等人文景观，反映了清代广西宁静与喧嚣的自然环境以及人文生活和谐的景象。行为层次生态文化主要包括3类内容（表2），一是广西山河湖泊适应下的舟桥津渡的交通景观；二是反映日常生活，再现劳动景象的生活景观；三是凸显地方繁荣的游玩景观。

3.1 舟桥津渡——交通生态文化元素

广西流域江河湖泊纵横交错，将山峰、丘陵、平原等分割成众多空间单元，由于山路崎岖，陆路交通不变，历史上广西以水路运输为主，《大清会典则例》载："除福建、广东、广西三省皆系水驿，并无马匹"[31]，设置桥梁和津渡成为保障人们顺利出行的重要举措。据清嘉庆时期《广西通志》统计，清代广西桥梁约919座，津渡约307座[32]，因而孕育了浓厚文化色彩的舟桥津渡人文景观。八景中多记录了渡（14）、桥（10）、津（3）、艇（2）、舟（1）等交通设施与方式，桥、舟、津、渡的设置、分布与变迁体现了人类与地理环境的互动，并衍生出津渡的各种文化现象，"西江舟楫""南津古渡""浮桥秋月""龙津古渡"形成了广西流域舟桥津渡交通生态文化，展现了一副古代广西的交通画卷。

广西虽水系发达但夏涨冬枯，易形成旱涝灾害，不利于农业发展。人类充分利用广西丰富的水资源和有利的地形进行开渠、筑堤、蓄塘、挖井等农田水利工程的开发和改造，据清嘉庆时期《广西通志》统计，清代广西水利工程约765个，有沟渠工程约56个，陂塘堤坝约477个，塘池井洞约254个[32]。清代广西农田水利工程的兴修促进了农业经济平稳发展，为八景创作添元素。八景多记录井（8）、池（8）、塘（5）、田（1）等，"莲塘夜雨""梨井春光""沙田春雨"体现了当时人类主要依托农业，对农业所处的地形水文环境进行利用与改造。

3.2 樵唱渔歌——田园生态文化元素

清代时期广西以农业经济为主，广西气候温暖湿润，

行为层次生态文化类型   表 2

行为模式	主要内容	类型及数量	示例	频次
舟桥津渡	水利设施 桥梁建筑	渡(14)、桥(10)、津(3)、艇(2)、舟(1)井(8)、池(8)、塘(5)、田(1)	玉井清泠	16
			浮桥秋月	10
渔樵歌唱	农桑渔业 渔唱樵歌	渔(9)、樵(9)、耕(3)、读(2)	绿野春耕	12
			牛轭樵歌	5
游玩观赏	滨水活动 登高游赏	塔(8)、宫殿(2)、院(1)、观(1)、台(11)、桥(9)、楼(5)、亭(4)、阁(4)、钓(5)、观(6)、眺(9)、登(6)、望(3)拜(1)、瞻(1)	河塘晚钓	8
			西岭登高	14

加之群峰耸立、溪水环绕的地形特点，复杂的生态条件造就种植业、畜牧业、渔业、林业等多种生产方式并存。清代广西八景中多记录渔(9)、樵(9)、耕(3)、读(2)等生活生产方式。江河湖泊流域居民以渔业为主，清同治时期《浔州府志》载："城北鲶鱼湾，本山水奥区，居民乐斯土者大都渔樵生计。粤南境多蛋户，生长舟居，食鱼虾之利，然浔之业渔者不必皆蛋户也"[33]。八景以渔火、渔歌、渔翁、渔唱、渔洲为具体表现形式，如"白沙渔火""渔翁晒网""四浦渔歌"等景象。渔业元素数量多，展现出清代广西河流湖泊水质优良、渔业发达的现象。山林密集之地居民以樵业为主，广西原始森林植被茂密丰富、林木资源丰富，清光绪时贵县境内松木"四乡皆产，合抱者作材木，小者伐为薪，用之不竭"[34]。除依靠原始森林外，广西人民同时种植木材，民国时期《隆山县志》载："于清光绪末年已漫山遍野插植杉木，早经成林，尝采伐运往武鸣地方发售，获利不少"[35]。八景以樵归、樵歌、归樵、渔樵为具体表现形式，如"桂岭樵归""石匮归樵""东岭樵歌"之景。樵业元素勾勒出广西山地植物茂盛的景观画面和可持续的生产生活方式。河谷平坝区居民以种植业为主，清康熙时期《灌阳县志》载："今耕作既久，林翳渐尽，山原旷土遍布垦种"[36]。八景以春耕、耕耘、耕烟为具体表现形式，如"绿野春耕""北郭耕云"之景，反映了清代广西的自然环境与人文生活在宁静与喧嚣中和谐相处的景象。

3.3 游玩观赏——旅游生态文化元素

广西复杂的地形与多变的气候以及独特的生态基础和生物条件，形成了山川河流、飞泉瀑布、日月星辰、风雪烟雨、花草鸟兽等景观资源，加之人工建造亭台楼阁等景观，形成了自然和人文交融的景观特征。①依托山水自然环境，选择合适地址营建塔(8)、宫殿(2)、院(1)、观(1)等建筑，逐渐形成名胜景观。清道光时期《义宁县志》载："浮州昔日有名僧肇建浮屠，一气宏特地几层撑白日"，八景曰"石塔青灯"，石塔择浮州而建[37]。②在山水间修建了诸多休闲赏景建筑，如台(11)、桥(9)、楼(5)、亭(4)、阁(4)。民国时期《雒容县志》载："东阁朝暾城后主山高耸形势雄伟，清乾隆年间邑士人建文昌阁于上……登临一览城郭在目"，八景曰"东阁朝暾"[38]。清乾隆时期《岑溪县志》载："南城上层楼高耸，八窗玲珑，四望水色山光……"，八景曰"南楼晚眺"[39]。此类建筑外观玲珑多样，多坐落在奇山秀水间，有休憩、观赏、游玩之用。

清代广西八景记载了当时人们游玩观赏等旅游活动，是以特殊形式呈现的生态景观，主要形成滨水活动、登高游观、踏青秋游等游玩方式。清雍正时期《广西通志》载："洲上旧有平浪亭，临岸又有南浦亭，郡人时乘彩舟游赏其间"[40]，嘉庆《广西通志》载："九月重阳携酒登高乡落或椎牛赛迎神"，反映了清代时期登高、娱水、踏青游玩等活动的盛行，滨水活动中八景以眷钓、晚钓、垂钓、夜渡、放艇、观澜、观潮为具体表现形式，"双溪眷钓""碧湖放艇""铧嘴观澜"等景象借水传情、人文赋意。登高活动中八景以远眺、晚眺、秋眺、晓望、高瞻、登高为具体表现形式，如"槎亭秋眺""西岭登高""云坡晓望"，文人、士大夫、商人、平民在闲暇之余娱乐放松，进行游赏远观、登高秋游等娱乐活动，侧面展示了清代广西旅游发展的盛况。

4 精神层次：文化系统中的生态文化元素

八景蕴含着清代广西人民对所处的地理生态环境的适应、巧用、保护并享受自然的生态智慧。在物质层次与行为层次交互共生关系下，八景表现出的意识形态、价值观念与实践模式是公共智慧的结晶与积淀，是内在情愫的精神载体，本文从宏观—中观—微观3个尺度总结凝练清代广西八景文化的核心思想。

4.1 宏观尺度：天地定位，山泽通气

《周易·说卦》载："天地定位，山泽通气"[41]，"山泽通气"即汇通山林、川泽之气[42]，是一种追求城市与山水环境互通的空间价值观念，人类通过空间布局实现城市与山林川泽相互关联、和谐共生的人居实践。广西自古注重顺应地形、依山傍水，加之广西河网密布、峰林交错，因此城市营建也构成了"青山环绕、水抱城流"的聚落布局模式（图2）。

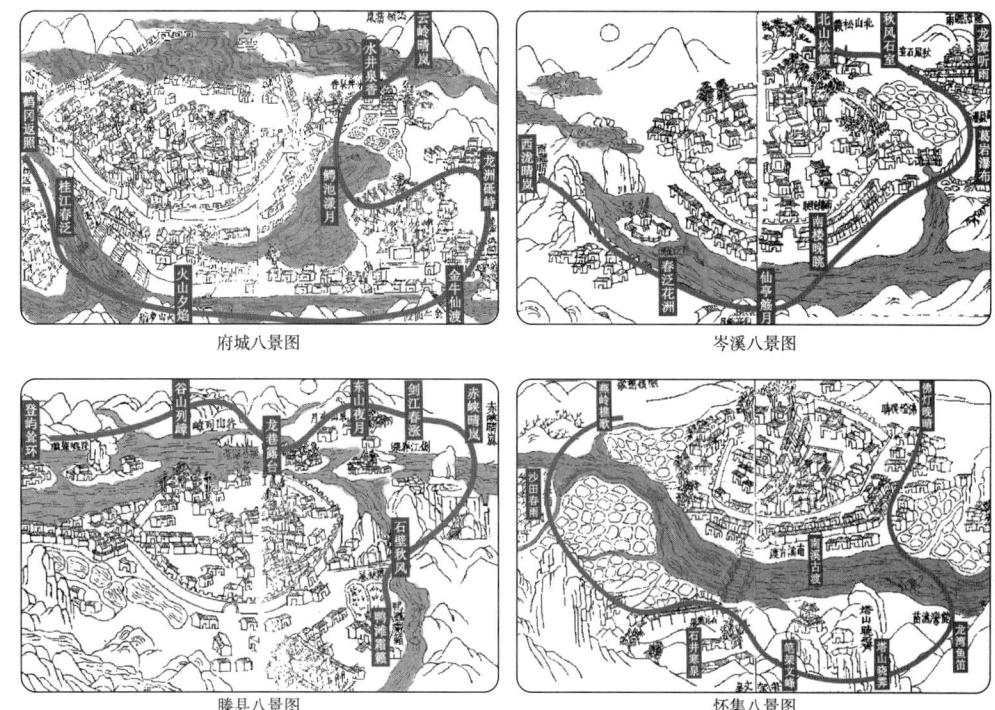

图 2 广西八景山川聚落布局图
（图片来源：清同治时期《梧州府志》）

基于对物质层次中对地貌、水文、气候、气象、动植物等基础元素的综合考量，确定聚落选址位置，借以山林川泽之巧，将聚落空间布局与山水汇通，以构建八景的方式加强聚落与山水之间气脉、风景、文化的关联，实现聚落与山水环境相融通的整体格局。八景的空格局表现出对方位、业态、时节、气象等的均衡响应，构成了山体、水域、季节、时间、气象、气候、声音、生物"八方揽胜"下的岭南物境基底。

4.2 中观尺度：环绕城郭，彰显风土

八景在漫长的人地互动中进化而来成为地方风土的象征，广西八景多反映以山川临泽为主导，人居环境依山环水抱而构成的自然风土概况。行为层次中凸显了"人地协作"的风土特点，贯通江河湖泽以打造城水一体的水网系统；设置舟桥津渡交通设施以克服江河阻碍；设置井池塘田等水利工程应对洪涝灾害，表现了人与所居地理环境长期相互适应、和谐共处的关系，以樵歌、渔歌、渔唱等声景弥补因农事劳作产生的辛苦之感，呈现出尊重自然而又适应自然的动态调适特征。在广西，兴建亭台楼阁、泛舟晚渡、观鱼晚眺、吟唱游玩、登高远眺等"人与自然"互动等活动盛行，丰富的治水智慧与娱乐活动体现了广西八景"因地制宜、共生共融"的生态人居环境营建智慧。八景中富有生命力的多种动态景致，以线性形式衔接、串联聚落与山水格局，以适应性景观的形式，点缀于聚落与山水之间，促进聚落发展与山水环境营建，起到"八景环绕潆洄，于其际登临四顾，秀色盈眸"[43]的景观作用，在增添山水人居环境营建中的地域人文内涵的同时，也构成了岭南生境基底。

4.3 微观尺度：景物交融，人景共生

八景以诗画意境为审美要义，对山、川、物、人等不

同的单体元素加以笔墨点染，将多元要素叠加融合成为一景。通过选定主景，附加配景并关联周边山川景物，形成观澜、远眺、高瞻等视觉景观联系，构建和强化聚落与山水环境相融通的整体格局，实现景物交融。同时文人在构建八景的过程中，赋予其比德山水、移情表志、超脱自然的人文内涵，糅合了当时当地的社会观照、意识形态、价值观念等内容，使山、川、物、人建立紧密的文化景观联系，成为广西地域风土缩影。在物境基底与生境基底的基础上，在实体景致中注入文化情感从而构成岭南意境基底，是形神情理的统一、虚实有无的协调，既生于意外又蕴于象内，既在功能上支撑起山水格局又丰富了山水风景系统的基底。

5 生态文化视角下广西八景的地域性营建

本文通过收集总结清代广西八景，对 75 组 591 个景名进行分析研究，结合八景的特点形成以自然元素为主、人文元素为辅的八景景观词汇；以特定的组景、构景的方式，融入古人感知体验，形成涵盖八方、立体化、地域性的山—川—物—人的景观标识，总结八景组景元素规律；从物质—行为—精神三个层次聚合八景生态文化，总结广西八景的地域营建特征，并与生态环境融合构建清代广西八景"人景合一"的内生机制。

5.1 广西八景组景元素规律总结

清代广西八景以山景、水景、气候、气象、植物、动物、建筑、人物为基本元素，天然聚合的山体、水域景观与生物、季节、时间、气象、天象和声音等相互组合（表3），以自然景观元素为主、人文景观为辅。组景方式有山景+气候（14）、山景+气象（81）、山景+水景（14）、山景+植物（10）、山景+动物（8）、水景+气象（28）、水景+气候（15）、水景+植物（11）、水景+动物（9）、水景+建筑（6）、动物+气象（14）、动物+植物（3）、植物+建筑（4）、植物+气象（11）、建筑+气象（20），采取山景+气象（气候）、水景+气象（气候）的景观结合方式的景名较多。

构景方式主要总结为动静结合（176）、虚实结合（58）、时空结合（91）、主客结合（69）等方式（表4）。动静结合中"动景"以自然环境中游赏景观烟雾云霞、江河飞瀑以及有生命力的花草虫鱼、人类活动为主；"静景"主要指驻足赏景之地，包括自然元素山、石、台、岛等以及人文元素亭台楼阁。虚实结合中，"虚景"指凭借听觉、嗅觉、触觉感知的景物，"实景"主要是视觉所见之景。时空结合指时间与静物结合，时间中的各个时段——"晨昏暮晓"以及"春夏秋冬"，不同的季节产生的独特景观与山、川、物、人相结合，虚实相交。主客结合指景观中以人物活动为主景，山川河流、花鸟虫鱼、烟雾云霞、亭台楼阁等自然、人文元素作配景，两者相互结合。对景物的用词典雅、形象生动、化静为动、点睛显要，最大程度地描绘还原了广西具有朦胧意境的真实生态基底。

广西八景元素组合类型　　　　表 3

序号	组合方式	数量（个）	举例
1	山景+气候	14	五岭夏云、象岭春云、凤岭秋清
2	山景+植物	10	青岫松涛、濒山茂林、北山松籁
3	山景+水景	14	狮山横江、石洞龙泉、龙洞仙泉
4	山景+动物	8	赤壁象蹲、黄岗狮拱、月洞蟾明
5	山景+气象	81	秀岭朝云、尧岭晴云、西峰夕照
6	水景+气象	28	阳江秋月、牛潭秋月、镜湖朝月
7	水景+气候	15	宝水春涛、马潭烟雨、紫水流霞
8	水景+植物	11	榕隐瀑布、桃花春水、莲塘夜雨
9	水景+建筑	6	东塔迴澜、西江舟楫、碧湖放艇
10	水景+动物	9	鹤观灵泉、南潭鱼跃、渔洲瑞雁
11	动物+气象	14	青鸟朝云、金鸡秋晓、凤凰朝阳
12	动物+植物	3	燕熟叠翠、绿树神鱿、犀牛蕃萄
13	植物+建筑	4	榕城古荫、南院蔷薇、西桥寒松
14	植物+气象	11	金莲夜雨、绿野春耕、竹洞烟云
15	建筑+气象	20	西楼夜月、宝塔夕照、龙桥夜月
16	人物活动	42	北岸渔樵、会仙远眺、长滩渔火

广西八景元素构景组合　　　　表 4

序号	构景方式	数量（个）	举例
1	动静结合	176	訾洲烟雨、五岭夏云、山泉飞瀑
2	虚实结合	58	舜洞薰风、县志晨钟、茶浦舒香
3	时空结合	91	梨井春光、龙池春暖、阳江秋月
4	主客结合	69	铧嘴观澜、绿野春耕、鹭洲渔火

5.2 广西八景的地域性营建机制

清代广西八景文化中包含了丰富的生态文化元素，是一座极为丰富的宝库。本文就清代广西八景之景名及相关诗文注解进行生态智慧元素的分析，并从生态文化视角借助三层次文化聚合八景元素中的生态文化，以总结清代广西八景地域性营建的内生机制（图3）。

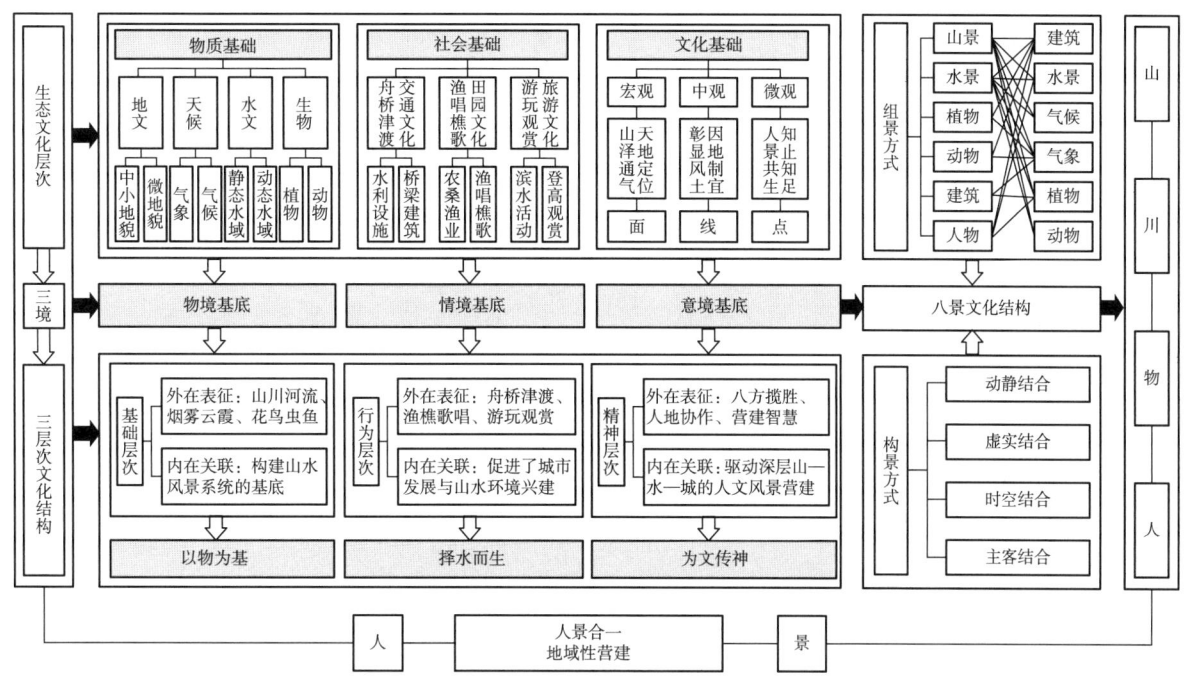

图 3　生态文化与广西八景"人景合一"的内生机制

广西八景的地域营建特征可总结为以下三点。一、以物为基。物态的自然山川景物构成了广西八景发展之基和生态文化孕育的花蕾。二、择水而生。广西八景高度浓缩"舟桥津渡""渔樵歌唱""游玩观赏"等行为活动，成为城市发展的动力源泉与核心联动形式。三、以文传神。广西八景以"天地定位、山泽通气，环绕城郭、彰显风土，景物交融、人景共生"的山水营建智慧彰显地域人文精神，传达地方情感和乡土美学。三个层次相互作用，推动广西八景成为山水境域代表性的有机整体。同时对广西八景蕴藏的传统生态智慧进行内在层次系统和环境共生机制探索，推动山水城市可持续发展。

6　结语

清代广西八景文化中包含了丰富的生态文化元素，本文从生态智慧视角出发，以三层次文化系统解读 75 组八景，得出广西八景具有地域性营建特征，与"物态—行为—精神"3 个层次的逻辑过程密切耦合。物质层为行为层、精神层提供坚实基础，行为层为物质层、精神层创造连接媒介，精神层驱动物质层与行为层不断发展，最终呈现"以物为基、择水而生、以文传情"的广西地域性营建特征。同时本文总结了八景组景规律，对八景蕴藏的传统生态智慧进行内在层次系统和环境共生机制探索，为当代园林景观营造提供一定的参考和启示，助推广西山水城市可持续发展。

参考文献

[1] 杨晓丹，王树声，李小龙，等. 八景：一种城乡人居风景营造的本土模式[J]. 城市规划，2022，46（6）：125-126.

[2] 刘书安，李凡，杨俭波，等. 文化生态学视角下佛山古村八景的"地域性"解读[J]. 中国园林，2020，36（2）：91-95.

[3] 何林福. 论中国地方八景的起源、发展和旅游文化开发[J]. 地理学与国土研究，1994（2）：56-60.

[4] 毛华松，廖聪全. 城市八景的发展历程及其文化内核[J]. 风景园林，2015（5）：118-122.

[5] 周琼."八景"文化的起源及其在边疆民族地区的发展——以云南"八景"文化为中心[J]. 清华大学学报（哲学社会科学版），2009，24（1）：106-115，160.

[6] 秦柯，孟祥彬. 由虚入实：中国古代城市人居环境"八景"模式的嬗变[J]. 中国园林，2021，37（12）：26-31.

[7] 李畅，杜春兰. 明清巴渝"八景"的现象学解读[J]. 中国园林，2014，30（4）：96-99.

[8] 运迎霞，王林申，王艳玲."八景"的传统美学思想体现及对当代城市规划的启示[J]. 规划师，2014，30（3）：107-111.

[9] 闵周植，吴震东. 景观之美的营构："八景"与"九曲"的空间美学[J]. 中南民族大学学报（人文社会科学版），2019，39（6）：123-130.

[10] 尹赛，郃杰．清代方志版刻“城市八景图”中园林活动及其空间意象营造研究[J]．湖南包装，2023，38(4)：41-45，101.
[11] 高荣荣．旅游地理学视阈中江苏省“八景”景观元素分析与构成规律[D]．太原：山西师范大学，2019.
[12] 郭建文．湖南省“八景”景观类型及成景规律研究[D]．太原：山西师范大学，2019.
[13] 刘宗林，郑文俊，吴曼妮，等．桂林八景的景观语言分析[J]．桂林理工大学学报，2021，41(1)：230-237.
[14] 程曦，万敏，王贞．渔文化八景的流域非遗特征及保护传承研究——以长江中下游为例[J]．西部人居环境学刊，2023，38(3)：1-8.
[15] 刘滨谊，冯晶磊，马淑菡，等．八景的景观多维感知机制研究[J]．风景园林，2024，31(7)：12-19.
[16] 杨雪雯，张琳．基于“八景”解析的吴江小城镇地方性景观营建研究[J]．园林，2024，41(5)：15-22.
[17] 孙彦斐，刘思源，徐宏．文化地理学视阈下江苏八景的文化表征、特质及社会生活研究[J]．南京艺术学院学报(美术与设计)，2024(3)：161-167.
[18] 万敏，刘梦馨，黄婧，等．城市八景中的生态智慧考析——以江汉平原为例[J]．中国园林，2022，38(7)：18-25.
[19] 张怡倩，吴会，金荷仙．水文化视角下嘉兴八景的地域性营建特征[J]．中国园林，2022，38(7)：38-43.
[20] 冯凤举．论地域性风景资源对广西风景绘画的影响[J]．美术界，2021(7)：92-93.
[21] 张廷银．地方志中“八景”的文化意义及史料价值[J]．文献，2003(4)：36-47.
[22] 张力力，贾文毓．山西省古代八景中的景观类型及特点[J]．干旱区资源与环境，2018，32(12)：204-208.
[23] 潘雨婷．文明史观视角下的现代文创设计三层次文化提取模型研究[D]．上海：华东理工大学，2020.
[24] 刘荣杰．基于创建国家森林城市的生态文化建设研究[D]．长沙：中南林业科技大学，2014.
[25] 王荣，许意如．明清广州气候灾害特点、影响与土地利用响应研究[J]．农业考古，2022(3)：145-151.
[26] 程可则．桂林府志·祥异[Z]．抄本．1662(清康熙元年)：123.
[27] 吴九龄，史鳴皋．梧州府志·卷三[Z]．刻本．1873(清同治十二年)：65-83.
[28] 冯德材，全文炳，文德馨．郁林州志·卷四[Z]．刻版．1894(清光绪二十年)：122.
[29] 李洋．基于生态文化的云南民族建筑装饰研究[D]．昆明：理工大学，2021.
[30] 何福祥．归顺直隶州志·卷一[Z]．抄本．1848(清道光二十八年)：60.
[31] 崑岡，刘启瑞．大清会典事例1220卷·卷六百九十四[Z]．石印本．1899(清光绪二十五年)：35611.
[32] 谢启昆．(嘉庆)广西通志[M]．南宁：广西人民出版社，2016.
[33] 魏笃，王俊臣．浔州府志·卷一[Z]．刻本．1874(清同治十三年)：16.
[34] 郑维宽．清代广西生态变迁研究基于人地关系演进的视角[M]．桂林：广西师范大学出版社，2011：232.
[35] 吴克宽，陆庆祥．隆山县志·第六编[Z]．抄本．1948(民国三十七年)：19.
[36] 单此藩，蒋学元．灌阳县志·卷八[Z]．刻本．1708(清康熙四十七年)：158.
[37] 谢沄，朱象珽．义宁县志·卷六[Z]．抄本．1821(清道光元年)：223.
[38] 藏进巧，唐本心．雒容县志·卷上[Z]．铅印本．1934(民国二十三年)：130-131.
[39] 何梦瑶，刘延栋．岑溪县志·序[Z]．铅字重印本．1934(民国二十三年)：45.
[40] 金鉷，钱元昌，陆纶．(雍正)广西通志[M]．南宁：广西人民出版社，2009：1108.
[41] 兰喜并．周易解读[M]．太原：三晋出版社，2021：427.
[42] 崔陇鹏，王树声，崔凯，等．山泽通气：一种汇通城市与山水环境的规划理念[J]．城市规划，2017，41(9)：73-74.
[43] 李欣鹏，刘梦，侯伟，等．区域视角下城市八景营建的空间特征与人居内涵研讨——以汾河流域为例[J]．城市发展研究，2023，30(5)：18-26.

作者简介

梁晴，1999年生，女，桂林理工大学旅游与风景园林学院硕士研究生在读。研究方向：风景园林历史与理论。电子邮箱：1587158378@qq.com。

(通信作者)王荣，1982年生，男，博士，桂林理工大学旅游与风景园林学院，教授、硕士生导师。研究方向：风景园林历史与理论、地名文化遗产。

浅谈唐代诗人漫游浙东的山水审美

A Brief Discussion on the Landscape Aesthetics of Tang Dynasty Poets' Wanderings in Eastern Zhejiang

张 雨 张 蕊* 章卓琪

摘 要：唐朝作为中国山水美学理论的成熟时期，诗人以漫游作为游览方式在浙东地区展开山水审美实践，用诗歌走出一条"浙东唐诗之路"。本文基于唐代漫游浙东这一文化现象，循迹诗人在浙东唐诗之路上以漫游为主要游览方式而创作的山水诗歌，建立空间数据库以实现精准的空间定位和数量分析，深入探讨了山水审美实践中的主观体验与客观景观，揭示出漫游诗歌中山水空间描写的特征，进而总结得出"稽山鉴水""剡溪山水"两种人文山水空间类型。文章进一步探讨在风景园林视野中"浙东唐诗之路"山水审美意识特征，重点关注审美主体的感官表达、审美主体的实践方式以及审美客体的功能转换这3个相互关联的方面，并得出以下结论：①审美主体的感官表达初步构建了山水审美空间，并展示出儒释道相结合的特点；②山水审美实践方式具有历时性变化，表现为从追慕名士到隐匿山林；③审美客体经历了从纯粹的自然景观到具有人文意义的山水景观的转变，从而揭示了更深层次的美学价值和意义。本研究不仅揭示了唐代诗歌与山水之间复杂的相互作用，还为当代理解山水美学和文化遗产保护提供了一定的见解。

关键词：风景园林；浙东唐诗之路；山水审美；漫游诗人；山水诗

Abstract: The Tang Dynasty stands as a pinnacle in the maturation of Chinese landscape aesthetic theory, the poet embarked on a journey of exploration and appreciation of nature in East Zhejiang, using wandering as a means of travel, traversed the eastern Zhejiang region, weaving a "Road of Tang Poetry in Eastern Zhejiang" through their poetic expressions. This article is based on the cultural phenomenon of traveling in Eastern Zhejiang during the Tang Dynasty, following the footsteps of poets who traveled in Eastern Zhejiang and created landscape poetry mainly through the method of leisure travel. A spatial database is established to achieve precise spatial positioning and quantitative analysis, and the subjective experiences and objective landscapes in the practice of landscape appreciation are deeply explored, revealing the characteristics of landscape depictions in travel poetry, and ultimately summarizing the two types of humanistic landscape spaces of "Ji Shan Jian Shui" and "Shanxi landscape" From a landscape architecture perspective, we further explore the evolution of landscape aesthetic consciousness along this poetic path, focusing on three interconnected aspects: the sensory expressions of the aesthetic subject, the practical modalities of their engagement, and the functional transformation of the aesthetic object. Our findings yield the following insights: ①The sensory expressions of the aesthetic subject have given rise to a nascent landscape aesthetic space, manifesting a harmonious blend of Confucian, Buddhist, and Taoist philosophical underpinnings. ②The aesthetic practice of landscape bears the characteristics of

---

① 基金项目：教育部人文社会科学研究/青年基金项目"浙东唐诗之路"沿线景观的历史演进及人文特征研究（编号：23YJC760160）。

diachronicity, which is manifested in the transition from admiring celebrities to hiding in the mountains and forests. ③The aesthetic object has undergone a profound transformation, shifting from purely natural landscapes to humanistic ones, thereby unlocking deeper layers of aesthetic value and significance. This paper not only sheds light on the intricate interplay between poetry and landscape in Tang China but also offers valuable insights for contemporary understandings of landscape aesthetics and cultural heritage preservation.

Keywords: Landscape Architecture; The Road of Tang Poetry in Eastern Zhejiang; Landscape Aesthetics; Wandering Poets; Landscape Poetry

引言

山水审美以自然山水作为审美对象，是人与大自然复杂交往中所形成的精神文化需要，是人类社会发展到一定阶段形成的一种较高层次的精神文化生活，是文明社会的产物[1]。中国对山水美的认识经历了"先实用后审美，先道德后审美，先天后人的认识过程"[2]，经历了注重自然美的形象特征和自然属性到对自然生动的审美感受。中国的山水审美始自先秦时期"道德取譬"① 的山水审美。秦汉时期，形成了以董仲舒所提倡的"天人合一，人化自然"为代表的壮美山水审美思想。宗炳、王微的山水画论标志着魏晋南北朝进入了山水审美自觉的时代，谢灵运在遨游山水间，促进了自身的山水审美自觉。至隋唐则进入了山水美学大发展的重要时刻，审美自觉进入更高层次。后世山水审美逐渐向园林审美过渡，并影响到后世园林的诗情建构，乃至进一步旁涉其他艺术领域，丰富与拓展了中国古典艺术和中国古典美学[3]。

中国风景园林的文化内涵和主题的精髓是山水文化，以山水自然和风物风情为主要审美与表现对象，是集物质文化与精神文化为一体的艺术作品[4]。中国风景园林美学的哲学精神通过"大象无形"与"意在笔先"两方面体现[5]。现阶段山水审美与风景园林相关联的研究成果，主要集中于某一审美成果（山水散文、山水画、山水园林），探究魏晋南北朝至近代不同历史阶段山水审美意识的变迁[6]、发展历程及园林审美特质阶段特征[7-8]；或是思考风景园林视野下传统山水审美的范式[9]。研究者普遍忽略了作为山水审美发展的鼎盛时期的唐代，唐代山水诗与山水审美皆得益于唐代文人自然观的成熟[10]。风景园林审美不能脱离具体的风景园林审美活动，风景园林

审美活动是风景园林美学研究的逻辑起点[11]。漫游作为唐朝独有的风景园林审美活动，在此背景下唐代诗人寻觅天下之"佳山水"，踏出一条山水审美路线——"浙东唐诗之路"②，诗人的审美实践使得浙东自然山水被赋予诗性。

现有研究关注到"浙东唐诗之路"与山水审美之间的联系，提出"唐诗之路"与中国传统美学思想和审美经验的流变密切相关的观点[12]，目前已有的研究主要集中于历史溯源[13-17]、诗文[18-23]、文化遗产保护与传承[24-28]、景观[29-30] 等方面，涉及美学层面较少。故本研究以唐代诗人漫游现象为背景，从山水审美主体、客体及其在山水审美实践中的意识特征3个方面展开对"浙东唐诗之路"的山水审美研究。

1 山水审美主体——诗人与漫游

本文提及的山水审美主体为诗人，现有研究成果表明，《全唐诗》所收录的2613位诗人中，有451位曾游至浙东，诗文数量庞大、类型众多，游览方式多样。本研究以古籍史料、开源数据平台等资料为基础，梳理诗人生平信息、诗歌创作情况等相关信息，研究发现浙东唐诗之路相关的诗人半数以上为客籍诗人，有228人，其中以漫游为主要游览方式的诗人人数为197人，占所有客籍诗人的86%（表1），可见"浙东唐诗之路"上的漫游风尚较为突出。

漫游上承于魏晋，发展至唐可谓十分风靡。唐代政治经济稳定、社会繁荣发展、文化兼容并蓄，加之水陆交通完善，浙东运河疏浚修筑，诸多客观因素奠定了诗人行舟漫游浙东山水的物质基础。据唐《通典》载："东至宋、汴，西至岐州，夹路列店肆待客，酒馔丰溢……南诣荆襄，北至太原、范阳，西至蜀川、凉府，皆有店肆，以供商旅"[31]。《旧唐书·崔融传》载："天下诸津，舟航所聚，弘舸巨舰，千舳万艘，交贸往还，昧旦永日"[32]。同时唐朝承袭隋朝的人才选拔制度，崇尚"学而优则仕"，诗赋成为策试应试者文学才华的重要考试内容。故唐代有志之士希望能在游览河山的途中，使得所作诗赋广为传

---

① 道德取譬：《论语》中体现山水美学的主要特征，道德是主要的。说明了孔子对山水从道德意义上的审美认识，对山水所具有的自然特性从道德意义上作抽象比附。

② 浙东唐诗之路：最早由新昌学者竺岳兵于1984年提出"剡溪是'唐诗之路'"这一说法，称之为"古代著名旅游线"。1985年后，"唐诗之路"这提法受到了各界重视，1990年11月在唐代文学国际学术讨论会上专家学者联名建议开发，1993年7月召开的首届中国唐诗之路学术研讨会，对唐诗之路再一次进行了全程考察后，完全得到确认。

颂，以便入仕。上述主观因素促使诗人的个体行为形成了具有群体性的漫游风尚。六朝名士在浙东的盛名，与此地域出众的地理资源、文化内涵也吸引着诗人进行以漫游为主要方式的风景园林审美活动，并将浙东山水作为心灵的栖居地[18]。上述多种因素形成诗人漫游浙东此类文化现象的内外合力。

表1 唐代诗人漫游浙东地区诗歌创作一览表（部分）

时期	诗人	生平	代表诗作	漫游诗歌数量（首）
盛唐	李白	701—762年	《梦游天姥吟留别》《天台晓望》《越女词5首》	24
	孟浩然	689—740年	《宿天台桐柏观》《渡浙江问舟中人》	26
	崔颢	704—754年	《入若耶溪》《舟行入剡》《游天竺寺》	4
	李颀	690—751年	《寄镜湖朱处士》《采莲》《题璿公山池》	5
	萧颖士	717—768年	《越江秋曙》	1
	杜甫	712—770年	《壮游》	3
	丁仙芝	705—763年	《剡谿馆闻笛》	2
盛唐—中唐	卢纶	739—799年	《渡浙江》《题兴善寺后池》	3
	刘长卿	726—786年	《上巳日越中与鲍侍郎泛舟耶溪》	21
	白居易	722—846年	《缭绫》《和微之春日投简阳明洞天五十韵》	5
	皇甫冉	717—771年	《忆游天台寄道流》	3
	陈羽	不详	《若耶溪逢陆澧》《中秋夜临镜湖望月》	3
	张祜	785—849年	《东山寺》《游天台山》	10
晚唐	郑谷	851—910年	《登杭州城》《题兴善寺寂上人院》	5
	马戴	799—869年	《中秋夜坐有怀》《浙江夜宿》	8
	李中	920—974年	《赠海上观音院文依上人》《赠朐山杨宰》	6
	许浑	791—858年	《早发天台中岩寺度关岭次天姥岑》《泛五云溪》	4
	陆龟蒙	？—881年	《四明九题》《华顶杖》	3
	李商隐	831—858年	《戏题赠稷山驿吏王全》《海上》	1
	杜荀鹤	846—904年	《题唐兴寺小松》《登天寺》	8
	曹松	828—903年	《天台瀑布》	2
	陈陶	812—885年	《渡浙江》《钱塘对酒曲》	9
	唐彦谦	？—893年	《游南明山》《越城待旦》	1
	喻凫	不详	《石窟寺》	3
	周元范	不详	《奉和白舍人游镜湖夜归》	2

2 山水审美客体——稽山鉴水与剡溪山水

诗歌作为审美主体与审美客体相互作用下形成的审美成果，从侧面映射出山水审美实践中的主观体验与客观景观。本文以唐代诗人漫游浙东途中创作的诗歌为样本，定量辅助定性分析讨论诗歌样本中呈现的"浙东唐诗之路"空间分布特征，探讨诗人笔下浙东地域性景观书写，进而总结得出两大人文山水空间结构。

2.1 浙东漫游山水诗的空间分布特征

首先筛选统计出380首唐代诗人漫游浙东时创作的诗歌，并以此为样本挖掘诗歌中表现浙东地域性自然与人文风貌景观要素的相关词汇，由此整理山水诗歌190首。研究发现样本涉及的相关地点共30个。其次运用ArcGIS核密度分析方法实现文本内容可视化与空间落位，分析发现诗歌样本中所涉浙东地区范围内的地点呈现"三核多点"的分布特征，总体分布密度呈西北—东南走向。研究发现唐代诗人围绕稽山鉴水与剡溪山水两大地理空间展开景观书写，主要集中在鉴湖、会稽山、剡溪、天姥山、天台山，进而形成两大山水空间类型，即"稽山鉴水"与"剡溪山水"，相关语汇蕴含的景观要素与"浙东唐诗之路"核心景观节点高度对应（图1）。

2.2 浙东人文山水空间格局

结合诗歌样本与真实的浙东山水资源，诗人笔下的浙东区域形成了以历史人文为主要特征的"稽山鉴水"空间和以禅宗文化为主的剡溪山水空间。

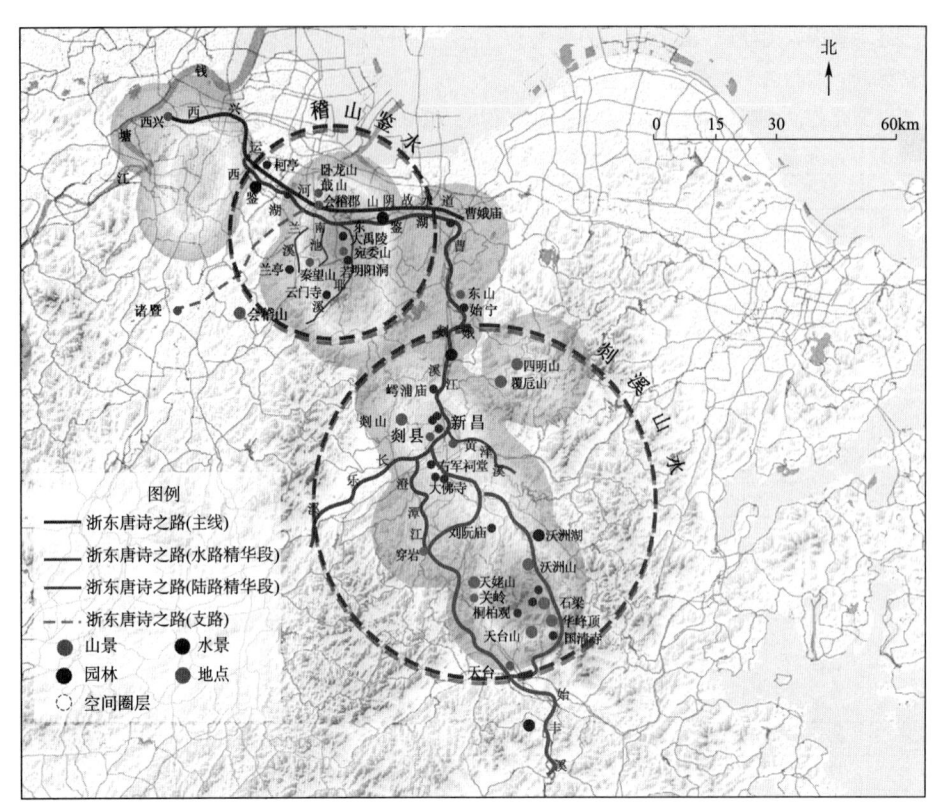

图1 浙东唐诗之路山水形胜图

2.2.1 稽山鉴水

稽山鉴水空间以鉴湖为主体，以会稽山脉为背景，以"鉴湖三十六源"等稽北丘陵山水为基底，构成了以会稽郡城为中心，与周围自然、人工环境层级递进的景观格局，构成了由南至北、从远及近的"山—水—城"历史人文山水空间格局（图2）。

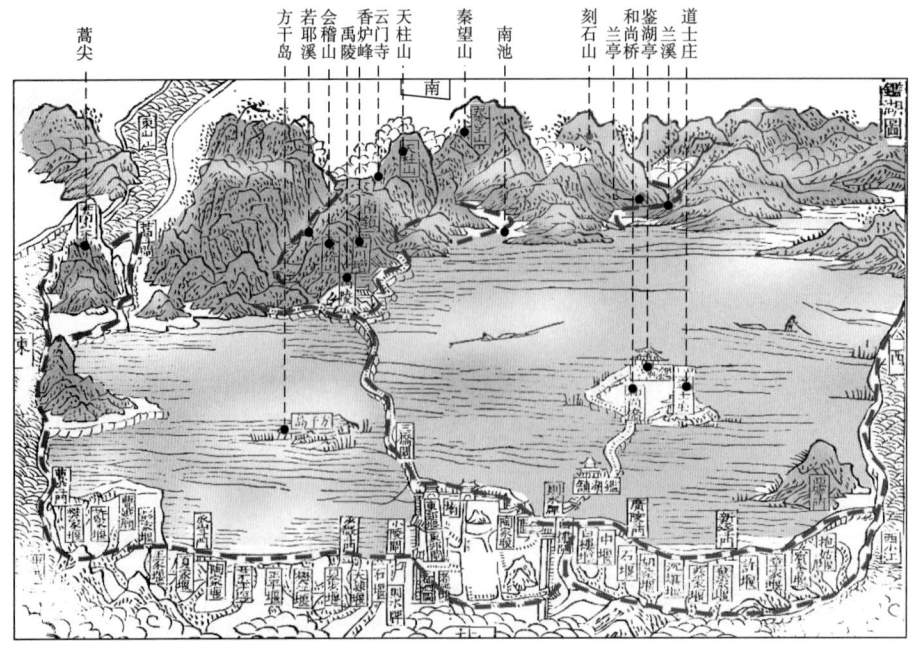

图2 鉴湖图
[图片来源：改绘自《绍兴府志》明万历十五年（1578年）刻本]

"稽山鉴水"主要形成了以西鉴湖、禹陵、若耶溪西部为中心的三大风景集聚区，此山水空间主要发挥了历史人文作用，鉴湖水域侧重于历史人文内涵，而会稽山宗教人文色彩较重（图3）。鉴湖为人工自然山水，承担了"稽山鉴水"的观赏的主体，以"清""平"为主要观赏特征。环湖的湖堤与湖面的隔堤划分了鉴湖的观赏空间，串联了主要的景观节点，并将鉴湖与会稽山连为一有机整体。湖堤南部为鉴湖景观，湖面的隔堤将整体水域划分为东西两部分，增加了景观的层次感与空间的多样性。

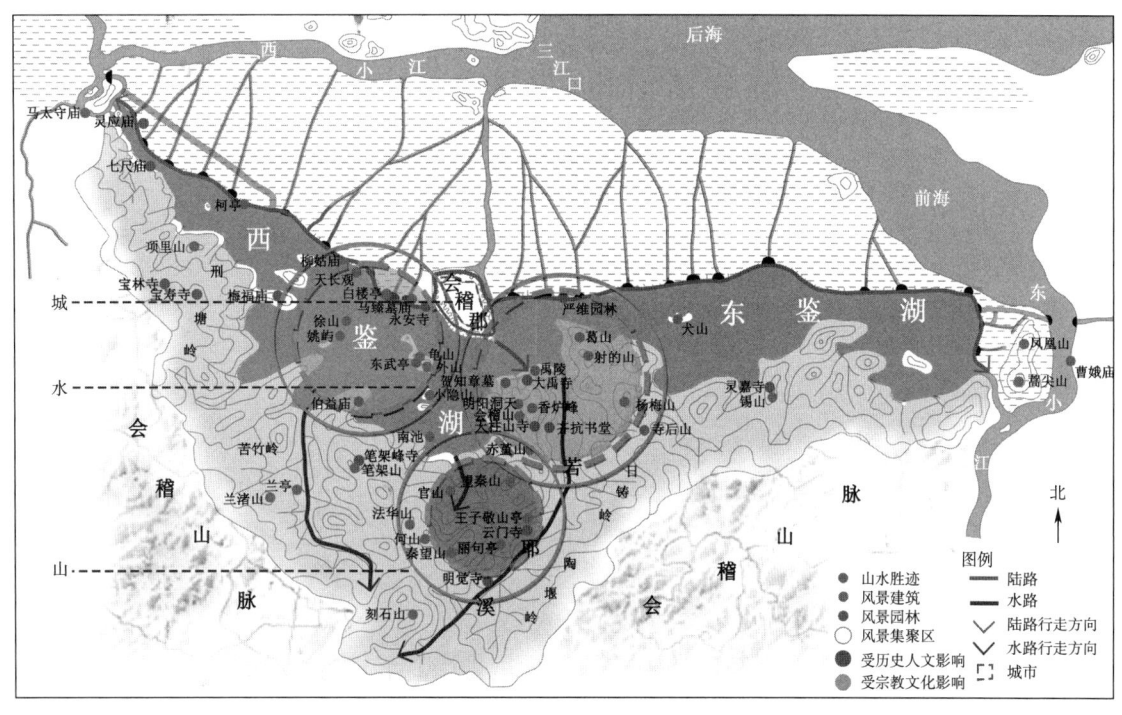

图3 稽山鉴水空间格局示意图
（图片来源：改绘自张蕊《绍兴传统园林艺术》）

西鉴湖区域主要承载了缅怀历史人文的作用，因受自然环境、历史事件、名人典故等多重因素的影响，历史人文气息较为浓郁，故文人在此纷纷择地建置私家园林、庄园别业等。诗人希望在吟诗赞咏汉马臻筑湖的功绩与讲述贺知章告老还乡居"剡川一曲"的事迹中，表达希望自身才华能够为人所赏识、为人所重用的胸怀抱负。而东鉴湖的景观建设主要分布于山阴故水道沿岸，东部水面的园林建设较少，较好地保持着自然环境的原真性。

鉴湖通过湖堤连接会稽山脉，至此形成了"山—水—城"的"稽山鉴水"的山水空间。会稽山脉作为此山水空间的远景而存在，主要起着承担宗教文化的作用，禹陵神话、宗教文化点缀于绵延的山体之间。鉴湖南靠会稽山，使得会稽山"鳞鳞远峰见，淡淡平湖春"（李颀《寄镜湖朱处士》）[33]1359。

会稽山脉与若耶溪流域相互萦绕，若耶溪流经云门山，山北为秦望山，与刻石山相邻，沿溪向北至宛委山，群山环抱[34]。其中云门山"所居最幽绝，所住皆静者"（孟浩然《云门寺西六七里闻符公兰若最幽与薛八同往》）[33]1628、宛委山"耶溪岸回合，禹庙径盘迂。洞穴何因凿，星槎谁与刳。石凹仙药臼，峰峭佛香炉"（白居易《和微之春日投简阳明洞天五十韵》）[33]5085。会稽山"若耶篁画应相似，越岫吴峰尽接连"（李中《送姚端秀才游毗陵》）[33]8634。若耶溪承担了交通游赏的功能，为面水的山体提供开阔的审美空间，极大提升了山水空间审美乐趣。"轻舟去何疾，已到云林境。起坐鱼鸟间，动摇山水影。岩中响自答，溪里言弥静。事事令人幽，停桡向余景"（崔颢《入若耶溪》）[33]1323。若耶溪为第十七福地，云门寺、法华寺、天柱观等宗教寺观坐落于两岸山麓地带或山顶之上。

2.2.2 剡溪山水

剡溪山水空间以天姥山、天台山为主体，以剡溪为连接，构成了"山因水活，山水相衔，城在山中"的山、水、城相互融合的禅宗文化山水空间格局（图4）。就景

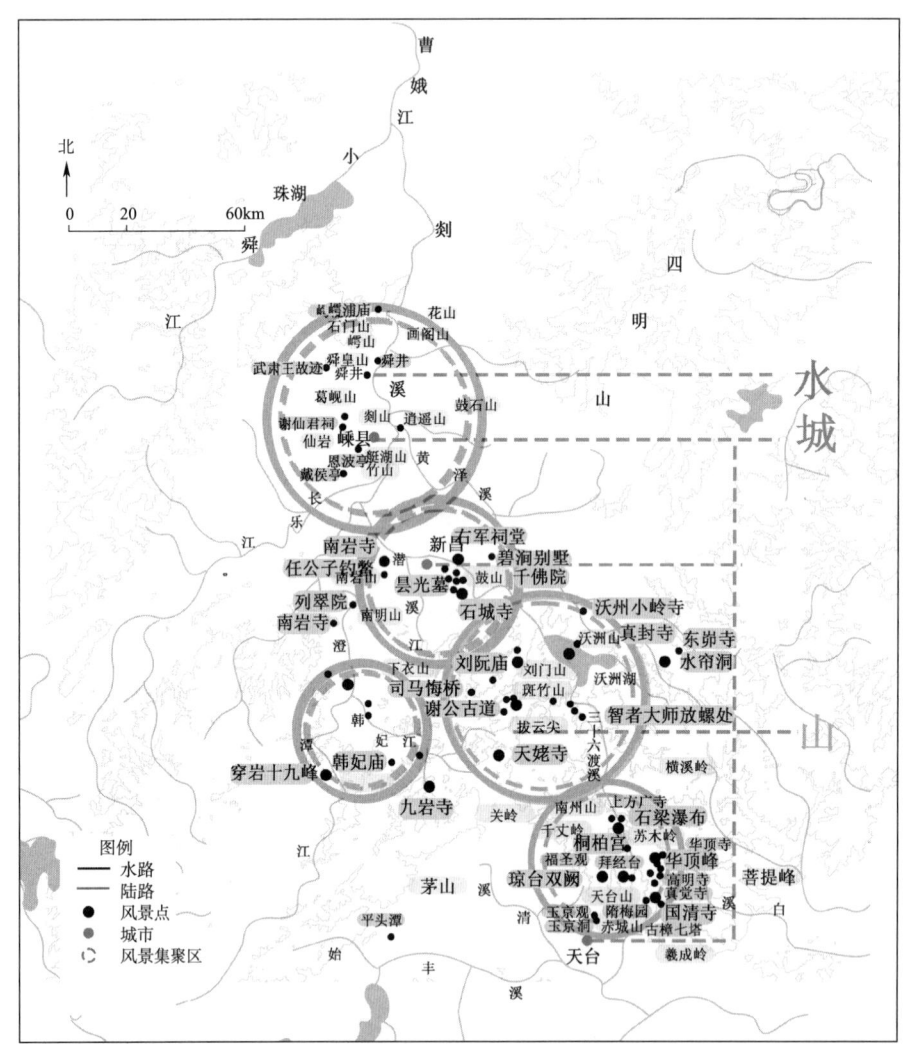

图 4 剡溪至天台一带山水格局图

观空间而言，此山水空间形成了嵊州、新昌、天姥山、天台山、澄潭江流域的五大风景集聚区，剡溪、澄潭江流域侧重于展示的是自然景观，而天姥山、天台山的禅宗文化色彩较为浓郁。

剡溪为"浙东唐诗之路"的水路交通，主要提供了交通游赏功能，与曹娥江相互沟通连接。剡溪与两侧的山体构成了宽且长的游览通道，有效连接了自然山体景观。剡溪上游汇集了黄泽江、澄潭江、新昌江，主要发挥着连接宗教文化的作用。寺观园林、祠庙园林以及风景建筑皆为顺应水势而建，多位于平坦的山麓地且集聚于剡县附近。

剡溪水域被浙东三山环抱，三山向盆地的一面水系，水域范围低处多平缓，观赏空间有限且呈线性（图5），诗人曳舟于剡溪之上，自山下而仰山巅，叹山岳之神秀，"天姥连天向天横，势拔五岳掩赤城。天台四万八千丈，对此欲倒东南倾"（李白《梦游天姥吟留别》）[33]1785。至剡溪上游踏上"浙东唐诗之路"陆路，沿新昌江行至天姥山、天台山，便到达主要的风景集聚区。天姥山、天台山以其较大的体量山体结构，浓厚的宗教色彩装点主体空间，提供了丰富的自然山水景观与禅宗文化景观。剡溪山水较多受到佛、道文化的交融的影响，空间格局中以寺观园林、祠庙园林、历史建筑为主，展现出浓厚的禅宗意蕴。

诗人舍舟至山腰，游览空间较为崎岖，"石笋半山移步险"（马戴《送道友入天台山作》）[33]6511。诗人路线至山内，水体形式多样，如"飞泉""碧溪""龙潭""瀑泉"等。漫游诗人登山至华顶峰，"窥绝溟"，体会蓬壶仙境，观"赤城霞"、赏"沧岛月"，形成豁然开朗之势，使诗人在山水间穿梭之时，感受到空间的旷奥对比。

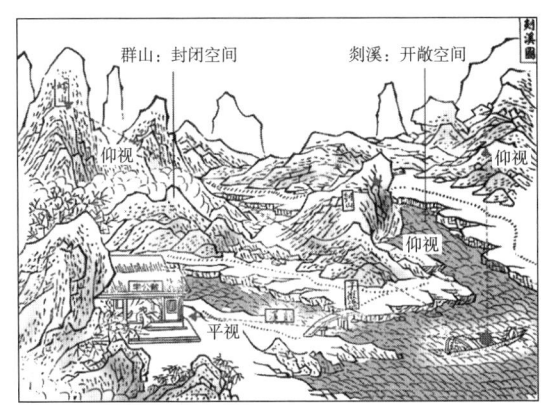

图 5　剡溪流域观赏空间示意图
(图片来源：改绘自《绍兴历史地图考释》)

剡溪山水空间范围内自然山水元素丰富，在唐代佛、道文化相融等的影响下，当时多在自然山水空间中建寺观修行，人工元素明显增加，其规模和数量相应扩增。诗歌描绘寺观较多的为桐柏观、大佛寺以及兴善寺（图6），根据诗歌文本描写，此三处皆选址于山林之中，呈山水环绕之势，寺观的庄严与天然景致相互融合。如桐柏观"倚小松岭，岭前豁平陆数顷，四面特起峰峦，有若郛郭，乃神真之所休憩，巢许之所钦……东有溪曰清溪"[35]。诗人登山寻寺观，畅然抒怀，咏其园林之美。后诗人登至山顶，作诗感叹云海的浪漫玄幻，其最终所追求的则是羽化而登仙的神仙境界。

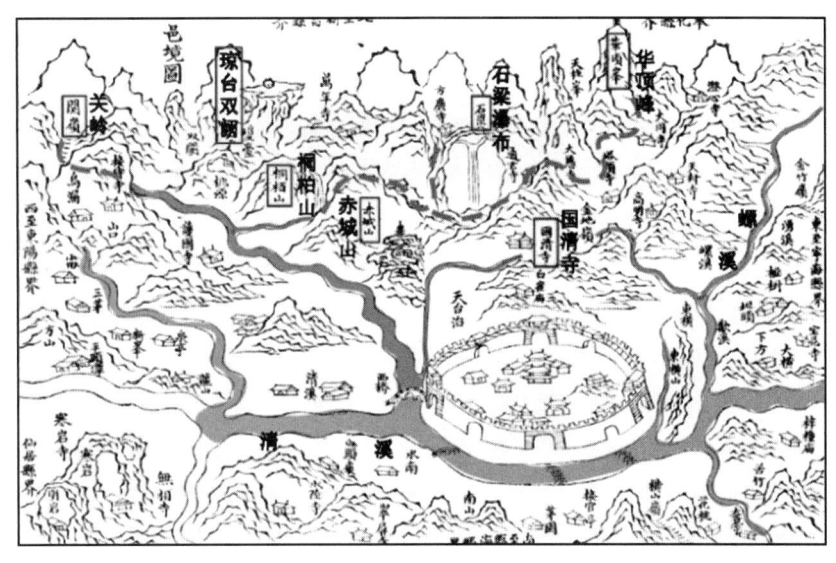

图 6　邑境图
[图片来源：改绘自《天台县志》清康熙二十三年（1684年）刻本]

3　唐代浙东山水审美特征

唐代处于山水审美繁荣发展和深刻变化时期，上承魏晋审美意识觉醒，下启宋代审美意境造极。诗歌是审美外化的意识形态与表达方式，从诗歌中得以窥探初盛唐、中唐、晚唐具体时期展现出的山水审美主体与自然山水间不同的互动关系。就感受表达、实践方式、功能转化三者而言，依托于自然山水，山水审美的意识变迁存在具体内容的转变。

3.1　审美主体的感官表达：从空间搭建到宗教阐释

3.1.1　"天·地·人"空间搭建

"天人合一"的意识，拉近了人与自然之间的距离，"天"成为审美仰视空间的高度，"地"作为诗意俯视空间的深度，"人"在"俯仰"的自由切换与协调配合间勾勒出空间的运动轮廓[36]。诗人"俯仰自得"的宇宙观念由来已久，自汉始至唐不胜枚举，如《兰亭集序》："仰宇宙之大，俯察品类之胜"。

诗歌样本中写仰天观云，虽不直接采用俯、仰为字眼，但其在凭栏登高后，"晴山秦望近，春水镜湖宽……白云日夕滞，沧海去来观"（孟浩然《游云门寺寄越府包户曹徐起居》）[33]1624；李白在《天台晓望》一诗中写道，"凭危一登览，直下见溟渤。云垂大鹏翻，波动巨鳌没"[33]1840，以"大鹏"形容云，直下观渤海，从而展现广袤的天地空间，进行天地之间任我遨游的精神自由的山水审美表达，"览云测变化，弄水穷清幽"（李白《与从侄杭州刺史良游天竺寺》）[33]1829 一句亦是如此。唐代诗歌在空间表现方法中体现的山水审美思想一定程度上影响着五代两宋时期的山水美学，如郭熙以"三远法"观察山水美，以"可望、可行、可居、可游、可画"五个层次去发现山水美。

3.1.2 "象·境"宗教阐释

"宗教使山水深刻含蓄，传说使山水温馨浪漫……诗文使山水气韵飞动……"[4]，唐代道教、佛教盛行并与儒学多重交融，社会氛围轻松，宗教隆盛。

崇信佛道的诗人在诗歌创作中体现追求求仙问道、与世所推重的名道高僧交往的情况。李白漫游大好河山，往往将漫游山水与求仙学道紧密结合。如《天台晓望》一诗中描写登天台所见之景后写到"攀条摘朱实，服药炼真骨"，以期羽化而登仙，在蓬莱仙岛逍遥自在。与道教传播直接相关的一个显著现象，则是山水传说密集于浙东，诗中多引刘阮遇仙、丹阳葛洪等典故。《水经注》卷四十记载："丹阳葛洪，遁世居之，基井存焉。"[37] 山水传说作为诗歌的主要内容题材，以体现唐诗之路上的审美价值，"可知刘阮逢人处，行尽深山又是山"（许浑《早发天台中岩寺度关岭次天姥岑》）[33]6136；"今昔是人间梦，刘阮茫茫何处行"（张祜《忆游天台寄道流》）[33]3191；"共知仙女丽，莫是阮郎妻"（秦系《题女道士居》）[33]1887。刘长卿、孟浩然、马戴等人所作漫游诗歌，如《和灵一上人新泉》《寄灵一上人初还云门》《过隐空和尚故居》《送灵澈上人还越中》《寄天台道士》《越中逢天台太乙子》《题兴善寺寂上人院》，可证诗人与名道高僧的交往情况。

通过以道观、寺院以及其周围自然环境为主要描写对象的山水审美的感受表达，诗人在描写现实情景中，完成了向体悟自然的境界的转化。

崇信佛道的诗人在诗歌创作中体现与世所推重的名道高僧交往的情况，《和灵一上人新泉》《寄灵一上人初还云门》《过隐空和尚故居》《送灵澈上人还越中》《寄天台道士》《越中逢天台太乙子》《题兴善寺寂上人院》等诗歌可证刘长卿、孟浩然、马戴等人与名道高僧的交往情况。

唐代诗人在审美实践中阐释宗教哲理所蕴含的特有的山水意识，宗教哲理成为诗人情感涵养、创作灵感的源泉。诗人对自然的理解与其自身的艺术感悟能力相交融，在唐代山水感知及山水表达形式上都得到充分体现，这便是浙东山水最显著的特征之一。许棠《赠天台僧》："重游空有梦，再隐定无缘。独夜休行道，星辰静照禅"，以独自行走探求人生境界，诗人在诗歌中突出忘我的特质，实现了物我归一的境界。

3.2 审美实践的历时特征：从追慕名士到隐匿山水

漫游作为文章讨论的山水审美实践方式，兴于魏晋盛于唐，唐代诗人漫游浙东，承袭了魏晋时期的名士的审美意识，以初唐至盛唐最为兴盛。后以安史之乱为分界点，中至晚唐漫游则由山水之游的追慕名士，转为抑郁不得志的隐匿山水。

3.2.1 追慕名士

晋士南迁，会稽郡成为文士们进行山水审美实践场地之一，《晋书·王羲之传》："会稽有佳山水，名士多居之……孙绰、李充等皆以文义冠士，并筑室东土，与王羲之同好"。在五胡十六国的混乱局面中，儒学作为正统思想的地位动摇，随后隐逸之风兴起，"竹林七贤"为逃避迫害，隐匿山林，在山水审美体验中实现情与景的互通。文人放浪形骸，经老庄思想改造之后的玄学影响着当时对自然美的追求，借用山水景物解释玄理，"山水以形媚道"。后山水诗以玄言诗代替，文士对会稽山水景物的外在描写来自于山水客观的物质形象，对于所看之景物的描写在于贴切。

"山水借文章以显，文章凭山水以传"，唐代的诗歌继承了此时期的山水成就，漫游诗歌亦如此。唐代诗人追慕魏晋风度，寻访名山胜迹、谋求仙道佛隐，不断追寻前人步伐。加之浙东地区有大禹治水、西施浣纱、曹娥投江、刘阮遇仙、王子猷雪夜访戴等人文典故与神话故事，吸引着诗人前往浙东感受一二。漫游大师李白是谢灵运的狂热追寻者，"谢公宿处今尚在，渌水荡漾清猿啼"（《梦游天姥吟留别》）[33]1785，以及"愿言弄倒景"一句则引谢灵运《游天台山赋》中"张组眺倒景，列筵瞩归潮"；诗人崔颢在《舟行入剡》中也提及"谢客文逾盛，林公未可忘"。以上都表明了唐代诗人在游览过程中下意识地追求前人的步伐，感受传统文化和前人的高尚人格，领略最佳的山水美景。

3.2.2 隐匿山水

至中唐，"安史之乱"平定后，国内局势暂缓，中央集权衰落。以杜甫、白居易、刘长卿、卢纶等诗人为代表，在七年的安史之乱与宗教思想的影响之下，其自我意识不断觉醒，将自身的审美意识寄托于山水形胜之间，纷纷置身浙东山水之中，至中唐逐渐演变为隐匿山水。如刘长卿于安史之乱后隐居于隐空和尚故居，其诗《过隐空和尚故从隐居》可佐。杜甫生长于"开元全盛日"，据考证杜甫于唐开元十九年至二十三年（731—735 年）漫游至越，《新唐书·卷二〇一》云杜甫"客吴越、齐赵间"。

杜甫在晚年回忆中创作《壮游》，"忆勾践""想秦皇"，入镜湖、若耶溪见越女，在剡中恣意游赏，"欲罢不能忘"，终观天姥近山之胜概。杜甫写诗时已是晚唐，其怀古伤时，感叹世态炎凉，表达对社会的批判。

晚唐时期唐诗迎来了没落期，山水审美实践反映了在特定时代而展现出的独特风貌和社会心态，以李商隐、杜荀鹤、马戴等为代表性诗人，所著《送道友人天台山作》《忆游天台寄道流》《天台瀑布》《题兴善寺》等诗中，虽仍描写游览途中的自然景观，但诗句中缺少初盛唐时期阔大、广远的意象，而更流于对外在景物的精细描画和勾勒，表现诗人的意境、格局越之狭小[38]。"喷向林梢成夏雪，倾来石上作春雷"（马戴《天台瀑布》）[33]8322。诗人将浙东的山水作为反映个人命运、国家兴衰、社会现象的载体，将孤独、失落或者避世之情藏于山水形胜之间。晚唐重理趣、多典故、偏重现实政治的诗风，在诗坛继续繁荣发展，并开启了宋代哲理诗的门庭，转向了"诗余"——宋词的领域[39]。

3.3 审美客体的意象转换：从自然山水到人文山水

唐代的山水审美盛行的时期，通过人的物质或精神性的创造性活动，给予了山水特定的文化渲染。浙东山水作为审美客体大致完成了由自然山水向人文山水的转变，山水彰显出更深层次的文化意义，具有深刻的审美价值。

3.3.1 自然山水

随着唐朝广泛开展游览活动，山水游览促进了审美自觉，对大自然的崇拜转变为主动探索，推动对名山的开发与建设，如天台山、会稽山、香炉峰、刻石山等。而自然山水仍为主要观赏对象，园林建筑则是山川风景的点缀或补充，使得人文景观协调于自然景观。以寺观为主体的世俗化的风景建筑较为突出，寺院的建置处于山水环抱之中，如天竺寺、云门寺以及处于"世外桃源"的天台山国清寺。诗人对自然山水的审美趋向使后期风景名胜区的建设得以发展。

建筑如寺、亭、台等是诗人欣赏山水美的重要组成部分，其建制利用了大自然山水地形，自然山水与园林建筑融为一体，园林建筑作为山川风景的点缀或补充，但人工景观始终服务于自然景观，极大保证了自然环境的和谐统一。如诗人借樟亭驿，观赏钱塘江之景，以平行视角观赏山、江的空间态势，对潮水进行总体直观的诗歌吟咏，"览云测变化，弄水穷清幽。叠嶂隔遥海，当轩写归流"（李白《与从侄杭州刺史良游天竺寺》）[33]1829-1830，"潮来无别浦，木落见他山"（郑谷《登杭州城》）[33]7779。此外文人学士的别墅、退隐寓所等皆融于山川，与自然浑然一体，如置于镜湖的贺知章故居、方干故居"台榭发清辉"和"迢迢"始宁别墅。自然山水得以园林化，一定程度上推动了模拟自然山水的园林艺术的发展。

3.3.2 人文山水

山水在人为改造活动中体现了人们的理想与诉求，在人的审美活动中引起人们精神上的共鸣。浙东之地自然山水秀美，宗教文化的交融、山水审美的自觉，辅之浙东地区本身的人文底蕴，三者使得"浙东唐诗之路"山水本身的人文意味更甚。作为中华文化摇篮的浙东地区，在此地域内的禹舜传说、越王勾践等文化优势，使得其在魏晋南北朝以前为人所熟知，而后在六朝名士文化交流中更深一步丰富了该地域的文化内涵。

道教、佛教较深地影响了浙东的山水文化，据相关研究统计，江南地区占有5个大洞天，11个小洞天和20个福地，其中台州共有12个，天台山所占4个[40]。"天下名山僧占多"，据《嘉泰会稽志》记载，至南宋中期，会稽地区剩有两晋南北朝时建的寺院71处，其中晋时留存的有16处，可见唐时佛寺香火的盛大，佛寺有如沃州真觉寺、光相寺、新昌大佛寺等。而以上名山宝刹在唐代受到诗人极大的推崇拥护，更是诗人们前赴后继的隐居之地。加之儒家思想的介入，此时浙江山水脱离自然状态，浓厚的宗教色彩时期使人文山水的特征独树一帜。

上述所阐释的人文山水的特征加之诗人在浙东地区的山水审美实践，景以文传，浙东地区的山水景观的知名度与影响力在诗人唱和交往、题壁赋诗中逐渐扩大。如李白四入浙江（三入剡中、二上天台、一上四明），而吴筠追随李白的步伐东游天台，"与诗人李白、孔巢父诗篇酬和，逍遥泉石，人多之从"。诗人张祜在"满堂诗板旧知音"一句中有所提及。

4 结语

在唐代国力强盛、社会稳定、宗教文化繁荣的背景下，诗人自主进行漫游这一独特的山水审美实践，诗人漫游至浙东地区时，浙东地域性景观风貌与文化特征影响了诗人进行景观书写的对象选择，一定程度上体现了山水审美的时代特征。文章从审美主体与客体两个方面分析浙东唐诗之路上的山水审美表现特征，得出以下结论：①山水审美主体的感官表达方面，初步形成了山水审美空间且呈现出浓烈的宗教色彩，天、地、人三者融合于象之中，展现了主体审美的情感表达；②山水审美主体的审美实践方面展现历时性的特征，以安史之乱为界，因受主客观因素的影响，初盛唐时期诗人表现为追寻前人的步伐纷至浙东以寄情山水，中晚唐时期则转变为隐匿山水；③审美客体主要完成了由自然山水向人文山水的转变，以自然山水为主要的观赏对象，人工要素作为山水形胜的点缀，组成山水美的重要部分。上述三个层面表明浙东山水审美实践为多层次的立体审美，增加了浙东自然山水的人文厚度，奠定了"浙东唐诗之路"的人文基调，进一步增加"浙东唐诗之路"的人文内涵，丰富了诗路文化。探寻唐代风景园林中自然山水客体与审美主体之间的耦合关系，有助于为自然山水到人文山水的转化提供思考，为诗路文化带的规划设计提供理论支撑。

【注：本文讨论的越中为唐越州，今绍兴市及杭州市萧山区等地，范围包括原绍兴府所辖八县（山阴、会稽、上虞、余姚、诸暨、萧山、嵊县、新昌）】

参考文献

[1] 谢凝高．山水审美人与自然的交响曲[M]．北京：北京大学出版社，1991：24.

[2] 范阳．山水美论[M]．南宁：广西教育出版社，1993：13.

[3] 王书艳．园与境：山水审美的园林转向与唐"诗境"说的形成[J]．浙江社会科学，2023(3)：140-147，161.

[4] 陈明松．中国风景园林与山水文化论[J]．中国园林，2009，25(3)：29-32.

[5] 刘滨谊，廖宇航．大象无形·意在笔先——中国风景园林美学的哲学精神[J]．中国园林，2017，33(9)：5-9.

[6] 苏晓丽，王彩云，秦仁强．基于苏州西郊山水散文分析的风景审美变迁[J]．风景园林，2022，29(10)：136-142.

[7] 吴曼妮，郑文俊，胡露瑶，等．风景的人文化进程——桂林山水园林审美历程之解读[J]．中国园林，2020，36(3)：50-54.

[8] 王馨梓，毛华松．延续与嬗变：基于《良友》画报图文史料的近代风景审美探析（1926—1945 年）[J]．风景园林，2022，29(9)：135-141.

[9] 高伟，刘音．风景园林视野中的传统山水审美范式的迷失与重构[J]．西部人居环境学刊，2021，36(2)：119-124.

[10] 张蕊．从建筑宫苑到山水宫苑：唐华清宫总体布局复原考证[J]．中国园林，2020，36(12)：135-140.

[11] 唐孝祥，冯惠城．美学理论视野下风景园林美学的研究对象探析[C]//中国风景园林学会．中国风景园林学会2022年会论文集．北京：中国建筑工业出版社，2023：339-341.

[12] 孙旭辉．"唐诗之路"美学研究的四个维度[N]．中国社会科学报，2022-06-27(004)[2025-06-30].

[13] 卢盛江，李谟润．初唐浙东诗路的发展[J]．江西师范大学学报（哲学社会科学版），2022，55(4)：87-94.

[14] 陆晓冬．浙东唐诗之路形成的社会经济动因浅析[J]．浙江社会科学，2006(3)：170-173.

[15] 胡可先．西陵·渔浦：浙东唐诗之路的起点[J]．浙江社会科学，2022(6)：133-143，160.

[16] 竺岳兵．渔浦——浙东唐诗之路的起讫点[C]//中共杭州市萧山区委党史研究室，杭州市萧山区人民政府地方志办公室，来新夏方志馆，等．萧山记忆（第七辑）．杭州：浙江人民出版社，2014：54-58.

[17] 邹志方．试说渔浦[C]//中共杭州市萧山区委党史研究室，杭州市萧山区人民政府地方志办公室，来新夏方志馆，等．萧山记忆（第七辑）．杭州：浙江人民出版社，2014：59-65.

[18] 林家骊．浙东唐诗之路诗人群体的创作风貌[N]．中国社会科学报，2021-12-06(004)[2025-06-30].

[19] 胡可先．浙东唐诗之路研究谱系的建构与探索[J]．西泠艺丛，2020(6)：2-6.

[20] 仲秋融．论"浙东唐诗之路"诗歌中的寺观园林书写[J]．赤峰学院学报（汉文哲学社会科学版），2021，42(8)：40-45.

[21] 林家骊，汪妍青．会稽山水诗与"浙东唐诗之路"[J]．浙江树人大学学报（人文社会科学），2019，19(1)：63-70.

[22] 林素萍．"浙东唐诗之路"山水诗与英国山水诗比较及英译研究[J]．海外英语，2022(1)：8-10.

[23] 杨琼．五山文学中的浙东吟咏——"浙东唐诗之路"在日本的传播[J]．汉字文化，2021(11)：72-74.

[24] 邹志方．浙东唐诗之路（绍兴段）文化遗产的保护与旅游开发[C]//浙江省徐霞客研究会．徐霞客与越文化暨中国绍兴旅游文化研讨会论文汇编．绍兴：绍兴文理学院，2003：43-52.

[25] 张光明，奚雪松．浙东唐诗之路如何保护与活化？[N]．人民日报海外版，2021-11-22(011)[2025-06-30].

[26] 邱志荣，吴鑑萍．浙东唐诗之路新探[J]．浙江水利水电学院学报，2019，31(1)：1-12.

[27] 章琳，邢益，俞益武．遗产廊道视角下的唐诗之路遗产保护[J]．建筑与文化，2015(9)：134-135.

[28] 刘畅．遗产廊道视角下浙东唐诗之路的分布特征与空间规划研究[D]．杭州：浙江大学，2021.

[29] 杨汝远．"浙东唐诗之路"底蕴在本土文化景观中的体现——以绍兴市嵊州市为例[J]．汉字文化，2021(4)：169-170.

[30] 王洁．吕清海．"浙东唐诗之路"：历史渊源下的本土文化景观分析——以台州市天台县为例[J]．艺术与设计（理论），2020，2(6)：68-70.

[31] 杜佑．通典[M]．北京：中华书局，1984：41.

[32] 刘昫，等．旧唐书（简体字本）[M]．北京：中华书局，2000：2029.

[33] 中华书局编辑部.全唐诗：增订本[M].北京：中华书局，1999.
[34] 张蕊.绍兴传统园林艺术[M].北京：中国建筑工业出版社，2022：233-234.
[35] 徐灵府.天台山记(及其他四种)[M].北京：中华书局，1985：10-11.
[36] 刘鑫.中国古代审美空间的建构研究[D].西安：陕西师范大学，2015：75.
[37] 郦道元.水经注[M].长春：时代文艺出版社，2001：305.
[38] 尚永亮.诗映大唐春：唐诗与唐人生活[M].北京：北京大学出版社，2017：19.
[39] 陈伟，温德朝.唐代美学趣向的几次转折及其原因——兼论唐诗"初盛中晚"划分之不足[J].南通大学学报(社会科学版)，2019，35(3)：81-89.
[40] 郑青青，金荷仙，陈楚文.道在山林，周弥六合——浙东天台山"洞天福地"的山岳景观流变及文化意象研究[J].中国园林，2020，36(12)：35-40.

作者简介

张雨，1998年生，女，浙江农林大学风景园林与建筑学院硕士研究生。研究方向：风景园林历史理论与遗产保护。

(通信作者)张蕊，1991年生，女，博士，浙江农林大学风景园林与建筑学院，副教授、硕士生导师。研究方向：风景园林历史理论与遗产保护、风景园林规划与设计。电子邮箱：zhangrui@zafu.edu.cn。

章卓琪，2001年生，女，浙江农林大学风景园林与建筑学院硕士研究生在读。研究方向：风景园林历史理论与遗产保护。

风景园林植物

川流不息的景观
——重庆中心城区峡江景观群生态培育方式探究
The Flowing Landscape
—Exploration of Ecological Cultivation Methods for the Gorge-River Landscape Group in the Central Urban Area of Chongqing

郭琼霜* 马希旻 李璐 曹璨 贾力 洪霞

摘　要：峡江景观群是江河发育过程中形成的特殊生态群落，长江过山则成峡，峡口必有沱，沱下常为岛，从而形成"峡—沱—岛"组成的独具地质地貌特色的大地景观群。本文以重庆中心城区长江流域峡江景观群为例，深入挖掘其本底资源优势，结合所处城市建设区周边特殊的地理区位，提出符合人类审美的生态培育方式、景观提升策略和建设管控要求。对于保护和修复特色景观群、保存城市自然肌理、保留人民乡愁记忆具有较为积极的现实意义。
关键词：重庆中心城区；峡江景观群；生态培育

Abstract：The Gorge-River landscape group is a special ecological community formed during the development of rivers. When the Yangtze River passes over a mountain, it forms a gorge, and there must be a small bay at the mouth of the gorge. Under the small bay, there are often islands, forming a unique geological and geomorphological landscape group composed of "Gorge-Small bay-Island". This article takes the Gorge-River landscape group in the Yangtze River Basin of the central urban area of Chongqing as an example to deeply explore its advantages in basic resources. Combining with the special geographical location around the urban construction area, it proposes ecological cultivation methods, landscape improvement strategies, and construction control requirements for composite human aesthetics. It has a positive practical significance for protecting and restoring characteristic landscape groups, preserving the historical texture of cities, and preserving people's nostalgic memories.
Keywords：Chongqing Central Urban Area；Gorge-River Landscape Group；Ecological Cultivation

引言

重庆位于中国地势第二阶梯和第三阶梯的过渡地带，地处四川盆地西南部，四周群山环绕，长江横贯而过，形成了大山大江的山水格局[1-3]。大山大水的整体格局下，川流不息的江水孕育出峡、沱、谷、湾、岛等富有地域特色的地貌景观。其中，最具特色的莫过于"峡—沱—岛"共同组成的峡江景观群[4]。长江过山则成峡，峡口必有沱，沱下常为岛，形成由"峡—沱—岛"组成的独具地质地貌特色的大地景观[5-7]。

国内外的相关研究中，对"峡—沱—岛"这类特殊地貌的景观生态培育探究较少，已有的研究中多围绕自然保护区内景观植被的特征进行分析[8-12]，而对于紧邻城区的峡江地貌景观群，鲜有研究能从大地生态保护与修复的角度，结合人类的审美意识，提出相关的景观生态培育思考。

1 峡江景观自然特征概述

1.1 长江流域峡江景观概况

四川省宜宾市以上的长江上游段被称为金沙江，全长2300km，以下江段始称长江。从金沙江在宜宾与岷江汇合点至湖北省宜昌市的南津关又称为川江，长约1030km。其中，重庆中心城区以上的370km江段为上川江，以下的660km江段称为下川江。下川江因两岸山峦夹峙、水流湍急，所以又有"峡江"之称，沿线最为著名的峡谷是长江三峡（图1）。

图1 长江三峡

长江三峡是瞿塘峡、巫峡和西陵峡3段峡谷的总称。西起重庆市奉节县的白帝城，东迄湖北宜昌市的南津关，跨重庆奉节县、重庆巫山县、湖北巴东县、湖北秭归县、湖北宜昌市，长193km，也就是常说的"大三峡"。

1.2 重庆中心城区概况

重庆中心城区包括渝中区、大渡口区、江北区、南岸区、沙坪坝区、九龙坡区、北碚区、渝北区、巴南区等9个行政区，面积5467km²。其中，中心城区规划区为城市集中建设区域，是规划关注的重点地区，包括中东西3个槽谷以及毗邻的"四山"部分地区，面积约2107km²。

《重庆市国土空间总体规划（2021—2035年）》中，定位了中心城区"一核两江三谷四山"的空间结构（图2）。一核，即"两江四岸"核心区；两江，即长、嘉陵中心城区段；三谷，即"四山"之间的中、东、西三个槽谷；四山，即缙云山、中梁山、铜锣山、明月山。在大山大水的空间格局下，长江、嘉陵江过山则成峡，峡下必有沱，沱下常为岛，在"两江三谷四山"格局下形成了大小各异的"峡—沱—岛"峡江景观群落，其如同被江河串联起的生态绿珠，反哺城区所需的生态服务功能。

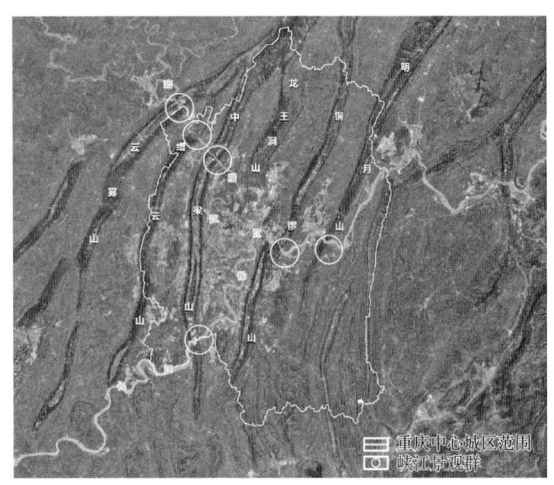

图2 中心城区范围图

1.3 重庆中心城区峡江景观群概况

重庆中心城区内有较为有名的小三峡，其中嘉陵江沿线的小三峡指沥鼻峡（合川区）、温塘峡和观音峡，长江沿线的小三峡指猫儿峡、铜锣峡和明月峡（图3）。

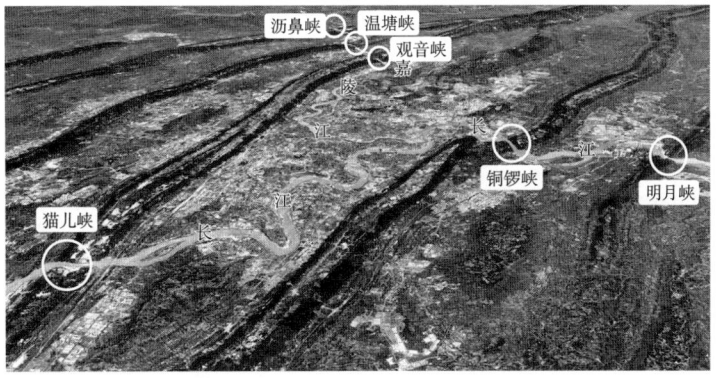

图3 中心城区峡谷分布图

重庆中心城区内峡谷地貌沿江两岸陡峭，江岸坡度大多在30°～60°，未受明显人为活动干扰，生物多样性较高。明显水蚀带以高节薹草为主，植被投影盖度小于5%，基质为砂岩。缓冲带优势物种为多年生克隆草本植物甜根子草和卡开芦，以斑块形式分布，植被投影盖度约30%，基质为瘠薄沙壤，土层深度小于30cm。岸边带为连续分布的森林，郁闭度约0.8。乔木层优势物种为慈竹、刺桐，灌木层优势物种为构树，草本层优势物种为地果、紫苏和接骨草。

重庆位于川东平行岭谷区域，长江切断山脉，过山则成峡，峡口必有沱，沱下常为岛，形成"峡—沱—岛"组成的独具地质地貌特色的大地景观群，该景观群在重庆中心城区长江流域最为显著。

1.4 重庆中心城区峡江景观群生态特征

1.4.1 "峡—沱—岛"组群分布

观察重庆中心城区峡江景观，可发现"峡—沱—岛"景观在地理形成的过程中存在内在联系（图4）。在日积月累的冲蚀过程中，峡谷逐渐形成，由于峡谷处河道相对其他区域较窄，水流流速较其他区段快，在峡谷出水口的位置往往因为水流回旋冲刷，产生"沱"的景观。江水常年冲蚀和袭夺的过程中，水流带着大量的土壤泥沙到峡口下游处，由于河流经过峡口出口或河道转弯等区域后，水流流速陡然变缓，河流中土壤泥沙在峡口出口处常年堆积形成江中陆地区域，即江心岛屿。

图4 中心城区峡江景观群

1.4.2 峡泉共生

河流横切形成峡谷，同时因河流横切作用，峡谷周围多有温泉。该类温泉出露在高隆起背斜的末端河流横切处。由高隆起背斜自身的岩溶槽谷接受大气降水补给后，沿裂隙或溶洞下渗至热储层中。地下水在深部顺构造线方向由北向南径流，然后在地表减压最大的、横切背斜构造的河谷地段，以温泉的形式出露于地表，如重庆统景温泉及铜锣峡温泉。

隆起的背斜轴部、岩溶槽谷等，汇集大气降水并通过漏斗、溶隙、裂隙等向地层深处渗透，随地热增温及化学热等因素使地下水水温增高；深部地热水纵向径流（以纵向径流为主），然后在地表减压最大的地段，即江、河横向深切地段（"减压天窗"处）或断层上盘或断裂带附近排泄地热水形成天然温泉，抑或在背斜翼部以钻井温泉的形式排泄出地表（图5）。因此，重庆大部分有峡谷的地方，都有温泉出露，成为人们温泉旅游度假的好去处。

1.4.3 动植物多样

峡江景观群周边地貌变化多样，丰富的地形地貌以及高热高湿的生态环境，分布着多样的植物群落，同时也吸引了大量的动物于此生息繁衍。

以中心城区"铜锣峡—唐家沱—广阳岛"景观群为例，片区地处亚热带湿润气候区，地带性植被为亚热带常绿阔叶林。周边分布有南山森林公园、铁山坪森林公园，森林覆盖率高（70%左右）。乔木以马尾松为主，有楠木、丝栗、红豆、枫香、香樟、板栗、核桃、皂角、凤桐、女贞、洋槐等；灌木有羊奶子、金樱子、映山红、金樱子、铁芒萁等；竹类有楠竹、黄竹、慈竹、水竹、苦竹、荆竹、凤尾竹等；观赏性花卉主要有茶花、月季、蜡梅、罗汉松、杜鹃等以及苔藓、菌类等250余种。

动物种类包括脊椎动物32目89科350余种，哺乳动物8目20科60种左右，爬行动物7科25种以上，两栖动物5科20种，无脊椎动物130余种。清道光二十四年（1844年）《江北厅志》记载："豹凶猛不减于虎，毛赤黄，其文墨如钱，常隐没于铁山等处。"直至新中国成立后的1957年，还有当地群众在铁山坪铜锣峡口打死一只金钱豹。山羊、野兔、野鸡等更是随处可见。现阶段动物类别中兽类有野兔、黄鼠狼、松鼠等；鸟类有白鹭、鸬鸡、野鸭、竹鸡、长尾雉、鹌鹑、秧鸡、董鸡、画眉、斑鸠、乌鸦、燕子、喜鹊、鸽、杜鹃、麻雀等；两栖类有蟾蜍、青蛙、牛蛙、虎皮蛙等；爬行类有龟、鳖、壁虎、草蜥、脆尾蜥、乌梢蛇、菜花蛇、竹叶青、麻缫子、黑层锦蛇、山灵子等。

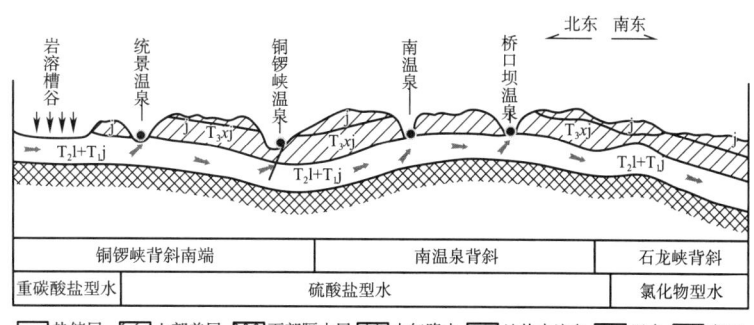

图5 峡谷背斜区地热水补径排示意图

2 峡江景观现状问题

2.1 原生植被群落被破坏

重庆中心城区内峡江景观群周边普遍存在原生植被群落破坏的情况（图6）。峡谷区域原有群落中出现秃斑，不利于物种间传播，同时峡谷地区坡度较陡，原生植物群落的破坏也增大了水土流失的风险。岛屿和沱口周边区域由于人类活动影响，自然群落物种组成相对单一，乔木群落物种组成以构树、香樟为优势种，草本群落主要以马兰、野胡萝卜、喜旱莲子草等为主，消落区以狗牙根、水蓼、草木樨等常见的草本群落为主，植物物种多样性相对较低。

受农业活动和季节性水淹影响，导致银胶菊、喜旱莲子草、藤三七、䅟草等外来入侵物种大范围分布，威胁到本土植物的生长。

图6 峡江景观原生植被破坏的实景照片

2.2 动物繁衍栖息受到威胁

由于峡江景观群周边地形地貌变化多样，深受城市周边市民喜爱，峡谷区域人们喜爱进行徒步、攀岩，江岸坡度较缓区域市民喜爱露营。沱口地区江水水流较缓适宜船舶停靠，该区域多建设有船舶停靠码头，进一步促进了沱口区域的人类活动（图7）。峡江景观群周边大量的人类活动对该区域的鱼类繁殖、鸟类栖息以及其他水陆动物的活动都产生巨大干扰。

图7 沱口周边人类活动

2.3 消落区退化，有一定程度的侵占现象

峡江景观群周边坡度较缓的消落区域存在被大面积侵占的现象，经过人工干预后大面积土地被转换为农田，农作物耕作破坏原有生态系统的同时增加了岸线水土流失的风险；且由于农药的使用形成面源污染，加大了对江河水的污染风险（图8）；消落区生态系统中旱生杂草群落蔓延成为优势种群，破坏了消落区群落的稳定性。

图8 峡江景观群周边消落区菜地

2.4 岛头、沱口极易造成垃圾堆积

由于岛头、沱口处水流流速较缓，地形地势造成沱口处水流回转等原因，水中漂浮物极易在水沱处停留，被水流的回旋力卷到沱底江岸，不易被冲走。江水涨落时，水中的漂浮物则易被冲推到江岸上，形成各种垃圾堆积，影响周边环境（图9）。

图9 沱口周边垃圾

3 峡江景观群生态培育策略

重庆中心城区的峡江景观群紧邻城市建设区，与城市人类生活的相关性极强，其构建的生态培育策略应首要考虑对人类的生态服务功能，同时应尽可能多地考虑与人类审美需求的相符。

3.1 构建峡江景观群生态系统

前文提到，重庆中心城区峡江景观群整体结构得益于整个城区"两江三谷四山"的空间结构，中心城区范围内有大小各异的6处"峡—沱—岛"景观群，其由长江、嘉陵江串联，共同构建成峡江生态链。

长江、嘉陵江构建起的河道生态廊道通过河流生态系统中物质与能量间的交换，串联起整个峡江生态系统。该生态系统亦是陆生、水生、两栖、鸟类等各物种迁移的重要节点通道，也是珍稀特有鱼类的活动区和水产种质资源的主要栖息区。在单个的峡江景观中，水流由于峡谷区域的陡然变窄，水流动能上升，在峡口处水流流速下降，在沱口处形成回水，物质和能力进一步交换。后期系统构建应加强景观群落间的廊道连接，形成江河峡江景观群链（图10）。

断，此时江中绿岛、沱口绿湾势必成为动植物栖息廊道中的重要连接点。在后期景观群构建中，应保留现有江心岛、沱口绿湾中的生态性景观斑块，加强其植物群落搭配，增强物质交换的连续性，为动植物提供更好的生活、迁徙条件。例如：在大面积农田中间保留林地空间，能为农田鸟类、动物提供栖息生境；根据岛内地形特征，保留岛内中低洼区，营造浅水塘（或深水凼）或类沼泽生境，一方面收集田间高营养的径流，另一方面提供水生生境、调节小气候。

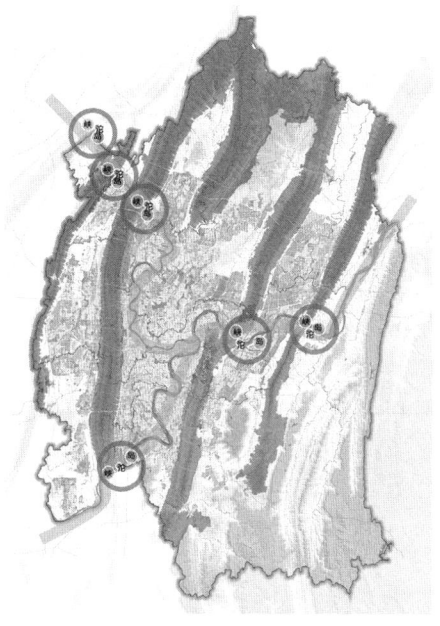

图10　中心城区峡江景观群系统图

3.2　保留或创造生态性景观斑块

斑块是景观格局的基本组成单元，是指不同于周围背景的、相对均质的非线性区域（图11）。由于峡口皆位于江河切断山脉处，势必造成山脉整体生态廊道被河流阻

图11　景观斑块示意图

3.3　结合地形适地适树

结合峡谷地带现有植物群落特征，部分进行修复的区域应考虑快速融入峡谷生态环境，在植物选择时应尽量选择喜湿喜热、气生根系发达、易萌蘖的植物进行配植。

沟谷常绿阔叶林具有小型板根、茎花现象、附生植物、藤萝密布的雨林植物特征（图12）。生态修复时，推荐植物种群有罗汉松科的竹柏属，樟科的樟属，山茶科的杨桐属、山茶属、苹婆属，豆科的海红豆属以及楝科楝属等。

图12　雨林型植物示意

结合峡谷地带地形特征，部分区域保水性弱，应结合具体地形地势选择根系发达且耐瘠薄的物种进行生态修复。推荐植物种类有马尾松、楠木、池杉、水松、湿地松、慈竹、小叶榕、高山榕、香樟、皂角、凤桐、女贞等。

3.4 植物配置凸显地形地貌特征

为凸显峡谷区域整体竖向感，峡谷地区在植物补种和修整过程中，建议选择竖向感强、树形挺拔的树种，如松类、杉类、竹类等，增加峡谷地区的整体挺拔感（图13）。

结合峡谷地带现有植物生长状况，选择能适宜峡谷区域生态环境，同时彩叶效果明显，色彩明亮的多彩物种进行适度补植，如栾树、红枫等。

3.5 消落区微地形利用

峡江景观群周边消落区类型较多，峡谷区域消落区多为石质且较为陡峭，人类活动较少；沱口区域和江心岛区域消落区坡度较缓，人类活动较为密集，生态培育收效较大。

针对面积较大的缓坡消落区，建议通过微地形塑造，在消落区就地挖泥堆基，形成顺水流方向的缓坡消落区基塘景观，夏季可种植荷花、莲藕、菱角、水芹等景观或经济作物，在水与岛陆之间形成一道拦截屏障，发挥景观美化、水质净化等多种生态功能。

针对面积较小、生境较为单一的缓坡消落区，建议选择适宜的区域开挖深浅不同、大小不同、形状多样的洼地、水塘系统，挖塘的泥堆积到适当位置，形成地表起伏变化，洪水、降雨能够充分补给塘内水源，形成多样性生境。同时塘边塘内可适当种植芦苇、香蒲等湿地植物，为昆虫、鸟类提供生境。在大面积草地上随机布置碎石与就地取材的原始形态木桩及倒木，为鸟类提供栖息的场所。

3.6 清退消落区菜地，减轻面源污染

针对大量存在的"滨江菜地"，应划清消落区控制线，及时清退消落区控制线内的菜地。避免消落区进一步水土流失和长江江水受到农药等面源污染。

3.7 及时清理水岸垃圾

针对沱口江岸易堆积垃圾的情况，应该从源头梳理，避免上游垃圾入江的同时，适时组织志愿者等对江岸垃圾进行清理。针对洪水过境等时效性较强的垃圾上岸节点，应及时预判防范，做到上岸即清理，从源头上避免（图14）。

图13 竖向感较强的植物示意

图14 垃圾清理示意

4 结语

重庆中心城区"峡—沱—岛"特色江峡景观群是自然赐予重庆的自然瑰宝,保护这一瑰宝是"大力推进生态文明建设,筑牢长江上游生态屏障"思想的集中体现。本研究通过对重庆中心城区长江沿线"峡—沱—岛"特色江峡景观的地形地貌进行梳理研究,结合现状主要问题,提出符合人类审美的生态培育方式、景观提升策略和建设管控要求。对于保护和修复特色景观群、保存城市历史肌理、保留人们的乡愁记忆具有较为积极的现实意义。

参考文献

[1] 刘和甫,汪泽成,熊保贤,等.中国中西部中、新生代前陆盆地与挤压造山带耦合分析[J].地学前缘,2000(3):55-72.
[2] 曾繁模.巴渝文化之含义辨[J].重庆历史与文化,2007(1):12-16.
[3] 黎小龙."巴蜀文化""巴渝文化"概念及其基本内涵的形成与嬗变[J].西南大学学报,2017,43(5):171-173.
[4] 张双.峡江景观视觉分析的GIS方法研究[D].重庆:重庆大学,2005.
[5] 龚建.三峡景观风貌研究及其设计[J].新建筑,2003(3):52-55.
[6] 杨鑫.地域性景观设计理论研究[D].北京:北京林业大学,2009.
[7] 高进.长江河口的演变规律与水动力作用[J].地理学报,1998,53(3):264-267.
[8] 张祖群,杨新军,赵荣,等.国家风景名胜区景观遗产的三维培育研究——以青海湖为例[J].地理与地理信息科学,2004(4):75-79.
[9] 郭浩,步兆东,陈国山,等.人工林培育技术与景观生态学[J].世界林业研究,2003(1):6-9.
[10] 张培,杨国龙.琅琊山森林景观的培育对策[J].滁州师专学报,2000(4):98-99.
[11] 史心悦,成乔明.景观文化传播对大众精神的涵化培育研究[J].现代园艺,2022,45(3):139-142.
[12] 曾金妹,谢晓东.常规育种技术在培育景观设计植物中的应用[J].分子植物育种,2024,22(13):4419-4424.

作者简介

(通信作者)郭琼霜,1988年生,女,硕士,重庆市规划设计研究院,正高级工程师。研究方向:风景园林、城市设计、城乡规划。电子邮箱:495195127@qq.com。

马希旻,1976年生,男,硕士,重庆市规划设计研究院,正高级工程师。研究方向:城乡规划、城市设计。

李璐,1992年生,女,硕士,重庆市规划设计研究院,高级工程师。研究方向:城市设计。

曹璨,1990年生,女,硕士,重庆市规划设计研究院,高级工程师。研究方向:国土空间规划设计与管理、城市设计等。

贾力,1991年生,女,硕士,重庆市规划设计研究院,高级工程师。研究方向:城市设计、国土空间规划。

洪霞,1988年生,女,硕士,重庆市规划设计研究院,高级工程师。研究方向:城市设计。

宋韵视角下西湖景区植物景观节气文化及其展示初探
——以立春孤山赏梅为例

A Preliminary Study on Solar Term Culture of Plant Landscapes in West Lake Scenic Area and Its Presentation from the Perspective of Song Rhyme Culture
—A Case Study of Plum Blossom Appreciation at Solitary Hill during the Start of Spring

宋 虹　张 帆　俞青青　丁华娇　吴学谦　陈丽丽　林 旭　应求是

摘 要：选择孤山梅园作为西湖景区植物景观节气文化的探索景点，以宋韵文化为切入口，以二十四节气之首立春为例，寻求西湖在周年的游览、休闲场景中感知植物魅力、表达审美情趣、展示文化属性、传递历史信息的文化创新活动形式，旨在根据杭州物候特点，寻找宋代文人活动、民俗活动等与节气、植物、植物景观之间的关系，探索在时间和空间两个维度上将节气时序与植物文化、场地历史、特色活动相结合的游赏模式，开启更多人深度了解西湖植物、历史以及传统文化的道路。

关键词：西湖景区植物景观；节气文化；特色游赏

Abstract：Taking Solitary Hill Plum Garden as a case study for exploring solar term culture through plant landscapes in West Lake Scenic Area, this research employs Song Dynasty cultural elements as an entry point, with the Start of Spring (the first of the 24 solar terms) as an example. It seeks innovative cultural activities that allow visitors to perceive botanical charm, express aesthetic appreciation, demonstrate cultural identity, and convey historical narratives during their year-round visits and leisure experiences at West Lake. Based on Hangzhou's phenological characteristics, the study investigates the connections between Song Dynasty literati activities, folk traditions, and the interplay of solar terms, plants, and landscape design. It explores a time-space integrated tourism model that combines seasonal rhythms with plant culture, site history, and thematic events, aiming to pave the way for deeper public understanding of West Lake's botanical heritage, historical legacy, and traditional culture.

Keywords：Plant Landscapes in West Lake Scenic Area; Solar Term Culture; Themed Touring Experience

引言

杭州西湖以植物景观与山水文化闻名，具有独特的季相变化。西湖的植物景观是通过一千多年中国文人对西湖西溪的整治与修缮逐步形成的，与人文、历史、节气之间有明显的关联，具有特殊的文化属性。"杭州西湖周边的植物景观中蕴藏着大量的历史信息，这些信息包含着先人们的智慧和审美情趣，正是因为有了这些环绕西湖多彩多姿的植物，杭州的山山水水才会处处渗透着东方高雅的审美情趣，构成了一幅幅绚丽的画面，成为人们不能忘怀的记忆。"[1]

西湖的美是多维度的，西湖的植物景观包含着疏浚历史、人文故事、民间习俗、天气变化等丰富的信息，在不同时空中展示着不一样的情愫。每个景点除了独特的景观风貌还拥有着许多精彩却少为人知的故事，简单的说明牌没有办法完全展示其精彩内容。因此，在坚定文化自信、弘扬优秀传统文化的时代背景下，迫切需要对西湖植物景观的文化属性以及东方的审美意趣进行挖掘，通过新颖的活动形式科普、宣传西湖植物与场地的独特文化，开启更多可供人们深度了解西湖植物、历史以及传统文化的道路。

时间轴对于西湖而言是独特的，无法忽视的。西湖之美中常被人歌咏的是其季相变化和一日四时的变化，西湖的植物景观更是如此。二十四节气作为我国优秀的传统文化，不仅反映了自然节律的变化，还包含了历史、传统、民俗活动等信息。因此选择二十四节气为时间轴，以植物景观为载体，探讨展示植物文化、西湖文化、节气文化的新形式。

纵观历史，宋朝是中国历史上最具有人文精神的朝代之一。北宋统一后，杭州成为"东南第一州"。宋皇室南迁之后，定都于临安，使得杭州逐渐成为南宋的政治、经济和文化中心。本文以宋韵文化为切入口，以二十四节气之首立春为例，寻求西湖在周年的游览、休闲场景中感知植物魅力、表达审美情趣、展示文化属性、传递历史信息的文化创新活动形式，旨在丰富西湖旅游形态，引导大众深入理解、喜爱西湖的宋韵文化、植物景观，进一步提升西湖的品牌形象。

1 节气代表植物和景点的选择

梅在中国古代拥有丰富的应用历史和场景，经历了从实用到观赏的过程[2]。商周时期，梅以食用为主，作为调味品在当时与盐同等重要，所以它的花也更受人的重视[3]。到了两汉、魏晋时期，梅花的观赏价值得到体现，梅开始进入园林之中[4]。南北朝至隋朝，梅花不畏严寒、凌霜开放的习性被人格化。至唐宋时期，梅花道德上的象征意义以及隐逸文化逐步形成[5]。北宋林逋在孤山植梅、养梅，以梅为生、以梅为诗，一句"疏影横斜水清浅，暗香浮动月黄昏"开启了梅的隐逸文化以及人们对梅人格意义的认识，自此梅花代表了文人雅士追求高洁、幽独，淡泊的超然处世态度[6]。林逋梅花诗句中的意境也成为梅花造景追求的最高意境。

综合植物的物候、栽培历史、文化属性、应用场景等因素，选择梅为立春节气的代表植物。

杭州自古有赏梅的传统。在唐代，杭州和成都并列为我国当时东西的两大赏梅中心，而伍相庙和孤山便是杭州两处有名的赏梅胜地。北宋年间，诗人林逋隐居于孤山，以梅为妻，养鹤为子。自此，孤山梅花美名远播。到了南宋时期，杭州的赏梅之处也在不断增加，如钱王宫梅岗亭、皇宫御园、西泠桥等。

林逋居住了二十年的孤山梅园是我国古代第一批出现的梅花名胜[7]，"梅林归鹤"在清代被列为"西湖十八景"之一，这里奠定了中国梅花文化典型的人文意趣特征，具有其他赏梅胜地无法比拟的人文价值和精神意义。因此选择孤山梅园作为立春节气赏梅的景点。

2 孤山梅园的植物景观和文化内涵

2.1 孤山梅园的概况

孤山梅园位于孤山北坡和东坡，由林逋墓、放鹤亭、鹤塚、梅林等组成，从后孤山路往东就可抵达。放鹤亭临后孤山路，建于一座挡墙之上，挂有一幅清代民族英雄林则徐为颂扬林逋所作的对联"世无遗草真能隐，山有名花转不孤"。林逋墓位于更高处，由几道白墙围着，内外皆种了梅花。鹤塚位于放鹤亭的东面，在与北里湖相连的水池中央的小岛上，由鹤雕塑、梅花和若干景石组成。沿着后孤山路继续向东，经过鹤塚，绕过林社，便是孤山东坡片植的梅林了，这是孤山梅园梅花种植面积最大的地方（图1）。

图1 孤山梅林
（图片来源：应求是 摄）

2.2 孤山梅园的植物景观

香樟、梅花、蜡梅是这片区域最主要的植物。几株大香樟连接放鹤亭、林逋墓和鹤塚（图2），茂密的枝叶让场地尽显幽静。梅花、蜡梅是梅园的主景植物，路边、挡墙旁、池中、草坪里因地制宜应用了列植、孤植、丛植、片植等方式配置了梅花和蜡梅品种。沿着后孤山路，路边列植梅花和蜡梅，林逋墓及其周边点植梅花，孤山东坡的梅林则以片植为主。

图 2　放鹤亭
（图片来源：应求是　摄）

梅林藏在林社之南、林逋墓之东。从后孤山路一路向东，先有路边的梅花，后可赏池中鹤塚上的梅树，绕过林社后豁然朗，一边是开阔的水面，一边是成片的梅林，有"山重水复疑无路，柳暗花明又一村"的韵味。林逋墓和梅林之间则有一条被茂密树林遮掩的山路，从墓的出口处可以望见路尽头的光亮，那里就是一片梅林。从林逋墓通向梅林，一路被亮光指引，直至看到成片的梅花，其中心绪的变化因人而异。

2.3　林逋与孤山

孤山梅园因林逋出名。林逋是钱塘（今杭州）人，北宋著名的隐逸诗人，在孤山隐居二十年不入城，终身不仕、不娶、无子，以梅为妻、以鹤为子，人称"梅妻鹤子"。北宋真宗赐号"和靖处士"，仁宗谥以"和靖先生"，世称"林和靖"。范仲淹称其为"山中宰相"，朱熹赞其"宋亡，而此人不亡，为国朝三百年间第一人"。林逋过世后，其墓及梅园被历代文人、官员所重视，是西湖重要的景点以及历代文人凭吊之处，数次被毁又重建。在林逋去世之时，身为杭州太守的李谘，为他着素服并守棺七日，同时遵循林逋生前意愿把他安葬在了自己建筑的墓里。之后，南宋定都杭州后在孤山建"四圣延祥观"，迁走孤山上所有的寺院和官民之墓，唯留下了林逋的墓[8]（图 3）。

图 3　林和靖墓外香樟
（图片来源：应求是　摄）

林逋在孤山梅园有两件趣事为后人流传。一是闻鹤而归。根据宋代沈括在《梦溪笔谈》中的记载，林逋隐居孤山时经常坐船游湖，这时如果有客人来访，门童便会放飞两只仙鹤告知，林逋便会回孤山。另一件就是林逋在孤山植梅 360 株，依靠售卖梅子为生。《孤山志》记载："和靖种梅三百六十余树，花既可观，实亦可售。每售梅实一树，以供一日之需，书云期三百有旬有六日，盖计年以栽树也。"林逋在孤山按一年的天数种梅，将每株梅树果实售卖获得的钱包成一份，每天取一份钱作为生活费。但也有学者经过考证后认为林逋在孤山并未种植那么多株梅树，而只亲自栽种了一株。不管历史的真相如何，在林逋之后孤山梅林成为经典，梅花被赋予了人格化的含义，赏梅拥有了更高的境界[9]。

林逋在孤山与梅朝夕相伴，在种梅、赏梅的过程中熟知梅花，身心与梅融为一体，所以才能传神地咏出梅的风骨和品格。他一生写了八首咏梅诗，被后人合称为"孤山八梅"。其中最有名的就是《山园小梅·其一》："众芳摇落独喧妍，占尽风情向小园。疏影横斜水清浅，暗香浮动月黄昏。霜禽欲下先偷眼，粉蝶如知合断魂。幸有微吟可相狎，不须擅板共金樽。"其中的"疏影横斜水清浅，暗香浮动月黄昏"被誉为咏梅的绝唱，诗中疏影、暗香、水月梅成为特殊的赏梅意向，梅的清雅、高洁、闲逸亦跃然纸上。林逋作为隐士，以隐逸的心性类比描绘梅花的品格，打开了赏梅重在赏品格、赏立意的新境界[10]。

2.4　孤山梅园的特点

孤山赏梅具有其他地方所没有的特殊性，此处赏梅不仅仅有欣赏之趣，更有怀念意味。对于孤山梅园而言，林逋和梅一样的重要，甚至更重要。梅对于林逋而言是精神寄托，而林逋对于梅花而言，代表了人类对梅花认识的整个过程：从实用到欣赏，再由欣赏到人格化。所以立春样点的活动不仅要突出立春这个重要节气，亦需要充分展示林逋、梅、鹤等精神内涵。

3 活动策划

3.1 立春节气特点

立春是二十四节气之首，也是二十四节气阳历新春的标志性时间，立是开始，春是动的意思，表示万物开始有生气，意味着新的一年的开始。从中国的秦代，我国先民就把立春这天视作春季的来临，也标志着新年的开端。当季节变换，最先感知到变化的就是自然与草木，人类也同温暖的春风和抽条的嫩芽一起期盼着春天的到来。

在中国的节气传统中，立春的 15 天可以分为三候："一候东风解冻；二候蛰虫始振；三候鱼陟负冰"，说的就是从立春开始，风向从西北风转为东风，温暖的东风带来了湿润的水汽，溶解一个冬天的严寒；5 日之后的二候，在冬季进入休眠状态的蛇虫开始慢慢苏醒，恢复活动；第三个 5 日，冻结成冰的江河开始溶化，虽然水面上还有碎冰，但是鱼类已经开始从水底游上水面，从上面往下看，就像鱼背着冰块走一样。

3.2 立春节气活动

在立春之日举办迎春活动是我国自古以来的传统习俗，距今已有 3000 多年历史。立春时，官方层面的活动有天子亲率大臣前往东郊迎春，祈求来年丰收。迎春归来要赏赐群臣，也惠及于民。自然而然这种活动习俗也影响到百姓，后来"迎春"就逐渐演变成世世代代的全民活动，如"打春""咬春""宜春""送春"等。

南宋时期，临安在立春节气要举行一系列的节庆活动。一是"打春"，也叫"祭春牛"，是地方官员在这一日举行鞭打土牛的仪式，以劝人们春耕。二是立春这一日要剪彩燕、贴宜春帖。剪彩燕、贴宜春帖以饰春的习俗最早出现在南北朝时期。南朝齐梁文人宗懔就曾在《荆楚岁时记》中记录"立春之日，悉剪彩为燕以戴之，帖宜春二字"。剪彩燕就是立春的时候将彩绢剪成燕子形状挂在女子的钗头上。到了宋代，立春节气剪彩燕、贴宜春帖已经是全社会共同的习俗[11]。

3.3 立春节气文创活动策划

孤山梅园主要包括两部分，一部分是孤山东南面草坪上的梅林，一部分是孤山北坡的放鹤亭、林逋墓与鹤冢。基于立春节气文化和孤山梅文化的内容都很重要，将两个主题的活动分别设置在不同的空间。梅林草坪空间较大，以立春节气的传统习俗与赏梅文化相结合的活动为主，突出迎春主题。放鹤亭、林逋墓和鹤冢则以纪念性活动和文人活动为主，突出林逋和隐逸文化的展示。

梅林草坪结合立春文化和梅文化，设置咬春、戴春、贴春等美食和装饰文化活动。古时，咬春是指在立春这天咬食春盘、春饼、萝卜等，为"咬得草根断，则百事可做"之意。在活动设计中可效仿古人，布置以时令果蔬为主材的春盘，以梅作调料制作早春美食，开展咬春活动，让人感受春天的气息。模拟宋代剪裁、贴春的习俗，现场制作春纸、写宜春贴，表达对春天的憧憬和美好的祝愿。除此之外，在宋朝时还有一种装饰品和礼品"春幡"，当时的人们用彩色的丝绢或纸剪出鸡、燕、花柳等图样，并在鸡、燕上扎上羽毛，称之为春蝶、春钱、春鸡、春燕、春花、春柳等，或悬于家人之头，或缀于花枝之下，以表吉庆之意。在活动中，可以设置打卡点，由古装人物还原戴春、贴春的过程，并与游人进行讲解、互动。绘制九九消寒图，是我国民间的一种习俗，通过数九的方式来计算寒冷的天气，认为过了冬至后的八十一日，即九九八十一日，春天就会到来。设置这项活动，邀请游人亲手绘制九枝寒梅，每枝九朵，一枝对应一九，一朵对应一天，带领市民游客体验古人迎春的殷殷心意。雕版印刷术是中国古人的重要发明，在宋朝时已普遍使用，如今也成过了我国的非遗技艺之一，邀请游人亲手制作一份梅花雕版印刷图，同时可展示梅花明信片、梅花篆刻印章、梅花发簪等文创产品，感受梅花在我国历史上的装饰文化。

放鹤亭周边利用挡墙、围墙和亭，举办纪念性活动和文人活动：展示林逋的八首咏梅诗，并举办诗咏（唱和）活动；排演林逋在孤山隐居的科普剧，在立春当日于林逋墓前的平台进行演绎，以悼念林逋，宣传和科普孤山蕴含的隐逸文化与文人精神；在林逋墓至梅林的山道边，以中国赏梅历史为主线，设置科普展板，开展梅花文化的科普；设计开展"我与林逋识梅花"主题研学课程，从梅花历史、梅花诗词、梅花品种等多个角度，通过设置线索、完成任务的模式，使孩子们可以沉浸式学习和感受孤山的梅花文化。

4　结语

本研究旨在根据杭州物候特点，寻找宋代文人活动、民俗活动等与节气、植物、植物景观之间的关系，探索在时间和空间两个维度上将节气时序与植物文化、场地历史、特色活动相结合的游赏模式。

因时间及专业等限制，本文的研究重点在于结合时间节点、植物物候、植物景观、植物文化、节气文化等信息，选择恰当的植物种类、场景，匹配适合的植物景观和活动内容，展示西湖植物景观、节气文化以及场景历史。其中文创活动的详细策划是一项极专业的工作，具象化的活动形式以及活动细节还需要进一步的研究和创新，以达到吸引年轻人、弘扬传统文化的作用。

参考文献

[1] 施奠东. 西湖钩沉——西湖植物景观的历史特征及历史延续性[J]. 中国园林, 2009, 9: 01-06.
[2] 许联瑛. 梅花精神是中华民族优秀的文化基因[J]. 北京林业大学学报, 2017, 39(S1): 109-113.
[3] 赵帝. 宋词中的梅文化研究[D]. 广西: 广西师范大学, 2015.
[4] 刘培. 梅花象喻与南宋审美文化[J]. 华中师范大学学报: 人文社会科学版, 2020, 5: 106-118.
[5] 李嘉珏, 何丽霞. 试论梅文化与牡丹文化形成的历史背景及其文化象征意义[J]. 北京林业大学学报, 2001(S1): 93-96.
[6] 程杰. 林逋咏梅在梅花审美认识史上的意义[J]. 学术研究, 2001(7): 105-109.
[7] 程杰. 古代五大梅花名胜的历史地位和文化意义[J]. 阅江学刊, 2011(1): 107-113.
[8] 林雁. 绕墓梅开有子孙——八论林逋与梅花[J]. 现代园林, 2008(4): 27-40.
[9] 程杰. 林逋孤山植梅事迹辨[J]. 南京师范大学文学院学报, 2010(3): 84-87.
[10] 林雁. 绕屋种梅清彻底——论林逋与梅花[J]. 现代园林, 2007(8): 21-26.
[11] 徐吉军. 南宋临安社会生活[M]. 杭州: 杭州出版社, 2011.

作者简介

宋虹，1989年生，女，本科，杭州植物园（杭州西湖园林科学研究院），工程师。研究方向：园林景观设计。

张帆，1892年生，男，本科，西泠印社社委会，高级工程师。研究方向：园林文化。

俞青青，1982年生，女，研究生，中国美术学院，副教授。研究方向：植物景观规划设计及植物文化。

丁华娇，1971年生，女，本科，杭州植物园（杭州西湖园林科学研究院），高级工程师。研究方向：园林植物应用研究。

吴学谦，1989年生，男，硕士，杭州植物园（杭州西湖园林科学研究院），工程师。研究方向：风景园林。

陈丽丽，1986年生，女，本科，杭州植物园（杭州西湖园林科学研究院），高级工程师。研究方向：园林植物科普研究。

林旭，1985年生，女，本科，杭州植物园（杭州西湖园林科学研究院）。研究方向：园林景观文创研发普及。

应求是，1971年出生，女，本科，杭州植物园（杭州西湖园林科学研究院），高级工程师。研究方向：风景园林和园林植物。

明清时期婴戏图的植景研究[①]

A Study of the Planting of Infant Plays in the Ming and Qing Dynasties

万 敏* 刘力源 秦 晴

摘　要：基于我国当下儿童友好城市背景，本文以明清时期婴戏图为研究对象，对能识别植物的画作进行植景研究，通过植物种类、色彩、植景模式、空间分布对画作中的植景特征进行分析，得出该时期"竹松梅"的经典配置模式及"植物+山石"的普遍配置模式；并从孩童活动、民俗文化、社会历史3个角度分析明清时期婴戏图的植景内涵，以期为我国继承与发扬古代植景智慧提供借鉴。

关键词：明清时期；婴戏图；植物造景；儿童友好

Abstract: Based on the background of China's current child-friendly cities, this paper takes the Infant Plays of the Ming and Qing dynasties as the research object, conducts research on the planting of paintings that can identify plants, analyzes the planting characteristics of the paintings through plant species, colors, planting patterns, spatial distribution, and comes up with the classic configuration pattern of "bamboo, pine, and plum" and the universal configuration pattern of "plants+rocks"; and analyzes the planting connotation of Infant Plays of the Ming and Qing dynasties from three perspectives of children's activities, folk culture, and social history to explore the close relationship between them, with a view to providing a reference for our country to inherit and carry forward the ancient wisdom of planting.

Keywords: Ming and Qing Dynasties; Infant Plays; Planting; Child-friendly

引言

"婴戏"即儿童嬉戏，婴戏图亦称"戏婴图""婴戏纹"，是中国传统画作中以儿童为绘画题材，描绘儿童嬉戏玩耍和生活情景的人物画及风俗画，不仅展现了儿童的天真烂漫，还反映了当时的社会风貌与风俗民情[1]。纵观历史，婴戏图萌芽于战国时期，在魏晋南北朝时期正式产生，两宋时期发展兴盛，至明清时达到鼎盛[2]，深受宫廷与百姓喜爱，具有源远流长的历史与举足轻重的作用。

目前，我国关于婴戏图的研究集中在近20年，从2008年开始研究成果逐渐增加，涉及文学、历史、艺术等多个学科与领域，包括对画作中儿童形象[3-4]、儿童游戏[5]、文化内涵[6]、兴衰原因[7]等内容进行解读。但多数研究仅针对某一时期、某一画作，其中宋、清时期相关研究占比较大。此外，婴戏图作为古代表达儿童生活的重要艺术形式，对如今探析古代儿童生活及环境具有重要意义[8]，但少有研究将婴戏图与园林、植物相结合[8-9]。基于

[①] 基金项目：国家自然科学基金面上项目（编号52178038）。

我国当下儿童友好城市背景，本文将从园林视角对明清时期婴戏图进行剖析，并以植景为切入点，探析明清时期儿童美好的园居生活及植景特征与内涵。

1 明清时期婴戏图概述

薄松年在《中国艺术图集》一文中将婴戏图解释为："多描绘儿童游戏和纠缠货郎，少则绘两三人，多则上百，借表现儿童天真烂漫的生活情趣，祈祝国泰民安，多子多福。故婴戏图常作为节令画中的年画，张贴于屏壁，增添年节的喜庆气氛。"[10] 可见，婴戏图并非仅仅单纯描绘儿童嬉戏，还有特殊的寓意，包含着老百姓趋吉求福的愿望[11]。此外，婴戏图不仅出现在历代画作中，还广泛运用在瓷器、年画、刺绣、漆器等艺术品上，反映了各时期的社会文化和艺术风格。

在婴戏图众多表达形式中，绘画作品最为典型与丰富，通常将儿童置于园林之中，构成元素主要包括人物与周边环境，人物除儿童之外，还包括母亲、仆人、货郎等；周边要素包括植物、建筑、山石、溪流、设施等，其中园林要素在画面中占比较大，多以相互组合的形式出现，配置方式存在一定规律但也有差异，为人物提供了适宜的活动场景。画作中植物最为常见，多为地栽古树、花卉，并将盆栽、花瓶置于书桌、庭前；山石以太湖石为主，常与植物结合成组景；建筑作为人物室内活动场所，在画面中局部出现，对空间进行划分与围合，并在建筑角隅、背景种植植物；溪流在画面中多为前景或背景，并配置适宜的湿生植物、水生植物。除植景配置外，本研究亦将关注儿童活动、民俗文化、社会历史与植物应用的关系。

明初期，政权与社会相对安定，促使宫廷人物画繁盛，反映了帝王贵族的宫廷生活，也出现了具有当时画风特点的婴戏画，如宫廷画家吕文英的《货郎图》；此外，长江下游苏州、南京和松江一带因经济发达，吸引了众多文人雅士，婴戏图也逐渐走向个性化与平民化，如"吴门画派"中的唐寅、仇英，文人画家闵贞、徐渭等都做过婴戏画[12]。清代，婴戏图得到了宫廷画家及皇室的特别喜爱，最具代表性的是金廷标、焦秉贞、侯权的作品，多表现传统节日风俗，并暗喻性、象征性地表达吉庆祥和之意，如《岁朝图》《岁朝欢庆图》《午瑞图》等[11]。另外，为表现人丁兴旺、百子千孙，焦秉贞、侯权等宫廷画师也创作过"百子图"，这也是清代婴戏图的特色[12]。本研究搜集整理明清时期可辨别图中植物种类的婴戏图143幅（表1），其中明代画作49幅，清代画作94幅，以此为基础深入分析传统植物配置方式与文化内涵。

明清时期婴戏图清单　　　　　　　　　　　　　表1

朝代	作品编号及名称
明	1 崔子忠《货郎图》；2 周臣《闲看儿童捉柳花句意》；3 仇英《捉柳花图》；4 仇英《采莲图》；5 仇英《花园消遣图轴》；6 仇英《浴婴图》；7 仇英《庭院婴戏图》；8 仇英《婴戏图》；9 仇英《郊外游春图》；10 仇英《临宋人画册》；11 尤求《戏婴图》；12 仇珠《女乐图轴》；13 郭诩《杂画册》；14 吕文英《货郎图·春景》；15 吕文英《货郎图·夏景》；16 吕文英《货郎图·秋景》；17 吕文英《货郎图·冬景》；18 尤求《婴戏图》；19 姜隐《货郎图》；20 陈洪绶《童子礼佛图轴》；21 周立本《欢度新年》；22 周文矩《婴戏图》；23 周文矩《庭院婴戏图》；24 李嵩《牧童图》；25 唐寅《岁朝图轴》；26 李士达《岁朝村庆图轴》；27 李士达《元日新年图》；28 顾正谊《开春报喜图》；29 佚名《婴戏图轴》；30 佚名《宋人扑枣图》；31 佚名《婴戏图》；32 佚名《戏婴》；33 佚名《柳荫戏蟾图》；34 佚名《仿宋人婴戏图》；35 佚名《婴戏图》；36 佚名《闹学图》；37 佚名《婴戏图》；38 佚名《童子戏鱼图》；39 佚名《双童婴戏图》；40 佚名《三童婴戏图》；41 佚名《仿周文矩庭院童戏图》；42 佚名《柳阴四子婴戏图》；43 佚名《婴戏图》；44 佚名《童子礼图》；45 佚名《弥勒戏婴图轴》；46 佚名《送子观音图轴》；47 佚名《观音像》；48 佚名《礼佛图轴》；49 佚名《礼佛图》
清	50 冷枚《百子图》；51 冷枚《垂钓图》；52 冷枚《莲生贵子图》；53 冷枚《婴戏图》；54 姚文瀚《岁朝欢庆图》；55 罗聘《婴戏图》；56 董诰《高宗御笔甲午雪后即事成咏诗图》；57 金廷标《儿童斗草图》；58 金廷标《柳荫童戏》；59 金廷标《岁朝图》；60 金廷标《冰戏图》；61 金廷标《戏婴图》；62 周昉《闲庭仕女图卷》；63 闵贞《渔童图》；64 许从龙《三羊婴戏图》；65 郎世宁、沈源等《弘历雪景行乐图轴》；66 郎世宁《乾隆帝妃与嘉庆帝幼年像轴》；67 郎世宁《百子图》；68 丁观鹏《太平春市图》；69 丁观鹏《照盆婴戏图》；70 丁观鹏《戏婴图》；71 顾铭《允禧训经图轴》；72 吴莲《婴戏图轴》；73 任预《人物屏一画册》；74 顾见龙《学堂图》；75 沙馥《促织图扇页》；76 吕焕成《折桂图》；77 沈庆兰《婴戏图》；78 沈庆兰《吉庆图》；79 沈庆兰《童戏图》；80 沈庆兰；81 朱照《教子图》；82 徐扬《万事如意立轴》；83 王朴《婴戏图》；84 姜壎《婴戏图轴》；85 吴求《豳风图·八月剥枣》；86 杨晋《柳塘春牧图》；87 潘镛《母子图》；88 陈卓《榴花婴戏图》；89 徐扬《端阳故事图·养鸲鹆》；90 徐扬《端阳故事图·悬艾人》；91 徐扬《端阳故事图·裹角黍》；92 焦秉贞《百子团圆图册·舞灯》；93 焦秉贞《百子团圆图册·戏木偶图》；94 焦秉贞《百子团圆图册·放空钟》；95 焦秉贞《百子团圆图册·群婴骑木马》；96 焦秉贞《百子团圆图册·秋千图》；97 焦秉贞《百子团圆图册·龙舟图》；98 焦秉贞《百子团圆图册·顶竹杆》；99 焦秉贞《百子团圆图册·摔跤劝架》；100 焦秉贞《百子团圆图册·放风筝》；101 焦秉贞《百子团圆图册·鞭陀螺》；102 焦秉贞《百子团圆图册·踢毽子》；103 焦秉贞《百子团圆图册·读书辩论》；104 焦秉贞《百子团圆图册·迎娶》；105 焦秉贞《百子团圆图册·堆雪人》；106 焦秉贞《百子团圆图册·老来娶妻》；107 焦秉贞《百子团圆图册·演戏》；108 焦秉贞《午瑞图·第三开》；109 焦秉贞《午瑞图·第七开》；110 焦秉贞《午瑞图·第八开》；111 焦秉贞《午瑞图·第十二开》；112 华喦《桐屋闹学图》；113 华喦《婴戏图·游龙》；114 华喦《婴戏图·顶杆》；115 华喦《写晋人诗画册之一》；116 佚名《百子图》；117 佚名《庭院婴戏图卷》；118 佚名《婴戏图》；119 佚名《婴戏图》；120 佚名《升平乐事图册》；121 佚名《岁华集庆册页》；122 佚名《斗草图》；123 佚名《乾隆帝元宵行乐图轴》；124 佚名《弘历岁朝行乐图轴》；125 佚名《弘历古装行乐图轴》；126 佚名《庭园家族群婴》；127 佚名《一家人》；128 佚名《母子轴》；129 佚名《带着三个孩子玩耍的女人》；130 佚名《母子图》；131 佚名《婴戏图》；132 佚名《仕女图》；133 佚名《印版五子夺莲年画》；134 佚名《婴戏图》；135 佚名《婴戏图》；136 佚名《教子图屏》；137 佚名《婴戏图之斗草图》；138 佚名《孝全成皇后与幼子像轴》；139 佚名《孝全成皇后与幼女像轴》；140 佚名《教子采桑图》；141 佚名《婴戏图》；142 佚名《庭院母子图》；143 佚名《道光帝喜溢秋庭图轴》

2 明清时期婴戏图中的植景特征

2.1 植物种类

以143幅婴戏图为样本,通过前期资料整理可知,明清时期婴戏图中植物包括乔木、灌木、草本、水生植物等多种类型,总计47种植物(表2),基本涵盖园林植物类型。在143幅画作中,出现频率超过20次的植物有竹、松、梅、柳、牡丹、荷花,占比分别为34%、24%、23%、22%、16%、15%,可见明清画家对植物的偏好及喜爱。同时,常绿植物竹、松、芭蕉、桂花、南天竹等亦在画作中大量出现,如仇英《庭院婴戏图》、姚文瀚《岁朝欢庆图》、沈庆兰《吉庆图》等,植物不仅为儿童活动空间提供荫凉及庇护,也在画面的空间围合、布局方面有着重要作用。此外,花卉因其独特的魅力深得儿童、妇女喜爱,在画作中以地栽、盆栽、瓶插等多种形式出现,如金廷标《儿童斗草图》、吕文英《货郎图》、陈卓《榴花婴戏图》等,其中常见的花卉有梅、牡丹、荷花、桂花、山茶、月季、丁香,为画作提供时节、季节之笔墨。

明清时期婴戏图中的植物名录　　表2

出现频率	植物名称	颜色	观赏期	图号
48	竹	绿色	全年	7;9;10;21;25;29;30;32;34;35;45;47;48;49;50;54;55;56;59;60;61;65;66;69;73;75;77;78;79;80;81;89;91;98;101;102;103;105;106;111;117;120;123;124;125;126;131;135
35	松	绿色	全年	1;4;5;10;11;17;21;26;28;43;44;45;53;54;56;61;65;68;78;80;82;83;85;104;110;116;117;120;123;124;125;126;132;134;143
33	梅	红色、白色	冬季、早春	59;60;61;64;65;72;73;78;79;82;88;94;105;107;116;118;119;120;122;123;124;125;131;136;17;21;25;27;28;29;43;54;56
31	柳	绿色	春夏	2;3;15;23;24;26;27;33;35;41;42;50;51;57;58;62;63;67;72;84;86;87;90;95;102;108;113;116;126;136;143
23	牡丹	红色、粉色	春季	5;14;19;39;54;66;67;76;78;79;82;88;94;103;118;120;127;128;129;134;135;138;142
21	荷花	粉色	夏季	4;15;46;47;50;51;52;53;62;67;78;81;97;98;99;100;116;126;133;136;138
19	芭蕉	绿色	全年	2;6;10;13;18;22;40;43;50;553;67;76;83;100;114;115;116;126;135
14	桂花	黄色	秋季	6;12;16;23;34;36;52;74;76;96;98;128;136;142
13	梧桐	绿绿	夏秋	4;8;10;16;39;50;74;91;100;101;112;126;129
11	山茶	红色	春季	17;21;29;42;43;56;61;95;101;104;107
11	蜀葵	红色	夏季	15;31;37;44;88;89;90;96;97;109;110
10	桃	红色	春季	9;14;68;71;78;84;87;95;103;137
10	南天竹	红色	夏季	54;59;60;61;73;105;117;124;125;131
8	兰	绿色	全年	8;10;12;55;62;92;101;121
6	萱草	橙色	夏季	6;8;31;38;39;55
5	棕榈	绿色	全年	25;91;99;102;105
5	柏	绿色	全年	14;26;79;120;132
4	菊	黄色	秋季	16;20;128;143
4	菖蒲	绿色	全年	18;47;89;141
4	月季	粉色	春夏	18;57;119;127
4	石榴	红色	夏季	32;88;97;141
4	水仙	白色	冬季	43;56;79;124
4	丁香	紫色	夏季	3;92;98;102
3	石竹	粉红	春季	38;48;49
3	灵芝	褐色	全年	49;56;136
3	艾草	绿色	夏季	90;110;141
3	玉兰	白色	春季	125;127;136
2	柿子	橙色	冬季	56;131
2	芍药	粉色	春季	57;93

续表

出现频率	植物名称	颜色	观赏期	图号
2	枣	褐色	夏秋	30；85
2	葫芦	黄绿	夏季	4；107
2	木芙蓉	粉红	夏季	7；16
2	紫藤	紫色	春季	7；99
1	蒲公英	黄色	春季	56
1	雁来红	红色	春季	36
1	车前草	绿色	夏季	56
1	鸢尾	紫色	春季	71
1	槐树	绿色	夏季	78
1	青梅	绿色	夏初	88
1	凌霄	红色	夏季	31
1	蔷薇	春夏	粉色	116
1	蜡梅	黄色	冬季	125
1	玉簪	蓝色	夏季	125
1	苹果	红色	夏季	139
1	桑树	紫色	夏季	140
1	枫树	绿色	春夏	143
1	椿	绿色	全年	15

2.2 植景色彩

针对上述47种植物进行色彩分析，可知明清时期婴戏图植物多用常绿、季节花卉，色彩涉及绿色、红色、黄色、粉色、褐色等（表2），并与周边"青山黛瓦"完美融合成多幅经典画面，如金廷标《岁朝图》中竹、梅、兰天竹争相竞艳，形成"白梅红果"之冬季画面；姜壎《婴戏图轴》中桃花嫣红、柳枝碧绿，形象地展现了"桃红柳绿"之春景；冷枚《百子图》中荷花盛开、岸柳垂荫、芭蕉葱郁，再现"接天莲叶无穷碧，映日荷花别样红"之夏景。同时，明清画家多用绿色植物作为画作背景，如竹、松、柏、桂花、芭蕉等植物大量出现，而色彩艳丽的花卉则多以主景、前景在画面中展现，刻画更为细致。花瓶作为一种精美的器皿，在宫廷婴戏图中时常出现，瓶中植物多从周边植物折枝、裁剪获取，如仇英《花园消遣图轴》瓶插红色牡丹、仇珠《女乐图轴》瓶插金黄色桂花、佚名《婴戏图轴》瓶插粉红梅花，花瓶与花材色彩丰富、零星点缀，在画作中起到美化庭院、提升空间氛围、协调色彩的作用。

2.3 植景模式

在明清时期的婴戏图中，植物景观不再局限于对某个植物单体的展示，而是注重植物之间的搭配，出现了不同的种植形式，又因植物株数与种植位置的差异，不同的组合方式形成了不同的景观效果。

2.3.1 植物种植模式

明清时期婴戏图中往往点缀着各式植物，这些植物的种植模式为画面增添了生机与趣味，涉及的植物种植模式包括丛植、片植、孤植、对植、列植、盆植。

丛植、片植等大规模种植在明清婴戏图中最为常见。丛植即若干株植物集中栽植[1]，使用频率最高的植物"竹"均以丛植出现于画作之中，此外，花卉和攀缘植物亦多丛植，焦秉贞《百子团圆图册·放空钟》中牡丹丛植于山石缝隙之畔、罗聘《婴戏图》中萱草丛植于山石之后、而吕文英《货郎图·秋景》以丛植菊花来烘托秋季氛围。片植即多株植物集中连片栽植，通常出现于画作背景之中，常采用常绿树种，如松、柏、桂花等。

局部种植多采取孤植、对植、盆植的模式。孤植常点缀在植物组团上，玉兰、梅花、桃花等观花乔木盛花时易成为视觉焦点而孤植，以添局部动态之美；此外，如仇英《花园消遣图轴》、尤求《婴戏图》、焦秉贞《百子团圆图册·鞭陀螺》等大量画作中，松柏类、杨柳类等观叶乔木也以孤植形式栽植，因其树姿或叶形、叶色之特点而提升观赏价值。对植常出现在道路、庭院空间，多与列植结合，徐扬《万事如意立轴》与焦秉贞《百子团圆图册·秋千图》中分别对植、丛植牡丹、蜀葵于道路两侧。盆植多将植物摆放于园中、屋内，以供近距离观赏，如牡丹、兰花、水仙、梅花、菊花、松树、灵芝、南天竹等多种植物，兰花与水仙茎叶纤细雅致，而梅花与松树枝干遒劲有力，体现一种和谐共生的美学理念。

2.3.2 植物配置模式

明清时期婴戏图中花卉品种繁多，既有观赏价值，又蕴涵着丰厚的文化底蕴，故应根据其不同的习性和特征进行合理配置。本文基于明清时期143幅婴戏图中的植物配置，总结出以下配置模式。

（1）"竹松梅"的经典模式

在我国传统绘画作品中，竹、松、梅是最为常见的植物，深得各朝代画家的喜爱[9]。由表2可知，竹、松、梅在画作中出现的频率最高，除单独出现在画作中外，亦出现"松+梅""松+竹""梅+松"等多种组合模式（图1）。以使用频率最高的竹为例，其因顽强的生命力及深厚的寓意而深受喜爱，常以丛植出现，多与太湖石等山石相搭配。当然竹子的位置也因其自身体量而有所差异，如地被竹多出现在画面中的前景，中小型竹子多位于建筑角隅或台阶之畔，高大型的竹则位于建筑后作为背景，起到围合空间的作用。松四季常青，因树姿形态各异而出众，常与山石搭配与屋旁。梅花常栽植于庭院内或建筑旁，与《园冶》所说"栽梅绕屋"及《长物志》所言"幽人花伴，梅实专房"一致[8]。

《弘历雪景行乐图轴》(局部)

《百子团圆图册·放风筝》(局部)

《午瑞图》(局部)

图1 "竹松梅"经典模式与"植物+山石"普遍模式画作

（2）"植物+山石"的普遍模式

主景树作为画面中的焦点起着重要的作用，在婴戏图中常以"主景树+山石"的形式出现，据统计，柳、芭蕉、石榴、梅花、桂花、梧桐、松等通常作为画面中的主景树，为孩童活动提供荫凉之处。同时，花卉亦常与山石搭配，且常以丛植的形式出现，牡丹向来以其艳丽的花朵而深受古人喜爱。此外，蜀葵、山茶、萱草等花卉亦在画作中多次出现，为画面增添了不少生机与活力。

2.4 植景空间分布

不同种类的植物以多样的种植模式栽植于基底之上，既能形成独立的景观环境，也保证了空间之间的融合与渗透[13]，对画面中空间的分割起着举足轻重的作用。

明清时期婴戏图深得皇家喜爱，因此多数为宫廷画作，所绘空间以庭院空间、山林空间、滨水空间为主（图2）。其中孩童活动以庭院空间最为常见，是孩童日常生活的场所，通常将建筑与庭院环境相结合。由清代宫廷画家姚文瀚绘制的《岁朝欢庆图轴》，图绘过年阖家欢庆团圆、孩童嬉戏于庭院之中的情景，庭院内古树、古松环抱，梅花、松、竹等植物栽植于建筑之角隅，营造出紧凑且有条不紊的庭院空间，与背景山水空间有所差异。冷枚《母子图轴》展示母亲与孩子在屋旁嬉戏的场景，建筑作为该画作背景将院内、院外空间进行阻隔，而墙边种植的梧桐则为院内、院外空间进行适当过渡，并为母子活动提供树下荫凉空间。

同时，山林作为自然教育场所，是孩童嬉戏必不可少的场所，不仅有助于孩童的身体健康和成长发育，还能培养他们的情感、审美、社交和道德品质等。故而，古代教育者和家长都非常重视让孩童接触自然、了解自然，且在

图 2　明清时期婴戏图中的植景空间分布

明清婴戏图中有所体现，如金廷标《画柳阴童戏轴》描绘远山二重半藏于岚雾中，近景坡堤边柳树成林，诸童柳荫嬉戏玩耍的场景，通过层次分明的柳树营造林下嬉戏空间，并将孩童活动空间与远山分割，空间关系清楚明了，孩童嬉戏之喜悦跃然纸上。李嵩《牧童图》从内容上与宫廷画作有所差异，柳树作为画面中的主景树将空间划分，前景描绘柳荫之下孩童放羊之情景，后景则做留白处理。

自古以来，亲水乃人之本性，滨水得到明清画家的喜爱，亦是婴戏图表达的又一重要空间。仇英《捉柳花图》描绘杨柳依依，绿草成茵，清池涟漪的景色，充满着浓厚的田园诗意，其中水岸种植柳树作为画面主景树，所营造的空间成为滨水与背景的过渡空间，不仅描绘了文人墨客临水赏柳的悠闲心境，也将孩童在水边玩耍时的活泼情绪刻画得淋漓尽致。周昉《闲庭仕女图卷》局部描绘了妇女孩童在亭内、岸边嬉戏、赏花、下棋、垂钓的场景，池塘里荷花盛开，岸边垂柳与兰花相依，共同营造优美的滨水空间。

然而，大多数画作中并不仅针对一种空间进行绘制，往往是多种空间相互结合。由郎世宁、沈源、周鲲、丁观鹏合笔恭绘的《乾隆帝岁朝行乐图轴》，这幅中、西两国艺术家合作的画作中，建筑与古松搭配对空间进行分割，成起承转合之庭院空间，并位于画面中前景、中景的位置，而背景则是由山林、滨水空间组合而成，表现出空间互相渗透的精妙联系。清代婴戏图最为特别之处为开创了"百子图"，百子的典故源自《诗经·大雅·文王之什·思齐》中"大姒嗣徽音，则百斯男"，以歌颂周文王的子孙众多。如在冷枚绘制的《百子图》中，百名天真无邪的孩童在亭榭之间相互追逐玩耍，其中融合了庭院、滨水、山林等多种空间。

3　明清时期婴戏图中的植景内涵

3.1　植景与孩童活动

明清时期流传下来的婴戏图颇多，展开这些画卷：玩鸟、戏猫、下棋、过家家、骑竹马、推枣磨、抽陀螺、放风筝、荡秋千和捉迷藏等古代儿童游戏跃然眼前[14]，植景与孩童活动二者相辅相成，既是对自然美的赞美，也是对人间温情与童真乐趣的深刻诠释。

部分婴戏图以"植物+活动内容"命名，强调植物作为儿童活动的主要对象，彰显场地特色。如以"柳+活动内容"的画作《柳阴童戏》《柳塘春牧图》《闲看儿童捉柳花句意》《捉柳花图》《柳荫戏蟾图》，可知该类画作描绘儿童在柳荫下嬉戏、放牧、捉柳花、戏蟾，柳荫为孩童活动提供荫凉的林下空间。以"荷/莲+活动内容"的画作有《莲生贵子图》《印版五子夺莲年画》《采莲图》，展现孩童赏荷花、采莲活动。以"枣+活动内容"的画作有《豳风图·八月剥枣》《宋人扑枣图》，描绘孩童剥枣、扑枣的画面。

与此同时，本文按孩童活动题材把画作分为生活类、运动竞技类和智力类三大类，进一步分析各类型婴戏图中的植景内涵。生活类指儿童自发主动地模仿成人生活的游戏形式，如焦秉贞《百子团圆图·老来娶妻》《百子团圆图·迎状元归》均描绘孩童演戏的场景，活动场地以庭院、山林为主，其中植物烘托场地氛围，如梧桐、柳等高大乔木作为主景树为孩童提供林下空间，而牡丹、蜀葵等花卉植物则多与山石搭配在画面中前景的位置。运动竞技类画作数量颇多，游戏内容包含蹴鞠、踢毽子、放空钟、抽陀螺、骑竹马、戏儿车等，以金廷标《儿童斗草图轴》为例，画面中垂柳翠绿，坡上花草争奇斗艳，而孩童正在草坡上玩斗草的游戏，草坡上的蒲公英、车前草、牡丹等为斗草提供了植物素材。除此之外，孩童亦使用竹竿、葫芦、荷叶、梅枝等作为嬉戏的"武器"，增添趣味。智力类游戏主要包括棋牌类和摆拼类，活动场地主要在室内，植物多为瓶插、盆栽，如仇英《花园消遣图轴》中的牡丹瓶插，《弘历岁朝行乐图轴》中水仙、南天竹与假山搭配而成的盆栽，都为室内空间提供生机与活力。图绘孩童活动丰富多彩，不同的活动植物配置有所差异，但总体以烘托主题为主，为孩童活动营造适宜的园林环境。

3.2 植景与民俗文化

明清时期婴戏图中巧妙地融入了丰富的植景与民俗文化元素，成为窥探古代社会生活风貌的一扇窗。以本文 143 幅婴戏图为例，图绘节日涉及春节、端午、元宵等。其中涉及春节、端午的画作颇多，如唐寅《岁朝图轴》、李士达《岁朝村庆图轴》、金廷标《岁朝图》、徐扬《万事如意立轴》等 13 幅画作均对春节期间孩童嬉戏的场景进行绘制，涉及梅花、南天竹、松树、水仙等多种冬季特色植物，金廷标所绘《岁朝图》中，园中翠竹与梅花、南天竹争相竞艳，红色的南天竹果实格外喜庆，为新年增添热闹、祥福的气氛。《弘历岁朝行乐图像》绘乾隆帝与众多皇子在宫苑内迎新年的情景，苍松环绕，而花卉植物以盆栽为主，其中水仙、南天竹与山石所组成的盆栽格外亮眼，彰显春节喜庆的氛围。与此同时，端午亦是婴戏图的重要表达节日，包括金廷标《儿童斗草图》、徐扬《端阳故事图》、焦秉贞《午瑞图》等 9 幅画作均描绘端午节孩童嬉戏，艾草、蜀葵、石榴、荷花、香蒲等植物也成为具有端午特色的植物，如《端阳故事图》中，菖蒲与蜀葵瓶插摆放于庭院，院门则挂着艾束寓意"辟邪镇宅"。除此之外，佛教献花时常在婴戏图中出现，如《童子礼佛图轴》《礼佛图轴》《礼佛图》等，所用植物包括菊花、石竹、灵芝、蜀葵等，亦为植物增添了一抹宗教色彩。婴戏图中的植景与民俗文化相互交织，共同绘制了一幅幅既富有生活情趣又深含文化意蕴的画面。

3.3 植景与社会历史

明清时期婴戏图，在继承前代的基础上，更加注重细节描绘和意境营造，植景元素不仅增添了画面的生活气息，更蕴含了丰富的文化内涵和象征意义，在一定程度上反映了民众的心理，儿童的数量由一两个发展到几十甚至上百个，有许多"百子图"流传至今，反映了古人重视传宗接代的观念、渴望多子多福的想法。该观念映射在婴戏图画作里时常出现的植物中，如荷花寓意"莲生贵子"、石榴寓意"多子"、枣树寓意"早生贵子"、南天竹寓意"多子"。同时，古人时常通过儿童、植物寄托最朴质的愿望，如竹寓意顽强的生命力、梅花寓意吉祥如意、兰花象征吉祥高洁等。

此外，婴戏图中的植物不仅记录了明清时期社会的安定与繁荣，也反映了社会的衰退和动荡。社会稳定时，婴戏图的数量较多，且多表现为庭园婴戏或在郊外嬉戏，使用植物种类的比较丰富、色彩也较为艳丽，常使用牡丹、南天竹、梅花等；而当社会动荡时，描绘的画面多为室内，且画作数量有所下降，植物种类及色彩也与往日有所不同。作为一种绘画形式，婴戏图不仅展现了绘画技巧的发展，也作为历史的见证者，记录着古人的植物偏好、活动内容、民俗文化与社会历史。

4 结语

本研究以明清时期婴戏图为研究对象，通过分析发现：图中的植物种类基本涵盖常见园林植物，同时在画作中起到协调画面色彩的作用；其次，对画作中植景模式进行分析，包括丛植、列植、对植等多种种植模式，本文将其配置模式归纳为"竹松梅"的经典模式及"植物+山石"的普遍模式；并探析植景在庭院、山林、滨水空间的差异性。此外，该时期植景与孩童活动、民俗文化、社会历史亦有着密切联系。基于儿童友好社会背景，本文希望继承与发扬古人植景智慧，为当下儿童友好型植物造景提供借鉴。

参考文献

[1] 曹慧. 透视与反思：晚清之前婴戏图中的儿童观[D]. 济南：山东师范大学，2015.

[2] 李响. 宋代婴戏图中的儿童体育游戏研究[D]. 上海：上海体育学院, 2023.
[3] 潘祎铭. 宋代婴戏图中的儿童形象特征探究[D]. 北京：中国艺术研究院, 2021.
[4] 王佳璇. 宋元明时期婴戏图中母子形象比较研究[D]. 青岛：青岛大学, 2022.
[5] 曾永利. 宋代婴戏图与儿童游戏民俗研究[D]. 青岛：青岛大学, 2021.
[6] 黄卫霞. 古代婴戏图的文化内涵研究[J]. 艺术教育, 2020(1)：146-149.
[7] 陈维艳. 传统婴戏图衰微之探与再创价值思考[J]. 美术文献, 2022(8)：45-48.
[8] 冯玉兰. 杨秀娟. 王霄煦. 等. 古代婴戏图中的植物景象研究[J]. 广东园林, 2024, 46(1)：109-116.
[9] 张士昊. 略论明清瓷器中的园林居室图像[J]. 陶瓷研究, 2020, 35(4)：28-31.
[10] 蒲松年. 中国艺术史图集[M]. 上海：上海文艺出版社, 2004.
[11] 黄卫霞. 清代婴戏图研究综述[J]. 数位时尚（新视觉艺术）, 2014(2)：100-102.
[12] 张海燕. 元明清婴戏图艺术研究[D]. 福州：福建师范大学, 2013.
[13] 胡楠. 王培严.《圆明园四十景图咏》植物造景[J]. 园林, 2023, 40(11)：121-127.
[14] 黄卫霞. 清代婴戏图分类研究[J]. 创意设计源, 2013(2)：46-49.

作者简介

（通信作者）万敏，1964 年生，男，华中科技大学建筑与城市规划学院、湖北省城镇化工程技术研究中心，教授、博士生导师。研究方向：风景园林规划与设计、文化景观、工程景观。电子邮箱：wanming1@sina.com。

刘力源，2001 年生，女，华中科技大学建筑与城市规划学院硕士研究生在读。研究方向：风景园林规划与设计、文化景观、工程景观。

秦晴，1989 年生，女，华中科技大学建筑与城市规划学院，讲师。研究方向：儿童游乐景观、文化景观。